U0103053

唐君毅全集 卷十七

# 中國哲學原論 原教篇

## ——宋明儒學思想之發展——

臺灣學生書局印行

# 目錄

## 中國哲學原論——原教篇


自序——釋名、內容、論述之方式及本書之限極

一　釋名……三

二　內容大旨……五

三　論述方式……九

第一章　北宋之儒學發展之方向

一　宋儒之經學與義理之學……一三

二　歐陽修之本論，王安石、蘇東坡之性論……一九

三　司馬光著潛虛之旨越……二五

第二章　邵康節之易學與心學

一　邵康節皇極經世書之歷史地位……二八
二　邵康節之象數之學……三一
三　邵康節之論人在天地間之地位及觀物之道……三七
四　道、神、太極、陰陽、與誠及康節之心學……四一

第三章　周濂溪之立人極以言太極之道

一　契入濂溪橫渠之學之道路……四七
二　濂溪之言天道與其純粹至善……五四
三　希賢希聖之工夫及聖德……五九
四　天道人道中之誠與神……六七

第四章　張橫渠之以人道合天道之道（上）

一　正蒙一書各篇之大旨……七二
二　如何契入橫渠之學之道……七七
三　大心篇貫義……八〇
四　動物篇、參兩篇之宇宙論；物、事、形、象、秩、序、時、鬼神、化、虛、氣、陰、陽、與心知性命之關係……八八

第五章　張橫渠之以人道合天道之道（下）

五　太和篇、天道篇對天道之總述……九三
六　神化篇之言神化與仁義……一〇三
七　誠明與盡性至命……一〇六

第六章　程明道之無內外、徹上下之天人不二之道（上）

一　二程之學與橫渠之學之異同問題……一一一
二　橫渠之言知心之所從來，與二程之學之言心具天德……一二六
三　橫渠學中之定性問題與明道定性書之核心義……一三一

四　明道之識仁與定性書中之心與情……一三七

第七章　程明道之無內外、徹上下之天人不二之道（下）

五　仁者之樂與誠及天地之用皆我之用……一四三
六　明道言下學之敬義忠恕之德，以上達天道之論……一四六
七　明道之言天理義……一五二

第八章　程伊川于一心、分性情、別理氣、及以敬直內、以格物窮理應外之道（上）

一　明道與伊川之同異……一六二
二　伊川言仁與心之性情、寂感、及理氣之文句與性情之辨……一六七
三　伊川言性與情之分，及其同于橫渠言心統性情之義……一七一
四　伊川之性卽理、性情、寂感、理氣之具于一心之義……一七四

第九章　程伊川于一心、分性情、別理氣、及以敬直內、

以格物窮理應外之道（下）

五　理氣爲二之義之體證……一八三
六　道德生活中之可能的根據及伊川之主敬工夫……一八八
七　伊川言格物窮理以致知之工夫……一九四
八　伊川之工夫論及其學所引起之問題……一九九

## 第十章　朱陸之學聖之道與王陽明之致良知之道（上）

一　導言……二〇四
二　陸王言心卽理之切實義……二一五
三　聖賢、學者與愚夫愚婦之心同理同……二二四
四　聖賢之知能與學者學聖人之道及至治之世……二二七
五　象山陽明之言讀書之道……二三四
六　象山之發明本心之工夫……二四〇
七　象山之學之若干誤解之疏釋……二四九

## 第十一章　朱陸之學聖之道與王陽明之致良知之道（中）

一　朱子所言之學聖工夫……二五七
二　朱子言聖人之知能與學者之道……二五九
三　朱子之言讀書格物之目標……二六二
四　朱子言當格之物之限度，與格物窮理爲在外或在內之問題……二六七
五　實然之理與當然之理及德性工夫之關係……二七五
六　朱子之卽物窮理以致知之義，非陸王所能廢，與陸王之「四民異業同道」、及朱子「學者異學同道」之現代意義與超現代意義……二八一
七　朱子與象山之工夫論之異與同……二八五

## 第十二章　朱陸之學聖之道及王陽明之致良知之道（下）

一　總述陽明與朱陸之異，與其同于朱而異于陸，及兼尊朱陸之諸端……二九一
二　陽明之攝格物誠意等工夫所成之致良知義，與知行合一義……三〇〇
三　良知天理之卽體卽用義……三〇八

四　朱子與陽明言戒懼義……三一四
五　良知卽心體、卽天理之昭明靈覺義……三二二
六　良知與儒之通二氏義……三三〇
七　良知之應物現形，與生生不已義……三三四
八　致良知之疑義，並總結陽明朱子之工夫論之關係，並附及朱王之工夫之論，有待于象山之教，以開其先……三四〇
餘論　總述朱陸之學聖之道及王陽明之致良知之道……三四七
第十三章　王學之論爭及王學之二流（上）
一　導言……三五一
二　呂涇野、羅整菴對陽明學之評論……三五四
三　湛甘泉與陽明學之異同……三五六
四　陽明諸子對良知之所見之異同問題……三六二
第十四章　王學之論爭及王學之二流（下）

五　由工夫以悟本體之良知學——錢德洪言致良知之四變、季彭山之警惕義及鄒東廓之戒懼義……三六八
六　聶雙江、羅念菴之歸寂主靜、知止之學……三七二
七　悟本體卽工夫之良知學，及王龍溪之先天正心之學……三七七
八　王心齋之格物安身，卽以安家安國安天下之學，及其言學樂相生之旨……三八三
九　羅近溪之性地爲先及大人之身之學……三八七

## 第十五章　羅念菴之主靜知止以通感之道

一　良知發見之攙和問題……三九四
二　主靜之功與心之虛而通之仁……四〇〇
三　未發與發、寂與感之辨……四〇四
四　念菴之學之三轉……四一一
五　附論李見羅之止修之學……四一五

## 第十六章　羅近溪之卽生卽身言仁，成大人之身之道

一　導言……四一八
二　心知與天道……四二〇
三　光景之破除……四三〇
四　仁德……四三三
五　工夫之指點……四三五
六　學者之志……四四一
七　結論……四四一

## 第十七章　王學之弊及東林學之止至善之道與其節義之教

一　王學之弊與李卓吾之學……四四四
二　顧憲成之辨性無善無惡之論……四四八
三　高攀龍自述其悟境，並泛論悟境……四五二
四　高攀龍對格物與敬之義之重申，朱子陽明學之會通，及其以佛爲陰教、儒爲陽教義……四五六
五　節義之義與氣質之性之善，及東林之節義在中國歷史上之地位……四六二

第十八章　劉蕺山之誠意、靜存，以立人極之道
一　蕺山之為己之學中之「己」之「意」、及蕺山學之方向……四六八
二　王一菴、王塘南之言意與蕺山之言意……四七三
三　心之性情與理氣……四七九
四　以靜存攝動察而立人極之工夫節次……四八五
第十九章　綜述宋明理學中心性之論之發展
一　朱子以前之心性論至朱子心性論之發展……四九五
二　朱陸王以後之心性之學之發展……五〇〇
三　評蕺山之心性論，總論宋明儒之心性論在儒學史中之地位……五〇五
第二十章　王船山之天道論
一　前言……五一五
二　道即器之道義……五一七

三　道卽器之道，器卽氣自用其體之所成義……五二〇
四　道之調劑乎陰陽義……一五二三
五　太極……五二四
六　乾坤並建……五二八
七　現實宇宙之動而無息、眞實不虛與變不失常義……五三〇
八　乾坤之易簡義……五三七

第二十一章　王船山之性命天道關係論

一　性命之意義……五四一
二　天道與善與性之關係……五四三

第二十二章　王船山之人性論

一　性善氣善義、性日降命日生義、性相近義……五五七
二　受命在人……五六一
三　心與性與理……五六四

四　情、才、欲……五六九
五　才情欲本身之非不善……五七二
六　人有不善之原……五七五

## 第二十三章　王船山之人道論

一　人道之尊……五八一
二　思誠……五八八
三　四德與三德……五九五
四　持志與正心誠意……五九八
五　養氣……六〇三
六　忠恕……六〇六
七　論無欲、主靜、身物、功利、富貴……六〇八
八　至善……六一三
九　賢聖之不朽義……六一七

第二十四章　王船山之人文化成論（上）
一　船山學之重氣、朱子學之重理及陽明學之重心……六二三
二　歷史文化意識……六二九
三　宗教意識……六三一
四　禮詩樂……六三六
第二十五章　王船山之人文化成論（下）
五　政治……六四七
六　歷史之評論……六五二
七　保民族以保文化之義……六六〇
八　後論……六六六
第二十六章　事勢之理在中國思想中之地位及三百年來之中國哲學中「道」之流行（上）

一　天理、性理、義理、與事功事勢之理、及物理……六七〇
二　中國學術中重事勢之思想之傳與北宋學者之言事勢之理……六七五
三　永嘉永康之學與事勢事功之理……六八一
四　陽明之學與東林及劉蕺山之學之限制……六八五
第二十七章　事勢之理在中國思想中之地位及三百年來中國哲學中「道」之流行（下）
五　明末之經史經濟等實學中之哲學涵義……六八八
六　清初程朱陸王之學……六九三
七　清學與宋明之學……六九六
八　清學之方向及其七型……六九八
原道篇及原教篇後序……七一一
索　引……七一五

# 中國哲學原論 原教篇

——宋明儒學思想之發展——

本書於一九七五年一月由新亞研究所出版，一九七七年五月修訂再版。全集所據爲修訂本，並經全集編輯委員會校訂。本書原附錄有「附錄前言」、「孔子在中國歷史文化的地位之形成」、「孟子大義重刊記」、「思復堂遺詩編後記」四文，前二文現改編入「中華人文與當今世界補篇（上）」（全集第九卷），後二文隨「孟子大義」與「思復堂遺詩」編入全集第廿九卷之「先人著述」，故此處抽出。

# 自序——釋名、內容、論述之方式及本書之限極

## 一　釋　名

此所謂原教篇，實卽吾著原道篇之續篇，乃專論宋明以降儒學發展者。原道篇乃與原性篇之述唐以前之心性之論，互相交涉；此篇則與原性篇述宋明儒心性之論，互相交涉。故初本擬定名爲續原道篇，又擬定名爲辨道篇。反覆思量，久而不決，終乃定爲原教篇。此乃取于中庸「修道之謂教」之義。修道之道，固原是道，而凡對人說道，亦皆是教。故原教原道，本爲一事，則二名固可互用。唯以原道篇既已先行出版，爲避重複，故今改用原教篇，以名此論宋明儒學之著。中庸言「率性之謂道，修道之謂教」，吾之原論，既有名原性與原道者，亦宜有名原教者，以上契于中庸兼重「性」「道」「教」之旨。而今標此教之名，以說宋明儒所言之道，歸在修道之道，亦固有與宋明儒學之精神，更能相應之處在也。

原此宋明之儒學，皆意在復興先秦之儒學。此乃由于宋明儒先感此儒學之經秦漢魏晉至隋唐，而日益衰敗，其道若已荒蕪，故須重加修治，以求復興。宋明儒者之復興儒學，又皆不只重一人著書，以發明此道，而尤重啟發後之學者，共形成學術風氣，以見于教化風俗，而轉移天下世運。故宋明儒者自宋初三先生，即以師道自任。周濂溪通書明謂「師爲天下善」。程朱陸王諸儒繼興，共于君道所在之當世之政統以外，更樹立一「道貫古今」之道統，以尊嚴此師道。孔子亦自宋明以降，單稱爲至聖先師，遂不同于在漢唐時，稱爲素王、或封文宣王者。故謂宋明儒之學，重在爲世立教，正與諸儒本懷相應。復次，宋明儒之學，雖重明天道人道之大本大原所在，然尤重學者之如何本其身心，以自體道、自修道之工夫，以見諸行事，非但于此道之本原作思辨觀解也。此體道修道工夫，恆須由面對種種非道之事物而用，如對身心中之種種邪暗之塞、氣質之偏，私欲、意見、習氣、意氣之蔽等，以及博聞強記、情識、想像、擬議、安排、格套、氣魄、光景等似道非道者，而用。若非對此種種非道之物，則道自恆爲道，亦不待修也。如世間之道路，無破爛阻塞，亦不須更修也。反之，則人愈能認識此種種非道之物之存在，亦愈須修道。依吾之意，則對此種種非道之物，如邪暗之塞、氣質之偏，意見、私欲等之存在，其認識之深切，其對治工夫之鞭辟入裏，正爲宋明儒者之進于先秦儒學之最大之一端，而亦正有類于佛家之求化除人之生命中之雜染無明，以歸純淨之旨者。此皆在吾書，隨處加以說明，而後可見宋明儒者之反本開新、其與佛家離合之義。故宋明儒者之言道，大皆可說是面對非道之物以修道，由非彼「非道」者，以使此道遍滿天下，而無乎不在。故宜說其所言之道歸在修道之教，以成此儒者之道之「非非道以為道，反反以為正」之發展。此固非謂其是教，便不是道也。

## 二　內容大旨

此原教篇之文，皆論述宋明儒學之發展之文。此諸文有為吾三十年前所寫中國哲學史稿之章，今除核正所徵引文句外，無多改動者。如論述王船山、羅近溪之學之文是也。此論船山之文，嘗發表于學原第一至第三卷，論近溪文嘗發表于民主評論百期紀念號。此外則論朱陸陽明之三章，乃九年前所寫，嘗發表于新亞學報第八九卷者。其分述宋明理學之章，則一年來據約廿年前以弘之筆名發表于原泉月刊之哲學史舊稿重寫而成。其餘諸章，則近月所補作。此即大不同吾原性篇原道篇之書，皆是于二三年內一氣呵成之著。今重將此不同時期所寫諸文，整理編輯，使略具一系統，合為一書，其繁簡輕重之間，自難一一配合停當，亦時不免重複之處。然此書亦非雜湊而成，而實意在合此諸文，以彰顯吾所見之整個宋明儒學之發展。此吾之所見，三十年來固無大變，而與他人所見，固有不相雷同，而與吾於中國哲學原論導論篇中原太極、原命諸文，及原性篇述及宋明儒言太極性命之論，互有詳略，足相發明參證者在也。

依吾之所見，世之謂宋明理學家言，乃直接由儒學佛學之混合而生，其說最爲無據。然宋明理學亦自有所自起。此其所自起之學，初當說是與宋理學家如周張二程等並世或其前之其他之宋代儒者之學。此理學家外之宋代儒者之學，則初爲經史之學。于經學中則特重春秋、易，更及于詩、書、禮之學，至其天道性命之論，則初近漢唐儒者，亦帶道家色彩。由此中之經史之學及道家色彩之天道性命之論之發展，乃歸于理學家之周張二程之諸儒之興起。此則略見于本書之前二章。

在理學家之宋儒中，周濂溪、張橫渠之論，皆由言天道以及于人道、聖道。此與並世之帶道家色彩之邵康節，承揚雄言「觀乎天地，則見聖人」之旨者，尚不相遠。然濂溪、橫渠觀天道之思想方式，已與佛家之觀宇宙之方式迴別，與康節大不同。康節重兩兩橫觀天地萬物與古今歷史之變。濂溪則以人極上承太極，縱通上下；以中庸誠明之工夫，去邪暗之塞。橫渠則言太和，以縱橫通貫天人之道；以存神與敦化之兩面工夫，變化氣質之性。至程明道之直下言合內外而天人不二之一道，以識仁、定性，下學上達爲敎。又與橫渠之合天人內外之「兩」以爲「一」者，不同其思路。故明道于橫渠多有微辭。伊川承明道言天人不二，而重「敬義立而德不孤」，「敬以直內，義以方外」之旨；更于一心之內外兩面分性情，由性情之分，以別理氣；更開工夫爲內之主敬，與外之窮理致知兩者，以相輔爲功。則又是將明道之一本之道，重開爲二，則又有似橫渠之立兩以見一。唯橫渠之學初用心在天人之際，以存神知化、盡性至命，爲乾坤孝子，以成天人之縱通；而伊川之學，則初用心在性情理氣之際，仍意在承明道之學之「盡性至命必本于孝弟，窮神知化由通于禮樂」，以順通此心身之內外耳。

宋學至南宋，而有朱陸之分流。朱陸之學，乃緣周張之言天人之際，二程之言內外之際，而直下措思于一心中之明覺與天理之際。陸子發明本心，自近明道之言一本。陸子謂「孟子十字打開，更無隱遁」乃本孟子言「萬物皆備于我」之旨，以言宇宙卽吾心；亦猶明道之亟稱「孟子之發揮出浩然之氣，可謂盡矣」，乃本孟子之「浩然之氣塞乎天地」之旨，以言仁者之渾然與物同體也。朱子之主敬存養省察致知格物之功，以兼致中和，則明出于伊川之「涵養須用敬，進學在致知」之兩端並進之功。然伊川之學，亦原本明道之學，而朱陸之學亦自有通途。明代陽明致良知之學，緣朱子之格物致知之論轉手，而化朱子之知理之知爲天理良知，以還契陸之本心，則由陽明學亦可得此緣朱通陸之途。若詳論之，則朱陸與陽明之言爲學工夫，互有異同，宜相觀而善，不當只如羅整菴、陳清瀾及清之爲程朱學者，以程朱與陸王爲對壘；更當如明之東林學派與劉蕺山之求識其會通。吾此書之論朱陸陽明三賢之學，皆重述三賢之依心性本體，而有之修道工夫，則宜與吾原性篇文重在直顯三賢之心性本體之論者，及附錄之朱陸異同探原，重在直辨此中心性本體之問題者，合參而讀。陽明以後，良知之學遍天下，別而觀之，則大率不出「悟此良知或心性之本體卽工夫」，及「由工夫以悟本體」二流。此二流之別，亦並可說爲學者入門下手工夫之先後次第之別，更無不可通之矛盾。大率浙中之王龍溪，泰州王心齋、羅近溪，皆屬悟本體卽工夫之一流。浙中之錢緒山，江右聶雙江、羅念菴，則由工夫以悟本體之一流。又大率言由工夫以悟本體者，在江右之傳，恆于致知之外，兼重「格物」或「敬」之義，以通于朱子；而言悟本體卽工夫者，如泰州亦自另有其格物之義。至于東林學派，乃更重格物以明善之義，以補王學專言致知之失，更求會通朱子陽明之教。東林學派旣講求自家性命，亦關心天下世道，而重明是非、尚節義。劉蕺山旣感晚明王學之弊，亦以東林人雖多君子，而其是非未必皆能本于好惡之正，而倡誠其一己之好惡之誠意之學。此卽一攝動察于於穆不已之心性之本體之自存，以成一愼獨而致中卽致和之聖學。蕺山旣謂宋五子及陽明之學，皆謂其得其統于濂溪，更本濂溪之承太極而立人極之旨，以作人極圖爲人譜，歸宗于立人極。而宋明理學之傳由濂溪以至蕺山，其終始相生，如一圓之象，于是乎見矣。

至于明末之王船山，則上承張橫渠言客觀之天道，而重論民族歷史文化，更還重易與春秋二經之義。遂頗同于宋初儒者之尊尙此二經，及本春秋別夷夏之旨者。此又爲一終始相生如一圓之象。上之一圓，如宋明儒學之內城之圓，此則如外郭之圓。姑爲此二喩，讀者讀全書後自可見得。至于與船山並世之黃梨洲、顧亭林，則上接陽明朱子之學之流，下開清儒之學。此顧黃王與其後之學者，皆不同于宋明理學之儒，只重天理、性理、義理者。乃轉而重言天下事勢之理、古今文物之理；亦不專言內聖之學，而志在于外王之事功。沿此而有清代之顏李之重六藝、清代學者之重文字、器物之理、史學與經世之學。此則非吾書所詳及。唯綜論之于最後之二章，以見宋明儒學之流委。此卽本書之內容之大旨也。

## 三　論述方式

至于就此書之論述方式而說，亦與原道篇之爲「卽哲學史以論哲學」之方式無殊。所謂卽哲學史以論哲學者，卽就哲學義理之表現于哲人之言之歷史秩序，以見永恆的哲學義理之不同型態，而合以論述此哲學義理之流行之謂。旣曰流行，則先後必有所異，亦必相續無間，以成其流，而其流亦當有其共同之所向。唯此宋明儒除專門之著外，其所傳之語錄、書信，亦皆其心血所在，志業所存，而初無組織。故如何選取其要語，連屬爲論，大可人各不同。又此宋明諸儒，于先秦經傳旣所同習，于儒者相傳之義理，亦共許者多，其論學所用之名辭，復大率相類；故于其所陳之說，多初看亦似皆相差不遠者，如黃茅白葦，一望皆是。而人于諸家思想面目，亦最易混同而觀。今欲于同中辨異，其事不易。而自另一面言，則宋明儒者之並世而生，共坐論道，或以書信講學，又時有口舌筆墨之辯爭。其所以辯爭，蓋多由諸儒之氣質有殊，觀點有別，所欲捄正之學者之病、時風之弊，有所不同，而立言遂不欲雷同，而必「通其變，使民不倦」。此未必皆礙其百慮一致，殊途同歸。今欲于言之異者，會其旨之同，其事亦難。依吾平日之見，嘗以爲凡哲人之所見之異者，皆由哲學義理之世界，原有千門萬戶，可容人各自出入；然既出入其間，周旋進退，還當相遇；則千門萬戶，亦應有其通。故今本歷史秩序，以論此宋明儒學中哲學義理之流行，亦當觀其義理流行之方向，如何分開而齊出，又如何聚合而相交會；不先存增益減損之見，以于同觀異，于異見同，方得其通。然後得于此哲學義理之流行，見古今慧命之相續。故此觀同異之事，宜當循諸儒思想之先後衍生，而次第形成之序，由原至流，再窮流竟委，以觀之。如專于其流之既分異之已成處，加以對比平觀，則將只見思想義理型態之相對成別，以爲方以智之論述，其極固可至于在義理之世界，見天開圖畫；然尚未必能見其義理型態之相攝之通，而爲圓而神之論述，以極至于在義理之世界，如聞天音天樂之流行也。此二境固皆未及企及。然吾于此宋明儒之學，以先有平生涵濡浸潤之功，于論述之際，多順筆直書，不假一意安排，亦不須多言幫補，而時有王維詩所謂「遙愛林木秀，初疑路不同，安知清流轉，偶與前山通」之感。此則略得由方之異，以得圓之通之意。故吾望讀吾書者，亦須順文而讀，以得此義理之流行之趣。至于體之于身心，見之于行事，固治宋明儒學之最後之目標。依吾所見，此宋明儒諸賢之言，皆可分別對不同之氣質之人，于其工夫之不同階段，當機得其受用。更以世風之偏尚、學敝之所在，種種不同；其語皆足補偏救弊以爲廉頑立儒、與教成化之資。吾對其言，亦如顏回于孔子之言，初無所不悅。讀者若唯以求受用、應用爲歸，則其單文隻句，亦有可終身受用不盡，應用無窮者。莊子言「焦鷦巢于深林，不過一枝；偃鼠飲河，不過滿腹」，固無取乎多言。此則宜隨意直讀宋明儒之書，亦不必將其遺言，編列爲系統，如練兵排隊，翻成冒瀆之罪，亦非必讀吾之此書。吾書固亦不免將昔賢之言，編列排隊之罪也。原此吾之書之所以著，對吾之一己而言，乃由吾既嘗觀義理之世界之門戶之不同，又欲出入其中，冀得其通，更守其至約；亦使吾之心，得多所上契于昔賢之心，更無今古之隔。對當世之學風言，則吾之原道篇與此書之所以著，唯意在展示中國哲學義理流行之不息，以使人對此中國之綠野神州上下數千年之哲學之慧命相續，由古至今未嘗斷，有如實之觀解，以助成其亦將不息不已于未來世，而永無斷絕之深信。此亦卽吾書之論述之方式，必不安于只爲一機械排比之鹵莽滅裂之論，而必勉求如上所述之故也。

至于吾書之限極，則吾亦自知之。此論述之方式之本身，卽爲一限極。吾有所論述，亦必有所不論述，此亦成吾書之限極。此皆顯然易見。若尅實言之，則吾之論述宋明儒之每家之學，皆只提示吾所視爲有較特殊之承先啟後之哲學意義者爲止。然一家之學，固不以此而止也。又對此特殊義，吾亦多只略引其一二言爲據，未嘗于其言加以盡舉。再則吾于原道篇末，嘗謂宋以後之儒者爲守道明道而立敎，遂有種種儒學內部之辯，亦與佛敎及耶穌敎士有種種之辯。然今玆此書，則只略及朱陸之間、陽明與朱子間、陽明與同時之學者間、王門諸子之間之辯，及東林、蕺山、船山對王學之評論。其餘則未能一一加以詳析。對儒與佛耶二敎間之辯，及佛道二敎自身之發展，及其內部之辯，更未能及。

又吾書對各家思想之師友淵原，與時代問題之關係，亦幾全無所論述。此則由吾書原不全同世之哲學史，唯重在卽哲學史以見哲學義理之故。至于吾書之論述未當之處，為吾書之限極所在，又更不待言。要之，學問無窮，義理無窮，論述之方式亦無窮。莊子**齊物論**言「知止其所不知，至矣」。則論止于其所不論，亦至矣。至于讀者，若謂此吾二書已所論太多，正當求約，以化繁為簡，則吾此書更有後序一篇，以言將此書與原論之其餘五卷所述，及一切學術義理化繁為簡之道，亦可併此序，加以合觀，以為守約之資。癸丑四月唐君毅自序于南海香洲。

# 中國哲學原論─原教篇

## 第一章　北宋之儒學發展之方向

### 一　宋儒之經學與義理之學

中國學術，歷南北朝至隋唐之佛學之大盛，中國政治，歷晚唐五代之亂、北方夷狄之患；而有宋代之儒學之復興，以樹華夏文教之統之一大運動。由宋至明，歷六百年之久，而宋終之于元，明終亡于清。此整個言之，似仍爲一大悲劇。然自其中之學者所表現之明道、守道、辨道、殉道之精神，及其由此精神而有之對中國學術之發明言，則又精光四溢，通於千百世之上，亦通于千百世之下，而無所謂悲劇者也。

大率吾人本哲學觀點，以論宋明儒之學者，宜以周濂溪爲始。其故在濂溪乃以立人極爲宗，而直承易傳中庸之旨，以上希孔顏之學，爲後世所共推尊。然欲言宋學之淵原，則與其前或與濂溪並世之儒者之學，亦不可一筆抹殺。而由學術史之眼光觀之，宋代之儒學，亦次第發展而成。此亦當先加以通觀也。

宋學之初起，乃是以經學開其先。在經學之中，則先是春秋與易之見重，然後及于詩書之經學；再及于易傳、中庸、大學，及孟子、論語等漢唐人所謂五經之傳記；終乃歸至于重此傳記之書，過于重五經。此則始于周張之重易傳、中庸，二程之重編大學、並重論孟。伊川遂言「論語孟子既治，則六經可不治而明矣」（二程遺書二十五）；乃有朱子之編訂論、孟、大學、中庸，爲四書。後之學者重四書，而忽五經，更不重漢人唐人之注疏。直至明末清初，如顧亭林等，乃再重之。至宋學初起時所推尊之先賢，則初爲唐之韓愈、文中子、更上及于揚雄。司馬光、邵康節尤尊揚雄。邵康節以皇、帝、王、霸言政，以秦漢以來之政，皆承五霸而來。蘇軾乃譏揚雄爲以艱深文淺陋。張橫渠理窟自道篇，乃以揚雄王通不見道，韓愈只尚閑言辭。二程更貶漢唐儒者，謂荀揚非韓愈所謂大醇「而是大駁」（遺書十六），又謂「韓愈之學華，華則涉道淺」（二程遺書六）程子于文中子之「古之學者聚道」之言，則謂「道如何聚得?」（遺書十七）程子于揚雄則譏其「規模狹窄，言性已錯，更何所得?」（遺書一）由此而程子遂直以顏曾思孟，爲孔學正宗。朱子既承程子，而推尊顏曾思孟，更以漢唐之政，爲牽補過日。乃爲永康永嘉之葉適陳亮所不滿，謂孔子之道不應單屬曾子之傳（葉適習學記言），二千年之間亦不應有眼皆盲（陳亮與朱子書）云云。然此朱子之論，亦由宋初之重漢唐儒者之論，逐漸演變而致。至于宋代儒者之論哲學義理，則自始不願自附于佛。然與道家之學術之流，又初頗相接近，然後漸歸于純正之儒學之傳。若自宋儒所論之哲學義理而言之，則初重：觀乎歷史，觀乎天地；然後有邵康節之「觀乎天地，以見聖人」（皇極經世卷五，嘗本此揚雄法言語，以言欲知仲尼，當知天地）；更有二程之「觀乎聖人，以見天地」；（二程遺書外書十一）朱陸之特重「觀乎心性，以見聖人」。今若專以宋明儒所重之心性之學言之，則始于疑荀子之言性惡，然初仍信揚雄善惡混，與告子之性無善惡之論。後乃及于信孟子之性善之論。于此心性之說明，則初未將心性與氣情欲等分別而論。程朱乃別此心之性于情，以理言性。陸象山更于此心言本心。明之王陽明，乃于本心中指出良知。至劉蕺山，又于良知中指出至善之意根。此整個言之，乃于此心性之義，次第加以抉擇、揀別，以向于精微。下文即擬本此上所述數端，加以交織而論，以先通觀宋明儒學之發展。

于宋代儒學，宋元學案蓋本朱子言程伊川有「不敢忘三先生」之語，及黃東發日抄論宋學淵源于三先生之論；（參考宋元學案之東發學案）故首列三先生之三學案，即安定（胡安定）學案、泰山（孫明復）學案、徂徠（石介）學案。此三先生，乃在野而講學于下者。次爲高平、廬陵兩學案，述歐陽修、范仲淹之學。此乃取于歐、范在朝，能獎勵人才，端正學風。于蘇氏之學及王荊公之新學，則列于卷末，視同雜學。然蘇東坡兄弟與王荊公，固皆受知于歐陽修者也。宋元學案在廬陵學案之後，有涑水學案，與百源學案，述司馬光、邵康節之學。司馬光邵康節，乃朱子所推尊之六先生之一。此諸人中，司馬光、蘇東坡兄弟，及王荆公，皆與周張二程並世。宋元學案述胡安定之講學重經術，故錄其說論語春秋之語數則，更記其著有易書與中庸書。今按四庫全書總目提要有倪天隱周易口義，即謂是記安定所講者；又有安定所著之洪範口義，然非講書經全書云云。宋元學案于胡安定弟子徐積，更特錄其辨荀子性惡之文。至孫明復講學泰山，則著春秋尊王發微。石介從之游，而闢佛爲夷狄之教，又極尊韓愈孟子之闢異端，並稱文中子與揚雄。此即證吾上所謂宋學之起，乃由春秋易之經學而起，于昔賢則由推尊韓愈、文中子、揚雄而始，于心性之論，則由斥荀子性惡之論而始也。

此宋學之始于講春秋與易，亦猶漢代經學之以易與春秋爲大宗。然由漢至晉，講春秋者，有三傳之家之分。三傳中之公羊學，雖有內諸夏外夷狄之義，然亦有由夷狄進至于爵之義。左傳中雖有「義深君父」之旨，而杜預亦言「弑君稱君，君無道也」。唐啖助、趙匡講春秋，乃廢傳尊經。孫明復之春秋尊王發微，則專重尊王攘夷之義，謂春秋自隱公始者，「以天下不復有王也」。故又謂春秋之書，乃聖人誅罪貶惡之書。宋元學案泰山學案附錄中有王得臣，謂孫明復之春秋書，以「凡經所書，皆變古亂常，則書」。故曰「春秋之書，有貶無褒」云云。朱子謂孫明復書「推言治道，凜凜然可畏」。此即見其書乃依一極嚴格之政治上之理想主義而作。其重尊王之義，乃重「天子之有道」，使夷狄不得亂華夏。此猶今所謂文化的民族主義之精神。孫之弟子石介繼之，而闢佛爲夷狄之教，兼斥信佛之文學家楊億之「淫巧浮僞之辭」。（宋元學案泰山學案）此石介之言，更爲峻厲。孫明復、石介之學術造詣，較胡安定爲如何，蓋亦難言。宋人之爲春秋學者，後之胡安國，當更爲大宗。然在宋學草創之時代，則蓋必當有如孫明復、石介之堅苦剛介，而無所假借，重辨是非之精神，以導夫先路。宋代之史學中，如歐陽修之爲新五代史、新唐書，皆寓褒貶。司馬光之資治通鑑，始于春秋以後事，亦意謂春秋以後之治亂之事，足資今世之治之鑑。此皆未嘗無春秋辨是非之精神之貫注。以整個之學術而論，宋人之史學，自亦有邁越前代者在，而溯其原始，則亦可說卽在此宋初三先生之春秋學也。

宋元學案載胡安定亦講中庸與易，不知其如何講法。然安定蓋以其爲人師而見稱，未必于經學特有所宗主發明。宋人之言易者，歐陽修有易童子問一書，于易傳之文，有所解釋。然歐陽修不視易傳爲孔子之書，並以爲易傳之文，多「自相牴牾」，「自相乖戾」，「大抵學易者，莫不欲尊其書，故務爲奇說以神之」，「曲爲牽合而不能通」。邵康節之取陳摶、穆修、李之才之所傳之學，以成其易學，則更大別于漢人所傳之易學。此外，則司馬光亦有易說之書，然又仿太玄爲潛虛。此與南宋蔡沈之洪範皇極、明黃道周之易象正等，皆各自成一套之象數之學，以觀天地之變易。宋儒之能實得易傳之意，以論易道易理，而不拘拘于易之象數，亦不另造一套象數論以代之者，則為濂溪與橫渠之會通中庸與易傳所成之易學。凡此宋人之易學，皆可謂繼宋人之春秋學與史學而興。由宋人之易學，多自成一家言，則其易學之爲經學，亦同時爲子學也。

宋人之經學，乃先重春秋、易之學，而漸及于詩、書、禮之學。歐陽修修史，而未講春秋經，于易傳亦有疑。然嘗爲毛詩本義。歐陽修原爲文章之家，其論及詩之經學固宜。歐陽修所拔取之蘇氏兄弟中，則蘇軾嘗爲易作傳，乃一任己意爲之。朱子嘗斥之爲雜學。然東坡又爲書傳，朱子嘗以爲書傳中最好者。蘇轍嘗爲詩集傳，其疑詩小序，在朱子之先。後呂祖謙更爲書說。至邵康節之皇極經世，乃平列易、春秋、詩、書四者，爲聖經。康節于經，最重易，次爲春秋，然其皇極之名，則固取諸書經也。周濂溪、張橫渠及二程，則雖仍重易，然其言亦多徵引詩書之語。濂溪本書經之「思曰睿」言學聖工夫。明道則謂聖人用意深處，全在繫辭，詩書爲格言（遺書二言），然明道則深契于詩經「維天之命，於穆不已，於乎不顯，文王之德之純」之言，及書經言人心道心之語。周張二程，又皆重禮樂。濂溪之通書，橫渠之正蒙，並有論禮樂之章。明道未爲經注。伊川易傳亦未成書。二人亦皆無意爲經學家，亦不同于康節、橫渠、濂溪之各自著書，如諸子之成一家言者。明道伊川唯以口講與教，重下學上達之功，尤重興禮樂之化。故伊川爲明道行狀（伊川文集卷七）謂明道之學，以「盡性至命，必本于孝弟；窮神知化，由通于禮樂」。更謂其學與明道同，後人求其學，卽可求之于其所爲之明道行狀云云。（二程遺書，附錄伊川先生年譜）故二程語錄中多言及禮樂者，如謂「理義以養心，禮樂以養其血氣」（遺書外書七）。明道並嘗欲爲樂書。朱子嘗疑其此書如何可作。程子于詩書易春秋四經，則嘗言詩書易，聖人之道備矣，春秋聖人之用。」（遺書外書九及遺書二上）此無異謂詩書易之學，當爲春秋之學之本。其時之王安石，爲三經新義，有詩書禮，更無易與春秋；傳其嘗以春秋為斷爛朝報云。此皆可見宋代之經學，先重在春秋、易，而後乃漸重詩、書、禮也。蓋春秋重辨史事之是非，易重天人之道，而詩之言志，書之紀言，禮主行，樂主聲，則皆切于人之性情與生活者。書經之二帝三王之道統之傳，則為理學家之言聖賢心法或內聖之學所重，亦為永嘉永康之言事功與外王之學者之所重。至于對經之傳記，則歐陽修、蘇東坡、周濂溪、張橫渠皆重易傳。濂溪、橫渠更以中庸、易傳合參。此皆要在言天人之道。明道伊川乃重大學、論語、孟子。伊川更明言「先讀論語、孟子……先識得義理，方可看春秋。」（二程遺書十五）南宋之陸象山，則特重孟子。朱子則尤重大學與論語，故其語類中以論語、大學之問答為最多。孟子重心性。大學之教，重格當前之物，而致其知。論語則重在日常生活中之言行上指點。此皆正較易傳、中庸之言天人之道，偏自廣大高明處去說者，尤切近人之心知性情與生活。後王陽明言良知之是是非非，亦原是人人當下所可自得，而切近于其日常生活之學。宋明儒于五經，由重易、春秋，而重詩、書、禮，于傳記，由重易傳、中庸，而重大學、孟子、論語。此即由重歷史是非之評判，天道人道之互參，而趨向于以人之性情與生活，為學問之中心。然陽明之學亦自有其高明之一面，而王門諸子更多喜向上推說。至晚明之王船山，則又再大重易傳、中庸之書，及易與春秋二經之旨，以論天人之道，古今歷史之變。此則又如再回到宋初之重易與春秋之學之精神矣。

## 二、歐陽修之本論，王安石、蘇東坡之性論

歐陽修既擅文史，亦論及中華文教之復興之道，及人性之問題。歐陽修爲本論，（文集卷十七）論佛之所以入中國，由中國之「王政闕、禮義廢」，「佛所以爲吾患者，乘其闕廢之時而來」。故今唯有「補其闕、修其廢，使王政明而禮義充，則雖有佛，無所施于吾民矣」；又謂「漢之時，百家並興，董生患之，而退修孔氏。故孔子之道明，而百家息」。故謂「禮義者，勝佛之本也。」其本論下更謂「今佛之教，患深勢盛，難與敵，非馴致而爲之，莫能也」。此卽謂只如石介之論，不足以闢佛。唯有反求諸己，以自補闕修廢，乃能自然勝佛。此正爲後之宋儒所以竭力于發明儒學之故。故程子亦謂「釋氏盛……自難與之力爭，唯當自明吾理，吾理自立，則不必與彼爭」。（遺書二上）歐陽修之此文，亦可謂開風氣于先者也。

歐陽修于本論下，並論及荀子性惡之說，自謂初信其說，「及見世人之歸佛者，然后知荀卿之說謬」。其下文更言人之歸佛，乃由佛有爲善之說，此卽見人之性自好善云云。今能「使吾民曉然知禮義之爲善，則民自相率而從此禮義之教。」此卽謂不可如荀卿之只言性惡，當順人之慕佛之爲善之心以導之，使其知禮義之爲善。此歐陽修之非荀子性惡之說，與徐積之斥荀子之論同。然其自謂由見人之慕佛之爲善，方知人性非只是惡，則見其初非眞先自得于儒者言性善之義者。其言人知慕爲善，亦未嘗確立人性善之旨。故在其答劉敞之問，又曰：「以人性爲善，道不可廢；以人性爲惡，道不可廢；以人性爲善惡混，道不可廢；以人性爲上者善、下者惡、中者善惡混，道不可廢。然則學者雖毋言性可也」。(宋元學案之廬陵學案附錄引劉敞公是先生弟子記)此卽見歐陽修所重者，唯是修道之事，而不重言性，更未嘗確立性爲善之義也。故劉敞公是先生弟子記下文更非之曰：「仁義，性也。情者，禮樂之本也。以人性爲仁義，猶以人情爲禮樂也。非人情無所作禮樂，非人性無所明仁義。性者，仁義之本；情者，禮樂之本也。聖人惟欲道之達於天下，是以貴本。今本在性而勿言，是欲導其流而塞其源，食其實而伐其根也。」此劉敞之論，明較歐陽修之論進一層，故以仁義禮樂之道之本在性情爲說。歐陽修之學，蓋只及于中庸所謂「修道之謂教」之一句，而尚未至于「率性之爲道」之一句也。劉敞之言，則漸進至此一句矣。然劉敞「以人性爲仁義」之一句，乃告子之言。其言人性爲仁義之本，涵仁義爲人性之末之意。此又尚無後之宋明理學家以人性卽具此仁義之旨，更未及于人性之原于天命之旨，以識得中庸所謂「天命之謂性」之一句也。

王安石蘇軾，皆初出歐陽修之門，並是一世之奇才。安石于文章政事之外，亦能論學。其文集中，亦有原性一文。此文首稱孟荀楊韓之四子，爲古之有道仁人。又謂其論性，乃以「性者，有生之大本」。此可謂能知歐陽修所謂中華文教之本，乃以性爲大本，而更能知本矣。然王安石于孟、荀、揚、韓之說，尚有所不以爲然，而以孔子之言，爲其所安。其所謂孔子之言，則以論語之言「性相近，習相遠」之說，及易傳之言太極者，並爲孔子說。故又謂韓愈以仁義禮智信之五常言性，尚未能推本于太極。自太極言性，則性超善惡之上。故孟荀之言性善性惡者，皆未及于性之本之在太極者也。王又謂善惡乃依情依習而立之名。揚雄之言性善惡混者，亦只是情習上事。故謂「夫太極者，五行之所由生，而五行非太極也。性者，五常之太極也，而五常不可以謂之性。……夫太極生五行，然後利害生焉；而太極不可以利害言也。性生乎情，有情然後善惡形焉；而性不可以善惡言也」。又謂人情有「怨毒忿戾之心」，爲荀子言性惡所據；人情亦有「惻隱之心」，爲孟子言性善之所據。而此二者，則皆「情之成名而已」。至于人之知此善惡與否，則有所謂智愚之分，以至有上智下愚之不可移者。此王安石之以性爲超善惡、善惡之名依情立，乃意在正名，並謂正名爲聖人之敎云云。此其原性篇之大旨也。

今觀此安石之溯五常之性之原，于其所謂太極之性，于此更謂此性之不可以善惡名，朱子語類嘗以之與後之胡五峰之以「性不可以善惡」名之說並稱；因其並是超善惡之相對以言性之思想也。其以性原于太極，與濂溪太極圖說之論，亦相似。蓋皆可謂能知性之原于天，而似幾于中庸之言「天命之謂性」之旨矣。然安石以善惡依情而立，則善純爲後天之名。其只以天之太極，爲五行之本；太極之性，爲仁義禮智信五常之本，則又尙全未識濂溪所謂「五行一陰陽，陰陽一太極」，太極在五行之中，性卽在五常之中之旨者。至對性與天命之關係，更爲王安石思想之不及。王安石嘗謂「天命不足畏」，其天命乃外在之命運；則固不能言其知中庸「天命之謂性」之旨也。至于後如胡五峰之言性爲天地鬼神之奧，王龍溪之言性之無善無惡，並是自心或良知以見性之超善惡之義說，更與安石之由天之太極之無善惡，以言人性之原無善惡者不同。唯自思想史之發展而觀之，則安石之言性爲有生之大本，而溯其原于天，自亦較歐陽修、劉敞之論，爲又進一步矣。

與安石同時之蘇東坡，亦文才蓋世。其所爲之書傳，爲朱子所稱。其所爲之易傳，則爲朱子所評斥。然亦見朱子之重其言。今于其易傳之文，可不討論其是否合原經之旨，而可唯視之代表其思想之文以觀，則東坡之言性之溯原于天道，與王安石正同。而其以性爲「卒不可得而言」，則又不只于以性不可以善惡言爲止；而是以此性之眞，爲超出人之一切名言所及者之外。人于此性之表現之可見者，固可有言；然以「可見者言性，皆性之似也，非性之眞也」。至于此性之眞所在，則只可由人爲善爲惡之事，所不能更加消除之處，以反顯之；而不能正見之，正說之，則性終不可正言。故曰：「君子者日修其善，以消其不善；不善者日消，有不可得而消者焉。小人者日修其不善，以消其善；善者日消，有不可得而消者焉。夫不可得而消者，堯舜不能加焉，桀紂不能逃焉。是則性之所在也」。又曰「性之所在，庶幾近之，而性卒不可得而言也」。東坡之自不可消者之所在，指爲性之所在，不能謂其無所見。旣自此不可消者之所在，指爲性之所在，則可以見此性之爲天之所命所令。故曰「聖人以爲有性者，存乎吾心，……又推其至者，而假之曰命。命，令也。君之命曰令，天之令曰命。性之至者，非命也。無以名之，而寄之命耳」。此言性之至者曰命，卽言人生于天，其性之不能消、不能去，而極至無可移，只有加以承奉者，爲天之命。此卽可用之以釋易傳之「乾道變化，各正性命」之言，與中庸「天命之謂性」之語矣。此王安石之言性所不及者也。然東坡以不能消者言性，謂小人爲不善，則其所不能消者，當指人之性之善之處。故東坡又著荀卿論，（東坡文集卷七）深責荀子：「桀紂，性也；堯舜，僞也」之性惡之說，謂其必致「李斯以其學亂天下」。其責荀卿之言性惡，固與徐積、歐陽修之論同也。然其所謂「君子修其善，不善者日消，不可得而消」者，又爲何物乎？朱子謂其所謂不可得而消者，「則疑若謂太極本然之至善」，又謂其實是「特假于浮屠，非幻不滅，得無所還」者，而爲是說。然就蘇氏之文而觀，蓋未必卽有此二意。今于其上下文，對稱而觀，則其謂小人不可消者，是性之善；則君子之不可消者，似當是性之惡。則蘇氏之說，卽當歸于揚雄善惡混之說。然今于其上下文，不對稱以觀，則君子之所不可消者，亦可是超善惡非善惡之性。觀其後文評孟子之說，謂「善、性之效也。孟子未及見性，而見其性之效，……猶見火之能熟物也」。此卽謂性爲超善惡之言也。謂性超善惡，善唯是性之效，此正類王安石之以性超善惡，而以善爲依情而立之名也。善既是性之效，則修善以消不善，卽性之效之善。則其所謂不可消者，蓋當是說：卽將不善消盡，仍有超于善惡之上之性之自在。此性之自在，乃由其不屬消上之事，而見其不可消；亦唯由其不可消，以反指之，而終不可正面言之。則此蘇氏之言性，卽當是由性超善惡，以言性之自身非善非惡、無善無惡之說，而與王安石之論大同者，然亦未必卽朱子所謂浮屠非幻不滅之說也。

此王安石與蘇東坡之言性，皆指向于一超善惡之性而言之，而東坡更謂性之終不可言。此則近于一般之道佛二家之言性，趣向于超道德境界之觀照境界，與文藝境界者。此卽二人之所以皆爲文章之雄，亦皆深契于道家之學。王安石雖志在功業，然其初爲三聖人之論，固以學伯夷之聖之淸，而近道家者，爲學問之本也。東坡之近道家，更不必論。二人之論性之善惡，自情習上言，自性之效上言，卽皆不知情出于性，性之效用出于性之體，亦不眞知性善之義。此則必至周張二程，方能有此更進一步之見者也。

## 三　司馬光著潛虛之旨趣

與王安石、蘇東坡及周張二程並世者，有司馬光與邵康節，爲較近于純儒。故二人並爲二程與朱子所稱。司馬光之爲人，篤實正大。論學則亟稱揚雄，故倣太玄著潛虛。其潛虛首言「萬物皆祖于虛，生于氣。氣以成體，體以受性，性以辨名，名以立行，行以俟命。故虛者，物之府也；氣者，生之戶也；體者，質之具也；性者，神之賦也；名者，事之分也；行者，人之務也；命者，時之遇也」。此以虛氣爲萬物之本，頗似張橫渠之說，乃兼通道家之重虛，及漢儒重氣之論，以爲本。司馬光謂有虛、氣、體，乃有性、名、行、命，則性命皆後體而有。又命純自遇上言，則不能連命以言性，亦不能如橫渠之直就虛氣以言性命，更不能如二程朱子之直就理以言性命。其所謂虛氣體，蓋指自然世界中之天之虛氣與形體。人則依其形體而有性，有名言、有行爲，更有其所遭遇之命。故其潛虛行圖之第一圖，卽言人在歲、月、時之始，爲好學力行之事，乃其智與道德之始；而任人則爲治亂之始。此則類似揚雄于人性之善惡混者之中，教人「修其善者以爲善」之說。其潛虛之著，亦自有一構造組織之功。然其整個理論，唯建基于一道家或漢儒之自然主義之宇宙觀或天道觀，以人之性、名、行、命，乃後于天之虛、氣、形而有者。其所倡之學，亦整個是一「後天而奉天時」之學。其言性，則謂「才不才，性也」。又謂告子之無善不善指中人，性之生而善惡異者，如瞽叟生舜，舜之生商，均不可移。卽見其爲主性三品說者，故非難孟子性善之說。司馬光于心性之論，固甚粗疏。其言行固可法，程子嘗謂其「忠孝誠實，只是天資」。（二程遺書二上）唯程子又謂其患「思慮紛亂不定，而常以「中」爲念。」（遺書二上）則又見其未嘗不有一內心之功。其所著書，除資治通鑑之外，于潛虛一書，最爲自負。揚子雲爲太玄，韓愈謂後世有揚子雲者當好之。司馬光則自謂好揚子雲者，更言後世亦當有好其潛虛者。吾則對此二書，皆愧未能好，然亦不謂其無構造組織之功。讀者如有興趣，可讀宋元學案、涑水學案所載之潛虛。此外，司馬光所著書有關義理之學者，又有注太玄八卷、注揚子十三卷、文中子一卷、易說三卷、注繫辭二卷、注老子道德論二卷、大學中庸義一卷，足見其非忽義理之學者。然其易與大學中庸之注，皆不爲人所重。二程遺書外書十二記「溫公作中庸解，不曉處闕之。或語明道，明道曰闕甚處？曰如強哉矯之類。明道笑曰：由自得裏，將謂從天命之謂性處，便闕卻。」由此記亦可見明道言之風趣。今觀溫公之潛虛，由虛氣體方有性，再由名行方有命；又將此性與命分開，更不識性善之義；誠將于中庸之第一句「天命之謂性」，便差闕也。司馬光講中庸大學與易之義，蓋不特不可與周張二程之言人性天道，能上達義理之高明與精微者，相提並論；亦與同時之邵康節，能由此後天之學者，以轉手至其所謂先天之學，尚不足以相提並論也。司馬光雖爲史學之大師，然在義理之學，則猶是侏儒。然自思想史之發展而觀，則司馬光能由一自然主義之天道論上，求立人道，以揚雄爲法，而著潛虛；亦自是宋儒之學，由唐之韓愈文中子，而上溯先秦儒者之論之途中，所當經之一環節。今亦不可對其地位，一筆加以抹殺。更不可以謂其書有道家之義，即謂其非儒。如二程雖反佛老，然明道亦謂佛有「敬以直內」之義，伊川亦有取于老子言「玄牝之門，是謂天地根，綿綿若存，用之不勤」之語也。故程子雖不慊于司馬光與邵康節二人之學，仍嘗謂「某接人多矣，不雜者三人，張子厚、邵堯夫、司馬君實」也。（遺書二上）後之朱子語類記朱子語，乃謂堯夫爲雜，唯周張二程爲純。蓋此純雜，亦程度之分。若以周子之取于由道士所傳之圖，橫渠之重言天之太虛，謂其雜道家義，亦可謂之雜也。實則觀一家思想之義理純否，只當觀其能否自相一致。能自相一致，則未嘗不純，而雜亦正所以成其大也。

# 第二章　邵康節之易學與心學

## 一　邵康節皇極經世書歷史地位

邵康節與司馬光同稱楊雄，上文已言司馬光嘗注老子、著潛虛，以虛為萬物之祖。邵康節則嘗言：「楊雄作元（太玄）可謂見天地之心者也」。（卷八上）其于皇極經世書卷八下稱「老子得易之體」，與孟子之善用易者對言。卷五引老子「我無為而自化」語，而謂之「聖人有言」云云；其于孔孟荀所言王霸之道上，加皇道、帝道，亦出于莊子管子；又稱「莊子雄辯，數千年一人而已。」康節更取揚雄「觀乎天地，則見聖人」之言，謂「欲知仲尼，當先知天地」。（皇極經世卷五）楊雄作太玄擬易，司馬光作潛虛，唯以擬太玄。在康節之易學中，則其六十四卦之排列次第，雖近太玄之八十一首之排列次第，然其易學，則大有進于楊雄，亦大不同于漢易。邵康節受學于李之才。李之才之學，謂傳自陳摶。康節之皇極經世書以漢易所傳之易圖，只是文王之後天圖，此外更有伏羲之先天圖；由此以言八卦、六十四卦所自生之太極、兩儀、四象。此則不僅求超過漢易，亦欲超過現有之易經之卦爻文中之所有，以更探此易之原，以成其觀天地、觀萬物之論。其皇極經世一書，不只可用以觀天地之一年之時序，亦可用以觀古今之世運。故其書兼將由皇、而帝、而王、而霸之史事，亦排列于其依易理以言古今世運之論中，而成一套歷史哲學；再由觀物之道，以及于人之盡性至命之道。此則不同于司馬光之以資治通鑑述史，以潛虛言天人之道，二者互不相涉者。故吾人亦可謂宋學發展至邵康節，而于其先之宋人所尚之春秋之經學與史學，皆攝入于一大哲學系統中而論之。在邵康節之觀天地萬物之論中，並及于天文、曆法、算數、律呂聲音之唱和等。此即漢代易學原所重之問題。康節書將過往之史事，排列于此世運之中，以藏往，亦可用之于占卜以知來。如後人之河洛理數之書，即本康節書而作，用以算命與占卜者。此即入于術數。康節言數，固在言「天下之數出于理」。程伊川亦謂「堯夫之數法，出李挺之，堯夫推數，方及理」（二程遺書十八）故康節亦謂「世人以數而入于術，故失于理也」（卷七下）然亦固知言數亦可入于術也。故後之朱子仍謂康節之學爲術數。（語類九九卷）邵康節之有其先天圖之易學，則由其學于李之才，而得道教之思想之傳。此傳，可上述至漢末魏伯陽之參同契。故此康節之學，其來源與性質，皆似甚爲駁雜。故程子謂「堯夫道偏駁」（遺書七）「于儒術未見有得」。（遺書十）後人對之之毀譽亦不一。司馬光及二程，皆與康節友善，然皆學不相師。明道嘗謂康節「欲傳其學于某兄弟，某兄弟那得工夫，要學須二十年。」（二程遺書外書十二）而伊川于康節，更多微辭。後之朱子，爲易學啟蒙，乃盛稱康節之易學。皮錫瑞易學通論謂：元陳應潤作爻變義蘊，始指先天諸圖，爲道家借易理，以爲修煉之術。吳澄、歸有光亦不信圖書。明清之際，毛奇齡作圖書原舛，黃梨洲作易學象數論，黃晦木著圖書辯惑，乃大評斥康節之易學。清初胡渭易圖明辨，及後之張惠言易圖條辨，皆詳考康節之易圖，周濂溪之太極圖，以及後之河圖洛書之說，並出于道教之傳，皆非儒者之易學。然學術思想之相互攝取，原爲人所不能免。宋儒之學，初原有取于道家者流之論。以學術史而觀，則清人所宗之漢易，亦固取于陰陽家之說，而非易經與易傳之所原有。實則卽易傳之思想，亦非卽原始之易經中所具有之思想。則邵康節之易學，有取于道教之傳，與周濂溪之太極圖，初原自道教，皆未爲不可。至于邵康節之學，是否以其來源之多，卽歸于駁雜，則依吾人前所說，當看其思想義理，有無一定之線索，而自相一致以觀。至其學在歷史之地位，則當與其前與同時之學，加以比較而見。依上文所述，則康節之學之歷史地位，當說在由漢人之卽卦言之易學，以上探，而求知易卦之原始；更自成一套易學，以論天文曆法音律，而以之代替漢人之易學所爲天文曆法音律之論；同時將宋初所傳之春秋之學、歷史之學，與易學，打併歸一，而特稱易爲順性命之理之書，春秋亦循自然之理而盡性之書。（卷八下）然康節乃以易爲春秋之本。其思想在儒道之間，而先求知天；則其本意，在「觀乎天地以見聖人」，亦卽由知天以知人，而援道以入儒。此亦不僅康節如是，卽濂溪之太極圖說，先論太極，後及人極，與橫渠之先言天之太和，以太虛與氣言道體，亦同爲由知天以知人，亦皆有援道入儒之意。唯康節于道教所傳之圖書，所取者更多，其思想與生活情調，皆更近道家耳。

## 二　邵康節之象數之學

至于就康節之學之內容而論，則皇極經世一書，爲其學術思想之代表。至其所爲之詩，則爲其學術思想之自得處，而表現于其生活情調者。至傳爲其所著之漁樵問答，則黃震日抄已疑非其所自著，其中之義，已皆見其皇極經世書中之觀物內外篇中。其皇極經世書之標皇極之名，出于尙書，乃大中之義。經世之名，原是以「以元經會，以會經運，以運經世」之約減。簡言之，卽經世運以言一大中之道也。

皇極經世書先言世運，後方有觀物內外篇。然宋元學案，則先錄其觀物內外篇與漁樵問答之文，而後述其言世運之論，更附以梨洲兄弟等之評論其易圖之非之文。此則將其學之首尾，加以顚倒。今旣述其學，不先言其所長，而逕加非毁，亦非吾今玆之論述昔賢之學之道。此康節之皇極經世之書，前數卷，皆是排列易卦易數，于歲歷與歷史之世代中，成種種之表格，不免使人見而生畏。然今本明黃粵州註釋之皇極經世緖言，（四部備要本）略加披覽，亦不難得其用心之所在，見其易學之根本觀念，實亦甚簡單。並非如明道所謂必學二十年而後解也。

此康節書之用心之所在，卽在以易之八卦系統，代替漢代易學中之五行系統，以論天文、曆法、音律與歷史之變。此易之八卦，原可分爲兩兩相對之四組，更觀此爲兩者之相易、相化，而統于一道、一太極；卽可由物之形體象數，而更超此物之形體象數；見此吾人之有形體象數之「身」，「一身還有一乾坤」；卽「能知萬物備于我，肯向三才別立根」；而觀彼「天向一中分造化，人於心上起經綸」（皆見觀易吟）。一切造化皆在一中，而萬物之形體象數，亦皆一心上之經綸。由此而有康節之學之自得自在之一面，表現于其詩者。康節喜言其「先天之學，心也。」（卷七下）然必先觀乎天地，乃知有此能觀之心；而觀乎天地，則須先經此以易卦、易理，囊括天地萬物之一思路。康節遂有其一套複雜之說法矣。

此易卦易理，如何可囊括天地萬物？此由漢儒之易學，原有一思路。卽將天地萬物，放在易卦所表之歲時之始終歷程中看。天地萬物之自身之種類，無論如何不同，在此始終歷程中看，則其消長生死，卽統于歲時之周而復始之一縱的圓圈之中；而人卽可以此圓圈，加以囊括，而自升其心靈于天地萬物之上。此歲時之成，乃依于天之日月星辰之輪轉。故日月星辰之輪轉之空間上所形成之圓圈，卽歲時所經之時間上的圓圈，而皆爲易卦所表。然此中有一問題，卽日月星辰之運行，繞天一周，所經時間，各不一致，亦不成一定之倍數。如年有歲差，而有閏日，月亦有閏月。五星之金木水火土之繞天一周，其所經之年月日亦不同。今如何加以配合對應，卽成天文曆法之學一專門問題。然此日月星辰之運行于天，無論其運行速度如何不同，歷長時間，終當有其同在一經度、一緯度上交會之時。今尅在其交會之時，觀其交會，則可得其配合對應之道。此中之重要之點，在人能自立一參考系統，以表狀此日月星辰之交會之時間與空間。此參考系統，原有多種之可能，如五行系統與八卦系統，即初不同。楊雄之太玄，與其他漢代易學家之系統，亦不同。邵康節，則爲能依易卦，以自形成一系統，而其所用之基本觀念，又爲最簡者也。

此邵康節之系統之基本觀念之所以最簡，在其初只有一陽爻一陰爻所表之動靜二觀念之相對，是爲兩儀；而由其次第自相交，即衍生四象、八卦，與六十四卦。陰爻表偶數，陽爻表奇數。奇偶之數，次第自相加乘，卽可衍生一切數。此康節之由陰陽二爻，相對爲兩儀，次第自相交，以衍生之四象之說，自不必是易經所謂兩儀四象之原義。其所謂先天圖之八卦方位，亦不必合于易經易傳中，原所謂八卦方位之義。其依先天圖之八卦方位，而分爲數往而順行、與知來而逆行之二組，更將六十四卦，亦分爲此二組，亦皆不合于漢易之傳。其以乾坤二卦，及其中爻互交而爲坎離，爲四正卦，卽與孟氏易之以坎離震兌爲四正卦之傳不合。胡渭考其乃原于參同契之鍊丹之圖。又邵氏依其所謂六十四卦之衍生之序，所排成之六十四卦之圓圖與方圖，亦與孟氏易之六十四卦之排列之序不合。然亦與易圖明辨卷三所載，參同契金丹鼎器、藥物火候、萬殊一本之圖，及易圖明辨卷九所載之李挺之之六十四卦相生圖，皆不同。則又不能謂康節之易圖，純由參同契與李挺之道家之學而來。今觀康節之所謂先天圖，爲乾南、坤北、離東、坎西、震東北、兌東南、巽西南、艮西北；此自是意在由此方位，以表八卦之兩兩相對，而于此相對中，見其可相交，以成其相易相化。其分八卦之爲順行、逆行之二組，卽所以表此相易相化之歷程。此明較後天圖之方位，尚不足見此兩兩相對者，與易傳「帝出乎震、齊乎巽」一節言八卦之行，只有一次序，而無順逆二次序之兩兩相對者，爲有所進。其所進者，則正在于此兩兩相對之中，人更易見此「天向一中分造化」，乃「由此兩兩相對之『中』」，兩面展開，以次第造、次第化」之歷程。是卽康節用以囊括天地萬物之圖所由成。其圖卽將此次第造、次第化之經綸，表之于圖。圖由人心作，故此經綸亦卽一心上所起之經綸。故康節言其「先天之學，心法也，故圖皆從中起，萬化萬事，生乎心也」。（卷七上）

依邵康節之易學，**其基本觀念，初只有陰「- -」陽「—」二爻所表示之動靜**。由陰陽爻之自相交，而有「⚌」「⚍」「⚎」「⚏」之四象。四象各有陰陽，而成八卦。陰陽之在天者，名陰陽；在地者，則名柔剛。分天之陰陽，爲太陽、太陰、少陽、少陰；分地之柔剛爲太剛、太柔、少剛、少柔，卽可各以八卦之一表之。而天上之物，則日象太陽，月象太陰，星象少陽，辰象少陰；地上之物，則水象太柔，火象太剛，土象少柔，石象少剛。康節又以天之寒暑晝夜，人物之性情形體，及皇帝王霸之政，與天之日月星辰相配。更以地之風雨露雷、物之草木飛走，及詩書易春秋四經，與火水土石相配。此種配應之說，顯然類似漢儒五行配五物之論。此只能取其所象徵之意義，不必如黃宗炎之更問：「何天無霜雪雷雹虹霜也？地無城隍田井海岳都鄙也？」（宋元學案百源學案下附錄）此只表示康節欲以四象之論，代替漢儒五行之論，而見上天下地間之物，其陰陽剛柔皆可兩兩相對而觀耳。能兩兩相對而觀，則可于其相交相會，而相易相化之處，于兩見一，即見「天向一中分造化」，以使此觀物之心，得囊括萬物之造化矣。至于此可相對應者爲何物，則本可依人之觀點而變。康節于此所羅列者，或不免機械。然知其意，則亦不必多加責難也。

至于康節之言時運，則是連易卦以配應于日月星辰之運而說，亦初要在言歲時之運。其皇極經世一書之卷一，即依乾坤並此二卦之相交所成之坎離之四卦，爲四正卦，以表一年之運，而依此四正卦之六爻之變，成二十四卦。即以此二十四卦，表一年中二十四氣之變。由此二十四卦之六爻之次第變，衍生其餘六十卦。即以此二十四卦，並此所衍生之六十卦，次第表一年之歲時之運。此中一年有十二月，一月有三十日，一日有十二時，時有三十分，此皆可分別以六十甲子名之，亦皆可以次第衍生之六十卦名之。由年上推，三十年爲一世，十二世爲一運，三十運爲一會，十二會爲一元，共十二萬九千六百年。亦可以六十甲子，與次第衍生之六十卦名之。吾人如設定一年爲元，則十二月爲十二會，三十日爲三十運，十二時爲十二世。以元、會、運、世自相配，則有元之元、元之會、元之運、元之世；會之元、會之會、會之運、會之世等，……以至元之元之元之元、元之元之元之會，……亦皆一一各有其數。……此則純是機械之推算。其中數理，亦只是一極簡單之相乘之數理，並無甚深微妙之義。讀者可看康節之書，或宋元學案所撮錄。然此中之根底觀念，唯是一年之時運，或一元之十二萬九千六百年之時運，皆依易卦之圓圖，而處處有陰陽之相對，以次第進行。此中之元會運世之數，依十二、三十之數而開合，可由大而小，或由小而大，以至無窮，即可合為一參考系，以紀天文時曆日月星辰之變，以及世代之史事之變，而合以見天地之事與人事，開閉于一易卦之圓圈之中。而此圓圈之形成，則初只由表動靜陰陽二爻之自交、相交而成；而陰陽之相對，更可合為一以觀，以歸于一太極。而人心即能觀此陰陽動靜之相對，游心于其間，亦超越于其上，以見此相對者之可合為一，亦原于一者。此即康節所謂太極之所在，亦即其所謂「道」之所在也。

對邵康節之何以必用三十與十二之數之相乘，成其元會運世之數與易卦之數之說，吾人亦可純視為一排比湊合之論，而康節之言數，更另有其對六十四卦之爻數，為三百八十四，易之大衍之數之五十，所為之種種湊合之論。此種種湊合之論，或未必能再自相湊合。然吾人若循上文所說，以知其作此湊合之事之目標所在，唯在見凡以數所表之有形事物，其數之差別者，皆可對其數，加以分合，以使其數歸于齊一，而不見其數之差別；便可使人于此數與其所表之有形事物，相易相化之處，見此數與事物，俱由有形而無形。于是此一術數之學，亦即可導人至于超此形、超此數之境。則吾人對其種種湊合之論，或不自相湊合者，亦不必加以深責。此亦康節之學之「迹」之所在，而非其心之所在。康節嘗言「先天之學，心也；後天之學，迹也」。（卷七下）其易學之先天圖，以及其他之圖，亦仍是其學之迹；而其學之心之所在，固亦非必用此迹以表之者也。而由康節之皇極經世書中之觀物內外篇，及其所爲之詩，固更易得康節之學之心之所在也。

## 三　邵康節之論人在天地間之地位及觀物之道

今如吾人純由康節之觀物內外篇，與其詩，以觀康節之學，則吾人所首當注意者，是其由人能觀天地萬物，以見此人與其心性情等，在天地間之地位。康節以日月星辰言天，以水火土石言地。于人與天地萬物之接觸，則以耳目口鼻與聲色嗅味之接觸言之。在康節，耳目口鼻屬人，亦屬人之天者。聲色嗅味則屬地，亦屬人所感于人外之天地萬物者。故人之以其耳目口鼻，與聲色嗅味相觸，卽已是人之貫通天地萬物之事。康節更言：在此中，乃以「色聲嗅味，爲萬物之體」，「耳目口鼻，爲萬物之用」，「體無定用，唯變是用；用無定體，唯化是體」。此乃自耳目口鼻之能用此色聲嗅味，以成人之生言。體在色聲香味，屬所知、所感；用在耳目口鼻，屬能知、能感。由此知與感，以成此中之體用之變化（皇極經世卷五觀物篇五十二），卽合此體用之二爲一。此中之用，能自變，以與體之化俱行，如天運之變，與地上之物之變化俱行。人之所以高于其他之動植之物者，康節亦初自此人之耳目口鼻之用，見于聲色嗅味者言之。故謂人之所以靈于萬物者，謂「目能收萬物之色，耳能收萬物之聲，鼻能收萬物之氣，口能收萬物之味」。自人之耳目口鼻，對天下之色聲嗅味，皆能發生興趣，而加以感受認知言，亦實見人之別于其他之物之一特性之所在。康節自人之感覺上，言人物之別，固遠不如孟子自四端之有無，言人禽之別，荀子之自義之有無，與心知之有無，言人禽之別等論之高。此只是謂人之耳目鼻口之五官之用，能遍感一切聲色嗅味；便不同于其他之物如禽獸之耳目五官之用，限在感某一類與其生存相關之物者。故曰「如禽獸之聲以類，而各能其一。無所不能者，人也；推之他事，莫不然」。（卷七上）此卽謂禽獸之感知，只及一類之物，而人之感知，能及于一切類之物也。此亦正是將此人與他物之別，直建基于一最切近之感知之事之上之論也。此康節之言人之耳目口鼻，能收一切物之聲色嗅味，而別于其他之物，不是謂人非物。人固亦爲天地間之物之一。故謂「人亦物也」。唯人之爲物，能收一切物之聲色嗅味，則人不只爲一物，而同時爲一切物之物。一切物之所以爲物，在其聲色嗅味；而人之耳目口鼻，能收之；卽一切物，皆在人之耳目口鼻之中。故人爲「物之物」，而「爲物之至者也」。（觀物篇五十）人之耳目口鼻之感知物，而不限于一定之物，乃由人之有心，能自變化，自轉易其感知之事。人有心亦能自知其所感知，更自思其所感知，與其能感知之能；以及更自思其有心、有思等。而聖人，則爲能以一切人之心思之所思，爲其心之所思者。故聖人之心，卽以「一心觀萬心，一身觀萬身，一世觀萬世」者。聖人之爲人，亦卽可名之爲一切人之人，或「人之人」，而「爲人之至者也」。（上皆見皇極經世卷五觀物篇五十二）若此人可爲物之物，則康節之聖人亦可謂之「物之物」之「物之物」。聖人固亦天地之間之一人一物，而在人之中、物之中。然自其爲「人之人」言之，則又未嘗不在一切人之上，亦更在一切物之上也。

此康節之觀物之論，歸至于觀人爲「物之物」，聖人則爲「人之人」。此中之能觀者，自是此人之心。吾人若直在此能觀之人之心上立根，亦可從此中之一切所觀，並屬此心，而直下見得此中能觀與所觀者之內外之合。然康節之思想，則未進至此義，而只用此能觀之心，以遍觀一切物，並將此人之自身，亦先只視作所觀之一物，而觀其有心；觀其更能以一心觀萬心，以一切人之心爲心，而成聖人之心。由是而此心與聖人之心，亦只是一所觀之客觀存在，亦並存在于客觀之物中者。則亦不可謂康節之思想爲唯物論也。此所觀之心，既爲一能觀物、觀心之心；而此心之觀物，雖始于以耳目口鼻，感知物之聲色嗅味，然亦能更知此聲色嗅味之種種象、種種數、種種理、種種性、與其性其理之原于道等；而此等等亦皆以此心爲客觀存在，而與之俱爲客觀存在。則亦不可說康節之思想，以客觀世界只有聲色嗅味，而爲一感覺經驗論也。此康節之言觀物，並將此能觀之心，亦化爲所觀之物，其意乃在免人之由「以我觀物」，以成其「以物觀物」之觀。康節嘗言「以物觀物，性也；以我觀物，情也。性公而明，情偏而暗。」（卷八下）物與人，固皆有性情形體，觀物與人之事，固亦當兼觀其性情形體。故謂「夫意也者，盡物之性也；言也者，盡物之情也；象也者，盡物之形也；數也者，盡物之體也。仁也者，盡人之聖（性）也；禮也者，盡人之賢（情）也；義也者，盡人之才（形）也；

智也者，盡人之術（體）也。盡物之性者謂之道，盡物之情者謂之德，盡物之形者謂之功，盡物之體者謂之力。盡人之聖者謂之化，盡人之賢者謂之教，盡人之才者謂之勸，盡人之術者謂之率」，（觀物篇五十四）然吾之觀物觀人，而欲盡物與人之性情形體，則不能只本于我之情以觀物，而當忘我，以物觀物。此方是盡我之性以觀物，而後以意之全向在物，而能「盡物之性」。能盡物之性，乃能窮物之理，至物之命，知物之道。此中所謂物之性，乃自此性之原于天而說。所謂物之理者，乃自此理之屬于地上之物而說。所謂命者，則自此理此性之處于物，而賦于物說。故又曰：「天使我有是之謂命，命之在我之謂性，性之在物之謂理」。（觀物外篇六）而所謂道者，則自「所以能處此理此性」者而說。亦卽自天地間、人物之能各次第賦得其理其性之全部歷程說。此道卽可稱爲天地之本。故曰：「道爲天地之本，天地爲萬物之本。以天地觀萬物，則萬物爲萬物；以道觀天地，則天地亦爲萬物。道之道，盡于天矣；天之道，盡于地矣；天地之道，盡于物矣」。然人能以物觀物，亦能以地觀地，以天觀天、以道觀道。則「天地萬物之道，盡之于人矣」。（皆見觀物篇五十三）「人能知天地萬物之道，所以盡于人者，然後能盡民也」。盡民，卽一人以「一心觀萬心，一身觀萬身，一世觀萬世」，而成其爲人之人之聖。故曰「人之能盡民，謂之聖人」。然爲聖人，必自人不以我之情觀物，而以物觀物，而自盡其能觀之性，以意向于物，而忘我之情始。忘我之情，卽由以心觀，而忘心。純以物觀物，卽就物性、物理以觀物。故曰「夫所以謂之觀物者，非以目觀之，而觀之以心也；非觀之以心，而觀之以理也。天下之物，莫不有理焉，莫不有性焉，莫不有命焉。所以謂之理者，窮之而後可知也；所以謂之性者，盡之而後可知也；所以謂之命者，至之而後可知也」。（卷六觀物篇六十二）觀康節所謂性、理、命之別，乃自天言，曰性；自物言，曰理；自性理之處于物言，曰命。故窮理、盡性、至命，亦一事之異名。必言窮、盡、至者，皆在表示人之觀物，必忘我而意向于客觀之物，以窮之、至之、盡之，然後能不以我觀物，而以物觀物。此卽康節所謂「反觀」（同上）。反觀者，反此一我之觀物之情，然後能觀得其他人物之情，更如聖人之「一萬物之情」（同上）而盡物之性，窮物之理，亦至物之命也。

## 四　道、神、太極、陰陽、與誠及康節之心學

然天地間之人物之有其理、其性、其命，皆以一道爲本，如上所說。故觀物之事，卽當循道而觀物，乃可見天地萬物之體乃不滯于一方，亦非定體，而爲能變化變通者。無定體之謂神，能變通之謂易。故觀物，亦不能止于觀物之性，更當循道，以觀物之變化之神、變通之易。康節言「神者，易之主也；所以無方；易者，神之用也，所以無體。……神無方，而性有質。」（卷七下）此卽謂性猶屬定體之有定質者，必由無體而化質，乃見神見易，而顯此「無聲無形不可得而見」之道。故就一切

陰陽之原于太極，而尅指太極之一是太極之一說，而不自其顯發爲陰陽之二變化說，則亦不足言神，只可言其有性。故曰「太極，一也，不動；生二，二則神也。」（卷八下）「太極不動，性也；發則神。」（卷七下）神見于陰陽之變化，則可依其次第，以言其數、其象、其器。然器、象、數，在變化中，亦自變化其器、其象、其數，于此中見神之不測。故下文更曰：「神則數，數則象，象則器，器則變，復歸于神也」。（卷七下）此中所謂「太極」、「陰陽」及「神」、「道」之義之分別，在太極之一，乃自其兼涵陰陽動靜說。道卽自此陰陽動靜之互交而更迭上立名。故曰「一動一靜交，而天地之道盡之矣」（卷五）。又曰「出入、有無、死生者，道也。」（觀物外篇第五）出、有、生，動也；入、無、死，靜也。故道之實際內容，亦不外此太極中之陰陽動靜。故謂「道爲太極」。（卷七上）然陰陽可互爲用，故又言陽用陰，陰用陽，于此陰靜與陽動，以體用分言之，則可謂「陽者道之用，陰者道之體」（卷七上）。陰陽動靜爲二。陰陽動靜，交迭爲用，而無方不測，卽見神。故謂「神故藏用」。（卷七上）神原于陰陽之二，故可說由二乃有神。然自此二者之交迭處說，則陰陽動靜，又不可分，故神亦不可分，而爲一；其內容亦只是此道。故又謂「道與一，神之強名也」。（卷八下）此康節言「道」、「神」、「太極」之第一義，自是由天地言。然此天地之道之具于人，卽爲人之性，而在人之心中；心又在身中，身又與其他之物相接；而心能觀物，以知天地之道，與此道之具于人，爲其性。故曰「性者，道之形體也；心者，性之郛廓也；身者，心之區宇也；物者，身之舟車也。」（伊川擊壤集自序）此數語，亟為朱子所喜言（語類百十一）。

此上所述康節之論，與周濂溪、張橫渠之言道、太極、神等之義，似不甚相遠。但康節乃由觀物之象數之變，而見相對之陰陽動靜之交迭，更總此相對之兩面，而平鋪地橫觀之，以見一絕對之道或太極或神；則不同于周濂溪之直下先立一絕對的太極與神，更由上至下，豎觀其化生為萬物者；亦不同于張橫渠之先立一太和之道，謂其包涵陰陽之性，以豎觀其為萬物所自始自生，亦橫觀萬物之升降沈浮于其中者。此康節之由觀物之象數之變，而由平鋪地橫觀，所見得之太極、道、神，亦可說只為一平鋪而橫陳于物之象數之變之中之太極、道、神。此中之太極，只為相對之陰陽動靜之總原。故在「一動一靜之間」，而非靜亦非動。故曰「太極不動」。唯在此陰陽動靜，依太極之道而交迭處，乃見有無方之神之運之動。則「不動之太極」，與「有動之神」為二，而不相卽。然周濂溪之太極，則自始具自動自靜，「一動一靜，互為其根」之義。此「一動一靜，互為其根」，卽太極自身之神用；則太極與神，乃不二而相卽。橫渠之太和之道，亦自具清通之神，以成其內在之絪緼相盪之動用，而與此動用為不二。此則康節之論與濂溪、橫渠之論之不同。而其原則在康節之觀物之論，原重在平鋪地橫觀物之象數之故耳。

康節于言太極、道、陰陽、神之外，亦言及誠。此不同于濂溪之以太極卽是誠，亦不同于橫渠之以誠為天人合一之道。康節之言誠，乃唯在其書心學第十二章言之。在此章中，首言「心為太極，人心當如止水則定，定則靜，靜則明」。更言先天之學，主乎誠，至誠可以通神明，不誠則不可以得道」。此皆與濂溪橫渠之言似同而實義異。蓋此所謂心爲太極，卽指人心自具動靜陰陽之道，與天之動靜陰陽之道同而言，蓋道卽太極也。(註) 其言人心當如止水，以求定靜，而有明，乃意在以此成其心之不以我觀物，而唯以物觀物。其所謂誠者，則是誠有此如止水之定靜之心，以有明而通于神、得于道之謂。此誠乃純屬工夫。其謂之爲先天之學，實則唯是後天之事。此固大不同濂溪之謂誠，卽是性，亦卽太極，其用卽爲神，而爲人之心之原者也。故此康節之心學，雖言誠，其所欲誠有者，實只是一定靜而明，以物觀物之心。心能以物觀物，更可忘我，亦忘心；而其觀物之事，依道依神，而無方無端，則內無所累，以得自由自在。此亦卽此心之觀物之性之自主。此中之誠，亦卽誠有此自主之性，以見于無方無端、自由自在的觀物之事而已。故曰「誠者主性之具，無端無方者也」。而此誠之所成者，則康節又名之爲至理之學。所謂至理之學，卽「循天理」者，「造化在我」者。所謂造化在我者，卽先忘我，而以物觀物，于物之造化，觀物之造化。此心之「觀」，與物之「造化」俱運，則造化還在此觀、此心中，亦卽在我也。康節又謂「君子之學，以潤身爲本；其治人應物，皆餘事也」。更謂「得天理者，不獨潤身，亦能潤心；不獨潤心，至于性命亦潤」。循天理動，自是心，而心自有性命，心亦連于身。則循天理動，自能潤身，兼潤心與性命。然此身則唯指己身而言，而治人應物之事，在康節乃爲餘事。則康節之學言誠，亦只以潤身爲本。此亦明與濂溪、橫渠、明道之言誠爲合內外，成己亦成物之道者不同。而于誠與明、神與化、天道與天德、性與命、仁與義之相對而相涵之種種義，康節更多未之能及。而其論乃與莊子讓王篇「道之精，以治身，其緒餘以爲國家，其土苴以治天下者」，相差不遠。康節之學之重在自求安樂，而帶道家情調，亦可由其心學之首數節之文，而盡見矣。

註：皇極經世卷五謂：「夫一動一靜者，天地之妙用也。一動一靜之間者，天地人之妙用也。」則蓋言人心之妙，卽在更能知一動一靜之有「之間」。天地與人心，同有此動靜之道，而人能知此「之間」，卽能知動靜之「交」之「中」，亦卽能知太極也。

然康節之心學，純自潤身、潤心之效而言，亦自達到一極高之境界。康節能順以物觀物之道，而先將吾人一般之意必固我，全部撤空。故其心學章下文，又特申孔子言「毋意、毋必、毋固、毋我」之旨。由此而人卽能「虛心而不動」，知「事無巨細，皆有天人之理」，而能「安分」，以「得失不動心」，是爲道，亦爲「順天」。反之，則爲非道、爲「逆天理」。故謂「能安分，則謂之道；不能安分，則謂之非道」。「強取必得，爲逆天性」。能安分，則能至孟子所謂「大行不加，窮居不損」之境，而自然得其樂。故康節五律詩有「靜裏乾坤大，閑中日月長，若能安得分，都勝別思量」。康節自謂「自年三十餘居洛，數十年未嘗攢眉，」而自名其居爲安樂窩；臨死，亦談笑而去；又言「學不至于樂，不足謂之學」。康節之學，亦誠能無分之不安，而至于無所不樂矣。此境亦固未易企及。此則可由其詩中之自得之意，最可見之。如其詩句之「梧桐月向懷中照，楊柳風來面上吹」，「滿目雲山俱是樂，一毫榮辱不須驚」，「天根月窟閑來往，三十六宮都是春」。程子謂康節之「坦夷無思慮紛擾之患，亦只是天資自美爾，皆非學之功也」。（二程遺書二上）然康節亦自有其出自天資之學，見于書與詩者。唯其詩只當由吟誦加以領會，非此所論。至于其由觀物而觀人歷史中之世運之變，以道、德、功、力之分，言皇、帝、王、霸之辨，而加以評論者，則亦自有其微至之論。此可見其觀物之論，乃合觀「自然界之物」與「歷史界之物」，以成一系統，如前文所說及。然非今所欲更加詳說者。至其觀物之論之至極，則其擊壤集序有「以道觀性，以性觀心，以心觀身，治則治矣，猶未離于言也。若以道觀道，以性觀性，以心觀心，以身觀身，以物觀物，雖欲相傷，其可得乎。」則上所謂「性者道之形體，心者性之郛廓，身者心之區宇，物者身之舟輿」之言，蓋尙非康節之究極之義。唯一切順觀，而道如其道，心如其心，身如其身，物如其物以觀，乃爲其究極之義。此其學之歸止義，與佛家之如如現觀之別，蓋亦微矣。此蓋卽朱子之謂「康節之學，近似釋氏」也（語類卷百一十）。

# 第三章　周濂溪之立人極以言太極之道

## 一　契入濂溪橫渠之學之道路

上來所述邵康節之學，若就其始于觀物之象數言，則近術數家或陰陽家；就其歸在個人之潤身以應人接物爲餘事言，則近道家。唯其所宗，仍在孔子；其所論者，是易學；其思想之主要概念，如太極、誠、神、易、道、性情、道德等，並原自儒家。故亦不能謂其非儒。然以其學與周濂溪、張橫渠之學相較，則濂溪橫渠，自更爲純儒。此非謂濂溪、橫渠與康節無相類處之謂。如自濂溪、橫渠之書，亦先言天道，而後及于人道、聖道而言，亦與康節之「欲知仲尼，當知天地」之路數爲近，而與程子之直下言「一天人、合內外」之道者有間。然自濂溪、橫渠之天道論，乃直下承易傳中庸之言太極、乾元、誠、太和旨，以立一太極與太和爲道體，而言萬物之由之而化生；即不同于康節之由橫觀物之象數之變化，以見其當依一太極或道或神，以爲此變化之根據者。此在上文已言及。故濂溪之立人極以合太極，希賢希聖以希天；橫渠之言人之仁義、誠明之道，以合天之太和中之神化之道，以爲乾坤之孝子，皆是上合；而不同康節之以此心曠觀萬物，唯是一橫合者。上合，則必勉力以自拔于下降之途，以立己、立人，而見一強度的道德精神。故濂溪橫渠之言易，皆能與中庸之言率性修道之功，互相發明。橫合，則可由觀物而玩物，以歸于一廣度的藝術性之欣賞態度，則不必合于儒學以道德爲本之原旨。康節之學唯限于觀物、玩物，而觀易、玩易；雖偶及于中庸之言，實不能眞通中庸之率性修道之學以爲論。故康節之學終不免爲歧出之儒學；而濂溪橫渠之學，卽不必能至于盡善、盡美，然要更爲宋代儒學之正宗，而非康節之所能比者也。

然吾人今欲論濂溪、橫渠之學，而順二人之書之論說之次序，而自其天道論入，則將較論康節之學，多感一困難。康節之天道論，乃是由觀物之象數中之陰陽動靜之相對、相交處，見有「統相對」者，更依之以言道或太極或神。由此相對者有此相交處，而謂有一統之者，實無異今所謂形上學的分析命題。人于此只須有平觀此相對者之心思，固不難直下見得此相對之陰陽動靜，必有其交處爲統此相對者也。然濂溪之太極圖說，卻直下言一太極，而謂「太極動而生陽……靜而生陰……二氣交感」，以至「化生萬物」；通書直下言一「大哉乾元，萬物資始」，爲「誠之原也」，「乾道變化而有萬物之「各正性命」，爲「誠斯立焉」。橫渠直下言一太和，謂其「中涵浮沉、升降、動靜相感之性，是生絪縕相盪，勝負、屈伸之始」，爲萬物所自始生與歸終。然二人如何建立此太極、乾元、誠、太和之根據，初未自說。今直下謂有此太極、乾元、誠、太和，並謂萬物由之而始、而生，則因此太極乾元或太和之概念中，初不涵其所生之「萬物」之義，便爲一形上學之綜合命題。此則不易了悟。宋元學案之謂濂溪得千載不傳之秘，亦恒使學者糊塗。于此，人至少可依吾人所已述之佛家之理論，謂此所謂太極、乾元或太和，同于印度婆羅門教之言大自在天，或西方宗教中之神，乃一妄執，因其皆非吾人對萬物之經驗中所有故。如以濂溪之乾元爲例，則依佛家大乘般若宗之論可問：所謂乾元爲萬物所由之而始生，以各正性命者，此乾元中有萬物否？如其已有，則不待更始更生。如其無有，則萬物如何能由之而始而生？如依法相唯識宗之理論，則當說一一物各有其所由生之因緣，而各有其種子，藏在賴耶識中，爲物所由生之親因。依華嚴宗義，更可言物由此種子與其他之緣，以其力用，相入相卽而生。卽皆必不能說萬物是由一萬物之上之乾元而生。今如將此乾元改說爲太極或誠或太和，亦可同依此佛家義，以與同樣之問難。

對此上之問難，如將此「乾元」或「太極」、「誠」、「太和」等，扣緊于吾人之道德生活、或心靈生活中之性理之呈現于心知之健行不息、眞實無妄處去講，此尚不難講。此卽程朱以後學者之所爲。然尅就濂溪橫渠之書言，乃直下說有此一「乾元」或「太極」、「誠」、「太和」爲天道，則殊不易講。因離人之心知性理以言天道，初唯有吾人感覺所見之自然界之有形象之萬物，可爲欛柄。邵康節卽循此而進，以觀萬物中之道。此亦易爲。今如不循邵康節之思路，而直下說有此無形象之乾元等爲萬物由之而始而生者，則難免于此乾元等中畢竟有萬物、無萬物一類之問題。故今當問是否吾人可另循一思想方向，直由此感覺所見之自然界之有形象之萬物，以直接觀得其當有無形之乾元等，爲萬物之所自始自生？如此事不能作到，則濂溪、橫渠由天道論開始，即不免爲一獨斷論之論法，而只能改爲緣程朱以後之連性理心知等以爲論，方能使此天道論之言有意義。今欲作到此事，確甚困難。故程朱以後皆轉而直由性理心知以見天道。然吾以爲此事，非不可能。此要在對于自然萬物之始生，自另形成一觀法，而此觀法，則爲異于佛家之觀法者。

**佛家對於物之始生之觀法**，初乃就當前之物，而觀其所據之因緣，在已成之宇宙者。此與常識及科學中之因果觀，亦相近。此因緣觀或因果觀，乃始于人見物而著念之後，于物更返溯其原于所著念之已成之他物；遂由此以言此已成他物，可爲當前之物之因緣，亦卽爲當前之物所自始自生之原。但在大乘般若宗，則雖言物無因緣則不生，然又謂于一物之因緣中，求此物不可得。如緣芽生葉，緣葉生花，而芽中無葉，葉中無花。故葉不由爲其「他」之芽生，花不由爲其「他」之葉生。然葉、花亦不由「自」生。以不能先有自，以生自故。若先有自，不須更生故。由此不他生、不自生，故亦不共生。然又非無因緣生。此卽般若宗之四句。如前論佛家處所詳及。此般若宗所欲空者，只此自生他生等執，而卽以空此諸執，成就對當前之法之如實現觀。法相唯識宗之因緣論中，加一種子，爲一法或一物之生之親因。此是另一說。但依般若宗義，人如以此種子之爲他，現見之物之爲自，謂此他能生自，亦同可破。故更有華嚴之義，以會通唯識宗與般若宗之義。此亦如前所已述。然此華嚴唯識之義，併是依已成已有之因緣，以說明現見之物之所由生，亦併是返溯現見之物于已成已有之因緣，以言緣生；並同時承認此已成已有之因緣中，無此現見之物；亦承認人如求此現見之物于其因緣中乃不可得；而與般若宗同歸在成就人對現見之物，有一如其所如之「現觀」。此佛家之言如其所如之現觀，亦原有種種深義，卽儒者亦不能否認。佛家之言緣起性空，乃破一般之自生、他生等妄執，以成就此現觀。不可謂其爲言緣起而言緣起，其所成就者只是明于緣起之知識，如一般常識科學之知識；亦不可謂其爲言性空而言性空，更無其所眞實成就之現觀之生活也。

然此佛家之成此現觀，乃由先觀所現見者之因緣，更于此因緣中，觀此現見者之空；方回至對現見者之現觀。則尚未有直接對此所現見者「如何降于吾人之心靈生活之前」之一觀法。如以一葉緣芽生，花緣葉生之例而論。依常人之見，謂葉由芽出，花由葉出，固是妄執。此執，乃由常人之念先著于芽後，方見葉、見花而起。此執固當破。人再自反觀芽中之無葉，葉中之無花，亦自能破此執。然吾人若自始不著念于先見之芽，以觀葉，亦不著念于先見之葉，以觀花；則可自始無此妄執，亦不待對此執更破。則吾人之見芽葉花之相繼而現，亦未嘗不可視此葉如天外飛來，以自降于芽之上；花如天外飛來，以自降于葉之上。循此以觀自然宇宙間一切「雲行雨施，品物流形」之事，無不可一一視爲天外飛來，以一一相繼自降于其前之事物之上、之後，而全部宇宙已成已有之事物之生，卽皆初是由天外飛來，以爲其始。此所謂天外飛來，自非謂其先在天外之某處。如其先在，則是已有。此所謂天外飛來，只是謂在先前之現見中無有者，得相繼有于此現見之中，而其來無來處。故喻爲天外飛來。此一將此所現見之物，觀爲天外飛來之一觀法，則與觀此物依已成之因緣生，更觀因緣中無此物，以成就對此物之現觀之觀法，迥然不同。此乃人之心靈向另一方向進行，而有之對物之始生之觀法。此一觀法，吾將謂其爲人類之一原始的哲學宗教道德之智慧之所存，吾人之所以恒自然的說一切人物由天生、天降之理由之所在，亦周濂溪、張橫渠之可直接由之以建立一天道論者。

由上所述，卽知吾人可視吾人所見之物之始生，爲天外飛來，而相繼降于吾人之現見之前。此現見，可只是吾人之感覺中對自然物之現見。對此，吾人亦不須對此所謂自然物，更作分解的說明。如謂其形象爲如何，謂其由地水火風或五行所形成，或謂其爲色法之和合等。亦不須更分析此所現見者，與此現見之自身之關係。然吾人總可謂：有此自然物之次第降落于吾人之現見之前，方有此生生不已之自然宇宙之可說。今對此現見之自身，如人要反而自觀，亦可言此現見亦是相繼降落于此反觀之觀之前。今如謂此現見爲心之靈明精神之表現，則亦可由觀此靈明精神之表現之相繼降落，卽同時觀得此所見之自然物，皆爲在此靈明精神之表現中之自然物。要之，觀此所見之自然物及其如次第由天外飛來，而次第降落于吾人此現見之前，爲吾人之一觀生生不已之自然宇宙之觀法。此一觀法，爲有獨立意義，而爲人所可有，亦無理由謂其必不應有者。吾人亦不能說：只有佛家之由觀因緣更觀空以成現觀之觀法，方爲人所應有。因此皆平等各爲一觀法，亦初不相礙，亦皆人之心靈所自發出之一觀法也。

由此一「觀自然物如次第由天外飛來，以降落于吾人之現見之前」之觀法，所直接啟示之一智慧，即所觀之自然物，皆由上而降，非由下而出。其生皆不直接由先前之已成物爲因緣而生，而皆是空前，而自其先之寂然無形以始以生。魏晉之王弼即以此而謂，萬物萬形，皆經由此寂無以生，而復歸于此寂無。此乃一對萬物之生之純現象學的觀法；而非謂其未生前之寂無中，定已有此物，或無此物。則王弼之言，即不可以佛家之「已有，則不須更生；無，則不能生有」之論破之。因其只是依一純現象學之觀法，以言物之經由此寂無生，而還歸此寂無也。

然周濂溪以及張橫渠，本易以言萬動萬形之所自生，又與王弼本老子以言易者不同。其不同之關鍵，在依易教之終更有始之義，更「要終」以「原始」，便不可只以單純之寂無，爲萬動萬形之所歸與所自始。萬動萬形，自恒是有，則其所自始之寂無，亦當內涵此一「有」之義，以創始此萬動萬形之有者，而爲一原始之眞實有。此即濂溪所謂乾元，橫渠之太和中之「起知于易者，乾乎」。元即原始之眞實有，乾即所以狀此元之創始萬動萬形之事之相續不斷，而健行不息也。對此乾元，亦如對王弼之寂無，人同不可問其中有無其所創始之萬動萬形。因其雖是一原始之有，亦是一無形之寂無，則不可說其中已有萬動萬形。然亦不可因其是無形，而無此萬動萬形，即說其不能爲萬動萬形之有所自創始，因其亦是眞實有故。于此原始之無形或形而上之眞實之有，如以有無之範疇問其中有萬物否，應說其非有亦非無。如佛家之佛性、法性、眞如、法界，同不可問其中之有無萬物，而可說其非有非無。佛家固亦不應于此儒家所說之乾元等，定問其中有無萬物，而逼之落向一邊，以更加破斥，方爲以恕待人之道也。

## 二　濂溪之言天道與其純粹至善

上來之文只在說明：此濂溪橫渠之天道論，乃循一不同于佛家之思想方向，或對自然宇宙之觀法，而建立一無形之眞實有，如乾元太極；尙未及于其對乾元太極之如何說明。古今人于其所謂乾元太極，亦正有不同之解釋。吾今更當先說明此中何以有不同解釋之故。此卽在吾人之由萬動萬形之相繼呈現于吾人之現見之前，以更觀得一爲其元或原始之寂然無形，或形而上眞實有，爲萬動萬形所自始，而名之爲乾元或太極時；並未規定此乾元太極之性相，畢竟爲如何，其與萬動萬形之關係，畢竟爲如何。吾人之說之爲如何，恒與吾人如何觀萬動萬形之能觀之心，與所觀之萬動萬形如何相連，而可對此乾元或太極及其萬動萬形之關係，作不同之說法。在中國哲學史中，于此亦明有不同之說法。如漢儒亦承認有無形之乾元太極，而說此乾元太極爲元氣。此乃由于其視萬動萬形爲一氣之化之流行，遂卽本此氣之觀念，以倒說爲其原之乾元太極而來。朱子之說此乾元或太極爲理，則由其重性理與萬物之理而來。又吾人如由見此所觀之萬形萬動，皆在此能觀之心之靈明或精神中呈現，如上文所提及，則吾人亦可說：爲其本原者，只是一充塞天地之神明。而在中國哲學史中，亦有以神或心說濂溪之太極之流。此吾皆嘗論之于原太極一文。然此種種之說，是否與濂溪之意相合，濂溪對此乾元太極，畢竟如何說法，則只能以其明文之所及者如何爲據，更分析辨明之。

玆按濂溪之通書第一章曰：「大哉乾元，萬物資始，誠之原也。乾道變化，各正性命，誠斯立焉；純粹至善者也。元亨，誠之通；利貞，誠之復。大哉易也，性命之原乎」！又其太極圖說曰：「無極而太極。太極動而生陽，動極而靜，靜而生陰；靜極復動，一動一靜，互爲其根。分陰分陽，兩儀立焉。陽變陰合，而生水火木金土；五氣順布，四時行焉。五行，一陰陽也；陰陽，一太極也；太極，本無極也。五行之生也，各一其性。無極之眞，二五之精，妙合而凝；乾道成男，坤道成女。二氣交感，化生萬物；萬物生生，而變化無窮焉。惟人也，得其秀而最靈；形既生矣，神發知矣，五性感動，而善惡分，萬事出矣。聖人定之以中正仁義，而主靜（自注：無欲故靜），立人極焉」。此卽爲其天道論之最主要之文。而爲吾人須先就文繹義，以指出其要點所在者。

于此吾人如先看通書之第一章，則此中之乾元是誠之原，乃以中庸說易。前文已說其以乾元爲萬物所資始，卽謂有形之萬物，以無形之乾元爲其形上之根原。然未說此乾元爲理、爲氣、或爲心。于其太極圖說之「無極而太極」之太極，吾昔嘗以通書文句對勘，說其卽誠道，但亦可同時說其卽通書之乾元。于此太極或誠道或乾元，濂溪只說其是至善、是大、是無極之極至，亦無形之極至。在濂溪之明文中，于氣只連陰陽說；于理只言「理曰禮、陰陽理、萬物得理而後和；」于靈性與神知，則連于太極陰陽五行，妙合所生之人說；于善惡之分，則連五性感動而有之人事說。故凡以此「氣」、「理」、「靈」、「性」、「神」、「知」等觀念，說濂溪之乾元或誠道或太極，皆第二義以下之說。在第一義上說，濂溪之用乾元、誠道、太極之名，表形上之眞，並說其爲「大」，或「至善」等，乃只對此形上眞實之形式上的性質，有所說；而對其內容的性質之爲「氣」、「理」、「靈」、「性」、「神」、「知」之內容，則無所說。此中之說其是大，乃自萬物之多，以反說其所自始者之大。說其是乾元，是自一切萬物之生生變化無窮，以反說其原之健行不息。說其是極至，是自其至大，無窮不息，更無其外之者，無上之者，亦無更較之長久者說。因其爲一切無窮不息之萬物之生生之原故。然于濂溪之說其爲誠道與純粹至善，則更當注意。

此中之說其爲誠道之誠，不只是一眞實之意，亦是一眞實而能表現之義，因誠之原義卽指人之言之誠。人之言能表現其內心中之眞實謂之誠。故誠具內在之眞實而能表現之義。故說乾元是誠之原，乃尅就其爲一內在之眞實而言。說乾道變化，方是言此內在之眞實之表現于外。內在之眞實必表現，方見其眞實，亦完成其爲眞實。故必有乾道變化，而有萬物之生生，以各正其性命，然後可說此誠之立。此一由內在之眞實而表現，卽見一道路，故此誠同時是道。如此內在之眞實爲體，則其表現爲用。而此誠之道，則于此體用之貫徹處見，不專屬體或用。今以此體用之名釋誠道或太極，如朱子以後之所爲，亦尚非濂溪之明言所及。然于此萬物之原始之眞實，必由表現，而後得完成而成立，則由濂溪之用此誠之一名，已可見其意。其說「元亨誠之通，利貞誠之復」，卽謂此元必通亨其自己于外，以順利成就，而貞定其表現，方是復歸于自己，以完成建立其自己。此通亨，在太極圖說，爲太極之動或陽之動；此順利成就，而有所貞定，則爲其陰之靜。此陽動陰靜之往復，而動靜互爲根據，以靜中有動，動中有靜，而流行不已，則爲陰陽之變合而爲五行，而亦初不出于陰陽之外，亦不出于原始之無形之太極之外。此亦如通書之誠道或乾元之眞實，由變化而表現其自己、建立其自己，于生生不窮之萬物之各正性命中，乃所以成其爲健行不息之乾元或誠道，而未嘗出于其自己之外也。則通書與太極圖說之論，固可配應而說也。

依此乾元誠道之眞實，由其表現而建立其自己于生生無窮之萬物中而見，故此生生無窮之萬物，亦卽內在于「其變化表現，而建立其自己之事」之中。而此乾元或誠道，卽爲一至極無外無上而悠久永恆之「元」、之「道」。故可說其爲純粹至善。何以說其是一純粹至善？吾人豈不見世間之有惡？濂溪豈不亦言人之五性感動而善惡分？然吾人之所以說世間有惡，要不外自世間之人物生後有種種互賊其生之事說。然此皆不可用以說一切人物之始生。一切人物之始生，固各成其生，以各正其性命。如互賊其生是惡，則一切人物之始生，是各成其生，卽非惡，而爲善。故于此宇宙生物之道，只能就其能始生一切人物，而說為純粹至善。今就已生之人物之有互賊其生之事，而有惡處看，則此人物之惡，亦必與此人物之化、之終，而俱化、俱終。然終更有始，其始必善。故原始要終，以觀此道之表現為萬物之生生而變化無窮，只能說其是一至善之流行。此是儒家之古義，而亦為宋明儒者所共承者也。

然此上之說乾元誠道為至善，乃通其表現之全體，而自外部觀之。此亦可說是膚廓而不切。若自此全體中所生人物，其生後有互賊其生，而人有種種善惡事看，則亦非此一至善之語所可了。何以依一至善之道而生人物，會有互賊其生與種種惡事？此為依上述之至善之義，作直線推論，所不能說明者。此為宇宙間之一大弔詭，亦可動人之大悲憫、大疑惑，而覺其不可解者。于此吾人初只能就此所生之人物之惡之發生之所依，加以叙述。是卽在此所生之人物，為一有定形定限之存在，而只求其自身之存在時，便可賊害他生，而對他有惡事。故此人物之存在為有定形定限，卽其一切惡事之所依。而吾人亦可說此有定形定限，卽為人物之存在之根本惡。如西哲來布尼玆所謂形上學的惡是也。

然在此天所生之人物中之「人」，則又知有此惡，而求化除此惡。此則由于其自知其為一有定形定限之存在，而求不只為一定形定限之存在；以上契于其存在所自始之無此限定之形上眞實或乾元誠道。此卽為人之求上希于天之事。此為宇宙間之又一大弔詭。而人果能希賢希聖希天而成人德，以與天合德，則此上所述之二大弔詭，卽相銷而俱泯，遂亦更無弔詭之可說，亦更不容人于此談玄；而唯有人如何希賢、希聖、希天之道可說。此方為濂溪之學之核心所在。吾人今卽當循此而更說濂溪所言之希賢希聖之道之要點。

## 三　希賢希聖之工夫及聖德

此濂溪之言人之希賢希聖之道，在太極圖說見于其上引「聖人定之以中正仁義，而主靜」之一句。此一句，則承人爲天所生之萬物中，「得其秀者而最靈」，有「神發知」，以知「五性感動而善惡分」者而來。此中，人之爲有靈、有神、有知、有性，以知有善惡，而能定于仁義中正、能主靜，立人極，卽爲人之所以爲人之重要之義。此在太極圖說之文義次序中，屬第二義。然此人之生，固原于太極，則人之有此種種，亦卽可還用以說太極之內蘊中，有此種種。太極之道，卽天之誠道；則又可還用以說天之誠道之內蘊中，有此種種。然此仍必俟人之自在其人道中，深知此種種，然後可更以之透視此天之誠道、太極之內蘊之種種，以還契天道。欲于人道中，深知此種種，則圖說之所言者，皆在通書之第二章以後，方有更多之發明。吾人今亦卽當本此通書第二章以後之文，以知濂溪之由立人道、立人極，以還契天道之道。

濂溪之通書之文不多，今將就其要者，而爲下文所擬涉及者，先照抄于下。按通書第二章爲繼上所引之言天道之誠之章，而言聖人之誠。上所引之章標名誠上，此章標名誠下。其言曰：「聖，誠而已矣。誠，五常之本，百行之源也。靜無而動有，至正而明達也。五常百行，非誠、非也，邪暗塞也。故誠則無事矣，至易而行難。果而確，無難焉。故曰一日克己復禮，天下歸仁焉。」

第三章標名誠幾德，其言曰：「誠無爲，幾善惡。德：愛曰仁，宜曰義，理曰禮，通曰智，守曰信；性焉安焉之謂聖，復焉執焉之謂賢，發微不可見、充周不可窮之謂神。」

第四章標名聖，其言曰：「寂然不動者，誠也；感而遂通者，神也；動而未形、有無之間者，幾也。誠精故明，神應故妙，幾微故幽。誠神幾，曰聖人。」

第五章名愼動：「動而正曰道，用而和曰德。匪仁、匪義、匪禮、匪智、匪信，悉邪也。邪動，辱也；甚焉，害也。故君子愼動。」

第六章名道：「聖人之道，仁義中正而已矣。守之貴，行之利，廓之配天地；豈不易簡？豈爲難知？不守、不行、不廓耳。」

第七章名師。「或問曰：曷爲天下善？曰：師。曰：何謂也？曰：性者，剛柔善惡中而已矣。不達。曰：剛善，爲義、爲直、爲斷、爲嚴毅、爲幹固；惡爲猛、爲隘、爲彊梁。柔善爲慈、爲順、爲巽；惡爲懦弱、爲無斷、爲邪佞。唯中也者，和也，中節也，天下之達道也，聖人之事也。故聖人立教，俾人自易其惡，自至其中而止矣。故先覺覺後覺，闇者求于明，而師道立矣。」

第九章名思：「洪範曰：思曰睿，睿作聖。無思，本也；思通，用也。幾動于彼，誠動于此，無思而無不通爲聖人。不思則不能通微，不睿則不能無不通。是則無不通生于通微；通微生于思。故思者聖功之本，而吉凶之幾也。易曰：君子見幾而作，不俟終日。故曰：知幾其神乎。」

第十章名志學：「聖希天，賢希聖，士希賢……志伊尹之所志，學顏子之所學。」

第十一章名順化：「天以陽生萬物，以陰成萬物。生，仁也；成，義也。故聖人在上，以仁育萬物，以義正萬民。天道行而萬物順，聖德修而萬民化。大順大化，不見其迹，莫知其然之謂神。」

第十六章名動靜：「動而無靜，靜而無動，物也；動而無動，靜而無靜，神也。動而無動，靜而無靜，非不動不靜也。物則不通，神妙萬物。水陰根陽，火陽根陰。五行陰陽，陰陽太極。四時運行，萬物終始；混兮闢兮，其無窮兮。」

第二十章名聖學：「聖可學乎？曰可。曰有要乎？曰：有。請問焉。曰：一爲要。一者，無欲也。無欲，則靜虛動直。靜虛則明，明則通；動直則公，公則溥。明通公溥，庶矣乎。」

第二十二章名理性命：「厥彰厥微，匪靈弗瑩。剛善剛惡，柔亦如之，中焉止矣。二氣五行，化生萬物。五殊二實，二本則一；是萬爲一，一實萬分；萬一各正，小大有定。」

第二十四章名師友上：「天地間至尊者道，至貴者德而已矣。至難得者人。人而至難得者，道德有于身而已矣。求人至難得者有于身，非師友則不可得也已。」

第二十九章名聖蘊：「不憤不啟，不悱不發，舉一隅不以三隅反，則不復也。子曰予欲無言，天何言哉，四時行焉，百物生焉。然則聖人之蘊，微顏子殆不可見。發聖人之蘊，教萬世無窮者，顏子也。聖同天，不亦深乎！」

第三十章名精蘊：「聖人之精，畫卦以示；聖人之蘊，因卦以發。卦不畫，聖人之精不可得而見，微卦，聖人之蘊殆不可悉得而聞。易何止五經之原，其天地鬼神之奧乎！」

第三十一章名乾損益動：「君子乾乾不息于誠，然必懲忿窒慾，遷善改過而後至。」

由上文所抄濂溪語，所用之名言而觀，皆不出易傳中庸二書。濂溪特稱顏子之好學，以發聖人之無言之蘊，而見聖同天之深，蓋亦本易傳之稱顏子之知幾。至言聖學之要，在能知幾，（註）並以誠

註：易傳言顏子知幾，重在「有不善未嘗不知」。幾，說文訓「危也」。爾雅：幾，猶殆也。書經皋陶謨「一日二日萬幾。」古註：幾，微也。今本易傳，有「幾者動之微，吉之先見者也」鄭註云「吉凶之彰，始于微兆」。說文段註作：「吉凶之先見」。看來原文當如段說。濂溪言幾善惡，即幾兼吉凶之旨。然其言聖人之誠神幾之幾；又似當只有吉與善。故朱子註通書，為調停之說。謂「幾者動之微，善惡之所由分」。然其語類卷九十四則謂聖人之「誠神幾」是一「幾」，「幾善惡」又是一「幾」。後儒如羅念菴、王龍溪，則自此朱子所謂聖人之誠神幾之幾，以言人之心性之寂感之幾，而以此幾中無惡。然此則非易傳之幾之本意，而與濂溪言幾善惡之幾不合。朱子謂濂溪之「幾善惡」之幾，為善惡所由分，則亦涵幾有向善向惡之二義。濂溪之知幾，亦即能知此幾是向善或向惡。其言聖人之誠神幾，則當是自聖人之由先有知幾之工夫，自去其惡

> 幾說。惡幾既去，其所存者自純是善幾。然此非知幾之幾初無惡之謂也。

神幾爲聖人。乃意謂聖學之要，在知幾之善與惡而去其惡。此亦如易傳言顏子之庶幾，在有不善未嘗不知，知之未嘗復行。濂溪又言遷善改過，懲忿窒慾，更言無欲，皆本易傳而言。其第二章則言人之不能誠，由邪暗塞也，于性之偏剛偏柔，則言其皆有善有惡，唯自致其中，而後定于中正中和。此皆見其既尙中庸之誠與中和；而又能言人之所以不誠之故，在有邪暗、與性之剛柔之偏，爲其礙。此則與中庸之只直順正面之誠立教者不同。此乃同時重視反面之不誠之故，而求有以化除之之教。此卽實說一切人之由希賢而希聖、希天，以成其爲至難得之人，得其至難得之道德之方。而非只泛說人之爲得天地之靈秀，便可「與天地合其德，與四時合其序，與鬼神合其吉凶」而已者也。

濂溪之言人之成其德行之道，同時見及爲其德行之礙者，而求有以化除之，卽見其用心之已能面對吾人之道德生活中之病痛艱難所在。此實非其前之儒者所能及，亦吾人論後此之宋明儒之學所當正視之一點，而後對其切實之教中所包涵之似高遠濶大之言，亦皆可有一切實之理解，而不流于玩弄。此中專就上所引通書之第二章而說。則其謂「聖、誠而已矣，五常百行非誠，非也」，卽謂一切五常百行，皆賴誠而成就，亦卽謂其賴其爲一內心之眞實之表現而成就，如天之萬物之賴其爲天之內在的眞實之表現而成就。然自天而言，其表現皆如其表現，而見其所表現之眞實，亦如其所能表現、所當表現而表現。此中無不誠。然人則可有不誠，而不表現其能表現、當表現者。于是其所表現者，卽亦可與其內蘊之眞實，不相一致。其所以致此，正由于人之秀與靈，而能于萬物無所不感，而感之又不必能本其內心之眞實，以應之而當。此不能應之而當，卽其內心之眞實未表現，而照明通達于外，此卽有不誠。此不誠，卽是雖「感」而不「通」。緣此人之能無所不感，卽見人原有一自發之能感之能。此能感之能之所運，亦原卽其感之所通。然此運于所感之通，恒只是一向外之橫通或廣通。于此橫通之所及，若無當然之應，自內在之眞實而出；則無此內在之眞實，昭明通達于外之縱通或深通。于此不能有縱通深通之處，吾人卽可照見吾人生命之內部，有邪暗之塞，爲此內在眞實，不能昭明通達之障隔。此實亦與佛家所謂無明無殊。然吾人能照見此邪暗之本身，又爲吾人之能化除此邪暗之始，亦如佛家之以照見無明，卽爲菩提之始也。

吾人之生命何以有邪暗？此如自天道說下來，則當如前所說，此乃由人物之生而爲有定形有定限之存在；卽以其形限，限制此天之誠道之表現于吾人者，同時使吾人與其他有形限之存在，互相對峙，亦互相障隔。此障隔，卽吾人生命中之邪暗所自起。然人在道德生活中，可不討論此生命中之邪暗自何而起之問題。吾人之生命中之有此邪暗之塞，可使吾人內在之眞實，不得昭明通達于外，而使人于其所感，不能如其所自視爲實當有之應以應之，而致有內外之不合一之不誠，要爲一事實。今如何去此邪暗，以至正翻邪，以明達翻暗，以求無不誠，是爲吾人之爲學之工夫之所在。（註）故濂溪于第二

註：二程遺書承宋元學案濂溪學案附錄程明道嘗曰：「吾年十六七，好田獵。既見茂叔，則自謂已無此好矣。

茂叔曰：何言之易也？但此心潛隱未發。一日萌動，復如初矣。後十二年，復見獵者，不覺有喜心。乃知果未也」。由此一故事，可見濂溪之學之著目點，正在吾人之心靈生命之內部之潛隱未發處也。

章中以至正而明達，言聖人之誠也。其所謂靜無而動有，亦卽謂此內在之眞實之誠，由無形而動出，以成其有之謂。非泛說之玄言也。

吾人如識得第二章之「靜無而動有」之句之旨。則于第三章之誠神幾之句，亦卽不難解。此所謂「誠無爲」，非泛說之無爲，乃自誠之靜無一面，或未表現而只爲人心內在之眞實一面，說其是無爲。若自誠之表現而動有言，則固是有爲。然此表現在常人，不可說是直接表現，而恒須通過「幾善惡」之知，而後表現。由人之生命中可有邪暗，卽見誠之爲人心內在之眞實，恆有其非至正而明達之表現，故有惡幾。此惡之爲惡，依他章所說，其始點只原于不中，而不免于偏。偏卽是邪。偏由于對另一偏之不見，卽是暗。故邪卽是暗。翻偏邪之中正，亦卽是明達。此明達，由翻偏邪而見，亦卽由翻惡而見。而此翻惡，則賴于人之兼知此善惡之幾，而于此知善惡之幾處，爲善去惡。此卽爲一至簡易至切近之工夫也。

由此以了解此第三章「發微不可見，充周不可窮」之一句，及第四章之言誠神幾之關係，則第四章中之「寂然不動者，誠也」，卽第三章中之「誠無爲」。其「動而未形，有無之間者，幾也。」之幾，卽第三章之「幾善惡」之幾；「感而遂通」之神，卽去邪暗之塞，而使「寂然不動」之誠，明達于外，以自化其邪惡之幾于未形，「自致其中」，以求成第三章中仁義禮智之善德；而由「執焉復焉」之賢，至于「性焉安焉」之聖者。此中之寂然不動之誠，乃自誠之爲體而言；而此體之昭明通達于外，則爲其神用。此神用，卽表現于其對善惡之幾之動，無不知，而化邪惡之幾于未形，以復歸于善。幾微故幽，而此神用之發，亦發微不可見，而于善惡之幾無不知，遂能充遍周滿地妙應于一切善惡之幾，而不可窮極。故曰「發微不可見，充周不可窮之謂神」，「神應故妙，幾微故幽」。聖人有此神用，而寂然不動之誠，乃直接表見于此神用，而精光朗照，故曰「誠精故明」。此上引第九章之以思爲通微之道，亦卽以思爲知幾。其言「幾動于彼，誠動于此」，卽言由知幾之神之發，而化其邪惡之幾于未形，卽使此誠動顯。亦猶此言「誠精故明」也。濂溪本誠神幾之義，以言聖人，其所謂誠之寂然、神之感通、幾之幽微，皆各有其分屬之義，唯在聖人之生命中合而爲一。非泛說之誠神幾之卽寂卽感之三位一體也。

至于第五章之愼動，第六章之言仁義中正，與第二章之學聖之要，以無欲爲要，則與太極圖說之言「聖人定之以中正仁義而主靜」，「無欲故靜」，及上章之知幾之義，皆相通。愼動，卽知動之始幾而愼之，不陷于偏邪，而自定于中正。朱子謂此中正爲禮智，蓋不必是濂溪之意。中正乃對偏邪而言，亦對邪暗而言。人之欲，恆自限于特定之所向，卽是偏邪。而濂溪所謂欲，亦卽指此而言。故須無之。至于欲之合于仁義中正者，固不可無也。然人有陷于特定偏向之欲，乃一事實。對此欲之存在，乃濂溪所視爲人所當自加正視，而于其幾之始動處，卽當求知之轉之化之；然後人之動，乃得合于仁義中正。故不可不愼此動，而于動之先，有一無欲，以致靜虛之功。此靜虛卽所以去邪暗之幾，同時使寂然不動之誠，得明通于外，而其動更無私曲，唯是明通而公溥者。故曰：「靜虛則明，明則通；動直則公，公則溥。」

此中之明通，使吾人之生命內外不二，一方見吾人自己之誠，無私曲以間之，一方亦卽使吾人之生命，對所接之人物無偏私，如天之以陰陽生成萬物，而能以仁育萬物，以義正萬民；而吾人之神，亦充周于萬民萬物，而至于大順大化，不見其迹，莫知其然之境矣。

## 四　天道人道中之誠與神

至于上所引之第十六章，則爲更及于妙于萬物與陰陽四時中之神者。按濂溪言神，一爲其太極圖說所言之人「形既生矣，神發知矣」之神。此只是主觀之神知之「神」。一爲「誠神幾曰聖人」之神。此乃道德意義之「神」。三爲聖人之以仁義成政敎之文化意義之「神」。四爲此十六章所言妙于萬物與陰陽四時五行中之宇宙意義之「神」。然皆是自「定限之超化，而成一遍運處」言神。如太極圖說中之言「形既生矣，神發知矣」之主觀的神知，卽自始爲人心之能超出于其定形之限制，而能遍運及于其外之神知。聖德之神，則由其恆知幾，而超化其偏邪有定向之欲或邪惡之幾于未形，以復于中正中和，而成其誠之明通公溥之表現，而遍運處言。聖人以仁義成政教之神，則自其以義正萬民，而化除其不善之偏者，以成大化；以仁育萬物，而順成其善且正者，以成大順處言也。

由此以觀，自然世界中之陰陽四時五行，則由其「水陰根陽，火陽根陰」，春夏秋冬之代行，萬物之由始而終，由終而始，卽見此自然世界之恆自化其偏向之表現，以成其運化。于此中卽亦見一神之遍運。此中陰歸于靜，陽歸于動。春夏陽，而秋冬陰；物之由始而終者陰，由終而始者陽。合言之，卽陰陽之互爲其根，以更迭表現，以見此神之遍運。太極圖說之言「一動一靜，互爲其根」，卽無異言太極之神也。此中之自動是動、靜是靜而觀，則動靜各有定向，動靜之事物亦各異，而不相爲通。故曰物則不通。然自此動靜之互爲其根，以更迭表現而言，則動者不自有其動，靜者不自有其靜。故曰：「動而無動，靜而無靜，神也。」此乃可直自所觀之自然宇宙看，而見得之神也。

至于能觀此自然宇宙之動而無動，靜而無靜之神者，則爲吾人之神明。此神明自身，原在此所觀之動靜之上一層面。更必于其觀動時不定限在動，觀靜時不定限在靜，然後能妙運于所觀之動靜之中，故亦當是動而無動，靜而無靜者。此神明卽人之生而有之心之神知之明通。此明通依于此心之無邪暗，而唯是一誠之眞實。唯依此一誠之眞實，而有眞實之明通，成其神明之妙運。故吾人前說誠是體、神是用。如中庸之由誠而明，可說誠是體，明是用也。今就此心之神明所觀之陰陽四時五行中之神之遍運言，則其原乃在天道之誠、或乾元太極之眞實，爲陰陽五行萬物之形上根原者。吾人之神知只須能不著于或動或靜之物，而觀此陰陽五行萬物之流行終始，皆如從天而降；則蘊于天之眞實中者，固當包涵其所表現之一切，然後能爲一切或動或靜之物所資始，以表現爲陰陽五行萬物之流行終始，而于其中得見一妙運之神也。故自天道而觀，亦當說誠是體，其神運是用；其誠是天道之寂然不動，其神是天道之感而遂通。此猶以誠神幾言聖人之誠無爲，乃其寂然不動；其恆知幾而恆化偏向之幾，以直行于中道，乃其感而遂通之神。又此猶聖人之仁有育萬物之義正萬民之道，爲聖人之寂然不動之誠；其大順大化，爲其道之感而遂通之神也。然人原始之「形生而神發知」之神，則由其形之限，而其知之及于或動或靜之物；亦卽恆定限其知于此物；而此知亦物化。此卽形成人之生命中之邪暗閉塞之原，而使其生命之內在眞實不得表現。此內在眞實不得表現，自亦是寂然不動，然卻不能感而遂通，而內外遂不一。故必濟以無欲主靜之工夫，然後可一。人之學聖希天，以成人之道德之尊貴之事，卽落在此工夫上。有此工夫，然後得如聖人之寂然不動之誠之體之隱微，皆彰著于其「感而遂通」之神用之中。上引第二十二章有「厥彰厥微」之句。其下句之「匪靈弗瑩」，卽言有「感而遂通」之靈，然後有其神用之瑩明于外；方得于其下文所謂二氣五行萬物中，見「是萬爲一，一實萬分」。此一者何？卽此神用之遍運是一。此神用所彰之誠體之微，亦原只是「一」眞實也。

總上所述，則濂溪自是甚重此神之義，此乃本于易傳，其第十六章動靜所言之神，乃歸向在所觀之陰陽五行四時之運中，動者不自有其動，靜者之不自有其靜，以見動而無動，靜而無靜之神。然此動而無動，靜而無靜，亦可用以說此能觀之神知之妙運于動靜。則人可直下自見此神知之妙運之一層面，其所依者則在此神知之明通，亦當是依一誠而發。由此而人更當說此自然宇宙之神，亦依于天道之誠而發。而其二十二章之言「厥彰厥微，匪靈弗瑩」，乃連于人之「自止于中」，以「彰」其誠而見；其神之「瑩」，則初當是自人道說。至其後文又歸于見二氣五行萬物之「是萬爲一，一實萬分」，則當是言天道之神運之一。則此全章，無異謂：人必彰其誠，見其神之瑩，然後能見天道之神運。天道之神運卽見于人之神之瑩之中，而天人二者卽可不二。唯此章之言「是萬爲一，一實萬分」，雖是自神運說，其最後一句「萬一各正，小大有定」，則又當是從神運中所見之一一物之各正性命，以各自爲一眞實之存在，亦各有其誠說。此則相當于第一章中所引「乾道變化，各正性命」，太極圖說中「萬物生生」之句。故此濂溪之言神，有自所觀之客觀面說者，有自能觀之主觀面說者。其所依者，則或在天道之誠，或在人道之誠。亦有自人之彰其誠，見其神之瑩，而見天道之神運說者。至于見天道之神運，亦當同時見萬物之「各正性命」，而各有其誠，以各表現天道之誠之一面。然要歸在由誠見寂然之體，由神見感通之用。自人而言，則邪暗，可爲誠神間之間隔；故必由工夫以知幾，化此邪暗，方可成誠神合一、亦人道與天道合一之聖人生命。故不可只泛說誠神、體用之不二。此濂溪之本旨也。

此周濂溪之學之言神，乃本在易傳，言誠，則本在中庸。誠爲體，神爲用；則以中庸爲體，易爲用。然在濂溪之自覺所及，則又是用中庸之義以說易。故其書名易通書。皆上引之三十章言「唯易卦能示聖人之蘊」，「易何止五經之原，其天地鬼神之奧乎」。然其二十九章言聖蘊，又謂「不憤不啟，不悱不發」。則顏子與孔子爲師友，而能發聖人之蘊，乃原于其憤悱。此憤悱，卽人內在之誠之自靜無而動有，以明通于外，成充周不可窮之神之始，而亦能「敎萬世于無窮」者。然此顏子所發之聖人之蘊，亦原是聖人內在而深隱之同天之蘊。故曰「聖同天，不亦深乎。」易示人以天地鬼神之奧，而聖之同天蘊之深，唯憤悱可以發之。所發者，寂然不動之誠，發而見于外者，其感而遂通，而見爲遍運于萬物之神用。此神用之所在，卽易之所在也。濂溪之書名易通書。其何以有此名不可知，蓋卽通中庸之誠體，以言其神用之所在、卽易之所在耶？

# 第四章　張橫渠之以人道合天道之道（上）

## 一　正蒙一書各篇之大旨

張橫渠之學，要見于正蒙一書，其語錄之言天道，大旨亦不出正蒙。其書文字謹嚴，論義極密，須費功力，方能實解。正蒙乾稱篇言「自佛學入中國千五百年，自非獨立不懼，精一自信，有過人之才，何以正立其間，與之較是非，計得失」，亦夫子自道之辭。其理窟第八篇又言其爲學三十年，于所見義理，乃不肯復出，天下莫能易。又謂其時學者，則「譬之如有物而不肯捨去者有之，以爲難入不濟事而去者有之」。卽當時之二程，對其學已多不能相契。二程固亟稱橫渠之西銘，備言萬物一體之旨，然亦疑其偏言清虛一大，乃言器非言道（二程遺書十一）。然橫渠言「虛、實也，清、濁也；其究一而已。兩不立，則一不可見」。誠明篇所謂「誠、明者，性與天道，不見乎小大之別也」。則清虛一大，未必可盡橫渠之學也。後之朱子于橫渠言「心統性情」及「氣質之性」諸義，極爲重視，而于橫渠之言太虛卽氣，亦謂其只及于形而下，而未及于形而上之理。至陸王之徒，則于橫渠之學幾全置諸不理。直至王船山乃于橫渠大加推尊。近人乃更以橫渠之書之博大，較濂溪文之精約，二程言多只爲語錄者，更易見一系統，而加以重視。然橫渠之正蒙，乃以天道之論爲先，其第一篇參兩篇，言天之日月五星，地之五行之物，與寒暑晝夜朔望之分，雲雨風雷、霜雪雨露之變。本此以觀其第一篇太和篇之言太和之道，「中涵浮沈、升降、動靜之性。……散殊而可象爲氣」等，亦似當初是說自然之物質宇宙之事，故人遂恆以唯物論或唯氣論解之。此則自明末清初之耶穌會士如利瑪竇、孫璋等，已謂橫渠之天道論同西方之唯物論之說，與中國古儒眞敎之以天爲一神明者不類。然反此者，則又可由橫渠之于太和篇中亦說「起知于易者乾乎」，「清通而不可象爲神」，其天道篇嘗言「天之知物，不以耳目心思；然知之之理，過于耳目心思」，及其王禘篇之言祭天之禮，乾稱篇之言人當視乾坤爲父母，而謂橫渠之天乃具神知之泛神論之神，或超神論之神；而其言虛爲氣之本體，實未嘗重氣，亦不重氣所化之物，其旨歸乃在由虛以見天之神。此上二釋，亦皆有橫渠之明言足據，亦皆不能謂其無所見于橫渠之學。然二說，則相矛盾，須有說以通其所謂氣物、虛神之本義。吾昔年爲文論橫渠之學，嘗重其言心知之義，後更約之爲吾原性篇論橫渠之心性論之一節。然此固亦尙不足概橫渠之學之全貌也。

吾以爲欲見橫渠之學之全貌，宜順觀正蒙之書之各章次第，先得其大旨。玆按其第一章，言太和之道，此自是以天之太和之道爲主。然太和章于言天道後，卽繼以言「聖人盡道其間，兼體不累者者，存神其至矣」。卽已是歸在言聖人之人道。至其參兩篇雖言天地日月、晝夜寒暑之天象，然亦謂此天象中之「屈伸無方，運行不息，莫或使之，不曰性命之理，謂之何哉」；又謂「日月得天，得自然之理也，非蒼蒼之形也」。則其言天象，乃所以見性命之理。故其第三篇爲天道篇，專言此理此道，謂天道之「四時行、百物生，無非至教；聖人之動，無非至德。……天體物不遺，猶仁體事無不在也。……聖人有感無隱，正猶天道之神」。此卽謂人之觀天之四時行、百物生，當視爲天對人之教。而聖人之動中之至德所依之仁道，與天體物不遺之道同，故其有感無隱，與天道之神同也。至于其第四篇神化篇，則首分天德天道爲二，以說「神天德，化天道。德其體，道其用，一于氣而已」，而終之以「仁敦化則無體，義入神則無方」之言，以謂人之仁義之道之德，卽人之道德之同于天之神化之道德者。至于下之動物篇，則是就天地間之物言，如動、植、鬼、神、事、物，人之寤、夢等，事物之兩氣兩形之相感相軋之事。此則非就天而言，亦非就聖人而言，而只是言天地間之萬事萬物之理之章也。

至于誠明篇則王船山正蒙注謂「前篇統人物而言，原天所降之命也。此篇專就人而發性之蘊，于人所受而切言之也」。故此篇以下皆以人道爲主。此篇始于「誠明所知，乃天德良知，非聞見小知而已」。蓋前此言天地萬物之道，皆初緣聞見契入。此人之天德良知，則必由人之反躬而自見。故不同于緣聞見而有之小知，亦不同于緣聞見小知，而契入之天道之論也。然人果能自有此誠明，而自見之，亦可同時見得此人之誠明，卽人之性之所以得合天道，使天人不異用、亦不異知者。故誠明篇雖是言人道，亦還契天道。此「誠」，卽仁人孝子之所以事天成身，以合于天之所以長久不已之道者。人之由誠而發之明，則爲人之所以能窮理而明天道者。誠所以盡性；盡性必變化其氣質之性，有窮理之明，遂能知命而成其正命。然人欲有此誠明之道德，以盡性立命，則工夫當在：心之自知其大于見聞之知所得物之象，以合內外于耳目之外，乃能更不「大于我而大于道」。此卽爲其大心篇之所論者也。

至于其中正篇，則首言「中正然後貫天下之道，此君子之所以大居正也」。此則非就君子之道大而合于天之大說，而是說君子之道之貫于天下萬事萬物之中，而其學則志在「中道而立」，以「體正」。故不正必矯。矯而得中，然後可大。此則言上篇之大心之大，亦當由其學之得中而後致。故曰「極其大而後中可求，止其中而後大可有」。此卽與前篇之旨相輔爲用。此章要在言學問工夫，而歸于學以成教，故亦言教育人才之道也。

再下之至當篇，則爲依大中之道，以言有德者之應事接物，必歸至當至順，以見此道德之用。故于此章言及人之道德之不當偏，更言：「流于義者，于仁或傷；……過于仁者，于義或害」，及道德之「志大則才大、事業大」，及「君子所以立多凶多懼之世，乾乾德業，不少懈于趨時」，而「動靜不失其時」之道。此則君子之明體而達用之學也。

至于作者篇則言古伏羲、神農、黃帝、堯、舜、禹、湯之制法興王之道。此乃言古聖之政道足爲今之所法者。三十篇言孔子之聖學，歸在七十與天同德，老而安死，及孔子弟子顏淵子路之賢。有德篇言學者之欲爲有德者，當「言有教，動有法；晝有爲，宵有得；息有養，瞬有存」，使其日常生活中之接人處世，能「怨而無怨、敬而無失、恭而有禮」，以及事君親、出處取與進退、對人之稱毀及克己樂己之道。此皆自日常生活中言修己之道。至于下之有司篇，則言士之出而爲政時之舉賢而討伐不賢及賞罰，與薄賦節用以生財之道。再下之大易篇，則于經中，特論易之爲書之義。樂器篇則言詩書樂之義。王禘篇言禮之禘禮、祭禮、命官師之禮與射禮，並附及春秋之褒貶之義。此二篇卽橫渠之以其天道人道之論，說六經者。此不如其理窟十一篇言詩書禮樂者之詳，宜合參以看。

至其書最後一篇乾稱篇，則可說爲橫渠言天與人之究竟關係之論。此中之上一篇之西銘，歸在人當爲乾坤之孝子，而繼天之志、述天之事，而重在「事」。其下篇則爲總攝其言天道人道之理者。吾嘗細看此下篇第一節，卽總太和篇參兩篇之要義而述之。第二節至誠天性也，至學未至知化，非眞得也。卽總攝天道篇神化篇要義而說之。第三節自有無虛實，通爲一物者性也，至人能盡性知天……。則就誠明篇之要義而說之。第四節言有無一、內外合，至不專以聞見爲用，則就大心篇要義而說之。第五節自「無所不感者虛也」，至「乾坤，陰陽也，二端故有感，本一故能合」，而歸于「妙萬物而謂之神，通萬物而謂之道，體萬物而謂之性」，則正是綜合太和篇之氣之相感依于虛，而于感中卽見此天道篇之「道」、神化篇之「神」、與誠明篇之「性」而言之。第六節「至虛之實」以下八句，則言此上所說之感依于虛實動靜之不二。第七節「性通極于無，氣其一物爾」，則言性之由氣之有，以通極于虛，而天命同于性，故語性與語氣不同，語命與語遇不同。此是綜合誠明篇言性命者而說。其第八九節卽言此儒者之學與佛學之不同。此中第八節言佛之直語太虛，不以晝夜陰陽累其心。第九節言儒者之道則能兼體此二者而無累。故既有一陰一陽之義。又有陰陽之不測之義。第十節則言天之虛而善應之神，其義之通乎老子之「況諸谷」。第十一節則言太虛爲氣之體，氣之屈伸相感無窮，其散無數，卽神應之無窮無數，而此無窮則其實湛然，無數其實一，「陰陽之氣，散則萬殊，人莫知其一也。合則混然，人不見其殊也。形聚爲物，形潰反原」。反原爲變，而變者乃「對聚散存亡爲文，非如螢雀之化，指前後身而爲說也」。則變非變而爲他，只超乎聚散存亡之相對，而見其湛然混然而已。此對佛道二家而言儒家之天道：變卽不變，一卽無數之萬殊，湛然卽無窮、氣之有卽太虛之無，以明儒者之道之究竟義也。

至于下文之「益物必誠」一節，及「戲言出于思也」二節，與上文不相屬。此上一節以易之益卦爲言，當屬于大易篇。「戲言出于思也」一節，卽張之東銘。疑當屬于有德篇之論言動之第一節之上。讀者可更細參之。

## 二　如何契入橫渠之學之道

此上撮述橫渠一書各篇之內容所及，卽可見其書乃一系統之論述。各篇之問題實次第相連。在王船山之正蒙注中，亦大皆于篇首述各篇大意，而指明其相連屬之處。但船山對中正篇、至當篇、作者篇、有德篇所言者，則不切；對三十篇、有司篇無述；對乾稱篇下，亦忽其爲大心篇以前各篇之撮要之旨。然船山要能知此正蒙爲一系統之著者。今如依吾人于乾稱篇下之分節而觀之辦法，以觀其每章中諸節義之相連屬，當可見其非任意之編排。大率其每章居前之節所說之義，恆以後節之義，加以補足。此或是後節就前節中之諸義，分別更說；或是後節就前一節之某一義，更特加闡明，以袪誤解；或是後節緣前節義以另繹新義。吾人若能如此細看其書，可不管他人于同一之問題，先如何說，後人對橫渠之評論如何說；更可不待吾人代爲之假借幫補，「抗之使高，鑿之使深」，而自然見得其言之由低下至高大，由淺易至深密之種種之義。橫渠自言其書「如枯株。根本枝葉，莫不悉備。充榮之者，皆在人功而已」。（蘇昺正蒙序），固不誤也。由此細看其書，更可見其于義理之安排，亦復可以朱子所謂「枝枝相對，葉葉相當」稱之。則吾人亦不難對橫渠之此書，爲一章句之學，當更可見其書實乃煞廢苦思力索，刻意經營之工夫，而成之有法有序之書，而有不容吾人之任意割裂，前後顚倒，以論其學者在。然吾今只能略本此意以論其書。下文之所論，若或不能全免于割裂顚倒之弊，則吾所愧對橫渠者也。

橫渠書之所以煞廢苦思力索，刻意經營之功夫，以成書之故，蓋首在其書所用之名言概念與有關之義理，初不出自一原。如誠明合言，出于中庸；神化合言；出于孟子與易。濂溪已能通誠明與神化之義而論，而爲說與橫渠不同。如神化在濂溪乃依誠之明而說，並當屬誠之用。橫渠則以神爲天德，屬體，化爲天道，屬用。橫渠又以中庸之誠、明、性，通于易傳窮理盡性至命而說，其義亦多先儒所未及。至于參兩、中正之名，則原出易傳；橫渠之合天德良知爲言，則天德出易傳，良知又出于孟子。至于太和之名，則出易傳保合太和之語。其以虛氣言天道，則似同出于道家之徒。如乾稱篇言天之虛而善應，橫渠亦引老氏「況諸谷」之言是也。橫渠將此異原之名辭概念，與有關義理，融鑄在一起，後之學者，耳熟能詳，視若自然，然實則初非易事。橫渠之藉此諸名言概念以說之義，更多有在中庸易傳之書之原義之外者。學者遂亦恆易由其辭之同，而忽其新義之所存及苦心極力、刻意經營之所在矣。

大率橫渠之融中庸易傳之言之義，更自立新義，以成其書，多是合兩義相對者，以見一義。所謂兩義相對者，如以誠與明相對，性與命相對，神與化相對、仁與義相對、中正與大相對、太虛與氣之實相對、無形與象相對、至靜無感與有感相對、天與人對。凡于此兩義相對者，橫渠皆欲見其可統于一義。橫渠言「兩不立，則一不可見；一不可見，則兩之用息」。此語亦正可還用以說橫渠所立之義之兩者若不立，則其義之一亦不可見；其義之一不可見，則其所立之兩義，亦並成無用。則吾人于橫渠之言凡有兩處只知其一，如只知其虛而不知其氣，只知其氣而不知其虛；只知其言神而不知其言化，只知其言化而不知其言神，固不足以知橫渠。而不知其言中凡義有兩處，亦皆用兩以見爲兩者之不二而爲一，亦不足以知橫渠也。故吾人述其學之言，一有畸輕畸重于兩者之任一，或于此「兩」與「一」之二者中，畸輕畸重于其一，卽皆吾人論橫渠之學之失中正之道，而不足見其義之「和」，而亦非吾人之本「大心」以知橫渠之學之全之道，此卽橫渠之學之所以難論，人論之恆不免于有所差也。吾昔嘗一再爲文以講述其學，皆初不自覺其有差，後乃更自見其差。今乃得此所以免于有差之道，乃在「于其兩義中見一義」。則吾此下之所論，或庶幾乎少差。然亦不能保其毫無畸輕畸重之差。今亦唯將吾之所見者述之于下云爾。

## 三　大心篇貫義

上述橫渠所言之兩義相對，以天與人之相對者爲大。于橫渠之書，捨其論六經之三篇、及末二篇，爲全書總結者不論，自中正篇以下至有司篇六篇，並言人道。前三篇，則並重在言天道。動物篇則汎言天地間之人物之道。唯神化、誠明、大心三篇，乃通天人之道以爲論。此中之大心篇所論者，尤爲人由大心，而得以人道合天道之樞紐。則吾人欲知橫渠之學，所以通天人之相對者，宜當由大心一篇始，更及其誠明、神化二篇之言，方爲得論橫渠學之正道。由此再下通至其中正篇以後各篇言人道者，則其旨易見。今可不更釋，讀者可次第自觀之。由此以上通至其前之太和參兩之篇重言天道者，則可知其雖言天道，實亦以能合天道之人道、聖道，爲其背景，亦卽以人大心窮理，有其對天道之明爲背景，則不致以其言天道，只是爲成立一單純之宇宙論，亦不致由其言天道之重日月四時之事，天之太虛與氣之事，遂以之爲一自然主義唯物論之哲學矣。此卽通正蒙全書，而以其言天人之道之合一處爲中，以執其兩端之分言人道與天道者，而使吾人之述橫渠之學，直下得一平衡，而少偏倚者也。

今先將其大心篇之全文照抄如下，後文更釋之。

「大其心，則能體天下之物。物有未體，則心爲有外。世人之心，止于聞見之狹。聖人盡性，不以聞見梏其心；其視天下，無一物非我。孟子謂盡心則知性知天，以此。天大無外，故有外之心，不足以合天心。見聞之知，乃物交而知，非德性所知。德性所知，不萌于見聞。」

「由象識心，徇象喪心，知象者心。存象之心，亦象而已，謂之心可乎？人謂己有知，由耳目有受也。人之有受，由內外之合也。知合內外于耳目之外，則其知也過人遠矣。」

「天之明莫大于日，故有目接之，不知其幾萬里之高也。」

「天之聲莫大于雷霆，故有耳屬之，莫知其幾萬里之遠也。」

「天之不禦莫大于太虛，故心知廓之，莫究其極也。人病其以耳目聞見累其心，而不務盡其心。

故思盡其心者，必知心之所從來而後能。耳目雖爲性累，然合內外之德，知其爲啟之之要也。」

「成吾身者，天之神也。不知以性成身，而自謂因身發智，貪天之功爲己力，吾不知其知也。民何知哉？因物同異相形，萬變相感，耳目內外之合。貪天之功，而自謂己知爾。」

「體物體身，道之本也。身而體道，其爲人也大矣。道能物身故大；不能物身，而累于身，則藐乎其卑矣。能以天體身，則能體物也，不疑。成心忘，然後可與進于道。化則無成心矣。無成心者，時中而已矣」。

「心（成心）存，無盡性之理，故聖不可知謂神。」

「以我視物，則我大，以道體物我，則道大。故君子之大也大于道。大于我者容不免狂而已。」

「燭天理，如向明，萬物無所隱；窮人欲，如專顧影間，區區於一物之中爾。」

「釋氏不知天命，而以心法起滅天地。以小緣大，以末緣本，其不能窮，而謂之幻妄，眞所謂疑冰者歟。釋氏妄意天性，而不知範圍天用；反以六根之微，因緣天地；明不能盡，則誣天地日月爲幻妄。蔽其用于一身之小，溺其志于虛空之大，此所以語大語小，流遁失中。其過于大也，塵芥六合；其蔽于小也，夢幻人世。謂之窮理，可乎？不知窮理，而謂盡性，可乎？謂之無不知，可乎？塵芥六合，謂天地爲有窮也；夢幻人世，明不能究其所從也。」

對此篇之文，今擬予以次第之解釋，以見其義之次第相貫，並爲上所說：橫渠書之各章，皆爲一有組織之文之一例證。此橫渠大心篇，首言人不以聞見梏其心，然後能體天下之物，而見無一物非我，使心成爲無外之心。則此所謂大其心之道，非是：充吾人之聞見之經驗，以接無盡之物，爲使心大至無外之謂。此乃正是求超此一切聞見之知，而更知有一「不萌于見聞」之德性之知，能合內外者。然此合內外之德性之知，如何可說爲有，正爲人初不易解者。故下文更由一般人之知心之道，次第說來。其說「由象識心」，卽言一般人之自識其有心，乃由心中有象而識心。此卽言一般人之自心中有種種物象或印象觀念，以謂其有心。其說「徇象喪心」，卽言一般人之心，恆只意向于此物象，而使其心同化于此物象，而沿物象以生種種慾望，而其心以喪。此「徇象喪心」，當與後之「窮人欲，如專顧影間，區區於一物之中爾」之句，合併了解。此卽是言人心之緣物象之影迹而逐物，以自同化于物。此正略如孟子言「耳目之官，不思而蔽于物，物交物，則引之而已矣」之旨。然橫渠于此不直說「耳目之官，不思而蔽于物」，而說人之心之自同化于所知之物象，而存之，更徇之，以有人欲，乃使人心陷落于區區一物中。此則較孟子之說，爲切于人心所以蔽于物，而陷落于物中之實事；而亦見人心之知物象之事，同時有一使人心陷落于物，以化出無窮之人欲之幾。此人欲，固初不直由單純之耳目之官而起。耳目之官使人能接物，而有物象之存于心，亦初不任成此人欲之咎。唯心之只由此物象識心，更存象而徇之，乃有人欲。此乃心自己之事。去此人欲之工夫，亦惟當在心上用。人亦當面對此心之存象徇象，以陷落物中之幾，而轉化之，以成此心之上達，然後人欲可去。此則固較孟子之言，其義爲切合人心之兼有下降與上達之二幾，而亦合乎吾人言宋明儒者之恆面對反面之事物，以成人之道德工夫之旨者也。

此人心之上達之道，卽在知此物象，乃原于耳目之官之接物而有；此耳目之官接物之知，卽合內外之事。則人之成其此知，初乃所以成其合內外。此合內外之事，若更有出于耳目之知之外者，則其合內外，所成之知，卽超過只有此以耳目之知之合內外者。此卽意指前文所謂「不萌于聞見」之合內外之德性之知也。

然此不萌于見聞之合內外之知，果是何知？則下節首言：目之接天之日，耳之聞天之雷霆，雖能及數萬里之外，然皆不能聞見此天之太虛；唯人之心知，超于耳目之所見聞，而自開自廓，以及于此所見聞者外，方能知此莫究其極、而無限無窮之太虛。而心之知此天之太虛，心卽與之合而爲一，亦卽直下是一合內外于耳目之外之知。此亦卽一德性之知。唯因此心知之有自開自廓之德性，乃能順此莫究其極之太虛，而自合于太虛。此知，由人心之德性而成，亦由人心之自覺而見，固非由耳目之聞見而見。故卽橫渠所謂德性之知之一也。

由人之心知能及于太虛，故人或遂如後文所謂「溺其志于虛空之大」，「病其以耳目聞見累其心。」此在橫渠觀之，卽佛家塵芥六合，夢幻人世之本。此佛家之教，固亦有其人心之立根處。人心由知有太虛，直向太虛而思，亦必溺其志于虛空之大。然此又是人心之一歧出。此與上述之人心之徇物象而喪心，以窮人欲者，其爲人心之一歧出，乃一上、一下，一有實無虛、一有虛無實，而互相反對者。由此二歧出，而有人心之二大歧途。其太和篇所謂「彼語寂滅者，往而不返；徇生執有者，物而不化」此即就此人心之二大歧途，更以說人生態度之二大歧途之言也。

然人心更有既非徇象喪心，亦復非溺其志于虛空之大，而有之一正當之用心之道。此即「盡其心」之道。所謂盡其心者，則下非徇象喪心，上非病耳目聞見累其心，而廢耳目之聞見。然此「思盡其心者，必知心所從來而後能」。

今問此心之所從來，則還當自耳目所形成之一合內外之知爲心知之始講來。由耳目而心知物象，固可爲能知太虛之心之累；然此由耳目而有之心知，仍有其合內外之德，足啟發此超耳目之太虛之知者。故亦不可直加厭棄，而當于此先知：人之有此耳目之知，乃由吾人之有身；而成吾人之身者，則初爲天之神。此身之有所知，則由于一切天生之物之有同異以相形，萬變以相感，更與身之耳目有內外之合。則吾之心知之所從來，乃來原于天之生吾之身、天生之物有同異萬變。是即見此心知之原，乃出于天。故人不可謂此智屬于此身，自謂「因身發智」，「貪天之功爲己力」；而唯當盡吾人心之性，以成吾人之身。此中人之自謂其有心知而有智，即同時將智屬于此身，視爲此身所發。依後文觀，此即人之自謂「我」有智有知，而見我之大于物之故。然此仍是人之有身之後，其心之下降落于此身，而自此身之軀殼起念，而形成之顛倒見；卻非：「此心之自知其身之原于天，其所知之物亦原于天，而成之正見」，卽非「此心之自盡其心，以自思其知之原于天而成之正見」。此心果自盡其心，以自思其知之原，則必底于知：「其知之原于天之使之有身，與天生之物有同異萬變，而知其知乃由天降，其心亦由天降也」。

人能盡心以自知其知、其心乃由天降，則將不以此心、此知，屬于我之一身，亦同時知盡此心，以知同由天降之一切物，而體物體身，以爲此心知之進行所循之道路。故曰「體物體身，道之本也」。尅就此體物體身之身，循此道而言，卽爲此身之體道，亦卽人之大其心以體道。吾人之心固與吾人之身不可分也。此身之體道，亦卽道之爲主宰于此身，而運用此身，以見道之大，亦見身之大。故曰「道能物身，故大」。此物乃動詞，如「物物而不物于物」之「物」，故有主宰運用義。其下文言「不能物身，而累于身」，則言道爲身所累。蓋人以所知之道，私屬于其身所發之智，謂道爲我所私有，卽道之累于身。道爲我所私有，而道亦「藐乎其卑」矣。

今不以道爲我所私有，則道卽屬于天，而不屬于我。人身之體此天之道，亦卽與天爲一體，以自體其身。故下文謂之「能以天體身」。天兼體萬物，則與天爲一體，而自體其身者，亦兼「能體物也不疑」矣。此上所說以天體身而體物、體道盡心之事，皆初由人之先能知心之所從來之天之道而致。不欲盡此心，則須人之忘其過去之成心，更加以超化，而後其心乃得在當下之時中，順道以進行，而不偏向于其前之成心之所限定。故曰「成心忘，然後可與進于道」。「化則無成心」，無成心者，「時中而已矣」。此盡心卽道，而道卽性，故盡心卽盡性。盡性盡心，則不復有此成心之存。有此成心之存，亦無盡心盡性之理。無此成心之存，則亦無此成心之知。是卽達于一超知而不可知之神，而可直契于吾人之身所自生之天之神矣。

此上所謂忘成心，「化則無成心」，一方有此心之順道而行，以體道、體物之事，亦同時有對物之聞見之知，以合內外。此合內外之事，依于身之耳目之感受同異萬變之物。此身與物，皆天之所生，其由相感而有吾人之聞見之知，亦並是天之用，乃本于天道，而出于天性。以天體身，則吾人之身之性，卽天性。其謂釋氏妄意天性，而不知範圍天用，卽言釋氏不知于此天性、天道之表現，與天所生之身與物所成之天用，而卽之以知天知性。乃一方誣天地日月爲幻妄，一方以身之用爲小；遂離此二者，以別意一天性，如虛空之大者；乃不能窮：「此身與物之內外相合以成知」之理，亦不能窮：「此身與物及知之所由來，皆在于天」之理；則亦不能：「知盡此天性，以成天用」，而範圍之于其所學之內也。

由吾人上對大心篇之全文之章句之解說，卽可知橫渠之學有大心以知天一面，亦有盡心盡性之一面。此大心以知天一面，不由于聞見之知，而須有德性之知，然亦不廢此聞見之知。合此二知以知天，則除其第一篇之統言天道之太和之篇，有兼用二知之文外，參兩篇則有偏在由聞見所及之天之日月星辰，四時五行，以見天道之文；其動物篇更有偏在由聞見所及之天地間之萬物，以見天道之文。

至其神化篇之言神天道，化天德，更言人之仁義，使人敦化入神，是爲由知天以知人，而「聖人之事備」之論。其誠明篇言盡心盡性，而變化氣質以至命，以成其誠明所知之天德良知，亦契天之神化之道之德，則是由知人以知天而事天之論。此中之神化篇與誠明篇，則互相呼應成文，皆要在本于德性之知而說，以見天人之道之德之合一者也。

## 四　動物篇參兩篇之宇宙論：物、事、形、象、秩、序、時、鬼神、化、虛、氣、陰、陽與心知性命之關係

吾人今本上所述，以觀橫渠言天道，則當由淺入深。所謂由淺入深者，卽由吾人見聞之知及于萬物之物象爲始點，而由知物象，以知有物。此固人人所能明。然卽一物之象亦有種種方面，以相續呈于吾人之聞見之前。在動物篇，橫渠嘗言「物無孤立之理，非同異、屈伸、終始以發明之，則雖物非物也。事有始卒乃成，非同異有無相感，則不見其成。不見其成，則雖物非物」。又其神化篇曰：「苟健順、動止、浩然、湛然之得言，皆可名之象爾」。則物之同異、屈伸、終始、動靜、浩然而充實、湛然若虛無，皆物之象也。此象之義，較形之義爲寬，乃連形之動靜等而說象。然象必連形說，有象必有形，有形亦必有象，故義可相涵。依橫渠意，吾人卽由此種種物象以知物，而物亦卽表現此

種種象者。離種種象而物非物，則物之所以爲物之概念，乃依此種種象而立。便不可逕說橫渠之論是唯物論。此中所謂物之同異，卽一物與他物恆互有同異。同則互有其所有，異則互無其所無。物依同異而相感，亦卽依其所有所無以相感。相感而物原有之性質數量，或增而伸，或減而屈。其死、其終，爲其屈，其始、其生，爲其伸。凡物皆在此與他物有同異、有無之處，更互相感以成事。不能如是者，卽非物。此卽物之所以不能孤立也。物與物能相感以成事，卽更有其事其物之屈伸終始，而物與其事，卽皆在此一屈伸終始歷程中存在。其由始而伸爲浩然，其由屈而終則爲湛然。此二者並是一物之象。于是此一物之象，卽一流行之物象，一方爲浩然有象，一方亦兼爲湛然無象，以無象爲象者。而此中之存在之物，卽應說爲流行的存在或存在的流行。其象在此流行中，爲乍有還無。其有非定有，故浩然者可化爲湛然；其無亦非定無，故湛然者亦可化爲浩然。卽其實者可虛，而虛者亦可實。故其語錄謂「天地之道，無非以至虛爲實」。常言物，乃自其定實而存在者而言。今謂此定實者非定實者，存在者亦是流行，則不當更名之爲物，而當名之氣之兼具虛實之義者。此卽橫渠之以虛氣言物之所以爲物，與其象之所以爲象之故也。故動物篇又曰：「物之初生，氣日至而滋息；物生既盈，氣日反而游散」。此卽以氣之息散，言物之始生與終盈也。神化篇曰：「象若非氣，指何爲象？」物有始終，象有更易，乃有其時，有其序；物有象，卽有形而有秩。故神化篇下更言「時若非象，指何爲時？」動物篇曰：「天之生物也有序；物之既形也有秩」。則物之時與秩序，依于物象而有；而物象又依氣之息散，卽氣之流行而有。則物乃第二義以下之存在概念。唯此氣之流行爲第一義之存在概念。氣之流行中之氣，依吾人前所論，其意義固只是一流行的存在或存在的流行而已。今吾人若能大吾人之心，循以上之義，以先見天地間一切依時而呈其形象秩序之事物，根底上只是一浩然而湛然、亦實亦虛之氣之流行，或存在的流行、流行的存在；則對此一切萬物之生而始，卽可視爲一氣之伸，是爲陽氣；而其死而終，則爲一氣之屈，是爲陰氣。此在動物篇，則名前者爲神，後者爲鬼，而謂「鬼神者，二氣之良能」。此中之氣亦卽是能也。由此而吾人卽可銷化「萬物之始終生死之多」之觀念，而于天地萬物中，唯見此陰陽鬼神之氣之充塞。由此以更觀其動物篇之言動植物等生長變化，其參兩篇之言太虛之天中之日月星辰、風雨雷雲、霜雪雨露、以及地上之金木火水土之五行之物，在四時寒暑歲歷中之運行變化；則橫渠于此之種種分別說，亦可視爲一自然科學知識之論，亦似見橫渠極重此種種自然物之存在，而近自然主義唯物論之說。然復當知：橫渠于此所論，若作自然科學知識而觀，則亦甚簡單幼稚，而不出常識之仰觀俯察之所見。在參兩篇，橫渠則明言人當于自然之「屈伸無方、運行不息」中，知性命之理，謂「能窮神化所從來，德之盛者歟」。太和篇亦言天地間之陽浮陰降，「其感遇聚散，爲風雨、爲雪霜，萬品之流形，山川之融結，糟粕煨燼，無非教也」。動物篇更言萬物之自伸而始、自屈而終爲鬼神。又言其相感之性，卽此伸于彼，彼屈于此之鬼神施受之性，其不相感而自伸自屈爲鬼神，亦卽爲「鬼神亦體之而化矣」。則此中之要旨，乃在由人之大心，以仰觀俯察天上之日月五星風雨雲雷、及地上之萬物之屈伸無方，運行不息中，見其充體是鬼神、是神化、是性命之理于此表現。神是神，化是鬼；其浩然中之屈伸不已之事中之理，是命之流行；其湛然中之能屈伸不已之理之自在，卽是性也。唯人能大心，以仰觀俯察此有形象之天地萬物之屈伸運行，更能見及其中只是氣之流行，或流行之氣，而于其中見得鬼神、神化、性命之理之無形無象者，方是橫渠所以于此得言窮神知化，並于太和篇謂「天地法象，皆神化之糟粕……萬物形色，神之糟粕」之故。此窮神知化之知，乃由此心之超形象，而自伸達于其形象之化、形象之外，方有者。故此窮神知化之知，雖緣見聞之知而始，亦以超見聞之知而終。自此知之出于人之自伸達于形象之外言，卽爲上述之德性之知。故橫渠于窮神知化之下有「德盛」之語也。

吾人今能循上所說，知橫渠于動物篇、參兩篇言「仰觀俯察天地萬物」之微旨所在，則不得再以橫渠爲唯物論，亦不得以之爲唯氣論，乃可更了解其太和篇之義。太和篇自是謂一切天地萬物，皆氣之所成，凡充實于太虛者，亦只是氣。故謂「太虛不能無氣，氣不能不聚爲萬物，萬物不能不散爲太虛，循是出入，是皆不得已而然也」。又曰：「太虛無形，氣之本體；其聚其散，變化之客形爾。知太虛卽氣，則無無。」于此如對此氣，作空氣、以太、物能去理解，則橫渠之學亦可說爲一唯物論。依此以觀其謂天之太虛卽氣，則亦可說爲似笛卡兒所謂虛空卽物質之說；而其參兩篇之言「太虛無體，則無以驗其遷動于外」一節，乃意謂所見之日月星辰皆相對運動，而太虛之自身不作相對運動，卽不動，便成一永恆之虛、永恆之物質之說。然如此去理解橫渠之論，首則忽視此所觀得之太虛與氣，乃依于人之大心之仰觀俯察而見得；故其觀察之所得，亦不能離此人之大心而說。今姑不論。其次是忽視橫渠之觀此太虛與氣，乃意在觀天地萬物中之鬼神、神化、與性命之理；而在其太和篇言太和，亦言有「神化」、「性命」、「乾知」、「性」、「心」、「明」等存于其中。其天道篇，亦言天之有超于耳目心思之「知」。凡此等等今所謂精神意義之名言概念，皆橫渠用之以說明太虛之氣聚而有象成形者。則橫渠之以「虛」、「氣」、「形象」爲眞實不虛，固無問題。然其所以說明其眞實不虛，則賴此諸具精神意義之概念。而此諸概念，與虛氣形象之概念之似只具物質意義者，乃相互爲用，以互相轉化、互相涵攝，以成其義，則又不可逕謂其以「虛」、「氣」、「形象」等，說其太和之道，卽是唯物論也。

# 第五章　張橫渠之以人道合天道之道（下）

## 五　太和篇天道篇對天道之總述

對上節所述橫渠之以虛氣形象、與心知、性命、神化相互說明之旨，如要理會親切，當說其氣只是一流行的存在或存在的流行，而不更問其是吾人所謂物質或精神。此氣乃一無色彩之純粹存在、純粹流行，或西方哲學中之純粹活動、純粹變化。說其卽是虛，則是自其可顯可隱、可感可寂、可動可靜而說。其隱、寂、靜，卽實而虛；其顯、感、動，卽虛而實。前者爲一流行存在之創生創始，後者爲其終成。然尤要者，在對此流行的存在、或存在的流行，自其散而觀之爲多者，亦可于其聚而相感通處見一；而于其聚而相感通而見一之後，又可更觀其散而爲多。于此相感通處，卽見氣之有清通之神。神之清通，爲通兩之一、爲絕對、不可見，亦無形無象。則自氣之散爲多處看，便爲一之兩，爲相對，亦爲有象而有形之始。故太和篇言「散殊可象爲氣，清通不可象爲神」也。依此清通之神，而一存在有對其他存在之虛明照鑑。故曰「虛明照鑑，神之明也」。于此亦同時有此其他存在者之呈其形象于此一存在之前，而此存在對其他存在者，亦卽可說有對之之明與知。此明與知，卽心。此一存在之能有此清通之神，能明能知，以使之能感通于其他存在，卽其性。故謂「感者性之神，性者感之體」。然此清通之神或明知心性等，乃自一存在者之感通于其他存在之事之內部觀，而說其有者。若自此事之外部而觀，則此存在者之相感而通，卽只是其聚合，亦卽二存在之氣之聚合。在此聚合之際，能感者受所感者，居陰位而靜，其氣爲陰。所感者往感彼能感者，居陽位而動，其氣爲陽。然能感者，以其清通之神，感所感者，而呈現其形象，則其神超越于所感者以自伸，而成其爲一洋溢于所感者之上之高位之存在，則又爲陽氣之動。所感者之自變化其原來存在，而自失其原來之存在，以入于能感者，而屈居其下位，以爲有一定形象之所感，則又爲陰之靜。合而言之，卽可稱爲一陰陽之氣之往來、動靜、施受，亦卽「兼有神之依虛通而伸、與氣之自變化其實」之一神化之歷程。而自外看，則亦可只說爲「二氣之依虛而成氣化，或氣之聚散，而出入于虛中」之歷程。其氣之依清通之神而相感通，以有之內在的對形象之明與知之心性，亦只是此氣之聚于虛中之事。故太和篇謂「氣聚則離明得施而有形，氣不聚則離明不得施而無形。……文理之察非離不相覩」。又謂「有識有知，物交之客感爾」。更謂「由太虛有天之名，由氣化有道之名，合虛與氣有性之名，合性與知覺，有心之名」。此在太和篇，皆未嘗專指人而言。然人之于他物之形象、有知有明，在大心篇嘗說其爲原于一合內外之道，則亦可說爲一由「人身之氣與物之氣相聚，而成變化」之氣化之道。此人之知物之形象，原于人能有清通之神，以感通于物，是爲人之性。由此性亦卽見人之氣，能依此清通中之虛，以往與物相感通之能。故曰「合虛與氣，有性之名」。然必人之實已依清通之神以感通于物，而呈現物之形象，以有知覺，然後見人有心。故曰「合性與知覺，有心之名」。由此諸名言初非專指人而言，則于凡有存在者之氣，有聚而相感，而有變化或氣化之處，卽同當有一存在者之依清通之神，而有其離明之施；以感知其他存在之形象之事，內在于其中；而亦皆可于此說其有神、有性、有明、有知、有心也。

識得上來所說之義，今再抄太和篇第一節如下，略加解釋：「太和所謂道，中涵浮沈、升降、動靜、相感之性，是生絪縕、相盪、勝負、屈伸之始。其來也幾微易簡；其究也廣大堅固。起知于易者，乾乎；效法于簡者，坤乎。散殊而可象爲氣；清通而不可象爲神。不如野馬絪縕，不足謂之太和。語道者知此，謂之知道；學易者見此，謂之見易。不如此，雖周公才美，其智不足稱也已。」

此太和章之第一節中，所謂「太和所謂道」，自是就總體宇宙而言其中具此太和之道。此中所謂浮沈、升降、動靜相感之性；自是後文所謂散殊可象之氣，依清通之神而相聚相感之性。其言絪縕相盪，亦卽氣之聚而相感時之互相施受。施則陽伸，而浮起升起，而居勝；受則陰屈，而沈下降下，而居負。此一施一受之無間，卽絪縕相盪。其言「來也幾微易簡」亦卽自陰陽之始言。言「其究也廣大堅固」，則自陰陽之著而盛大言。其言「起知于易者乾乎」，卽言相感而有清通之神，以起知，爲其相感而生變易之事之起也。其言「效法于簡者坤乎」，卽言由起此知，而卽以其所知者爲法，以實有爲其效應之變易之事也。「不如野馬絪緼」中，野馬之名出莊子逍遙遊，初指空中游氣；游氣之密密無間，卽所以狀上文之一施一受之無間之絪緼也。故於此太和章之首節，緣上文所說，固皆不難解也。

然此橫渠之言天道最重要之問題，在橫渠之如何說天。橫渠謂由太虛有天之名，物依清通之神以相感，卽依虛以相感。然此虛只屬于物，而此虛亦不同于天之太虛之無限。物依虛而卽有清通之神以有知，則天之無限之太虛，當爲一無限之清通之神所充滿，而有一無限虛明照鑑之神用，以與天中之萬物相感者，亦對之有所知者。此卽爲橫渠所謂「天之知物，過于耳目心思之知物」。由此天之神，亦卽見天之性。然天之性不同人物之性，雖有而不必皆表現爲神者。天之太虛恒在，天之性乃恆表現爲神而恆在。故神外無性。此文之神則橫渠神化篇稱之爲天德。天之與萬物相感而成之變化之道，則爲天道。有如人物與他人物之相感而成之變化之道，卽人道、物道也。故又曰：「化天道」。天之性見于其神之常在，故于此可不須另說性。天之神常在，而其對物之感知常在，卽其心皆見于其感、其知之中，而亦不須另說心。總之，天之德之「神」，卽天之性，其明知之能與物相感，而成變化之「化」，卽天之心。故于人物須言性，亦可自其性爲天生，而稱天性；亦須由其次第之感知以言心。然于天則全性是神，全心是依虛明照鑑之明，以成化，故可不須更說心性。此當注意者一。

其次橫渠之言天是清通之神，是照鑑之明，固非卽指吾人所見之蒼蒼之天，有萬物之橫陳于中者之全體；亦非去此萬物，而以此虛空之空間爲天；更非以天爲萬物之和之總名。然亦非離此蒼蒼之天或虛空與萬物而言天。天之虛明照鑒之神，自是充塞于此蒼蒼之天或虛空與萬物者。而人亦固初由耳目內外之合，以知有此蒼蒼之天與其中有日月之運行，風雨雲雷霜雪之降，及地上萬物之橫陳于天之虛空中，以見天之廣大；方更由其虛以知有天之神明充滿于其間。然人之知天，更當由晝夜寒暑四時歲曆之運中知天，而緣此以見天之深度。是爲橫渠所特重。由此而知天之神亦不只有其明一面，亦有其幽一面。晝是明，夜是幽；暑是明，寒是幽；春夏是明，秋冬是幽。萬物之正生成是明，原其始而反其終是幽。明則萬物皆照而呈形，幽則萬物皆藏而無形。能知萬物呈形于太虛，只及于天之明而有形，尚未及其幽而無形。必如太和篇所謂「方其形也，有以知幽之因；方其不形也，有以知明之故」。見天之大明終始于天之幽深，乃見天之深度。此則非只橫觀天之廣度之所及，必緣時運，以更縱觀此有萬物之形橫陳于太虛之廣度之天，其全體之大明，亦始終于「上天之載，無聲無臭而無形」之一大幽，乃能深度的知天之所以爲天也。然此爲大明大幽之天，雖初由萬物之在空間時間而知，卻又不可說此天即是此無限之空間時間。因此無限之空間，在時間之晝夜中轉運，其始終于幽夜，而幽夜中即無空間可見可說故。至于此時間乃依有此由幽至明、由明至幽中萬物之形象之更迭而立，所謂「時若非象，指何爲時？」故若只自此中無形無象之幽之自身觀，亦無時可說。此「時」，乃出于天之幽明之相繼而成象，則天之幽明，爲時間之觀念之所依以立，乃後出之概念，而非天之幽明之實事。故亦不可說此天即是時間也。此應注意者二。

此天之有幽有明，須于天作縱深觀乃知之。然此須如明觀明，如幽觀幽，不得幽明夾雜而觀，方得天之實。如人在夜中仍謂萬物有形，此乃緣其晝所見之萬物有形，而謂其形于夜猶在。此卽夾雜明以觀幽，非如幽觀幽也。如幽觀幽，則夜時萬籟俱寂，萬形俱隱。此寂是眞寂，此隱是眞隱。而由夜至晝之有形可見，卽以此眞寂眞隱之無形之幽爲其因。此「眞寂眞隱之無形之幽」，亦卽「有形可見之明」所由生之「故」。此中不夾雜幽明以觀幽明，而又知其相因爲故，以幽明不已，是爲眞知幽明之故，通乎晝夜之道而知。依此以觀一切有形萬物之始終，則其始卽始于天之一眞幽眞寂，其終亦終于天之眞幽眞寂。此眞幽中，萬物非有形，然此眞幽自是萬物之自生自始之「因」之「故」，亦爲萬物之所息所終。在萬物既生既有形象之後，固「有象斯有對，對必反其爲，有反斯有仇，仇必和而解。故愛惡之情，同出于太虛，而卒歸于物欲」。（太和篇）然自其所自來而觀，則無此對反與相仇，而初只在一太和中，其既終既息，亦「仇必和而解」。故「卒歸于物欲」者，亦還由其同出太虛，而還歸于太虛，以和解。如至深夜，則世界無處不和平，更無戰爭也。于此天地之眞幽眞寂，見得分明，更通此幽明，知不和出于和，歸于和，方能更合此不和與和，爲一太和之道，以觀天地。而聖人乃更有于此對反相仇之世界中致中和，求于不和而使之和之道，以貫徹此幽明也。然此非先不如幽觀幽、如明觀明，更夾雜明以觀幽之謂也。人夾雜明以觀幽，遂謂萬物未始，仍各有形，以相對反相仇，其終亦然。此乃人心之夜夢不寧，致使天地有感無寂，有對反無和融，亦人之智尚未足以眞知幽明之故，通乎晝夜之道而知，其智之明尙不足以通幽明，以成其智之明也。然人之此通幽明之智之明，自亦出于幽、息于幽，聖人之老而安死，卽亦安于其明之更入于幽也。此當注意者三。

由此天之有幽明，見天之深度，卽見天之非只一其中橫陳有形萬物之空間。此橫陳有形萬物之空間，自是吾人有大心者其明之所及，亦天之虛明照鑒之神之所及，而于此可更言天之感知此一切有形萬物者。然人于此所見之橫陳有形萬物之空間，當透過時間中之萬物之終始以觀，而知上天之載，自有一無形、無聲、無臭之幽。以此幽爲明之故，則此明有其所依而有之幽，卽不只是一虛明，而爲有實之幽。此天之虛明自常在，以爲萬物之始于幽而歸于幽者，在其有生之時，皆得爲天之明之所照鑒者。此天之虛明所依之幽之實，亦常在。其依此實，而有其虛明，卽見一淸通之神德，是爲天德。此神之天德，亦常在。尅就此幽之實之爲實言，卽一眞實之存在。氣之義，原可只是一眞實存在之義。故可說此天卽氣。天之神德之見于其虛明，其所依之「實」，卽此氣也。故橫渠言「太虛，一實者也」。（性理拾遺）又言「虛空卽氣」。于此吾人應高看此氣，而視之如孟子之浩然之氣之類，以更視其義同于一形上之眞實存在，其虛明卽以此一形上眞實存在或此氣之神德爲體，所顯之用。故說「由太虛有天之名」，卽是說：由「太虛卽氣」有天之名。不可離氣以言此太虛，亦如不可離此天之爲形上之眞實存在、有其神德爲體，以言其有虛明照鑒之用也。故神化篇謂「神天德，化天道。一于氣而已」。又謂「氣有陰陽，推行有漸爲化，合一不測爲神」。此化爲天道之義，下文當更及之。然此天道與天德之神，固皆不可離氣而言也。此當注意者四。

此天之虛明照鑒之用，一方依天之眞實存在之神德爲體，一方對所照鑒之有形萬物而施。此卽天對萬物之陽明之道，或天之乾道。然天之施明于物，而照之，乃如物之爲物，亦順萬物之爲物之爲如何，而照之。是卽天之陰受之道，天之坤道。此皆天對已生之物之事。然天另有其創生新物之事。此創生新物，乃依于天之自開其幽，開其藏，以生物。是爲天之陽生之事，而見天之陽道乾道者。然天之生新物，使之自成其爲如何之一新物，則又爲天之陰成之事，而見天之陰道坤道者。故無論天之明照之知、與生物之行，皆有此陰陽乾坤之二道。在一般之見，以天地間之有新生之物，乃由已成物之依因緣或因果關係而生。此在橫渠，亦可說新生之物由已成之物之自依其動靜陰陽，以相感而生。但今若肯定一天之眞實存在，則當更說此天對已成物，先有一虛明之照鑒或感知，更自創生新物。不可說在已成物與其相感中，先有此新物。因已成物與其相感，只是已成物之事，而已成物中固無此新物。此已成物之聚合或相感，可只視爲新物降生之場合。而此新物之由無而有，則當說爲其自由幽而明，亦天之自開其幽之所創生者。然天之生物也有序，必依其先之已成物之聚，所成之場合之爲如何，以次第創生一如何之物，而不于任何處，任何時，生任何物。天恆只是順已成物之爲如何之聚，而更生物，以應之。依天之爲一神明，則其順已成物，而更生物，卽必同時有對其所順之物之感知，以成其明，而後應之，以自開幽出藏，更生新物，以見其誠。此天之由感知已成物，而更生新物，爲一變化。此變化之道，即天之道。天之有此道，則依于其感知已成物，而對之有明，更有其應之以生物之誠。天固亦不能不依其明，循已成物所形成之場合，以任意創生萬物，以見其萬能也。此即橫渠之天之道，不同西方宗教家之上帝之全能，乃可于任何時任何地創造奇蹟，以生任何物者也。

然就吾人之縱觀此天爲萬物化生之原，見萬物之生，皆由一有縱深度之天之無形而流出言，此萬物之生也無窮，則天之生物之能，自是無窮；其幽隱秘藏者，亦無窮；天固亦當是無所不能者。然今再濟以橫觀萬物之已生者之橫陳於太虛，乃各居其處，則繼每一處之已成物而更生之新物，便只爲依一定秩序而生之物。此天之於此每一處，皆只能次第生一定之物，此天即若自限其所能以生物，而不復爲全能。其所以自限其全能，乃由此每一處之先之已成物爲限定，亦由天之感知其爲一限定，故亦即只應之以生一限定之物，爲其繼，以見其乾道。此又不當說爲此天之爲物所限定。就天觀天，天既能生無窮之萬物，固仍當說其能爲無窮，亦可說爲無所不能也。則其於已成物爲限定處，只生限定之物爲其繼，以成所謂自然秩序，便只能說爲此天之自限定。此天之自限定，則由天之對已成物之限定，有所感知時，即自依坤道而順承之；更只爲一限定之應，以生一定之新物。故不可說此「天之應」爲某處之已成物所限，亦不可說天之「感知」爲此已成物所限。此天之感知，只如其物之爲物而感知。物易而天之感知隨之易，其應之而生之新物，亦隨之易。此即正見天之神化之不測，亦見天之明、天之感知之自身之無限定，其應感而生物之無限定，如善戰者之水來土掩，兵至將迎，即見其能戰之能之無限定。不必水來而不以土掩，兵至而不以將迎，或撒豆成兵，呵水水去，方見其能戰之能之無限定也。天亦不必於任一已成物之後，創生任何新生物，方見其能之無限也。今若天於一已成物之後，皆可創生任何物以繼之，則天於此已成物，無異視若無覩，對此已成物無所明，而以其無明對物，則天之神明，反非神明矣。神明必明，故必依所明之已成物，以對之爲相應之「神應」，以創生一定之物，而成一自然之秩序。橫渠之天，自是萬物所自生、自始而先于物、亦超于物，似超神論。然天必順其虛明照鑒之神之所感知、所明者，方得繼創生創始新物，則天又如後于物，亦內在于物之中，似泛神論。合而言之，則二者皆非。此當注意者五。

由上所說，則橫渠天道篇言皆可解。其首言「天體物不遺……昊天曰明，及爾出王，昊天曰旦，及爾游衍，無一物之不體」。卽言天之神明，遍照一切出生之萬物也。其次言「上天之載，有感必通。天不言而四時行……誠於此，動於彼，神之道歟。」此謂「上天之載」，卽言其自爲眞實存在，而具載其眞實內容。其謂「有感必通」，卽謂天有所感知，其神明卽通，更有其神應。此天之神應，乃天自開其內在眞實或誠之內藏，以應於其神明所感知之物者也。其下言「天不言而信，卽依天之直感直知，而卽有其誠應眞應，而不須問之以言語思慮之謂。至所謂「神不怒而威……無私故威」者，則由天乃隨已成物之所如而應之以創生新物，而無偏私，物亦不能對天生物之事，作徇私之求，故威也。

其下文言「天之不測謂神，神而有常謂天」，卽謂天之隨感而應，乃感易而應易，故爲不測。其恆是不測，卽見其貞常。於此不測，名之爲神；於此貞常，卽名之爲天也。至於其下文言「運於無形謂之道，形而下者，不足以言之」，則是謂天之感知有形之物，而更應之，以成變化，爲其道。變化則已成物之有形者歸於無形，而新生物則由無形而有形。道則自此「無形而形，形而無形」之運上說，亦卽自此形之運於無形處說。形運於無形，則唯在形之運於形之上，乃可說道；不可只在形之中、形之下說道也。此與其後文「形而上者，得意斯得名，得名斯得象」可合觀，以知此形上之道只爲意之所得。然亦須得此意於形之運於無形，所成之象之中。因道非卽形象，亦不離形象也。其上文云「天之知物，不以耳目心思，然知之之理，過於耳目心思」，則是謂耳目之知，必待人之身與其外之合，其心思必由不知而知。而此天之神明之知，其虛涵萬物，卽知之，故非二物相接而知。天之知亦恆知，非是由不知而知。故其知過於耳目心思也。再下文云「聖人之神惟天，故能周萬物而知。聖人有感無隱，正猶天道之神」。此則自聖人之同天說。而人如不知此橫渠所謂天之義，亦可自本其誠，以思聖人之心之周萬物、與有感無隱，以知此天之所以爲天也。其餘言天道語，皆較不重要，不復更釋。

## 六　神化篇之言神化與仁義

正蒙之天道篇末，言「聖人有感無隱，正猶天道之神」，而神化篇則進而言「神天德，化天道，德其體，道其用」，更言「推行有漸爲化，合一不測爲神。其在人也，知義用利，則神化之事備矣」，更引中庸言至誠爲能大，並引申孟子之大而化之言，謂其德合陰陽，與天地同流而無不通。再言此神化乃天之良能，非人能。故人必位天德，然後能窮神知化。此皆是就人之成聖而合天德天道之理想說。然此人之至於神化之境，則由人之工夫而至。此工夫，則正首在前大心篇所說之大心，而知天之有此神化之良能，初非人能，乃「德盛仁熟」，而後自至於此神化之境，故「非思勉之所能強」。而此人之工夫要在自求大其心，此是人之所能爲，而其所至之化境，則工夫至、自然成，非人力所及。故曰「大可爲也，大而化，不可爲也」。因此「化」乃果上之境地。此境地乃同於天之良能之境。天不可爲，則此化境，亦不可爲也。此爲橫渠之言神化之義所當注意者一。

此中人之求大心之道，乃在由大心，以觀自然之天之神化之表現之道。此卽大心篇所謂體道而大於道。故觀天之日月四時寒暑之中之天之神化之道，亦是人之大心之學。此卽神化篇之前諸篇之所以皆論天道，而言觀天道也。然此人之自大其心以體道，則在人之能先不「大於我」，如大心篇所說。而神化篇則繼天之神化，而言「無我而後大，大成性而後聖，聖位天德，不可致知謂神。故神也者，聖而不可知」。此則是謂由大心無我以成性、至聖之位天德之神，爲學者之工夫之所在。而此工夫之落實，則在「見幾則義明，動而不括（滯限）則用利」。此前者實卽人之義之事，後者卽人之仁之事。義之由「精義入神，事豫吾內，求利吾外」，及仁之「利用安身，素利吾外，致養吾內」者，卽仁義之養盛，以自致窮神知化之境地之實際。人有「存虛明」之神，以久於此至德之天德；「順變化以達時中」，「順乎時」而化，以同于天道之化，即仁之至、義之盡。此即人之「知微知彰，不舍而繼其善」以「成性」之事也。此中之知微，即存虛明而知幾；知彰，即順變化而用利也。此為橫渠言神化之義所當注意者二。

至於再後一節，即直由存虛明之神以知幾，為人之知變化之道之本而說。故引「知幾其神」，而言「幾者，象見而未形也」。又言「形則涉乎明，不待神而後知也」。則神之知幾，在明之知形之先，而更微。此知幾之功，則在於幾之不正者，即反於己，不徇物喪心，而忘物累以存神，而性性。此即精義之事。故曰：「義以反經為本。經正則精」。能精義，而更大德敦化，順道成變化，以「過化」而「物物」，即敦仁之事。故曰「仁以敦化為深，化行則顯」。合言之，即「性性為能存神，物物為能過化」，以為人之順性命，而成人性之事也。此「義」乃由動之不正者，以反經，為由動以一於靜。故曰「義入神，動一靜也」。此「仁」乃依內在之敦篤而發，即為由靜以一於動。故曰「仁敦化，靜一動也」。動返於靜而義，即一於神之虛明，而無定向。故曰「義入神則無方」。靜顯為動而仁，即一於化之無盡，而無定體。故曰「仁敦化則無體」也。此義之入神、仁之敦化，歸在動靜合一，而無方無體，乃神化篇之歸止義。此為吾人於橫渠之言神化應注意者三。

此橫渠之言神化，乃以「神」、「天德」、「體」、「合一不測」、「義之反經而入神」為一串之概念；更以「化」、「天道」、「用」、「推行有漸」、「仁之敦化而化行」為另一串之概念。互相對應，以各有其義，不可混濫。故朱子嘗謂「神化二字，程子說得亦不甚分明。唯是橫渠推出來。」（語類九十八）此中橫渠除在天與聖上，言其于神化道德，皆兼備外；于學者之工夫，則以知不正之幾而正之以精義爲先，亦卽以不徇物喪心，忘物累以大心、而存虛明之神爲先。人必先存虛明而後仁。故其語錄謂「虛者生仁」，「虛者仁之原」。在正蒙卽以「精義入神」、「存虛明」之「神」，爲仁之原。此重精義，卽同濂溪之重知善惡邪正之幾，而去邪惡之幾，以歸正爲先。亦卽以一由反「爲道德生活之反面者」，以歸正爲先。故與孔孟之先教人以仁孝，擴充善端，與後之程明道言學者須先識仁，皆不同其說。此乃由濂溪、橫渠於人之邪惡之幾之存在，及物累與氣質之性之偏，先有一眞切之認識之故。由此眞切之認識，而橫渠更以不喪心，求存虛明之神爲言，以盡心存神爲至德、爲體。此則與濂溪之未標出此盡心之義，而唯以神爲由誠之明而有之用者不同。橫渠於此，乃於此神之爲用，求先存之於心，卽其用而見之爲體。此神爲至德，亦卽可視之爲體。此體者何？卽一虛明不測之體也。虛則恆靜，明則恆動。故其誠明篇，更言「動靜合一存乎神」。此於橫渠之言神化當注意者四。

## 七　誠明與盡性至命

橫渠之神化篇，乃以天之神化爲主，而言本大心，以窮神知化，而達天德、合天道。其誠明篇則以人之誠明爲主，而言人既大心，由誠而明，以達天德、合天道；則於人性與天道，當更不見小大之別。故此篇首謂「誠明所知，乃天德良知，非聞見小知」。此卽謂誠明之知，乃由大心篇所謂「大心以合內外於耳目之外」而致。其次言「天人異用，不足以言誠；天人異知，不足以盡明。所謂誠明者，性與天道，不見乎小大之別也」。下更言「義命合一存乎理，仁智合一存乎聖，動靜合一存乎神，陰陽合一存乎道，性與天道合一存乎誠」。此中之明，卽神之虛明。虛明之虛卽靜，明卽動，故於神言動靜合一。此猶神化篇言「神，動一靜也」。「陰陽合一存乎道」，乃卽化言道。化者化已成之物，以生新物。前者爲陰，後者爲陽。由此已成物之化，亦卽見神之虛涵新生之物，而於其生，更有神之明以應之。故神與化不離，亦與道不離。神有動靜合一義，化亦有動靜合一義。已成物之化，卽其靜；新生物之生，卽其動也。故神化篇謂：「化，靜一動也」。然此處之特以陰陽合一爲說者，則要在將此動靜連氣而言。連氣，則氣之動卽陽，氣之靜卽陰也。其所以於此必連氣而說者，則以化而生之事，乃「推行有漸」之事，卽見實有一動靜之道在。氣爲實，故必連氣於動靜，乃可說實有一陰陽之合一之道。此卽不同於在神之虛明上言，可不更說一實有此虛明，便可只說動靜合一者也。然此一陰陽合一之道中，亦固同有此動靜合一之義在。此應注意者一。

又此仁智合一中之智，卽明。仁智合一，卽仁與「神」之虛明之合一。精義卽入神，故此仁智合一，亦仁與義之合一。至於義命合一，則命卽天命，亦卽天道之見於變化，而命人順其變化而行者。

故義與命之合一，卽義與化之「推行有漸」之次序之合一。人之以仁利用安身，卽人之敦化之事。故義與命之合一，卽義與仁之合一。以仁智合一言聖，則專取聖爲「知之明」之義。於義命合一言理，則專取理爲「順天道天命之當然之義」之義。因此理旣爲吾當然之義，又是順天道天命者，故後文又名之爲天理也。至于云「性與天道合一存乎誠」者，此性卽虛明之神之所自出，卽天德良知之所自出，亦人之能順天命而行義之事之良能之所自出。依此虛明之神，而更窮此「天道天命之當然之義」之理，更順此理而盡此性，以實至於此天命天道，以與之合一，卽人之誠之功。此中，人之更知有人道天道之合，卽是由誠而致之「於天人不見小大」之明；而先知此人道天道之能合，以窮理盡性至命而有此誠，卽由明而誠也。此中仁智、義命、及性與天道諸名，各有其義，亦相通而互攝。此應注意者二。

此誠明篇之下文，則爲分論盡性窮理之工夫，以自達於至命之事。此中之盡性，卽由誠而明；窮理，卽由明而誠。此皆有實工夫。人對此命，則只是至，而非工夫。此乃由於至命，卽至於順天命天道，而與之俱化，以合爲一。此乃果地上事。如神化篇言「大可爲，化不可爲」，乃「養盛自致」。故至命，亦盡性窮理之功之所自致，而亦不可爲者也。此應注意者三。

此誠明篇之言性命之義，甚重要，玆照抄原文之大半如下：

「性者萬物之一源，非有我之得私也。惟大人爲能盡其道，是故立必俱立，知必周知，愛必兼愛，成不獨成。彼自蔽塞，而不知順吾理者，則亦末如之何矣。」

「天能爲性，人謀爲能。大人盡性，不以天能爲能，而以人謀爲能。故曰天地設位，聖人成能。」

「盡性，然後知生無所得，死無所喪。未嘗無之謂體，體之謂性。」

「天所性者，通極於道；氣之昏明，不足以蔽之。天所命者，通極於性；遇之吉凶，不足以戕之。不免乎蔽之、戕之者，未之學也。性通乎氣之外，命行乎氣之內。氣無內外，假有形而言爾。故思知人不可不知天，盡其性然後能至於命。」

「天性在人，正猶水性之在冰。凝釋雖異，爲物一也。受光有小大昏明，其照納不二也。天良能本吾良能，顧爲有我所喪爾。上達反天理，下達徇人欲者也。」

「性，其總，合兩也。命，其受，有則也。不極總之要，則不至受之分。盡性窮理而不可變，乃吾則也。天所自不能已者，謂命；不能無感者，謂性。雖然，聖人猶不以所可憂，而同其無憂者，有相之之道，存乎我也。」

「湛一，氣之本；攻取，氣之欲。口腹於飲食，鼻舌於臭味，皆攻取之性也。知德者，屬厭而已，不以嗜欲累其心，不以小害大，末喪本焉爾。」

「心能盡性，人能弘道也；性不知檢其心，非道弘人也。」

「盡其性，能盡人物之性；至於命者，亦能至人物之命。莫不性諸道，命諸天。」

「我體物未嘗遺，物體我，知其不遺也。至於命，然後能成己成物，而不失其道。」

「性於人無不善，繫其善反、不善反而已。過天地之化，不善反者也。命於人無不正，繫其順與不順而已。行險以徼幸，不順命者也。」

「形而後有氣質之性；善反之，則天地之性存焉。故氣質之性，君子有弗性者焉。」

「人之剛柔緩急，有才與不才，氣之偏也。天本參和不偏，養其氣，反之本而不偏，則盡性而天矣。性未成則善惡混，故亹亹而繼善者，斯爲善矣。惡盡去而善因以亡，故舍曰善，而曰成之者性。」

「德不勝氣，性命于氣；德勝其氣，性命于德。窮理盡性、則性天德、命天理。氣之不可變者，獨死生修夭而已。」

「風雷有象，不速于心；心禦見聞，不弘于性。」

「天理者，時義而已。君子教人，舉天理以示之而已；其行己也，述天理而時措之也。」

「和樂、道之端乎？和則可大，樂則可久。天地之性，久大而已矣。」

「莫非天也，陽明勝則德性用，陰濁勝則物欲行。」

又乾稱篇下有文言性命處，皆可與此誠明篇言命、性、遇者，合併理解，其言曰：

「性通極于無，氣其一物爾，命稟同于性，遇乃適然焉。」

「人一己百，人十己千，然有不至，猶難語性，可以言氣。行同報異，猶難語命，可以言遇。」

由上所抄，以觀橫渠言盡性窮理至命之旨，則見其既言性爲萬物之一原，而體萬物，又言性「通極于無」，「通極于道」。既言「至誠，天性也」；又言有攻取之性、氣質之性，以言欲與人欲，亦由性出。既言性無不善；又言性善惡混、言惡盡去則善因以亡。于性命關係，則或自其異說，或自其同說。于心性關係，既言心能盡性，性不知檢其心；又言心禦見聞，不弘于性。于命，既言其不同于時遇；又言命即時義；更由義命合一言天理，以天理通天道。于性命與氣之關係，則既言「性通氣外，命行氣內，氣無內外」；又言「性命于氣」與「性命于德」之不同。既言「氣其一物爾」，又言「湛一氣之本」，「天所命者，通極于性」。此皆言非一端，各具義旨，若不通而觀之，則將唯見其矛盾錯雜；乃或只取一端，以臆測其旨，而宰割以求通，則皆不能當于橫渠之心也。

于此首當知橫渠之言性，有自其來源說者，有自其具于我而就其德說者，有自其當前之表現說者，有自盡性之極說者。由是而其與心、命、氣、理、德、欲等之關係，亦即有不同方面之說。此中所謂自來原說者，即上引首節文所謂「性者，萬物之一原，非有我之所得私也。」「性爲天能」之說。此當與前引大心篇所謂「成吾身者天之神」，及其乾稱篇「感者性之神」之義，合併理解。此乃謂人之生，原于天之神，此性亦依神以成感。謂人之生原于天之神，而此神爲天德，即原于天之德。吾人通常說吾人之身由已成之父母與自然之物，依因緣關係，和合感通而生，此依前所說之橫渠意，則應言一切存在物由已成物之和合感通而生者，皆有天之神明對此已成物之照鑒，而更開幽出藏，以創生此物，以入于明，而化成其爲物。則吾人之身，亦卽緣天之神明變化而創生，以自別于已有之父母及其他自然之物者。一切物皆如此創生，卽皆源于天之神化，其性亦皆源于天之神化。故性初爲天能。人物同源天之神化，亦卽同本于此天之神德、化道，而以此德、此道爲其性。人物乃有其性之神，以與其他之人物相感，而依神發知，爲其良知；更有應其他人物之行，以形成變化之能，爲其良能。此人之良知良能之所在，卽其性之所在。一切人物皆有一義之能感而能應之知能，故皆分別同有性。而自其同源于天德之神、天道之化言，卽可說其性爲一源。此固不礙其既生之後，各別具有其性，而異其性之流也。然人之性中既有知，亦知其性與萬物之同源，人卽可本此同源之知，以知我之知能之性當盡，以自求成性；更知一切人物知能之性當盡，以亦求成其性。故言「立必俱立，知必周知，愛必兼愛，成不獨成」。此乃由人之知之性中，原能知一切人物之性之同源，而依此同源之知，以周知兼知此異流之一切人物，而更兼成之之故。此卽爲人之知之性之特質所在，而非其他萬物之知之性之所能有者。此吾人之于一切人物，能周知兼知而兼成之性，則本在成吾身之天之虛明之神之原能兼知，天之變化之道之原能兼成。此人所有之兼知兼成之性，亦源于天。是卽人之所以得直接本天道天德，以爲其性之故，而使其盡性，卽能繼天之志，述天之事，以爲天之孝子者也。此人之盡性，卽爲天之孝子以合天。既合天，更不戀生，其所得者卽得于天德天道者，故生無所得。得天德天道爲至得；則死亦無所喪。此則盡性之終之言。此橫渠先出此二節之文，卽原性之始而要盡性之終，以說性之論也。此當注意者一。

至于其下一節「未嘗無之謂體，體之謂性」，則是就人有生有身以後之現有之性說。直就此人身，而言其有此良知良能之性德，卽謂之體。是卽神化篇所謂「德其體」也。此人之性之見于其能感知其外之物之形象，此乃依于其身之耳目所由成之氣之虛，故能對其外之物有所受，遂對其形象，有所感知。此卽人性之始見。然人性除依其虛而神，以感知物之形象之外，更能超此形象，而知天之太虛，以合內外于耳目之外。此卽見人性之通極于無。由此天之太虛，而更知一切形物之「由虛而實，以顯、以動，及由實反虛，以隱、以靜」之道。此卽天之生物、成物之道。于此卽見天賦與吾人之此性之知，能依其虛，以通極于天之虛、天之道。由此遂更有人之所以合天，而生物成物之人之道。人之合天之道行，而知義、用利。故橫渠又有「天所性者，通極于道。」之言。此人之知依其虛以知物，卽以其知體物。人之以行生物、成物，卽以行體物。人之知恆依虛以知物，于物無不能知之，卽其知之于物，無不能體；而繼知之行亦然。故此人之性卽能體萬物之性。故曰「體萬物之謂性」也。凡此言性通極于無，于道能體，皆就此人現有之能知能行，而尚未必盡之性說。此性雖尚未盡而可盡。故下文言「氣之昏明，不足以蔽之也。」此當注意者二。

下節文以性命對言，謂「天所命者，通極于性」，「性通乎氣之外，命行乎氣之內」。此乃別性于命，又別性與氣，以性命、性氣對言之語。此亦須善解。此性之所以通于氣之外，乃由性原從氣之虛，而能感知其他之氣所成之形物之德上說。氣自有虛，以有此感知之能。此感知之能，則固超于其原來之氣，而行于其外。此所謂「行于氣外」，其所指之實，卽就人之感知之能，超于吾人之身之形之外，亦同時超越于所感知之他物之氣之形之外說。此是「假有形」而超此形，以言外也。此初固由此人之形之氣，原有其虛而神之性，能超此形此氣，以自向于此形氣之外，方得言「性行乎氣之外」，氣爲性所超之一物耳。至于此與性相對之命，則依性與其所感知之外面的形物之相對而立。此所感知之外面的形物，皆屬于天，同在變化中，卽可說爲共屬于一天之氣化之歷程。于是此外面的形物爲人所感知，卽此天之氣化歷程爲人之所受。此天之氣化之歷程之不能自已，卽爲天之命之不能自已。亦可說天命之不已，卽行于此天之氣化之歷程之不已中，以爲人之依性而加以感知承受者。故謂「命行于氣之中」，又謂「命爲人所受」也。唯此人依性而感知之形物之氣化歷程之不已者，不特包涵在吾之身外之形物；卽吾人之此身之壽夭、生壯老死之氣化歷程之不得已者，亦爲吾人所能自依性而感知之，而更自受之者。故皆屬于命或天命。唯吾人于天之命，加以承受之感知之能，與感知後之應之之行，與其行依理而有法有則，方本于性也。故在此性中，旣包括其所承受所感知之形物氣化之一面，又包括此能承受感知之能，與應之之行，及其行之理與法則之一面。故性爲合此能所主客之兩者，而命則只是人所受之分。人旣于命有所受，更能盡性窮理，使應之之行合理而有則，其行卽貞定而不移。故曰：「性其總，合兩也；命其受，有則也。盡性窮理而不可變，乃吾則也」。于此性命之別，在何處說，乃當注意者三。

此性包括吾人之「感知其他形物之氣之能，及應之之行」之理則。然人之此感知之能，有其不同昏明之程度，其應之之行之表現理則，亦有其不同昏明之程度。此卽所謂氣之昏明。蓋性原依氣之虛，亦卽依氣之清通而立。唯由此清通，乃能于其外之形物之氣，有所感知。則凡有性，必有一範圍內之氣之淸通、氣之虛。故言「天性在人，受光有大小、昏明，其照納不二也」。然此淸通或虛之範圍，則實際上亦自有大小，而氣亦實有昏明、清濁之不同。昏于彼，明于此，濁于彼，淸于此，則有偏。人之氣質遂有偏柔偏剛、偏緩偏急等之不同。此卽所謂氣質之性也。人之氣昏者，其淸虛自有限，則其于形物之氣之感知，只限于耳目之知，而不能知其形外之無形；而其應之之行，亦只限于取此有形之物，為自養其形氣之身之欲之用。此卽人之口腹鼻舌、飲食男女之感性之欲也。此感性之欲，卽誠明篇所謂攻取氣之欲，亦卽乾稱篇所謂「飲食男女皆性也」之性。此皆人之所以自養生、存生、而續其生之性也。然言性，則不當止于此。故橫渠詆告子生之謂性之說。此人性之不限于此之切證，則在人心之更有虛與淸通，以知天之太虛，而知天德天道，以仁義之行合天德天道之良知良能。于此而人若只自肆其攻取之氣之欲或性之欲，以徇人欲，此卽其「德不勝氣」之攻取之欲，是卽「性命于氣」，「陰濁勝則物欲行」也。反是，而人更能自斂其氣，以歸于虛明純一，此卽其所謂「湛一」而為氣之本德者也。此亦卽「德勝其氣」，「性命于德」，「陽明勝則德性用」也。人之只肆其攻取氣之欲，即人之下降而下達。至其更能反于氣之湛一，不以嗜欲累其心，不以小害大，末害本，以知求合天德天道，即爲人之上達而合天理之事。合天理者何？即其于感知天之形物氣化之歷程之命之不已者時，更能應之以合義之行；亦即于感知天道之行于此天命之不已中時，更能自盡其心之虛明，以知義而行之也。此即所謂「義命合一存乎理」也。此吾人所當注意者四。

此人之性可止于下達，亦可更上達以合天理。能上達者之謂能盡性，不能上達者之謂不能盡性。此非謂下達之事不出于性。唯其事雖出于性，而其事非盡性之事。故人雖不必廢欲，而盡性之事固有超此欲者存。此當注意者五。

此人之求上達而盡性之事，乃一歷程。天命天道之見于天之形物之氣化歷程，又是一歷程。此二者之交會于吾人之心性之當下之感知之中，則稱爲遇。在此遇中，吾人心性之所求所向者在此，而天命之不得已者，其所向亦在此。則此遇爲吉。反之，如天命之不得已者，其所向在彼，而與吾人心性之所求所向之在此者相反，則此遇爲凶。一般人恆于其遇之吉，而謂此天命爲正，而人乃樂天；又恆于其遇之凶，而謂此天命爲不正，而人或怨天。然孔孟以降之儒者，皆不以此人之遇之吉凶，言天命之正不正；亦不視此遇之吉凶，足礙吾人之盡性之事。此即由于無論現有之遇之吉凶爲何，吾人皆可更有所以處此吉凶之合理之道，爲吾之義之所當行。此即橫渠之所以言遇之吉凶，不足以戕吾人之性也。此吉凶之遇，乃只就天命之不已者，爲吾人所當下感知者而言。此遇之吉凶之意義，與此天命之不已之全幅意義，尙有不同。人更當知此天命不已者，與吾人之心性所求所向者相遭遇，而有之順逆、吉凶，亦在流行中，而可轉化。則不可以此吉凶，言天命之正與不正。人之只自求盡性者，亦可不問此遇之順逆、吉凶，而唯求自盡其性，以自行其義所當然之道，以處此不已之天命之流行于其前者。人于此命，唯須先知之。此知之，固所以盡吾人之心之能知之性；既知之而應之，以自行其義之行，亦所以盡性也。此人之自行其義之行，與天命之不已者相遇，固亦仍有其順逆。然于其逆之極，足致吾人之死者，吾人能自「盡其道而死」，仍是未嘗不完成吾人之盡性之功；則此所謂逆吾人之行之命，實未嘗逆吾人之盡性之功，而吾人卽仍與天命之不已者相順；天命對吾人，仍莫非正。吾人知此天命之莫非正，而不怨天，以順受之，亦卽吾人之「義所當然，以至于天命之所至，而順天道」之道；使吾人旣成其盡性之功，而又至天命、合天道，成爲乾坤之孝子；更有人德，以達于天德者也。此則必人有仁智合一之至明、至聖、求性與天道合之至誠者，然後能之。此亦卽人之誠明之極之事。此中固有一人之道德生活之至莊嚴肅穆之意旨，爲孔孟以下之儒者所傳，而由橫渠之誠明篇，依次第相連之義，以成其必然之論者也。此吾人所當注意者六。

在人之盡性以至命之事中，重要者在于所知之命之所在，知應之之義之當然者之所在。此卽爲理之所在。此理乃人在此天命之前，所視爲當然者，卽爲能通天下之志，爲人所共悅之理，故名天理。至謂此天理爲時義，是則就天理之義，乃順隨時所感之天命之不已，而「動靜不失其時」，爲「義之極也。」（至當篇）說。在盡性之歷程中，性初不能全盡而全顯。其工夫要在以心知之明，知天理所在而行之。此即所以自盡其性。盡性之工夫，即在盡心。故言「心能盡性，性不知檢其心」。然而在心未能超聞見之知，以有其德性之知以盡性時，則性大于心。故曰「心禦見聞，不弘于性」。盡性之事在盡此心知之明以知理。理有未知，則須窮。故盡性必窮理。唯窮理、知理，而行皆合天理，乃能至于命。窮理而行合于理，必去知行之偏蔽，亦即須變化性之氣質之偏，而去此有氣質之偏之性。去此有氣質之偏之性，則亦即無此一氣質之性。故「氣質之性，君子有弗性者焉」。在未去此氣質之偏之性時，人之行不合于中道，其性之表現，即可下達徇人欲，而不能上達；其上達而見天理，亦不能由于「中正」，以見其全；則人性之表現，不能無不正，而不免有惡。于此即可言人之性善惡混。必化此有氣質之偏之性；使其知行皆中正而不偏，人乃盡性而惡盡去；而後性完全實現自己，而「性成」。惡去而善亦不立，則可只言「成之者性」，不更言善。此中，就性之本源言，固善。然此本原義之善性，在其實現之途程中，則可或盡或不盡；即或中正而全盡，或有所偏蔽，而不能全盡，遂有善惡混之情形。此爲中間一段之情形。至于性得全盡而全善，而更不與惡對，則爲其終。在始、中、終三者中，性之地位不同，而言其爲善、爲善惡混、或超善惡、無善惡，即皆在一義上可說。此即所以和融昔之性之善、惡、無善惡之爭。然其根本義，自在由性之本原，以言其爲善，更由盡性，以見此善之全盡，則又吾人所不可不知者也。此吾人所當注意者七。

吾人如識得此橫渠之由言神化，至言誠明之義，則吾人可于其西銘篇之義，更無困惑，亦不難解。然西銘篇之文筆至健，更輔以具體之歷史故事爲佐證，故最堪誦讀。今照引于下，間注數字于文中，以配合前文所釋，不更詳解。讀者可只由其文以自契其旨，涵泳所陳之義理于不言之中可也。

「乾稱父，坤稱母（乾坤之道爲父母）；予茲藐焉，乃混然中處（人初由天生，而中處于混然爲一之天）。故天地之塞，吾其體（天地之形氣之所充塞，即吾之體之所在），天地之帥，吾其性（天地之帥其形氣者，即吾之性之所在）（註）民，吾同胞（人民）；物，吾與也（萬物）。大君者，吾父母宗子（天子）；其大臣，宗子之家相也。尊高年，所以長其長；慈孤弱，所以幼其幼。聖，其合德；賢，其秀也。凡天下疲癃殘疾，惸獨鰥寡，皆吾兄弟之顛連而無告者也（民皆吾同胞義）。于時保之，子之翼也（成性成身，以成其爲子）；樂且不憂，純乎孝者也（事天樂天，以成其孝）。違曰悖德，害仁曰賊，濟惡者不才（皆所當戒）；其踐形，惟肖者也。知化，則善述其事（化），窮神，則善繼其志（神）。不愧屋漏（消極說道德）爲無忝，存心養性（積極說道德）爲匪懈。惡旨酒（使人民不以嗜欲累其心，存虛明之神，以絕惡），崇伯子之顧養；育英才（養人民中之英才，成教化而長善），潁封人之錫類。不弛勞而底豫，舜其功也（以人相天）；無所逃而待烹，申生其恭也（受命盡道而死）；體其受而歸全者，參乎（盡性成終，即以成始）；勇于從而順令者，伯奇也（義命合一）。

**註**：朱子語類卷九十三於橫渠此「吾其」二字，有承當之義。甚佳。讀者可自會之。

富貴福澤，將厚吾之生也；貧賤憂戚，庸玉汝于成也（遇之吉凶，不足以戕之）。存，吾順事（生無所得）；歿，吾寧也（死無所喪）。」

# 第六章　程明道之無內外、徹上下之天人不二之道（上）

## 一　二程之學與橫渠之學之異同問題

世言宋明儒學，恆以程朱並稱，而程明道、程伊川之學，亦實在北宋居一中心之地位。此可先自學術史上言之。二程受學胡安定，伊川嘗言不敢忘三先生。二程更與歐陽修、王安石、蘇東坡、司馬光、邵康節、周濂溪、張橫渠並世，而相與上下其議論。明道伊川之學，不同于王、蘇、司馬三人之學之重在文史；亦不同于邵康節、周濂溪之學，皆唯有自得之功，行同隱逸者；再不同于橫渠之僻處關中，以著述爲業者。明道、伊川，居伊洛中原之地，旣關心當時之政，更存心講學與敎于當世。故謂「以書傳道，與口相傳，煞不相干。相見而言，因事發明，則並意思一時傳了；書雖言多，其實不盡」(二程遺書卷二上)。二程以口傳學，故多及門之學者。而伊洛淵源，其流最廣，爲一代人師。明道伊川之重講學與敎于當世，故其所傳之著述不多。明道欲作樂書未成，伊川作易傳亦未畢。此不同康節之有皇極經世，濂溪之有通書，橫渠之有正蒙，皆爲一家之傳世之著，其體裁類周秦諸子者。明道又嘗言「咫尺天顏，尚不能少回天意，文字更復何用」。伊川著易傳，亦於寢疾時，乃以授門人。尹和靖欲讀伊川文，伊川謂「某在，何必觀此。若不得某心，只是記得他意」(並見宋元學案伊川學案附錄)。由此可見二程乃有意以直接之對語，講學明道於當世，而不重以著述傳世者。故其學術思想，今唯可由學者所記之語錄，及若干書信之文中得之。此正類似佛家至禪宗而不重著述，唯重以口語直接教學者，而只有學者所記之語錄傳世。自二程之門人如謝上蔡、楊龜山以降，直至朱子、陸象山，至明代之學者，其學術思想，大皆見於其語錄與書信之中。在對語與書信中論學，恆有言者與聞言者之覿面相看，故其所論之學術思想，亦皆初只爲存在于此言者與聞言者之生命心靈之交通中，而未嘗先虛懸爲一客觀之所對。此固可使人於學術思想之義理，倍感親切。然事過境遷，後人之徒由此語錄書信，以反觀其學術思想者，則又恆不見系統，而難得其要領；而重加解釋之事，亦以此而多歧。此自論宋代儒學言，則首見于後人之解釋明道伊川之學之不免多歧。

抑吾人於明道伊川之學，更有難論者，卽自朱子兼推尊濂溪橫渠與二程之學，而融之於其系統中，後人之論此諸人之學者，亦恆不免透過朱子之學以爲論。陸王之徒，多喜明道之言之渾合者，而不喜伊川之言多分辨者，則恒重明道伊川之異處，而忽其同處，與其共異於濂溪橫渠之學之處。此依後賢之論以觀先賢之學，恆爲後後之人所不能免，而此則足亂昔賢之學之眞；而使後後之人不能如實以觀學術史中之慧命之相續，與其道之次第流行，而「通其變，使民不倦」者也。

今吾人欲求昔賢之學術之眞，此亦難言有一必得其眞之道。然吾人若能暫舍此後賢對前賢之論，以觀此前賢對其更前之賢，或並世之賢之評論，及其所自言之異同所在，則當可更見其學術思想所循之路道方向。此非謂其評論皆當，亦非謂其自言之異同，皆實有之異同。然要可見其學術思想之自循何路道方向而進。今本此以觀二程之學，則當說其學之入路，初與康節、濂溪、橫渠之學之不同，皆嘗自言之。二程於康節，固稱爲豪傑之士，亦時及其言。然二程全書外書卷十二載伊川言「與康節同里巷，居三十餘年，世間事無所不論，惟未嘗一語及數」。遺書卷七又謂「邵堯夫猶空中樓閣」。二程之不契於康節之學，前於論康節處已及之。至於周濂溪，則二程於十餘歲時，卽與之同游。濂溪命其尋孔顏樂處。二程遺書中亦載其事，並偶及濂溪之他言。然未嘗一語道及濂溪太極圖說及通書。此或由未嘗見之，然要可說二程之學，非承濂溪之學而來。故伊川爲明道行狀，唯言與周茂叔游，「遂厭科舉之業，慨然有求道之志，而未得其要。泛濫于諸家，出入于老釋數十年，反求諸六經，而後得之」。則二程固不自謂其學之來自濂溪也。又二程遺書卷六有「周茂叔窮禪客」一語，亦甚怪。今亦不知其當作何解。明道嘗言「某接人多矣，不雜者三人……張子厚、邵堯夫、司馬君實」，而未及于濂溪。則在其心目中，濂溪之地位，亦決不如朱子之視爲「道喪千載」後之「先覺」也（朱子濂溪像贊）。

至于張橫渠，則與二程有親姻之誼，嘗講易，程子至，遂撤皐比（全書外書十二）；或更謂橫渠嘗學于二程。然伊川則謂橫渠之學，「謂頤兄弟有同處則可，若謂學于頤兄弟，則無是事」（全書外書十一）。二程更嘗言「張子厚、邵堯夫，善自開大」（遺書三）。「子厚則高才，其學更先從雜博中過來」（遺書二上）。伊川嘗言：「某接人治經論道者，亦甚多。肯言及治體者，誠未有如子厚」（遺書十）。明道嘗與橫渠「在興國寺曾講論終日，而曰：不知舊日曾有甚人，于此處講此事」（遺書二上）。此後一故事，尤見其相講論，已至無古今人我之境。于橫渠西銘一文，二程尤盛加稱道。如謂「訂頑（卽西銘）立心，便達得天德」（遺書五）。明道又謂「西銘某得此意，只是須得他子厚有如此筆力，他人無緣做得，孟子以後未有人及此」（遺書二上）。又伊川並嘗爲人疑西銘之旨近墨氏者，代橫渠辯解（答楊時論西銘書，伊川文集卷五）。然明道又謂西銘「意極完備，乃仁之體也，學者其體此意，令有諸己，其地位已高；到此地位，自別有見處。又言不可窮高極遠，恐于道無補也」（二程遺書二上）。此則雖稱西銘，又意謂到橫渠所言之地位，尙可別有見處，非由窮高極遠而至者。又謂「橫渠教人，只是謂世學膠固，故說一個清虛一大，而人可又更別處走。今日且只道敬」。更謂，「立清虛一大爲萬物之源，恐未安」（遺書二上）。「以清虛一大爲天道，則乃以器言，而非道也」（遺書十一）。此蓋謂橫渠言清虛一大，只導人向窮高極遠之別處走，乃只及器，未及道，不如言敬之切實也。二程遺書又記「橫渠著正蒙時，處處置筆硯，得意卽書」，明道云「子厚却如此不熟」。其答橫渠定性書，亦卽意謂橫渠未免「非外而是內，不若內外之兩忘」。又遺書中言「窮理、盡性，以至于命，三事一時並了，元無次序」（遺書二上，此語當初爲明道所說）。更記橫渠之言窮理、盡性、至命，「譬命是源，窮理與盡性，如穿渠引源，然則渠與源是兩物，後來此議，必改來」（同上）。此卽明以橫渠之窮理、盡性、至命有次第之說，爲當改。此外橫渠恆有「體天地之化」之意，而遺書又記「言體天地之化，已賸一體字。只此便是天地之化，不可對此個，別有天地」（遺書二上）。此亦蓋對橫渠而說。朱子語類卷九十九亦謂「或者別立一天，疑卽是橫渠」云云。橫渠重誠明而次心知，遺書又以「或謂以心包誠，不若以誠包心」爲「非是」（遺書十一）。此並當是疑橫渠之論。遺書再記橫渠自言「吾十五年，學個恭而安不成」。明道曰：「可知是學不成，有多少病在」（外書十二）。至于伊川，則其答橫渠書嘗謂「吾叔之見，志正而謹嚴，深探遠賾……然以大概氣象言之，則有苦心極力之象，而無寬裕溫和之氣，非明睿所照，而考索至此，故意屢偏而言多窒。小出入，時有之。更願完養思慮，涵泳義理，他日自當條暢」。其答楊時書，亦謂「橫渠立言，誠有過者，乃在正蒙」。再如遺書二上記伊川言：「以體會爲非心，故有心小性大之說」。其下時本注云：此乃指橫渠「心禦見聞，不弘于性」之說。此外伊川又謂「橫渠言由明以至誠，此句是。由誠以至明，不然，誠卽明也」（宋元學案附錄）。此外遺書再記：「謂清者神，濁者非神乎」（遺書十一）。此亦明道或伊川疑橫渠言神語。至于伊川之言「虛」中皆「實理」，則除意在對佛家之論外，亦在對橫渠之論。此外二程之言中，隱對橫渠者，尚不止此。是卽見二程于橫渠之學，多有不相契。橫渠自言「出于佛氏之門者，千五百年……自非精一自信，有大過人之才，何以正立其間，與之較是非計得失」（乾稱篇下）

亦夫子自道之語。然伊川則謂：明道生于「孟軻死……千四百年之後，得不傳之學于遺經。」（伊川文卷七明道墓表）是其心中，固無濂溪、橫渠在。此中吾人若落入俗見，謂其意在各樹道統，更爲之代爭道統，則無可與論。今唯當就其各有其自信不疑之言，以觀其自信不疑之處何在，斯爲吾人居後學之位者之任。蓋並世之人，各自爲學，各有其道，雖皆大賢，亦未必能相喻于一朝。吾嘗喻如一時並肩齊步之人，皆只互見其側面。故其互相評論之言，不足皆據之以說其所評論者。然要可藉之以觀此評者之意之所在，道之所存，其入道之門緣何而異；方可更觀其由何而出，由何而通，以終歸于道並行而不悖耳。

## 二　橫渠之言知心之所從來與二程之學之言心具天德

大抵二程與濂溪橫渠之學之不同，在二程全不取「觀乎天地，以見聖人」之路數。邵康節明謂其作皇極經世，由「欲知仲尼，當知天地，」。濂溪橫渠，同不免此意。而在時代意義上看，則皆爲儒學初起，而對治佛家之以心爲主，並以天地爲因緣幻化之論時，所宜有之論，亦遙與漢儒之尊天之論相承接者。故濂溪橫渠之書，皆以太極太和之論爲先，而更立人極，以合太極，以人之仁義誠明，合天德之神、天道之化，由人之盡性窮理，以至天命。此以人合天之道，在橫渠之言中，儘見有次第。

于天，必先重其清虛一大(註)中之神、之明、之化、之誠。今自此心以上觀于天，則此天之神化誠明，卽如此心。心之盡性之功未至，則性大而心小；盡性窮理之功未極，則不足言至命。盡性窮理之事在內，至天命，乃通達于外。故必先是內，而後合內外。唯天與心，皆由其虛，以有清通之神，更有明以感知萬物。故唯以清爲神，而濁則只爲此虛而清通之神之所虛涵，而更當依天道之化，而加以變化者。橫渠之書，欲于此中之天人、神化、誠明、仁義、性命、內外之名義，一一分說，而使之各有界分，則爲文不可不謹嚴。然欲謹嚴，則不能無苦心極力氣象，而多考索之功，亦缺寬裕溫和之氣。其欲使此諸名義，各有界分，而相限，則人循名之舊義，以觀其義者，則自將覺其多有出入，而見其多所滯礙，說義理似生而不熟。此皆正如明道、伊川之所評論。然實則此任何人之欲言人之次第合天之道，更使此中之種種名義，各有界分，同不可免者。明道、伊川循此途以用思著書者，亦同不可免。唯明道伊川重隨學者之問，以講學與教，而意不在著書傳世耳。

註：所謂清虛一大者，朱子語類卷九十九論橫渠之一卷，謂橫渠初言清虛一大，爲伊川詰難，乃云清兼濁，虛兼實，一兼二，大兼小。此以清虛一大，形容道體云云。按正蒙之旨，本是清兼濁、虛兼實。蓋非伊川詰難而後如此說。又此以清虛一大言道體，卽指天之道之爲人所當合者言。但此清虛一大之言，亦可卽是概括橫渠正蒙書之要義而說。正蒙書神化篇重言天之清虛之神，誠明篇始標五個「合一」義，大心篇則由心之大，以合天之大。此三篇，卽橫渠最重要之文也。

然橫渠之書之于天人、神化、誠明、仁義、性命、內外等名義，一一使之各有界分，又志在使性與天道合一、仁智合一、動靜合一、陰陽合一，而于此一切相對者，兼體而無累。故正蒙乾稱篇謂「以其兼體，故曰一陰一陽，又曰一闔一闢，又曰通乎晝夜。語其推行，故曰道；語其不測，故曰神；語其生生，故曰易。其實一物，指事異名爾」。橫渠之論，既最後歸于只說此一物，則人亦固可直下認取此一物。此一物既唯是指事異名，則人亦可不將諸名義界分，先加排列，而分別論述；而可就其為一物，隨人之問而自由用名，加以指點，使聞者得其所指。又可說凡界分之物，其界分，皆一方所以成其別，一方所以見其通。如二田邊之界，卽通此二田地者也。故凡可依界分以成別者，亦可依界分以成通。則表學術之義理之名言，可各定其界分，以成別者，亦無不可更緣此界分之理解，以更觀其通。既已通矣，則界分卽泯于此通之中。如橫渠既已言天與人之別，更言人能合天以成其通。則人亦可尅就此人既已合天，更無天可合，而直下會此天人為「一而不二」，卽不須先由二以成此合與不二矣。今于橫渠所言之一切義理之相對成二者，皆作如是觀，卽成另一思想言說之道路。此正為明道之所循之道，而伊川初亦承明道而行于此道者也。今本此以觀橫渠言合天人之語，則明道伊川于橫渠之言，自必一方有所契，一方亦有所不契。其所契者，在橫渠之學之所歸，卽合天人之一境，如其西銘之所言，人為乾坤孝子，而視「民為吾同胞，物吾與也」所展示之萬物一體，天人一體，及前所引「訂頑立心，便達得天德」之意。其所不契者，則在橫渠之學之所始，乃先分天人，後方言合。故謂橫渠之「此合天人，已是爲不知者，引而致之」，「天人本不二，不必言合」（遺書六，二先生語）。當直下說「天人無間斷」（遺書十一），「人與天地一物也，而人特自小之，何耶？」（遺書十一）則亦不可離人而言天，更言以人贊天之化育。故謂「夫不充塞則不能化育，言贊化育，已是離人而言之」（遺書二上）則此程子之學無論其自覺不自覺，吾人皆可說之爲乃以橫渠之學之所終，爲其學之所始，而轉以疑橫渠之學之所自始者。此卽由橫渠之學至程子之學之一歷史發展，足見程張之學之同而異，異而未嘗不通，而程亦更有進于張者。此卽程子之旣稱西銘，而更言到此地位，別有見處也。所見在何處，觀後文自明。

此上所說，唯是言由橫渠之人合天之論，自有發展爲程子之「天人不二」、「天人無間」之論之理由。此理由，亦卽程子所以有疑于橫渠之論之理由。然此只是吾人之推述，未必爲程子所自覺及，而更加以言及者。就程子之明言所及者而論，則程子之直下言天人不二、天人無間，其所立根處，在其直就人當下之此心，以見此心之卽天，與心具天德，而于此卽可直下不見天人之間隔或二，以言此心之自盡之道。故謂「只心便是天，盡之便知性，知性便知天，當處便認取，不可更外求」。此語見遺書二先生語，蓋明道伊川所同契，然當是發于明道。此語之意，卽明與橫渠言「思盡其心者，必知此心之所從來而後能」（大心篇）之說，大不同者也。

由正蒙之系統，以觀橫渠之謂「思盡此心，必知此心之所從來」之語，其意是謂人之身由天生，其能感知之性，亦由天生。依此性，更由耳目之有受，以有內外之合，乃有一原始義之心。此卽所謂「合性與知覺有心之名」也。人之有此知覺，乃由其氣之虛，而有清通之神之表見。此神則初爲天之神之成吾身，而成爲此人之性之神者。故此心之知覺所從來，當遠溯至天之神，近溯至耳目有受，而有內外之合。是卽謂此心初不屬于人，此心之知覺，亦內之耳目有受于外，而以虛受實、以無受有之結果。此卽乾稱篇下所謂「有無一，內外合，此心所自來也」。緣此以說人心之進而知太虛之天，亦由心之神之虛，與太虛之天合。此卽其所謂合內外于耳目之外，以爲人之德性之知之始者也。然此說，由人心之先自將其心視爲一所對之物，方更問其所從來；乃將人心之知覺溯其始于耳目有受，更將此知覺溯其原于人此身所具之性之神，再至「成吾身」之「天之神」，以成。然于此人之心，是否必須如此自視爲一所對之物，而更如此問其所從來，以歸于其後之種種結論，則亦可成一問題。人固可不循此途以思想，而另循他途以思想，則無此種種之可說。此非謂若人如此問時，此種種之不可說；而是人可自始不如此問，則無此種種可說也。

此橫渠之問心之所從來，而謂其初來自耳目之有受，乃一歷史事實之陳述。其說心由耳目之有受于外，而有心之知覺，乃視此耳目爲先有之一物，外物爲先有之另一物。更由此內外二物合，以有對物之知覺。謂人有虛通之神，天有太虛，二者內外合，而有對天之太虛之知，亦是對此人之「知」作一分解之說明。然茍就吾人之現有之知覺而觀，則吾人固可說其當下只是一有能所主客兩面之一整個知覺。而人心之知太虛之天，其知處卽虛，虛處卽知，更當言是一整個之「知虛」或「虛知」；故雖更可姑分爲能所主客二面以觀，而初不見其先爲二物，而後有此合者。則橫渠所謂由耳目與外物合，而有知覺，此合，亦可只是我之整個知覺自呈現之條件或場合，而非必此整個知覺之所由生。而人對太虛之知覺中，更只有此整個之「能知覺之心」與此「太虛」之俱呈俱現。因此中之內外，原只爲一體之兩面，非更必謂此一體乃由先有兩體，而更合一之所成也。

吾人今如只就吾人之知覺爲整個之知覺，對天之太虛之心知，爲一整個之心知以觀，則此中吾人並非必須問此心之所從來，而後知此心知之所以爲心知。吾人固可直下自覺此心知，以知此心知之所以爲心知，有其內外之主客能所之兩面。此心知自可由小而大，以擴充至于無極，亦時時處處是一整個之心知。自此心知之可擴充至無極言，則不可視之爲所對之一物，而問其所從來。因此心知若自知「其所從來」，卽此心知之已擴充至「其所從來」。「此所從來」與「知此所從來」之「知」，仍爲一整個之心知。自問此心之所從來之問，亦出于此心知；而此問亦固在此心知中，而不能自超于此心知之外。今若更問此自問之所從來，則其問無窮。而此無窮之問之所從來，亦仍自在此心知中。則人亦卽可不有此一切之問，而唯直下自覺其當前心知之呈現，乃時時處處呈現爲一有內外之主客能所之兩面之一整個心知也。此上是吾人之一方便之說法，以指出人可有不問心所從來以知心之道路，以便更由此以言人可有一不問心所從來，而只自循心之道，以盡心之爲學之道。此固不必如橫渠言，必先知心所從來、如由耳目有受等內外之合而來，然後有此盡心爲學之道可說也。此卽已見另一哲學思想之方向之可能。而在此方向中看，則橫渠之言皆可不說，說之亦必換一意義而說。如說內外合，卽不須先分別有內外兩者，更兼體此兩者，以合之爲一體；而可直下說一體之全，而言其內外之兩面是也。此正卽程明道所循之思想方向也。此一思想方向，自與橫渠之思想方向不同，而各有其立根處。此二思想方向，自亦可互相環抱，以歸于交會。然此則非今所及，而好學深思者，亦不難自得之者也。

## 三　橫渠學中之定性問題與明道定性書之核心義

此明道之未嘗問心之所從來，而直下就此心以言心卽天，以合內外爲一體，自始無內外之相對；亦不由內外之合以合天人，蓋于其著定性書以答橫渠之問時，已有此意。此定性書之文皆言心。其何以又名定性書，昔朱子已嘗疑之。吾亦初不解。今乃知其由橫渠之問「定性未能不動，猶累于外物」而來。而橫渠之所以問此，則由橫渠思想中原有定性一問題。依橫渠說，人性本有虛而清通之神，以生感而有知之明，則存此神，卽所以定性，故曰「存神其至矣」。其言「精義入神」之工夫，在仁之「敦化」之工夫之先，卽以存此神之虛而清通，爲人之上達天德之本。人能精義入神以達天德，乃有仁之敦化，以合天道。今欲恆存此虛而清通之神，以定性，卽有「如何不爲外物所累，以失其定靜」之一問題。此「外物」由吾人聞見之知而知者，因恆與吾人之氣之攻取之欲相連，卽可以動性。故如何使性不爲外物所累而不動，在橫渠學中卽爲一眞問題。橫渠正蒙書解決此問題之道，則在有形氣之物相續不已以呈于前，而見天命之不已時，隨時求盡心以盡性，以知義之所在，而卽以此義之合于命者爲天理；並隨時窮此理，以至于此天命之不已者。然在其與明道問答時，是否已形成此正蒙之思想，則未可知。而其正蒙所言之盡性窮理至命之工夫，是否足夠解決此問題，今亦不討論。然觀明道之在定性書之答橫渠之問，則明以橫渠之只求內自定其性，以求去外物之累爲非是。亦卽以其只求存此神之虛而清通之工夫爲非是。其所以「非是」，在其先有此內外之對待。則此內之應外，卽是牽己而從之。既是牽己以從外，則外亦還累內。今于此欲去外之累，則外之來至內者無窮，亦永不能保證此內之長能定靜。是卽謂有此內外之對待，卽不能成就此定性之工夫。而此定性問題，亦無解決之道。唯有忘此內外之對待，此問題乃可不更生，而自然解決。此卽謂人能忘此內外，亦忘內之靜與應外之動之分，則亦無應外之動中，對外物之「將執」、「迎待」等，以使外物爲心之累之事。由此心之「動亦定，靜亦定，無將迎，無內外」，則心定，而性亦定。此卽明道答橫渠書之旨。今就此書以觀，亦正可見橫渠心中，原有此內外之分，而求其合一之問題。明道則是直下忘此內外之分，亦更無此中之分者如何得合之問題。此卽是本此忘內外之道，以自然解決橫渠之如何合內外之問題也。

此明道之定性書直下言忘內外之分，非謂無此心性之應物之事，唯不以物爲外，于此外物與內心之應，不以之爲相對待；而知其爲一體之一感一應之兩面，而感應無間，亦無二耳。知此，則可讀定性書全文，其文曰：

「所謂定者，動亦定，靜亦定；無將迎，無內外。苟以外物爲外，牽己而從之，是以己性爲有內外也。且以性爲隨物於外，則當其在外時，何者爲在內？是有意于絕外誘，而不知性之無內外也。既以內外爲二本，又安可遽語定哉。夫天地之常，以其心普萬物而無心；聖人之常，以其情順萬事而無情。故君子之學，莫若廓然而大公，物來而順應。易曰『貞吉悔亡，憧憧往來，朋從爾思』。苟規規于外誘之除，將見滅于東而生于西也。非惟日之不足，顧其端無窮，不可得而除也。人之情各有所蔽，故不能適道。大率患在于自私而用智。自私則不能以有爲爲應迹，用智則不能以明覺爲自然。今以惡外物之心，而求照無物之地，是返鑑而索照也。易曰『艮其背，不獲其身；行其庭，不見其人』。孟氏亦曰：『所惡于智者，爲其鑿也』。與其非外而是內，不若內外之兩忘也。兩忘則澄然無事矣。無事則定，定則明，明則尚何應物之爲累哉？聖人之喜，以物之當喜；聖人之怒，以物之當怒。是聖人之喜怒，不繫于心，而繫于物也。是則聖人豈不應于物哉？惡得以從外者爲非，而更求在內者爲是也？今以自私用智之喜怒，而視聖人喜怒之正爲如何哉？夫人之情易發而難制者，惟怒爲甚，第能于怒時，遽忘其怒，而觀理之是非，亦可見外誘之不足惡，而于道亦思過半矣。」（明道文集卷三）

此明道之答橫渠書之問，其原問如何不可知。如以今之正蒙書觀之，則橫渠自是以人在感知外物時，此能感知之性在內，外物在外。此感知只是依一虛而清通之性之神而有，故初不必謂此感知外物，乃牽己性而從外物之事。唯在此所感知之外物，連于人之氣之攻取之欲時，乃覺此性爲物所牽引，而物爲性累。此則正爲橫渠所欲去。又明道之問：當性感知外物時，何者爲在內？在橫渠亦易答。即此能感知之性仍在內，唯在感知外物時，兼有內外之合耳。又明道之謂「天地之常，普萬物而無心；聖人之常，順萬事而無情」，亦合于橫渠之言「上天之載，有感必通，天體物不遺，聖人之神惟天，故能周萬物而知。無心之妙，非有心所及也」(天道篇）之意。唯明道于此特就聖人之心之情言，則天地之心亦應有此情，而橫渠未重此情之義。然在天與聖人上說，其心既體萬物不遺，即已是合內外，而亦在無內外之境；則明道與橫渠之旨，似應不殊。唯橫渠蓋以此聖人之合內外，乃由次第工夫而致。人必先有在內或對外之工夫，然後方有此合內外。在明道，則直由天地聖人之體萬物而無內外，以言吾人之爲學者，亦當直以內外兩忘爲工夫，更不先是內而非外，以直下至澄然無事，而定而明之境。此則與橫渠謂人當先存內之虛而清通之神以定性，而更本之以應外之說不同。此中，人是否可皆以直下忘內外爲工夫，而直至澄然無事之境，而定而明，則可非一言而決。此在人之天資高者，固能之，然未必人人皆能。又明道言聖人之喜，以物之當喜，聖人之怒，以物之當怒，聖人之喜怒不繫于心而繫于物。此言繫于物，乃所以遮其繫于心。實則聖人之心于物來順應，實亦不繫于物。此物來順應之境，如何能致，如何知物之當喜，物之當怒，以知理之是非，亦皆非易事。橫渠于此，則先言窮理，後伊川朱子亦以格物窮理，補此明道之所未及，則又正是還同于橫渠之先窮理，然後能合內外，以盡性至命之論。至于明道之言怒時遽忘其怒，實亦乃非天資高者不能爲。若在常人，則先無工夫，于怒時亦未必能遽忘其怒也。故此明道之定性書之文之義，尚可有種種補充，亦不可據之以薄橫渠之見。此中唯明道之直下標出「內外兩忘」，爲學聖之工夫，則固有深旨。而人眞能直下「廓然大公」、「內外兩忘」，亦可當下「澄然無事」。又吾人雖可本橫渠伊川朱子之說，謂人于若干事上，必須先有格物窮理之功。然人亦自有種種更不待格物窮理之功，而理已明白，自能直心而發之物來順應之事。然人之先有內外之見者，則卽在此情形下，仍不能物來順應。此其故則不在物理之未明、或物之當喜當怒之理之不見，而在其不能直心順理以成其卽感卽應。此中之病痛，純在人心之自身。此時人之內外之見，正足增益此病痛。此病痛原于人之緣其知有內而自私，更以外爲外而用智，以成其穿鑿。人以心知爲內，爲我之內之所有，亦卽自私此心知爲我有。自私此心知爲我有而屬內，則阻塞其應感之機，乃用智以成其穿鑿，則反不見已呈現于前，而實已明白之物之當喜當怒之理，遂不能順理以喜怒，而更無喜怒之留滯。有此自私用智二病，人不能達于物來順應之境，則人唯有此先直下忘此內外之分，方能一時直下兼拔去此二病之根。此固是一鞭辟近裏之工夫。于此處，亦不須更言窮理，而言窮理或正成其用智之鑿，亦未可知。此一直下忘內外，而物來順應，誠爲不易，或只天資高者，方能一念契入，而當下澄然無事。然此亦天資高者之實學所存。若天資不及者，則雖不能至，亦當心嚮往之者也。

## 四　明道之識仁與定性書中之心與情

此明道之言內外兩忘，乃消極說。至于欲積極說此內外兩忘之境之內容，則在聖人，只是以心普萬物之心，情順萬事之情。此心此情，卽明道所謂仁。明道言仁（註）之語，散見其書，要在下列三段語：

「學者須先識仁，仁者渾然與物同體，義禮智信，皆仁也。識得此理，以誠敬存之而已；不須防檢，不須窮索。若心懈則有防，心苟不懈，何防之有？理有未得，故須窮索；存久自明，安待窮索？此道與物無對，大不足以明之。天地之用，皆我之用。孟子言萬物皆備于我，須反身而誠，乃爲大樂。若反身未誠，則猶是二物有對；以己合彼，終未有之，又安得樂？訂頑意思，乃備言此體。以此意存之，更有何事？必有事焉而勿正，心勿忘，勿助長，未嘗致纖毫之力。此其存之之道。若存得，便合

註：若離此識仁之義，而單看定性書之文，亦可作歧出之想，而其言有弊。宋元學案明道學案附錄引葉適文，謂明道定性書多用老佛語。「老佛處身過高，故以德業爲應世，其偶可爲者，則爲之云云。所立未毫髮，而自夸甚于邱山。」此言未爲無見。玆按應迹之說，出魏晉之玄學佛學。明道「以有爲爲應迹」之語，確亦可使

人作輕功業之想。但定性書之本旨，在兩忘以合內外，則于迹不得不應，亦必當應，則功業自當重。而能成此功業者，則在仁。兩忘、合內外所顯者，亦正是此仁。故連明道之識仁之義，以觀定性書之意，自可無弊。

有得。蓋良知良能，元不喪失，以昔日習心未除，卻須存習此心，久則可奪舊習。此理至約，惟患不能守，既能體之而樂，亦不患不能守也。」(遺書二上)

此外遺書二上又載有一段，為朱子近思錄所錄。細觀此段，實亦較上段尤為切實。其言曰：「醫書言手足痿痺為不仁，此言最善名狀。仁者以天地萬物為一體，認得為己，何所不至。若不有諸己，自不與己相干。如手足不仁，氣已不貫，皆不屬己。故博施濟眾，乃聖人之功用。仁至難言，故止曰：己欲立而立人，己欲達而達人，能近取譬，可謂仁之方已。欲令如是觀仁，可以得仁之體。」

又一段曰：「剛毅木訥，質之近乎仁也；力行，學之近乎仁也。若夫至仁，則天地為一身，而天地之間，品物萬形，為四肢百體。夫人豈有視四肢百體而不愛者哉。聖人，仁之至也，獨能體是心而已。曷嘗支離多端，求之自外乎？故能近取譬，仲尼所以示子貢求仁之方也。醫書以手足風頑，謂之四體不仁，為其疾痛不以累（不關切）其心故也。夫手足在我，而疾痛不與知也，非不仁而何。世之忍心無恩者，其自棄亦若是而已。」（遺書四二先生語，此與上一節意同，蓋一語之別記）

此明道言仁，後二段語由疾痛相感說，最爲親切。此乃順孟子之惻隱之心之意說仁，亦順孔子以生命之感通之意說仁。前一段語言仁者以天地萬物爲一體，則承孟子「萬物皆備于我矣」、「上下與天地同流」之說。依其時代意義說，則明道之言仁，與横渠之訂頑（卽西銘）言「民、吾同胞，物、吾與也」，以至「凡天下疲癃殘疾，惸獨鰥寡，皆吾兄弟之顚連而無告者也」之言，與民物疾痛相感之旨合。故明道稱西銘。然此中明道之學與横渠不同者，卽在横渠正蒙一書言爲學之要，在先存虛明之神以去物累，而變化氣質。此卽精義以入神之事，由此義方有仁。如前所說。故此西銘之言仁，乃横渠學之結論而非其前提。明道則直下忘內外，以正面識得此「無對」之仁之道之理爲先。緣此理此道而能近取譬，以己立立人，己達達人，卽爲體仁之體。近取譬者，如知一身之手足之氣不相貫，疾痛不相感，爲不仁；則知己與人之氣不相貫，疾痛不相感，亦爲不仁。一身之有痲木不仁，乃人可親切的知之者，此一身自是一體。此卽謂無仁，則此一身不體，亦不成仁所貫注之體。今于此一身體之不仁中，知求其仁，卽知于己與人物之氣不相貫、不相感中，亦須求仁。是卽于己與人物之不成一體處，求其成爲一仁所貫注之體。而學者之工夫，則要在于此己與人物氣不相貫不相感處，隨處使一己之氣與之相感通，而隨處見此仁所貫注之體，于吾人之生命心靈之中。此卽明道言體仁之體之本旨。蓋人時時與他人相接，以至與天地萬物相接，人乃隨時可覺其己與人物之間有隔閡，而不關痛癢之情形，卽處處見有一彼此間之痲木不仁而不相感之情形。仁者則恆欲通此隔閡，以求以己之氣與人相感，卽以己之仁心仁情，行乎其中，以成其相感；而隨時隨處，體會得此相感之事中，所形成之一體，卽體此仁之體。此中，人隨時隨處以氣與人物相貫，以仁心、仁情行于此相感之事中，則此仁自貫于此一切相感之事中。故此仁卽是一道一理，而非只是一事一氣。然必須于一一以己之氣去貫通所感，以仁心仁情成此相感之事中，識此仁之理之道，而不可望空懷想此體仁之體，或仁之道之理，而識仁也。

此一明道之直下由己與人物之氣相貫，疾痛相感之處，體仁之體、言仁之理、仁之道，正同于横渠之由民胞物與之感，言人爲天地立心，爲生民立命之道。然横渠乃由此民物與我，皆由乾坤之大父母所生說來，則是由先立此與民物之同一形上本原說來。此卽無異以此形上本原之同，爲人當有民胞物與之感之理由。有如人念其兄弟爲同父母所生，故愛其兄弟。則在理論上說，若非我與民物同原，則我亦可不愛其他民物。然人在有其仁心之發，而對人對物，動惻隱之心之時，人乃直接有此物我同體之感，而不待念其同原共本者。此同原共本，毋寧是對此一體之感，向上推述體會其所以可能之根據，而成之一形上學之義理。此乃後起之義。今由識此形而上之同原共本以識仁，卽隔一層而不親切。如宗教家由人同爲上帝之子而言愛人如一體之不親切也。然明道則正不先上溯此我與民物之同原共本，爲同一乾坤父母所生，以識仁；而是直下忘內外，而于我或己身與其他人物之疾痛相感處識仁，則其言自親切直接而無隔。故亦不須如横渠正蒙之書，先建立一乾坤天道之論以言仁矣。

此明道之自同氣相貫，疾痛相感以言仁，卽直接自心之能感通之道之理言仁。此心自能外知有天地萬物。然此天地，則初不在我心之上，而在我心所感之中。故于此可言「天地之用皆我之用」。能視天地之用爲我之用，則我已不自私，已不限我于我；則亦不須如橫渠之大心篇之言：必無我以合內外于耳目之外，以體天道而後大。因知「天地之用爲我之用」之我，即「以天地與我爲一體」之我也；而此心亦自是一已大其心之心也。故此明道言先識仁，而直下見得天地之用皆我之用之爲學工夫，與橫渠之必先無我者之不同，即如先由消極工夫下手，與直下由一積極工夫下手之不同。先由消極工夫下手，即漸教，乃中下之資之所能爲。然直下由一積極工夫下手，亦非必即是直下有一「如聖人之以天地萬物爲一體，而其仁無所不運，于天地萬物之疾痛無不感」之謂。此中重要者，只在人于其所正有之疾痛相感之處，識此中之有仁，則可緣此中之道之理，以及于至仁之以天地爲一身，天地間之品物萬形爲四肢百體。此固學者之所能爲。頓悟此境，固亦人于一念廓然而大公時之所能也。然對此境，必須有眞情實感以實之；否則可只是一藝術性之觀照境界，或形上學中思慮境界，而非道德生活中眞實境界。今以眞情實感，眞實化吾人一般心知所對所觀所思之天地萬物，于此心知之前，即明道所謂「誠」也。泛言仁，只是一渾然與物同體之感。然此感之是否眞實，則有不同之程度。而一般所謂與物同體，恆可是觀照性、思慮性之與物同體。此皆非眞實之與物同體。蓋此中所思慮之人物義理，只是一所思、所觀照者，亦只平鋪于觀照心、思慮心之前者，而未嘗實入于此心，以徹入吾人之生命，而與此生命，疾痛相感，以實爲一體。則此所謂與物同體之感，尚未眞實，其中尚有不誠者在。故明道必于言識得此渾然與物同體之理之後，更言以誠敬工夫存之也。誠是眞實化，敬則明道嘗言「敬則無間斷」。則敬猶言使此眞實化者，更無間斷。旣無間斷，則亦不須防索，不須窮檢。若心懈而間斷，則須防此懈。敬而無間斷以不懈，則何防之有。若理未得，固須窮索；然于此仁之理旣已識得，更知誠此理，以使之眞實化，而恆存之；愈存，自愈明；則于此理，固不須窮索也。

# 第七章　程明道之無內外、徹上下之天人不二之道（下）

## 五　仁者之樂與誠及天地之用皆我之用

此所引明道之言識仁第二段文，要在教人于所感知之人物或天地萬物，能見其眞實存在于吾人生命心靈，而一氣相貫，疾痛相感。此中似非如上引其言仁第一段文所謂只有一大樂者。然此中亦實有一樂。此乃依孟子所謂「萬物皆備于我矣，反身而誠，樂莫大焉」來。蓋吾人能于所感知之天地萬物，皆不只向外以視爲客觀之所對，而反之于身，以使之眞實化、內在化于吾人之生命心靈中；則天地萬物之生成，即我之生成，天地萬物之化育，即我之化育，天地萬物之生幾洋溢，即我之生幾洋溢；即見天地之用皆我之用。此中卽有我之生命心靈存在之充實，而向于無窮。此卽大樂也。然人若眞識得天地之化育卽我之化育，則不須如橫渠之更言體天地之化。故明道謂「言體天地之化，已剩一體字，此便是天地之化」（遺書二上）。又于中庸所謂至誠贊天地之化，亦不須作人之贊助天地之化育解。故曰：「非謂贊助，只是一個誠，何助之有」（遺書十一）？又謂「贊化育之贊，則直養之而已」（遺書五）。體天地之化、贊助天地之化育，皆將人與天相對而說之語，則天人猶是二本。以明道觀橫渠，即尚未脫此二本之義。然明道則全超化此二本之義。而其所以能超化此二本之義，則在人誠能以天地之化育，即我之化育，即眞實化此天地之化育于我之生命之中，而見其此即我之生命之化育。未能實有此誠之工夫，則不能說「只此便是天地之化」，亦不能說「天地之用皆我之用」，不能言與天地萬物爲一體也。此中必已實有誠爲先行之工夫，而後見天地之用即我之用，更見天地萬物之實爲一體，亦一體而化，只爲一誠體之流行。在人未能實有此由「誠」之工夫、或人自感此工夫尚有不足之時，人仍將只能說天是天，人是人，而只有以人之體天地之化、贊天地化育之教，如橫渠所說。如此立教，亦自是始教。橫渠之說，亦初不得謂爲非，抑或更合于中庸之明言贊天地之化之原旨者。唯人誠體得天地之化，誠贊得天地之化，而天人無間，則必只此天地之化，只此「天地之化育之在我」之整個一事。此方爲終教。此天人之關係，固可先開爲二，更說二之合一，如橫渠之論。亦固可于旣合一處看，而言其無間而不二，如明道之論也。則此二義，亦未嘗不相依爲用，亦互爲根據。明道固言天人不二無間，然天人亦自是二名。此見天地之用即我之用，亦初由誠之之工夫而至。固亦當許人在未誠之時，此天人爲二，而待于合，如橫渠所說也。唯明道乃直下契此終結義之天人不二無間，即直下以此一「化育之流行，現成在此」，點示于人，則不歷始之二，而頓向于終之一；即以此「頓向于終」，以爲學之始，則終始無二。此即又有如華嚴宗之會「終」、「始」二教爲一「圓」教耳。然此非謂橫渠之教即不可立之謂，亦非謂緣橫渠之教，即不能至明道所至之境之謂。蓋有此始，亦必有此終也。則吾人于明道橫渠之論之不同，亦可自為一圓說通之，而此二說，亦自不二也。可自細思之。

此明道之由見天地之用即我之用，以言識仁者之樂，表現于明道之善觀萬物之自得，天地之生意，以成其樂。如其詩言「萬物靜觀皆自得，四時佳興與人同」又謂萬物之生意更可觀，觀雞雛可以觀仁。此乃賴于人之放下其所自執之自己，而將自己放在萬物中看，然後能于萬物之化育，見其即我之化育。故謂「人只為自私，將自家軀殼上頭起意，故看得道理小了他底」（遺書二上）「放這身來，都在萬物中一例看，大小大快活」。人能如此，則于所謂事之在我，或一般所謂由我而成者，無論如何偉大，皆亦可視同天地萬物之中一事一物，而以平等心觀之。故言「泰山為高矣，然泰山頂上，已不屬泰山。雖堯舜事業，亦只是如太虛中一點浮雲」。（遺書卷三）此即要在成此「心之無所繫」。此非謂人不當依仁心以成其堯舜事業。唯謂即成此堯舜之業，亦當視如天地之生意之流行于四時佳興者一般，只一天地之化育而已。此「心之無所繫」，即儒者之大解脫。然在此大解脫中，此生意之流行自在，堯舜之事業亦自在，「百官萬務，金革百萬，飲水曲肱，樂在其中，萬變皆在人，其實無一事」（遺書六，二先生語，宋元學案定為明道語）。亦即無一事，而有萬變之事也。此則明道所謂由「反身而誠」，而「見天地之用即我之用，我之用亦天地之用」之大樂之境。而人能有此樂境，亦即所以使其工夫更得相續，而更能敬以無間斷，而自守其工夫者。故言「既以體之而樂，則不患不能守也」

然明道雖言識仁之樂，亦言仁者之與人疾痛相感，則亦非謂仁者之無憂無悲。由此仁者之與人必疾痛相感，固必于人之啼飢號寒，天下之疲癃殘疾、惸獨鰥寡之顛連無告，自生惻隱之心，以為天地立心、為生民立命。更可念及天下之「君臣、父子、兄弟、夫婦，有多少不盡分處」（遺書一），「據今日，合則人道廢則是。今尚不廢者，只是有那些秉彝，卒殄滅不得。以此思之，天壤間可謂孤立」（遺書二上），而于此生不安、不忍之仁者之情。伊川于明道行狀，謂明道之論「道之不明，異端害之也，昔之害近而易知，今之害深而難辨。昔之惑人也，乘其迷闇；今之入人也，因其高明。自謂之窮神知化，而不足以開物成務；言為無不周遍，而實外于倫理」。于此道衰學廢，生不安不忍之心，而欲為往聖繼絕學、為萬世開太平，亦皆是仁者所不能免于憂悲之所在，亦皆由仁者能與世間之疾痛相感而致。則此疾痛相感之旨深哉。二程遺書六載「聖人于憂勞中，其心則安靜，安靜中卻是有至憂」。此語蓋亦明道說。必合此深憂與安靜之樂，方是仁者之懷也。明道之言定性識仁，皆自人之工夫上言。然此人之心之仁，能感通于天地萬物，而渾然一體，則天地萬物之所在，即此心之仁之所在，亦即此天地萬物之道之所在；而可對此天道天理，有一單獨之論。　然欲言及此，更宜由明道之言敬義忠恕之旨以契入，方可更易得此中之實義。

## 六　明道言下學之敬義忠恕之德以上達天道之論

此明道喜言敬與義，謂「敬以直內，義以方外」，乃取諸易坤卦文言傳。其言敬又取諸論語之「執事敬」、「君子敬而無失」等。言忠恕亦取諸論語。遺書二上謂「乾卦言聖人之學，坤卦言賢人之學」。然由此賢人之學之敬義，「至于聖人，更無別途」。其言坤道，則似較昔人言易道，多是直由大哉乾元之天道、聖人之道說來者更落實。其言敬與忠恕，亦皆最切近人之道德生活之事。茲按在濂溪橫渠言太極、太和、神、化、道、德、仁、義，皆初自形而上之天道乾道說下來，而未嘗重此最切近之道德生活中之忠恕，及初以坤道之順承義為主之敬義等。明道則特標出此忠、信、恕、敬、義，為下學之始；更即此下學之事，以言上達之義。故謂「居處恭，執事敬，與人忠，乃徹上徹下語，聖人原無二語」。又言「敬以直內，義以方外，敬義立而德不孤」。而下文即由此以說「天人一也，更不分別。浩然之氣，乃吾氣也，養而不害，則塞乎天地。」（遺書二上）又謂「敬以直內，義以方外，仁也。夫能敬以直內，義以方外，則與物同矣。」（遺書十一）「敬義夾持，直上達天德，自此。」（遺書五，二先生語）此語可為伊川說。如伊川亦謂「凡下學之事，便是上達天理。」（外書二）然初當原自明道。明道又言「維天之命，於穆不已，不其忠乎？天地變化、草木蕃，不其恕乎？」（外書七）則是以忠恕契天道，而天道亦不外此忠恕也。更言「天地設位而易行乎其中矣，只是敬也。敬則無間斷；體物而不可遺者，誠敬而已矣；不誠則無物也。詩曰：維天之命，於穆不已，嗚呼丕顯，文王之德之純，純亦不已，純則無間斷。」（遺書十一），則以誠敬言天道，而天道亦不外此誠敬也。

又言「忠信所以進德，終日乾乾，君子當終日對越在天也。蓋上天之載，無聲無臭，其體則謂之易，其理則謂之道，其用則謂之神，其命于人則謂之性，率性則謂之道，修道則謂之教。孟子去其中，又發揮出浩然之氣，可謂盡矣。故說神如在其上，如在其左右，大小疑事，則只曰誠之不可掩如此夫，徹上徹下，不過如此。形而上為道，形而下為器，須著如此說，器亦道，道亦器，不繫今與後，己與人」（遺書卷一）。此則由忠信以上契天道，與上文由敬以契天道之意同，又與明道他處文重孟子浩然之氣之旨同。蓋遺書中凡將敬義之合內外，與浩然之氣之塞乎天地相貫而論者，皆初當是明道語。凡此上契天道之語，尅就其文義而觀，皆如「須是大其心使開闊，譬如為九層之臺，須大做脚始得。」（遺書二上）此大做脚處，則正在人之敬信忠恕之下學之事。今識得此下學之事之所以為下學之事之道，卽是上達于天命之於穆不已、天之無間斷之敬、聖德之純亦不已，以至「上天之載之無聲無臭，其體卽易，其理卽道，其用卽神」，亦皆不出孟子所謂「充塞于天地之間」之「浩然之氣」，而亦再下貫于器及己與人。此卽徹上徹下，其上如鳶飛于天，其下如魚躍于淵之道。在說此道時，明道既說其無聲無臭，又謂其體卽易，其理卽道，其用卽神，乃就一道而言其體、理與用。此道自不離器，不離浩然之氣言，卽不離陰陽言。故謂「一陰一陽之謂道，陰陽亦形而下者也，而曰道者，惟此語截得上下最分明，元來只此是道，要在人默而識之也」。此所謂截得上下最分明，只此是道，正見此道之貫得上下最分明，為形而上，亦貫于所謂形而下之陰陽中。然此明道之言，如分為句句字字以觀，則自朱子以降之解釋，甚多轇轕。此與明道之教重直下默識之旨，反不合。蓋此明道之言，皆神來之語。昔張橫渠謂「合一不測爲神」，「神爲不測，緩辭不足以盡神」。今愈分析講解，則愈成緩辭，或愈不足盡此中之神。此中之義，須直下悟得。然學者能將明道之言多玩誦數次，皆可有所悟，卽是一籠統混淪之一悟，亦可開人之神智也。

然人如循朱子之言謂明道「說話渾淪，高煞難看，傜地動彈流轉」(朱子語類九十三)。則吾人可于明道此類之言，指出一切問近思之方。卽須知：凡此明道之以形上之道徹上下之言，皆當由明道定性書言無內外，及識仁篇之言「仁者與天地萬物爲一體」中之卽心卽天之意而契入，亦當由明道此類之言，皆由下學中之「忠信忠恕敬義等中之義，以上達天道」之意而契入。謝顯道記明道語「須是合內外之道，一天人，齊上下，下學而上達，極高明而道中庸」(遺書三)，亦先言合內外，更言下學而上達。人若不先知明道言定性、識仁之意，不落實在下學之忠信忠恕之事，觀其在何義上可上達于天道，而只向上或向外，望此無聲無臭之形上天道，則明道之言誠太高，學者難看，而更可引起有種種歧出之思。然明道之學，明以定性識仁爲本，緣是而更特舉敬義、忠恕、忠信之下學之事，爲入道之門。蓋人之敬義、忠信、忠恕之事，實亦卽人之通內外、無內外，以定性識仁之事，而分內外二面以言者。敬以直內，義以方外，卽一心之兼應內外之二面之事，而通內外之事。敬之直內，卽明道定性書所謂內之廓然大公之無間斷。義之方外，卽定性書之物來順應。合此二者爲一心之兩面之功，卽開此定性之一功爲二。忠初是忠于人之事，而視他人之事如己之事。信是自踐己對他人之言。明道謂「自盡爲忠，循物無違謂信，表裏之義也」（遺書十一），卽忠信爲合內外之表裏之德也。忠是對人而盡己，恕是推己以及人。明道言「推己及物，恕也」（遺書十一）。則忠信忠恕，皆一求仁識仁之事之內外兩面，而合以成仁之通內外者。此中敬之不間斷，敬義不二，忠恕不二，所成就者只是一通內外之境。故敬之無間斷，忠之盡己，卽此通內外之境之自身之無間斷，以自盡。至義之應物而當，使物得所，恕之推己及人以安人，使人得所，卽是推擴此境。因無間斷而推擴，亦由推擴而見其無間斷。凡德之無間斷，是敬；無間斷而眞實化此德，爲誠；昭明此德，爲明。凡德之無間斷而不已，皆是由微之顯，由寂之感，而見其由無聲無臭之心之深密之地而出。其出而不已地出，卽是終日乾乾，卽是生生之謂易。此生生之理卽是道。此理此道，卽在此德行之無間斷，而純一不已中見也。

此德行之無間斷，純亦不已之義，自是明道之所最重。故謂純亦不已爲佛家之所不知，「自漢以來儒者，皆不識此義」（遺書十四）。此中自此純亦不已者之「不容已」、「不當已」言，是命；自此「不容已不當已，而亦自是不已、自然不已」言，卽是性。此則由人對其庸言庸行之忠信忠恕之德中，作切問近思之反省，皆可以自見得，而使此諸言之義一一落實者。然順「此諸德行中，皆有對人接物之通內外」之義，而「此德行之不已，自有其由小而大，以次第推擴」之義去看，則見此通內外之境之自身，亦自在無間斷地推擴；以至于見此整個天地之變化、草木之蕃、四時日月之不已，皆同在此一境中。此時吾人之心卽同于「聖人之神化，上下與天地同流者也」（遺書十一）。而此天地變化、草木蕃、四時日月之不已，果一一眞實化而誠存于吾人生命心靈中，則吾之生命心靈，亦卽與天地萬物同其蕃，同其變化，同其不已；吾人之忠敬，卽實行于此天之不已之中。故明道謂「忠者天理」（遺書十一）。吾人之行義推恕之事，乃所以推擴此忠，亦「所以行乎忠」，是「人道卽天道」（同上）。而此時吾人之恕，亦卽實行于此「天地變化、草木蕃」之中。此天地之變化，草木之蕃，自無聲無臭之天而降而生，正同于吾之一切德行，自無聲無臭之心之深密之地而出。此亦卽見此天之純亦不已中之無聲無臭，同于吾人之此心之德之純一不已中之無聲無臭，而與此心同其深密。因此天之生生不已之易之所在，固卽吾心之循其通達于天之道、無方不測之神之所運，而不見內外者也。此吾心之神，既運于天，此吾心之道，既通達于天，則此道亦卽天之道，此神亦卽天之神；而此神之變化不測，卽天之易；此神之不息，而無間斷之敬，卽天之敬；皆不見其爲吾一心之所私有，則亦卽可不于此言心，而唯言「天地設位，而易行乎其中」，「敬行乎其中也」；更言此天之生生不已之易中之不已，卽其忠，其推擴至無窮，卽其恕，可矣。因內外既不二，天人既一道，說天者皆可說人，說人者亦可說天。則人之敬義忠恕之道，亦不止行于人，而亦行于天。此庸言庸行中之敬義、忠恕等德中之道，固上達于天，上同于天，而亦至高明廣大矣。今本此至高明廣大之心，以爲此庸言庸行，其德行之境卽在一徹上徹下，鳶飛于天，魚躍于淵，上下察以相通貫之境也。此卽「神明其德」、「玩心神明，上下同流」之境、「聖人以此洗心退藏于密，聖人以此齊戒以神明其德夫」（遺書十一）之境也。然此中之敎，必始于庸言庸行，以「下學而上達」，由合內外之道，而「一天人，齊上下」；然後此中之高明之義，得免于虛脫；切實之義，得免于凡俗。言道亦器者，所以免道之虛脫也；言器亦道者，所以免于器之凡俗也。凡此圓融之論，皆在雙遮兩邊，以見一中道實理，非意在爲一玄論也。

## 七　明道之言天理義

由明道之合內外之道，而徹上下，一天人，更或只言一易、一敬、一道、一神之行乎天地之中。明道亦或只單言天命、天理。更言「吾學雖有所受，然天理二字，卻是自家體貼出來」（外書十二）。然其除言「天降是于下」而爲命，以使人物有性之外，更言「性卽氣，氣卽性」，「善固性也，惡亦不可不謂之性也」，更言「善惡皆天理」，則又皆使人不能無疑。如其言「天之降命」，引劉康公之「民受天地之中以生，乃所謂命也」，「人之生也直」，更謂其意「亦如此」（遺書十一）。此在劉康公時，原有一人格神之天神，則言天命降于人物，其義易解。然明道言心卽天、天人不二、天人無間，則似不能更言天之降命于人。因若然，則是先有天而後有人，則與天人不二無間之語如何通？又如善惡皆性，皆天之所命，善惡皆天理，人何以又當依天理，以存善去惡？凡此疑難，吾意皆唯由觀明道之如何依其合內外之道，以由心識天，而其凡言天處，皆隱有此心之義于後，而後可答。

如以民受天地之中以生一語而論，明道常言「中」無所不在，謂「且喚做中，若以四方之中爲中，則四邊無中乎？若以中外爲中，則外面無中。如生生之謂易，天地設位，而易行乎其中，豈可只以今之易書爲易乎？中者且謂之中，不可捉一個中來爲中」（遺書十一）。此謂「中者，且謂之中」卽謂此中乃有其實指之物事。然謂其所實指者爲中，不謂之爲偏，則自有其義。其義卽謂此所實指者，爲能四邊內外無定在，而無所不在，以爲中者。如天之生生之易道之無定在，而無所不在，卽可爲此「中」之所實指。其言「一物不該，非中也；一事不爲，非中也；一息不存，非中也。」（遺書四，二先生語，此乃明道伊川共許之義。）此天之生生之易道，卽足以當之也。然此所言天之生生之易道之主觀面，卽體此天之生生之易道之心。明道謂「詩書中凡有一個包涵遍覆的意思者，則言天。」（遺書二上）而此心在體此生生之易道時，固亦卽同時有一包涵遍覆的意思也。則此心亦卽爲此「中」之所實指者也。然若如此解，則所謂人受中以生，卽只是受一「有包涵遍覆的意思，或能包涵遍覆之天之心」以生。此卽只是以天生天，以心生心；亦卽依此天之不已而生，依此心之不已而生。人于此不已處，卽見此天此心之有其深密。此卽明道所謂「密也」（遺書十一），而見天之無聲無臭，亦心之無聲無臭者。依此密，而心不已，天不已，其不已爲於穆之不已，於穆卽深密也。則此所謂人受天地之中以生，卽非先視人爲天地間之一物，而言其由先人而在之天以生。此乃是直就此人心之生，必有其深密於穆之一面在，方成其不已之生；便于此深密於穆一面，卽名之爲此心之上之天。因在此心之深密於穆而未顯處說，心卽無心而非心，亦必「洗心而退藏于密」者，而後知其有。故可只名之爲一無聲無臭之天耳。

今循上之途以解明道所謂人受天地之中，或天降命爲人物之性。則此所謂人，乃指有形體之人，將此人而與其他之有形體之物相較而言，則此人之形體之所受者，卽一「能如天之包涵遍覆之卽天卽心者」之一全體。全體無所謂偏，卽爲「中」。自此全體之「中」，連于形體言，卽說此形體受此全體之「中」以生；故人生而遂能有一包涵遍覆的意思，以與天地萬物，皆相感通，而無所不應。此卽見其所受之「中」，原無定在，而能無所不在也。至其他萬物，則以其所感通者有定限，而有定在，故非受天地之「中」以生，而只受天地之「偏」以生矣。此所謂受天地之「偏」，亦卽不能受此「卽天之心或天地之心之全體」之「中」，而只得此卽天之心之一偏也。然人固是得于此卽天之心之全。物之得其偏，亦是得其全中之一偏，而亦有所得于此天之心。故謂「人爲至靈，自家心，便是草木鳥獸之心也。但人受天地之中以生爾」（遺書一）人于此心之自不已，見此心之有其深密者，是爲性。于其深密者之必顯爲不容已，亦不當已處，卽言命。人有其性命降于其形體，則萬物亦當有其性命，降于其形體。此所謂性命之降者，亦卽其不容已、不當已、而自不已，以相繼生之別名。後之繼前而生，卽後之自無聲無臭中，降落至此前之前，以成此前後之相繼也。

如吾人循上述之意，以觀明道之言「善固性，惡亦不可不謂之性」之言，則當知其乃由人物之性之或得中而得全，與得偏者，皆爲性說。人固有一包涵遍覆之心而能得中。然人之包涵遍覆之心，接于物之後，亦可自陷于物，而偏向于一類之物。此卽人之還自墜落，以同于其他之物之性之偏而不中者，而人遂失其所以別于物者。此卽形成人之惡。然此惡由人心之偏而致，而此偏亦仍初爲于人心之全者割截一部，以成其偏。于此人心之全，得見人性之全，是爲人性所在。對此全所割截以成之偏而有惡，亦是人性所在。則善固依此性以成善，惡亦依此性以成惡。故善固性也，惡亦不可不謂之性。惡之不可不謂之性者，在其得全之偏。偏于此爲過，于他處卽爲不及。有過不及，便有惡。故謂「惡本非惡，但過不及便如此」（遺書二上）。不及者當求及，過者當不使之過，而人卽仍當去其過不及之惡，以得中、得全，以化惡而成善。則明道之言「善固性，惡亦不可不謂之性」，固皆可解。而亦不與其言：「人當化惡以爲善，人之性之元始是善，天之命人以性，原于天之善，此性亦原是繼天之善而生」之說相違者也。本此意以釋程子言性之文句，已見吾原性篇，今不贅。

吾人若識得明道言天命與性之關係之義，及在何義上可說善惡皆性，卽可于其言天理之語之滯礙，亦可釋而化之。明道嘗言「吾學雖有所受，然天理二字，卻是自家體貼出來」。卽見其重此天理之義。後之伊川朱子以至象山陽明，以及其後之宋明儒學者，幾莫不重此天理之義。蓋皆承明道而言。其影響之大可知。中國思想之言天理，始于莊子與樂記。莊子養生主，言依乎天理，乃指內在于生命之流行中之天理。外篇天運言「至樂者先應之以人事，順之以天理，行之以五德」。刻意篇言「循天之理」，盜跖篇言「從天之理」，亦皆自人之生命之順天而動處說。樂記「人生而靜，天之性也」，感物而動，成人之物欲，人窮此人欲，遂滅其天理。此天理卽指人生而靜之天性言。此乃是自主觀之心之性上說天理。宋儒邵康節言天理，則與其所謂自然之物之理同義，故謂「性之在物謂之理」。此乃以理爲客觀，而以順天安分，爲不逆天理，「順天理」而「天亦在我」。（皇極經世卷八下）此卽偏自客觀義言天理。然橫渠言天理，又再就人之感知于外之天命之不已者，而隨時應之以義，以使此隨時之義，恆與人所受之命相應合言。故言「義命合一存乎理」（正蒙誠明篇）。其謂之爲天理者，卽自此人之義之應合天之命而立。人能以義合命，卽能通天下之志，而悅諸心。故又謂「天理」爲通天下之志而悅諸心者。然此中橫渠之言天命，初乃對性而言，亦就心所感知之天之氣化之不容已者言。故此命初乃客觀意義之命，此天理乃人主觀之「義」，應合于此客觀意義之天命而有者，便與樂記之只由主觀之天性言天理者不同；亦與康節之言天理重其客觀意義者不同。蓋橫渠之言人之心性與天命，有主客二面之相對。此乃依于詩書中人性與天命天道之相對之傳統。橫渠之學，則在先承認此相對之二，更言如何可使此二者打併歸一。此卽在由人之心性之行義，而合于天命之不已。此亦卽天理所在也。然在明道之言天命與性，則直承中庸之「天命之謂性」之旨而來。而以命與人之心性相對而說者，非聖人之「知天命」之「天命」（註）。此後一義之天命，乃與性不二者。而此性則初乃直就此心物來順應，

仁者之渾然與物同體之道中得見者。故謂「性外言道，道外言性，便不是聖賢論」。人有此心以有此

註：遺書十一，「知命者，知有命而信之者爾。不知命，無以爲君子。命者所以輔義，則如何斷之以命哉。」此正是橫渠言義命合一之旨。遺書二上二先生語記「賢者唯知義而已，命在其中。中人以下，乃以命處義。如言求之有道，得之有命。……若賢者，則求之有道，得之以義，不必言命」則義重于命。然上一段語之下文：「若夫聖人之知天命，則異於此。」此天命，即天命之謂性之天命，而爲明道之所重者也。

應物之道，即有此性。心之行于此道之不已、而不容已、不當已，即見有命。自此命之不容已、不當已、亦自是不已，自然不已言，即是性。此性之內容實即是天命，亦即此道。此道亦即此性之所以爲性之理。故謂「以理而言之曰道」，則天道亦即天理。此中之天，乃自其包涵遍覆的意思說，而心即天，亦自有一包涵遍覆的意思。故此天理，即此心之包涵遍覆的意思中之天理。在此心包涵遍覆的意思中，同時有生生而不已不息的意思，而此意思遍運于其所感知之萬事萬物，無定在而無所不在，亦無偏私而無不中。此即一廓然大公、物來順應之心，亦仁者之渾然與物同體之心。此能包涵遍覆、無偏私、而無不中、廓然大公、渾然與物同體，亦皆並是可用以狀天理之辭。故定性書言物來順應、當喜而喜、當怒而怒，亦即順理而是非。故識仁篇說仁爲此理，其語錄亦言「中之理」（遺書十一）也。今只順此心之天理有包涵遍覆的意思說，則當「以物待物，不以己待物」，「天之生物也，有長有短，有大有小」，（遺書十一）即無非此居上層之一意思之所包涵遍覆。則于世間事物之善或惡

者，亦當先對之無所不覆。由此而吾人卽知其「善惡皆天理」之言，當循其所謂聖人之心如天地，「豈嘗有心揀別善惡」，「君子得其大，安可使小者亦大。天理如此，安可逆哉」（遺書十一）等言而理解。蓋此一居上層之天理之心，固當亦原是無所不覆，而于善或惡皆如實而知之者也。若不知之，則此心有偏，而不中不全。只知善而不知惡，亦是不全；如只知全而不知偏亦是不全也。亦如若天只生能得天之全之人，而不生彼得天之偏之其他人物，亦是不全也。然此中明道之謂聖人之心同天地者，「初未嘗揀別善惡」，而俱涵之；並未說在此俱涵之之外，聖人更無他事，于一切善惡事物，皆只肯定之爲事實而任之。故其言「天地豈嘗有心揀別善惡」之下文，又言「當處之有道。」更言「事有善惡，皆天理也。天理中物，須有美惡，蓋物之不齊，物之情也。但當察之，不可自入于惡，流于一物」（遺書二上）。其再一段文曰：「萬物皆只是一個天理，己何與焉。至如言天討有罪，五刑五用哉；天命有德，五服五章哉；此都只是天理，自然當如此，人幾時與。與則便是私意。有善有惡。善則理當喜，如五服自有一個次第以彰顯之。惡則理當惡，彼自絕于理，故五刑五用。曷嘗容心喜怒于其間哉」（遺書二上）。

此段文則明示順天理而行者，同時有去惡成善之事。此善之理當喜，惡之理當惡，爲天理之內容。則此具天理之心中，一方有于一切善事惡事，皆加以包涵遍覆之義；一方亦有于善，知其理當喜；于惡，知其理當惡之義。人依天理而行，亦卽一方于善惡事無所不容，而皆如實觀之；一方亦如其善之理當喜，惡之理當怒，而喜怒。此即定性篇之物來順應之旨。此應之之喜怒，乃由物之理當喜當怒，而順以應之。故先無喜怒存于心，亦先無物之善惡之念存于心。順應之後，此喜怒不留，而善惡事之念亦不留。此即純順天理，知善惡事，以能有喜怒，而此二俱不留之化境；同時是全順天理之實而行，以誠有此天理爲實理之實境。此心之存此天理，乃自始不黏附于其所感知之物之善惡上，故其言善惡皆天理，亦是說善惡皆此居上層之存此天理之心之所涵覆，爲此心之依其當喜當怒之理而應之者。則謂其皆天理，乃兼自其存于此天理之流行而實現之歷程中，而在此全體之天理之心中，爲其喜怒之所對之一面而說；故尚非只由「此善惡之生，皆依于天理之表現之有全有偏而致」說。則說善惡皆天理，即兼說：在人順天理而行之歷程中，「此惡之當怒而當化，此善之當喜而當存」之天理也。

吾人如對明道之言理，有自袪其凝滯之了解，則明道之自謂「吾學雖有所受，天理二字，卻是自家體貼出來」，實非苟說，不容忽視。因只以天命之於穆之不已，天命之謂性，生生之謂易，以言天道，皆只是上承中庸易傳之義。唯緣明道之著定性書而言識仁以一內外，由敬義忠恕以徹上下，而由天命之不已，知其無聲無臭之密；更依此洗心，而退藏于其內之密，以包涵遍覆其下之天地萬物，依物之善惡以喜怒順應，「即事盡天理，便是易」（遺書二上）；由此以爲五服五章，五刑五用；然後爲盡天理之事，方爲明道之學之全體所在。故謂「天之付與之謂命，稟之在我之謂性，見于事業之謂理」，（遺書六，二先生語）。又謂「和順于道德，而理于義者，體用也」（遺書十一）。唯明道知此學不見于事業，不理于義，則有體無用，然後明道之學，乃能誠如伊川行狀所說「窮神知化」而「通于禮樂」，以「開物成務」，以成一眞正之明體以達用之學。故橫渠嘗謂明道過于伊川，「其救世之志，甚誠切，亦于今日天下之事，儘記得熟」。唯由明道之能言此天理之義，然後人由敬義忠恕之下學之功，以上達而知之天道天命，以由下徹上者，更可由上以徹下。然後吾人乃于其言天道、天命、性與神，言清濁皆神、善惡皆性、善惡事皆天理、以浩然之氣攝陰陽之氣、道卽器、器卽道等，皆得而解其何以皆不礙其言「天命之純善、性之純善、天理自身之卽性而亦純善、以及神之不測、道之爲形而上，亦皆並在一浩然之氣之渾化斡旋之中，皆無不眞實，亦一誠之所充周」之故。至于伊川朱子之嚴分此形而上之道爲天理所在，而位氣于其下，重此天理與人欲爲相對，謂天理爲道心，人心爲人欲（二程遺書外書二），亦初承明道之旨而說。明道同亦有人欲與天德（遺書十一下注一作理）之言。唯明道之體貼此天理，又是自始是體貼其爲由上徹下，以運于一浩然之氣中之陰陽之化、與形物之氣之清濁、人事之善惡中之天理；故恆卽氣與形物形器言道言性。故其言天理與氣化之別，人心人欲與道心天理之別，其義不甚顯；而其言一內外、心卽天，不離心言天理之旨，則甚顯。故後之學者凡不慊于伊川朱子之理氣、理欲爲二之說者，或只重言氣者，與象山陽明重卽心言天者，皆可于明道無間言。明道亦爲後之儒者所共推尊。其言亦恆可容人之向上或向下、向內或向外，以滑動而解之，而人遂或只得其一偏之旨。故重內心之學者，則喜其定性之論；重觀天地之化者，則喜其言生生之易道；沈潛者，喜其言忠信敬義忠恕爲進德之本；高明者，喜其言上達于天命之無聲無臭，洗心而退藏於密之義；而皆可各得其所得焉。然伊川言明道之學，「盡性至命，必本于孝弟；窮神知化，由通于禮樂」，則于明道之一內外、徹上下之學，蓋最能兼備之而無憾。明道自言「天理二字，是自家體貼出來」，亦固有自知之明。觀明道之言天理之一內外、徹上下之義，則亦昔之莊子、樂記、康節、橫渠之言天理，所同未有者。此中橫渠之申義命二者之合，以言天理，固不同明道之直下言一內外、徹上下之天理。然橫渠之言人合內外而見天理，即同時見得此天理爲「通天下之志，而悅諸心者」，則其言自善，亦可用以說明道之天理者。明道之天理，固亦由其心之自體貼之而悅之以見，而能通天下之志，以開物成務者也。

# 第八章　程伊川于一心，分性情，別理氣，及以敬直內，以格物窮理應外之道（上）

## 一　明道與伊川之同異

程伊川之學與程明道之學之同異，上章已謂其自始成一問題。伊川為明道行狀（二程遺書伊川文集卷七），謂明道之學「盡性至命，必本于孝弟；窮神知化，由通于禮樂」；後更與人言其學與其兄同，他人之求其學者，卽于此明道行狀一文中求之云云。然伊川與明道之氣質固不同，其學皆各求其心之所安。而伊川又後明道二十年而歿，其所言之義理，自與明道不必盡同。二程遺書二先生語，嘗載「古之人，耳之于樂，目之于禮，左右起居，盤盂几丈，有銘有戒，動息皆有所養。今皆廢，獨有義理以之養心，但存此涵養意久，則自熟矣。敬以直內是涵養意」。此語似明道說。又遺書十五載「古者八歲入小學，十五入大學，舞勺舞象，有弦歌以養其耳，舞於羽以養其氣血，有禮義以養其心。又且急則佩韋，緩則佩弦；出入閭巷，耳目視聽，及政事之施。如是則非僻之心，無自而入。今之學者，只有義理以養其心」。此則明記爲伊川語。則二先生之志，皆在成禮樂之教化。今之唯有義理以養其心，亦不得已之事。則于義理之微，亦更不能不加意辨析。否則人道當全廢矣。

吾人今本伊川之言，以觀伊川所言之義理，則當知其實承明道之言「學者須守下學而上達之語，乃學之要」（遺書二上明道語）「下學而上達，意在言表也」（遺書十一）之旨而進，亦卽是由庸言庸行，上達高明。故明道伊川與學者言，皆同是就日用常行中指點。此乃不同于康節濂溪橫渠之各著一書，以論天道，更下貫之于人道；而是直于人之生活中事，性情心身上事，以展示盡性至命，窮神知化之境。明道一生除對人之書信、對時君之奏議、與對弟子之語錄外，幾別無遺著。其欲著樂書亦未成。伊川則言六十歲後始著書，而著易傳亦終未畢而歿。今觀其易傳之序，謂易唯是順性命之理之書。此語康節亦嘗言之。然康節乃先觀于天地，方見性命之理；而伊川之易傳之書，則唯舉史事，以言人出處進退之道，以教人盡性命之理。伊川易傳乾卦傳，首言乾爲天之性情，此卽以人之性情說天也。此易傳之書，實無異將易經一書，化爲一論人事人道之書，而與康節、濂溪、橫渠之論易，皆初重其天道之論，方更言人之法天之道者，不同其路數。吾人前論明道之學不同于康節濂溪橫渠者，在言天人內外本不二，不必言以內合外，以人合天，故能于人下學之事中，成其上達天道之功，而言心性卽天。伊川亦言「心也、性也、天也，非有異也」（遺書十五），「在天爲命，在人爲性，其所主爲心，其實是一個道。纔盡心卽知性，知性卽是知天矣」（遺書十八），「自理言之謂之天，自稟受言之謂之性，自存諸人言之謂之心」（遺書二十二上）。又遺書五上言「心具天德，心有未盡處，便是天德處未能盡，何緣知性則知天，盡己心，則能盡人盡物，與天地參，贊化育。」此遺書記爲二先生語。大率遺書中所記爲二先生語者，蓋皆明道伊川所共說，或記者視爲二先生所共說者。遺書中所記爲二先生語者甚多，則二先生之同處固甚多也。由此人之心性與天道原不二，故人問明道如何是道？明道曰「于君臣、父子、兄弟、朋友、夫婦上求」（二程遺書外書十二）。人問伊川如何是道？曰「行處是」（外書十二）。伊川亦言「聖人之道，更無精粗，灑掃應對，至精義入神，通貫只一理」（遺書十五）。此皆不同于「只傳他說道時，已與道離……，只說道時，便已不是道也」；而是「有道者言自分明，只作尋常本分事說了」（遺書一）。明道定性書言聖人之喜怒，不繫于心而繫于物，以合內外；伊川亦言「聖人之心，只因是人有可怒之事而怒之，聖人之心本無怒也，故能不遷怒」（遺書十八），更由此以成其「物各付物」之論（見後文）。明道言聖人之喜怒所以不繫于心，在其心之廓然而大公，亦在其爲仁者，而渾然與物爲體。伊川卽緣是而言仁之道是公，「公而以人體之故爲仁」。只爲「公則一，私則萬殊。公則物我兼照，故仁。所以能恕能愛，恕則仁之施，愛則仁之用也」（遺書十五）。明道言天之於穆不已，純亦不已之道，由忠恕之人道，以言天地之忠恕，言「維天之命，於穆不已，不其忠乎？天地變化，草木蕃，不其恕乎？」此乃開創啟發之言。伊川逕斷曰：「維天之命，於穆不已，忠也；乾道變化，各正性命，恕也。」明道言人當「洗心以退藏于密」，以契于此道。伊川亦言「退藏于密，密是用之源，聖人之妙處」（遺書十五）。明道言誠敬，又言：「敬則無間斷」，並以誠與敬義，合內外以識仁，而上達天德。前文已及。然伊川于誠敬中，則尤重由敬以至誠，更明主涵養須用敬，集義在窮理格物以致知；又本明道主敬之義，以易濂溪主靜之說。故謂「敬則自虛靜，不可把虛靜喚做敬」（遺書十五），又言「纔說著靜字，便是忘也」。（遺書十八）伊川亦以主敬代易橫渠「先無我克己，然後能體道」之說，而謂「敬卽便是禮，無己可克」。凡此等等，皆伊川顯承明道，未嘗有違，而更加發揮之義也。

此伊川所論義與明道之不同，或謂在其言性有才與性之別之說，如其遺書十九中各節所說。然明道固已言人性有氣稟之清濁之不同。伊川謂氣清則才清，氣濁則才濁，正是承明道之言人之氣稟之清濁而說。其所謂才，自不合孟子之以才卽是性之說。然孟子亦無明道之氣之清濁之論，亦如其無伊川之才之清濁之說。此乃由宋儒之言性，能兼面對性之全或不全之表現，與性之所以不能表現，而有不善之故，所爲之新說也。對此伊川明道言人性之異同，吾于原性篇所已說者外，亦無多可說。

此外，伊川與明道之論學之不同，則蓋在伊川于此學中之種種名義，更有分別肯斷之論述，不同于明道之多指點啟發語，朱子所謂「言多超邁」（語類九十三）者。上提及之伊川辨才性之分，才之清濁之分，是此中之一端。此外則伊川嘗辨性情之不同，謂仁是性而愛是情，亦辨仁與聖之異、孝弟非仁之本、仁與心之異、忠恕是否可貫道、四端中何以不言信、恭與敬之異（皆見遺書十八）等。伊川言名義界分之語，如謂「愛是仁之用，恕者仁之施」、「公是仁之理，公而以人體之是爲仁」、「一心之謂誠，盡心之謂忠」等語，尤爲朱子所稱（朱子語類九十七）。此中之重要者，則是辨性情之不同。其以孝弟非仁之本之說，初似惑耳驚心，亦卽由其以仁是性，孝弟是用而來。謂孝弟是用，卽猶言孝弟是情耳。情乃由心有所感而生之用，性則初爲此心之寂然之體。此心中之寂然不動之體，與其感而遂通之用，固皆屬于心。然性爲體而情爲用，卽于此一心分出性與情、體與用之二者。伊川更言此性之卽理，情與感之依氣而生，遂更多理氣之論。在養此心性之工夫上，則無事時之「主敬以涵養」之工夫，與應物時之「須格物窮理以致知，乃能義以方外」之工夫，又不同。喜怒哀樂未發時之致中，與應物時之致和之工夫亦不同。此亦須分別而說。然伊川亦嘗言「心，生道也，惻隱之心，人之生道也」。（遺書二十一下）此生道，卽心之由寂而感，由性而情，由理而氣，或由內而外，以成此心之生之合內外之道。則伊川固非不知人心爲整個之一心者。然此整個之心自仍有其兩面。明道定性書之言廓然大公，物來順應，亦是謂此心有寂感內外之兩面。則凡此伊川所論，皆有本于明道。唯伊川于此中之兩面，更有其分辨之論，然後再合之以言「體用一原，顯微無間」。此則又有似橫渠之先分內外，而更求其合一；不似明道直悟合內外之仁體，以誠敬存之，亦不似濂溪之言一誠者。然橫渠乃先于天人分內外，而求合天人，以一內外。自明道言「天人不二」、「天人無間」，則更無此天人之內外，而只有一心之內外之兩面。故伊川繼明道而言寂感性情，分內外以為二，與緣此而有之理氣為二之說，皆不同于橫渠之以天人分內外之說。此乃只是于此一整個之心自身，姑分內外兩面，而更觀人對此內外兩面，當有之工夫。此所謂外之指人外之物者，人對之之感，亦發自內心。故伊川言「感亦是內感，非在外也」。唯以此感恆接于物以生情，此中同時有心之氣之接于物之氣之事，故人亦可視此伊川之性情、寂感、理氣之內外之分，亦為一天人內外之分。又伊川于言此寂感、性情、理氣之分，着語過多，亦似為一性情、理氣之二分之二元論。然實則今就伊川言「心，生道也」一語，及其言「心為性情之所主處」（遺書十八）、「心如穀種」之包涵生之性之仁、「發處是情」（遺書十八）等言以觀，則伊川固亦有橫渠所謂「心統性情」之論，及後之朱子以心為主而論性情之說。而後之學者，于伊川朱子之學，唯重其「由性見理由情見氣，性情理氣，相對而成二」方面；而不重其以心為所主處之義，遂忽視其分性情、寂感，乃于一心分二面而開出，其所承者，正是明道之言整個一心，亦原有其內外二面之說。由于不明此中思想發展之迹，遂橫將明道伊川兄弟相承之說，化作對立之二論，而亦使此宋儒之學中之道之流行，若有間斷無相續矣。

## 二　伊川言仁與心之性情寂感、及理氣之文句與其性情之辨

然上來之說，亦不礙就伊川言而觀，彼確是畸重在對此一心之性情、寂感二面，而對之作一分辨。此蓋亦或因此二面之統在一心，明道言之已多。緣是而伊川對「性理」與其「情氣」、及「主敬以直內」、與「格物窮理以致知，求義以方外」，亦重在作一切實之分辨。此分辨亦未嘗無其理由，而亦爲明道之思想之一方面之自然發展之結果。茲先彙集伊川之分辨心之性情、寂感、以及理氣之言于下，更細論之。

「問仁。曰：此在諸公自思之。將聖賢所言仁處，類聚觀之，體認出來。孟子曰：惻隱之心，仁也。後人遂以愛爲仁。惻隱固是愛也。愛自是情，仁自是性，豈可專以愛爲仁？孟子言惻隱爲仁，蓋爲前已言，惻隱之心，仁之端也。既曰仁之端，則不可便謂之仁。退之言博愛之謂仁，非也。仁者固博愛，然便以博愛爲仁，則不可。」（遺書十八）

「惻隱則屬愛，乃情也，非性也。恕者入仁之門，而恕非仁也……因其惻隱之心，知其有仁。」（遺書十五）

「問孝弟爲仁之本？此是由孝弟可以至仁否？曰非也。謂行仁自孝弟始。蓋孝弟是仁之一事，謂之行仁之本則可，謂之是仁之本則不可。蓋仁是性也，孝弟是用也。性中只有仁義禮智四者，幾曾有孝弟來？仁主于愛，愛莫大于愛親。故曰孝弟也者，其爲仁之本歟。」（遺書十八）

「問仁與心何異，曰心是所主處，仁是就事言。曰，若是，則仁是心之用否？曰固是，若說仁者心之用，則不可。心譬如身，四端如四支。四支固是身所用，只可謂身之四支。如四端固具于心，然未可便謂之心之用。或曰譬如五穀之種，必待陽氣而生。曰非是。陽氣發處，卻是情也。心譬如穀種，生之性便是仁也。」(同上)

「性卽理也，所謂理性是也。天下之理，原其所自，未有不善。喜怒哀樂之未發，何嘗不善？發而中節，則無往而不善。發不中節，然後爲不善。故凡言善惡，皆先善而後惡；言是非，皆先是而後非；言吉凶，皆先吉而後凶。」(遺書二十二上)

「稱性之善謂之道，道與性一也。……性之本謂之命，性之自然者謂之天，性之有形者謂之心，自性之有動者謂之情。凡此數者，皆一也。聖人因事以制名，故不同若此。」(遺書廿五)

「沖漠無朕，萬象森然已具；未應不是先，已應不是後。如百尺之木，自根本至枝葉，皆是一貫；不可道上面一段事，無形無兆，卻待人旋安排，引入來，教入塗轍。既是塗轍，卻只是一個塗轍。」(遺書十五)

「寂然不動，感而遂通，此已言人分上事。若論道，則萬理皆具，更不說感與未感。」(同上)

「寂然不動，萬物森然已具；感而遂通，感則只是自內感；不是外面將一件物，來感于此也。」(同上)

「萬物皆備于我，不獨人爾，物皆然，都自這裏出去。只是物不能推，人則能推之。雖能推之，幾時添得一分？不能推之，幾時減得一分？百理具在，平鋪放著，幾時道：堯盡君道，添得些君道多；舜盡子道，添得些子道多。原來依舊。」（遺書二上，二先生語）。

天理云者，這一個道理，更有甚窮已，不爲堯存，不爲桀亡。人得之者，故大行不加，窮居不損。這上頭來，更怎說得存亡加減。是佗元無少欠，百理具備。」（遺書二上，二先生語。此上二節語，語氣似明道說，但伊川自是兼重其義）。

「心與理一，人不能會之爲一。」（遺書五）

「心，生道也。有是心，斯有是形以生。惻隱之心，人之生道也。」（遺書二十一下）

「感而遂通天下之故，以其寂然不動。小則事物之至，大則無時而不感。」（遺書三）

「心有指體而言者，寂然不動是也；有指用而言者，感而遂通天下之故是也。」（伊川文集五與呂大臨論中書）

「喜怒哀樂之未發謂之中，中也者，寂然不動者也；故曰天下之大本。發而皆中節謂之和，和也者，言感而遂通者也；故曰天下之達道。」（遺書二十五）

「心所感通者，只是理也。知天下事，有卽有，無卽無。無古今前後，皆如夢寐，皆無形，只是有此理。涉于形聲之類，則是氣也。物生則氣聚，死則散而歸盡。」（遺書二下，疑爲伊川語，因上一段爲伊川語也）

「近取諸身，百理皆具。屈伸往來之義，只于鼻息之間見之。屈伸往來只是理，不必將既屈之氣，復爲方伸之氣。生生之理，自然不息。如復卦言七日來復，其間元不斷續。陽已復生，物極必返，其理須如此。有生便有死，有始便有終。」（遺書十五）

「一陰一陽之謂道。……離了陰陽更無道。所以陰陽者是道也。陰陽，氣也。氣是形而下者，道是形而上者。形而上者，則是密也。」（遺書十五）

「浩然之氣，既言氣，則已是大段有形體之物。如言志，有甚迹，然亦儘有形象。浩然之氣，是集義所生者。既生得此氣，語其體，則與道合；語其用，則莫不是義。」（遺書十五）

## 三 伊川言性與情之分，及其同于橫渠言心統性情之義

伊川之分性與情，而謂仁是性、愛是情，其思想在其始冠時應試諸生，所著顏子所好何學論文，已見之。此文爲伊川青年時代之著，正同定性書爲明道青年時代之著。可見兄弟二人之思想，皆早熟。其顏子所好何學論中，謂「天地儲精，得五行之秀者爲人。其本也，眞而靜，其未發也，五性具焉，曰仁義禮智信。形既生矣，外物觸其形，而動于中矣。其中動，而七情出焉，曰喜怒哀樂愛惡欲。情既熾而益蕩，其性鑿矣。是故覺者約其情，使合于中，正其心，養其性。故曰性其情。愚者則不

知制之，縱其情而至于邪僻，梏其性而亡之。故曰情其性。……」其文之前數語，類濂溪之太極圖說。故劉蕺山五子聯珠，謂此文爲「伊川得統于濂溪處」。至其言情出而熾而蕩性、鑿性、梏性，故當性其情，不可情其性云云，則類似伊川同時邵康節之尊性而抑情，言「性公而明，情偏而暗」之旨。蓋皆近則原于李翱言復性而性其情之旨，遠則王弼已有性其情之論。至以性善而情恆惡，初始于漢儒。故伊川之言性情之分，固是其早年已有之論。而自中國思想史，觀其淵原，則尤爲久遠。此人之七情感物而動，恆與物俱轉，遂往而不返，離于中正之道，而致人之仁義禮智信之性，不能有眞實之表現；亦正爲一事實。此時，人之求自節其情，以反于其性之眞與靜，亦爲一宜有之工夫。濂溪卽于此言主靜以無欲。此其所謂欲，亦猶伊川之所謂情，爲感物而動者也。人能無此隨物而動之情欲，乃能有依仁義禮智信之性，而生之情。此卽「性其情」之「情」，非只感物而動，隨物而轉，而蕩性、鑿性、梏亡其性之情，爲「情其性」之「情」矣。

上言此所謂性其情，卽使其情皆爲其仁義禮智信之性之表現。此事並非人人皆能作到，卽見人有不表現于情之性，而見此情與性之有分。又卽在人性之能表現于情處看，亦非此情能將其性之全體，加以表現。其所以不能全體加以表現，不只由其表現之不純，而有不善之情欲之夾雜；而兼由：一至純粹之情，而能表現此仁義禮智信之性者，亦未必能同時表現此五性，而恒在一時只表現其一性；又在其表現五性之一，如仁時，亦不能窮此一性之可能有之表現，而表現此仁性之全。如人已有至純粹之對人物之愛，此固能表現此人之仁性。然人之此愛，固不足以盡此仁性所可能有之表現，其及于其他人物者，卽不能表現此仁性之全也。此卽伊川之所以謂韓愈之「博愛之謂仁」之說爲非是。蓋人縱至博愛而無所不愛，皆只是自已有之博愛事上言；而此能博愛之仁性，固仍有未表現于此一切已有之博愛之事者在也。依此情之只限于在性所已有之表現上說，而性卻不能只限于其此已有之表現上說，則情必不能窮盡此性而表現之。而情之內容、與性之內容，卽恆有一距離。此卽已足見情之非卽性，愛之情不同于仁之性。人之仁性之表現于孝弟之事，而有之孝弟之情，亦非卽此仁之性。此仁之性，固可不限在表現于孝弟之事、孝弟之情之中，而更可表現爲老吾老以及人之老，幼吾幼以及人之幼，以至齊家、治國、平天下，與化育萬物之其他之事之情之中者也。則此仁之性，便必不卽是此孝弟之事之情。孝弟之事之情，乃依仁性之本而有，非仁以孝弟爲本，亦明矣。

由此推之，則恭敬之情，亦必不卽禮之性，羞惡之情亦必不卽義之性，是非之情亦必不卽智之性，其義亦明。然唯由心之有仁義禮智之性，人乃有愛等四端之情之事；亦必由此四端之情之事，乃可見人心之有此仁義禮智之性。故上引伊川言仁之一節，謂「仁是就事言」。此就事言者，言就心之事而見也。由仁必由心之事而見，而此心之事，卽心之用，故可說仁是心之用。此所謂仁是心之用，乃謂于心之用中，見有此仁性之顯，亦見心之依其仁性，以成此心之用。此卽如心之自用其仁，以有其心之事，而此仁自在此心之用中。然不可說「仁者心之用」者，則以此「者」字，乃將仁單獨提示別出，以說其爲心所用。此則又無異視仁爲心所用之一物。此則大不可。因仁固是心之性，而屬于此心，如四肢之屬于一身，不同于身所用之物，初不屬心，而爲心所用者也。此伊川之以四肢之屬身，以喻四端中所見之仁義禮智之屬心，則伊川不以性在心外，而只以性爲心之性之旨，亦明矣。

由上所說，可見伊川自是要在一心中分性情，更由四端之情，以見性之是在此心之用中，然同時亦絕不許視此性爲心外之物，而爲心所用者。故伊川喻心如穀種，謂其生之性，卽仁，其陽氣發處卽情。此穀種之陽氣發處，卽其有生發之事處。此穀種自是一整體，而生之性，卽在其中，以爲其生發之事之情之所依。其陽氣之由未發而發，卽其生之道。此卽喻此心以其「生之性之發于情」，爲其道。故曰心爲生道。此言亦甚精切，而亦實已涵具橫渠心統性情之旨，而未嘗偏在情或性上說心。然謂此一心必有此性情之二面，謂此二面不能混說爲一；更尅就此心之發處或表現處，與未發未表現處，以嚴分性情爲二；則伊川所新創，而最重視之義也。

## 四　伊川之性卽理，性情、寂感、理氣之具于一心之義

至于欲對伊川之言性卽理，有一切當之講解，則當知此所謂理，卽吾人今所謂當然之理，亦卽義所當然之理。此乃由濂溪之言禮曰理，橫渠之言義命合一存乎理，與明道之言天理，皆有此一「義所

當然」之義而來。依此說，則順理或順天理而行，卽順義所當然者，以成其行之實如何如何然。故言性卽理，卽謂性之未表現于情，在情上未然者，當表現于情之實然上之謂。故謂性卽理，卽謂性爲一當然之理。只說性情之相對爲內與外、已表現與未表現之二者，則性之當表現于情，而爲當然之理之義，尚不得見。必言性卽理，乃見性之爲未表現于情者，同時爲理當表現于情，亦具有一「指向于情之表現之實然」之意義者。則此當然之性理，雖未發、未表現而靜，同時具有一能動之動向義。此卽後之朱子所謂性之靜中有動之幾也。故于此性卽理之義，朱子以爲「自古無人敢道」，是「千萬世說性的根基」（朱子語類九十三）此亦實是伊川之創闢之語。謂性卽理當表現于情，而具有一「指向在情之實然」之意義，又實未然，卽不同于情之爲實然者。故人若有此情之實然，則于此性此理，增益了一實然之意義，或實際存在之意義。此實然、實際存在之意義，則由此理之見于氣而有，如穀種之生之性，見于其陽氣之發動，而後實有其生之事也。此中所謂氣，亦卽實際的存在，或實際存在的動發或流行之別名。由是而此性情關係，卽爲「依性有情，情表現性」之關係。謂性卽理、情依氣，則此中之理氣之關係，亦爲「依理有氣，氣表現理」之關係。性與理可相連，名性理；則情與氣亦可相連，而名爲情氣。唯後一名，伊川未用之，唯以性與情相對、理與氣相對，加以分辨耳。然觀伊川思想之重點，則當是先有此性情之辨。故伊川亦多言性情之相對，而較罕及理氣之相對。如伊川易傳以乾坤爲天地之性情，亦尚不以理氣說天地，是其證也。朱子乃重理氣之相對，喜以理氣言天地、以及人物之性情矣。至在伊川朱子以前，在濂溪、橫渠之言中，則皆只分別說理氣，而未將此理氣相對成名，加以討論；而于性情之辨，亦未有所論。自伊川既辨性情，更及理氣，方有此理氣之論；朱子遂大張此理氣之論。故自思想史觀之，此理氣之論，固起原于性情之論。性情之論，則原于人對其道德生活之省察，亦對于其心之性情二面之省察，而初非原于對天地萬物之理氣之省察者也。今能知此理氣之論之本原，在一心之性情之論，而本此心之性情之論，以觀理氣之論，則亦可于伊川朱子之理氣之論，得一善解之途，而不致多有歧出之想矣。

緣此伊川朱子之理氣之辨既出，而人或忘其本在性情之辨。故人或只以此中之「理」之觀念之立，唯在說明氣化之所以然。由此以觀性情之辨，亦以性之觀念之立，爲說明情之所以然。合此二者，而人或以此性理爲說明人之現有之惻隱羞惡等情，事物之氣之流行之可能的形上根據。此固可說。然此中亦可有一問題。卽現有之情既已現有，事物之氣既已現流行，亦非必須更說明其所以可能之形上根據。人只就其有而觀其有，只就其流行，而觀其流行，又奚爲不可？于此當知，凡此現有者，實皆可以其自己說明其自己之有，而亦可不待更爲之說明。眞待說明者，乃其有何以相續有，其流行何以不息？此卽謂眞待說明者，非現有、已有者，而是未有者之何爲而有。此未有者之由未有而有之如何而可能？此在一般科學家與佛家之論，則恆以因果或因緣關係說明之。此乃謂以此已有現有者爲因，卽是說明此「未有者，由未有而有之事，所以可能」之根據。然此說不足以談玄。因已有、現有者中，無彼未有者，則亦不能為彼未有者可能有之根據，亦有其他之說。如循前所說之視此未有者之有，皆由天外飛來，由天而降，以思其可能有之根據是也。然循此以思，卻又並非必須謂一已有現有者，其可能有之根據，在一客觀形上之理。人亦固可謂此一切已有現有之事物，其可能有之根據，為一客觀形上之大物質或元氣、或天與上帝之類，而非必是一客觀形上之理也。而單純之一客觀形上之理，為非實際存在，便可說為抽象者，又如何可為已有現有之事物之為具體者所以實際存在之根據？則人皆可于此致疑。是見直接為求說明已有現有之事物之所以可能，或此事物之氣之流行之所以可能，而說有一形上客觀之理，乃可說而非必可說，亦非必然之論者也。然吾人如能轉而在人之性之表現于人之道德生活者上著眼，以言此理氣之問題，則此中可見人之情氣，必有一性理為其所以可能有之形上根據。蓋自人性情之表現于道德生活者言，則人于此道德生活中，可直感一當有當然者，如當有當然之對人之愛。此中人之自謂我當有此愛，非謂我為一客觀事物之因果關係之所決定，而使我非愛不可。此中人所感之客觀事物之因果關係，亦正大可為阻止我去愛者。此時人之自謂我當有此愛，亦非謂在客觀之世界中，有任何物能必然產生我之此愛；而在客觀世界中，上窮碧落、下達黃泉以求之，亦初無此愛。卽在吾之現有已有之心中，亦初無此當有未有之愛。則吾人欲實有此愛，唯賴吾人自己之創生之。而吾之創生之，則唯依此感其為當有，亦卽感其為義所當有，理所當有，而自創生之。則其創生之，卽只以我此心之感其為義所當有、理所當爲，爲唯一之根據。簡言之，卽以此義理之有，爲其實有之唯一之根據。此愛之成爲實有，是氣，是吾人心之情。然此義理，則初只是理、只是義。此義理之初呈于心，而未見于情，亦只爲人之性之見于心。至其實見于情時，則于此情，不得不說爲唯依此心之性而生，此情之氣，亦不得不說唯依此性之理而生。因全宇宙中之一切已有現有之客觀、與主觀之世界中之事物，皆不能爲其所以有之根據之故耳。

然此中吾人以性爲情之根據，理爲氣之根據，乃意在說明未有當有之情之氣，所以有、所以可能之根據，亦卽意在說明此我所將創生之情氣，所以可能之根據，而非意在說所已有，現有之情氣所以可能之根據。吾今如欲對人已有現有之情之氣，亦依此性理爲根據，而加以說明，此仍是由吾人之思及此現有已有者，初原是未有非實有，或只爲一當有；而後覺其由未有當有而至實有，須有一說明。此仍是對未有當有者之所以可能有，求一根據，非對已有現有者，求其根據也。已有現有者，其有是已有現有，卽可以其「有」爲其「有」之根據，亦卽不須更求其根據，而可只就其有觀其有，此則如前所說。故唯對未有當有者，其由未有至有，乃須一根據，加以說明。而于此所言之根據，皆是對未有當有者，爲其根據。故吾之性之仁之有，只是爲當有未有之愛之情之根據。依此以言理之爲氣之根據，亦只是以理之有，爲當有未有之氣之根據也。

吾人如識得此中之性，乃爲當有未有之情之可能的根據，此中之理，乃爲當有未有之氣之可能的根據；則更可知此性此理，即以「向于與之相應之情之生、氣之生」，爲其本質之意義。故此理即是生理，此性亦是一生性。此性此理，乃是即在其未表現于氣、見于情時，已有此向于生此情、生此氣之意義者，然後得爲此情此氣所根之以生者。此中，如只即情即氣而觀，當情氣之未生，則于此性理可說之爲靜。然即此性理而觀其向于此情氣之生，爲此情氣所根以生，則非只是靜，而爲靜中有動義者。依此性理之有此動義，而實表現一動，以顯此性理于情氣，是爲此心之「感而遂通」。若自此心未實表現一動，只有此具動義之性理之存于心說，則爲此心之寂然不動。對此心之性理一面與情氣一面，亦即可以此心之寂然不動一面，與感而遂通之一面，分別說之(註)。故朱子謂伊川以心有指體(寂)而言者，有指用（感）而言者，與橫渠心統性情之說相似（語類九十八）。心之寂然不動一面，爲隱微，爲心之體；心之感而遂通一面，爲彰顯，爲心之用。然此又非謂此心之寂然之體者之一面，不向于其感通之用之謂；亦非此心之隱微者，不向于其彰顯之謂。故此中更須謂此二面亦自有不二義。此即伊川所常言之「體用一原，顯微無間」之義也。

依此伊川所說，則性情、理氣、寂感，一方是相對爲二，而二中亦有相向以成不二之義。其所以必不能只是二者，則以此二者俱屬于心。性情只是一心之性情。依此性情以言理氣，初亦只是一心之

**註**：易傳之「寂然不動，感而遂通天下之故」，其原始義，當如朱子語類說易之爲書，原自寂然，卜之便應，

爲感而遂通。此自非伊川之寂感義。後孔穎達周易正義注寂然不動，感而遂通天下之故者，謂「旣無思無爲，故寂然不動；有感必應，萬事皆通。」此乃自應外事爲感，與伊川之感而遂通，指性之自內感而遂通，以見于情者不同。邵康節皇極經世卷七下言「寂然不動，反本復靜，坤之時也；感而遂通天下之故，陽動于中，間不容髮，復之義也」，此乃純自天道之坤復，言寂感，亦與伊川之言，純自一心之性情說寂感者不同。濂溪之通書言「寂然不動者爲誠，感而遂通者爲神」之句，則自心上說寂感，與伊川義近。

理氣，寂感更只是一心之寂感。此性、理、寂，是心之內層或上層；情、氣、感，則是其外層與下層。其由內而外，由上而下之整個道路，卽名爲心之生道。此心之生道之兩端，卽此性與情、寂與感、理與氣。兩端在此整個之生道中，亦卽在一整個之心也。然此中尅就心有性情、寂感、體用兩端，而言其爲兩端，則爲伊川之學之精彩之所在。而使其言兩端並屬一心之義，爲其所掩。依此兩端之爲兩端以觀，則人恆見得寂然之性理，高位于人現有之實感、實情或心氣之流行之上，而未能實現，若上下相懸。人非聖人，亦永不能至于情皆見性，心氣之流行無不合理，寂然不動者無不感而遂通之境。伊川卽依此而言性理屬于喜怒哀樂之未發，而純屬于內。此未發之性理，只能說善。因此性理，卽當然之義理，如仁義禮智等，當然卽必有善之義故。至當此性理之表現，而發于喜怒哀樂時，則或表現得全，或表現得偏；或以喜怒哀樂，隨物而動，至與此當然之性理相反，而有情之惡者。于是此心之已發于情氣者，卽有全善、或善、或惡之分。性理未顯于情氣，卽未見于人事，可謂之天。其顯于情氣，方謂之人。此性理之純善屬天、屬未發；情氣之有善不善屬人、屬已發。則更見此二者之異矣。

然此二又畢竟不二，此則由性理之可顯于心，以爲心所覺之當然之理，而見于外之情氣之故。其謂「性之有形者謂之心，性之有動者謂之情」。蓋意謂「形」爲性之初顯于心內，而「動」則爲性之更見于外之情氣。當然之性理未形，爲靜爲隱，形于心而見爲一當然之性理，與心爲一，卽由隱而顯，則在動靜之交。見于情氣、卽是顯。顯卽其由隱中自動出，由寂以通感于外。此諸語，皆只是述一人在道德生活中之由性而情之實事。不必更問：未形者如何能形，靜者如何會動；心卽具生道，自是能顯其所隱，而見性于情，通寂于感。此心之生道中之性，自是寂而能感，未發而能發，未表現而能表現，卽靜而能動也。此諸語，皆原只是一心之能由靜而動之一實事之陳述而已。

至于上所引「沖漠無朕，萬象森然以具」、「寂然不動，萬物森然以具」、「若論道，則萬理皆具，則不說感與未感」，而未感時「已具」，亦並是狀心寂然未感時，性理內在于心之辭。道卽理也。性理皆當然之理，自無象無物，只是沖漠無朕。此當然者，卽向在成爲實然。成實然，則有象有物。當然既向在實然，卽亦可說有象有物。如仁性向在愛人物，則亦可說有其所向之人物之象。唯雖向之，而性理未見于情氣，則又可說之爲沖漠無朕，而實無形無象耳。性理如根本，情氣如枝葉。根本未生枝葉，則枝葉無象。根本向在生枝葉，則亦有枝葉之象。根本既向在生枝葉，便非由人力自外安排一枝葉之塗轍，以便由此根本之行于其中，以生枝葉；而當說此根本自向在生枝葉，而自有此生枝葉之理。此卽喻人之性理自向于生情氣，非由人外在之安排一情氣之塗轍，以便情氣之行乎其中者。人縱于此爲之安排一途轍，亦只是一空途虛轍，而此途轍亦不能教人自行入此途轍。此卽謂枝葉只由根本之內生出，人之情氣，乃只自內在之性理而生也。

心原具性理，爲理與心一。此乃自理在心之內部而說一。如言心具天德，乃自心內具天德而說。然性理未顯于情氣，則理不見于情氣，而心之情氣中無此理，則心之情氣與理不一，亦與理不相合。人于此亦卽未能會得此理，而與之一，亦未會得一「理與心一」之心。故所謂「理與心一，而人不能會之爲一」（遺書五，二先生語）也。

# 第九章　程伊川于一心分性情，別理氣，及以敬直內，以格物窮理應外之道（下）

## 五　理氣為二之義之體證

此吾人之性之形于心，而顯爲一當然之理，卽能依之生情氣，乃人之道德生活中之實事。如吾人覺當對人仁愛卽去愛是也。而明道之言物當喜而喜，物當怒而怒，亦卽理有當喜卽喜，理有當怒卽怒也。然人更有覺當仁愛而不能愛，當喜而不能喜，當怒而不敢怒之情形。此卽人之另有私欲，或心氣之閉塞、昏沈等礙之。于此人卽感在上之性理，不能實顯于在下之情氣，而形成一心靈中上下相持之緊張關係；而于此關係中，見得理與氣之分離，性與情之分裂，如相對峙爲二物。在哲學思想中，人卽可持一理氣、性情之二元論。然此中之上下相持之緊張關係，只在一心靈中。則此二元論，又實不能立。伊川之言性情、寂感、理氣之原始義，乃在一心之兩面言，則亦初無證謂其主此二元論。唯此中之心，必已顯有一當然之性理，然後可有情氣之依此性理而生。亦必此心顯當然之性理，然後見已有之情氣，或不足顯此性理，而見二者之對峙。更必在此有對峙處，吾人乃能切感此理氣、性情之二名，各有其意義，而得將一心開爲此二面以說。今如人之當然性理，全不顯于心，則謂實然情氣依之而生，便無加以實證之體驗；又若人之性理，如方顯卽見于情氣，更不見有礙之者；則此性情、理氣卽恆合一，而不須更說之爲二；而可只說其渾然不二，或只是一物。故在說之爲二時，旣必有當然之性理之顯于心，更必有心之感知已有情氣之尚不足顯此性理。今若無此心爲統，則理氣性情之二，亦卽在此人之道德生活中，爲不可說也。

然吾人在其道德生活中，不特有依其心所顯之當然之性理，以求生相應之情氣之事。吾人亦有依此當然之性理已顯于吾之情氣，而望他人亦生此情氣，以合于彼所亦具之當然性理，亦合于吾之此望所依之當然之性理之事。如吾人依吾心之仁而能愛，而望他人之仁而能愛，而自顯其仁之性理于其愛，以合于吾之此望所依之吾心之仁是也。然在此情形下，則他人之仁之性理，可根本未顯于其心，彼亦可不覺此仁爲一當然之理。于是吾之望其能愛，其所依者，卽只是吾之仁之理。吾謂彼有當仁愛之理，而此理未顯于彼之心，則此理對其心，卽只爲一虛懸而超越之當然之理。此當然之理雖卽其性理，此性理，亦爲一虛懸而超越之性理。然在吾之望中，則此當然之理又爲我心之所知，而未嘗離此心以虛懸。吾心知此理爲當然之理，不只知其對我爲當然，亦知其對一切人爲當然。則此理卽顯爲一普遍客觀之天理。能知此天理之吾心，則伊川承明道之旨，名之爲道心。故曰「道心，天理」（外書二十）。道心亦卽呈現此天理而與天合一之心。然吾依此與天合一而呈現此天理之心，而望人之亦依此理而生情、生氣時，則以他人之心之未顯此理，此理對其心爲虛懸而超越之故，而吾之望卽可爲虛望。而吾卽亦只在此虛望中，虛提起此理，以懸之于他人之上。此理卽爲實未能現于他人之心情或心氣，而爲無他人之情氣以實現之之理矣。今如吾謂此理卽他人之性理，此性理亦卽爲尙無氣無情依之而生之無作用之性理，而與他人之現有之情氣，卽可眞爲互相獨立，一隱一顯，而不相爲通之二元矣。對此中之二元，唯有賴他人之心之自顯其性理，或賴吾對他人之啟廸教化之功，以使其「心」，自顯其性理，以爲其情氣依其性理而生之必須條件。此中若無此心爲性情理氣之統，則此他人之性情、理氣，仍不得而通也。

然當吾人之心自依仁之理而于人物有愛之時，更有一情形。卽吾之仁愛，不必表現于望他人之亦自覺此仁愛之理，而亦能愛。而可只表現爲一般之望人物之成其生，而遂其生之情。此中人物之生，自當有其生之理、生之性，爲其能繼續生，自成其生，自遂其生之種種事之根據。此生理、生性，則初不必卽是同于此仁之理,爲一無私之天理者。然吾依此仁之天理，以望其遂其生、成其生時，則同時亦可視其自依其生理生性，而自爲之生之事，爲實現此呈于吾心之仁之天理者。吾依此仁之天理以存心，亦樂觀此人物之依其生理、生性、而有之生之事之存在，並加以涵覆。在此情形下，當人物得暢遂其生，于其自爲或我所助成之生之事中，則人物之生之要求得滿足，我之仁心亦同時得滿足。人物之生性生理得實現，我之此仁之天理，亦同時得實現。由是而此人物之生之事、生之氣中，卽亦一方有其生性生理之實現，同時有吾之仁之理之實現，而于此二者中，皆得見理氣之合一。反之，則此人物之生理生性，無生之事或生之氣以實現之，其生之要求不得滿足，我之仁心亦不得滿足；而我亦卽見人物之生理生性之未嘗實現，而與其生之現有之氣，相懸距以爲二；亦見我之此仁之天理，與此人物之生之現有之氣之爲二。我之此仁之天理呈于我心者，自居上層；此人物之生理性理，則不必同于此仁之天理。其所以不同，則一由于此人物之生理性理，可只限于自成其有限之小生，而此仁之天理則可爲能無限地成就一切人物之大生廣生之理。二由于此人物之生理性理，可不必自覺，亦卽不與一自覺之心相連，而我之仁之天理，則與自覺之心相連。然大可包小，自覺者可包不自覺者，則在我心之仁理之全體中，固仍包涵遍覆此一一人物之生理，爲其分殊之理，以統爲一仁之天理。此中，如人物之生之事，不能實現其生理，則在人物中，固有一理氣之不一，人物于其所求，有所未得；而我心依其仁之天理，而感此人物生理與其氣之不合一，亦覺有所不忍不安，而感受一「有所未得」。故凡依我之仁心于人物之不能遂其生理，而感有不忍之處，亦卽皆有此之氣不得理，而理氣不合一之情形，存乎其中也。

由上所論，則吾人在道德生活中，如自己不能使自己之仁義禮智之性，見于情氣而成聖，固在吾人之生活中，有性理與情氣之不一。卽吾人已成聖，當此聖心依其仁，望他人亦能仁能義能禮能智，而他人不能自覺其性理，以自爲仁義禮智時，此聖心仍將見一理氣之不合一之世界。此卽明道之所以嘆「人只有些秉彝，⋯今日則人道廢，天壤間可謂孤立也」。而對人物之求自遂其一般之生理生性而不能遂，以至啼饑號寒，顚連無告時，聖人亦同于此見一理氣之不合一。聖人唯有以其無盡之仁心悲願，以求此一切不合一者之合一。此則爲一無窮之事業。而聖人卽永是在此理氣不合一之世界，求合一，而亦卽永不能說世界之無此理氣之不合一者也。凡自此理氣不合一處，看世界，此理如總是悶在那裏，不能出氣、生氣，而實現于氣。理若只靜而不動。亦如明道所嘆之秉彝，不能顯爲人道，亦若靜而不動也。然其由不合一至合一，則理必又行乎氣而顯，以由靜而動。于此亦難說理氣二者中誰先動。然因在人之自覺道德生活中，乃理先顯于心，而情氣隨之。此卽後之朱子繼以言理先氣後。然伊川則尙無此一義也。

此伊川之理氣爲二之論，乃濂溪、橫渠所未有。明道雖有之，而未能如伊川之重視。明道言偏于卽氣見道、于萬物觀自得意、于物之不齊，視爲物之情、對人性之善惡，重先加包涵遍覆、更言物來立卽依其當喜而喜，當怒而怒。此卽未重理氣爲二之旨，以更正視此理氣不合一之世界之存在。于此人如多正視一分，則必對人與世界，增一分艱難感與嚴肅感。在對人施敎上說，亦卽將更感此敎人之自覺其性理，而見于其相應之情氣，實非易事。至在成己之道德生活上說，則若非氣質純粹淸明，心思如理，而氣卽從之以動者，亦必感其氣之動之叵不合乎理，而理之不易實現于氣，性之不能直見于情。伊川則正較明道更能正視一心之寂感、性情、理氣之爲二；緣此以更正視此理氣之不合一之世界之存在，而亦更知人之成其個人之道德生活、與對人施敎之事之艱難性及嚴肅性者也。

## 六　道德生活中之可能的根據及伊川之主敬工夫

此所謂理氣之不合一，以今名辭言之，卽理想與現實存在之不合一。故人之無理想者，可不見有此理氣之不合一之世界之存在。其理想俱實現者，亦不見此世界之存在。人旣見此不合一，而又欲求其合一者，則爲人之道德生活上之努力。人之道德生活，始于自成其道德生活，以自盡其性，使其理氣合一；方能及于盡人之性、盡物之性，以使其理與氣亦合一。今卽尅就一人之自成其道德生活以成己而論，亦爲一大不易事。則人于此當問此個人之成己之道德生活，是否眞實可能，又如何而可能？

對此一個人之道德生活上之成己如何可能之問題，則依伊川說，則人之有此仁義禮智之性理，此性理能顯于心，而依之以生相應之形氣，卽是此道德生活之所以可能之根據。然學者于此可尚不滿意，而謂只心有性理尚不足以生相應之情氣，亦不足去除種種爲生此相應情氣之阻礙者，如私欲、氣質之蔽等。此必另濟之以後天之人爲之種種工夫，而伊川亦實重此後天之人爲之種種工夫者也。又或進而以爲心只有性理，尚不足以生相應之情氣，應更有一虛靈明覺之心體，如朱子說；或充塞宇宙之本心，如陸象山說。或進而言此本心之核心乃精神，如楊慈湖說。或更進而言此本心卽天理之明覺或良知，如王陽明說。又或進而以此良知中更有好善惡惡之意根，而此意根，則爲直通于天命之於穆不已，表現元亨利貞之四德者，與先天的喜怒哀樂之純情者，如劉蕺山說。此皆爲對此人之道德生活之所以可能之根據，更求深見而深說之，以見人之道德生活之有其內在的形上的堅實不拔、充沛有力、「淵淵其淵，浩浩其天」之心性本體上之根據者。此固不可忽。此種種說，自有較伊川只于心言有性理爲道德生活之可能根據，有進一步之義。然亦皆沿伊川之說，而次第增加對心性本體之超越的反省之所成，而皆不必與伊川之說相違者。在伊川以前，則學者于形上形下，未嘗嚴格分判。在濂溪、明道、橫渠之言中，亦未專以理爲形而上者。故其言于心性之種種方面，恆一時並舉，而似較伊川更爲圓融。然實尚非于此本心、精神、意等，皆一一次第見得其同必有一形而上之眞實之義，此後儒之所爲也。凡此後儒之所爲，實皆循伊川先嚴分此形上之理、與形下之氣之說，更對形上之心性本體，作鞭辟近裏之深看深說也。然無論吾人如何對此形上心性本體深看深說，而更見得其內容之深密與充實，在人之道德生活中，仍有一現實之問題。卽此形上之心性本體，如何實見于用之問題。今說此本體中原有不測之神用以昭顯其深密與充實，固理當說，然此體中神用，仍只是在體中，而可不顯于當前之心氣之用中。則此形而上之心性本體，仍是對此當前之心氣之用，爲超越而虛懸。此中仍有另一義之體用不一，動靜不一，而此心性本體，如自爲靜而非動、隱而非顯。今于此心性本體不顯之時，謂其理當顯、能顯，以有其動用；此心性本體之動用，卽仍只是當有而非現實有。凡當有者，皆只是理。當有而未有，則現實上仍爲虛無。然凡在現實上爲虛無之處，亦卽當有者，亦依理而可呈現爲實有之處。故此現實上之虛無，亦卽非虛，而爲理之所在，亦卽「顯微無間」之心性本體之所在。此卽伊川所以與學生談話，而謂無太虛，指虛曰皆是理，而謂此理爲實理也（遺書三）。故無論吾人如何說一形而上之心性本體等，當其未實現時，皆只能說其是理，並就其理而說爲實。必賴人之依理以生氣，方能顯此形上者之全幅內容于形而下，以爲現實有之實。故此現實有之實之相續不已，唯依于此形上之理之爲眞實而常在。至于理氣之實一、體用之實一、動靜之實一，使形而下者卽形而上之理之表現，以至不見形而上者之外之形而下，歸根到底，仍在工夫。工夫不濟，則一切只由超越的反省所見得之形而上之合一，落到現實，仍是與現實不合一。于此不合一，不加以正視，只自退而上觀此形而上之心性本體中之一切合一，仍是一未開之寶藏，而對眼前之生活言，卽仍是他家之寶。今于此他家之寶，加以觀玩，以玄言形容詠嘆之，與不見自家寶藏者，其病唯均。伊川之偏言工夫，而于此寶藏之所見，誠大不如此後儒如象山陽明所見者之透闢。卽朱子于心之所見，亦非伊川之所能及。然就伊川之重工夫而論，亦可救治種種在形上心性自體上爲理氣、動靜、體用之圓融之論，卽以補自足者之偏。此則固有待吾人之爲此平情之論也。

此人之成其當前道德生活之事，在依心之知當然之性理，以形成其心情與心氣。此性之見于情，理之見于氣之工夫，則在伊川有二語，即「涵養須用敬，進學在致知」，爲後之朱子所奉爲圭臬者。此二語，則由其承明道而言「敬以直內，義以方外，合內外之道也」（遺書十一）之說而成。茲試分別述之于下。

此敬之一字，乃尙書及論語中所常見，而先秦言禮皆以敬爲本。「敬以直內」之語，則出易傳。然尙書、論語、禮記中之敬，大皆敬天、敬事、敬人之敬。易傳之「敬以直內」，蓋亦指人在敬事敬人敬天之時，即以敬自直其內，以發于外。然明道之言敬，則多連誠而說。誠之無間斷即敬。天地之生生之易中之無間斷，亦是敬。則敬之義甚廣，而不必連敬事、或敬天、敬人而說。伊川更明言主敬非敬于一事之敬。如其謂「大凡人心，不可二用，用于一事，則他事更不能入者，事爲之主也。事爲之主，尙無思慮紛擾之患。若主于敬，又焉有此患乎？所謂敬者，主一之謂敬；所謂一者，無適之謂一」。此即謂主敬與專心于一事不同。此非謂在專心于一事中無敬，而是謂敬之工夫，不限在有事處用，無事時亦當用。伊川言敬爲主一，主一爲無適。言有事時，主一無適，易解；言無事時，主一無適，則不易解。在有事時觀，則伊川意重在有集義以格物窮理之工夫。則主敬當是重在于無事時用。然無事如何主一無適？此所主之一如何？無適之義又如何？則初不易解。茲先引伊川言敬之若干語于下，更一論其言主敬之旨。

「主一無適，敬以直內，便有浩然之氣」（遺書十五）。

「敬卽便是禮，無己可克」（遺書十五）。

「敬是閑邪之道。閑邪、存其誠，雖是兩事，然亦只一事。閑邪則誠自存矣。天下有個善、有個惡，去善卽是惡，去惡卽是善。譬如門不出便入，豈出入外，別有一事也？」（遺書十八）。

「閑邪更著甚工夫？但惟是動容貌，整思慮，則自然生敬。敬只是主一。主一則既不之東，又不之西，如是則只是中。既不之此，又不之彼，如是則只是內。存此，則自然天理明。學者須是將敬以直內，涵養此意，直內是本」（遺書十五）。

「學者先務固在心志，有謂欲屏去聞見知思，則是絕聖棄智；有欲屏去思慮，患其紛亂，則須坐禪入定。如明鑑在此，萬物畢照，是鑑之常，難爲使之不照。人心不能不交感萬物，亦難爲使之不思慮。若欲免此，唯是心有主。如何爲主？敬而已矣。有主則虛，虛謂邪不能入。無主則實，實謂物來奪之……大凡人心，不可二用。用于一事，則他事更不能入者，事爲之主也。事爲之主，尙無思慮紛擾之患；若主于敬，又焉有此患乎？所謂敬者，主一之謂敬；所謂一者，無適之謂一。且欲涵泳主一之義，一則無二三矣。言敬，無如聖人之言。易所謂敬以直內，義以方外。須是直內，乃是主一之義。至于不敢欺，不敢慢，尙不愧于屋漏，皆是敬之事也。但存此涵養，久之自然天理明。一者無他，只是整齊嚴肅，則心便一，一則自然無非僻」（遺書十五）。

總上所言以觀此伊川謂主一之敬，實只是使心不散亂，不東西彼此奔馳，而凝聚在此，卽常位于中。此卽由明道言「心無定在，而常在」，爲「中」之旨而來。心不定在東西彼此之物之上，而恆存此心以爲主，更不間斷，卽是主一，而以敬涵養此心，自直其心，而「直內」。若東西彼此奔馳，則爲旋轉于此東西彼此之間，而不直矣。後謝上蔡卽謂敬爲心之常惺惺，尹和靖則謂敬爲心之自持守。此中如要問如何得敬，則可說卽使此心不邪曲。此卽閑邪。此閑邪，只是一消極的不敢欺、不敢慢、不有愧歉，亦卽此心之警醒其自己，而整肅其自己。動容貌、正思慮，皆此警醒整肅其自己之表示。由此消極的閑邪，則其效卽見于心之積極的內直、心恆一，恆中，而恆存無間斷。于此，人如問不能有此消極的閑邪，又如何？則又只有還答，能內直，便使此心恆一恆中而恆存。故又謂「主一，則不消言閑邪」（遺書十五）。故敬之積極之工夫，在有消極之閑邪；閑邪之工夫，則在有積極之敬。此二者正互爲依據，互爲工夫，以成此心之恆一恆直而恆中。此外則別無工夫可說。如人旣不閑邪，又不能自內直以存誠敬，固別無工夫可說也。內直閑邪，卽明道所謂「充擴得去」，則自然「天地變化，草木蕃」。如問不閑邪、不內直如何？則亦如人問推擴不去如何？明道只有答以「天地閉，賢人隱」也。故吾人可以閑邪，爲內直、存誠之工夫，亦可以內直存誠，爲閑邪之工夫，則工夫皆成有此工夫之工夫。然人不用工夫，則亦更無使人必用工夫之工夫。工夫仍只在用之而已。大率明道偏在積極言存誠敬，以內直外說工夫；伊川則更偏在由消極之閑邪使心不之東、不之西、不之此、不之彼，自整肅警醒其自己，說工夫。此乃由于伊川更見得人心之有人欲氣質之蔽，其性理與氣，有不合一之一面，爲人心之病痛所生之故。伊川嘗言「聖賢必不害心疾，其他疾卻未可知」（遺書二下）。則伊川于人之有心病，固較明道所見爲眞切，而其言之消極的去病閑邪之意，亦較重。故爲天資高而有直下契誠敬之積極工夫者所不喜，亦爲一般放肆放縱之人所不喜，而惡其言之多拘束也。

## 七　伊川言格物窮理以致知之工夫

伊川之學，一面謂涵養須用敬，一面謂進學在致知。用敬卽大學之正心誠意之事，致知卽大學之格物致知之事。故伊川之學重大學。然此實亦由明道之言，「敬以直內、義以方外」之旨而來。明道言廓然而大公，是敬以直內；物來而順應，則是義以方外。然此「義以方外」之事，有時是物之當喜當怒之理已見，則此中只須不雜私意，循理順應，卽爲合義之方外之事。此理卽義所當循之理。故伊川謂「在天爲命，在義爲理，在人爲性，主于身爲心」（遺書十八）。然有時是物當喜當怒之理未明，則吾人之如何順應方合義，亦不明。于此便須窮究其理，然後吾人應之之事，乃能物各付物而合義。合義而後心得所止。此卽與主敬之主一無適之工夫，可相輔爲用者。故伊川曰：「釋氏多言定，聖人便言止。且如物之好，須道是好；物之惡，須道是惡。物自好惡，關我這裏甚事？若說道我只是定，更無所爲。然正物之好惡，也自在理。……若能物各付物，便自不出來也」（遺書十八）又曰「人不止于事，只是攬他事，不能便物各付物。……人多不能止……則是役于物。有物必有則，須是止于事」。此皆是謂人當知物理物則，乃所以使吾人能物各付物而合義。此卽所以成心之止，亦所以成此心主敬之主一無適工夫者也。此欲窮究物理，並使吾人應物之事，能物各付物，皆爲合義之行，亦自非易事。因物理事勢有種種方面，窮究物理亦須經種種次第；吾人之合義之行、亦須次第加以積累，乃有集義之功，或「義以方外」之功，以與敬以直內之功，相輔爲用。玆略舉伊川言格物窮理以致知之若干語于下，隨文略釋。

「內外一理，豈特于事上求，敬以直內，義以方外，合內外之道」。（遺書三）

「入道莫若敬，未有能致知而不在敬者。」（遺書三）此卽入道在敬，而亦更有依敬而有之致知也。

「忘敬而後無不敬」（遺書三）。此言無不敬卽忘敬。而忘敬自忘內。此卽謂敬之極，亦無內外也。

「敬只是持己之道，義便知有是有非。順理而行，是爲義也」（遺書十八）。「只是守一個敬，不知集義，卻是都無事也。只如欲爲孝，不成只守着個孝字，須知所以爲孝之道，所以侍奉當如何，溫凊當如何，然後能盡孝道也」（遺書十八）。

「中理在事，義在心內。苟不主義，浩然之氣，從何而生？理只是發而見于外者。敬只是持己之道，義便知有是有非」（遺書十八）。此乃謂只有敬之持己之不足，並須知集義有次第之功，方能盡道，而內外充實，乃有浩然之氣也。

「隨事觀理，而天下之理得矣。天下之理得，然後可以至于聖人。君子之學，將以反躬而已矣。反躬在致知，致知在格物」（二程遺書卷二十五）。

「致知在格物，物來則知起。物各付物，不役其知，則意誠不動。意誠自定則心正，始學之事也。」（遺書六二先生語）此語與下節語，及遺書十八與蘇季明問答，言「物各付物」之意同，與遺書十五「以物待物，不可以己待物」之意亦同。當是伊川語。

「或問進修之道何先？曰莫先于正心誠意。誠意在致知，致知在格物。格，至也，如祖考來格之格。凡一物上有一理，須是窮致其理。窮理亦多端，或讀書講明義理，或論古今人物，別其是非，或應事接物，而處其當，皆窮理也。或問格物，須物物格之，還是格一物而萬理皆知？曰怎生便會該通？若只格一物，便通眾理，雖顏子亦不能如此道。須是今日格一件，明日格一件，積習既多，然後脫然有貫通處」（遺書十八）。按此中之應事接物，得其當然，即得其當然之義；論古今人物之是非，是以義評斷；讀書講明義理，亦即講明其中之義理如何，皆是求一義所當然之對人對物之道。古人亦人也，書亦物也。

「又問致知先求之四端如何？曰：求之性情，固是切于身；然一草一木皆有理，須是察」（遺書十八）。

「問格物是外物，是性中之物？曰不拘。凡眼前無非是物，物皆有理。如火之所以熱，水之所以寒，至于君臣父子間，皆是理」（遺書十九）。

「世之人務窮天地萬物之理，不知反之一身。五臟六腑，毛髮筋骨之所存，鮮或知之。善學者取諸身而已。自一身以觀天地」（外書十一）。

「觀物理以察己」（遺書十八）。此三條卽謂窮理須兼窮內外之理，而必以反諸身爲要也。

「問觀物察己，還因見物，反求諸身否？曰不必如此說。物我一理，纔明彼卽曉此，合內外之道也。語其大，至天地之高厚；語其小，至一物之所以然，學者皆當理會」（遺書十八）。

「問釋氏理障之說。曰釋氏有此說。謂既明此理，而又執持此理，故爲障。此錯看了理字也。天下只有一個理，既明此理，夫復何障？若以理爲障，則是己與理爲二」（遺書十八）。

此上節卽講格物之明物明彼，卽合內外之道。因明彼，卽此「知」之去明所知之物理，亦所以使物理爲「知中之理」，而成其知者也。後一節言理不爲障，則以人之明理，卽己與理，內外一，而不可謂理爲己障也。

「格物窮理，非是要盡窮天下之物。但于一事上窮盡，其他可以類推。至如言孝，其所以爲孝者如何。窮理如一事上窮不得，且別窮一事；或先其易者，或先其難者，各隨人深淺；如千蹊萬徑，皆可適國。但得一道入得便可。所以能窮者，只爲萬物皆是一理。至如一物一事雖小，皆有是理」（遺書十五）。此則明謂格物，如今之求外物知識，須遍求。此窮理于物，要在于此得「內外合一」之理之道。合此內外，只是一道一理。種種窮分別之理之事，皆爲成就此合內外之一道一理。故可言萬物皆是一理。否則此語如何解得？

在此以格物窮理致知爲「合內外之道，以見合內外之一理」之意義下，人之格物，自可于外物多格，亦可少格。此非只格外物，亦非只格內心之物；然以格內心之物爲切。此中之要，在成就此整個之合內外之一心、一物、一理。于此合內外之一心一物一理上，卽見「一人之心卽天地之心，一物之理卽萬物之理」（遺書二上）矣。此格物窮理，自有一成人格之合內外之深度的意義，而非只是遍對一一物而格之，以求對一一物之有廣度的知識者。故在伊川之語錄中，言及格外物之處，固亦有似只意在形成一客觀事物之知識者。如其亦嘗論及草木之藥物之理，雲從龍，風從虎之故，潮汐所以生，天有貞元之氣，爲生生不息之氣所由生，及星辰律曆之理（皆見遺書十五），五行之盛衰之自然之理，太古之人是否牛首蛇身，人物初生時還是氣化否，霜露雹之形成，禽鳥之做得窩子巧妙，見其亦有良知等，（此上皆見遺書十八）是皆見伊川對客觀萬物之一般因果關係之知識之興趣頗濃。此亦見伊川于見聞之知與德性之知，更能兼重。而其論潮汐之一節，言「凡物之散，其氣遂盡，無復歸本原之理。天地間如洪爐，雖生物銷鑠亦盡，況既散之氣，豈有復生？天地造化，又焉用此既散之氣？其造化者，自是生氣」。此卽謂氣依理而生生不息，不再返本還原。而與橫渠之有氣之返本還原之說相異。伊川又言眞元自能生氣。此眞元之氣，似爲物之生理中之氣，亦爲一宇宙論中之理氣之論。伊川之論此等之問題，自純是一格物窮理致知之論，亦不必直接與人之集義之事相關者。然要皆是由此格物窮理而致知，以使吾人之心得合內外之道。合內外，爲義所當有，則一切格物窮理致知之事，亦皆義所當有。唯此乃由于集義之功，原須求知客觀之事勢物理而引出，亦皆統于一合內外之道之全體中，以爲其一事。而以格物窮理致知言合內外之道，固仍當以主敬直內之工夫爲本。故言「未有致知而不在敬者」也。

## 八　伊川之工夫論及其學所引起之問題

上文述伊川之以敬直內，以格物窮理致知，在伊川乃一內外相輔爲用之教。因未有致知而不在敬者，則敬之直內，卽爲對外之致知之所據，而致知格物窮理，亦歸于卽此以見一合內外之道之理。則人對外之致知，卽爲顯此內之性理之方便。以此二者，爲內外雙行之一般學者之工夫，亦初甚切實，而使人當下有所持循。至其說之一根原，則初在明道所原有之敬以直內、義以方外之教。但在明道可說直下由內外兩忘、廓然大公、而物來順應，便能一內外。亦可說直下由識得與物同體之仁，以誠敬存之，則存久自明，誠于中自形于外，便能一內外。此不能不說是天資高者之工夫。此工夫亦即直接相應此心此理「原無內外之本體」之工夫。此一工夫，雖有關聯於內外之二義，然其本質只是一工夫之兩面。此兩面，雖一面是敬以直內，一面是義以方外，然非必須加以分別對立爲二工夫以說。然在伊川，則特有見于人之思慮之不定，人心之所發之動于情欲者，多不合理；又有見于人之應物，有不能直下順應，而須先知物理畢竟如何，乃能知人之當如何應之爲合義之情形；遂將主敬與致知，分別開爲二工夫，以敬治思慮之不定、人心之所發之動于情欲者；以格物窮理，爲致知之方。敬要在閑邪以歸正，由反反以見正。格物窮理，要在先知物理，以知吾之應物之義。則此工夫，即非直接承心體起用之工夫，而爲一由此心體之散爲閒雜之思慮之末上，求凝聚以反本；並將此思慮散用于窮物理，而于知理上，求心之貞定之工夫。此將思慮散用于窮物理，即初又正是此心之分散支離而出。于此窮理而不得，則將更增益心之散爲閒雜思慮之病痛，而主敬之事，亦將無功。此閒雜思慮，乃心之所發。主敬之功之求心之主一而不偏，以合于中，亦是一心之已發中之工夫。以此敬中之已發之心，對治閒雜之思慮之發，是否有效，乃是一力量大小之問題，則不能必其有效。欲其必有效，須待人能有一工夫，使閒雜思慮之不合理者，根本不發，而使心之所發者，皆爲能表現當然之性理，而合乎中道者。此則更當注意及「此心內在性理如何能自表現，以自然由未發而發，皆是自然合乎中道之應物之事」之問題。此心之應物之事，合乎中道，卽中庸所謂發而中節謂之和，是爲達道。此能有中節之發，而行于中道之內在的心性，卽可稱爲中、爲大本。故此一問題，卽一此內在之心性之大本之中，如何表現爲達道之和、中節之發之問題。此卽伊川之學所必然引致之問題，而爲伊川門下如蘇季明及呂大臨與伊川討論之問題。此一問題，則由伊川之主敬之工夫，原是在以心之發爲敬者，對治心之發之爲不合理之閒雜思慮，而引出者也。

在此伊川與其門下討論此心之未發已發中和之問題之言看，伊川對此問題，不能謂爲善答，亦未能解決此中之問題。故引起後之朱子對此心之未發已發、中和問題之反覆參究。大率在伊川意，凡言心皆是自心之已發，或心之動之表現于思與喜怒哀樂等上言。至于在喜怒哀樂之未發或心無思之時，則無工夫可用。工夫只在已發上用。故敬亦是心之已發上事。在其門下之蘇季明、呂大臨，則意謂在心之未發之時，亦應有工夫；否則不能對治心之不合理之思慮等之發，于其未發之先；亦不能開出此內心之性理，自然表現爲中節之發之道路。此正是一人在成就其道德生活中所感之一眞問題。伊川則不甚感此眞問題之存在。故其答語，不能相應。然卽在明道言心卽性，卽天之生生之道或天理所在，天之於穆不已之命之易之神之所在，亦只是依一直覺之洞識，而爲此圓融之論。明道並未眞感到在此當前之心未發而表現其性理時，此中有一「心之寂與感，未發與已發之不合一，而如何合一」之工夫問題。明道之將性理命心與神易，一齊圓說。而未將此「心」之義，特別提出，亦卽不能實見此中之眞實問題之存在。對此問題而言，明道言固不免廣濶而不切，亦不足爲此問題之答案。然後有程門學者以至朱子之惶惑也。

在此上之眞實問題，由學者提出後，在伊川之意，仍是謂心之未發之一面之體，卽心之內在之寂然不動之性理；而心之發則爲心之思之動，此卽其所謂心之指用而言者。人之一般思慮與伊川所謂敬之工夫，以及格物窮理之致知工夫，皆同在此心之動或心之用上說。此卽伊川之對心之超越的反省之所限。然與伊川問答之呂大臨，則更見得心在未有思未有動之時，此心體之昭昭自在。其意在言人能存此心體之昭昭自在，卽爲使其內所包涵之性理之大，得顯于已發之心；而有其達道者。此其所見，實精切過于伊川，亦明道所未言及者。此蓋由呂大臨先學于橫渠。橫渠乃以虛明言心之所以爲心，並教人先存此心之虛明。此心之虛明，初固不只是伊川所謂一心之思。蓋緣橫渠言此心之虛明之義，而呂大臨卽進而見得此昭昭自在之心體。後之朱子之反覆參究此中之問題，其所進于伊川者，亦正在見得此心有其未發未動，而虛靈不昧之體之自在之一義。遂能深契于大臨之說。此義似甚簡單，然極爲重要。朱子亦苦參而後得識此一義之心體。能見此心體，卽可更通至陸象山所言之本心，而見朱陸言心之亦有通途。此吾已詳論之于朱陸異同探原一文，今不擬重複。要之，伊川之學之進一步發展，自可引起此在心之未發之際有無工夫，心有無未發之體之問題。伊川之學似止于在心之已發上言工夫，故其門下之蘇季明、呂大臨，卽感此中有一問題。而伊川之學則未足以答。然程門之謝顯道，承伊川之主敬，遂以心之常惺惺言敬，並重心之知覺，以識明道之仁。于楊龜山，則朱子語類六十三嘗謂「龜山求中于喜怒哀樂之前」。宋元學案記其晚年並溺于佛學，求心性于佛家之菴摩羅識。皆初原于其欲在此心之發爲思慮之事之先，奠立一根本上之工夫而致。此皆不同于伊川之只偏在心之已發上言內主敬而外格物窮理以致知之學，近乎支離者。由楊龜山數傳至李延年，而言觀未發氣象。然其時之胡五峯，則承謝上蔡心有知覺謂之仁之旨，謂聖人之心乃恒感恒發，而恆「寂然不動」者。吾人之心恆在發用中，工夫亦只有發處用。故朱子語類謂五峯之說，乃承伊川已發爲心之說而來。此朱子由張南軒所聞之胡五峯之說，顯與李延平之說，互相背反。朱子初徘徊二說之間，而終歸于謂吾人之心原有其未發之寂然不動，而虛靈不昧之體；故更于伊川在已發上所言之「涵養須用敬」，謂其根本當在此未發心體之虛靈不昧之體之涵養。故朱子能言敬即心之貞或心之體，即不如伊川之只在心之已發之處言敬矣。此心之體、心之貞，自是靜。故朱子亦不廢濂溪之主靜之說。此外，則朱子並將伊川之格物窮理以致知，及理氣爲二之義，擴而大之，以釋濂溪、橫渠所言之無極太極太和與陰陽五行之論，而成朱子思想中宇宙論系統。此即朱子之學之承伊川言而更進，以成其規模弘濶之學之二大端。上來所說皆爲吾人之觀由伊川之學至朱子之學之發展，所當正視，不可輕心掉之者也。

註：宋元學案呂范諸儒學案雖謂與叔亦于明道言有默識心契。然二程遺書十九記伊川謂「呂與叔守橫渠學甚固。每橫渠無說處，皆相從。纔有說了，便不肯回」。則與叔之言心，蓋即固守橫渠之說者也。

# 第十章　朱陸之學聖之道與王陽明之致良知之道（上）

## 一　導言

吾前著朱陸異同探源（原性篇附錄），嘗試論朱陸之言，同原于二程之學之一方面；于朱陸之異，不宜只如世之由其一主尊德性、一主道問學，一主心與理爲一、一主心與理爲二去說，而當自其所以言尊德性之工夫上說。朱子之工夫，要在如何化除人之氣稟物欲之偏蔽，足使心與理不一者，以使心與理一。象山則重正面的直接教人自悟其心與理之未嘗不一者，而卽以此心此理之日充日明爲工夫。于心之一問題，則沿朱子之論由二程傳來之中和、未發已發等問題，其早年與張欽夫書，卽嘗言當以心爲主而論之，而疑于伊川以降之「性爲未發、心爲已發」，以性爲寂體、心爲動用之說；乃由思慮未發時心體之昭昭自在，以言心體之獨立意義，而契于呂與叔之論。朱子在心性論上，確立此心體之自存自在，而依此心體之虛靈明覺，以言其內具萬理，以主乎性，外應萬事，以主乎情。此虛靈明覺，不自爲障礙，亦不能爲所具之理流行之障礙；則其發用流行，亦當心理如如，不特體上是一，用上亦當一。惟以人有氣稟物欲之雜，而心之用，乃恒不如理，而理若只超越於此心之上；故人當前現有之心，可合理，亦可不合，而心與理卽于此可說爲二。此二，乃以其心之有夾雜或間隔，使之二。則由工夫而更去此間隔，二者又終不得而二矣。此其與象山之別，唯在象山重在教人自悟其心與理之一，則爲一正面的直接工夫，而不同于朱子之欲去此使心理不一之間隔，以使心與理一，兼爲由反「反面」以成正面之間接工夫者。至朱子所疑于象山之學者，卽要在言其不知此氣稟物欲之雜，而或更連此雜，以求自把捉其心。象山疑于朱子者，則吾于該文未有所論。然象山唯嘗疑朱子之不明道，多揣量之功，少體悟之實，固未嘗責朱子之不知心與理一。至朱子于象山之言心，或又疑其心只是一知覺而無理而鄰于禪，于象山之言心之旨，有所誤解；然于象山合人心道心爲一之言，則固嘗稱之，未盡以爲不然也。故朱陸異同之原，應首在工夫論上去看。而重在以心理之一不一，辨朱陸異同者，蓋始于後之學者。而王陽明與羅整菴，及明清儒之爲程朱之學者，言之尤多。朱陸在世時，固未嘗自覺其異同在此也。此後人自覺及此問題，以論朱陸之異同在此，固未嘗不可。然吾意則以爲如說其異同在此，則當連朱子所以說心理爲二之理由去說方備，此卽所謂氣稟物欲之雜，爲心與理之間隔，足使心與理二者，故此二亦可由工夫使之不得而二，以歸于一。由此而朱陸之言心與理，異自是異，而非無會通之點。而朱陸言之難通者，乃在朱子之在宇宙論上，恒謂心爲氣之靈，以氣之變化無常，遂不能極成其在心性論中「心之未發時之自存自在」之義。又朱子于心之體用動靜，必分別說，固未嘗不可，然亦更當說體用動靜之不二，方爲備足。象山則從不自氣上說心，又善能通心之體用動靜，以說發明本心與涵養之功，則其言自有其勝義。此爲吾前文之大旨。而觀以後陸王之流之思想之發展，則正在不更自氣上說心，並通心之體用動靜，以言其非氣所能蔽，氣亦屬心體之流行之用。此見後賢明有進于朱子之勝義，不可誣也。此則詳在吾原性篇。故卽依吾等後人之觀點，以言朱陸異同在心與理之一不一，亦未至眞問題所在。此眞問題乃在畢竟氣與心及理之關係，當如何看。此則吾探原文及原性篇當合參者。吾今茲之此文，則意在進而對象山與陽明言心卽理之切實義，與朱子言格物窮理之義，亦一加以說明，並試更祛除朱陸與其徒間之若干誤解。而其歸則在進而論陽明與朱陸之同與異。要旨則在指出世之以陽明與象山之學合稱陸王，固原有其可合稱之理。然陽明之學又實由朱子所論之問題、與義理而轉出。其歸宗義之近象山，乃自大處言之，此固不可疑。此文亦將一一指出。然此自大處言之者，抑亦尙是陽明學之粗迹。若其精義所存，則與朱子之別在毫厘間，而皆可說由朱子之義轉近一層而得。故由朱子之學以通陽明之學，其勢至順。陽明與朱子正有其同處，而共異于象山者。陽明之學乃始于朱而歸宗于陸。則謂陽明之學爲朱陸之通郵，亦未嘗不可。合此以見朱子與陸王間，與其後學間之相非，寖至相視如異端，以自壞此儒學之門庭之言，亦正可由細觀三賢之學之共同之問題，與其所言之義理之實際，而見其多可加以化除。然後吾人可更分別就其所長之義，以光大發揚之于今世。若言儒學之異端，則孟子時在楊墨，而漢儒不更闢楊墨；唐宋時在佛老，而王學之流，亦多不闢佛老。蓋闢之而通其蔽，納其是，卽不復更闢矣。在今日而言儒學之異端，則不在楊墨，亦不在佛老，而別有所在。對今日之異端而言，程朱陸王，皆大同而小異，其異亦未必皆相矛盾衝突。則昔之爲朱子與陸王之學者，其相視如異端之門戶之見，不可不破。然吾人亦當如實而知其大同小異之處，果何所在，與其異中之未嘗無義理之相承相輔之迹，乃確知其異不礙同，方可更疏暢八百年來儒學之生命。則儒者果欲闢今世之異端，而更通其蔽，納其是，其更大之事何在，亦可得而言矣。

此朱子與陸王之門戶之見，所以當破者，以此諸賢之爲學，皆原無意立門戶；且亦未嘗只以辨學之同異爲要，而歸在論義理之是非；又雖各有其自信而不疑者，亦皆未嘗以天下之義理之是者，卽盡于其所已言之中。此三點似涉題外，然亦未嘗不與本文之宗趣，與所言之義有關。故下文一一引三賢之語爲證。

如以朱子而論，彼之講學卽未嘗自標一宗旨。朱子語類百二十一卷記「世昌問：先生教人有何宗旨？曰：某無宗旨，尋常只教人隨分讀書。」宗旨尙不立，何門戶之有。朱子之教人讀書，又隨處要人勿先自立說，唯言「諸家說有異同處，最可觀」（語類卷十一）。然亦非只觀其異同而止，更須看「那家說得是，那家說得非。……所以是者是如何，所以非者是如何，少間這正當道理，自然光明燦爛，在心目間，如指掌。」故又謂：「天下義理，只有個是與非而已，是便是，非便是非，既有著落，……自然道理浹洽，省記不忘。」（皆見語類卷百二十一）此卽博觀他人之說，以求知義理之是非，爲著落處、歸宿處之言也。又謂「若使孔子之言未是處，也只還他未是。」（語類卷百二十二）是卽孔子言之是非，亦當辨也。朱子固嘗言「這個道理甚活，其體渾然、其中粲然，上下數千年，眞是昭昭然天地間，前聖相傳，所以斷然而不疑。」（語類卷百十七）然就此理之粲然而說出者言之，卻又可謂「義理無窮，前人恁地說，亦未必盡，須自把來橫看豎看，儘深入儘有在。」（語類卷九又卷百十三亦有同類語）又嘗謂于不同之說，固當知其是非；然卽其非者，「自是一說，自有用處，不可廢也。」（語類卷七十六）其不同者更儘可皆是。故曰：「元亨利貞，文王重卦，只是大亨利正而已。到夫子卻解作德，豈可以一理爲是，一理爲非？」（語類卷七十六）此卽言義理之無窮，聖人亦不能說盡也。

以象山而論，則象山嘗謂「平生所說，未嘗有一說。」（象山全集卷三十五）又謂「此理所在，豈容有門戶？學者又要各護門戶，此尤鄙陋。」（全集卷三十四）「學者求理，當惟理之是從。理乃天下之公理，心乃天下之同心；聖賢之所以爲聖賢，不容私而已。顏曾傳夫子之道，不私孔子之門戶，孔子亦無私門戶與人。」（全集卷十五與唐司法）此卽象山之不自立說，謂學無門戶之言也。象山亦言「天下之理，當論是非，豈當論同異。」（全集卷十三與薛象先）又曰：「天下之理，唯一是而已。……彼其所以交攻相非，而莫之統一者，無乃未至于一是之地而然耶？抑亦是非固自有定，而惑者不可必其解，蔽者不可必其開，而道之行不行，亦有時與命而然耶？」（全集卷二十四策問）象山又屢斥以異端之名指佛老之說，謂「孔子時佛敎未入中國，雖有老子，其說未著」，（全集卷三十四）則孔子無以異端指佛老之理。此非謂象山贊同佛老，唯是謂象山之不以異同定是非也。象山嘗作書攻王順伯，門人謂「也不是言釋，也不是言儒，唯理是從否？陸子曰然。」（全集卷三十五語錄）此唯理是從，卽唯「理之是者」是從。此理之是者，卽人心之所同然同是之義理，而爲人心之同的一端。故謂「子先理會同的一端，則凡異此者皆異端」（卷三十四語錄）「不同此理，卽異端矣。」（卷十五與薛象先）自此人心所同然同是之義理處看，則「天下正理，不容有二。若明此理，天地不能異此，鬼神不能異此，千古聖賢不能異此；若不明此理，私有端緒，卽是異端，何止佛老？」（卷十五與陶贊仲）又曰：「聖人雖累千百載，其所知所覺，不容有異，曰若合符節，曰其揆一也，非眞知此理者，不能爲此言也。」（卷十五與吳斗南）又曰「近世尙同之說甚非，理之所在，安得不同。古之聖賢，道同志合，乃可共事，然所不同者，以理之所在，有不能盡見。」（全集卷二十二雜說）然象山之此言，亦非謂天下之義理，皆爲一聖賢之所已盡見、所已盡言，聖賢之所已言者皆雷同之謂。故又謂：「自古聖賢，發明此理，不必盡同。夫子所言，有文王周公所未言，孟子所言，有夫子所未言，理之無窮如此。…譬之奕然，國手下棋，雖所下子不同，然均是這般手段。」（卷三十四語錄）又謂「千古聖賢，若同堂同席，必無盡合之理。」（卷三十四語錄）再謂「天下之理無窮，若以吾平生所經歷言之，眞所謂伐南山之竹，不足以受我辭。」（卷三十四語錄）故包恢撰三陸先生祠堂記，更引上語，並記象山嘗言

「吾今日所明之理，凡七十餘條」云云。（卷三十六）象山又言「理不可泥言而求，而非言無以喻理；道不可以執說而取，而非說無以明道。理之眾多，則言不可以一方指；道之廣大，則說不可以一體觀。」（卷六與包詳道）此皆言義理之廣大無窮，聖賢之言亦可互異，故不可以一端盡，亦不可以一體觀也。

至于陽明講學，明言「良知之說，眞吾聖門正法眼藏」（全集卷五與鄒謙之），「致知二字，眞是箇千古聖傳之秘。」（傳習錄下）其詩亦有「莫道聖門無口訣，良知兩字是參同」之句。此固可謂明標出一講學宗旨，不同朱陸之未嘗立說者。門人更有謂其言良知，乃泄天機者；然陽明答曰：「聖人已指以示人，只爲後人揜匿，我發明耳。」亦不以此良知之論，爲其個人所立之義或自造之一學說，如西方哲學家之所爲也。陽明又言：「學貴得之心。求之于心而非也，雖其言之出于孔子，不敢以爲是也；…求之于心而是也，雖其言之出于庸常，不敢以爲非也。」（答羅整菴書傳習錄中）「先儒之學，得有淺深，則其爲言，亦不能無同異。學者惟當反之于心，不必苟求其同，亦不必故求其異。要在于是而已。今學者于先儒之說，苟有不合，不妨致思。思之而終有不同，固亦未爲甚害。但不當因此而遂加非毀。」（全集卷八書石川卷）故又言：「且問自己是非，莫論朱陸是非。」（卷二啟問道通書）「君子之學，豈有心于同異。……假使伯夷，柳下惠，與孔孟同處一堂，……其議論論斷，亦不能皆合。……後之學者，全是黨同伐異之私心浮氣所使，將聖賢事業，作一場戲看了也。」（全書卷六答友人問）此則明言學者唯求其是，不必苟同，亦不當徒事于非毀，以立門戶，更不可將聖賢之學之同異爭辯，如一場戲看也。傳習錄上記學者或問古人論道往往不同曰：「見得自己心體，卽無時無處，不是此道，無古無今，無終無始，更有甚同異？」此則謂學問歸在只求見道，而不見有人之異同之境。至陽明嘗謂「理一而已矣，心一而已矣，故聖人無二教，而學者無二學。」（全書卷七博約說）此乃就教學之宗旨方向之至約處言，非謂聖人所言之義理有定限，亦非謂聖人能將天下之理一口道盡。故謂「某近來卻見得良知兩字，日益眞切，……若致其極，雖聖人天地不能無憾，故說此兩字，窮刧不能盡。」（卷六寄鄒謙之）此卽言人出自良知而言之義理，原無窮盡也。又傳習錄下載學生問「文王作象，周公繫爻，孔子贊易，何以各自看理不同？先生曰：聖人何能拘死格？大要出于良知同，便各自爲說何害？」「雖夫子之聖，亦無天下之理，皆已盡明，無復可明之理。」又曰：「義理無定在、無窮盡，吾與吾子言之十年、二十年、五十年，未有止也。」（傳習錄上）是見陽明亦以義理無窮盡也。

吾于上文略指出三賢爲學，皆未嘗意在自立一說，皆未嘗有門戶之見，于義理雖皆言當知其同異，亦皆尤重辨其是非；又皆言義理之無窮，非聖賢之言所能盡，自亦非諸賢之所已言者之所能盡。此卽可見此三賢之學雖不同；然于此關涉到學問之同異是非，與義理之無窮之所見上，卽皆未嘗不同。三賢之于其所學，固皆有自信不疑之處，亦皆謂直接孔孟顏曾之傳，于漢唐儒者，不在眼中。故朱子有「漢唐以下諸儒說道理……直是說夢」（語類卷九十三）之語。象山言「千有五百餘年之間……蠹食蛆長于經傳文字之間者，何可勝道，方今熟爛敗壞。」（卷一與姪孫濬）又言「區區自謂孟子之學，自是而一明。」陽明亦言「孔孟既沒，此學失傳」（卷八與魏師孟卷）又言「顏子歿而聖人之學亡」（卷七別湛甘泉序）。是皆志在接千載不傳之學。然皆同尊周程，實未嘗目空千古。唯朱子于明道伊川之言說，亦多有所疑。象山謂「伊洛諸賢，研道益深，講道益詳，志向之專，踐行之篤，乃漢唐所無有，其所植立成就，可謂盛矣。」然又謂「未見其如曾子之能信其皜皜……如子思之能達其浩浩……如孟子之長于知言」（全集與姪孫濬）。陽明則于周程朱陸雖皆致推崇，而于伊川及朱陸，亦皆有評論，其詩乃有「影響尚疑朱仲晦」與「支離羞作鄭康成」一句並說，更嘗謂「象山之言細看有粗處」（傳習錄下）。此則皆由三賢之學所嚮慕者之高，與其爲學又皆欲求一眞是處，乃更不爲苟同之論。此非世之貢高我慢者之可比。是皆可由其言之皆懇摯眞切而知之，非世之所得而妄議者也。

吾于上文所不厭覼縷，加以列舉之言之中，三賢同有文王、周公、孔子于易之所見之不同之言。亦皆是舉之以證先後之聖賢，雖相承相繼，而所言之義理，儘可異而俱是，以顯義理之無窮。則吾人于三賢所言之義理之異而俱是者，豈不可亦本此態度觀之？固不當如守門戶之見者，唯舉此以責彼，如朱子所謂「見他人如此說處，又討個義理，責其不如彼說；於其如彼說，又責其不如此說。」以使其所言之義理無一爲是也。然于其異而不皆是者，亦當辨其是非；其不能辨是非之處，亦當使其同異分明，不能一概和會。故朱子未嘗謂「君舉卻欲包羅和會眾說，不令相傷，其實都不曉得眾說之是非得失，自有合不得處也。葉正則亦是如此，可嘆！可嘆！」（全書卷五十三答劉公度）至朱子之言「諸家說有異同處最可觀」，則謂于不能辨是非之處，亦當先知其同異也。象山亦嘗言于交加糊塗之說，當求其分明，故謂：「講學固無窮，然須頭項分明，方可講辨。若自交加糊塗，則須理會得交加糊塗處分明。如楊朱、墨翟、老、莊、申、韓，其道雖不正，其說自分明。若是自分明，雖不是，亦可商搉理會。……子夏、子游、子張，各知其有不同，乃有商量處。縱未能會通，亦各自分明。」（卷四與諸葛誠之）又謂「最是于道理中鶻突不分明人，難理會。某平生最怕此等人。世俗之過卻不怕。」然象山又不如朱子多在文字上，與人辨學術之是非，故更嘗謂「人心有消殺不得處，便去引文牽義，牽枝引蔓，牽今引古，爲證爲靠」（卷三十五），又謂「學之不講久矣，吾人相與扶持于熟爛之餘，何敢以戲論參之。」（卷十四與嚴泰伯）則著述之事，又非象山之所重。陽明則嘗答季明德，言季文曰：「必欲如此節節分疏引證，……又連綴數聖人紙上之陳迹，而入之于此一款條例之中」之弊之後，更言「千經萬典，顛倒縱橫，皆爲我之所用，一涉拘執比擬，則反爲所縛。雖或特見妙詣，開發之益，一時不無，而意必之見，流注潛伏，蓋有反爲良知之障蔽，而不自知覺者矣。」（全書卷六）故陽明亦不重著述。當吾觀此上所引象山之斥戲論，與陽明之言分疏比擬之害之言時，亦未嘗不爲之惶悚。然當今玆諸賢之學絕而道喪之世，吾權衡輕重，仍寧宗上引朱子之言，以觀三賢之學之同異，以求象山所謂頭項分明，及陽明所謂「開發之益」。則于三賢之言，就「紙上之陳迹」，「引文牽義」，「入于款例」，以爲之分疏比擬，而參以戲論之事，亦不可免。然吾人今果能由此分疏比擬之功，以知三賢之學之所實有之同異，則亦當可由其同是者之可相證，而益見其是；其異而俱是者，即可據以證三賢所同言之「義理之無窮」；而由其學之異所致相非之言，其未必是者，則亦當可由此分疏而見。合此三者，則正所以見三賢之學，其同在一儒學之大流中，其立義之相承相輔之迹，與此中之慧命之相續而不斷者，當亦不失爲一彰顯三賢之學于今世之一道。若必慮陽明所言「意必之見，流注潛伏，以爲良知之蔽障」，則亦未嘗不可于吾言既畢之後，更斬除枝蔓。能致此所謂良知之蔽障者，不離吾人之良知，而能破除之者，亦是吾人之良知，則又何害乎？

本文之目標歸在言陽明之學之同有本于朱陸所言之義，以矯世之唯將陸王屬一學派與程朱爲對壘之偏。然欲論此，又須更略及于世所謂朱陸之異，與陸王之同。此世所謂朱陸之異，吾于朱陸異同探原一文，唯就其原于朱陸以前之儒學，與原于朱陸言心之義者而論；乃未及于一般所謂朱陸之同異，與其學術之「流」之所以異。然此一般所謂朱陸之異，其中亦有同處，及實異而不相悖者，今並當一補述。至世所謂陸王之同言心即理，雖大致不差，然亦多有空言不切，須重加說明，並加補述者。然後可進而論陽明之學承朱子之問題，而轉進一層之義。故此下之文當分三篇，上篇爲陸王之同處之重加說明，並一論象山言工夫論所特重之義，而非朱子及陽明之所重者，以爲後文較論之資。中篇爲世所謂朱陸之異同之補述，下篇爲陽明與朱子之關係之重辨。此中，上篇以象山爲主，而兼及陽明，中篇以朱子爲主，而兼及象山，下篇以陽明爲主，而兼及朱子。中篇以上篇爲對照，又爲下篇之所據，而下篇又還通于上篇所論及于象山陽明者。又此上篇，中篇，皆平鋪論列，徵引文獻，要在取信，不必皆涉義理之精微。下篇論義，則層層轉進，多涉精微，宜兼有廢書卷之功者，方可期于共喻。是則三篇之內容與作法之不同，玆先加說明，以便讀者之觀覽者也。

## 二　陸王言心卽理之切實義

世所謂陸王之同，恆就二家皆言心卽理爲說。此言固是。然昔之評論陸王之言心卽理之學者，或謂其爲任心以爲理，則全不是。其或以陸王之言心卽理，卽以心之虛靈知覺爲天理，如羅整菴困知記之說；或只以守此心之精神不外用，如陳清瀾之學蔀通辨所論，則皆有一大誤解。而其原亦有由朱子疑象山爲禪之言而來者。至朱子之所以有此疑之故，則當更加解釋。然朱子之于象山之言心之義，要亦無全部之了解。朱子于象山之學，意其「只管說一個心，萬法流出，更都無許多事。」（語類百廿一）則此語是否可用以說象山，當看此心與許多事作何解爲定。依朱子之所謂虛靈明覺心去解，則亦不切合。至吾人之由觀象山之有「宇宙卽吾心，吾心卽宇宙，」言千百世之上，千百世之下，東西南北之聖人，此心同此理同，以及宇宙內事卽己分內事，己分內事，卽宇宙內事等言，陽明有吾人之良知卽天地萬物之靈明等言，卽直下意陸王之言心卽理，乃在證成一唯心論；亦未能循陸王之言，以相應而說。吾意此象山之言宇宙卽吾心之論，陽明之言良知卽天地萬物之靈明之言，與吾于朱陸異同探原所論，象山言本心之體用動靜不二，與陽明之類此之義，固是象山陽明之學之所歸宗義。其是否唯心論，當視唯心論之義如何而定。然要之不同于一般西方哲學由思辨建立之唯心論，陸王之學亦實不重在立一論。此上之諸歸宗義，亦皆由其言德性工夫而顯示。象山陽明之言心卽理，與卽心見理之工夫，亦初不宜自此歸宗義講起，而更有其切實可循之義可說。今若不先經此切實可循之義，便說此歸宗義，則亦可如朱子所謂「只學得一場大話，互相恐嚇，而終無補于爲己之實也。」(朱子大全卷五十三答高應朝)「金溪之徒，不事講學，只將個心來作弄，胡撞亂撞」。(語類卷百廿一)今按象山嘗言「汝耳自聰，目自明，見父自能孝，事兄自能弟，本無少缺，不必他求，在乎自立而已」。(象山全集卷三十四語錄)陽明用象山此語，改能字爲知字，則謂「見父自然知孝，見兄自然知弟，見孺子自然知惻隱：此便是良知。」(傳習錄上)此卽陸王言心卽理之人人當下切實可循之義。此義初不外就人之本已有之德性之表現于心知者，指其爲此心之發用，更直下自省其中之有此心之理在。世間亦實無人能在對父對兄有孝弟之時，謂此孝弟之理不在心，而只在父與兄之聲音相貌之上，而爲吾人之耳目聞見之所得，然後知之于心者也。則陽明之問「孝之理其果在吾之心耶？抑果在親之身邪？假而果在于親之身，則親歿之後，吾心遂無孝之理耶？夫物（如父。非物質之物也）理不外于吾心，外吾心而求物理，無物理矣。遺物理而求吾心，吾心又何物耶？心之體，性也。性卽理也。有孝親之心，卽有孝之理；無孝親之心，卽無孝之理矣。有忠君之心，卽有忠之理；無忠君之心，卽無忠之理矣。理豈外于吾心耶？」（陽明全書卷二答顧東橋書）凡此所問，固皆可不待言，而人皆能知此忠孝之理，在此忠孝之心也。由此更觀象山之廣說：「心，一心也；理，一理也。此心此理，實不容有二。愛其親者，此理也；敬其兄者，此理也；見孺子將入井，而有怵惕惻隱之心者，此理也；可羞之事則羞之，可惡之事則惡之者，此理也；是知其爲是，非知其爲非，此理也；宜辭而辭，宜遜而遜者，此理也；敬，此理也；義，亦此理也。……孟子曰所不慮而知者，其良知也；所不學而能者，其良能也。」（全集卷一與曾宅之）則亦皆人人自反省其惻隱、羞惡、辭讓、是非之心，而卽能自知其此心之爲合理，而爲此理之所在者。此理固唯是道德上之當然應然之理，而非其他所謂外在事物之自身所以存在之「事理」或「物理」，亦非任何其他之超越的玄理之類者也。

此上言道德上之「當然應然之理」，在吾人道德的心之發用中，初非謂此心此理之無一般所謂「所對之外物」；而實正以此心之自始卽有其所對之外物，而後有此心之發用。如父君與孺子，卽初皆所謂外物也。象山陽明皆未嘗謂天地萬物乃此心之所變現，唯存在于此主觀之心內；亦初未嘗謂此天地萬物無其自身所以存在之理。（註）則其思想非西方之知識論上之唯心論甚明。至對此道德的理，所以必說其原自此道德的心，而非由外來者，則又正在吾人之必先于外物有聞見，然後方繼而有吾人對之之道德的心情、意念與行爲，如忠孝之心情之類。此卽正見此諸忠孝心情等，乃繼外物之聞見，而吾人更對此外物加以回應時，所表現者。故此乃斷然屬于吾人對外物之回應之事，而不屬于外物之來感，以爲吾人所見聞之事者。故此心情，亦必然爲吾人之自己所內發，而此心情中之理，如忠孝，亦爲與此心情俱發之性情之理，而斷然不能爲視由外至或外鑠者矣。此乃孟子之所一論而論定之義，而象山陽明，卽承之而說一切道德上之四端萬善，皆由心而發。此乃亦原無疑義之可言者也。

象山與陽明依此道德的理與道德的心俱發之義，以言此理之在此心，初亦未嘗否認人心之發，另有其不合此道德上之理者。象山固嘗言人心之有私欲意見爲之病，故其早年卽有洗心之論，謂必須此心中之「人爲之妄，滌之而無餘」（全集二十九），然後見天理。故象山亦嘗謂：「有所蒙蔽，有所移奪，有所陷溺，則此心爲之不靈，此理爲之不明。……心當論邪正，以爲吾無心，卽邪說也。」此卽謂人之心，固原可有蒙蔽，以成不合理之邪心，謂吾無心，固爲邪說；謂吾人無此邪心，亦邪說也。陽明之所以言人當反求諸其心，正謂「善惡之機，眞妄之辨者，舍吾心之良知，將何所致其體察乎。」（答顧東橋書）故陽明之致良知之工夫，必待吾人存此心之天理之善之眞，而去其心之人欲之

**註**：陽明傳習錄下有山中之花與此心俱寂，又有人死卽其天地萬物與之俱去之言。此只是就人之心知與所知，俱起俱寂，以見心知與其所知之合爲一事。初固非就天地萬物之自身，而問其客觀存在與否。此問題對陽明之學言，亦原不必問者也，看本文下篇。

惡之妄。謂人之心除合天理者外，有種種當去之邪妄與不善者，陸王固無異辭，亦無人能有異辭也。則謂陸王之教人任心以爲理，或以「凡心之所發，無非妙理」，則陸王固無此說，而任何人未嘗眞能如此說也。謂道德的理原爲道德的心之所發或心之所發，固不能由邏輯上之換位法，以謂凡心之所發，皆合道德的理也。若其然也，則一切德性工夫皆無。此乃順世外道，虛無主義，一任雜染罪惡流行之論，凡言有道德工夫者，亦皆無此說者也。

然人之謂其道德的心與理之外，別有不合此道德的理之心者，其所以變化此後者之心，以有其德性之工夫，而使其心情意念行爲，皆化爲合理之道，則有種種之不同。世之爲宗教之學或其他之學者，或昔之爲儒學者，固有或以爲此當求諸神，法諸天，而賴社會之風敎之陶養，政治上法律之獎懲，或名教禮制之規範，並動人以爲善之利，與爲惡之害；然後乃能使人得變化其心情、意念、行爲之不合理而不善者。此皆以道之大原，出于己之外之天、他人或結果之計慮之說，而與孔子與顏曾思孟之傳，以道之大原出于己之內心之根本義，相違者也。宋明儒自程朱更大張道之大原出于心性之義，其初則偏在言其出于性，而性卽理。陸王乃特重言道或理之出于心，然亦謂此理卽心之性。其言心卽理，猶言心卽性也。陸王之所以必重說此心卽理，則以人果知得：此道德的理之卽在此心之發用中，卽同時可知得：人之所以化除其不合理之心情意念行爲之「能」，亦在此心中。更可由此以知得：此心自亦有「能化除此一切不合理者」之理之性。人在眞求化除其一切此不合理者之時，固當先自信其能化除之。卽彼往求諸天、求諸人以助之化除者，亦必然同時相信在此人之自身上，此諸不合理者，原有當化除而被化除之可能，卽其在人之自身上，有「由有而無」之理；亦卽必歸于謂在人自身上，原自有能化除之之理或性也。若然，人固可直下認取此「人原自有之此能化除之」之性之理，自求化除之；而不必外求諸天、求諸人矣。此則唯賴人先由自覺其一切道德的心情意念行爲中之理，原在此心之中；然後能于其道德上修養工夫之上，眞正求諸己，而不外求諸天與他人等。緣此而後人方知「宇宙之間如此廣濶，吾身立于其中，須大做一個人」（象山全集三十五）；亦緣此而後人方知：「學問思辨篤行之功，雖其困勉至于人一己百，而擴充之極，至于盡性知天，亦不過致吾人之良知而已。」（答顧東橋）此卽陸王言心卽理之義，所以承儒學之正傳者也。至于此道德的工夫之事，所以不當求諸外在之天與人，必當求諸己，又必當謂人心原有「能作此工夫，以化除一切不合理之心情意念行爲」之性之理者，則由凡彼「求諸外」者，在求諸外時，其心卽已傾側欹倒于外，便終不能眞化除此不合理者于其心之內。由是其所成就之道德，卽皆不免孟子所謂行仁義，或義襲而取，而終不能實有諸己。此亦孔孟程朱陸王，一脈相傳，同無異義者。而象山之言心卽理，則又特意在使人由自覺其理之在心，而直下先有一自信自立，爲其德性工夫之所據，以使其工夫更易于得力。陽明又更言其說心卽理之故曰：「我如今說個心卽理，……只爲世人分心與理爲二，故便有許多病痛。……如五伯攘夷狄，尊周室，都是一個私心。只心有未純，往往慕悅其所爲，要來外面做得好看，却與心全不相干。分心理爲二，其流至伯道之僞，而不自知。故我說心卽理，便來心上做工夫，不去襲義，于義便是王道之眞。」（傳習錄下）此卽謂人不知心卽理，必以行爲之表面合理爲自足，而不更問其發此行爲之內在的心情意念之是否合理，卽不能求其內在的心情意念之合理，而不免于僞；亦不能知吾人之心，原有「能自化除其內在的心情意念之不合理者」之理之性，而自做實現此理此性之心上工夫也。陽明于象山文集序（全書卷七），又發揮象山言心卽理之義曰：「蓋王道息而伯術行，功利之徒，外假天理之近似，以濟其私，而以欺于人。曰天理固如是。不知既無其心矣，而尙何有所謂天理者乎？自是而後，分心與理爲二，而精一之學亡。世儒之支離外索于刑名器數之末，以求明其所謂物理者；而不知吾心卽物理，初無假于外也。佛老之空虛，遺棄于人倫事物之常，以求明其所謂吾心者；而不知物理卽吾心，不可得而遺也。」此段文則一方言析心與理爲二，謂理不內在于心，必以之爲外，而人乃必不免以凡外表行事之合理者，卽理之所在，而伯道之僞，卽由此起。一方更言由人之視理于外，乃更不求在內心下工夫，以求其心之精純不雜，而一于天理。則世儒之支離于外，與佛老之空虛于內之病，皆緣之而致。此則兼王道之熄、伯術之盛、與後世之學術之風氣之衰，以言此心卽理之義，所關係于世道人心者之大，以見心卽理之義之不容不立者也。

上述陸王之心卽理，同時承認人心之意念行爲之有不合理者，須由自覺此理之在心者，更加以化除，而自下工夫，以使心皆如理。一切心之不合理而不如理，是謂放心，而學亦可以求放心一言概之。求放心，乃心之自求。自求放心之學，即曰心學。象山嘗曰：「自孟子言學問之道求放心，是發明……孟子既說了，下面更注腳便不得」（全集卷三十五語錄）。又言「愚不肖者不及焉，則蔽于物欲而失其本心；賢者智者過之，則蔽于意見而失其本心。」（卷一與趙監）則人之無論賢愚不肖，其本心固常失而常放，即皆不能不有求其放心之學也。陽明紫陽書院序（全書卷七）更申孟子與象山之旨曰：「孟氏所謂學問之道無他，求其放心而已矣。博學者，學此者也；審問者，問此者也；愼思者，思此者也；明辨者，辨此者也；篤行者，行此者也。心外無事，心外無理，故心外無學。是故父子盡吾心之仁，君臣盡吾心之義；言吾心之忠信，行吾心于篤敬；懲心忿，窒心慾，遷心善，改心過，處事接物，無往而非求盡吾心，以自慊也。」陽明答顧東橋書曰：「心即理也。學者，學此心也；求者，求此心也。孟子云：學問之道無他，求其放心而已矣。」此心學乃以心之自求放心爲學，即于心上學，固非不學也。

至問此陸王心即理之義中，所謂理之內容如何。則當注重者，是象山陽明皆未嘗論此心畢竟有多少理。昔儒于此心之性理之內容，固有加以討論者。如漢儒即多承孟子中庸言五常之性，宋儒周子亦本五行言五性。唯程伊川則嘗謂性中無孝弟，只有仁義禮智等。朱子于仁義禮智四德與信更加分別，謂信只是理之實，即實有四德之名，而與四德不同。然朱子言四德亦只就大綱而別爲四，朱子固亦謂心性中具萬理，以爲其與生俱生之明德。然象山陽明則不本五行言性，亦未嘗有種種有關五常四德之討論。象山唯泛言一切四端萬善，皆原本于心，而無意指出此心之理之項目件數。蓋象山之言心卽理，乃重在教人自其心之發用上，自覺其中之理。在心未發用處，此理不可見；而在心之發用處看，則心之遇物無窮，心之發用無窮，則此理之表現，亦當無窮；不能以四端五常盡舉也。故象山嘗曰：「孟子就此四端上指示人，豈是人心只有此四端而已。」（全集卷三十四語錄）又謂「近來論學者言擴而充之，須于四端上逐一充，焉有此理？孟子當來，只是發出人有是四端，以明人性之善，不可自暴自棄。苟此心之存，則此理自明，當惻隱處自惻隱，當羞惡、當辭遜，是非在前，自能辨之。當寬裕溫柔，自寬裕溫柔，當發強剛毅，自發強剛毅，所謂溥博淵泉，而時出之。」（同上）此明見象山不重此四端之件數，以求于其上一一加工，唯重在言此心之理，如「淵泉之時出」而無盡。則此心之理，原無一定項目件數。因而其言此心此理，亦蓋指包含其項目件數之一總體之心，總體之理。此所謂「此」字，乃謂卽此心之發用所在，便是其中之理之所在。如用今語釋之，卽「何處有心，何處便有理」；卽以使人隨處卽本心良知呈現處，識得天理。由此而象山之言一本心，初唯是于一切本心之表現，皆溯其原于一本，方謂其自一本原而流出；固非欲人先把捉此一本原，或本心之總體，以之籠統包括一切也。蓋自此中之一一表現或流出者看，固自有分別；而由其流出之無盡，則原不能就其項目件數，加以歷數，以納之于一總體也。由此以觀，則朱子與後之爲朱學者，謂象山之言，「只揀一個籠統的說話，將來籠罩，只是要尋這一條索，卻不知道都無所得穿。」（語類二十七），其意雖皆可解，然若謂象山之言此理之說卽如此，卽顯見其不恰當也。

至于陽明之言心卽理，乃卽心之良知之是是非非以見理。心之良知之是是非非，乃對事物而見。事物皆具體之事物，而良知天理之表現，卽皆連于此具體之事物。具體之事事物物，固一一分別，而良知天理之是是非非，亦卽顯一分別義。故「良知天理」之不能視爲一包括項目件數之總體之名，而唯所以言一切良知天理之表現，皆同原而共本，卽較象山之言本心者，更顯然易見，無煩多論矣。

## 三　聖賢、學者與愚夫愚婦之心同理同

由上文吾人可知陸王之言心卽理，非意在以一本心或良知之理，籠統包括一切理，而唯在教人由其心之種種發用中，自識其心之理，而知其由一本原而出。此乃意在教人之由此理之原在吾心，而本之以成其自求放心之學。緣是而吾人卽當進而對象山陽明所謂心同理同、人之良知之同，更求有一的解。以象山之心同理同之義而言，大率世人之驟聞象山之言千百世之上下、東西南北之此理同者，恆易直下便宛若見得一超越于四海古今之上之一形而上的大心、大理，如在目前。然此見只是想像，卻尚未落實，亦不親切。象山之言心同理同，實亦未嘗直說一切聖人之心與所見之理全同。吾人于本文第一節中，已引及象山言千古聖賢，同堂同席，議論無盡合之理。此外象山復明言「聖人者並時而生，同

堂而學，同朝而用，其氣稟德性所造、所養，豈能亦盡同？至其同者，則禹益湯武亦同也。」（卷二十二）又言「堯、舜、禹、湯、文、武、周公、孔子，此八聖人，合堂同席而居，其氣象豈能盡同。」（卷三十四語錄）此卽見象山所謂聖人心同理同者，並非說其心所見之理全同，而只言其有一眞同處。此所謂眞同處者，卽其所見之理雖有不同，然其皆有見于理，而其心皆爲合理之心則同。其心之同爲合理之心，卽其心同爲一無私之心。此無私之本身，亦卽可視爲此心之理。此便見一切聖人之心同理同，同是無私，並不礙其本此無私之心之理，以應物論事時，所見之理之不同，或其此心表現于忠或孝或惻隱或羞惡等之不同。此卽見聖賢之心同理同之實義，固非必謂聖賢之心之理之內容，全是一模一樣之謂同也。

然由上文所說，去看聖賢所見得之心同理同之義，則又不能只限在應用于聖賢而已。蓋不僅聖賢有心同理同之處，自聖賢以外之一切人，其心所發之意念行爲，同爲合理，而表現其心之理之處看，固亦皆有其同于聖賢之處，則于一切人皆可說其心同理同也。故象山于上所引卷二十二之文之下曰：「夫子之門，唯顏曾得其傳，以顏子之賢，夫子猶曰未見其止，孟子曰具體而微，曾子則又不敢望顏子。然顏曾之道，固與聖人同也。不特顏曾與聖人同，雖其他門弟子，亦固有與聖人同者。不獨當時之門弟子，雖後世之賢，固有與聖人同者。非獨士大夫之明，有與聖人同者，雖田畝之人，良心不泯，發見于事親、從兄、應事、接物之際，亦固有與聖人同者。指其同者而言之，則不容強異。然道之廣大悉備，悠久不息，而人之得于道者，有多寡久暫之殊，而長短之代勝，得失之互居，此小大、廣狹、淺深、高卑、優劣之所從分，而流輩等級之所由辨也。」卽明言一切人皆與聖人有心同理同之處也。

至陽明之言同此象山所謂心同理同之義者，則嘗曰：「與愚夫愚婦同的，是謂同德，與愚夫愚婦異的，是謂異端。」（傳習錄下）又謂「聖人之知，如青天之日，賢人如浮雲天日，愚人如陰霾天日，雖有昏明不同，其能辨黑白則一。」（傳習錄下）則在有此心之良知以辨黑白是非上，聖愚固無分也。

此上象山所謂一切人有其心同理同處之言之中，于一般人與學者與聖賢之有異處，固未嘗忽視。然自學者分上言，則象山意謂于此不同處之等差級次，非所難明，然非學者用功之切要處。學者用功之切要處，唯在自覺到此中吾人與聖賢之同處，而卽在此同處，有以自信自立，而更下工夫，以誠求此同處之日充日明，日廣日大。此卽學者由思誠以求同于聖人之誠之工夫也。象山嘗曰：「今之學者豈皆不誠，不知思誠時，所得所中者，與聖人同乎不同？若其果同，則濫觴溟渤，皆水也。則大小、廣狹、淺深之辨，亦自不害其爲同。第未知所謂同者，其果同乎？故嘗謂其不同處，古人分明說定等級差次，不可淆亂，亦不難曉，亦無可疑。獨其所謂同者，須是眞實分明，見得是同乃可。不然，卻當致疑而求明也。」（全集卷六與傅聖謨）此正爲象山之敎人之識得此心同理同之切實義之所存也。

若吾人只觀其言聖賢之心同理同，而只往想像一形而上的大心大理，則失其言心同理同之切實義，乃在使吾人自覺其心其理之與聖賢同處，而本此以更用思誠之工夫，以求誠之義矣。

## 四　聖賢之知能與學者學聖人之道及至治之世

此心同理同之義，乃以聖賢之所同，爲眾人及學者之所同。故知聖賢之所以爲聖賢，亦卽知眾人與學者之所同，與學者所當用功之處。聖賢之所以爲聖賢，唯在其心之無私，故當事物之已至，其心與理之發用，卽更無蔽障之者。心之理無蔽障，卽心之靈、理之明。聖賢有此心之靈、理之明，非其于事物之未至，而其心已先知之，並先知此應事接物之理之謂；唯是當事物之既至，卽能如理而應，心無滯礙之謂。又謂聖賢有「此心之靈」，唯言其道德的心之靈，謂聖賢有「此理之明」，亦唯言其于道德上的理，能昭然明白，以表現于其心之發用之中。聖賢之所以爲聖賢，唯在其實有此心之靈、此理之明，是卽聖賢之德性。此聖賢之德性，固非自其對事物之知識與技能上見。自知能上說，聖賢亦不必多于人；卽多于人，亦仍有其所不知不能。此知能之多少，亦實皆與聖賢之所以爲聖賢無關者。至所謂聖賢之無所不知、無所不能，則只是言其心之于道德的理，昭然明白；在德性上，言其當知者皆已知、當行者皆已行；非謂其一般所謂知識技能之無限也。就此一般知能而言，聖賢固有所不知不能；其異于一般人者，唯在其不以其不知爲知，不以其不能爲能而已。由是而學者之學聖人，卽亦不在求多知多能，要在學聖人之不以不知爲知，不以不能爲能。故象山嘗謂：「知之爲知之，不知爲不知，是知也。後世恥一物之不知者，亦恥非其恥矣！人情、物理之變，何可勝窮？若其標末，雖古聖人有所不能盡知也。稷之不能審于八音，夔之不能詳于五種，可以理撰，夫子之聖，自以爲少賤而多能，然稼不如老圃，……伏羲之時，未有堯之文章；唐虞之時，未有成周之禮樂；非伏羲之知不如堯，而堯舜之智不如周公。」（卷一與邵叔誼）「雖夫子之聖，亦非有天下之理，皆已盡明，而無復可明之理。今謂言之不明者，非固責其不能盡明天下之理，蓋謂其有不自知之處也。人各有能、有不能，有明、有不明。若能爲能，不能爲不能，明爲明，不明爲不明，乃所謂明也。」（卷三與曹立之）統此諸言，以觀象山謂聖人亦有所不知不能之旨，可謂深切。聖人之眞正之知與明，固原不須在其知識技能之無所不知不能上說，而唯當在其自知其有所不知，自知其有所不能；而不以不知爲知，不以不能爲能之德性上說。則學者之學聖人，亦不在求多知多能，只須學聖人之不以不知爲知，不能爲能之德性斯可矣。此則依于心同理同之義，正爲人人之所能學者。是爲人之根本之學。至于知識技能之學，則第二義以下之學；而學之者亦不當以其知識技能之勝人，而加居人上，而自壞其根本之學也。故象山嘗自謂「若某則不識一個字，亦須還我堂堂地做個人。」（全集三十五語錄）又曰：「仁義忠信，樂善不倦，此夫婦之愚不肖，可以與知能行，聖賢所以爲聖賢，亦不過充此而已。學者之事，當以此爲根本。若于天文、地理、象數之精微，非有絕識，加以積學，未易言也。……皆德行事，爲尊、爲貴、爲上、爲先。樂師辨聲、詩，祝、史辨乎宗廟之禮，與凡射御書數等事，皆藝也，爲卑、爲賤、爲下。……凡所謂藝者，其發明開創，皆出乎古之聖人。……然聖人初不尚此。其能之，每以教人，不以加人；若德行中庸，固無加人之理。世衰道微，德行淺薄，小人之有精力者，始以其藝加人，珍其事，秘其說，以增其價，眞所謂市道。」

此言德行爲尊爲上，明非謂有德行者當自居于人上，以加于人上之謂；而只是言人之學問當以德行爲根本，而爲尊爲上之義。人之不能以德行爲上，而只以知識技能勝人，而秘其說、增其價者，是爲小人，則能有德行者皆大人。然人固皆同可有德行以爲大人也。象山所謂至治之世，則正在人人皆同有此德行，而相忘于其知識技能或才智功能之大小者也。故嘗曰：「唐虞盛世，田畝之民，竭力耕田，出什一以供其上，亦是與堯、舜、皐、夔同心同德。」(卷十四與姪孫濬)又言：「古人不恃才智，不矜功能，故能通體是道義。道義之在天下、在人心，豈能泯滅？唐虞之時，禹、益、稷、契，功被天下，澤及萬世，無一毫自多之意。當時含哺而嬉，擊壤而歌，耕田而食，亦無一毫自歉之意。風化如此，豈不增宇宙之和哉。」(卷七與包顯道)

此上象山言聖人自知其有所不知不能，學者之學聖人，亦不當求無所不知不能，並當知天下之一般人無不同具此心此理，可與聖人同心同德，以及在至治之世，人當皆以成德爲務，而相忘于其才智功能之大小諸義，陽明亦皆言之，而發揮尤詳。陽明答顧東橋書，言聖人非無所不知、無所不能，學聖亦不在求多知多能曰：「羲和曆數之學，皐契必未能之也，禹稷未必能之也。堯舜之知而不徧物，雖堯舜亦未必能之也。然至于今循羲和之法，而世修之，雖曲知小慧之人、星術淺陋之士，亦能推步占候，而無所忒。則是後世曲知小慧之人，反賢于禹稷堯舜耶？……夫禮樂名物之類，果有關于作聖之功也，而聖人亦必待學而後知焉。……謂聖人爲生知者，專指義理而言，而不以禮樂名物之類；則是禮樂名物之類，無關于作聖之功矣。聖人之所以謂之生知者，專指義理，而不以禮樂名物之類；則是學而知之者，亦唯當學知此義理而已；困而知之者，亦唯當困知此義理而已。今學者之學聖人，于聖人之所能知者，未能學而知之，顧汲汲焉求知聖人所不能知者以爲學，無乃失其所以希聖之方歟？」（傳習錄卷中答顧東橋書）陽明又謂：「聖人無所不知，只是知個天理；聖人無所不能，只是能個天理。聖人本體明白，故事事知個天理所在，便只盡個天理。不是本體明後，卻于天下事物，都便知得，便做得來也。天下事物，名、物、度、數、草、木、鳥、獸之類，聖人須是本體明了，亦何緣盡知得？他不必知的，聖人自不消求知；其所當知的，聖人自能問人。」（傳習錄下）

由陽明之言聖人之有所不知不能，故陽明更言聖人之同爲聖，而才力儘可不同之義。蓋人之才力之大小，正是一般之知能之多少上之事，原不關聖人之所以爲聖之事也。故陽明言「伯夷、伊尹於孔子，才力終不同」，又嘗以金喻聖人才力，而有「堯舜萬鎰，孔子九千鎰」之說。蓋「聖人之所以爲聖，只是其心純乎天理，而無人欲之雜；猶精金之所以爲精，但以其成色足而無銅鉛之雜也。然聖人之才力，亦有大小不同，猶金之分兩，有輕重也。」（傳習錄上）知聖人之才力之不同，則學者之學聖，正當于聖之所以爲聖上著眼，不當在聖人之才力或知能上著眼，方不致只在才力知能言學問，而希慕才力知能之大，以流爲功利之學。故曰「只要此心純乎天理處同，便同謂之聖。若是力量氣魄，如何盡同得？後儒只在分兩上較量，所以流入功利去。只在此心純天理上用功，卽人人自有，個個圓成，便能大以成大，小以成小，不假外慕，無不具足。……後儒不明聖學，……卻去求知其所不知，能其所不能，一味只是希高慕大」。（傳習錄上）

由聖人之所以爲聖，不在才力知能，學者之學聖人，亦不當于才力知能上希慕，故陽明之自言其致知格物之學聖工夫，卽一切人所共同之工夫曰：「我這裏言格物，……自童子以至聖人，皆是此等工夫。但聖人一格物，便熟得些子，不消費力。如此格物，雖賣柴人都是做得，雖公卿大夫以至天子，皆如此做。」（傳習錄下）至陽明之言理想之至治之世，唯在人之各成其德，而各盡其知能，相輔爲用，而相忘于其知能才力之大小與異同，則其言又較象山更爲詳明。故其答顧東橋書中拔本塞源論又曰：「唐虞三代之世，下至閭井田野、農工商賈之賤，莫不皆有是學，而唯以成其德行爲務。……故稷勤其稼而不耻其不知教，視契之善教，卽己之善教也。夔司其樂，而不耻于不明禮，視夷之通禮，卽己之通禮也。蓋其心學純明，而有以全其萬物一體之仁。故其精神流貫，志氣通達，而無有乎人己之分，物我之隔。譬之一人之身，目視耳聽，手持足行，以濟一身之用。目不恥其無聰，而耳之所涉，目必營焉；足不恥其無執，而手之所探，足必前焉。……蓋其元氣充周，血脈條暢，是以痒痾呼吸，感觸神應，有不言而喻之妙。此聖人之學所以至易至簡，易知易從，學易能而才易成者，正以大端唯在復心體之同然，而知識技能，非所與論也。」（傳習錄中）及其節菴方公墓表（全書卷二十五）言至治之世，人之異業而同道之旨尤備。其言曰：「古者四民異業而同道，其盡心焉一也。士以修治，農以具養，工以利器，商以通貨，各就其資之所近，力之所及者而業焉，以求盡其心，其歸要在有益于生人之道，則一而已。士農以其盡心于修治具養者，而利器通貨，猶其士與農也；工商以其盡心于利器通貨者，而修治具養，猶其工與商也。故曰四民異業而同道。蓋昔舜叙九官，首稷而資契，垂工益虞，先于夔龍。商周之代，伊尹耕于莘野，傅說板築于巖，膠鬲舉于魚鹽，呂望鈞于磻渭，百里奚處于市，孔子爲乘田委吏，其諸儀封、晨門、荷蕢、斲輪之徒，皆古之仁聖英賢、高潔不羣之士……自王道之熄而學術乖，人失其心，交騖于利，……于是始有歆士而卑農，榮宦游而恥工賈」。

綜上所論，吾人卽可確切了解，無論象山陽明言發明本心、致良知，皆同此卽心卽理之教，而皆自稱爲至簡至易之學之教之故。此簡易之處，乃在學聖賢者原不尚其才力與知能之多。多而更有多，則難；才力知能，人各不同，則異。難則不易，異則不簡矣。故學聖賢，而在與聖人及一切愚夫愚婦所同能知、同能爲之德性上用工夫，則自簡易矣。故象山謂：「古今人物同處直截是同，異處直截是異。

然論異處極多，同處卻約。孟子言：道二，仁與不仁而已。同處甚約，指其同者而言，則不容強異。」（全集卷三十二語錄）又曰：「天下之理，將從其簡且易者而學之乎？將從其繁且難者而學之乎？」（全集三十四語錄）至于陽明之只標致良知三字或致知二字，更明是簡易之教。傳習錄上記：希淵問聖人可學而至一節，即終以言致良知之學，輕快脫洒簡易爲答。又士德問一段亦明言陽明所教，「明白簡易」。此皆以陽明之所教所學，亦同象山，原在聖人與愚夫愚婦之所同有之此心此理上立根之故也。循此象山陽明之簡易之教，學者果能自發明其本心，自致其良知，以充極其量，即至于聖人之境；則吾人學者乃即愚夫愚婦而能學聖賢者，聖人即愚夫愚婦之能充極其發明本心與致良知之量者；而天下之愚夫愚婦，即聖賢之尚未能眞發明其本心，亦尚未眞致其良知者。吾人學者，與天下之愚夫愚婦，既同有聖賢之心之理，則學者之能識其自己之本心良知，即識得聖賢之所以爲聖賢，而學聖賢亦非學一外在之聖賢矣。此即象山之所以對學生朱濟道言「識得朱濟道，便是識得文王」（全集卷三十四語錄）也。至于陽明則于此有「心之良知是謂聖」（卷八書魏師孟卷）之言，又曰：「自己之良知，原與聖人一般，若體認得良知明白，即聖人氣象，不在聖人，而在我矣。」（啟問道通書，傳習錄中）並嘗直謂「人人胸中，原有個聖人，只自信不及，都自埋倒了」（傳習錄下）其詩亦有「個個人心有仲尼」之句。依陸王說人人心中，皆有文王、有聖人，則吾人學者，欲推行此聖人之教，以至于天下之愚夫愚婦，亦當一方視一切愚夫愚婦之心中，同有此仲尼，而可見「滿街都是聖人」，亦當自同于愚夫愚婦以講學。故陽明嘗曰：「你們拏一個聖人去與人講學，人見聖人來都怕走了，如何講得行？須做個愚夫愚婦，方可與人講學」。（傳習錄下）陽明之學之所以能廣被天下，而泰州門下之有樵夫陶匠，共此致良知之學者，其故亦正在其于學者、聖人、愚夫愚婦三者，原無差別見也。

然此象山陽明之倡此至簡至易之發明本心或致良知之學，亦皆初無教人于天下之物，無所事事，關門獨坐，學爲聖賢之謂。象山嘗言「在人情、事勢、物理上用工夫」。象山亦能理事務。陽明一生建功立業，其學更自事上磨練得來。按象山所謂人情物理事變上用工夫，固非只求于人情物理事變上知識得多之謂。故象山曰：「若知物價之低昂，與夫辨物之美惡眞僞，吾不可不謂之能。然吾之所謂做工夫，非此之謂也。」（全集卷三十四）則象山所謂工夫，實卽不外自驗其所以處人情物理事變之德性工夫甚明。後陽明發揮象山于人情、物理、事變上用工夫之言曰：「喜怒哀樂，非人情乎？自視聽言動，……至富貴貧賤，患難死生，皆事變也。」則陽明所謂此中之工夫，亦卽人之「所以自處其喜怒哀樂，以及視聽言動，富貴貧賤等」之德性工夫也。然人若不與物接，無此人情物理事變之呈于前，則此德性工夫亦無所施。象山陽明之言簡易工夫，初無不與人情物理事變相接之意，亦甚明也。

## 五　象山陽明之言讀書之道

由上所論象山陽明之簡易之教，吾人卽當更略及于象山陽明對于讀書之共同態度。此乃為世所謂朱子與陸王之不同之一要端。于此吾人亦當先細看陸王于此之同處何在，便可進而論朱子于此所異于陸王者，並不如世所傳之甚。按象山嘗與學生言「長兄每四更一點起時，只見某在看書，或檢書，或默坐」。則謂象山不讀書，自無是處。然象山于讀書之態度，要在由文義之了解，更進一步，以自有其讀書之道。今姑鈔錄其重要之言如下，以便觀覽，不煩另釋。象山嘗曰：「前言往行，所當博識，古今與亡治亂是非得失，亦所當廣覽而詳究之。顧其心苟病，則于此等事業，奚啻聾者之想鐘，盲者之測日月，耗氣勞體，喪其本心，非徒無益，所傷實多。」(與陳正己卷十二)又曰：「今之學者讀書，只是解字，更不求血脈。」(卷三十五語錄)「學者須是有志讀書，只理會文義，便是無志。」(卷三十五語錄)又言「讀書最以精熟為貴，必令文義明暢，欲不勞其思索，不起其疑惑，使末不害本，令文義輕而事實重。」(卷十四與胥必先)又謂「嘗令後生讀書，且精讀文義分明，事節易曉者，優游諷詠，使之浹洽，與日用相協，非但空言虛說，則向來疑惑處，自當渙然冰釋矣。縱有未解，固當候之，不可強探力索，久當自通。所通必眞實。與私識揣度者，天淵不足喩其遠也。」(卷十一與朱濟道)又言：「大抵讀書，訓詁既通之後，但平心讀之，不必強加揣量，則無非浸灌、培益、鞭策、磨礪之功。或有未通曉處，姑缺之無害，且以其明白昭晰者，日夕涵泳，則自然日充日明，後日本原深厚，則向來未曉得者，將亦有渙然冰釋者矣。……與告子論性處，卻不必深考，恐其力量未到，則反惑亂精神。」(卷七與邵中學）「開卷讀書時，……縱有滯礙，此心未充未明，猶有所滯而然耳。姑舍之以俟他日可也。不必苦思。苦思則方寸自亂，自蹶其本，……但能于其所已通曉者，有鞭策之力，涵養之功，使德日以進…若固滯于言語之間，欲以失己滯物之智，強探而力索之，非吾所敢知也。」（卷三與劉深甫）又言「讀書毋忽其爲易曉，毋恃其爲已曉，則久久當有實得實益。」（卷十與曾宅之）此見象山之明非不讀書，唯言讀書之道，以文義解字爲低一層次之事；當由此進而知其事實或義理，以自培益。故重精熟，不重多；重文義分明之書，不重文義難解之書；而于不解者，又不必強探力索；而當俟義理之熟，涵養之進，使原覺滯礙者，自渙然冰釋，而實有以自得。此上之言，皆同此旨。象山語錄舉一學者詩曰：「讀書切戒在慌忙，涵泳工夫興味長。未曉莫妨權放過，切身須要急思量；自家主宰常精健，逐外精神徒損傷。寄語同游二三子，莫將言語壞天常。」（全集三十四語錄）亦可概括象山言讀書之道者也。

由象山之言讀書重在知其事實、義理，更實在身心上有所自得，而有所受用；故人讀書亦當先端其心志，否則知識之多，反爲禍害。故又有「學者須是打疊田地淨潔，然後奮發植立，…不淨潔，亦讀書不得。若讀書，則是假寇兵，齎盜糧。」（卷三十五語錄）讀書重有所得、有所受用，故亦不宜多事文字辨析。故謂「聖哲之言，布在方册，何所不備？傳注之家，汗牛充棟……譬之藥籠方書，搜求儲蓄，殆無遺類；良醫所用，不必奇異，唯足以愈疾而已。」（卷七與顏子堅）又謂「日享事實之樂而無暇辨析于言語之間，則後日之明，自足以識言語之病。急于辨析，是學者大病。」（卷十與詹子南）故象山罕事著述。學者問其何不著書，則答曰「六經註我，我註六經。」（卷三十四語錄）此非謂其不讀六經，唯是謂讀六經之時，即以其自心之德性工夫，印證六經之所說；亦以六經之所說者，培養浸灌其心，而使其心與六經，互相發明，即互相註釋也。以心與書互相註釋，而人即可以心之理，衡定書所言者之是非、與書之眞僞。故謂：「昔人之書，不可以不信，亦不可以必信，顧于理如何耳。蓋書可得而僞爲也，理不可得而僞爲也。使書之所言者理耶？吾固可以理揆之；使書之所言者事耶？事未始無其理也。觀昔人之書，而斷之以理，則眞僞焉得逃哉？苟不明于理，而唯書之信，……其弊將有不可勝者矣。」（卷三十二策問取二三策而已矣）

至于陽明，則較象山罕言讀書之方。然言學者爲學，當以端正其心志爲先，固與象山無異。象山有心志不端，則讀書爲假寇兵齎盜糧之言，陽明與顧東橋書拔本塞源論亦有「記誦之廣，適以長其傲也；知識之多，適以行其惡也；聞見之博，適以肆其辯也；辭章之富，適以飾其僞也」之言。象山有言書不必盡可信，當衡以義理之言。陽明則嘗謂聖人之書與後世著述，皆不足盡人心天理；故曰：「人心天理渾然，聖賢筆之于書，如寫眞傳神，不過示人以形狀大略。後世著述，是將聖人所畫，摹倣謄寫，而妄自分析加增，以逞其技，其失眞遠矣。」（傳習錄上）象山有「六經註我，我註六經」之言，陽明爲稽山書院尊經閣記文，則正若象山此二言之註釋。其言曰：「六經者非他，吾心之常道也。故易也者，志吾心之陰陽消息者也；書也者，志吾心之紀綱政事者也；詩也者，志吾心之歌詠性情者也；禮也者，志吾心之條理節文者也；樂也者，志吾心之欣喜和平者也；春秋也者，志吾心之誠僞邪正者也。君子之于六經也，求之吾心之陰陽消息，而時行焉，所以尊易也；求之吾心之紀綱政事，而時施焉，所以尊書也；求之吾心之歌詠性情，而時發焉，所以尊詩也；求之吾心之條理節文，而時著焉，所以尊禮也；求之吾心之欣喜和平，而時生焉，所以尊樂也；求之吾心之誠僞邪正，而時辨焉，所以尊春秋也。……世之學者，不知求六經之實于吾心，而徒考索于影響之間，牽制于文義之末，……是猶富家之子孫，不務守視享用其產業庫藏之實積，日遺忘散失，至爲窶人丐夫，而猶囂囂然指其記籍，曰斯吾產業庫藏之積也。」陽明言聖人之六經所說者，卽吾心之事，而吾之自盡其心上之工夫，卽所以尊六經。此明爲象山六經與我互註之旨。象山不以世儒之只重記籍之考訙爲然，而陽明詩亦有「悟後六經無一字」之句，亦卽象山之義理事實重而文義輕之旨。陽明言「只要解心。心明白，書自然融會。若心上不通，只要文義通，卻自生意見。」（傳習錄下）則又正同象山之言讀書不可強探力索以求通，而當俟涵養等工夫之進，然後「通必眞實」之旨也。

上所論陸王之同處之數端，可謂幾于全同。吾人亦可謂陽明凡于此等處之所言，皆不外發揮象山之義者。綜括言之，此陸王之本卽心卽理而有之簡易之學之教，其要義唯是教人自覺其道德的理之出自道德的心；而于此見及學者與聖人及愚夫愚婦之所同，有以自信自立；更以發明此本心、或致此心之良知為事，而不重在求知識之多、才力之大；而于讀書之事，則唯在使其自心之義理，與書上之義理互證。然此本心之所以待發明，良知之所以待致，則由于人心原不免于有象山所謂私欲意見之蒙蔽，不能無心之邪，或陽明所謂人欲之私。則吾人如何能發明此本心，致此良知，以去此一切為本心之發見、良知之昭明、與天理之流行之障礙之事，即全為一工夫之事。而此工夫本身，亦有其義理上之問題，此即一工夫如何能實有效驗之問題。人實用工夫時，固亦可說不當計效驗。故象山嘗答學生問克己復禮朱子作效驗說如何曰：「聖賢只是為己之學，重工夫，不重效驗。」（全集十三）又謂「學問須論是非，不論效驗，如告子先孟子不動心，其效先於孟子，然畢竟告子不是。」（卷三十五語錄）「今便要責效，卻是助長，不成工夫。」（傳習錄下）陽明亦嘗謂「只管求光景，說效驗，卻是助長外馳，卻是病痛，不是工夫。」又謂學者只說光景、說效驗者，其言不切。（見傳習錄上）然人用工夫時，雖可不計效驗，然所用之工夫，要必須原則上能有效驗者。若一工夫，在原則上不能有效驗，則聖人不可學，而此一工夫本身，即有義理上之問題。故陽明在他處又嘗言「誠明、戒懼、效驗、工夫，本非兩義。」（全書卷五與黃勉之）如象山陽明之所以反對「世儒之不在心上用工夫，只重文義之知，以理在外，而不知理之在心，或只求多知能才力以學聖人」；即皆因其只增人之外求、義襲、作偽、與向外希慕之邪心、非心，不能有成聖之效驗，而後謂其不能真為學聖之工夫者也。然工夫之在心上用者，仍可有種種之切近與不切近之不同，其效驗亦可不同。又對此一工夫為效驗者，亦可自為一工夫，更以原來之工夫為效驗；

再對一工夫之本質如何，亦可有不同之規定。由此而宋明儒者于此工夫問題，卽有種種不同之義理上之討論。沿上文所言，則陸王之工夫論，就其同處而言之，其本質乃在以「正面的自覺其心之發用中之理」爲本。此工夫之所以當用，而用之必有效驗之故，則在人心之發用，縱爲合理，人若對此發用之理，無所自覺，則發用一去，便仍同未發。人若于此，能有一自覺，則此自覺本身，卽爲其發用之一繼續、一保任。今有此繼續與保任，則其原來之發用，卽更有一增進與充實，而于此心之體亦更能自見矣。故此可爲一切近之工夫，而其效驗亦爲必有者。然象山陽明所言之發明本心之工夫，與致良知之工夫，除其皆爲「自覺此心之發用中之理」之一點外，在其他方面，則又並不相同；而陽明工夫論之細密處，則又正受朱子之言之影響而來。故下文將單就象山之言發明本心工夫，而單獨論之，以便進而論朱陸工夫論之同異，與陽明之工夫論。

## 六　象山之發明本心之工夫

此所謂象山之發明本心之工夫論，非只就其與陽明之致良知之工夫論，同爲一「自覺其心之發用中之理」一點上泛言之。只就此一點言，尙非象山之工夫論之全體，而亦不能見象山工夫論之特色。其所以不能爲象山工夫論之全體者，因如只沿此所謂對心之理之自覺，人雖可有一當下之自信與自立；然此當下之自信自立，卻未必卽爲一眞實之自信自立。此乃由于人雖有此卽理之心之發用，亦有種種之意見私欲之蔽。人如欲打開此種種之蔽障，以使此心之靈、此理之明，同于聖人，除正面的自覺其心之發用之合理者外，尚須自覺自信其心之「實有能反面的去此一切蔽障，而其本身則又尚未呈現」之性之理；更直下對此心之理，心之性之存在，有一自覺自信。由此而人卽可頓見「此心之靈、此理之明，實無私欲意見，可爲之蔽障」者。然後人可對此「無能爲之蔽障之此心之靈、此理之明」，亦有直接之自信，而本之以自立。此則賴于人心有一「打開蔽障，或自其中直下超拔而出之，以自升起其心」之工夫。此一工夫，卽象山所謂「先立乎其大者」之工夫，而爲象山所視爲一切工夫之本者。此象山所言之「對種種蔽障，求加以打開，或自其中直下超拔而出」之工夫，不特非朱子陽明之所重，亦實不同于孟子所言之工夫，純爲就心之四端發用處，正面再加以存養擴充之工夫者。此象山之工夫，爲一依于人之「正面的自信其心之靈、理之明，原非一切蔽障之所能障」，而更依此自信，以亦包涵一「對此心之蔽障，加以超拔之一反面工夫」者。對此象山之正面工夫中，所包涵之反面工夫，如只以孟子之寡欲工夫言之，亦不切。孟子所謂欲，不過小體之耳目五官之欲，此雖可爲大體之心之害，其害尚淺而易見。宋明儒之言私欲，其義已遠深于此。而象山言此心之障蔽，則于私欲之外，更重意見之害。此乃非孟子之明言所及者。吾嘗謂對一切人在道德生活中一切反面之物，如私欲、意見、習氣等之正視，乃宋明儒學之共同精神。此在象山，亦不能例外。若在先秦儒學，則皆偏在正面抒發理想，而孟子更是如此。故象山雖自謂承孟子，而在此點上，亦非全同孟子也。

至於象山所言由人之自其蔽障中超拔而出之工夫，則初只是自開拓其心量之一嚮往、一志氣、或心志。此心志，初可無一定之心之理爲內容，而只以此「超拔于蔽障外之一心量」之呈現，爲其內容。此心之一切私欲意見之蔽障，如爲吾人之心之一網羅陷穽，或心中之荊棘汚澤。吾人之此心志，卽自「激厲奮迅」，以「決破網羅，焚燒荊棘，蕩夷汚澤」；(卷三十五)以求「廓然、昭然、坦然」，以直下至「廣居、正位、大道、安宅、正路，是甚次第？」故此一超拔之工夫，乃一強度的越過障蔽之工夫。越不過，卽再落入網羅。故象山謂此是一「刀鋸鼎鑊的學問。」（卷三十五）然人果能立此心志，而更本之以自觀其「理之已見于其心之發用」者，卽可同時實見得此「涓涓之流，積成江河，泉源方動，雖只有涓涓之微，去江河尚遠，卻有成河之理。」（全集卷三十四語錄）；則亦不須更羨慕世儒之「標末之盛」，而唯在泉原處，求更增益其自信。故下文繼曰：「學者不能自信，見夫標末之盛者，便自慌忙，舍涓涓而趨之，卻自壞了。曾不知我之涓涓雖微，卻是眞，彼之標末雖多，卻是僞。」(卷三十四)此處人當知者是：「道理無奇特，乃人心所固有，天下所共由，豈難知哉？但俗習謬見，不能痛省勇改，則爲隔礙耳。古人所謂一慚之不忍，況終身慚乎？此乃實事，非戲論也。」（卷十四與嚴泰伯）人能于此有慚而痛省勇改，以自開障蔽，則知「此理於人無間然，昏明何事異天淵，自從斷卻閑牽引，俯仰周旋只事天。」（與朱濟道卷十一）亦知「天降之衷，在我久矣，特達自立，誰得而禦？勉自奮拔，不必他求」；亦知「我心之良，所固有也。吾心之害旣去，則心有不期存而自存者矣」（卷二十二）；「心苟不蔽于物欲，則義理其固有也，亦何爲而茫然哉」（卷十四）；並知蔽障一開，則「太陽當天，太陰五緯，猶自放光芒不得，那有魑魅魍魎出來」（卷三十五）。欲開此蔽障之道無他，亦唯有「收拾精神，自作主宰」；則終可實知「萬物皆備于我，有何欠闕？當惻隱時自然惻隱，當羞惡時自然羞惡，當寬裕溫柔自然寬裕溫柔，當發強剛毅自然發強剛毅」。此卽所謂「蕩其私曲，則天自大、地自廣、日月自昭明，人之生也本直，豈不快哉！豈不樂哉！」（與包敏道卷十四）「幡然而改，奮然而興，如出陷穽，如決網羅，如去荆棘，而舞蹈乎康莊，翺翔乎青冥，豈不快哉！豈不偉哉！尙誰得而禦之哉！」（全集卷十二與倪九成）「翼乎如鴻毛之遇順風，沛乎若巨魚之縱大壑，豈不快哉！」（全集卷三十五語錄）人果能時時當惻隱卽惻隱，當羞惡卽羞惡，則心之發用無非是理，心應宇宙間任何之事物，此心卽亦貫徹于此事物；人亦可實見此「滿心而發，充塞宇宙，無非此理」矣。而吾人所應之事物，與一切應事物之事，凡爲己份之所當爲者，亦隨其理之充塞宇宙，而爲宇宙內之事；而宇宙內之事，凡爲此心此理之所能貫徹充塞者，亦己份內事。人于此亦可言「宇宙與吾之此心此理」之不二。故曰：「宇宙內事卽己份內事，己份內事卽宇宙內事」；「宇宙便是吾心，吾心卽是宇宙。」（全集卷二十二雜說）而千古聖賢爲其所爲之事之心之理，與吾之爲其所爲之事之此心此理同者，亦卽皆可視爲同一之心、同一之理之表現；而可見天地間「心只是一個心，某之心、吾友之心、上而千百載聖賢之心、下而千百載，復有一聖賢，其心亦只如此。心之體甚大，若能盡我之心，便與天同。」(卷三十五語錄) 此則人由全開其蔽障之工夫，而有「心之發用，無非是理」之效驗後所達之境。此則象山發明本心之敎之歸宗義，而非至聖人不能有如此之實見者也。

然由上述之此心此理之大，卽見吾人所當行之道之大；而此道之大，亦無對之大，以其充塞宇宙故也。人眞明此道，誠行此道，則更無次第，此外亦更無道。故謂「誠則明，明則誠，非有次第也，凡動容周旋，應事接物，讀書考古，或動或靜，莫不在此。此理充塞宇宙，所以道外無事，事外無道。捨此而別有商量，別有趨向，別有規模，別有形迹，別有行業，別有事功，則與道不相干；則是異端，則是利欲，爲之陷溺，爲之臼窠；說卽是邪說、見卽是邪見。」(全集三十五) 然人不知此道之大而無外，是爲「道大，人自小之；道公人自私之；道廣人自狹之」，則人當有以自知。人亦更當知其不能行此大道，唯在人心之有蔽障，而求自開之。然此中欲使人對此蔽障之爲吾人之害，感到親切，于吾人一切蔽障，當更說其卽吾人之心自己之病。象山之言人心之病，不如朱子所言者之高。朱子謂：「人必全體已是，然後可以言病痛。譬如純是白物事了，而中有黑點，始是可言病痛。」(語類卷百廿) 此所說之病痛之義太高。在象山意，則凡人心之有任何蔽障處，皆是病。則人人皆有資格說病痛。人皆有病，而病是自家事，自家亦原不願有病。今本去病之心，以去此私欲意見等蔽障，則自然感到親切，而工夫亦自然著裏。故象山之言中，時及于人心之病。如曰：「道徧滿天下，無些小空闕，四端萬善，皆天之所予，不勞人粧點，但是人自有病，與他間隔了。」：又曰「一些子重便是病，只一些輕亦是病。」（全集三十五語錄）而一切聖賢所言德性之工夫，亦卽不外自去其病，自見此原有之道。故曰：「道在宇宙間，何嘗有病，但人自有病。千古聖賢，只去人病，又如何增損得道？」（全集三十四語錄）此去病，只是去吾人自家所本不當有　，自人之本心之理之道上看，本來無者。去病只是去其所本無、而無增于其所本當有、本來有者。故一切工夫，又可說皆只是一剝落減損之工夫。故曰：「人心有病，須是剝落，剝落得一番，卽一番清明；隨後起來，又剝落，又清明；須是剝落得淨盡方是。」（卷三十五語錄）「須要一切蕩滌，莫留一些方得。」（卷三十五語錄）象山亦自謂其學問工夫「無所能，只是識病」（卷三十五），又引朱子言「莫教心病最難醫」（卷三十五語錄）更嘗自言其論學與人之不同卽在：「今之論學者，只務添人底，自家只是減他底。」（卷三十四語錄）當剝落者剝落，當減者減，所餘者卽滿心而發之四端萬善，皆我固有，而亦全無增添者矣。

由上所言象山所言之工夫，要在人之自知心之卽理，而自信其心之靈、理之明，非一切蔽障之所能蔽、所能障；更依此自信以超拔于蔽障之外，自立其心志，以明一至大無外之道，而誠行此道，卽以去除其心之病。人果能打開其蔽障，去其心之病，則固可「一是卽皆是，一明卽皆明」；而見其心之所發無非是理，以實與聖人同心同德。此固皆可無疑義。然人如何知其私欲意見之蔽障，已全打開，其病已盡去，則又正是一問題。象山于此一問題，亦未嘗無切實之論。此卽由象山之言自信自立，亦同時有自疑自克之義以見之。此所謂自疑，當是自疑其意見私欲，是否實已去盡而說。故此自疑，亦卽與自克之工夫恆相連者。象山嘗謂「必有大疑大懼，深思痛省，決去世俗之習，如棄穢惡，如避寇讎。」（卷十五與傅克明）又曰：「人心不能無蒙蔽，蒙蔽之未徹，則日以陷溺。諸子百家，往往以聖賢自期，仁義道德自命，其所以卒畔于皇極，而不能自拔者，蓋蒙蔽而不自覺，陷溺而不自知耳。……學問之初，切磋之次，必有自疑之兆；及其至也，必有自克之實。此古人物格知至之功也。已實未能自克，而不以自疑，方憑之以決是非、定可否，縱其標末，如子貢之屢中，適重夫子之憂耳，況又未能也。物則所在，非達天德，未易輕言也。……知之未至聖賢地位，未易輕言也。」（全集卷一與胡季隨）此卽謂人亦不當輕易自言其私欲意見之蔽障之已去，而當時有以自疑。由此自疑，而見得其所未能自拔之蔽障，未能克之己私。故象山更嘗謂：「人心惟危，道心惟微，其得其失，莫不自我，曰危曰微，此亦難乎其能執厥中矣？是所謂可畏者也。」（卷三十二論人心惟危道心惟微文）此人心之危之可畏，卽在人初之未嘗有以自疑。人能有以自疑，知所可畏，亦卽能有自克之工夫，以自允厥執中，以致力于「中」。象山固于此文，言人能「致力于中」而「知所可必」，亦自能「收效于中」。然要當以自知此危，而有自疑之工夫爲先。此卽所以防人之由自信其心之卽理，而輕自謂其無意見私欲之蔽，以淪于自恃自滿，而狂肆放縱之病害者。此正爲象山之工夫之切實可循處也。

象山自言其教人之方，曰：「我這裏有扶持，有保養；有摧抑，有擯挫。」其正面言心卽理、心同理同、己之心之理與聖人之心之理同，卽扶持保養之教。其言開蔽障、去病，而教人自己拔起、與自疑自克，卽摧抑、擯挫之教。象山嘗言「儒者之學，軻死不得其傳。不敢謂後世無賢者，然直是至伊洛諸公，得千載不傳之學。但草創未到光明。今日若不大段光明，更幹得甚事。」觀象山之扶持、保養、與摧抑、擯挫之言，要是處處見有光明俊偉之氣象。此二者在象山之教中之相輔爲用，亦卽在象山之學中，原有此二者之相輔爲用之義故也。

象山除言自疑自克，爲其工夫論之切實可循處外，其重辨公私義利，尤當視爲其學其教之精神命脈所在。象山全集詹阜民記「初見先生，不能盡記所言，大旨凡欲爲學，當先識義利公私之辨」(全集三十五)，又傅子雲記：「傅子淵自此歸其家，陳正己問之曰：陸先生教人何先。曰：辨志。正己復問曰：何辨？曰：義利之辨。」（全集卷三十四傅子淵言。又載卷三十六年譜三十四歲項下）此外全集中言辨義利公私者尙多。象山訪朱子于白鹿洞，其所講者，亦「君子喻于義，小人喻于利」一章。象山辨儒佛，亦純從此義利公私處說。清人李穆堂陸子學譜，卽首標象山之辨義利，爲其學之宗旨。象山所謂自疑工夫，亦卽當是人自疑其心未能純公，不免于私，未必純在義，而不免于在利上說。其言自克，亦卽自克其心志之不免于私，不免于在利者。在此自疑自克之工夫，義利公私上辨志之工夫中，則象山與人書，多言「小心退遜，以聽他日之進」；而力戒學者之勝心，並處處以省察克治之工夫爲言。此則在其書札中，更多其語。便與其語錄所記之言之辭氣，偏在敎人直下拔起，以求一是皆是、一明皆明者，殊不相類。人或謂象山之學乃在其語錄，而其書札中之言，乃勉自斂抑之言。又或謂此語錄乃門人所記，而門人之氣質不同，或有沾染禪習者。故所記象山之語，亦多類禪宗之言頓悟懸絕，而見精采者。然書札爲象山所自著，謂書札不代表象山之學，無有是處。其語錄雖門人所記，然要皆以象山嘗有是語。此書札與語錄中之言，亦明多有互相發明者。則應皆足見象山之學之一面。此二者之言之辭氣不同，亦未必卽相衝突。大約語錄所記，乃象山直接對學者之問答，其言皆意在激勵鞭策學者，使「振迅精神」，「擧頭天外」，直下認取「居廣居、行大道」之「一是皆是，一明皆明」之一境。其書札則爲自道其心願所存，而望與學者砥礪切磋者；故所言者更親切眞摯，「簡而文，溫而理」，乃無意露精彩也。今將此二者之言合觀之，則語錄之言，尙可謂爲第一步之敎人自立自樹其心志之語；而其書札之言，則爲進一步敎人切己用工夫，而就其心志之所存，更辨其公私義利，知自疑其有所不足，以成其自克之實功者也。則言象山之學之敎之標的，固當兼其書札與語錄之言爲說。故「宇宙卽吾心、吾心卽宇宙」之一類說聖賢工夫之效驗或境界之言，亦未嘗不可于學者立志之始，卽爲之言，以樹立其爲學之宗趣者。而象山之本心，亦原當爲一形而上之眞實存在，不以障蔽之故而卽不存在者。此則本文之所略，而爲吾于朱陸異同探原中之所及。讀者可加參閱。然此等高明之義，皆象山之學之歸宗義，而象山之敎，固有其面對障蔽求加超拔之警策義，如上節所說，與今茲所說之自疑自克之工夫，就人心志所存，更辨其公私義利之切實可循者在也。

## 七　象山之學之若干誤解之疏釋

由上文所述陸王之學之同處，與陸子言工夫之義，卽可知後世學者之評議陸王之學之言，與朱子之斥象山之學之言，蓋多未能如實而論。羅整菴困知記，以陸王學知心而不知性，只爲禪學，固與陸王言心卽理，實已將心與性理兼擧之旨不合。陳淸瀾之學蔀通辨，以陸學專務守一人之精神，而爲禪學，亦明與象山之言在人情物理事變上下工夫，及重辨志之公私義利之旨不類。陳淸瀾之謂象山之言，意在欺世，尤爲無理。至于朱子之謂象山爲禪學，則其所指者何在，亦不易明，亦蓋皆不免于誤解。此誤解有種種，下文依其深淺，略加疏解；蓋唯其中之最後一種，乃朱子以象山爲禪之眞正理由所在也。

（一）此中最淺之一種卽其謂象山「只靜坐澂心，卻是告子外義」，「不讀書、不務窮理」，「遺棄事物，脫略章句，而相與馳逐于虛曠冥漠之中，其實學禪之不至者，而自託於吾學。」（朱子大全卷四十三與林澤之書明指象山）又謂「如金溪只要自得；若自得底是，固善；若自得底非，卻如何？不若虛心讀書。」（語類卷百廿）此謂象山不讀書窮理，故爲禪學，由吾人上文所引象山之言觀之，卽明未必是事實。象山固未嘗只務靜坐澂心，不虛心讀書，象山言「正諸先覺」，則亦明以所自得者與先覺所言者互證之旨，其以六經與我互註，亦卽以所自得者與聖賢之言互證也。按朱子語類卷百二十四注：「必大因言：金溪有云：不是教人不要讀書，讀書自是講學中一事。……朱子曰：此語卻是。」是見朱子亦不以讀書爲唯一大事也。今觀象山文集所言之讀書之道，朱子言中亦幾皆有之。唯可說朱子所言，更有進于象山所言者；而朱子所言致知格物窮理之義，亦自不如象山所言者之簡單，此在後文當更一詳說其異處。然王陽明答徐成之書（全書卷廿一）所謂「今觀象山文集所載，未嘗不教其徒讀書窮理」，其言固不誤也。又此朱子所謂不讀書不窮理，只是自消極方面說象山類似禪宗之掃蕩文字，固非爲朱子指陸子爲禪之意所在者也。

（二）朱子謂象山爲禪之意所在，蓋在于言象山不重讀書窮理之外，更謂其只知求一貫、求統宗會元、求悟處、過關，便不用工夫，此卽入異端邪說，敗壞學者。朱子語類記朱子言「一以貫之句」項下，謂「陸氏之學，只是要尋這一條索，不知道都無可得穿」。此在前文已引及。此語下文又曰：「且其爲說，喫緊是不肯教人讀書，只恁地摸索悟處，譬如前面有一個關，纔跳得過這一個關，便是了。此煞壞學者。某道他斷然是異端，斷然是曲學，斷然非聖人之道。」（語類二十七）「若曰學以躬行心得爲貴，而不專于簡編則可；若曰不在簡編，而唯統宗會元之求，則是妄意躐等，以陷于邪說詖行之流，而非聖賢所傳之正矣。」（大全卷五十五答顏子堅）朱子意由此所致之學者之病，則爲使人顚狂粗率。故又謂「妄意思想、頓悟懸絕處，徒使人顛狂粗率，而於日用常行之處，反不得其所安」。（朱子大全卷五十三答胡季隨）又謂「嘗見受學于金溪者，便似嚥下個甚物事，被人撓得來恁地。又如有一箇蠱，在他肚中，螬得他的不得由己樣。」（卷百二十四）再謂：「其教使人見得一物事，方下來做工夫，卻是上達而下學；與聖人下學上達，都不相似。他才見了，便發顛狂，豈肯下來。」（卷百二十四）凡此類之言，蓋當是指象山嘗教學者「直下超拔于網羅，以廣大其心量，求一是皆是、一明皆明」之言而說。然此類之語，依吾人前所論，乃意在教學者之樹立其心志。此外象山明尚有種種自疑自克、及辨志工夫之言。此工夫在不在簡編，可不必論。然統宗會元之求，朱子固亦有之。上達而下學，何以即必不可，朱子亦未論。朱子嘗明言「大凡爲學有兩樣，一者自下面做上去，一是自上做下來。自下而做上者，便是就事上旋尋個道理，湊合將去，得到上面極處，亦只一理。自上而做下者，見得個大體，卻自此而觀事物，尤其莫不有個當然之理，此所謂自太本而推之達道也。若做工夫者，須從大本上理會將去。」（語類卷百十四）又嘗曰「學者須是從下學理會；若下學而不上達，也不成個學問。須是尋到頂頭，卻從上貫下來。」（語類九十三）則朱子此所謂學問須兼自上面做下來，與其所謂由上達而下學者，又果有何別？則于象山之學，謂之爲由上面做下來者，又何得爲非？朱子于此二段語中，固亦以爲學者亦兼當從上面做下來也。唯就朱子之全部之言觀之，則朱子似較多說由下學至上達之語，而諱言「一貫之道，而此道無其所貫之一一事物」者。則其言象山之只務上達，蓋卽類程子之所在也。

嘗言釋氏之有上達而無下學，故疑之爲禪。然言上達，而所上達者，乃如孔子所言之君子上達，而又眞能達，亦自可更有其學，卽未必是禪。而朱子之由陸子之重上達，以言其是禪，蓋亦非朱子之全旨之所在也。

（三）朱子疑陸子雜禪學之似有憑有據者，乃其嘗舉象山與胡季隨書中說顏子克己處曰，「看此兩行議論，其宗旨是禪尤分曉。」（語類百二十四）按象山與胡書曰：「顏子喟然之嘆，當在問仁之前，……乃其知之始至、善之始明時也。……夫子答其問仁，乃有克己復禮之說。所謂己私者，非必如常人所見之過惡，而後爲己私也。己之未克，雖自命以仁義道德自期，以可至聖賢之地，皆其私也。顏子之所以異于眾人者，爲其不安乎此，極鑽仰之力，而不能自已，故卒能踐克己復禮之言，而知遂以至、善遂以明也。」（象山全集卷一答胡季隨書）。朱子所謂象山之兩行議論，當不出此之外。

然此兩行之議論，何處是朱子所指爲禪之所在，則亦難明。朱子之意或是謂象山言克己私于過惡之外，又不「以仁義道德自期」，卽惠能之「不思善、不思惡」，故爲禪耶？或是謂象山于過惡與仁義道德自期之外，別有一己之可克，故爲禪耶？或是謂其由喟然之一嘆，而極鑽仰之力，如頓悟之境，故爲禪耶？此皆不可知，想當不出此三者。然象山之言，是否皆當依此三者以解釋，卽是一問題。卽依此三者以解釋，此亦至多可據以謂象山此諸言說之方式，與禪相類，而非在象山之言之目標上，說其與禪相類也。象山此言之目標，明在克己而復禮，固不可說是禪也。細看象山此諸言之正意，蓋唯是謂：己私不只限在一般過惡，亦包括人以仁義道德自期之私。凡己私皆當去，人亦當自疑其自謂無私中之私，而求有以自克之。此正當爲象山之本旨也。今若如此解釋象山之旨，又如何可說爲禪？至于顏子之喟然一嘆，而極鑽仰之力，則正爲一憤悱之情，爲學聖賢者之所當有。此語明見于論語，更應無所謂禪也。則朱子如何本此以斷象山爲禪，其旨又終不得而明也。

（四）此外朱子之言陸子是禪，則是指象山之教簡易直截處，似有類禪宗當下卽是之旨而言。朱子語類百二十四卷曾記「或問陸象山大要說當下便是，與聖人不同處是那裏？」象山亦確是教人于其與聖人同處，先加以識得。象山固未嘗否認學者與聖人不同處，唯多言人當于此同處先識得，更求下工夫耳。則或問之言，明將象山之言倒述了。象山乃言人當知其與聖人同處，非教人自謂其與聖人無不同處也。謂人與聖人有同處，直下信得此同處，亦未必卽禪。朱子固亦常言人之性與聖人同，亦常言當識得此人皆可以爲堯舜處也。

（五）再朱子嘗謂「子靜雜禪，又有術數，或說或不說。」（語類卷百二十四）「子靜說話常是兩頭明，中間暗。或問暗是如何？曰：是他那不說破處，他所以不說破。便是禪。所謂鴛鴦繡出從君看，莫把金鍼度與人，他禪家自愛如此。」（語類卷百四）「某嘗說陸子靜說道理，有個黑腰子，其初說得瀾翻，極是好聽；少間到那緊要處時，又卻藏了不說；又別尋一箇頭緒，瀾翻起來。所以人都捉他那緊要不著。」（語類卷百十二）此言謂象山言有中間暗、不說破處，同禪家說話方式。此不說破者，卽要人自悟者。然儒家亦有要人自悟者，如此所悟與禪所悟不同，則不必是禪。朱子固可不滿于陸子此種「不說破」說話方式。朱子言重切實指點，便于義理緊要處，喜一一說破也。然只就此一點，斷陸學是禪學，則理由不充足；朱子亦未必眞是從此點，以定陸子爲禪也。

（六）朱子疑象山之言之語，則又有謂其「只管說一個心，本來是好底物事…只是人被私欲遮了了，若識得一箇心了，萬法流出，更都無許多事。」（卷百二十四）又謂：「浙間有一般學問（此蓋指象山弟子楊慈湖之學），又是得江西之緒餘，只管教人合眼端坐，只要見一個物事。」（語類卷百十七）朱子答汪長孺書曰：「旣云識得病，遂見天理流行昭著，無絲毫之隔。不知何以未及旋踵，復有氣盈矜暴之失……如此全似江西氣象，其徒有今日悟道，明日醉酒罵人者。」（大全卷五十二又語錄卷百十八）此二段話中所說「去私欲之蔽」或「去病」而識得心之言，亦確是象山之教。在朱子之意，此「去私欲之蔽」或「去病」，應另有工夫，如主敬與朱子所言之致知格物之工夫等。故只言識得心，識得病，皆靠不住，病去亦將旋發。然此只是朱陸所言工夫之差別問題，當俟後再論。此中象山所言之工夫之不同于朱子，亦明未必卽足證象山爲禪。而朱子之疑象山爲禪，其根本點，亦當不在此也。

（七）觀朱子之言象山爲禪之言唯有一段語，其旨最爲確切，此蓋卽朱子以象山爲禪之眞正理由之所在。此卽語類所記朱子與祖道之問答。此中祖道自述象山之言曰：「祖道之言目能知視，耳能知聽，鼻能知香臭，口能知味，心能思，手足能運動，如何更要甚存誠持敬，硬要將一物去治一物，須要如此做甚？詠歸舞雩，自是吾子家風。祖道曰：是則是有此理，恐非初學所到地位。象山曰：吾子有之，而必欲外鑠以爲本，可惜也。……先生曰：陸子靜所學，分明是禪。」（語類百十六祖道錄）此段中祖道所述象山語，蓋由象山之「汝耳自聰、目自明」之言轉來，而去掉其下面之「事父自能孝，事兄自能弟」之語。而楊慈湖訓語亦有「吾目視、耳聽、鼻嗅、口嘗、手執、足運，無非大道之用。」（陳清瀾學蔀通辨卷七所引）此卽正同朱子所謂禪宗之敎，「在眼曰見，在耳曰聞，在鼻齅香，在口談論，在手執捉，在足運奔。」（語類卷百廿六）「佛氏則只認那能視、能聽、能言、能思、能動底，便是性」（語類卷百廿六）此姑不論禪與佛學是否只如此。然朱子以禪與佛學如此，則隨處可見。而此祖道所轉述象山之言，而去其能孝能弟等語，則朱子看來固明爲禪，而象山若果如是，亦誠爲朱子所謂禪也。

此朱子所謂「在眼曰見，在耳曰聞，在鼻曰齅。」在朱子名之心之知覺。此知覺之本原卽是虛靈明覺的心之自己。朱子所謂禪者之學，卻要自識自悟此心之自己，而見得一光爍爍之物。人之欲見此物，以朱子觀之，乃緣于心之回頭把捉之私。如吾于朱陸異同探原中所辨。由此而朱子視儒釋之別，卽要在儒者之更于此心之中，識得此心之理，而以此心之渾然，自始包涵此理之粲然；更由心之用以顯此心之理之大，以成達道。此卽朱子之所以辨儒釋，而不能不闢禪學之理由所在。今祖道之轉述象山之言已如此，故朱子斷其分明是禪也。

然據吾人上所述之象山之學，則實自始以卽心卽理之心爲本，而非只自耳目知覺以見性。卽其「耳自聰、目自明」之言，亦非只爲一知覺。因聰、明乃美善之辭，卽知覺之合理者也。象山實亦未嘗如朱子以虛靈知覺說心。其言本心皆已連理說，故可單提發明本心爲說耳。然朱子蓋卽由象山之多有單提本心爲說之言，而學生如祖道所傳述之象山言心之旨，亦正有同朱子所謂禪宗之言心者，故朱子卽逕斷陸子之學爲禪也。此雖不合于陸子所言之實，然亦蓋唯由朱子之所謂禪家之心，原爲如此，然後方以此而斷陸子是禪也。朱子蓋由是而于象山一切其他之言如上述及之重上達、重一貫、重識心，與其論顏子之言等等，皆一憑此意而理解之；然後方于陸子之學，隨處見得是禪，而有晚年大闢陸子之論。後羅整菴、陳淸瀾，亦皆承朱子之此意，以觀象山之學，乃有以其只知心而不知性，以養神爲本而爲禪之論。然吾人今如更能進而知象山乃自始以本心一名，兼涵攝朱子所謂性理之義于其中，而朱子所謂虛靈知覺之心，與禪宗所重之此心，原不同于象山所重之心；則朱子之所非者，非眞正之象山，而唯是其心中所意想之同于禪之重虛靈知覺之心之象山。朱子之所以非其所意想之象山，雖未嘗不有其理由；然眞正之象山實未嘗爲朱子所非，而朱子亦實未嘗非象山矣。至于此心之虛靈知覺與天理，畢竟當如何會通，則其義極爲幽深玄遠；陽明于此，正有千古卓見，非朱陸所及，而或爲世所未深契者。此須于中篇說朱子言格物窮理之義後，在本文下篇，方可及之。

# 第十一章　朱陸之學聖之道與王陽明之致良知之道（中）

## 一　朱子所言之學聖工夫

吾人于上文雖言朱子與後世學者之謂陸王不讀書、不窮理，其學類禪者之非是，然吾人亦不能遽謂朱陸有同而無異。純從朱子所重讀書格物之義上看，亦可說象山亦未能眞重朱子之所重。象山亦嘗明白反對朱子之持敬，謂持敬之說爲杜撰，而不明道（象山全集卷一與曾宅之）。又嘗以朱子之不知學者之戒謹不睹、恐懼不聞之工夫，皆必先聞道而後可用（卷十三與郭邦逸）；亦是以朱子之言誠意與存養或主敬之工夫爲不然也。故象山語錄記其嘗與門人步月而嘆，有「朱元晦泰山喬嶽，可惜學不見道，枉費精神，遂自躭擱」（卷三十四語錄）之語。又與朱元晦書嘗言：「世儒揣量模寫之工，依倣假借之似，其條畫足以自信，習熟足以自安。」在卷三十四語錄，則易其習熟爲節目二字，以指朱子之「見道不明，終不足以一貫。」此所謂揣量模寫，蓋如陽明之所謂以聖賢所留文字爲圖樣，而加以摹倣謄寫，以揣量聖賢之學，加以分析，納入款例，如上篇第一節及第四節之所引及。象山以不明道譏朱子。其不契于朱子之學甚明。此外象山又嘗以朱子之不自知其所知者與所不知者之分，而謂其爲不明，亦象山不契于朱子之學之證。然畢竟朱陸之異，是否卽如象山所感，則亦是一問題。象山對朱子言讀書格物之義，與朱子對聖賢之所以爲聖賢之認識，亦未必皆能如實了解。後之陽明，承象山心卽理之義，則謂朱子之言「心與理」，卽以心理爲二，而更說其非（傳習錄上）；又疑朱子之窮理，乃認理爲外，爲義外之論（全書卷八書諸陽卷、及傳習錄中與羅整菴書）。陽明乃更重申象山之心卽理之說。然陽明之在心與理及窮理問題上所疑于朱子者，又唯是陽明之意如此。在象山之不契于朱子之言中，又未嘗重在自此議朱子也。若在吾人今日之一般觀念看，則朱子之格物致知，要在卽物窮理，此與象山陽明言心卽理，要在卽心求理，似明爲一重內、一重外之別，或者竟謂之爲一重心、一重物之別，如流俗之見。然凡此上述及之種種對朱陸之異之了解，是否皆恰當，正皆有種種之問題，實待于吾人之更仔細考究。朱子之言讀書、言格物，及心與理之論，與其言德性工夫，如主敬涵養，與「心」之關係之論，固爲朱子之學之一根本，尤爲朱子早年之學之所重，亦爲其與象山之學不同之一大端所在。此吾已于朱陸異同探原中，述其大體，今不擬重複。至朱子言心與理之關連于格物與讀書者，則爲其晚年教學者之所特重。朱子以此教學者，同時教學者以聖人爲法，而其重格物、讀書之教，則亦與其言聖人之知能之處，密切相關。故吾于下文擬先自朱子之言聖人之知能處，看其讀書格物之教，與象山所言者之同異，果何所在。

## 二　朱子言聖人之知能與學者之道

朱子書中嘗言聖人爲一「赤骨立底天理，光明照耀，更無蔽障。」（語類百十九及他處）此乃自聖人之全體生命即是天理上說。西方所謂道成肉身，亦正與此義合。然朱子之此義，則是承程子之言聖人之心與理爲一之意而來。朱子之所謂聖人是赤骨立底天理，此天理固是自道德上之仁義禮智之理，或四端萬善之理而言。此與象山言聖人之滿心而發，皆是理者，此理唯是道德上之理，亦無殊異。人皆可以爲聖，皆有作聖之心性，固朱陸所同，亦孔孟與宋明儒者之所同。然對聖人之知能，則朱子恆喜言聖人之無所不學、無所不知、無所不能，則與象山陽明之言聖人亦有所不能不知者似大異。由此而朱子之教學者，亦即似當學聖人之無所不能、無所不知，如朱子嘗謂「聖主于德，固不在多能，然聖人未有不多能者。」（語類卷三十六）又言「聖賢無所不通，無所不能，那箇事理會不得。如中庸天下國家有九經，便要理會許多物事；如武王訪箕子，陳洪範，自身之視、聽、言、貌、思，極于天人之際，以人事則有八政，以天時則有五紀，稽之于卜筮，驗之于庶徵，無所不備；如周禮一部書，載周公許多經國制度，那裏便有國家，當自家做。只是古聖賢許多規模大體，也要識。這道理無所不該，無所不在。且如禮、樂、射、御、書、數，許多周旋升降、文章品節之繁，豈有妙道精義在，只是也要理會。理會得熟時，道理便在上面。又如律曆、刑法、天文、地理、軍旅、官職之類，都要理會；雖未能洞其精微，然也要識得個規模大概，道理方浹洽通透。」（語類卷百十七）又言：「這個事，須是四方上下、小大本末，一齊貫穿在這裏，一齊理會過。其操存踐履處，固是緊要，不可間斷；至于道理之大原，固要理會；纖悉委曲處，也要理會；制度文物處，也要理會；古今治亂處，也要理會；精粗大小，無不當理會。四邊一齊合起，工夫無些罅漏。東邊見不得，西邊須見得；這下見不得，那下須見得。既見得一處，則其他處，可以類推。……如坐定一箇地頭，而他支腳，也須分布擺陣，如大軍斷殺相似。大軍在此，坐以鎮之，游軍依舊去別處邀截。如此做工夫始得。」（語類卷百廿一）此外朱子之同類之語尚多，亦皆無異朱子之自道其學問規模之所及。此似皆由朱子之意謂聖人當無所不學、無所不通、無所不能，而後朱子之學問規模之所及，乃如此其大，並亦以之教學者。此亦似明不同于象山、陽明言聖人之不須如此多知多能者也。

由朱子之言讀書最忌有「一」而無「所貫」，故謂：「只要那一去貫，不要從貫去到一。如不理會散錢，只管要去討索來穿。如此則中庸只消天命之謂性一句，及無聲無臭至矣一句便了。中間許多達孝、達德、九經之類，皆是粗迹，都掉；……如禮儀三百，威儀三千，只將一箇道理都包了，更不用理會中間許多節目。今須是從頭平心讀那書，許多訓詁、名物、度數，一一去理會。如禮須自一二三四，數至于三百，威儀須自一百、二百、三百，數至三千，逐一理會過，都恁地通透始得。」（語類卷百十七）此外朱子又明言及人于德性及治國平天下，皆不相關之事物，亦當加以理會，以格其物而致其知。如包顯道自江西來，朱子謂之曰：「與公鄉里（指陸子之學）平日說不同處，只是重個讀書與否，講究義理與否。如某便謂須當知得方始行得。孟子所謂詖淫邪遁之辭，何與自家事，而自家必欲知之何故？若是不知其病痛所自來，少間，自家便落在裏面了。孔子曰：詩可以興、可以觀、可以羣、可以怨，邇之事父，遠之事君，多識于鳥獸草木之名。上面六者，固當理會；若鳥獸草木之名，何用自家知。但是既爲人，則于天地之間物理，須知得方可。」（語類卷百十九）此則朱子承程子之「一草一木之理須是察」而說者也。朱子此外又嘗謂：「事事物物，各有一個道理，施之于物，莫不各當其位，如人君止于仁，人臣止于敬之類，各有一至極道理。又云凡萬物莫不各有一道理，若窮理則萬物之理，皆不出此。曰此是萬物皆備于我，曰極是。」（語類百十九）亦似有于一一事物，莫不當格其物而窮其理之旨也。

朱子釋孟子「萬物皆備于我」，乃指萬物之理之備于我而言。而欲求萬物之理之備于我，則朱子大學補傳言「卽凡天下之物，莫不因其已知之理而益窮之，以求至乎其極。至於用力之久，而一旦豁然貫通焉，則眾物之表裏精粗無不到，吾心之全體大用無不明矣。」此卽又更似無異謂必格盡天下之物，而窮其理，以致吾人之知，而無所不知，然後萬物皆備于我，吾心之全體大用乃無不明也。

緣上所引，則于爲學之道，朱子嘗言：「今之爲學，須是求全復其初，求全天之所以與我者始得。」

若要全天之所以與我者，便須以聖賢爲標準，直做到聖賢地位，方是全得本來之物而不失。……無必爲聖賢之心，只是因循荒廢了。而其間讀書、考古、驗今工夫，皆不可廢。有如一般人只說天之所以與我者，都是光明純粹好物，後之所以不好者，人爲有以害之。吾之爲學，只是去所以害此者而已。害此者盡去，則工夫便了，故其弊至于廢學不讀書。臨事，大綱雖好而有所見，道理便有偏處。」（語類卷百十八）此則明似針對陸子之學，只重發明本心、去人欲意見之蔽障者而言。循朱子上文所言之讀書格物之義去講，則朱子之學聖賢之事，便似明不同于陸王之學聖，不須求多知多能，而似必須先求增益其讀書格物之知，以求無所不知、無所不能，方能至聖賢之境者。而觀朱子之少年之欲無所不學，「禪道文章，楚辭兵法，事事要學，出入無數文字，事事有兩册。」（語類百四）誠如陽明所謂：「早年合下便要繼往開來，故一向只就考察著述上用功。」（傳習錄上）亦似朱子之爲學，乃純以博學多知能爲貴者也。

## 三　朱子之言讀書格物之目標

然此處之問題，是朱子所謂讀書格物之功，畢竟其目標何在，又是否眞只在求于書無所不通，于物無所不格，以求無所不知，無所不能？若果然也，則此明非人所可能之事；世亦無聖賢眞能于書無所不通，于物無所不格，而無所不知，無所不能也。若人本不能如此，而必求如此，則勢將同于世儒之泛濫于章句訓詁，而不知返，亦將如博物之士之玩物而喪志；而終不能盡讀天下之書，盡格天下之物；更無循此以至聖賢之道。則陸王之學者，謂朱子之學爲求理于外，以一物不知，儒者之耻，乃耻非所耻，亦卽未嘗不是矣。然朱子之所謂讀書格物之事，是否果卽在于書無所不通，于物無所不格，而別無其目標之規定，則又正當深察也。

在昔之論者，恆謂朱子之學爲開後之經史之學、考證之學者。如淸之章實齋文史通義朱陸篇嘗謂：「朱子求一貫于多學而識，寓約禮于博文，其事繁而密，其功實而難。沿其學者，一傳而爲勉齋、九峯，再傳而爲西山、鶴山、東發、厚齋，三傳而爲仁山、白雲，四傳而爲潛溪、義烏，五傳而爲寧人、百詩；則皆服古通經，學求其是，而非專己守殘，空言性命之流也。」此卽謂後世實事求是之經史之學與考證之學，皆朱子之所開也。近人亦多以朱子格物窮理之精神，近乎西方科學之求純粹眞理之精神，而以朱子爲學之方向，乃向此科學家之精神而趨者。如從學術史上看，此固在一義上，皆未嘗不可說，後文亦當及之。然自朱子之爲學，明是志在學聖賢，以使其生命爲一「赤骨立底天理」，則又決不能如此說。朱子之言讀書與格物窮理之目標，旣明在爲聖賢，則其讀書格物之事，亦卽非眞求于書無所不通，于物無所不格，而實受其目標之規定，以有其一定之範圍者。朱子之自己之爲學，雖一方欲無所不學，以「大作規模，濶開其基，廣闢其地」；然亦言「某所得處甚約。」（語類卷百零四恪錄）其故何在，正當深察。此于下文略就朱子言讀書之道與陸王之異同，加以說明。以便更進而討論格物窮理之範圍，與其眞正義旨，與陸王之同異所在。

朱子之言讀書之道，除散見其書信、與對經籍之注解講說之言者外，大均見今存語錄百十三卷至百二十二卷之訓門人，與卷八至卷十三之總論爲學之方、力行、與讀書法者之中。而卷十、十一之專論讀書法者，尤深切著明。玆只須據此二卷之大旨以觀，卽可見凡象山所言之讀書之道，朱子皆無不屢屢言及。如朱子言讀書「貴精熟」，則「自然會得義理」；又當反復「虛心涵泳」、「切己體察」「平心徐看」、「力戒匆忙」、「不可求新奇」、亦「不當在偏曲處觀」，皆全同象山。至朱子所重之讀書「勿先自立說」、「用心當退一步」、「不可心跑到後面」、不可「心落在紙後」、「不可有程限」，則皆所以成此「涵泳」之實功者。至謂「讀書乃學問之第二義」，當「涵養本原，閑養精神」，讀書以「曉得文義言詞爲初步」；然要在「曉得意思，知其理之是非」、「與心相印證」，而由此心之所實得，以學爲聖人，以「治自家之病」。此皆與前所引象山之言讀書之態度者，全無殊異。此中朱子所言之未爲象山所言者，則如其言「讀聖人之書，聖經字若個主人，解者猶若奴僕。」（語類卷十一泳錄）此乃似明意在尊聖經，亦似不同象山陽明之只以六經與我互相發明者。然朱子亦明言「經之有解，所以通經，經既通，自無事于解，借經以通乎理耳。」（語類卷十一大雅錄）又謂「不應說聖人不言，這道理便不在，這道理自是長在天地間，只借聖人來說一遍過。」（語類卷九恪錄）並謂：

「讀六經如未有六經，只就自家身上討道理，便易曉。」（語類卷十敬仲錄）則其言以經爲主人，亦卽以理爲主人；而其初有六經，亦終無六經。則與象山陽明之意，仍無別也。唯朱子屢言讀書當「參諸家解」，知「這說是如何，那說是如何，同處是如何，不同處是如何」；又謂「讀書須如酷吏治獄」，「一章、一句、一字分看，逐條細看」，「看一說，又一說」；以至見「書間縫罅」，而書中之義理，「不待添字解」，而自然「抉開」，「分析爲片」；又謂讀書當「處處周匝，左右正面看，四通八達，于四停八當中見統要，以使博約分資。」更謂讀書于不能解得時，「亦當記得」；更當有「疑問」，亦以「詰難他者自詰難」；又謂：「解經，當切近其本旨而說之」，不可「本卑也而抗之使高，本淺也而鑿之使深，本近也而推之使遠，或本明也而必使至于晦。」（語類卷十蓋卿錄並屢見他處）凡此等等，則皆緣朱子之重在對文義求客觀的了解，而有之今所謂「分析」、「綜貫」、「記憶」、「疑難」，以求「如實知」，而「如實說」之功，而非象山、陽明之所及者。然就朱子之意，仍在由此客觀之了解，以求辨理之是非，以「文義卽躬行之門路，躬行卽文義之事實」而言；則其讀書之最後目標，與象山、陽明，固未嘗有異。象山、陽明于此文義上之工夫，雖或有意加以疏略，或疑朱子之在文義上所作之工夫太多，而礙其見道。然果學者皆由此以歸于躬行，則象山、陽明，固不能加以反對也。

然朱子之論讀書中有二段，則特堪注意，卽朱子曰：「讀書便是做事。凡做事有是有非有得有失；讀書而講究其義理，判別其是非，臨事即此理。」（語類卷十一可學錄）又曰：「讀書當先經後史」，而既通經，即必當讀史。朱子嘗曰：「學經者多流爲傳註，學史者多流爲功利」（語類百十四訓時擧）。讀史而本于經中之義理，以評判史事之是非，即所以免功利之習；既通經義，以評判史事之是非，即所以免傳註之病。故嘗曰：「讀經而義理融會」，若不讀史，「如陂塘水之滿，而不決以漑田。」（語類卷十廣錄）又言讀史必當知史事之是與不是，「觀其是，求其不是，觀其不是，求其是，然後便見得義理。」即以經義爲本而讀史也。由此二者，則見朱子之讀書，非只所以爲德性工夫之助。讀書非只是做事之具，而其本身即是做事。人既由讀經而義理融會，則讀史而判事之是非，亦學者原當有、當爲之事。若只視讀書讀史，爲此德性工夫之助，則講究義理至于融會，儘可專以身體力行爲務，而不更讀書，亦似無不可。依象山陽明之教言之，此時人亦似可脫略文字也。然依朱子之此類之言，則讀書之本身即做事，讀史而知其所記之事之是非，其本身亦所當爲之事。此蓋即朱子之所以若有爲讀書而讀書之意，亦若有其爲著書而著書之事之故。在此點上，固可說陸王之態度，與朱子實有所不同。然謂讀書即做事之一，義理既通，當據之以評判史事之是非，陸王固無加以反對之理由。而讀書既是做事之一，則放下書卷，脫略文字而做他事，如陽明之建功立業，象山之治其家族之事，或暫優游自在，專事涵養，朱子亦無加以反對之理由。則此中個人態度所偏重者之異，固無義理之衝突之可言也。

## 四　朱子言當格之物之限度，與格物窮理為在外或在內之問題

朱子之讀書原卽致知格物之一事。而關于朱子之言致知格物之義旨，則有二問題，爲吾人所當注意。一是格物之目標與範圍如何規定之問題，一是此格物之事畢竟是求諸外、或求諸內之問題。對前一問題，吾人如博觀朱子之言，便知朱子言學者當學聖人之無所不通、無所不曉，實非是泛說之無書不讀，無物不格之意。聖人實亦只是在其所當通當曉者之內，無所不通、無所不曉；而學者亦實只須于「書之當讀者，無所不讀，欲其無不察也；事之當能者，無所不能，欲其無不通也。」（語類九十三鎬錄）斯已可矣。朱子固明反對學「世間博學之人，………只是搜求隱僻之事，鈎摘奇異之說以爲博，不讀正當的書，……偏揀人所不讀的去讀，欲乘人之所不知以誇人。」（語類五十七僴錄）朱子于經史之書，必先經而後史；于經之中，嘗謂易、春秋，非學者之所亟；又謂讀其他經書，不如讀四書所得者之多；而此四書，固亦同爲象山陽明所視爲當讀之書也。朱子之大學補傳所謂「卽凡天下之物」而格之，蓋亦指人所當格之天下之物而言。故其大學或問又引程子「今日格一件，明日格一件」之言曰：「格物不必盡窮天下之物……今若于一草一木上理會，有甚了期」（語類十八人傑錄），更謂「徒欲汎然觀萬物之理，則吾恐如大軍之游騎，出太遠而無所歸。」（語類十八的廣錄）又謂：

「格物但須是六七分去裏面理會，三四分去外面理會方可。…半時已自不可。況在外工夫多，在內工夫少耶？此尤不可也。」（同上廣錄）再謂「今以十事言之，若理會七八件，則那兩三件觸類可通。」（同上人傑錄）又謂「心無限量，如何盡得？物有多少，亦如何窮得盡？……那貫通處，則纔拈起來便曉，是爲盡也。」（語類卷六十端蒙錄）又言：「不可盡者，心之事；可盡者，心之理。」（語類卷六十去僞錄）。則朱子所謂格物，明非汎觀萬物之理，而實重在格其內心之物，故在內工夫必須過半；又非一一之物皆須盡格，只須得其貫通之理則可；而此所謂貫通，亦固只是貫其所當貫，通其所當通而已。則朱子大學補傳所謂「卽凡天下之物」而格之，以至「眾物之表裏精細無不到」，文雖若有于天下之物無不格之意，然在實際上，其格物之事固只以當格之物爲限也。朱子答陳齊仲曰：「格物之論，伊川意雖謂眼前無非是物，然其格之也，亦須有緩急先後之序，豈遽以爲存心于一草木器用之間，而忽然懸悟也哉。」（大全卷三十九）則如陽明少年之任取竹子爲一物而格之至成病，而未嘗先問其當格與否，其未得朱子格物之旨固甚明。而今人謂陽明之格竹子不成，在少了科學方法，則離題愈遠，全不相干矣。

對于朱子所言之格物窮理之事，畢竟在外或在內之問題，如所格之物是內心之物，此事固明爲在內。然所格之物爲外面之物，則此事似爲在外；又書亦爲在外之物，則讀書以格物之事，亦似爲在外之事。然觀朱子意，實非以格物讀書之事，唯是在外。朱子嘗言「書固在外，讀之而通其義者，卻自是裏面事，如何都喚做外面入來得。」（語類百廿一琮錄）又言：「須看大學聖賢所言，皆是自家元有此理…卻不是自家無此理，他鑿空撰來。」（語類百十四文蔚錄）又「問博文是求之於外，約禮是求之於內否？曰何者爲外？博文約禮，是自內裏做出來。我本來有此道理，只是要去求。知須是致，物須是格。雖說是博，然求來求去，終歸一理。乃所以約禮也。」（語類卷三十六義剛錄）「事之合如此者，雖是在外，然于吾心以爲合如此之事而行之，便是內也。」（語類百廿四必大錄）「別人說出來，反之於心，見得爲是而行之，是亦內也…今陸氏只是要自渠心裏見得底，方謂之內…才自別人說出，便指爲義外。…將聖賢言語，便亦不信，更不去講貫。」（語類百廿四㽦錄）此諸語皆顯然不以讀書博文之事，與他人之言爲外，而不須多說者也。

至于泛言格物窮理之事之是否爲外求，則朱子語類十八壽錄一段頗重要。其言曰「或問（指朱子大學或問一書）云心雖主乎一身，而其體之虛靈，足以管乎天下之理；理雖散在萬物，而其用之微妙，實不外乎一人之心。不知用是心之用否？曰理必有用，何必又說是心之用？夫心之體具乎是理，而理則無所不該，而無一物不在，然其用實不外于人心。蓋理雖在物，而用實在心也。又云：理遍在天地萬物之間，而心則管之。心既管之，則其用實不外乎此心矣。……次早先生云：此是以身爲主，以物爲客，故如此說。要之理在物與在吾身，只一般。」朱子所謂格物之事，原爲即物窮理之事。此朱子所謂窮理之事，不外吾人今所謂知物之實然之狀，與其原因等「實然之理」，與吾人之如何應之當然之理。吾人今所謂物之實然之理，在朱子之用名，卽包括其所謂「當然之理」或「當然之則」之中。其所謂「所以然之故」，則恆指此當然之則，所以爲當然之理由，或此諸當然之則或當然之理，所自發之「天命之性」。故朱子言格物窮理，恆以知物之「當然之則」與其「所以然之故」爲言。依上引朱子言之意，乃是謂物雖可說有在吾之身之外者，然無論內在外在之物，其當然、所以然之理，則由吾人之心之知之。吾人之心知此理，卽理之昭顯于心之知之中。此理之昭顯于心之知，卽是理之用。理之用之所以能昭顯于心之知，則以理原爲普遍，而無所不該，乃可無所不在。故在外之物之理，亦可爲吾人之心之所知，而兼在吾人之心也。由此心之虛靈，而天地萬物之理，皆能顯于此心。原心爲天地萬物之理之「管」。管之中虛，卽所以喩心之虛靈也。天地萬物之理之用，在此心之虛靈中見。此又證吾人之心，原能知此理，此心之自有能「知理」之一用。朱子之言理「何必說是心之用」，乃因其是先自「物之客」，再說到「心之主」邊來，故不必只說理是心之用。然心之「知理」，固是心體之用，此「知理」中之理，亦心之用中之所自顯，而原在心之體者；則理固原爲吾人心體之所具者也。故終曰「理在心在物，總是一般。」此語類之一段，卽所以解釋其大學補傳由格物致知，而「眾物之表裏精粗無不到，吾心之全體大用無不明」之語者。若格物致知只爲向物求理，而非自顯其心體中所原具之理之事，則此吾心之「全體」與「大用」，何以皆可由此格物致知而「無不明」，卽全無法加以了解矣。

由上段所說，吾人便知朱子所謂格物窮理之事，實當自三面了解：其一是：吾人之心之向彼在外之物；二是：知此物之理，而見此理之在物，亦在我之知中；三是：我之「知此理」，卽我之心體之有一「知此理」之用。此知理之用，卽此心體所具此理之自顯于此知中；故謂心體具理，卽謂心具理以爲其體、爲其性也。然此性理之顯，必待于心之有其所向所知之物而得顯。故卽其物以致其知、窮其理，卽所以更顯吾人之心體中所原具之此理，亦所以顯吾人之性，而使吾人更知此性者。故窮理之事，卽知性之事。知性本爲知自己之內在的心之體、心之性。然不接物而致其知、窮其理，又不能眞昭顯此性而知性。故此卽物窮理之事，如以粗俗之言喻之，實似人之心知之向于外之物理，以拉出其心之性理之事，如船上之一捲之繩索，將一頭拴在岸上，則船移，而繩皆自出。如以較文雅之言述之，卽「求諸外而明諸內」之事。此乃實爲一合內外之事，固不可專視爲求諸外，或外在之事也。朱子大學補傳所謂格物須于物之表裏精粗無不到，語類曰：「表便是外面理會得底；裏便是就自家身上，至親、至切、至隱、至密、貼骨貼肉處。」（語類卷十六義剛錄）而此由表以至于裏，卽求諸外而明諸內也。

吾人如已識得上來所說，則更可引朱子之言格物讀書與爲學之事，皆「卽求諸外而明諸內」之言爲證，如朱子曰：「格物致知，彼我相對而言耳。格物所以致知。于這物上窮得一分之理，卽我之知亦知得一分；于物之理窮得二分，卽我之知亦知得二分；窮理愈多，則我之知愈廣，其實只是一理，才明彼卽曉此。」（語類十八僩錄）又曰：「萬理雖具于心，還使教他知始得。」（語類卷六十賀孫錄）「此心虛明，萬理具足，外面理會得者，卽裏面本來有底。只要自大本（體）而推之達道（用）耳。」（語類百十四訓時擧）「物與我心中之理，本是一物，兩無少欠，但要我應之耳。」（語類十二卷方錄）「或問所謂窮理，不知是反己求之于心，惟復是逐物而求于物？曰不是如此，事事物物，皆有個道理。窮得十分盡，方是格物。不是此心，如何去窮理？不成物有個道理，心又有個道理？枯槁其心，全與物不接，卻使此理自見，萬無是事。不用自家心，如何別向物上求？一般道理不知，物上道理，卻是誰去窮得？近世有人爲學，專要說空說妙，不肯就實，卻說是悟。此是不知學，學問無此法，才說一悟字，便不可窮詰。」（語類卷百二十一謙錄）「理是此心之所當知，事是此心之所當爲。人心皆自有許多理，不待逐旋安排入來，……聖人立許多節目，只要剔刮得自家心裏許多道理出來而已。」（語類卷二十三明作錄）「心包萬理，萬理具于一心，不能存得心，不能窮得理；不能窮得理，不能盡其心。」（語類卷九陽錄）　朱子大全續集卷十答李孝述問「理有未明，則見物而不見理；理無不盡，則見理而不見物。不見理，故心爲物蔽，知有不極；不見物，故知無所蔽，而心得其全。」又載孝述言「物未格，便覺此一物之理，……似爲心外之理，……及旣格之，便覺彼物之理爲吾心素有之物。朱子批曰極是。」由上所引，可證朱子之言格物窮理，乃卽求諸外而明諸內。至于人所以必當卽求諸外以明諸內，則朱子又或言此唯由吾人之心體之梏于形器，滯于聞見之故。則所謂求諸外之事，唯所以自開此梏滯，以明其內之原有者而已。故曰：「此心本來虛靈，萬理具備。……今人多是氣質偏了，又爲物欲所蔽，故昏而不能盡知。」（語類卷六十賀孫錄）卷六十七盡心說曰：「天大無外，而性稟其全。故人之本心，其體廓然無限量，惟其梏于形器之私，滯于聞見之小，是以有所蔽而有不盡。人能卽事卽物窮究其理，至于一日會貫通徹，而無所遺；則有以全其本心廓然之體，而吾性之所以爲性、天之所以爲天，皆不外此，而一以貫之矣」。故吾人若將一切求諸外之事，加以反省，而皆視爲明諸內之事，而更體驗之，則又可說：「性者，道之形體也。只是就自家身上體驗，一性之內，便是道之全體，千人萬人，一切萬物，無不是這道理。」（語類百十六訓義剛）「上有原頭，下有歸著……只在自己身上看，許多道理，盡是自家固有。」（語類卷百十四訓賀孫）是則明諸內，卽可統求諸外、及由外面理會而得者矣。

關于朱子由格物窮理，而得之理原爲內具之義，更可由朱子之反對胡文定所謂「物物致察，宛轉歸己」之說以證之。語類卷十八道夫錄「問物物致察，與物物而格何別？曰文定所謂物物致察，只求之于外，如所謂察天行以自強，察地勢以厚德，只因有物之如是而求之耳。初不知天如何而健，地如何而順也。……若宛轉之說，則是理本非己有，乃強委曲牽合，使入來爾。」知此物物致察、與物物而格之別，則知朱子之格物窮理，非只求諸外矣。

由朱子之格物致知，乃卽求諸外而明諸內之事，故陸王一派以朱子之格物窮理，若視理爲外，卽不免于誤解。在朱子之言心之性理處，更處處言此中直下萬理具足，此乃人之所得于天而具于心者。故時以「一性渾然，而道義全具、萬理燦然」爲說。此性理之原超越地內在于心，以爲心之本體之義，朱子與陸王未有異。其與陸王之分別，唯在朱子于心之虛靈知覺，與其中之性理之內容，必分別說。故心之虛靈知覺本身，不卽是性理。由是而人亦不能只反省其心之發用之處，卽以爲足以見性理之全。此心之接事物，而更求知其理，卽所以昭顯此性理。此心之「似由內而往外，以求理于外，而攝取之于內」之格物窮理之事，卽所以去其「形氣之梏、聞見之滯」，以使此心所得于天之「超越地內在于心之性理」，由上而下，由內而出，以昭顯于心之前，而爲吾人之心所自明之事。此中專自此性理之由上而下，由內而出，以昭顯于心之前處看，其與陸王之言性理卽心之體，由心之發用中見者，正無殊異。故陸王一派之學者，謂朱子之格物窮理，純爲視理爲外，求理于外，而後更攝取之于內，朱子蓋決不受也。陽明嘗言：「必曰窮天下之理，是殆以吾心之良知爲未足，而必外求之于天下之廣，以裨補增益之，是猶析心與理爲二也。」（答顧東橋）此言蓋指朱子之說。心與理是否爲二之問題，及陽明所謂良知之義，與朱子之言之關係如何之問題，今皆暫不及，于本文下篇再詳之。然如陽明只意謂窮天下之理，卽求之于心外之天下，以裨補吾心固有者之不足；則朱子固可謂此求之于外所得之理，亦原是吾心中所固有之理，求諸外，正所以明諸內，不能只說其乃以心之所固有爲未足也。

## 五 實然之理與當然之理及德性工夫之關係

然茲就朱子之格物致知，乃卽物而窮其理言，其旨亦有與陸王不同者。此不同，不關于此理是否原在內，是否原爲心之理之問題，乃在「此理可否兼說爲物之理」之問題，與「吾人是否能將吾人應物之當然之理，與一般所謂物之實然之理，在實際上加以截然分別；人不卽物窮其理，是否能顯此心之性理」之問題。在朱子之意，一切理雖原爲吾人之內在的性理，然此內在的性理，不只爲吾一人所具，亦爲一切人與一切物之所具。如仁義忠信之理，生成變化之理，卽我與人及他物所同具。如吾人由格物，而知他人有此仁義忠信，知草木之能生成變化；則當吾人之有此等之知之時，吾人固自顯吾人心中原具之此諸理，然此諸理，原同時爲他人他物所自具者。則此諸理應兼說爲物之理。至于吾人之見父而知孝，見兄而知弟，則此中之父與兄之物之本身上，固不可說有孝弟之理，存于父兄之身體之形色之上，可爲吾人之所見聞，而由外以入于吾人心內者。此孝弟之事，乃由吾人之心而發，此孝弟之理，卽在吾人孝弟之心之發用中。朱子固亦無異辭。然此孝所以對父，弟所以對兄。父不在前爲吾所知，則孝之心、孝之理可不顯；兄不在前爲吾所知，弟之心、弟之理亦可不顯。孝弟之心之理，必待父兄之物，爲吾人所知而後顯，則此孝弟之理，卽亦可說爲由見父兄，而呈顯之對父兄之理。

亦卽由父兄在前而顯之理。就此理之由父兄在前而顯上說，卽亦可說此理之在父兄；而可說在父之身上，有吾人對之當孝之理在，在兄身上，有吾人對之當弟之理在；則亦可說此孝之理卽在父上，與父不離，此弟之理卽在兄上，與兄不離；而此理亦卽兼在心與父兄之物矣。此固非此理在父兄之身體之形色之上之謂，然亦非此理卽只關係于吾人之心之謂。若只關係于吾人之心，則似應無父兄在前，而此理亦能自顯。陽明于此嘗謂若孝之理在父，「則父歿之後，豈吾心無孝之理耶？」如本文上篇第二節所引。此問在朱子固易答：卽自此孝之理原爲性理而言，父歿後此理當然仍具于心；然父歿之後，如心不念父，則孝之理仍畢竟不顯。如心中念父，此孝之心，仍對心中所念之父而顯。而此孝之理，卽亦對此父之物而顯。無此父之物爲吾人之所念所知，仍無孝之理之顯。則此孝之理，仍連于父，亦必卽父之物而在，並必待卽此父之物，而念父、知父，而後有此理之顯，此理之知。卽仍不能說此孝之理只關係于吾人之心，只在吾人之心，亦不可說其不關係于父之物，非亦在父之理矣。

由上所說，則對吾人應物之理、與此物之自身之實然之理，是否應加以分別之問題，如就朱子之所言者上看，實未嘗明對此二者，作截然分別。今觀其意，亦蓋不欲明作此截然分別。蓋此當然之理，既對物而顯，亦可說兼在物上；則對物之實然之理之知，卽可與吾人之所以應物之當然之理之知，相連而起而顯。如吾人念及父之聲音笑貌，吾之孝之心、孝之理，卽相連而起而顯，是其一例。此中吾人對父之聲音笑貌，所念及者，愈多愈廣，而此孝之理，亦愈起愈顯。若此念斷處，卽此孝之心斷處，此孝之理隱處。則此「當然之理之知」之顯，乃與「實然之事，實然之理之知」之顯，相依並展，而此後者之顯之展，正若先行于前，而前者之顯之展，乃繼之于後者。故如吾人之念吾父，而有孝之心之理之顯後，更念及吾父之有其父，則吾雖未見吾父之父，而此吾父之有其父，亦初不過一實然之事，實然之理。然吾人旣知此實然之事之理之後，吾人亦立卽可順吾對吾父之孝心，以推及于吾父之父，而吾之孝心卽連于吾父之父；此吾之孝之理，亦卽更伸展，而顯于吾所念之吾父之父之前。由此上推，而吾卽可更有對歷代祖宗盡孝之心。此卽爲吾人之孝之心、孝之理，隨吾所知之「父有其父之實然之事之理」，而俱展俱顯之一例。亦卽「求諸外之致知格物窮理之事，可使吾心之性理，更由上而下，由內而出，以顯于心之前而明諸內」之一顯例。則此當然之理之知，固可與對實然之事、實然之理之知，相依並展，而不須更加以截然分別矣。

由上所論，吾人卽可了解朱子之所以以格物致知，爲一切心性工夫之始，而不如陸王之將人之聞見知識與聖賢之學，加以分別之理由。此理由卽在人之聞見知識之擴充，原無不可連于人之當然之理之知之擴充，與當有行爲之擴充，因而亦連于心性修養、或聖賢之學之增進之故。如吾人讀書而知史事，雖若初與吾人之爲聖賢之學無關；然吾人由知史事，而更辨其是非善惡，而學其善者是者，卽明不能說與德性修養、聖賢之學無關也。人多識于草木之名，而更與草木相接，觀其生意，如周濂溪之由窗前草不除，而言其生意「與自家意思一般」，卽與人之養其生意生幾之德性修養，自然相關也。

實則凡吾人與物相接，皆可有應之之正與不正之別，而不應，又卽非正，卽皆與德性之修養有關也。故朱子嘗謂：「若物有來感，理所當應，而此心頑然，固執不動，雖無邪心，而只此不動處，便非正理。如應事接物處，理當如彼，而吾所以應之者如此，則雖未必出于有意之私，然只此亦是不合正理。既有不合正理，非邪妄而何？」（大全卷五十六答方賓王）此中人之聞見知識，與德性工夫之有關與否，唯以吾人于緣聞見所知之物之實然之理之外，是否更能兼知所以待物之當然之理，並循此理待之，以爲定。凡人能循當然之理以待物之處，卽皆無不與吾人之德性修養有關也。此在朱子，則固嘗謂讀書必求其義理之是，格外面之物，只估三四分，不能過半；格內面之物，當估五六分，必需過半。則讀書格物窮理，固皆當必求其與德性修養有關也。試思人若依朱子之言：于此外物之實然之理之知，恆連于對吾人所以待物之當然之理之知；而由對此當然之理之知，又必當繼以力行之事，如朱子所謂繼致知格物之事，而有之誠意正心修身之事；則一切聞見之知，或對物之實然之理之知，豈不皆連于人之所以應物之當然之理之知與行，而皆隸屬于德性修養之事乎？又豈必有陸王所謂：只務聞見知識，而悖聖賢之學之弊？陸王之謂聖賢之學，要在德性工夫，不在聞見知識等固是，而朱子亦未嘗于此有異議。然因此而謂聖賢之學，必與聞見知識相妨，或謂人之成其德行之事，無待于對物之有聞見之知，與先有之卽物而窮理之事，或謂此爲「支離」，則朱子將視此唯是人之「計較利害而不肯行」（語類卷百廿一賀孫錄答格物爲支離之問）的心而已。」

此中對朱子之致知格物之說，更進一步之問題，乃由「人之德性工夫，亦似明可不與其對物之實然之理之見聞之知，必然相連，而人當格之物，其範圍亦似終無定限」，所引起之一問題。在陸王，蓋卽由有見于此德性工夫與對物之聞見之知，不必然相連；以及人所格之物範圍，若無定限，則人卽可無定限的追逐聞見之知，而失其德性工夫，而亡聖賢之學；而陸王乃謂由聞見而有之知能多或少，無礙于人之爲聖賢；愚夫愚婦若無知能者，亦可同學聖賢；學者亦當認取其與愚夫愚婦與聖賢之眞同處，而不必求多知多能。然朱子固亦已觸及此上之問題，故有上文所引，格物限于當格之物之內之言，又有讀書除解文義外，當求明其義理，而身體力行之訓。朱子與陸王之歸宗義，同在爲聖賢；則依朱子義，于陸王之言人實際上之知能之或多或少，皆不礙其爲聖賢，固亦可應許。然朱子可說，此乃對已成爲聖賢之人，而更自外加以評判之語。若在學者份上說，則其工夫，皆在不斷成就其德性之歷程中進行。在此歷程中，學者固不能先謂其不須求更多之聞見，更多之知能，而先自謂其聞見知能，與其爲聖賢之事無關也。因學者若作此想，則是先自限其聞見，自限其知能矣。此聞見知能之限處，依上節所論而觀，卽其德性之表現之限處，亦卽其德性工夫之限處也。則學者若于此時自謂其聞見知能，可多可少，浸至謂其可有可無，卽無異自安于此自限，而不更學。有此不更學之念，卽亦于德性有虧，而此念卽當加以去除者也。去除此念之道無他，卽求多聞多見、多知多能，以增益其對物之實然之理之知，同時亦增益其應物之當然之理之知而已。朱子謂聖賢未有不多知多能，卽言其不以其已有之知能自足，而必更求多之謂。此又正卽朱子所謂格物致知之實功也。至于若問：此格物致知之實功之所及者，畢竟其範圍，是否有窮盡、有定限？則眞在此工夫之進行中看，實不當問，問亦不能答。如必欲問，則依朱子義，當答：如自外而觀，此工夫之進行，其範圍乃時在擴充之中，卽不能有窮盡或定限。所謂「道無所不在，無窮無盡，聖人亦做不盡，天地亦做不盡。」（語類卷六十三銖錄）吾人亦不能指天下之任何物，而說其物之必不當格，其理之必不當知也。故朱子亦可汎說學者于天下之物，當「無所不通，無所不曉」也。然自內而觀此工夫進行之所自始，則又儘可時時有其定限之範圍。此卽由吾人所接之當前之物，原有其定限之範圍。吾人于所接物之中，固原可只如前引朱子言格物之語，以別其輕重緩急，定當格之物先後之序。吾所視爲最重要之物，卽吾當下所當格之物，以爲吾人格物致知工夫之始點者。吾人亦不愁無此一始點，以爲吾人當下之格物致知之功之範圍也。然吾人在有生之年，要必須由此始點，以更向前進行，而不能說其進行與否，無關于吾人學聖賢之工夫也。人固實不能離此對「物之實然之理之知」之增益，以言「對當然之理之知與行」之增益；人亦卽不能離此格物致知之事，以言此心之內在的性理，能自呈顯于吾人之知與行之中，而分聖賢之學，與其聞見知能之增益，爲二事也。此則朱子言格物致知之精義所存，而非陸王之言之所及者。朱子若本其于此義所見之精，以謂象山之學之不知此格物致知之義，亦不知人之所以當讀書之理由，而謂象山不知窮理讀書，又未嘗不可說者也。

## 六　朱子之卽物窮理以致知之義，非陸王所能廢，與陸王之「四民異業同道」、及朱子之「學者異學同道」之現代意義與超現代意義

關于上來所說朱子之卽物窮理以致知之論，吾意其中確有精義。此決不能如陸王一派學者，以此乃外心求理，而加以評斥者。陸王之言中，雖未能重此義，然固未嘗反對此義，實亦不能反對此義。象山固嘗言其在人情物理事勢上用工夫，**非識物價之低昂之類**。然象山亦非不識物價之低昂之類，而其德性工夫，亦未嘗不依此「識物價之低昂」之類而用也。故象山亦嘗言，「理只在眼前，須是事事物物不放過，磨考其理。」（全集卷卅五語錄）此磨考其理，固當包括物之實然之理，與吾人之所以應物之當然之理。此磨考其理，亦當卽象山所謂學問思辨之功，格物致知之事。象山亦嘗言：「古之君子知固貴于博」，唯謂不當以「不知爲慊」耳。（卷三十五語錄）專在此點上言，其意亦不必不同于朱子也。至陽明言致良知于事事物物，此所謂事物，固恆是指吾人之意念；此意念，自亦兼原于吾人一般所謂對外物之見聞之知。陽明謂「良知不因見聞而後有，然見聞亦莫非良知之用。故良知不滯于見聞，亦不離于見聞。」（答歐陽德書）則人之「緣聞見，以擴充對所聞見者之知，而更由良知以知吾

人應物之意念之是非之事」之全，亦卽正包涵朱子所謂卽物窮理以致知之事者也。至象山陽明之以聖賢之所以爲聖賢，不在其聞見知能之多，則朱子亦未嘗不有此言，如本篇第二節所引及。然此中之關鍵，唯在學聖賢者，是否不當求充其知能、擴其聞見。依朱子義：則學者不能不于此有擴充之功，否則德性亦不得擴充，而于德性亦有虧也。然在實際上，則人眞有陸王之德性工夫者，固亦必依其仁智之心，以自然地求擴其聞見、充其知能，以爲其據德依仁、而應事接物之用。此卽陸王之必不能反對此義也。則陸王與朱子之言，雖各有偏重，而陸王之所行，實不能眞違此朱子之義；則謂陸王之言既立，卽能廢朱子所言之卽物窮理以致知之義，亦非也。

于此吾人如欲進而論朱子卽物窮理以致知之教之另一眞問題，則此實不在一一學者之身上說者。在此一一學者身上說，則其果一方盡力于其知能與聞見之擴充，一方又以成德爲目標，而沿其知能聞見之所及，以時時本當然之理之知以應物，朱子之言固亦無流弊之可說。唯朱子又嘗明言：自物之本身上看，一一物皆原自有其當知之理；而人亦皆當有其應之之道，否則在人便少了此理。如其言：「天下書無不是合讀的，無事不是合做的。若一個書不讀，這裏便缺少此書之理；一件事不做，這裏便缺少此事之理。大而天地陰陽，細而昆蟲草木，皆當理會。不理會，這裏便缺少其物之理。」此段語固可只在勉勵學者，而就上文所引朱子言觀之，朱子實亦未教人眞讀盡一切書，格盡一切事物之理也。然至少就此段語之表面意義上看，總是說一切物（包括書與事）有當知之理。依朱子之一切事物皆有理，而人之性理亦原無所不備之義說，則一理不知，亦總是一缺少。然循前所引朱子之文，言人之格物，只能就其輕重緩急之序，以定吾人所當務，人又不能免于此缺少。此二者間，便似終有一矛盾。此矛盾，雖似無最後之解決之道，然亦未嘗不可有一相對之解決之道。此卽吾人于此天下之理，除其爲一人已依輕重緩急之序，所當知、能知、而求知者之外；吾人可更望其餘天下之物之理，爲他人之自依其輕重緩急之序，所視爲當知而求知者，並望他人之實有能知之者。由此而吾人爲學，卽理當于自感其當知能知者之有定限時，同時與人分別勉力于不同之學問，使我與人能分別對不同之物之理，各有其不同之知。此卽人與人在學術上之分工之事也。此不同之人，在學術上之各有其不同之知，若皆包涵對不同之物之實然之理，與人所以應其物之當然之理；則人對此天下之物，各有不同之知，卽皆無礙于各自盡其心知之事矣。唯以此朱子之言天下之物之理皆當知，卽涵人在學術上當分工之義。故後之爲朱子之學者，乃自然傾向于所謂專門專家之學。至于後之爲專門專家之學者，或只尙對聞見之知，一般知識之知，更不求知人之所以應物之當然之理，並循之以自盡其心知，則朱子之學之發展之不幸也。

由上所述，朱子之學原有一向學術上之分工而發展之義，而此義則又正與陸王所言之至治之世，人各知其所不知不能，而以知能相輔爲用，可統于陽明所謂「四民異業而同道」之一言者，其義又互相應合。此由朱子而發展出之學術上之分工之義，在後之學者，雖唯見之于對中國原有之種種考據、訓詁、聲韻、校勘、版本、天文、地理、律曆、制度、風俗、文物等專門之學之研究之中。然循朱子之此義，亦未嘗不可發展出種種吾人今日所謂分門別類之自然科學與社會科學。由陸王之言農工商賈，皆可爲聖賢之學，而各盡其知能；則循其義而發展，亦卽當重視吾人今日所謂一切社會中之專門職業之分工。本朱子所謂天下之物物有理、事事有理，「一物未格，卽少了此一物之理；一件事不做，卽少了此事之理」；則社會上之少一農、一工、一商，亦卽少了農工商所爲之事之理；而社會上少任何之一職業，亦皆少了一理。則由朱子之言，亦同可開出陸王之「四民異業而同道」之義也。至由陸王之言農工商賈皆可各盡其知能，而亦各可成爲聖賢之學說來，則爲專門之學者，自亦可各于對一專門之學，求多知多能之外，並兼學爲聖賢。則此專門學者亦當異學而同道。而此正朱子之教之所涵之旨也。此專門之學者之可爲聖賢之學，亦如農工商賈之可爲聖賢之學，而專門之學者，亦與農工商賈之同爲一行業，以存在于社會，而無高下之可言者也。又農工商賈，固原可兼爲專門之學，爲專門之學者，亦原可兼爲農工商賈。此卽現代之專門之學與社會職業打成一片之事也。朱子陸王之學，共有此「四民異業而同道」，「學者異學而同道」，其中包涵學術之分工與社會職業之分工之義。卽三賢之學同有之現代意義也。然現代之言學術分工與社會分工者，有種種專門學術與社會職業之相輔爲用之義，而無人人皆以成德爲本之義；更無使人人皆學爲聖賢、學爲堯舜之義；亦無教爲專門之學者、與社會各職業之人，不以其專門知識技能相矜尚，而相忘于其多能多知之義。是則又有「

異學」、「異業」，而實無「同道」也。只有異學異業，而人各自限于其學其業，以相矜尙，其心志遂小，卽自昔儒者所謂小人。則今之大學者、大企業家，而不關心天下國家者，猶小人也。社會必有同道之學，人乃爲大人。則現代之社會，雖遠大于朱子與陸王所在之社會，其學與業，猶是小人之學與業，而亦尙小于朱子陸王所言之大人之學與業也。此則現代之學術與社會，尙未能及于朱子與陸王之聖學之義者也。

此上所言之陸王之學所具之現代意義，恆爲人之所忽。然于朱子之學有關後世之專門之學之意義，與其天文、物理之論，有今所謂科學精神，可與今之科學相接，則頗爲人所見及。然朱子之學所以能發展出此學術分工之義，以使「學者異學而同道」，以與陸王之「四民異業而同道」之旨相應合，而又同具有一超現代之意義，其故所在，亦爲吾人所不可不知者也。

## 七 朱子與象山之工夫論之異與同

由上所論，是見朱子之卽物窮理以致知之義，陸王之言，雖未能及，然亦實不能違。而陸王之言聖人與學者，皆終有其所不知不能之義，朱子亦實不能外。由朱子所謂：天下之事事物物皆有理、皆當被知，而學者亦當盡其知能以知之行之，則理當歸于言「學者異學而同道」。由陸王言人皆當知其有所不知不能，更以其知能相輔爲用，則理當歸于「四民異業而同道」。而朱子與陸王之學，則合以涵具一現代的學術社會之分工義；而又在異學異業之外，同有此同道之義，以超過現代。是卽見三賢之學之異，而未嘗不同歸之一端。然若專自其學之異處言，今暫捨陽明不論，則朱子所暢發之卽物窮理之致知之義，更爲其學之特徵。此與象山之言心卽理，而教人自覺其理之顯于其心之發用中者，求有以自信之教，正相對應，而亦實各有千秋。此中之不同，在象山之教人自覺其理之顯于心之發用中者，乃就此心之爲道德的心、此理之爲道德的理處，正面的回頭自覺其「此心所已顯之此理，而有以自信」。則此工夫，要在人之「知其自己之所已知」于內，以成其「所已知者之相續者。」而朱子則由其學之特有見于人之氣稟物欲之雜，故不取此工夫，而亦疑象山之自信其心之教，乃由其不見此氣稟物欲之雜之故。此如吾于朱陸異同探原所說。朱子之卽物窮理以致知，則要在緣吾人之心對外物之聞見，知物之實然之理，以使吾人應物之當然之理，皆呈顯于心之前，而此亦同時是使原「超越的內在于吾心之性理」，自呈顯于心之前。此卽前所謂「卽求諸外以明諸內」也。此其要則不在人之知其所已知，而在人之「知其所不知」。蓋朱子特有見于人之氣稟物欲之雜，而心恆昏蔽有所不知，故重此知其所不知之工夫也。至於由此朱子卽物窮理以致知工夫進一步，則爲本此性理已呈顯于心知之前者爲標準，以反省吾人之意念，而定其是非，而有誠意之工夫。而與此格物致知誠意之工夫相輔，以更爲其本者，則爲直在此心此身上用之主敬或持敬工夫。此工夫要在凝聚身心，使一切不合理之意念不得發，亦在自積極的存養此心之虛靈明覺，使超越的內在之性理，得其自然呈顯昭露之門，而格物致知誠意之事，亦易于得力。此主敬工夫，又實卽正心修身齊家治國平天下工夫之本也。至在象山，則與其正面自覺此心卽理，而自覺自信之工夫相輔者，則爲吾人前所言之立志求其心量之開拓，以超拔于一切心之私欲意見之外，及自疑自克，以「去障蔽」或「去病」之工夫。此則意在消極的除掉此心中已有之不合理之意念，使此卽理之心之發用流行，無阻無隱。此朱子所言之持敬，以存養此心之虛靈明覺之工夫，雖最爲象山所不契；然其目標，亦正在打開出心之性理昭露呈現之道路，使此心于未發時所具之理，得顯于心之發用流行，人乃更能依理以應物。此則正與象山所謂立志以開拓心量、去障蔽、去病之工夫，意在打開出此心此理之發用流行之道路，其功效正無二無別。唯象山之立志以開拓心量、而去障蔽、去病，乃當下此心，自覺其心之卽理者，「充實于內，更滿發于外」，以掃蕩其外」之工夫；而朱子之主敬，則爲當下此心，自覺其心之具理者之「收攝于內，更不見其外，以保任其內」之工夫耳。然在實際上，人用朱子之主敬工夫，以保任其內之虛靈明覺時，卽在事實上，亦須多少有一自其心之私欲意見之障蔽，超拔而出，加以掃蕩之事。此猶人之全不能去外侮者，則不能自固也。人在事實上，若無心之虛靈明覺之保任于中，亦不能超拔此一切障蔽而掃蕩之，以有象山之工夫。此則猶人之全不能自固者，亦不能去外侮也。然象山之超拔、掃蕩之言，可由教者對學者而施，以加力于學者，如助其去外侮；而朱子之言主敬以自保任，則純爲一人之自固之工夫。象山之善感發人，蓋由其能善加力于學者。然外加之力去，而學者舊習或仍在。此卽象山門下，或「今日悟道，明日醉酒罵人」也。則此象山之敎，對學者言，可以成其學之始，而不必能成其學之終。若一人只自用朱子之主敬以自保任之工夫，則缺點在人之自力之恆有所不足，而傷于拘緊，則其學又恆難于成始。然若其自力足，則又無猛進猛退與拘緊之病。則此二種工夫之效用，依人而定，原無必然之衝突，亦實無必然之得失。學者當因資質而學，敎者亦當因材而敎，而因時因事之不同，則言非一端，以各有其用。而人之「用」在此者，未嘗不能「知」在彼，而後其學爲大學、其敎爲大敎。人若本一工夫之得，以觀另一工夫之所失，而作之評論，實亦皆未必當矣。

上言朱子與象山之工夫論雖不同，其立義正有其互相對應之處；總結而說，咸有兩端。朱子之兩端，爲「主敬以存養此心之虛靈明覺」，與「卽物窮理以致知」之兩端。主敬爲朱子早年承程子之敎，而切己用功，參中庸之中和問題所定之論；而卽物窮理以致知，則其晚年對門人施敎時所重之義，此則歸本于大學。象山之兩端，則爲「知心之卽理，而自覺自信」，與「立志開拓其心量而去障蔽」。而此兩端則爲發明本心之一事之兩面，蓋象山少年立志時卽已定之見，乃承孟子之學而成。在朱子兩端中，卽物窮理以致知，爲向外開拓之工夫。心之向物窮理，始于心之動；而其知理、止于理，則歸在靜。主敬爲向內凝聚之工夫。心之以敬自持，則始于靜；而目標又在「顯性理于心之發用流行中」，而未嘗不歸在動。在象山之兩端，則知心之發用之卽理，而自有其自覺自信，此卽其所謂

「凝道」之事，乃「向內之凝聚以靜，而又不離動」之工夫。而其立志以開拓心量、以去障蔽、去病，則爲向外開拓之工夫。此則爲心之自身之一內在的震動。心有此震動之處，卽有心之發用流行之循理而具理，如雷雨動而天自靑，以動而未嘗不靜。故朱子于動靜，必分而後合，一動一靜之間，若有先後。而象山則恆直下合動靜說，動靜可無先後。此中之毫厘之差，如放大而說，亦可有天淵之別。但今不擬深論。若不重此毫厘之差，則其皆意在貫通動靜，亦無不同也。在朱子，讀書論學、卽物窮理以致知，爲博文之事、道問學之事，亦知之事；本所知之之理以誠意與主敬、以正心修身等，爲約禮之事、尊德性之事，亦行之事。在象山，則對其心之卽理者之自覺自信，爲知之事；對人指點此心卽理，而講學明道，皆其所謂「講明」之事，亦知之事、道問學之事。而循此自覺自信之知，以開拓心量、去障蔽、去病，使此心之發用流行，無不具理；卽其所謂「踐履」之事、行之事，亦尊德性之事。朱子與象山之學，同有此知行之二端：道問學尊德性之二端；則謂朱子重知、重道問學，象山重行、重尊德性者，在朱子與象山，皆決不受也。朱陸之同有此二端，卽朱陸之學之異，而未嘗不同之一端也。後之陽明于此朱陸所言之知行並進，皆不謂然，而合知行爲一，其立義乃兼不同于朱陸。而陽明合知行、通心之虛靈明覺與天理之義，皆由朱子所言格物致知、已發未發、中和、體用、動靜、存養、省察、戒懼之義而轉出。此則陽明之不同于象山之重明道辨志，以發明本心，而次中和戒懼等工夫之教，蓋正為陽明之所以言象山之言「細看有粗處」之故。是見陽明之學正為由朱入陸，以通朱陸之學者，此則于本文下篇，當再一一詳及之。

# 第十二章　朱陸之學聖之道及王陽明之致良知之道（下）

## 一　總述陽明與朱陸之異，與其同于朱而異于陸，及兼尊朱陸之諸端

陽明之學，世皆謂其承陸學，本文上篇，亦嘗就陸王同處諸大端，一一舉出。然自細處看，則陽明之學，雖歸宗近象山，其學之問題，則皆承朱子而來；其立義精處，正多由朱子義，轉進一層而致。朱陸之學，自其原而觀，吾于朱陸異同探原，謂有程朱之傳，亦有程陸之傳。今言朱子與陸王之異同，則將重在言陽明學足爲朱陸之通郵之處。斯可見程朱與陸王之學，正有如一菱形四角之互相關聯，非只可視如對壘之二派而已。玆先粗述陽明之言，其兼異朱陸、同朱異陸、及兼尊朱陸之諸端，然後再細察陽明之問題，與所立義，其承于朱而進至于陸之處。

一、吾人在本文之中篇之末，嘗謂朱子與象山之工夫，皆有知行二面。朱子分知行爲二，而知先行後，當使二者並進之言，隨處皆是。朱子語類卷九論知行一部，可見其要。象山謂爲學有講明、有

踐履，以分知行爲二之言，則詳見其與趙詠道書（卷十二）。其言曰：「爲學有講明、有踐履、大學致知格物，中庸博學、審問、謹思、明辨，孟子始條理者智之事，此講明也。大學修身、正心，中庸篤行之事，孟子終條理者聖之事，此踐履也。……未嘗學問思辨，而曰吾篤唯行之而已，是冥行者也。……講明之未至，而徒恃其力行，是猶射者不習于教法之巧，而徒恃其有力，謂吾能至于百步之外，而不計其未嘗中也。」又與彭子壽書言：「講明、存養，自是兩節，存養卽踐履也。」再其答劉淳叟書謂：「中庸固言力行，而在學問思辨之後，……仁、智、信、直、勇、剛，皆可以力行，皆可以自得。然好之而不好學，則各有所蔽，倚于一說一行而玩之，孰無其味？不考諸其正，則人各以其私說，而傅于近似之言者，豈有窮已哉？」（卷四）此以學問思辨爲先，卽以講明與致知爲先也。象山所謂講明，自非所謂口耳之學，而要在實明其義理。故嘗謂：「一意實學，不事空談，然後可以謂之講明，若謂口耳之學爲講明，則又非聖人之徒矣。」然要之「講明」之明義理，乃知之事，與行之事固不同也。由象山之言學有講明爲知、踐履爲行，以分知行爲二，故陽明之主知行合一，卽不特與朱子之言異，亦明與象山異。陽明全書卷六，答友人問：「聞先生嘗稱象山于學問頭腦處，見得直截分明。今觀象山之論，卻有謂學者有講明、有踐履，及以致知格物爲講明之事，乃與晦菴之學無異；而與先生知行合一之說不同。陽明曰：君子之學，豈有心于同異。吾于象山之學有同者，非是苟同；其異者，自不掩其爲異也。吾于晦菴之學有異者，非是求異；于其同者，自不害其爲同也。」又陽明全書卷五與席元山曰：「象山之學，簡易直截，孟子之後一人。其學問思辨，致知格物之說，雖亦未免沿襲之累；然其大本大原，斷非餘子所及也。」此皆見陽明雖推尊象山，然亦謂其學與象山有同有異，正如其與朱子之有同亦有異也。陽明之言知行合一，則固與朱子象山皆不同者也。

二、象山所謂講明之學，固即其所謂致知格物之事。然其所言致知格物之義，則不同于朱子，亦不同于陽明。若朱子所謂即一一之物而致其知，以一一得其理之事，與陽明所謂于事事物物一一致其良知之事，皆非象山言講明之主旨所存。此講明，如孟子與聖並言之智之事。智之事如射之事，要在先知所欲中之「的」。此即人之心志之所向。此一心志之所向，必先自知，此即待乎人之直下開拓其心量，以求居廣居、立正位、行大道，是謂明于道，而志于道，以先立其大者。至于即一一之物，而窮其理，與即一一之意念，而是是非非，以致吾人之良知，在象山之學，即皆落在第二義以下，乃必待明于道、志于道而後可言者。象山之謂朱子如泰山喬嶽而不見道，蓋即指朱子工夫徒在此第二義上用，而未能直下開拓心量，以立其大、而明于道言之。故其與郭邦逸書謂：「是故君子戒謹乎其所不睹，恐懼乎其所不聞，學者必已聞道，然後知其不可須臾離；知其不可須臾離，然後能戒謹不覩，恐懼不聞。元晦好理會文義，「是故」二字，也不曾理會得，不知指何爲聖賢地位？」(全書卷十三與郭邦逸)象山又言：「此心炯然，此理坦然，物各付物，會其有極，歸其有極矣。所過者化，所存者神，上下與天地同流，豈曰小補之哉！……不然則作好作惡之私，偏黨反側之患，雖賢者智者有所未免，中固未易執，和固未易致也。」(全集卷一與趙監) 依此所言，正見象山乃以明于道，而「此心炯然，此理坦然，過化存神」，爲第一義工夫；以在一一意念上戒謹恐懼、致中和之工夫爲第二義以下之事。象山又言：「良心固有，更不待言。但人之見理不明，自爲蒙蔽，自爲艱難，亦蒙蔽他人，艱難他人。善端不得通暢，人心不亨，人材不得自達，阻礙隔塞處多，但增尤怨。」此則明是以見理、去蒙蔽、打開阻礙隔塞，爲亨通人心之本，然後良心之用，可得而見。象山又言：「古書有明理之言，有教人用工之言，如中庸首章惟戒謹不睹、恐懼不聞，及謹其獨，是用工處；次章惟致中和是用工處，他辭皆明理之言。」(卷十二與黃循中) 此亦是謂中庸乃以明理之言爲主，而不以戒謹恐懼、致中和之言爲主；而此明理之自身，卽象山之工夫之要也。則朱子之由格物致知，而知當然之理，以自誠其意、自愼其獨之工夫，固爲第二義；而陽明之言致良知，卽其一一意念，以是是非非，正其不正，以歸于正，而重良知之自爲戒愼恐懼之義者，亦爲象山之學之第二義也。此中戒懼之問題，其義甚深；朱子陽明，固于此皆自有其精切之見。然象山之言，亦自有其高明透闢之旨在，不可加以輕忽，或遽混同朱王之言而論者。本篇後節更當申說。此又一象山之兼異于朱子陽明之義也。

三、對天理人欲之一問題，亦宋明儒學之重要問題。程朱皆言存天理去人欲，亦皆有其切實之義。而象山則雖亦時言及去私欲以明天理，然殊不喜以天理人欲對言。嘗謂「人心，人欲也；道心，天理也，非是。人心是說大凡人之心……謂人慾天理非是。人亦有善有惡，天亦有善有惡，（日月蝕，惡星之類）豈可以善皆歸諸天，惡皆歸諸人？」「天理人欲之言，亦自不是至論，若天是理、人是欲，則是天人不同矣。此其原蓋出于老氏。樂記之言，亦根于老氏。」（全集三十五語錄）。蓋在象山，人能直下自拔于其私欲意見之蔽障，以滿心而發；則充塞宇宙，無非此理。此理爲人之極，亦天地之極，是爲皇極。于此中更不可分天人爲二。然在朱子，則天理固原卽人心之性理，然以人之氣質之偏，物欲之雜，聞見之滯，天理恆不得流行，以自大本而形爲達道。故人之工夫，要在辨其意念之孰爲天理之公，孰爲人欲之私，而存天理、去人欲。此天理人欲之分，初非自人心之大本大原上看出，而是自人心之流之末上看出。然不在此流上末上分辨二者，更存天理而去人欲，則人亦不能充達得此本原。象山之由人能直下超拔于其意見私欲之外，而謂此中無天理人欲之分，與朱子自人之實未能有此超拔，而言此中實有此二者之分，亦不必衝突。然由此而言工夫，朱陸卻又有不同。陽明之言致良知，則又正是重此天理人欲之辨。陽明之言良知之是是非非，卽初表現于其存天理、去人欲之事之中。陽明之重此二者之辨，卽又明近朱子，而與象山不同者也。

四、陽明之立義，此外尚有顯而易見，不同于朱子與象山者，卽陽明對佛道之評論是也。象山以公私義利嚴辨儒佛，而斥佛；朱子以心理虛實之義，嚴辨儒佛而亦斥佛。陽明則謂儒佛只有毫厘之別，亦時引禪宗如「不思善、不思惡」、「無所住而生其心」之言以講學，而更無忌諱；又有廳堂三間之喻，以謂儒家原有佛家之「無」、道家之「虛」之義。此亦異于朱陸之嚴斥二氏之學者。其中之故何在，則關連于心與理之虛實之核心問題，其義亦實深邃，後文再細論之。

五、由上所述，是見陽明與朱陸三賢間，實互有異同。陽明固有不同于朱子者，亦有兼不同于朱陸、與異于陸而同于朱者。觀陽明對朱陸之評論，則吾人又可見陽明雖極推尊象山，而亦未嘗以其學爲至極。陽明言雖似多議朱子之失，然又未嘗不力求與朱子能相契會。玆稍詳舉文句爲證。如陽明固嘗言「濂溪明道之後，還是象山。」（傳習錄下）更言「象山之學，簡易直截，孟子之後一人，其于大本大原，斷非餘子所及」（全書卷五與席元山），如上所引及。然其答徐成之書，實又以朱陸並稱爲聖人之徒。唯以「朱子之學，天下之人童而習之，既已入人之深，有不容于論辯者」，「獨惟象山之學，以其嘗與晦菴之有言，遂擯放廢斥，若碔砆之與美玉，則豈不過甚矣乎？」「晦菴之學，既已如日星之章明於天下，而象山獨蒙無實之誣」（指被誣爲禪學，見全書卷二十一答徐成之書），然後陽明乃爲象山「一暴其說」。此固非陽明自謂其學之全同象山也。陽明亦嘗言象山之言「細看有粗處」（傳習錄下）又嘗謂「象山于致知格物，……皆相沿如此說，亦是象山見得未精一處，不可掩也」。（卷六答友人問）至于象山之言之其他粗處何在，陽明固未多及。此蓋唯由自昔儒者，不喜輕議前賢之故。然就其所已言者觀之，固已可見陽明之學，明有不同于象山者。故有上文所引「吾之學有於象山同者，非是苟同，其異者自不掩其爲異。」之言也。

陽明固謂象山直接孟子之傳，正如象山之所自許。陽明亦未嘗不尊重孟子。其嘗言「孔孟既歿，此學失傳幾千百年，某賴天之靈，偶復有見……」（全書卷八書魏師孟卷）卽以孔孟並稱也。然陽明嘗謂：「顏子歿而聖人之學亡」。（全書卷七別湛甘泉序）其所最推尊者，明爲顏子。故又謂「孔子無不知而作，顏子有不善未嘗不知，此是聖學眞血脈路。」（傳習錄下）易傳之謂「顏子有不善未嘗不知，知之未嘗復行」，正陽明卽知卽行之功也。傳習錄上載陽明曰：「顏子在心地上用功……顏子不遷怒、不貳過，亦是有未發之中始能」，又載：「問顏子歿而聖學亡，此語不能無疑。」先生曰：「見聖道之全者，唯顏子，觀顏子之喟然一嘆可見。……道之全體，聖人亦難以語人，須是學者自修自悟，顏子雖欲從之，末由也已，卽文王望道未見意。望道未見，乃是眞見。顏子歿而聖學之正脈，遂不盡傳矣。」又作見齋記，亦稱「顏子之見而未嘗見，是爲眞見。」。（全書卷七）然象山于孔門學者，則于孟子外，唯大稱仲弓、子思、曾子，（全集卷一與姪孫濬書）而尤稱曾子之「江漢以濯之，秋陽以暴之，皜皜乎不可尙」之心胸；（卷三十四語錄）而于仲弓則嘗言：「想其爲人，沖靜寡思，日用之間，自然合道」。（卷三十四語錄）以顏子比仲弓，則象山嘗謂：「顏子爲人，最有精神，然用力最難；仲弓精神不及顏子，用力卻易。」（卷三十四語錄）又謂：「顏淵喟然之嘆，當在問仁之前；爲邦之問，當在問仁之後，請事斯語之時；乃其知之始至，善之始明時也。」（全集卷一與胡季隨）復謂：「顏淵問仁之後，夫子許多事業，皆分付顏子。顏子歿，夫子哭之……夫子之事業，自是無傳…夫子之道，至孟子而一光。然夫子所分付顏子事業，亦竟不復傳也。」（卷三十四語錄）蓋在象山之意，顏子之「喟然一嘆」，只是「知之始至，善之始明」，其地位尚低。顏子歿而夫子之事業無傳，非其道之無傳也。夫子之道，則「自曾子傳之子思，子思傳之孟子，乃得其傳，外此則不可以言道。」（全集卷一與李省幹）故夫子之道，「至孟子而一光」，又曰：「夫子以仁發明斯道，孟子十字打開，更無隱遁」也。（卷三十四）

按上述象山稱仲弓過于顏子，朱子亦嘗論及其言之不是（語類卷四十二）。朱子自是推尊顏子之克己復禮之心地工夫，與象山之只以顏子爲傳夫子之事業者不同；正如象山之以顏淵之喟然一嘆，不過其知始至、善始明之時，與陽明之以此而謂顏子之「眞見聖道之全，而其不見爲眞見」不同。誠然，朱子推尊顏子，在其克己復禮；陽明推尊顏子，在其「眞見」，其旨亦不全同。然在心地工夫上尊顏子，朱子與陽明固同；而皆不同于象山之特推尊仲弓，曾子，子思與孟子，而只視顏子爲傳夫子之事業者也。吾嘗欲就此宋明諸儒于孔門弟子之所推尊，以還觀諸儒之學。蓋千百世之上下，人心之所契，皆決無偶然，而若合符節。上述陽明與朱陸，對顏子與孔門弟子所推尊者之不同，其故正有待于吾人之措思。朱子與陽明，同在心地工夫上推顏子，皆承周程之上希孔顏之旨而來。象山之尊孟，反爲別一傳承。今陽明謂象山能傳孟子之學，而終未嘗言其能傳其所推尊之顏子之學，又正見于陽明之亦未嘗以象山之學爲至極也。玆按陽明之象山文集序又有曰：「周程追尋孔顏之學，象山陸氏，雖其純粹和平，若不逮于二子；簡易直截，眞有以接于孟子之傳；其議論開闢，時有異者，乃其氣質意見之殊，而要其學之必求諸心，則一而已。故吾嘗斷之曰：陸王之學，孟氏之學也。」（全書卷七）此中，陽明先言周程追尋孔顏之學，亦陽明所宗。而于象山，則唯言其接孟氏之傳，而又謂純粹和平，不逮周程，則其議論之殊，陽明亦固未必皆謂然也。

至陽明之于朱子，則固對朱子言心與理、致知格物與主敬、已發未發、存養省察之論，多有所議。而其不滿于朱子言主敬，亦正與象山之反對朱子持敬之說正相類。象山以持敬爲杜撰，（象山全集卷一與曾宅之）陽明亦以朱子之主敬，乃一牽合之工夫。（傳習錄上答蔡希淵問）其言固相類也。然陽明此外之疑于朱子之義，則又正皆承朱子之問題而來；唯于朱子以條目加以分別並列者，皆欲貫通之以爲說，而自謂此正本諸朱子之言貫通之旨。故其紫陽書院序謂「朱子白鹿之規，首之以五教之目，次之以爲學之方，又次之以處事接物之要，各各爲一事，而不相蒙者。斯殆朱子平日之意，所謂隨事精察而力行之，庶幾一旦貫通之妙也。」陽明早年固治朱子之學（全書卷三十二年譜），亦嘗本程朱「一草一木之理須是察」之言，以從事格竹子而致病。故其學既成，答門人時仍謂其「與晦菴之心，未嘗異也，只入門下手處，有毫厘千里之分。」（傳習錄上）于此毫厘差處，陽明亦恆欲加以融通。故有朱子晚年定論之著。其時羅整菴謂其所舉以定爲朱子晚年之著，實非出于朱子晚年。陽明答書則曰：「平生于朱子之說，如神明蓍龜，一旦與之背馳，心誠有所未忍，故不得已而爲此。知我者，謂我心憂；不知我者，謂我何求。蓋不忍牴牾朱子者，其本心也；不得已而與之牴牾者，道固如是，不直則道不見也。」（傳習錄答羅整菴少宰書）此卽陽明自道其學受朱子影響之深，與其惓惓不忘于會通其說與朱說之情。其與徐成之書（卷二十一），固爲朱子辯誣，亦爲朱子辨其未嘗不尊德性，其學亦未嘗支離；唯謂朱子之言未盡瑩耳。此書全文，兼推尊朱陸，顯而易見。故後文更言其于朱子有「罔極之恩」。試思此「罔極之恩」四字，原所以對昊天與父母，豈能輕易用之于人。此言豈非自道其學，由朱子之「所生」？則吾人今欲知陽明之學，固不當只就其歸趣之同于象山者言之，更當就其與朱子之學之關係，其問題與所言之義，本于朱子而更進者，以言之。方能知其兼承朱陸，而與朱陸亦兼有同異之故也。

## 二　陽明之攝格物誠意等工夫所成之致良知義，與知行合一義

陽明之論承朱子之問題而來者，以義理之線索言，當以格物致知之問題爲先。對此一問題，陽明首將朱子所謂物，與吾人之一般所謂「對物之知」、或意念、或行事相連結，而合以名之曰「物」。此亦卽將吾人通常所謂客觀外在，而爲吾人之心知所對之物，與吾人對之之心知與意念或行事，合稱

之爲一物。故孝親之親非物，而孝親之一整個之意念或事，是物。敬兄之兄非物，而敬兄之整個之意念或事，是物。由此而「物」之名、與「意念」或「事」之名，其義卽無別。此乃陽明用名，異于今一般所謂物，亦異于朱子與象山者。陽明所以有此用名之異，固由其有見于吾人德性工夫之所對，實唯是此意念或事，而非其他。然亦可視爲由朱子之言引申而致。蓋朱子言人之心知，原必與物接，方有卽物窮理以格物之事。此心知既往「卽物」，則心知與物，卽結爲一事，以內在于吾人之心。此亦爲朱子所原具之義。則陽明固卽可緣此而說一般所謂物，只是此事或此事之意念中之一面；如親卽孝親之事中之一面，而孝爲此事之他一面；兄卽是敬兄之事之一面，而敬則爲此事之他一面；兩面實不可分，以合爲一事矣。由此類推，「色」卽見色之事中之一面，而「見」爲其另一面；「聲」卽聞聲之事之一面，「聞」爲其另一面；吾人對天地萬物有種種「見聞感應」爲一面，吾人之心對此「見聞感應」之「是非」，又爲另一面；以合爲吾人之心，對天地萬物之感應之是非之事矣。此中吾人之耳目五官之感覺與心知，皆不能離其所感所知而說，而當視爲與此所感所知，結爲一事，亦結爲一體者。故曰：「目無體，以萬物之色爲體；耳無體，以萬物之聲爲體；鼻無體，以萬物之臭爲體；口無體，以萬物之味爲體；心無體，以天地萬物感應之是非爲體。」（傳習錄下）此亦正類朱子言屬物之理，以心爲用（參考本文中篇。）故陽明謂耳目與心無體，實亦非眞無體，乃耳目與心之有此感知之用，卽與所感所知者，合爲一體，以成一事、一意念之謂。此意念，固在心中，故可更爲心體之自發之用，所是所非也（見後文）。此中一般所謂物，既在此事、此意念中，而此事、此意念卽在心中，更爲此心體所發之用之所是所非。故心外無事，心外亦無物。此謂心外無事無物，乃尅就吾人之意念或事，原包涵吾人所感所知之一般所謂客觀所對之物；而此意念或事，復更爲吾人之心所發之是非之所對而言。亦唯以其更爲此心之是非之所對，乃與吾人之德性工夫相干，亦直屬于吾人之生命，而與吾人生命相干者。故陽明言格物，只須格此爲意念或事之「物」也。吾人今固可謂在爲吾人所感所知、或在吾人之意念或事中之物之外，尙有其他種種一般所謂客觀外在之物。然此客觀外在之物，次第與吾人相接，以爲吾人之所感所知，卽亦次第成爲「吾人之意念與事」之一面，以與吾人生命相干，亦與吾人之德性工夫相干，則吾人亦不能只對之作客觀外在之想。如只視爲客觀外在，則與吾人之生命、德性上格物工夫不相干，非此所論。由此而一切吾人生命中之德性上之格物工夫之問題，卽皆唯連于此「意念」、此「事」之物，而不能溢乎其外者矣。

由陽明之緣朱子之言物與心知之必相接，進而以意念或事，攝一般所謂物，以爲此事此一意念之一面；而朱子所謂卽物窮理以格物，而知其理以致知之事，亦卽成爲吾人自格其心中之「意念」與「事」之事。在朱子所謂「知理」之事中，此知屬于心，此理則兼屬于外在之物、與內在之心，而亦爲此心之性。故人之往知物理，卽所以內知其心之性。然其中之心與理或性之義，又有所不同。因心可只是在內，性理則兼屬內與外故。然尅就此理爲心所知，卽此心之性之顯于知而言，此心與性理，固合爲一體。陽明卽緣此以說，吾人之心由卽物窮理而知理時，此「知理」乃整個之一事；而此所知之理，則爲此所知之一面，或卽此知之內容。于是所謂卽物窮理以知理之事，卽唯是「此心之自呈現其性理于其知」，以成此整個之「知理」之事，而別無其他矣。此亦由朱子之義，一轉而可得者也。

朱子言人之卽物窮理以格物致知，雖初可是只知一般所謂客觀事物之實然之理，然要必歸于知吾人所以應物之當然之理，方爲窮理之極致。此于本文中篇已論之。在吾人知此應事物之當然之理之時，吾人所知之當然之理，乃對事物之實然或實然之理，而爲當然。故此當然之理之知之全體中，亦卽必然包涵有對事物之實然之理之知。如知侍父疾以盡孝，爲知當然之理之孝；而此知孝之中，卽固包含有「對父之疾之實然之狀」之知是也。人之視父爲物，而于此用卽物窮理之工夫，亦必不止于知父之疾之實然之狀，必兼知侍父疾以盡孝，方爲窮孝之理之極致。而此窮理之極致中，卽包涵有見「理」之爲「所當然而不容已」與「所以然而不可易」之義。此亦朱子所屢言。（如語類卷十八所記）固非只抽象的理解此理，或只以虛靈明覺心觀照此理，便爲窮理之極致也。人有此窮理之極致時，人「知理之所當然而不容已，所以然而不可易」之知中，固早已先包括有對事物之實然之理之知在，而後方能進至此「不容已」「不可易」之實感之知。故朱子于此，亦不分二理也。

吾人格物窮理，而知應物之當然而不容已之理之後，其下一步工夫，在朱子卽爲據此理之知，以自衡其意念之是非善惡，而是是非非，好善惡惡，以有其去非成是，爲善去惡之行；而使其意念，皆合于此理，亦合于此「知理」之心知。此即朱子所謂誠意之行的工夫，與格物致知之知的工夫，分屬二層者。在朱子，此二工夫雖不同，然其義未嘗不相貫。人旣知當然之理，亦必當更本之以知意念之是非善惡。是卽由致知，以使此所知之理，貫徹于其是是非非，好善惡惡以下之行之中，使知徹于行也。陽明卽由此「知」必當徹于行，進以言此「知」原亦自知求徹于其行，以成其知行合一之說。唯陽明之知行合一之要旨，尙非只說知後當有行，此亦朱子之旨。亦尙不在說眞知者之必能行，此在象山之言中亦有之，如象山言「自謂知非而不能去非，是不知非也；自謂知過不能改過，是不知過也。眞知非則無不能去，眞知過則無不能改。」是也（象山全集卷十四與羅章夫）陽明之言知行合一之說，亦復不是泛說一切人之知與行皆已合一。故亦嘗謂：「世間有一種人，……全不解思維省察，也只是個冥行妄作……，又有一種人，茫茫蕩蕩，懸空思索，全不肯去著實躬行。」（傳習錄上）此卽謂人之知與行，固原有不合一者也。陽明言知行合一之要旨，乃在言人自有一種對善惡是非之價值之感知，此知中同時原有一對善者是者之好，對惡者非者之惡。故謂「是非只是個好惡」。（傳習錄下）而人所最當自省者，卽知此中之好惡，已是一「知中之行」，而卽順此好惡，更好善惡惡，而是是非非，進至爲善去惡，成是去非之行。此中之好惡之重要，則正如朱子言誠意工夫時之所重。陽明所異于朱子者，唯是將朱子分爲致知與誠意二事以說之者，合之爲一事以說之。至其所以可合二事爲一事以說者，則在人之致知固是知，然人之致知而知誠意，知「求此知徹于行」，亦是知也。故致知之知，卽理當連于知誠意之知。則可舉此致知之事，以攝此誠意之事；而以此誠意之事，爲致知之事之實際內容也。此陽明之說，正不外將朱子所言之致知之前事，原當有誠意之事爲其後繼者，而舉前以攝後，以爲前者之實際內容耳。陽明嘗于論朱子之言大學之義後，謂「以誠意爲主，去用格物致知工夫，工夫始有下落」云云，（傳習錄上）卽「以誠意爲致知格物之實際內容」之旨也。

關于以上所謂將格物、致知、誠意三者相貫而說之旨，陽明于其大學古本序嘗曰：「至善也者，心之本體也。動而有不善，而本體之知，未嘗不知也。意者，其動也；物者，其事也。致其本體之知，乃動而無不善。然非卽其物而格之，則亦無以致其知。故致知者，誠意之本也；格物者，致知之實也。物格則知致意誠，而有以復其本體，是之謂止至善。……不務于誠意，而徒以格物者，謂之支；不事于格物，而徒以誠意者，謂之虛；不本于致知，而徒以格物誠意者，謂之妄。」此段語中之至善，卽心之本體、卽「知理之良知」之本性。此至善而知理之良知，卽能知吾人之意念之動（卽事或物）之不善或善，以知善知惡者。良知致其知善知惡之知，而好善惡惡，卽誠意。由好善惡惡，而爲善去惡，以正其意念（卽事或物）之不正者，以歸于正，卽格物也。格物乃本于良知之至善，以爲善去惡之事，故格物卽致此知之實事。然必致知，而後有好善惡惡之誠意之事。故曰致知爲誠意之本，而格物爲致知之實。是見三者之不可相離。離則或支、或虛、或妄之弊生。人欲去此三者之弊，卽當知此三者之不可相離而說矣。

由陽明之將朱子之致知之事攝誠意之事，而有其知行合一之致良知之說，一方將朱陸所分爲知與行者，打併歸一；一方亦卽將朱子所謂存天理、去人欲之事，攝在致良知之事中。蓋所謂存天理，卽存其所知之理，以爲是非好惡之準則；並就其意念或事爲，合乎此理者，而好之是之，以正面的積極的存天理之謂。所謂去人欲，則就其意念或事爲，悖乎此理者，而惡之非之，使更無違此理之意念或事爲之存在，以反面的消極的存此天理之謂。此中有正反兩面之相輔爲用，方合爲人之自致其良知之事。則其終，亦無象山所病之天理與人欲之相對爲二。由此而朱子所言存養與省察克治之工夫，亦卽皆可統于一致良知之工夫之下，不必分說爲二，而打併歸一矣。此卽陽明之義之不只進于朱子，亦更進于象山者。然此義又初不由象山之論天理人欲之言，引申以出。唯是由朱子之言誠意工夫，原有好善惡惡，是是非非之義，而陽明更以朱子之致知之義，攝朱子誠意之義，方有此將朱子所視爲二者打併歸一之說。則謂陽明之說歸于合朱子所視爲相對成二者，以爲一，有類于象山之合天理人欲之二爲一之旨，固可說；然陽明之所以能合此諸相對爲二者以爲一，則又正皆啟自朱子，而非啟自象山者也。

由陽明之以朱子之致知之義，攝朱子之誠意之義，乃以致知爲誠意之本，格物爲致知之實；而此致知之義卽由其攝誠意之義而上提，以更連朱子所謂居誠意之後之正心工夫。由是此「知」之義，旣涵朱子所謂「意」，卽當直連于朱子所謂「心」，而同于朱子所謂心之本體之明。按朱子易簀前猶改大學誠意章注。其注曰：「自欺云者，知爲善以去惡，而心之所發，有未實也」。語類十八僩錄曰：「知得不當爲而不爲，雖是不爲，然心中也有些便爲也不妨底意思，此便是自欺」。又蓋卿錄：「意雖已誠，而此心持守之不固，是以有動」。此朱子所言之心之有動，所發不實，乃是由已知自誠之意之外，更深一層說心之不自覺的動發之不當有者。此卽除當以誠意之工夫，加以「禁止」，以實其心之罅漏，使之不發之外；更當用正心之工夫，以存其心，而盡其「心體之明」，方得「實用其力」于「其所發」。此朱子注大學文，其分別誠意與正心之工夫之節次，其用意實亦甚精。然依陽明說，則知得不當爲而不爲，固是良知之卽知卽行之知；心之有不實之動發，而禁止之，亦是良知之卽行之知。而此二者同不外所以存其心體之明。存此心體之明，亦卽是存此知也。由此而誠意之工夫，卽直貫至正心之工夫，而可合爲一致良知之工夫矣。今吾人亦只須將朱子誠意章注，所言之「知爲善去惡」之「知」，「實其心之所發」之「意」，及正心工夫中所存得之「心體之明」，先合爲一義，卽見其正同于陽明所謂心體之良知。亦卽可見朱子分爲正心誠意二工夫者，實爲致良知工夫之二面。此則由于誠意之工夫中，原自始有「知」在。人之由知誠意，而知正心固是知；而知「大學所謂心之不正，在有所好樂，有所忿懥，有所恐懼，更勿以此情之不正，而失其心之正」，亦是知也。此人之知其情之不正者，求免于不正、與存其好善惡惡之情之正　、兼正其不正以歸于正，固皆是人之是是非非、好善惡惡之致良知之事也。則致良知之事，卽可兼攝朱子所論之大學中之誠意與正心之事。總上文言之，則大學之格物致知與誠意正心之事，皆一致良知之事，而更無二事矣。陽明答徐成之書言：朱子之學必「先之以格致而無不明；然後有以實之以誠正而無所謬」，（全書卷二十一）今陽明之所爲，則正不外將朱子所謂「使人無不明」之格物與致知之功，先合爲一致良知之功，更以之攝「使人無所謬」之誠正之功，以歸于一而已。

緣此致良知工夫之攝正心之工夫，更前進一步以觀，則大學所謂由正心而修身之事，亦不外正其身之不正者，以歸于正。大學所謂齊家、治國、平天下之事，亦不外正家國天下之不正者，以歸于正。此一切使不正之事歸于正之事，皆同不外致吾心之良知之知其非者，而更去其非、非其非者，以歸于是，而存此是，是此是者之事也。則大學之修身齊家治國平天下之八條目，皆攝于一致良知之教之中矣。此則又初不外將朱子所言之格物窮理以致知之義，合爲一致良知之事，更層層轉進，以攝朱子所言之誠意正心後，更攝修身以下之事所成者也。

## 三　良知天理之卽體卽用義

陽明之言，顯然承朱子之問題，而非承象山之問題而來者，爲其關于中和與已發未發之論。此乃關于整個之工夫論之問題，乃牽涉于此心之發爲意知物，與其未發之自體者。象山以人若未明道，使此心炯然，則未足言致中和。朱子之學，則正初由中和之問題上用心而致。朱子言中和，而及于心之未發已發、體用、動靜。陽明言中和，亦及于心之未發已發、體用、動靜。此固顯然承朱子之問題，而非承象山之問題而來者也。此中朱子與陽明之不同，乃在朱子于心之體用、動靜、已發未發，恆分別說，而致中與致和之工夫，亦分別說。依朱子義，存養主敬之工夫，爲致中之工夫，乃所以正心之未發工夫；省察與致知格物，則爲致和之工夫，皆心之已發工夫。存養主敬，所以使原具于心之超越而內在之性理，得呈現之幾；而致知格物，則爲求知彼外之物理，以明此內之性理。既知理而更以此所知之理，爲省察之所據，而省察卽所以誠意。故致知格物只是省察之前事。言省察，則先有致知格物之工夫在，更不待說。以省察與存養主敬對言，則省察之爲已發工夫，乃意在本已呈現于心之性理，以是是非非、好善惡惡，而歸在非非惡惡之克治工夫。今陽明既以存天理之存養、與省察克治之兼在對人欲者，爲致良知之工夫之兩面；故未發之致中工夫，與已發之致和工夫，卽打併歸一，于心之中與和、未發與已發、體與用、動與靜，亦當相貫而說。其所以得相貫而說，則以此良知之好善惡惡，或是是非非，而正不正以歸正之兩面，原相輔爲用，爲其核心之義。此下當先發揮此義，以次第說明此中之良知天理之體用、未發已發工夫，所以得合一而說，以及其相連之「心」、「理」之所以得合一而說之義如下：

象山之言心卽理，乃就本心之發用之具理者，而教人于此直下加以自覺，故人于此所知之理，初乃此心所已顯之純正面之理。由此而自立自信，以定其志向，開拓其心量，以奮迅振拔，則是此本心之自欲充量發用、欲充量流行之事。然此中卻並不必有此心之一方自覺的正面的求其自己所內具之理如何由隱而顯，一方自覺的據其所知之一一之理，以反面的一一「反彼爲其反面者」之工夫。至在朱子，則其致知格物與主敬之工夫，皆意在使其所內具之理，一一由隱而顯。當其旣顯，而知其爲當然之理，初亦只爲一正面的當然之理。此理原內具于心，卽原在心體，其顯而爲此心所知，卽此心體之自顯于此心之用、或心之知也。此心所具所顯之性理，雖無所不備，然初皆爲正面之天理。而在此理旣顯于心之知後，人更緣此所知之理，以爲其誠意正心修身以下之事時，朱子亦明言此理必顯爲一是是非非、好善惡惡、爲善去惡之理，卽「一方正面的去肯定成就：一切合理之意念與事爲，一方面反面的去否定去除：一切由氣稟物欲之雜而來之不合理之意念與事爲」之理。此中之知理之知，亦當爲一知是知非、知善知惡，而「兼知正反兩面，而又知反反以顯正」之知。此知之心，亦應爲能「自正其自己之不正，以歸于正」之心。亦唯在此理之實顯爲一是是非非、好善惡惡、爲善去惡、反反而成正之處，乃實見此理之用，自立于吾人心知之工夫之中。若此理之用未嘗實顯爲反反以成正，則此理亦實未嘗自立于吾人之此心知之中。蓋不非非之是，不惡惡之善，卽非能自立之是，自立之善也。由此以觀吾人之自然的善德之表現，雖純爲正面之善德，卽尚非眞能自立之善德，而人亦不能徒慕此自然之善德以爲學。而以朱子觀象山，則象山唯喜就人之自然的善德之表現于心之發用之中，如見父自然能孝，見兄自然能弟，當惻隱時自惻隱，當羞惡時自羞惡，卽便教人于此識得其心之理，以自立自信；而未教人重視此心之理之表現其反反以成正之用于此之心之中，如孝之必顯爲知孝之是、不孝之非，好孝而惡不孝等，以實見其自立于此心之中者；朱子固必以爲未足也。

誠然，象山除于教人正面的自覺其心之發用，所已顯之理以外，亦言超拔物欲意見之障蔽，自疑自克等，則吾人固可謂象山亦實際上有一反反以歸正之工夫。然象山終未言此「反此障蔽等本身，爲此心之理之所以爲此理」之一用，而扣緊在：「此心理之一方反面的去除此障蔽等不合理者，一方正面的成就一切合理者，而好善惡惡，是是非非」處，說此「理之用」之全，或依此理而有之心之發用之全，則仍與朱子之言不同也。

然在陽明，到一方變象山之言「見父自然能孝，見兄自然能弟」，爲「見父自然知孝，見兄自然知弟」一語，以正面的指證人本心之良知或本心。而在另一面，正承朱子言誠意工夫時，所重之此理必顯爲好善惡惡、是是非非之用，以言此良知爲「天理之昭明靈覺」，及其知善知惡、知是知非，必然同時表現爲：是是非非、好善惡惡，以貫徹于爲善去惡之義。(註)是卽見此良知天理之用，自始爲一正反兩面，同時並見，如雙管齊下之出于一手者。在此點上，陽明之異于朱子，而亦可

註：陽明之是非卽善惡，故下文或只擧是非，或只擧善惡，義皆無別。陽明言知善知惡、好善惡惡、及爲善去惡，三者之相貫，乃陽明學之根本義，具一精切篤實之旨。其與良知之至善及無善無惡之關係，在拙著中國哲學原論中原性篇第十四章。所論較備，可補下文之偏在從陽明言良知之高明義去說者。讀者宜加以參考。

說進于朱子者，則在朱子之言人之好善惡惡、是是非非之誠意之事，乃後于致知，而知性理或知天理者。依朱子之意，尅就人對天理之知而言，此仍純是一正面之知，如前所說。唯以人不無緣其物欲氣稟之雜而起之不善之意念，方有爲此正面者之反面者。更在此反面者爲此心之所知，此心繼顯其對此天理之知之時，而後此心之天理，方顯其「一面反其反面者，一面自歸于正」之一「反反以成正，而好善惡惡之用」。則此天理如未嘗遇此緣氣稟物欲之雜，而起之不善意念，此天理亦卽可無此反反以成正之用或表現。由是而此用或表現，卽爲自天理之體上看來，乃可有可無者。此用或此表現，對此天理之體之自身，亦卽可說爲一「偶然有」之事，非一「必然有」之事，亦卽是在天理之體上無有，而只在其用上有者矣。然在陽明，則其良知天理之表現爲是是非非、好善惡惡之用時，良知天理之體，卽已表現其用。今若謂此體上原無此用，則此用何以有？豈非此用在體上無根？若果在體上無根，則人亦可只求見此體，而不求此體之表現其用，以成吾人之是是非非、好善惡惡之工夫矣。今若只謂：唯因吾人之有氣稟物欲之雜，而生之不善之意念之反面者，爲所對治，而後此非非或惡惡或反反之用乃見，固是可說。然此能非非、或能惡惡、能反反之對治之用，畢竟由此體而來，而其根當在此體；則不能說此體上原無此用也。亦不可因此用乃緣有反面者爲所對治而後見，遂謂此用初不在此體之中也。然朱子之分體用爲二，正可使人作此解。陽明則由此朱子所謂用，原當根于天理之體，以更謂此用卽未顯，此天理之體上，亦原具此用。則此理卽在未顯爲一般所謂是是非非之用時，此理亦爲一自是其自己，而非非其自己之理，卽亦具是是非非之用之理。由此而不僅在其已顯之一般是是非非之用中，可見此理之自立于其用之中；卽在其未顯爲一般之是是非非之用，此理未嘗實有一反面者，爲其所反所非時，亦仍爲一具「是是、非非之用」之天理，而亦爲原自立于其自己之用之中者矣。

此中所謂良知天理于體上之「原有一是是非非之用，雖未顯爲一般之是是非非之用而亦自在」之一義，誠有難于了解之處。然實亦不難。此中關鍵，唯在知此是是非非之用，儘可無是之可是，亦無非之可非，而唯是一「能是是非非」之義理之呈顯；並知此呈顯，便是此義理之用；而此義理之呈顯，亦復卽呈顯于「是是而終無是可是，非非而終無非可非」之中，便一切皆不難解。欲知上之所說，唯待吾人之試自反省其對自己之意念或事爲，自用是是非非之工夫時，所得者是何物；便可知：此中最後可得者，亦唯有此所說之義理之呈顯于「是是而終無是可是，非非而終無非可非」之中。蓋人在知自己之某一意念（或事爲）之非，而眞自非非之時，此意念卽終當化除而成無有。卽見非非之事成，此心之非非之理呈顯于心，便無非可非也。在另一面看，則人如有一意念爲是時，人初固可知其是，而是此是。然人在既知此是者之合其于心中之理而爲是後，亦卽同時將所是之是，攝入于其心中，而更不自以爲是。因人若于此更自以爲是，而自是自滿，則又爲人所共知之不是而非者矣。故人在自知其是者之是之後，理當忘此是者之爲是。則又見此是是之事成，此心之是是之理既呈顯，卽無是可是也。是是必歸無是可是。依此以非非，亦必歸于無非可非。此「無是可是，無非可非」非「

無此理之呈顯」，正所以呈顯此理之爲一是是非非之理者也。是是非非之理，必須呈顯爲無是可是，無非可非；則無是可是、無非可非，固非此理不在之證，亦非此理不具是是非非之用之謂矣。由此推之，則人卽在自始無是可是、自始無非可非之時，或自始未嘗爲是是非非之事之時，或無所謂吾人一般所謂良知天理之發用時，此良知天理之自體或自身，亦仍當是一自具是是非非之用之天理良知，而自立于其自己之用之中者，其義卽不難解矣。

## 四　朱子與陽明言戒懼義

此上所言之能是是非非而亦可無是可是、無非可非之天理良知，卽陽明所謂未發之天理良知，或未發之心體或未發之中，而自具能發之能、或能發之用者。此中謂此未發之心體上原有此用，初不容人在想像上去了解，只容人在義理上去了解。此義理上之了解，可透過上段之所言者去看。然此義理上了解，應有進一步之實證。此卽吾人未發時之工夫。此一工夫，卽中庸所謂戒愼乎其所不睹、恐懼乎其所不聞之工夫。由此工夫，便見未發之心體之原具此用。按此一工夫，上節已言在象山爲第二義之工夫。然在朱子，則已以爲此當是一心地上之根本工夫。一切致知格物之工夫，亦必歸至此工夫，乃鞭辟近裏。陽明之重此工夫，亦正顯然承朱子而來。在朱子之意，人之由格物致知而知理後，與據理以省察其意念情欲行爲之是非，而克治其非者之誠意正心修身工夫，皆屬已發邊。人若欲求意無不誠、心無不正，只在已發邊用工夫，斷然不足。因不合理而爲非之意念等，旋生旋克，旋克旋生，人亦終不能入聖賢之境也。此必待于使此不善之意念根本不發，然後可。而欲使其根本不發，則要在于其未發之際下工夫，此卽戒愼恐懼于意念未動之前之工夫。此中之戒愼恐懼，唯是此心之不願自陷于「非的意念之生起」之工夫。故此中初可無「已爲非之意念」，爲所戒愼、所恐懼，只有一無「所恐懼、所戒愼」之一「能戒愼、能恐懼」之心靈之一純粹之自持，以防其自陷于非或不善。此卽曾子所謂「戰戰兢兢，如臨深淵、如履薄冰」之感。由此心靈之自持，乃更能于不善之意念方起，卽立加以克治。故朱子謂此工夫，乃「防不善于未萌之先，克之于方萌之際」之工夫也。由此工夫之能「防不善于未萌之先」，使「非」不起，而此心之天理卽可由此「非」者之不起，而昭顯，而流行，以顯爲意念之是者。朱子所言之致知格物之功，所以能收其實效，亦全在人之內心有此工夫。否則雖致知格物，亦將無眞實義理之可見，而格物致知終無功。蓋凡人所知之眞實義理，皆其心之天理，自內而昭顯。無此戒懼之工夫，則將無此天理之自內而昭顯，而由格物致知所知之理，卽可只視爲在外之理，而不知其卽此天理之自內而昭顯。則格物致知，卽終無功也。此戒愼恐懼之工夫，在其只是防不善于未萌之際，而初無所戒愼所恐懼時，此心之自持，卽此心之自己保任其自己，自凝聚其心之事。此保任、此凝聚，亦可無一事一物之可見，而只是一虛靈明覺之當下凝聚在此，保任在此。此卽與朱子所謂主敬或涵養之工夫，實際上爲一事。唯說其爲戒懼之工夫，似偏在防其自陷于「非」上說；說其爲主敬之工夫，則偏在心之凝聚保任上說；而說其爲涵養之工夫，則偏在自「此心由此工夫以養其虛靈明覺，以使天理得呈顯于：爲是的意念中」說，亦偏自「使用此工夫者，自涵泳于此工夫中，以此工夫保養其自身之進行上」說耳。在重此戒懼之工夫之一點上，陽明與朱子固同，亦共異于象山之以此工夫爲第二義者也。

象山之以戒愼恐懼爲第二義工夫，乃由其以明道、先立乎其大者，爲第一義工夫。此非不可說。但依朱王，則言學者吃緊工夫，必步步轉入深密，而在內心隱微處更下工夫。故在朱子之工夫中，致知格物乃最外表之一層，實最粗。由知理而據之以誠意省察克治，則漸入于內在之工夫，較細。朱子言涵養主敬，以保任其心之虛靈明覺，以開其天理之昭顯或呈現之幾，而成格物致知之功，則其工夫更爲內在之一層，其義最爲深密。朱子之言戒愼恐懼于未發，卽所以成此涵養主敬之功，亦卽所以表狀此涵養主敬之功之道德之意義，而非只是一虛說此心之虛靈明覺之事者。故其義最深密。陽明亦能知朱子之言此未發之功「非苟」，（全書卷四答汪石潭書）象山于此正多忽視。陽明謂象山有粗處，此蓋亦爲其一端也。朱子與陽明，同能正視此戒愼恐懼之義，而又有毫厘之差。此就陽明之意而說，卽在朱子于此戒愼恐懼之工夫，又分爲：未發時，意念未動之先，不知有意念之動時之戒愼恐懼工夫，所謂「己所不知」之戒愼恐懼工夫；與意念由未發而方發，而「己所獨知」時之謹獨工夫。其詳，可看朱子中庸注，及朱子語類講中庸戒愼恐懼與謹獨處。此則密中更分細。此亦非不可說。因意念未動，純是未發；意念由未發而方發，則半屬已發，亦可稱爲已發。意念之未發與方發已發，總有不同，則工夫總有一差別也。此依朱子說，則未發時之戒愼恐懼，純屬存養邊；而謹獨則是承存養之功，以謹己所獨知，則爲省察之始，亦第一義之省察之功。此乃在意念之方發之幾之動上，用工夫。卽遠較一般之省察；乃在意念已形成後、或行爲已形成後，方加以反省者，更能及于隱微之地。此處工夫得力，如一夫當關，則萬夫莫開，正是澄治本原之功，自然省事。然在陽明，則更求此「己所不知」與「己所獨知」之二工夫，打併歸一。此處能打併歸一，則一切已發未發之工夫之打併歸一，更不待言。依陽明言，此所謂己所不知，唯指意念之未起或未發而言。然人于此必自知其意念之未發，以用戒懼工夫，則不能言全屬未知。故謂「己若不知，是誰戒懼？」（傳習錄上）則朱子之謂己所不知之工夫中，自亦有此一知在，亦卽有陽明所謂良知之知在。則此良知之知，便爲通朱子所謂「己所不知」與「己所獨知」者，而此朱子之二工夫，卽皆當統于一致良知之工夫矣。

此中朱子與陽明之異，乃在朱子分己所不知與己所獨知爲二，是自意念之未發與方發上分。此意念之有未發與方發之分，陽明亦不能加以否認。陽明之進于此者，乃在言此意念之未發與方發，同爲此良知之所知。此能知之良知，乃在此所知之意念未發或方發之上一層。在下一層之所知上看爲二者，在上一層之能知此所知者上看，則統于一。而朱子則未進至此一義。故陽明與朱子于此只有毫厘之別。朱子如不否認其知用所謂「己所不知」之戒懼工夫，亦卽不能否認意念未發時，有一自知其未發之「知」、或陽明所謂良知在。故陽明嘗言良知卽未發之中也。

陽明將朱子所謂未發之己所不知之戒懼工夫，與由未發入已發或方發時之謹獨工夫，皆統之于一「知」之下，亦卽統之于一致良知之工夫、一獨知之工夫中。此亦無異將朱子所謂獨知之名，提昇其義，以攝朱子所謂「己所不知」；同時亦將朱子所謂獨知之名，原是就所知之意念而言之爲獨知者，轉變其義，而只就其爲「能知」而言。故陽明以此獨知爲良知。此良知或獨知，無論有無意念爲所知，而自常在，亦卽無論意念之未發或方發已發，而自常在。吾人于意念未發時，純用涵養或存養工夫，與在其方發之時，用朱子所謂謹獨工夫，以爲已發之省察之始，皆同只是一致良知之工夫。然後由未發至已發之工夫，方能一貫，而無間斷。故陽明謂朱子之分此中之工夫爲二，未免過于剖析。其言曰：「朱子未發之說，亦非苟矣。獨其所謂自戒懼而約之，以至于至靜之中；自謹獨而精之，以至于應物之處；亦若過于剖析。……不知常存戒愼恐懼之心，則其工夫未始有一息之間，非必自不睹不聞而存養也。」又曰：「無事時固是獨知，有事時亦是獨知，戒懼爲己所不知，工夫便有支離，亦有間斷。旣戒懼，卽是知。己若不知，是誰戒懼？」此外傳習錄卷中答陸原靜書，更詳論此戒懼之工夫，通已發與未發、及動與靜之旨，皆不復贅，讀者可自行參閱。

陽明之謂朱子所謂「己所不知」與「己所獨知」之工夫中，同有一知在。此固是陽明之所以能通朱子之工夫爲一之關鍵。蓋由同有一知在，卽同有一致此知之事在；而無論在純未發時之涵養，與方發已發時之省察，皆是一致此知之工夫。然人亦可謂：此中自意念之已發未發言，畢竟不同，則說其中之工夫爲二，又何不可？則于此更當知：此中之意念之已發未發雖不同，而可說爲二，然未發時之工夫與已發時之工夫，則不只爲先後之二工夫，而實亦相貫爲一工夫。其所以得相貫，要在一切已發時之工夫，其自身乃原由未發而發，旣發而還歸未發；正如吾人上所謂良知天理之是是非非之用，恆還歸于無是無非。故已發時之工夫，卽亦可謂爲原自未發，又還歸于未發之工夫。又此未發之工夫，自其爲工夫言，亦未發而未嘗不發。此未發之工夫，不外此良知之體之自存養，亦卽不外此體之自存而自用，而人卽可由此以見此體上之原有此用。已發之工夫則爲此良知之體，更顯此用于省察，而于此省察中自見其體者。人卽可由此以見此用中之卽具此體。合此二者卽陽明言：「卽體而言用在體，卽用而言體在用」之旨。由此而良知之已發卽在其未發中，未發亦在已發中。未發如鐘之未扣時，原是驚天動地；已發如鐘之已扣時，未嘗不寂天寞地。則致良知之事，固無分于已發未發，其未發時無事，亦有事，寂而恆感；已發時有事，亦「行無所事」，感而恆寂，其義皆不難解矣。

此上所說者，唯是就陽明之言戒懼之一功，並自謂其異于朱子分爲二功者，而說其本于陽明之通已發未發、體用，以合良知天理之旨。然依吾意，則以爲卽在朱子之言此心此理之未發處，其旨亦似與陽明有一極深細之不同。此則非陽明之所自覺及者。蓋朱子之言未發時之戒懼工夫，似仍是由對治氣稟物欲之雜，而得其意義。而陽明之言戒懼，則可無此所對治，仍有其意義。此蓋卽朱子之言戒懼或主敬涵養工夫，多帶嚴肅之意義，而與陽明之言戒懼，恆兼與洒落言者，爲二者不同之關鍵。按朱子之言此具性理或天理之心，其表現于省察克治時之好善惡惡、是是非非之用，皆有所對治。此中之惡惡或非非，明是必待有所對治之「非」或「惡」，而後有之用。若此中無所對治之「非」、「惡」，則此心之理，依朱子義，只是心之體之理，而不可言其中已原有此用。依此以觀，則朱子之言未發時之戒懼工夫，卽當亦有所對治，否則不能成爲工夫。然此工夫，既屬心之未發邊，此所對治者，又爲何物？似有一問題。但吾人可能答曰：此所對治者，卽未發而可能發出之不合理而爲非爲惡之意念等，如佛家所謂存于賴耶識中之染污種子，今之心理學家所謂存于下意識中之不合理之慾望之類。依朱子言，則人之氣稟物欲之雜未全去時，此不合理之意念等，卽有緣之而生之「可能」，而此未發時之戒懼，卽可以此「可能」，爲其所對治。若然，則朱子之戒懼之爲未發工夫，其意義，卽仍是由對治氣稟物欲之雜而取得。朱子註中庸愼獨言「所以遏人欲于將萌，而不使其滋長于隱微之中」，固明見此愼獨工夫，有此一所對治也。由此工夫有其所對治，而與之成相對，卽有一嚴肅之意義。如謂此工夫卽主敬，則此主敬卽有意在對治不敬，而恆易有拘緊之弊。如謂此卽是涵養，則此涵養之意趣，亦恆不免偏在靜守此心之虛靈明覺，以對治彼爲非、爲不善之意念之潛滋暗長。在陽明之教，嘗言搜尋病根，亦重此對治義。但在其教之二變三變以後，則其言良知之戒懼，恆是自良知天理之自身一體上，原有一是是非非之用上說。此良知天理之自體，原是能是是非非的，卽原是戒懼的。此戒懼，乃其是是非非之自然表現。故當此爲非或不善之意念之起，旣致良知，而加以化除時，此中便無非之可非。是對治已畢，卽不見所對治。至當其無意念之發時，亦卽在當下無非可非，亦無所對治。人亦可不須以未發而可能發出之不合理者，爲其所對治。而當直下認取此可能發出之不合理者，旣未發出，卽非眞實有，而不堪爲此心之「所對治」。此心卽可絕對當體獨立，全不與所對治者成相對。由是而此心之戒懼，卽爲一由良知天理之天機不息，而自然生起之活潑潑地之意念。故曰：「戒懼之念，是活潑潑地，此是天機不息處，亦是維天之命，於穆不已。」（傳習錄下）而人之此戒懼工夫，亦不礙其洒落自得，亦「非洒落之累。」（全書卷五答舒國用）故陽明詩有「點也雖狂得我情」之句。此卽上契于二程與濂溪同游時「吟風弄月以歸」之「吾與點也」之意。此固不同于朱子之嘗不滿于曾點之狂，其言戒懼之偏具嚴肅的意義，而謂此爲主敬，亦可致拘緊之病者矣。此陽明所言未發之戒懼，因其同時有洒落自得，故亦非如朱子所言涵養之意趣，偏在靜守此心之虛靈明覺者。以其旣無所對治，則亦卽不須靜守也。此中陽明與朱子之毫厘之差，讀者可細思之。若言其優劣，則陽明之義，自是高明，然人亦不易湊泊。卽義理湊泊得上，工夫亦非易用。由洒落至放肆，亦只差一間。蓋人之氣稟物欲之雜未去，則言洒落者，仍可能有放肆之病。此亦後來之王學之發展所必然遭遇之問題，爲陽明所未能先知，而于其施教時，自戒懼之于先者。此亦可謂由陽明于朱子言戒懼爲對治之切實義，尚有所忽之故。然天下之義理無窮，陽明亦未能一口說盡。學術之流弊未見，即可不說救弊之言，如未病不須先服藥；亦如陽明之言未發之戒懼工夫，原不須以可能發而尚未發之不合理之意念，爲所對治也。

## 五　良知卽心體、卽天理之昭明靈覺義

上所言之心之體用動靜，乃關連于心與理之問題者。此理與心之問題，乃人類思想之一根本問題。在一般之觀感，皆以心爲變動不居，而理則定而有常。世人亦皆知其心之變動不居，若恆難如理而合理。由心之不合理，而人有不合理之行，天下遂于以大亂。故人恆欲求其心之合理。欲求此心之合理，而自此心所生之行爲上制裁，以制此心之道，如以法治，以習俗之禮治，此世間一般之教也。以利害動此心，使其知不合理者，害及于後日與來生，而勉其心以爲合理之行，此世間功利、宗教禍福之說也。以聖賢爲範，祖訓與聖賢之經書爲教，以道之大原在天，以王承天，更使天下尊王而重道，此漢唐儒者之言也。然凡此等使心合于道、合于理之教，皆是外制其心，外用其心，以求心之合理，今所謂他律之道德也。然孔孟至宋明儒者之傳，則要在言心之變動不居，乃由于其與物感通；而此心之對一一之物之感通，又原皆有其所以應之之理之道，如對父爲孝，對兄爲弟等。此理此道，皆原爲

人心所有，而由內以達外以自律其外之言行，以合理合道，卽以自盡其心性者。若其不然，人之言行亦無必求合道合理之內在的理由，亦無「使其心之變動不居，與物感通之事，皆一一合理合道」之內在的眞實可能矣。宋儒自周濂溪起，卽已以仁義禮智信之五性，皆與生俱生。聖人除盡其性，使其生命成一眞實無妄之生命外，亦無其他。邵康節言「性者道之形體」，其言亦爲朱子所屢及。二程更言道之出于心之性，而人性卽天理。象山則敎人就心之發用之合理處，以自覺其心之具理，而更充此心之靈，卽所以更顯其理之明。朱子則由格物窮理，以物皆有理，又以天下萬物之理，皆吾人心中所原具之萬理，以爲其性理者；而更言此天下萬物之理與此心之理之粲然者，當心之未發，卽存于一性之渾然之中；然後心之應物，乃能于一一之物，各循其理以應之，使之各當于理，而不相爲礙。此在根本精神上，正承其前諸儒言人當知當行之道，其本原在吾人之心性之論，而不同一切他律之道德論者也。

此朱子之學所留之一問題，乃心與理畢竟爲一爲二之問題。自理之有一定內容上看，卽明似與心有所不同。蓋心之與物感通，旣變動不居，此心之自身，卽如只爲一能覺，而無一定內容者。此能覺之感物，旣感此，而又能捨此，以更感他，卽見其虛靈而不昧；而心之自身，唯是一虛靈之明覺，便無一定之內容；其內容，皆當是此心之與物感通，而有所發用時，所表現之性理上言者。然若心與理果爲二，則人心亦卽未嘗不可只守其虛靈明覺，更不求合理而盡理；則人之求其心之合理而盡理之事，亦可視爲此心之本身之虛靈明覺之礙。故此心與理，又終不可視爲二。此在象山，因其自始至終，重在自心之對物之感通發用上見理，則可無此問題。以心之對物之感通發用中，必有此心之感通發用所當循之道，卽終有理可說也。然在朱子，更見得此心之本身，只是一虛靈明覺；則此虛靈明覺，何以必須有此萬理之粲然于中，以爲其內容？又此心既有此萬理粲然于中，以爲其內容，何以當心之未發，又只渾然爲一性；必當心之已發或感物格物時，而後此一一之性理，乃得次第而見？又何以不說此虛靈明覺之心之卽理，或此理卽此心？則象山之只由心之發用見理者，實尙不足答此諸問。蓋此心之虛靈明覺之本身，明似可不發用，仍是一虛靈明覺。而人亦可只守此虛靈明覺，如朱子所謂禪宗之所爲。則此心是否卽是理，或只是超越地內具理？又其具理或卽理，是如何具法？如何卽法？卽成一大問題矣。

對此問題，循上述陽明之言心之未發已發，卽可有原則上之解決。後東林學派與劉蕺山，于此雖尙有補充，然在根本義上，仍不能違陽明所說。此解決，在于知此理之見于心之發用上，雖定而有常、似實，然亦與心同變動不居，而未嘗不虛。因自此心之良知之依理而是是非非上看，此心之良知乃時時是是非非，而亦時時是是而無所是，非非而無所非者。此心能依理以往是是非非，故實；歸于無所是無所非，故虛。實故能思能慮，虛故曰「何思何慮」。然「何思何慮」中，亦有此理在。故謂之何思何慮，亦非卽無思無慮，而亦可謂爲實時時思慮一天理也。（傳習錄中啟問道通書、及傳習錄，皆嘗辨何思何慮，與無思無慮之別。）往是是非非，卽此心之良知之發散；歸于無所是無所非，即此心之良知之收斂。此心之良知，乃即其發散以為收斂，亦即其實以為其虛。時時虛、時時實，故靈，而人常有一不昧之明覺。其時時實，即時時有此理流行于此明覺之中；其時時虛，即此流行之理既顯，而若自隱，以退藏于密。由此而即在此虛靈明覺對事物，無所發用，如鏡之無物可照時；此虛靈明覺，亦通體全是理。人若果能知其實之未嘗不虛，即能知其虛之未嘗不實。知其發散時，未嘗不收斂，即知其收斂時，未嘗非發散。由此而吾人可說此虛靈明覺之具理，非只是以此理為其內容，而是此虛靈明覺之發散或收斂、虛或實上，即和盤托出此理。此中其發散、其收斂，或其虛、其實之本身，即是理。非發散而放出理，收斂而更收回此理；而是其放其收，均是此理之表現也。其「放」，是此理以一般所謂實之姿態表現，而其實未嘗不虛；其「收」，是此理以一般所謂虛之姿態表現，而其虛未嘗不實。故此虛靈之明覺即通體是此理。由此而不能說此心在未嘗與物感通而未發之際，此心之自存養其虛靈明覺，其心即空而無理；亦不能謂此自存養，只所以去氣稟物欲之雜，打開此理之由此心而昭顯呈現之門，如朱子之說也。而當說此心當下之虛之靈之明而能覺，即已攝其所可能覺者，以為此心之理，而皆現成在此。如鏡之能照，與其可能照者，皆在此鏡之能照之理之中；而鏡在無物可照時，鏡之能照，現成在此，其理亦現成在此也。

陽明之通心與理與知之言甚多，其旨亦歸于尅在此心之虛靈明覺上言，無論此中有無所知所覺，亦無論此虛靈明覺之顯于吾人一般所謂心，或只顯于吾人之耳目之知覺中，皆當是同一之虛靈明覺；

而尅就此耳目五官之知覺，亦爲心之知覺上言，此知覺之本身，卽亦皆爲天理之表現。唯人當由耳目之知覺，更知其本原在此心、此天理，更用致此知之工夫耳。玆略引陽明之數言，以證上文所說通心理知爲一之義。

傳習錄卷二與顧東橋書：「精察此心之天理，以致其本然之良知。心之虛靈明覺，卽所謂本然之良知也。」此乃陽明以「心」及「天理」與「知」爲一之明言也。

問「中」之義曰：「此須自心體認出來，非言語所能喻。中只是天理」。曰何者爲天理？曰「去得人欲，便識天理」。天理何以謂之中？曰「無所偏倚」。無所偏倚，是何等氣象？曰「如明鏡然，全體瑩澈，略無纖塵染著。」又曰「自家心體，常要鑑空衡平，便是未發之中。」（傳習錄上）

此上皆言未發之中卽天理，卽心體。而此心體、天理只是全體瑩澈，如鑑空衡平，而自無偏倚之一能照之「知」，而更不自其所知所照上說者也。

陽明又曰：「無知無不知，本體原是如此。譬如日未嘗有心照物，而自無所不照。無照無不照，原是日之本體。良知本無知，今卻要有知；本無不知，今卻疑有不知。只是信不及耳。」（傳習錄下）此言良知既無知亦無不知爲一事，故其「無不知」與「無知」，原爲一事。言其無知，乃言可無所知，亦不待此所知，以自成爲知。此卽只自其爲一虛靈明覺，而卽視爲天理之昭臨在此之言也。

又曰：「所謂汝心，却是那能視聽言動的，這個便是性，便是天理。有這個性才能生。這性之生理，便謂之仁。這性之生理，發在目便會視，發在耳便會聽，發在口便會言，發在四肢便會動。都只是那天理發生，以其主宰一身，故謂之心。這心之本體，原只是個天理。」（傳習錄上）此則教人自知其耳目之知覺，皆原爲一心之靈覺，而皆爲天理之表現之言也。

又曰：「知是理之靈處。就其主宰處說，便謂之心；就其禀賦處說，便謂之性。」（傳習錄上）此卽通「知之靈」及「心」與「天理」之言也。

對上文陽明之通「天理」、「良知」與「心」之語，皆可總攝在陽明所謂「心之本體，卽天理也；天理之昭明靈覺，卽良知也」一語之中。陽明或以昭明靈覺代虛靈明覺，此蓋意在顯此明覺中有理之昭顯。然陽明多只用虛靈明覺之言，則二者實無大分別。此上引陽明之二語中，上語之心之本體，卽心之性。謂此心之本體爲性卽天理，朱子亦有此義。所謂心之虛靈明覺中，一性渾然，道義全具，而萬理粲然是也。象山則偏自心之發用上看其中之具理，則未有此心體之虛靈明覺，具萬理爲性之義。（註）然陽明言「心之本體，性也」，則此體卽在未有一般之發用時，此體上亦原有用，如本篇第三節之辨。此心之虛靈明覺，自存養而自相續，卽其用。在此用中，無任何所覺，亦表現理、表現性。如上

**註**：自此處看，吾人可說朱子之言心具性理，近佛家之天台言性具；象山自心之發用見理，則近華嚴之性起。然此中亦有異同，非今之所及也。

文所已說。此皆自心之明覺上說理也。

自另一面看，則此理之本身，亦原是虛靈明覺的或昭明靈覺的，此則是在理上說心。依一般之想法，理總有一定之內容，如忠孝等之有一定之內容，而理之表現，卽只可言昭明，似不可言虛靈。又心覺理，理不能自覺，亦不能言覺。然實則只自理之內容之爲如何上看，不能盡理之義。理之內容自是要表現的、或能表現的。此要表現、能表現，乃理之義中之所涵，否則此理不能稱爲生生之理。然理之表現，乃一面表現，一面退藏，一面發散，一面收斂，如上所說。此一面表現發散，一面退藏收斂，豈非正是理之靈？則不只心是活物，而變動不居，理亦是活物，而變動不居也。又理表現，而「能覺」與之相俱。心無能覺之理，則心不能覺；心卽依能覺之理，以有所覺。則由心有此所覺，而謂「心之理」有此所覺，又何嘗不可？心有所覺時，心稱爲能覺，則「心之理」有所覺，此「心之理」應亦可稱爲能覺，固不可如朱子之只以理爲所覺矣。是見在理上說理爲虛靈明覺的，固亦同可說。此卽理上說心也。綜上所謂于心上可說理，于理上亦可說心，則心理眞合一矣。陽明之此二語中，其言心之本體卽天理，卽自心上說理；而言天理之虛靈明覺卽良知，卽自理上說心也。

上文既依此理上可說心、心上可說理之二義，以成心與理之一之義。今再回頭來看朱子所謂心之未發，乃以其虛靈明覺，具萬理之粲然，以爲渾然之一性之說，卽不難解。此心之所具萬理之粲然，必化爲一性之渾然，卽見此心所具之萬理，其在心中，並非能分列爲一一定常之理，以並在于心者。

若其然也，則人當反觀其心，卽當見此萬理。然人在其心未發時，反觀其心，並不見此萬理，唯見一性之渾然，卽證此心所具之萬理，非可並列爲一一定常之理之和。此萬理之在心，乃皆相互渾融爲一性者。而欲說其所以渾融爲一性之故，則唯有謂理在心中時，此心之「虛靈」，卽如將此一一理虛靈化之之故。虛則不相礙，靈則相通貫，故可渾化萬理爲一性也。然謂此理在心，爲心所虛靈化，卽心之虛靈之用徹于理；而此理卽不只具于心，以爲心之體，亦爲心體自身之虛靈之用之所徹，並爲此用之所攝者。則此理卽亦心之理，或心上所說之理矣。若謂此理在心，卽原自爲虛靈的，此自亦可說。然此卽又無異謂此虛靈爲理之相，卽無異于理上說心矣。無論心上說理，理上說心，固皆必歸于心理合一之義也。眞知此心理爲一之義，則吾人要如朱子之說，在心之未發時，謂心乃具理以爲性，自亦仍可說。然此具，必是此所具之理，同時爲此心所「虛靈化」的「具」。否則朱子所言此心之具萬理之粲然，何以只顯爲一性之渾然者，卽先不得其解。而說此理爲心所虛靈化，卽必在心上說理，或理上說心；而必須將此理之定常義，銷融于心之虛靈義之中。唯當心之未發時，理之定常，雖銷融于心之虛靈義中，如洛書之方之融于河圖之圓；然當心之已發，則此理之定常，又隨心之一定之發用而俱見，如由河圖之圓而出洛書之方。則當心之由發用，再還歸未發時，吾人卽又可說此心乃是將此定常之理，再向上卷起，而藏之于密，而虛靈化之，以再成此理之銷融。由是而吾人卽又未嘗不可說此心自「具」此「所卷而懷之，或以其虛靈加以銷融之定常之理」，則朱子之心具理之義，又未嘗不可說。而陽明之合心與理之言，亦正所以成就朱子之說者矣。讀者細思之。

## 六　良知與儒之通二氏義

由陽明之有此心上說理，理上說心，以眞合心與理爲一，以良知爲天理之昭明靈覺，而以心之昭明靈覺或虛靈明覺之本身卽理之表現等義；則于佛家之只保任其虛靈明覺者，卽不能說之爲全無理。儒者之用涵養工夫，以自保任其虛靈明覺者，亦非只是呈現其內具之性理之一方便工夫；而當說此涵養工夫之本身，卽是理之表現。此心之虛靈明覺之保任，其本身卽已是一天理之流行，而對此一工夫，亦不可輕忽。故陽明初亦以默坐澄心教學者。由此以觀二氏之觀空證寂、致虛守靜，亦不能直下卽加以非議。如朱子謂禪佛只見得、養得心之虛靈明覺，其心卽空而無理，于此卽不可說。因此虛靈明覺之保任，便是理。其如此如此的虛而靈，或相續的虛而靈，卽有此理之流行也。同時象山之謂佛家爲自私，亦不可說。因佛家之存其虛靈明覺，而自執著把握之，固是自私。然若不執著把握，則其養此虛靈明覺，亦明是不自軀殼起念，方能做得，不能說是自私也。若謂佛家自解脫生死發心，便爲自私，亦不必盡然。因佛家之解脫生死，亦正要解脫一般之自私心。自私之人，亦決不能有佛家之解脫也。緣朱子與象山之所以有此種種闢佛之論，蓋皆由于見佛家之絕棄世事人倫，似只靜守其心，塞其應物通感之用；而未能卽此用，以見此心之理之流行之故。然吾人若如陽明之見得此理之流行于心之是是非非之事，原是一面發散、一面收斂，卽實而虛，則亦卽有而無；便不能以人之靜守其一虛靈明覺之心，卽是有心而無理矣。人之欲有其應物感通之用，以呈顯此心之理者，亦正當于其無物可應之時，卽以此虛靈明覺之保任涵養爲工夫；而卽于此中之無聲無臭、不睹不聞、何思何慮、空空寂寂之處，知此天理之現成在此，而未嘗不流行。是卽陽明詩所謂「無聲無臭獨知時，此是乾坤萬古基」也。則于佛家之言空，至無一法可得，于老氏之言虛，至復歸于無物，皆不能直下便謂其必有心無理，或只爲自私，如朱陸之所說也。

此中如要說佛老之不是，此卽陽明所以言二氏之學，其妙與聖人只有毫厘之間。（傳習錄上）此毫厘之別蓋在：人若識得心之虛靈明覺，卽天理之表現，則亦當知此天理之表現于一切世間人倫中應物感通之事，以成忠成孝，人亦未嘗失此心之虛靈明覺。人之成忠成孝之事，惟所以致其是是非非之良知，以盡其份內事；則其知其行，雖驚天動地泣鬼神，而至實；同時亦除使其良知更無遺憾之外，而更無所得，卽未嘗不至虛。則佛家之保任其心之虛靈明覺，雖未嘗無天理之流行于其心之虛靈明覺之中；然若其必欲遺棄世間人倫，與應物感通之事，以此爲此心之虛靈明覺之礙，則仍是一間未達之敎也。故陽明嘗謂佛家之必逃倫理，似不著相而實著相，而儒者不求逃此倫理，方爲眞不著相也。其言曰：「佛氏不著相，其實著了相；吾儒著相，其實不著相。……佛怕父子累，卻逃了父子；怕君臣累，却逃了君臣；怕夫婦累，却逃了夫婦。都是爲個父子、君臣、夫婦著了相，便須逃避。若吾儒有個父子，還他以仁；有個君臣，還他以義；有個夫婦，還他以別。何曾著了父子君臣夫婦的相。」（傳習錄下）此言實甚精闢。推此陽明之義，則儒者致忠、孝、和之良知，于父子君臣夫婦間之事，卽亦雖是驚天動地泣鬼神，仍未嘗離無聲無臭、不睹不聞、何思何慮、空空寂寂之未發。此方是眞不著相。此卽所謂毫厘之別。至于此毫厘之別，是否卽爲千里之謬，（註）則要在視學佛者之是否必欲逃父子君臣爲定。如其本非必欲逃出倫理，亦許世間人之不逃出者，仍可與佛菩薩居平等位；則儒者亦當于學佛者之出家不仕，視如人之有所專業者之可不婚不宦。而當儒者之用朱子涵養工夫，以保任其心之虛靈明覺時，用象山之工夫，至于大疑大懼時，以及用陽明之致未發之中之工夫時，其在一時，固亦皆可

註：陽明全書卷七贈鄭德夫歸省序曰：「子無求異同于儒釋，求其是者而學焉可矣。」此乃陽明于儒釋之初不重辨異同，而唯求其是之言。然象山亦有同類語。象山語錄記象山作書攻王順伯，「也不是言釋，也不是言儒，唯理是從否？」陸子曰「然」（文集卷三十五）。唯象山終謂釋不是，故非釋，而攻王順伯之崇釋耳。傳習錄下，「問儒者到三更時分，胸中思慮空空靜靜，與釋氏只一般，此時如何分別？曰：三更時分，空空靜靜的心，只是循天理，卽是如今應事接物的心。如今應事接物的心，亦是循此天理，便是那三更時分空空靜靜的心。故動靜只是一個，分別不得。知得動靜合一，釋氏毫厘差處，亦自莫揜矣」。此卽陽明言儒釋之只有毫厘差處。可細玩之。

無父子君臣之在心也。則天下之人皆婚宦，有此不婚不宦而學佛者之存于世間，以使人知婚宦之外，尚有事在，此固亦未嘗非天下之美事也。此蓋卽陽明所以未嘗如朱陸之嚴斥二氏，而有廳堂三間之喻，謂儒家原有佛道之義之故。黃梨洲明儒學案姚江學案，矯晚明王學之弊，謂陽明以「心之所以爲心，不在明覺而在天理，金鏡已墜而復收，遂使儒釋疆界，渺若山河。」此明不合史實。陽明固以心之明覺卽天理，無在此不在彼之分。陽明緣此以論儒釋，明說其只有毫厘之差，固非渺若山河也。陽明言「仙家說到虛，聖人豈能虛上加得一毫實？佛氏說到無，聖人豈能無上加得一毫有？良知之虛，便是天之太虛；良知之無，便是太虛之無形。……聖人只是顯其良知之發用，天地萬物，俱在我良知的發用流行中，何嘗有一物，超于良知之外，能作得障礙？」陽明固不諱言良知之明覺，具二氏所重之虛無之義；唯以此良知之虛無，正所以使天地萬物，皆在良知之發用流行中，而亦見良知之至有、至實、至動耳。後之王龍溪，更由此良知之至有、至實、至動而恆感，亦復至無、至虛、至靜而恆寂，以謂此良知之義，範圍三教，更大有高明之論。然亦皆初原自陽明之實見得此心之虛靈明覺，卽天理之虛靈明覺而來者也。至此陽明之通此心與天理、虛靈明覺爲一之論，則又初由朱子之自心之虛靈明覺以說其具性之論，轉進一步所成；而此朱子之言，又初由朱子之嘗用心于未發之問題而有者也。朱子言固未究竟，然亦較象山之只偏自心之發用處言心者，正有其鞭辟入裏之義。陽明之繼此而更及于高明與精微，固皆承朱子之義而進，而非承象山之言而進者也。

## 七　良知之應物現形，與生生不已義

陽明所言心之良知與天理之合一，心之保任其心之虛靈明覺，而存此未發之中，卽雖無所是所非之意念，而此中亦有天理之昭然在此，以通儒佛等義。此乃本于良知之發用于其是是非非者，原不留滯于其所是所非者，所必然涵具之義。然良知不留滯于其所是所非，亦原不礙其應物現形，而是是非非，以生生不已。良知之時時知是知非，與時時無是無非，二者固相互爲用也。今專自良知之應物現形方面說，則陽明之言良知，又一重要之義，亦爲緣朱子之義而更進者，卽爲良知之應物現形，乃當下之機之義。在朱子之意，人欲求應物而當，宜先有讀書格物窮理之工夫，故疑象山之學不讀書，臨事鑿空杜撰；並謂「閑時不思量義理，到臨事而思已無及，須先理會知得，方能行得。」朱子之所以必言知先行後，皆要在言人之平時當有學問思辨之工夫，使見得義理明白，臨事方能行也。此卽朱子之于大學八條目，必須將致知格物與誠意正心以下之工夫，加以一一分開之眞實理由所在。此自一般之義言之，亦似原無不是處。陸王亦未嘗能謂人之爲學，于其閒時，不當有讀書或思量義理之工夫；固亦爲應許此閒時之工夫，可使人臨事應物之際，易于得當也。此中庸所謂「凡事預則立，不預則廢」之旨，陸王亦必不能有異議也。然此所謂閒時思量義理之工夫、或事先之「預」之工夫，是否全爲後來臨事而用，則亦有一問題。如全爲臨事而用，則無異視此「預」，全是手段，便只是功利之學。又若皆是爲後來臨事而用，則當後來臨事時，實際上用不著此閒時所思量得之義理，或此事先所預者，此工夫卽不當有乎？如依儒者所同重之辨義利之旨，則于此應說義理本來當知；閒時用工夫知義理，亦是本來當有之事。以後用得著，固當知；用不著，亦當知。無論以後是否用得著，當下卽已用得著。至于人之對後日將來之事，作一事先之預的工夫，亦只是人之當下所當爲。當爲而爲之，卽不是純以此預爲手段。故無論此所預者，對後來是否實際上用得著，只須吾人當下盡力而爲其所當爲者，其後皆可無悔也。在此一點上，朱子固亦未嘗有異議。故其言平時讀書明義理之學問工夫，亦只言此是人當有之工夫。非謂此工夫只是爲後來臨事之手段。若謂一切明義理之學問工夫，純在成就後來之事功，如永康永嘉功利之學，朱子固以其在本原處非正，而嘗力加辯斥者也。

至若依陽明之義，以言此一切人所當有之學問工夫、或「預」的工夫，則當說此等等，皆原是人之致良知之事。故人之爲之，亦自始卽當自覺其皆是當下之致良知之事，同時亦皆是此當下之致良知之行。故依陽明之義，一切學問思辨之事，皆無非行，（傳習錄卷二答顧東橋書及他處）不能說其只是行先之一知。因如其只是行先之一知，其本身不是行，卽可說其只爲後來之行而有。人亦卽或不免視之爲後來應事之行之手段，卽又入功利之學矣。在此點上，陽明言學問思辨之知，其本身卽是行，其所進于朱子者至微，然關係則至大；而可由此以見其言知行之旨，雖略異于朱子，而又正所以完成朱子言非功利之學之旨者。蓋由此陽明之義，一切工夫既皆只在當下用，則本此以觀一般人之所謂事先之「知」上工夫、或「預」的工夫，除其本身原為人今所當有者之外，其是否在實際上，必然能使人後來即循之以行，而應物皆當，即亦不能有一事先之保證。而人亦不當求有此保證。因若果眞有一事先之保證，則吾人後來之良知，將除循此今所知以行之外，更無所事事。此即將使此後來之良知，更無在後來之時，當下的創發性的表現或運用，而皆為今之良知之表現所安排決定，以先被消殺矣。

循上所言，陽明乃又有良知之應物，隨時而變之義。此所謂隨時而變，非不求合義理；只是隨時之不同，事物之現前者之不同，而良知即隨其不同，時時有其創發性之運用與表現，而良知之天理或義理，亦時時有新的表現與運用之謂。故此陽明之言良知之應物，隨時而變，即唯是說良知之應物現形之事，原是生生不已，不能事先加以規定，以使之出于一格。陽明之言，及于此者亦甚多。而其由歷史上之事實舉例，以證明此義，尤為明白。陽明嘗言：「聖人之心如明鏡，只是一個明，則隨感而應，無物不照。未有已往之形，尚在未照之形先具者。若後世所講，卻是如此，是以與聖人之學大背。周公制禮作樂，以文天下，皆聖人所能為，堯舜何不盡為之，而有待于周公？孔子刪述六經，以詔萬世，亦聖人之所能為，周公何不先為之，而有待于孔子？是知聖遇此時，方有此事。」（傳習錄上，按此乃用象山與邵叔誼書之例，以言良知之隨感而應）此即言聖人同本一良知，而時變不同，即表現不同之理。數千年前之歷史上之事如此，則人一生之事亦如此，一年一日、與當下一瞬之事，亦如此也。故又嘗曰：「良知誠致，則不可欺以節目時變，而天下之節目時變，不可勝應矣。……夫舜之不告而娶，豈舜之前已有不告而娶者，為之準則，故舜得以考之何典，問諸何人，而為此耶？抑亦求諸其心一念之良知，權輕重之宜，不得已而為此耶？武之不葬而興師，豈武之前，已有不葬而興師者，為之準則，故武得以考諸何典、問諸何人，而為此耶？抑亦求諸其心一念之良知，權輕重之宜，不得已而為此耶？」**此陽明所舉之舜之不告而娶**，與武之不葬而興師之二例，一方固見一切人之所當為者之如何，當視其時所在之具體之情境而定，而不能拘一格；另一方亦見人之在一新的具體情境中，為其當下所當為之事時，恆不免于違其平昔之所為、違一般社會習慣之所為，而亦違其昔日之人之良知所共視為當為者。是卽見人之良知在一新具體的情境，所作之一決定，卽初若不能無憾然此不能無憾之感，又正所以見此當下之良知，有此當機的決定、或此創發性的表現之莊嚴性者也。

依此良知之當機的表現之義，以言一般所謂事先之學問工夫或預的工夫，其對後來之臨事而應之間之關係，則亦當承認此所謂事先之工夫，有助于臨事而應之更易于得當。然此非是謂其事先之工夫，可為此後來臨事時之良知當機的表現之手段，或對此後來之表現，先加以安排決定之謂。此唯是因此事先之工夫，既為人在所謂事先之時之當有的工夫，亦卽為其時之良知當機的表現。此便與後來臨事時良知之當機的表現，同為顯出良知之天理之事，則皆同可致此良知之明。由此而在所謂事先時當機所表現之良知之明，卽自然可爲此所謂後來之時當機所表現之良知之明之根據，以使其良知日充而日明者。此如昔日之磨鏡照物之功，卽所以使今日磨鏡照物之功，更著更明者也。如舜平日對其父之孝心孝行之表現，固儘可爲使其婚娶之問題出現時，遂更能本其孝心，而慮其父母之無後，寧違一般之告而後娶者也。依此義以言朱子所謂人當事先讀書、知義理、或思量義理之工夫，在陽明看來，則除謂其本爲人閒時所當有者外，亦固可同時謂其有助于臨事之用也。然其所以有助于臨事之用，則純由閒時之讀書思量之義理之工夫，原可以使日後之良知之表現日充日明，故其後之臨事時，此良知之明，卽更能照見其當機之所當爲，便更能于此時，有其良知天理之創發性的表現之故耳。此則皆朱子所未能及之義。然陽明之所以能及此諸義，則正由其所謂良知「時時無是無非，又時時知是知非」之義而來；亦由朱子之言知先行後，以事先之讀書格物之工夫，爲應事之「預」之義，轉進一層而得。故吾人亦正須將陽明所言與朱子所言者相對照，方更見陽明由此轉進一層而立之義之精微也。按象山之分知行爲二，正同朱子之說，而說更粗。蓋其尚未重此知之所以可爲行之用，乃由知中之義理、與行中之義理之爲同一之物，知行之間應以同一「義理」爲其「貫」之故。此則明不如朱子之雖分說知行，而又能重此「義理」之爲知行之「貫」者。然陽明則更由其間有同一之「義理」爲之「貫」，更以無論在所謂事先之知，與臨事之行，皆爲人之當機之致良知之事，亦皆分別爲昭顯天理之事，卽皆分別爲人所當行之事。而此諸分別之事，旣皆同爲致良知之事，亦皆可同得致良知之明；則事先之知上工夫，自必有助于臨事之易于得當。由此而朱子之義，皆包涵于陽明所言者之中，而陽明之義，則正當視爲緣朱子所言者以更進而成，而非緣象山所言者，以更進而成者也。

依此陽明之言良知應物現形之義，人于事先之知上之一切學問思辨之工夫，與所謂「預」之工夫，所以有助于人之臨事而得當，唯在其原能致得良知之明，故能使臨事之時，此良知之當機的表現更明之故。由是而陽明乃明言良知之表現之機，唯在現在。故曰：「良知無前後，只知得現在的機」（傳習錄下）由此而良知過去之表現，固不能眞預定其現在之表現，而其現在之表現，亦卽不能預定其未來。良知之無所不知，唯就其對自己之現在當下之意念之善惡是非，無所不知而言。過此以往，則良知對未來之事，不能前知；對他人意念之是非善惡，亦不能有他心通之知。然人有良知之明，能自知其「意念之是非善惡，與其表現于言行」之關係，則亦自能于他人之言行之表現于其前之時，而自然照見他人之意念之是非善惡。人之所以有此自然之照見，乃由人之原可自照見其「意念」與「其表現于言行」二者間之一直接之關係；故亦可由他人之言行，以直接照見他人之意念也。此照見，可謂之一純粹的直覺，而非由思慮安排而致。人亦不能、復不當由思慮安排，以預斷他人之意念、與其是非善惡之如何也。（註）此中吾人對他人之意念、與是非善惡，不能有預斷，亦如吾人之對吾人自己之

註：傳習錄卷二答歐陽崇一書，論人對他人之應念之不當逆詐、億不信，而又有自然之先覺之義，甚精密。

未來意念、與其是非善惡，不能有預斷也。由此便使吾人之致良知之工夫，乃純爲就吾當下所見得之此吾之意念言行之是非善惡，而致其是是非非，好善惡惡之知之事。此中實外無他人、內無過去之我、與未來之我，只有此現在之我致良知之事。而此現在之我，不與人對，無過去我與未來我之想，亦不與過去未來之我相對。則此現在之我，卽是一絕對，更無其外之定限之我，而此我亦卽無「我之想」；而于此現在中，便只有一致良知之事自流行、自充塞于天地之間，以爲一涵天蓋地之靈明；時時知是知非，時時是是非非，而是無所是，非無所非，方可言良知眞機之透露。則陽明致良知之極旨，而待于智者旦暮得之者也。

## 八　致良知之疑義，並總結陽明朱子之工夫論之關係，並附及朱王之工夫之論有待于象山之教以開其先

至于一般對陽明致良知之教所發生之問題，如人如何可知其良知中不夾雜自欺，或如何能知一切當然之天理，又如何保其所知之不誤，或如何保其致良知之功之必然有效等問題，則若知上來之義，皆不難答。此諸問題，皆似深而實甚淺。蓋人固不能保其自謂是良知之表現者之必然無誤，而不夾雜自欺。然人之用任何其他之德性工夫者，同不能保證其必然無誤而無自欺。如人之用格物窮理之工夫

者，固亦可于此工夫中誤認欲爲理，而造作似是而非之義理以自欺；人卽在自謂是客觀的觀物時，仍可由其私欲意見之蔽，以主觀所構想，視爲客觀的義理所在；人之奉行上帝之教，亦可將其私欲意見，投射爲上帝之意旨等皆是也。然人固有自欺之時，人亦有自知其自欺之時；人復有自知其明非自欺，而自知其良知之所知在此，而自感自愧其未之能行之時。則人固可就其良知所知而未能行之處，實求行，以致此良知，爲其工夫之下手處也。若謂人無知其自欺之時，亦無知其「良知之所在，而自感自愧未之能行」之時，因而致良知工夫無可下手之處；則此言，又正出自人之自欺也。至人之所以于其自欺之處，不能自知，則亦唯由人之未能盡量致其此「能知自欺」之良知之故耳。故陽明曰：「所云認賊作子，正爲致知之學不明，不知在良知上體認耳」。（答歐陽崇一，傳習錄中）又人之用致良知之工夫，固亦不能盡知一切當然之理于先，亦不能必保證其所知者無誤。然人固可就其當下自知無誤者而致之，不必求其盡知一切當然之理也。陽明嘗曰：「天理終不自見，私欲終不自見。如人走路，走得一段，方認得一段。……今人于已知之天理不肯存，已知之人欲不肯去，只管愁不能盡知。……且待克得自己，無私可克，方愁不能盡知，亦未遲在」（傳習錄上）又曰：「今日良知見在如此，只從今日所知擴充到底；明日良知又有開悟，從明日所知擴充到底，方是精一的工夫」。（傳習錄下）由精一而自去其非，卽亦能自見其誤，而其誤亦自日少矣。若謂人不能自見其誤，則問者又何以謂人之良知之可誤乎？則此言，正誤言也。

至于問致良知之效驗之有多大，則此固當看人之氣稟之夾雜，與平日之積習而定。此乃因人而異者。人固不能謂一朝之功，卽可將此中之積習夾雜，頓掃無餘。在此工夫中，自亦有種種艱難處。然依儒者公義，則于世間一切事，皆是只問當不當，而不問功利。則于此爲學聖賢之事，亦當只問工夫，不先預定效驗。若于此先預定效驗，此本身卽非所應有；而工夫既至，亦自當有效驗也。人若謂工夫必無效驗，卽忘其工夫中之嘗有效驗之事，亦忘自其工夫本身看，此工夫之進行中，已有效驗在矣。工夫進行中，已有效驗在，則繼續進行，必當更有效驗，卽可知矣。則今之謂工夫必無效驗，乃離工夫而外觀之言，非卽工夫而觀此工夫之語。人果全離工夫，而自謂其工夫之必無效驗，則工夫既不在前，又焉知其必無效驗？不知其必無，而竟謂其必無，卽是對未來可能有之工夫，先作一預斷。而此預斷，在當下無所據；則實不能有「工夫必無效驗」之一語之可說也。是見先預定效驗而後用工夫，與謂工夫必無效驗之言，同不可說。而人之意念，果全在此工夫中，一切效驗，卽自當在此工夫之進行中，相沿而至，更何疑乎？陽明嘗言「凡人言語正到快意時，便截然忍默得；意氣正到發揚時，便翕然能收歛得；憤怒嗜欲正到沸騰時，便廓然能消化得；此非天下之大勇者不能。然見得良知親切，其工夫又自不難。緣此數病，良知之所本無。只因良知昏昧蔽塞而後有，若良知提醒時，卽如白日一出，而魍魎自消矣。中庸謂知恥近乎勇。所謂知恥，只是恥其不能致得良知」。能知陽明此段之語，則致良知之工夫之難，固陽明之所言。然有相續之工夫，則難者亦終易。人固可有力不足，而不見效驗處。然于此不足處，而知恥其所不足；則是由此「不見效驗處」之自覺，以更見其致知之效驗，則亦可漸無此「不見效驗處」矣。

上文略答一般謂陽明之致良知說爲一不可行之聖學工夫之疑。此諸疑，亦恆出諸後世宗朱子學者之口。此諸疑既答，今再還觀前數節，所謂陽明致良知之義，正爲朱子義所開啟，而亦正所以完成朱子之義者；便見陽明義之異于朱子者，實是只在毫厘之間。朱子固嘗謂「此個物事極密，毫厘間便相爭」。（語類百十三訓廣）而陽明初亦不放過其與朱子之毫厘差處。然吾人如循上所述，此陽明之義之由朱子義之所開啟上看，則吾人亦可謂朱子如不死，亦卽皆可循其所言之義而進，以衍出陽明之義。至少吾人可謂若無朱子之義之立于先，則亦未必能有陽明之義立于後。卽有之，其義之價值，亦不能見。故吾人今如不先有會于朱子所言之義，如何可進至陽明義之處，亦未必能眞識得陽明。又吾人若不先發揮朱子之學所立之義理之規模之大，徒標舉陽明之循此而更進之簡易之義以爲說，則陽明之以致知二字，通千古聖學之傳，亦將無異將千古聖學之傳，收縮于一點，而同于朱子之謂象山之言一貫而無所貫者矣。故吾人必當循朱子之所言之義，以進至陽明之義，如吾此文之所論者；然後見此先後賢之學，合爲一聖教之盛大流行，而于此流行中看，亦不須更分高下。此聖教之流行中，先後賢之立義之異，亦如陽明所謂人之致其良知之事之隨時而異，此乃不能不有異，而異亦正不礙其通者。由此以觀此聖教之流行，亦正如陽明所言之良知之流行，乃至實而虛。虛故前賢之言，若可爲後賢之所代，實則皆無可代；而唯見此聖教之流行現成在此，亦無前後賢之別可說。昔象山與朱子辯，或有諫其不必辯者。象山曰：「汝曾知否？建安亦無朱元晦，靑田亦無陸子靜」。（全集三十四語錄）知此辯實無人我，方爲眞見道之言。人果能本此意以觀此陽明與朱子之有異，而又共此聖教之流行，則亦無朱子與陽明之異，而唯見此聖教與其中義理之流行于無聲無臭之天壤間而已。

至本吾人今文所述，更總觀陽明與象山朱子之立教方式之異同，亦顯見陽明之言心卽理，雖同于象山，而其立教方式，則正有不同于象山，而更近乎朱子者。象山之教要在先發明本心，以立其大者，以直下超拔于網羅障蔽之外；更自疑自克，而居天下之廣居，行天下之大道。陽明之教，要在循朱子之言格致誠正之旨，而以致良知于事事物物，統格物與致知，而更攝誠意正心以下之教于其中。此致良知于事事物物，初正是日用常行中之下學工夫，與朱子今日格一物、明日格一物之工夫，未嘗不相類。然由此致良知之工夫，更于此良知之時時知是知非，亦時時無是無非處，見此心之自爲戒愼恐懼，亦自爲洒脫自得，更見此良知之至虛至無，天地萬物皆在其發用流行中，與此良知之機之在現在等義，如上文所說。此中卽有上達于高明之義。故陽明亦謂「上達只在下學裏」（傳習錄上）此便與象山之直下期在上達者不同。象山明言，不先見道，不能言戒愼恐懼致中和，以致知格物。此乃純爲先立「大本」而後行于「達道」之路數。固兼不同朱子與陽明之「先行于事事物物之格物致知之「達道」之中，以「上達于心之天理之大本」之路數也。

依朱子陽明之義，以觀象山之去障蔽，以發明本心之教，則當說此亦不外去人欲存天理之事，亦當攝在致良知、或主敬窮理，以致中而致和之工夫中；象山之自疑自克，亦戒愼恐懼之意耳。然依象山之教言之，則致良知，主敬窮理等，乃在一一意念一一之事物上用，戒愼恐懼乃心之自持之工夫；而象山之發明本心，則要在直下開拓此心志之量，以明道之大。此不只是學者自身之事，亦兼是教者如何教學者以成教之事。誠然，在學者個人之內心之工夫上說，如能用朱子之主敬窮理，陽明致良知之工夫，做到成就處，自亦皆能發明本心、去障蔽。則朱子陽明之學，亦可攝象山之學于其內。然此中無論循朱子或陽明之教以用工夫，皆有只憑學者自己一人之力，而工夫難就之處。蓋循朱子之教，以主敬涵養正心之事，養其內以立本，以致知格物，開其外以達末；此乃一內外夾持之功。于此正心與致知格物中間一段之誠意之功，純由此內外之夾持而後致。故若人之意自不誠，物欲夾雜于此心之中間之一段之意中，則內外夾持之工夫難就。陽明致良知之教之核心，則正在此誠意；而以誠意之工夫，兼攝朱子之內外之工夫。然人若內心之本原不淸，外不能周知物理，則陽明之致良知工夫亦難就。此對實用工夫者，固難而不難。然若能外得師友匡輔之力，則更易就。此師友匡輔之力，要在于此中之工夫間斷處，與以一提撕警覺，以更開其心志，工夫便得相續。此師友之提撕警覺，以開人之心志，亦正可使人全不知用朱子陽明之工夫，或一切在個人內心上之工夫者，皆知自求用工夫。朱子固言人心之有性理，外亦有物理，然人心志不開，則人亦不能內明性理，外窮物理。陽明固言人有良知，然人心志不開，即亦可根本不自反省其有良知之存在，或竟以此不反省之故，而甘自謂其無良知，則陽明將奈之何？然在象山，則特重此學者之親師取友之義，而其所言者，乃不只所以備學者之自用其言以爲學，亦所以成其對學者之教者。象山之教所以于保養扶持之外，更有摧抑擯挫，皆所以成教，以直接感發人而開人之心志。象山謂「雕出人之心肝」，即所以使人心有一條血路以通外，以得自見其自己之心肝，然後能在其內心上自用工夫。此即正所以使朱子陽明之工夫，爲人所眞得而用者也。象山言，人必先通達于道，然後可言其他工夫，其言遂兼具成學與成教之旨也。

由上所述，故吾人于象山學，如只視其旨在成學，則其義固未嘗不可攝入于朱子陽明所言之工夫之中。然如知其旨兼在成教，則其旨即不能皆攝在朱子陽明之教之中。朱子陽明之教，皆待于人之已能在內心上自用工夫，已能自反省其心性或良知之存在者，方有其效。而學者若已知自用工夫，則其教學者之言，自可較從容和平。然對學者之尚不知用工夫，亦根本不往自反省其心性或良知之存在，其心知唯散落于意見物欲中者；則朱子陽明之教，亦可全無意義。此則唯賴象山之教，對人之心知之已散落于外者，先與以摧抑擯挫，以對此散落于外之心知，與以一打擊，使之生一激蕩；而自其所散落者中，奮然而興，憬然而起，以還自識其心知與其中之性理，然後可說自用工夫之事。則其言自不能皆爲從容和平之言。此固不必如陽明之視此爲象山之不如濂溪明道者，而亦正爲象山之教之特色所在也。對人之心知之已散落于外者，未有此象山之教，人將不知自用工夫；則象山之教，正爲使一切人之自用工夫之根本，亦朱子陽明所言之工夫所依之以得爲人所用者。則象山之敎正朱子陽明之敎之根本也，然象山若無其學，則亦無其敎。象山之學亦正有爲朱子陽明之學之根本者，而其言學者之必先去障蔽以發明本心，固有其獨立之意義，其旨亦最爲弘濶，亦可說較朱子陽明所說，更爲本也。立言不易，知言亦難。能知治周秦儒學當自孟子入，卽知治宋明儒學，當自象山入矣。

## 餘論　總述朱陸之學聖之道及王陽明之致良知之道

上文三章述朱陸之學聖之道及王陽明之致良知之道，其論頗繁，然不外疏通吾人對朱陸與陽明之學之了解中之積滯，而明其所言之義理之同異，與其共同之問題，及其相異者之間之相輔相承之迹，以見此中之義理之天地之廣大。故首于第十章導論中，論三賢對義理之同異、義理之無窮盡等，其所見之未嘗不同。以下次第論象山與陽明之所同之諸義。進而對象山陽明所謂心卽理之原始義，加以指出，以釋世之以其只任心以爲理而廢學之疑，亦釋世之意其只知重虛靈知覺之心而廢理之疑。繼而述陸王言聖人與愚夫愚婦之心同理同之本旨，與其言聖賢之學不尙知能，亦正所以使人人之知能，得相輔爲用，以使四民異業而同道；以祛世之以陸王之學空談聖賢之學，無補世道之疑。再繼之以言陸王之讀書，要在以己心所知之義理，與書中之義理互證，而亦初無不須讀書之說，以祛世以陸王之學爲空疏不學之疑。最後則單就象山之工夫論，重在去障蔽以開拓其心量，而自立其心志，亦言自疑自克之功，與辨志之公私義利，以見其廣大高明之旨中，正有切實可循之義，非可只視爲空尊德性，而無道問學之功者。此爲本文標題之上篇。

至于第十一章則首論朱子對象山之評論之多不切合，而朱子之所以疑象山重發明本心之學爲禪學之故，則歸在朱子之以象山之所謂心，卽其所了解之虛靈明覺之心，而禪學則正爲似只重此心而不重理者。次論朱子之言學者之學聖賢，亦當學聖賢之博學多能。此固異于象山陽明言聖賢之所以爲聖賢，不在多知多能，學者學聖賢，不當以才力知能相尙者。然朱子之言此，仍以德性上之躬行爲歸，又明不同于世儒之以博學多能之本身爲貴者。由是而見朱子所言之讀書格物之功，亦實未嘗以盡讀天下之書，盡格天下之物爲教；而實只是言人當讀其所當讀之書，當格所當格之物。故其言讀書之道，未嘗不大同于象山。唯朱子謂讀書，乃學者之所當爲之一事，並當以經中所得之義理評論史事而已。至于朱子之言格物窮理，是否卽如陸王一派之學者所謂爲求理于外之論，則吾人嘗力辯其求諸外，正所以明諸內，亦卽正所以顯吾人之心所原具之性理或天理，而無其他。故不可如陸王之徒，以求理于外乃以義爲外，而議朱子之格物窮理之說。至朱子之所以必卽所聞見之物之實然，而窮吾人之所以應物之當然之理者，則以吾人不知此物之實然，吾人所以應之之當然之理，亦不得顯。此當然之理、與吾人對物之實然之知，乃俱行並展，則朱子之格物窮理之教，卽可無重聞見知識之弊。此中之天下之物之理固無窮，然吾人之格物之事，原有先後輕重之辨，以為權衡，則格物之教亦無必使人逐物而不返之失。唯自天下之物之理，原皆為吾人內在之性理，亦原為人所當知之一方面看，則吾人于天下之理，其依吾人自己一人所定之輕重緩急之序，不能知之者，亦當望人之知之。而學者亦卽可各格其專門之物，各讀其專門之書。由此而由朱子之學，卽可發展出明清以降之所謂專家之學。為專家之學者，亦皆可同時以德性自勉，而學為聖賢，則人可異學而同道。是卽與陸王之言「四民異業而同道」之旨，正相契應。此人可異學異業而同道，則正為近代之學術與社會職業之分工合作，所當據之原則。故吾人謂朱子與陸王之學，皆有此近代意義。唯朱陸陽明皆兼重此人人皆有德性工夫，以同學聖賢之道，則非近代言學術分工、社會事業分工者之所能及耳。此為本文標題之中篇。

至于十二章，則首就文獻，泛說朱子與陸王之互有異同之各端，亦以補充本文上篇唯就陸王同處以言者之不足。如象山于陽明與朱子所同重之戒懼中和與天理人欲之辨，固不謂然；而陽明于朱陸同重之知行並進之說，與朱陸之嚴闢佛老，亦皆不同其說。本章要旨在說陽明之學之所歸宗之義，雖多同于象山，然其學問之問題，則原自朱子之學。故陽明既成學而與朱子不同，亦未嘗不欲宛轉求相契合。故吾人今觀陽明所言之諸義，亦宜自其如何由朱子所言之義，轉進一步而成處去看。緣此而吾人乃進而論陽明之言學者工夫，初不外變朱子所言之格物之物為事，並將朱子于大學所言之誠意工夫中之「好善惡惡」，攝入于致知而知理之「知」中去講，卽成其知行合一、致良知之說。更由陽明之致知工夫，兼攝誠意工夫，而此知之義卽更上提，以連于正心之心；而致良知之事，卽同時攝正心之事，緣此而可更攝正心以下之修齊治平之事。于是朱子八條目，卽全攝入陽明之教矣。復次，此「知」在朱子原視爲心之用，爲動，爲已發，而心之本體則爲靜、爲未發，二者各有其工夫。陽明旣將此「知」上提，以連于「心」，遂更通知之用與心之本體，以言卽體卽用，卽動卽靜，以通一切未發已發工夫之隔，乃有戒懼卽洒落之工夫。由此而更言此本心之良知，卽天理之虛靈明覺，以通心知與天理爲一，而良知乃卽實而虛，卽有而無；遂可以良知之義，範圍佛老之虛無之旨。循是而可言良知之當機的表現之不守故常，無前知，而亦爲無人無我之現在之機。下文乃更一釋致良知工夫之效驗之疑難，以見致良知之工夫之實可行，並總結此陽明所立之諸義，謂其皆由朱子之問題與所立之義，轉進一層而致。此陽明之以格物致知爲工夫，以上達于高明，實正同于朱子下學上達之旨；而不同于象山先重人之先立其大，求直下超拔于網羅障蔽之外，以先明道者。然人之未能循朱子陽明之教，以自用工夫者，則又皆正有待于象山之教，以先開其心志；而象山之言，亦最能兼成學與成教之二義，其旨又最爲弘闊。此卽本文標題之下篇也。

# 第十三章　王學之論爭及王學之二流（上）

## 一　導言

黃梨洲明儒學案序，言明代之學邁越前代者在理學。此可首以明代講理學者之盛見之。明初程朱學者，如薛瑄、曹端講程朱學。其于朱子理氣之論有疑，皆不關朱學之大體。二人于朱子之學，亦無多發明。此可不論。由吳康齋傳胡居仁與陳白沙，而二人之學不同。白沙之學初由自得之。胡居仁則宗朱而評斥白沙之學。陽明初師婁諒，婁亦出于康齋之門。然陽明良知之學亦自得之。陽明旣以良知之學詔天下，而同時講學有聲者，則北有呂涇野，南有湛甘泉。呂疑陽明言良知而不及良能。甘泉爲白沙弟子，初與陽明相得，而以隨處體認天理標宗，與陽明學之以致良知標宗又略不同。其遺書中疑于陽明之言者不下十數處。而甘泉之再傳弟子唐伯元，則逕攻陽明之學。羅整菴則與陽明辯格物，作困知記，大議陸象山與王陽明之學。陽明同時之王廷相，以氣言性，近張橫渠。此皆以講學之風旣開，而人所見，自不能無異同。卽在王門諸子之中，其最著者如明儒學案所定爲浙中學派、江右學派與泰州學派之講良知之學，亦皆有異同。故鄧定宇言「陽明必爲聖學無疑，然及門之士，槪多矛盾」（明儒學案江右學案三念菴學案所引）。而孰爲陽明學之正宗，亦可各異其論。如黃梨洲謂唯江右得其傳。王龍溪則謂陽明之言致良知「及門者誰不聞，唯我信得及」又自謂「我是師門一唯參」。（王龍溪語錄前傳）然泰州之學，其傳又最盛。周海門著聖學宗傳，則殿之以泰州之羅近溪。泰州之傳由何心隱至李卓吾，皆意態激昂，與當朝政者相忤，李卓吾尤惡以講道學爲名者。二人皆遭殺身之禍。至明末而東林學派興，亦由講學評議朝政，捲入政爭。世或以矯激譏之。然東林之士，多殉節難，黃梨洲嘗以「冷風熱血，洗滌乾坤」稱之。其時之劉蕺山，初出許孚遠之門，而許則甘泉之再傳。許與其同門之馮少墟，並以龍溪以下之言性無善無惡之說爲不然。而許與周海門遂有九諦九解之辯。然許與江右鄒東廓之再傳李見羅，又爲同調。李見羅則又反對陽明之學者也。東林之顧憲成、高攀龍，亦由不滿陽明至龍溪之言無善無惡之論而興，並歸于以格物之論，補單言良知之論。劉蕺山則一面以至善之「物則」言性，一面以意爲良知之主宰，以倡誠意之學。然劉蕺山之門下，則有陳乾初之疑大學，更不悅理學者；又有張履祥改宗程朱，稱明之吳、胡、呂諸儒，而鄙棄陽明者；再有惲日初爲劉子節要，而梨洲不肯敍其書者。然梨州能否眞發明蕺山之學，亦正難言。而與蕺山同在一講會講學之陶望齡，爲周海門弟子，則同時延禪師講學于浙。蕺山與望齡論學亦終不合。其時與海門同爲羅近溪弟子之焦竑，及宗近溪龍溪之李卓吾等，並言三教合一，爲一時風尚。唯蕺山、梨洲則力辨儒佛之異，而與梨洲爲友之顧亭林、及並世而不相知之王船山，則旣嚴辨儒佛，並由懲王學之弊，以攻及陽明。亭林之學猶近朱，而船山則宗橫渠之篤實之學，皆欲矯明儒之喜爲高明玄遠之論，而陷于浮虛之學者也。然船山遁跡荒山，其學不傳。自陽明之學興，而言王學之弊者，除初學于陽明之黃綰，歸向在經世之學外，自羅整菴以降，皆歸向在程朱。此則在晚明有東莞之陳清瀾，著學蔀通辨，承羅整菴之困知記之旨，以攻陸王之學，亦兼攻其鄰縣之陳白沙之學。陳羅之書，爲顧亭林所稱，更爲清初之程朱學者，用以攻陸王之學之張本。而蕺山門下之改宗程朱之張履祥，與其時作思辨錄之陸桴亭，亦並學行可風。則明末儒者之反明學而歸于宋之橫渠與程朱之學，又由來者漸也。

綜上所述，以觀梨洲之所謂明代理學之盛于前代，更可見其千巖競秀，萬壑爭流之概。然亦使人有「大道以多歧亡羊，學者以多方喪身」之感。此中之儒者之相爭，亦皆可自謂出于其天理良知之是非。則天理良知之是非，又何以如此無定乃爾。今若于此，看作一場戲看，分別加以欣賞，自無所謂。若任取一家以爲正宗，視餘者皆爲儒學異端，截斷眾流，一切不理，亦甚洒脫。然若欲見此千巖萬壑，並秀平流，各得儒學之一端，合以成此明代理學之盛，而不見諸家之學，唯是以互相辯難而相抵消，更見其永恆之價值與意義，則大難事。此則須知儒學之大，原有其不同之方向。其作始也簡，將畢也鉅。而此不同之方向，則初未必皆相違。唯學問之事，人各有其出發之始點，以有其自得之處，更濟以學者氣質之殊，及互爲補偏救弊之言，故不能不異。而于凡此補偏救弊之言，吾人若能知其本旨所在，不在攻他之非，而唯以自明其是，更導人于正；則于其補偏救弊之言，其還入于偏者，亦可合兩偏，以觀其歸于一正，覽其言雖偏而意初無不正。人誠能本此眼光，以觀此最多爭辯之明代儒學，則亦未嘗不可得其通，而見儒學中之無諍法也。

所謂在明代儒學爭辯中見無諍法，自亦只是一態度。吾今亦不能對此中爭辯，一一于其中見無諍法。而一落語言文字，以論無諍法，亦同可引起諍論。故只能說一態度。而本此態度以銷解諍論，能作到何處，亦自難言。吾今亦只能就其中若干主要諍論，說其非不可銷解，以為例證耳。

## 二　呂涇野羅整菴對陽明學之評論

呂涇野為與陽明並世之北方大儒，為張履祥所盛稱。玆先以其疑王學之論而說。其所疑者，據明儒學案所載，一為陽明只言良知，不言良能。故謂「陽明本孟子良知之說，提掇教人，非不警切，但孟子便兼良能言之。且人之知行，自有先後，必先知而後行」。更謂「陽明以良知教人，……此是渾淪的說話。若聖人教人，則不如是；人之資質有高下，工夫有生熟，學問有淺深，不可概以此語之。是以聖人教人，或因人病處說，或因人不足處說，或因人學術有偏處說，未嘗執定一言。至于立成法詔後世，則曰格物致知；曰博學于文，約之以禮。蓋渾淪之言，可以立法，不可因人而施」。此呂涇野之評陽明之學，謂其非不警切，卽不可謂其全斥陽明之學。至其疑陽明不言良能，言知不及行；則不知在陽明所謂良知，原兼有一好善惡惡，而為善去惡之良能在，亦兼有行在。至于謂聖人教人，因人而異，此則誠然。孔孟固亦未專提良知敎人。然呂亦謂聖人之言自有成法。則陽明以致良知爲法，又何爲不可？孔子自是重心不違仁，而孟子象山言本心，陽明于此本心中更特指出良知。此良知乃人人所共有，則致良知之學亦人人所共有。人固可隨資質高下、工夫生熟、學問淺深，以各致其良知，則致良知之敎，固與一般隨資質高下等而異之言，其層面不同，而不可相提並論。則涇野于陽明良知之敎之疑可解也。

次則羅整菴之評斥陸王之學，最爲後之議王學者所稱。整菴評陽明之辨格物，及其困知記之評陸王之學之言，則可分別而論。整菴謂陽明之言致知，不合大學本文之意。此則誠是。然整菴所宗朱子之解格物致知之義，亦同不合大學本文之義。此亦固皆不礙陽明與朱子、整菴于義理之各有其所見也。依困知記，觀整菴所見，要在言心之虛靈知覺，不同于性之絜淨精微，而謂見性，待于心之格物窮理，以合內外。此分心與性，乃承朱子之傳。然朱子分心與性，亦分理與氣；性卽理而心爲氣之靈。整菴則又謂理氣爲一。故梨洲謂其自相矛盾。然吾觀整菴所謂理氣爲一，乃謂自統體之宇宙而言之，理皆氣之理。但自人分上說，則人所分于宇宙之氣，只爲宇宙之氣之一部份。人之心氣，固有其理。人外之天地萬物之氣中，亦有其理；此理則初在人心氣之外，與心氣爲二。故人必以心知格其物，而窮其理，乃能與其理相一。此理卽性，故必窮理而後心知與性一。未有窮理致知之功，則心與性尚是二。則整菴之言，亦未必如梨洲所謂自相矛盾。整菴之意是人必以此窮理致知之功，由知理而知性，方得使內外合一；故以只務存其心之虛靈知覺者，卽知心而不知性。此卽禪學。故疑陸王之務見本心之明覺者爲禪。此則自朱子之于象山，卽有此疑。而後之程朱之徒，自陳淸瀾以降之攻陸王者，亦皆同本此爲論。然此皆于陸王之所謂心之明覺乃通性理而言之義，有所誤解。此可觀吾人前論陸王學之文。江右王門中歐陽德，亦有辯整菴困知記之文，爲明儒學案所錄。然陽明之多言此心之虛靈明覺之義，亦未嘗不可使人只務此心之回頭自見其虛靈明覺，而忘其中之眞誠惻怛之性理。則整菴之言，亦未嘗無矯偏之功。陽明雖不言外窮物理以格物致知，方合得內外，然亦未嘗謂人不當致其本心良知之明，以有見聞之知，而卽以見聞之知爲良知之用。則此中陽明與朱子之別，非不可銷解，前文已辨。則整菴與陽明之辨，亦同非不可銷解也。

## 三　湛甘泉與陽明學之異同

與陽明並世，同堪稱大儒，而與陽明嘗相推許者，有湛甘泉。然甘泉亦嘗馳書與陽明辯格物之義，而其與弟子言中，對陽明之學，加以評涉者，亦有十數處。由此遂啓其後二家門下之爭論。甘泉之學原于陳白沙。王龍溪嘗謂「我朝理學開端是白沙，至先師而大明」（與顏冲宇）。黃梨洲蓋本之而謂明代之學「自白沙而始明，至陽明而始大」，而不及甘泉；並謂甘泉之學不免爲舊說所拘。此所謂舊說，乃指程朱相傳之說。梨洲之明儒學案首吳康齋，乃取其爲篤行君子。康齋于堅苦中有自得之樂，故其詩有「淡如秋水貧中味，和似春風靜後功」之句。然康齋于義理無多發明。其弟子胡居仁亦嚴毅清苦，爲居業錄，言居敬窮理，卽承程朱遺敎，與明初之薛瑄曹端同。然白沙則自謂學于康齋，而未知入處，「日靠書册尋之……而卒未有得。所謂未得，謂吾此心與此理，未有湊泊脗合處也……自見聘君歸後，靜坐一室，迅掃夙習，或浩歌長林，或孤嘯絕島……捐耳目，去心智，久之然後有得焉」（明儒學案白沙學案）。此所得者，卽得此心此理之湊泊脗合處。此固正爲上接象山，下開陽明之言心卽理之學，而不同其前之程朱之舊學者。而胡居仁之疑其爲禪，亦如朱子之疑象山爲禪也。然白沙之由靜中養出端倪，而言「纔一覺，便我大而物小，物有盡而我無盡。夫無盡者，微塵六合，瞬息千古，生不知愛，死不知惡」（與何時矩書）「只此是覺是心，亦卽此心之理。故謂「此理干涉至大，無內外，無終始，無一處不到，無一息不運會；此則天地我立，萬化我出，而宇宙在我矣。得此欛柄入手，更有何事？往古來今，四方上下，都一齊穿紐，一齊收拾；隨時隨處，無不是這個充塞。色色信他本來，何用爾腳勞手攘？舞雩三三兩兩，正在勿忘勿助之間。曾點些兒活計，被孟子打併出來，便卻是鳶飛魚躍。若無孟子工夫，驟而語之以曾點見趣，一似說夢。會得，雖堯舜事業，只如一點浮雲過目，安事推乎？此理包羅上下，貫徹終始，滾作一片，都無分別無盡藏也。自玆已往，更有分殊處，合要理會。毫分縷析，義理儘無窮，工夫儘無窮」（與林緝熙書）。此白沙所見得之此心此理「往古來今，四方上下，都一齊穿紐，一齊收拾」，正用象山之言，以自說其同于象山之所悟者。而「天地我立，萬化我出」之言，則用康節語。其言「鳶飛魚躍，堯舜事業，只如浮雲過目」，用明道語。其謂曾點舞雩之意，由孟子打併出來，則是謂此境由靜中見及端倪出來。端卽孟子之四端，倪卽莊子之天倪。是卽謂由靜虛之極，而四端之心見，孟子之「萬物皆備于我」之意亦見，方能得曾點舞雩之意，而至自然洒脫之境也。然名此境曰無盡藏，則亦其不諱用佛家之名辭之證。自得之學，固無妨用他人言語，更無顧忌。白沙之文雖不多，唯寄興于詩。其詩中贈世卿，亦有「文字費精神，百凡可以止」之句。然卽上所引之二段語，亦足開拓一世之心胸。梨洲之謂明代之學，至白沙而始明，其言不誤。然陽明之學，雖亦言心與理一，而未嘗一語道及白沙；更嘗自謂只言必有事焉，不言勿忘勿助。此則暗指其不以白沙之言勿忘勿助爲盡然。則梨洲所謂明代之學至陽明始大，乃自學術史上言。固非謂陽明之光大白沙之學。至爲白沙弟子，而實光大其師之學者，則湛甘泉也。

大率甘泉之學與白沙之學之不同，在白沙之學唯重自得，而亦無心講學。故梨洲謂「其學遠之則爲曾點，近之則爲堯夫」（白沙學案）。甘泉則講學一生，至老不倦，而著述亦甚宏富。甘泉以隨處體認天理，爲其講學宗旨。體認卽不忘，隨處卽無滯礙，爲勿助。而隨處體認天理，則又足以攝程朱言格物窮理之旨。然體認者乃體認之于一己，而非窮物理于外。甘泉嘗言體認中兼體貼之義與察識之義（甘泉文集原刻本卷二十二、二十頁）。其心性圖說謂「性者，天地萬物一體者也。渾然宇宙，其氣同也。心也者，體天地萬物而不遺者也。性也者，心之生理也。心性，非二也。譬之穀焉具生意而未發，未發故渾然而不可見。……端也者，始也，良心發見之始也。是故始之敬者，戒懼愼獨，以養其中也。中立而和發焉，萬事萬化自此焉。達而位育，不外是矣。……終之敬者，卽始之敬而不息焉者也。……心也者，包乎天地萬物之外，而貫夫天地萬物之中者也。中外非二也。天地無內外，心亦無內外……故謂內爲本心，而外天地萬事以爲心者，小之爲心也甚矣」。則隨處體認天理，乃卽心所包所貫之天地萬物，而隨處體認得天理；而心貫天地萬物，卽以心之敬之始終貫之。則甘泉之學中，旣有白沙天地我立，萬化我出之旨，亦有程朱之主敬之旨。而敬之于隨處體認得之天理，卽足攝程朱之格物所窮得之理，而體認之于一己之內者也。此則已足光大其師之學，而綰合程朱之義，以成其學矣。

此甘泉之學以天地與心皆無內外，與象山陽明之旨，亦初無不同。陽明與甘泉之相推許，其原在此。然陽明不言敬以貫徹始終，而卽以良知之由未發而已發，以貫徹始終，卽已見二人之學之微異。陽明言致良知之工夫，要在知上、意上、心上用。而甘泉言隨知、隨意、隨心、隨身、隨家、隨國、隨天下，體認天理；遂以知上、意上、心上，體認天理，與在身、家、國、天下中體認天理，爲平列之事。由此而甘泉遂疑陽明致良知之工夫，只限于心上知上意上者，爲偏于內；有致知誠意正心之功，而不言修齊治平，工夫不免于狹。陽明亦疑甘泉之隨家國天下之物，以體認天理，爲仍不免求理于心外。此陽明對甘泉之疑，甘泉嘗自辯其固未嘗以家國天下爲心外之物，然陽明亦同可謂其所謂心知意之中，固有家國天下之事之在，亦未嘗離物理以致良知。則二家之說于此，亦可無諍也。

然甘泉之學與陽明之學，仍畢竟有下手工夫之不同，此卽在甘泉之隨處體認天理，乃意在成其工夫之大，而于此能體認天理之心，則恆就其廣大而中正無偏私處言。則本此心直遇物而直應物，使物得其位育，卽爲體認天理之功，見于達道之「和」。于此天理之心或良知天理，陽明固亦謂其爲一不偏不倚之未發之中。此與甘泉亦無不同。然陽明于此未發之中之表見于已發，則謂其首表見于對吾人一般之意念之善惡，知善知惡，而好善惡惡，爲善去惡，以自誠其意，自正其心。然後有此未發之中，之見于「和」，以使事事物物，各得其正而物格，以成其位育。此則非如甘泉所言者之直率，而更重此一良知之心之反照其意念，以先有一正此念頭之工夫，而視之爲聖學工夫之核心所在。此卽陽明所喩爲「殺人須由咽喉上著刀」也。陽明于此所見者，亦實正較甘泉更爲精切。其深義吾已論之于陽明學之文中。然此陽明之所見，亦與甘泉所見者，初不相矛盾。甘泉以此而謂陽明之工夫限在正念頭，不如其隨處體認天理之義之廣大；則正忽此正念頭之工夫之精切義，亦忽此人之一念雖微，然念中自有事物在；家國天下雖大，亦併是人念慮之所及，而皆內在于一念之微中。陽明之以良知正此一念之微，其涵義亦未嘗不廣大。人正得其一念之微，人卽隨念體認得天理。此與甘泉之隨處體認天理，亦以心念體認，其終固亦無別。則甘泉又何諍哉。

然甘泉更有疑于陽明之言者，卽其「無善無惡心之體」之四句教。甘泉于此嘗易之曰：「有善無惡者心之體，有善有惡者意之動，知善知惡者心之神，達其知之善于意、心、身、家、國、天下，得所止者，物之格」（甘泉文集卷二十三第五十九頁附斗山會語中，述先生意）。又評陽明不思善、不思惡之說（卷十一第十頁）。此卽開後之學者疑陽明之無善無惡之論之始。今對此一問題，則首當知陽明所謂心之無善無惡，只是無一般之善念惡念，「無有作好，無有作惡」，而只循理。此無善無惡，亦正是至善，如前論陽明學處所已及。則識得陽明之本旨，于此亦可無諍。唯陽明以無善無惡言心之體，亦實可引起誤會。王龍溪至周海門將此義，推廣而說，亦更不免于有智者過之之語，此當俟後論。

此外，甘泉又有數書，辨陽明格物之論，不合大學本文，及古先聖賢之明言，謂陽明之格物說，不及其心隨處體認天理言格物者，有五端（二書皆見甘泉集卷七），而陽明未答。甘泉再書質詢，陽明亦未答。後陽明與錢德洪言，謂不欲于此與口舌之爭云云（明儒學案卷十一浙中王門學案錢德洪學案）。然甘泉謂陽明言格物，不合大學本文及古先聖賢之明文所及之旨，固亦皆可說。然以體認天理言格物，亦非先儒之明言所及之旨。甘泉之辯，亦唯意在自申其隨處體認天理之說。若此隨處體認天理之說，原不足破陽明之致良知之說，則陽明于此不答，亦固未嘗不可。吾人亦不必如錢德洪以甘泉陽明于此一問題，未能歸于一是爲憾。未歸一是，未嘗不可俱是也。

至于此外甘泉之書之評及陽明者，如謂致良知之學，使人以此學本現成簡易，不待學與慮（甘泉文集卷二十第二十一頁），與陽明之評朱子主敬之說，朱子見之必不服（卷十一第十一頁），謂陽明知卽是行，行卽是知，不能無病（卷二十三第十一頁），及陽明言孟子之良知，而不知孟子之「達」（卷二十二十一頁），又謂陽明之學務以奇勝（卷二十三第五十一頁）等，率皆枝節，亦無足輕重之論也。

## 四　陽明諸子對良知之所見之異同問題

陽明之提出致良知之敎，原視此爲至簡易眞切之爲學之道，亦愚夫愚婦五尺童子，皆行得之敎，故甘泉嘗以爲太易。然良知之學滿天下，學者對良知之說，更有種種之異同諍論；而欲知此良知爲何物，反成最難。此亦天下至詭之事之一。然亦非至詭也。蓋陽明將天下爲學之道，收歸于致良知三字之至簡，則天下爲學之道之至繁難者，亦隨之而輻輳于此至簡易者，而使此簡易者，亦化爲繁難也。王龍溪嘗言「有謂良知必須聞見以助發之，良知必用天理，則非空知。此沿襲之說也。有謂良知不學而知，不須更用致知，良知當下圓成無病，不須更用消欲工夫。」（滁陽會語）。又謂「良知宗說，同門雖不敢有違；然未免各以其性之所近，擬議攙和。有謂良知非覺照，須本于歸寂而始得，如鏡之照物，明體寂然，而妍媸自辨；滯于照，則明反眩矣。有謂良知無見成，由于修證而始全；如金之在鑛，非火符鍛鍊，則金不可得而成也。有謂良知是從已發立敎，非未發無知之本旨。有謂良知本來無欲，直心以動，無不是道，不待復加銷欲之功。有謂學有主宰、有流行；主宰所以立性，流行所以立命，而以良知分體用。有謂學貴循序，求之有本末，得之無內外。此皆論學異同之見，不容以不辯者也」（龍溪語錄卷一）。玆按龍溪之言此種種異同之見，謂良知必賴聞見之知，則明儒學案之甘泉學案中，呂巾石復黃損齋書，明有此言。此乃龍溪所謂沿襲之說也。其所謂良知由歸寂而得，即指聶雙江、羅念菴之說。其謂良知如金之待鍛鍊而成，則劉師泉嘗明有此言（見明儒學案江右學案羅念菴學案引師泉語，王龍溪語錄卷三與師泉劉子問答）。其謂良知從已發立敎，則錢德洪早年之說，亦歐陽德之意（明儒學案浙中學案江右學案二）。其謂良知本來無欲，則北方王門孟我疆，亦明有是言。其謂學有主宰流行之分、體用之分，則季彭山謂當貴主宰，而惡自然，故言警惕（浙中學案）。劉兩峯喜言主宰與流行，劉師泉則以主宰爲性，流行爲命，而主悟性修命（江右王門學案十九）。後王塘南師劉兩峯，而其分性與命，近劉師泉。其謂學求之有本末，則蓋指泰州之安身爲本，齊家治國平天下爲末之論也。然除龍溪所言及者外，羅念菴嘗言錢德洪之良知之學有四變（緒山學案）。明儒學案東廓學案，更言東廓之言戒懼、與季彭山之言警惕者嘗相辯。而龍溪之學則又爲人所視爲貴自然，而以良知爲現成者也。此外更有以情識言良知者，如南中學案之黃五岳之盛稱蘇秦，此亦本于陽明嘗謂儀秦亦識得良知妙用來。此外諸家之細微之異同，不能盡舉。王門諸子對良知之理解之不同，則在陽明在世時已然。此蓋首始于王龍溪、錢德洪對陽明之四句敎之疑。玆據傳習錄所記，抄錄于下。

「丁亥年九月，先生起復征思田，將命行時，德洪與汝中論學。汝中舉先生敎言曰：『無善無惡是心之體，有善有惡是意之動，知善知惡是良知，爲善去惡是格物』。德洪白：『此意如何』？汝中曰：『此恐未是究竟話頭。若說心體是無善無惡的，意亦是無善無惡的意，知亦是無善無惡的知，物亦是無善無惡的物。若說意有善惡，畢竟心體還有善惡在』。德洪曰『心體是天之性命，原無善無惡的。但人有習心，意念上見有善惡在。格致誠正修，此正是那復性體功夫。若原無善惡，功夫亦不消說矣』。是夕侍坐天泉橋，各舉請正。先生曰：『我今將行，正要你們來講破此意。二君之見，正好相資爲用，不可各執一邊。我這裏接人，原有此二種：利根之人，直從本源上悟入。人心本體是原明瑩無滯的，原是個未發之中。利根之人，一悟本體，卽是工夫，人己內外，一齊俱透了。其次不免有習心在，本體受蔽，故且敎在意念上，實落爲善去惡。工夫熟後，渣滓去得盡時，本體亦明盡了。汝中之見，是我這裏接利根人的；德洪之見，是我這裏爲其次立法的。二君相取爲用，則中人上下，皆可引入于道。若各執一邊，眼前便有失人，便于道體，各有未盡』。旣而曰：『已後與朋友講學，切不可失了我的宗旨：無善無惡是心之體，有善有惡是意之動，知善知惡的是良知，爲善去惡是格物。只依我這話頭，隨人指點，自沒病痛。此原是徹上徹下功夫。利根之人，世亦難遇，本體工夫，一悟盡透，此顏子、明道所不敢承當，豈可輕易望人。人有習心，不敎他在良知上實用爲善去惡功夫，只去懸空想個本體，一切事爲俱不著實，養成一個虛寂。此個病痛不是小小，不可不早說破』。是日德洪汝中俱有省。」

此上之對語，王龍溪于緖山錢君行狀及之，並記爲天泉證道記（龍溪語錄卷一）此記與傳習錄所記頗異。此記于龍溪所言，加「無心之心則藏密，無意之意則應圓，無知之知則體寂，無物之物則用神」四句。又錢德洪王陽明年譜，明儒學案江右學案中東廓學案、諸儒學案中黃佐學案等亦有記，又略不同。其中並記有陽明言「汝中須識德洪之工夫，德洪須識汝中之本體」之語。依此所記，則陽明自謂有二教法。然宗旨則只是一個，並在四句教中。故陽明乃教二人本此一宗旨，兼取二教法為用，以便接人，使利根人直由第一句悟入，次等人則由第二句以下悟入。若然，則意等有善惡，畢竟心體還有善惡否之一問題仍在。陽明于此並未嘗明答也。

吾今抄此傳習錄之文，乃意即在指出上一問題，陽明之未明答。其所以不明答，蓋由陽明之提四句教，乃是教法語、工夫語，並非客觀的討論心意是什麼。即不管意有善有惡時，心體中是否有善惡在，人總可直去悟心之體之明瑩無滯、無善無惡之一面，以為工夫；而于見意有善有惡時，則可以知善知惡、為善去惡為工夫。若然，則不管人是利根、鈍根，皆有四句教中所言之工夫照管。故此德洪之問，陽明可不答。否則陽明必須答此問。而德洪之疑亦不易答。欲答此疑，則唯有說此心體之無善無惡之第一句，乃由後三句之工夫之完成，而為善去惡，以無惡，亦不自以為善，方能證實。此即為吾昔于原性篇所說。然若將此四句教純作教法而觀，則陽明亦固可不答此疑也。

今若將此四句教純作教法觀，謂此中有二教法，則人仍可問：畢竟當以何教法為本，方是致良知之教之一問題。此中王龍溪思想之發展，則逕向以悟無善無惡之心體去發展，亦即悟本體即工夫之方向去發展，而以此爲第一義之先天之正心之學；更以只是由知意之善惡之動，而爲善去惡者，爲第二義之誠意之學。此卽謂致良知之學，應先見得此良知本體，方可言推致之于誠意之功。若徒泛言爲善去惡以誠意，則一切世儒之教，亦教人爲善去惡以誠意，此固不必卽是致良知之學。旣是致良知之學，固當先悟得此良知，亦必先已有此良知之見成在此。愈能悟得此良知本體，卽愈有致良知工夫。則悟此本體之正心之學，卽應爲第一義之學也。

然龍溪雖重悟本體，亦不能謂悟本體後更無善惡意念之起。于此卽只有爲善去惡以誠意之工夫可用。故龍溪亦不廢此誠意之學。則人可循另一思想方向，以思吾人之良知本體之呈現，是否已充量之問題，以及此良知本體是否有種種障蔽之問題。若此本體更無一切障蔽，全能充量呈現，則人之意念之發，應更無惡。今旣有惡，則見吾人縱有良知本體之呈現，亦悟得此良知，並不證其無障蔽，亦不證其能充量呈現。今若其有障蔽，可爲惡念之原，更將此障蔽與惡念之原，視爲屬心之本體者而觀，則此本體或心體，卽如錢德洪所謂畢竟心體還有善惡在或惡之原在旁矣。若此心體可說有善惡之原在旁，則使心體明瑩無滯，更無惡之原在旁，無惡念之發，關鍵全在工夫。惟由此工夫方能去此障蔽之爲惡念所自發者，以實引致此一明瑩無滯之心體之呈現與證悟矣。

由上所說，則陽明之二種教法，卽「悟本體卽工夫」，「與由工夫以悟本體」二工夫，卽誠如陽明所謂可相輔爲用者。此蓋卽錢德洪、鄒東廓、黃佐所記，皆有「德洪須取汝中本體，汝中須取德洪工夫」之故。然此在傳習錄雖無其語，而有其意。唯龍溪語錄，則皆無此二語，而更加上文所及之四語，則正見龍溪之學，自有歸趣。如舍此陽明之二語，則人于此二種教法，便可只偏重其一。而龍溪乃自謂其悟本體之四語，乃「陽明所久欲發而未發之傳心秘藏」。而以主靜歸寂爲工夫之羅念菴，則謂陽明之學「爲聖學無疑，而速亡未至究竟」。此皆智過其師，始堪傳受，而見王學之發展。然此中之由工夫以悟本體，與悟本體卽工夫之二者中，更可各有其不同之型態。吾今卽本此以觀王門諸子之論學，所以有異同之故，及其終亦可並行不悖之故。于王學之流，亦暫不取明儒學案以地理分派爲六之說，而一一備論也。

# 第十四章　王學之論爭及王學之二流（下）

## 五　由工夫以悟本體之良知學——錢德洪言致良知之四變、季彭山之警惕義及鄒東廓之戒懼義

在由工夫以悟本體中，吾意錢德洪、季彭山、鄒東廓、聶雙江、及羅念菴，各代表一型態。此中之錢德洪之早年，卽謹守其在天泉問答時謂「人有習心，意念上見有善惡在，格致誠正修，此正是復性體功夫」，而以爲善去惡卽致良知者。故羅念菴謂「緒山之學數變，其始也，有見于爲善去惡者，以爲致良知也」。此以爲善去惡爲致良知，卽自心之善惡意念已發後，更發爲善去惡之念，故工夫全在已發。黃梨洲謂其于此時謂「離已發而求未發，必不可得」。故不契于龍溪言良知有未發之寂照之旨云云。（見明儒學案浙中學案緒山學案）。然羅念菴又記錢德洪學之變曰：「良知無善無惡者也，吾安得執以爲有而爲之，而又去之？」已而又曰：「吾惡夫言之者之淆也，無善而無惡者，見也，非良知也，吾唯卽吾所知以爲善者而行之，以爲惡者而去之，此吾可能爲者也。其不出于此者，非吾所

得爲」。又曰：「向吾之言猶二也，非一也。蓋先生嘗有言矣，曰：至善者心之本體，動而後有不善也，吾不能必其無不善，吾無動焉而已。彼所謂意者動也，非是之謂動也。吾所謂動，動于動焉者也。吾惟無動，則在吾者常一」。此緒山之學之再變，而言良知無善無惡，則由陽明之第二句以下三句，還契第一句之悟本體之旨，亦卽還契龍溪之旨者也。然其三變，以無善無惡爲見，而以「卽吾所知以爲善者而行之」，則又回至重爲善去惡工夫之說。其與最初之見不同者，則在重此「知」。其最後一變，則又似第二變，再還重悟本體。唯此本體非無善無惡，而爲至善耳。悟此本體，卽止于此悟，而不動于意念之動，以自常一。梨洲謂此無動卽不起意，是又近龍溪之說。則錢德洪之學，卽往復于其舊說與龍溪之說，以成其四變。然自是始于工夫上爲善去惡；而其終于見至善之良知之體，以不動于動，亦仍終結在言工夫。故其言終不同于龍溪之言中，多對此本體之形容詠嘆者。梨州于錢德洪嘗謂「先生之徹悟，不如龍溪；龍溪之修持，不如先生」，則錢之學固是循由工夫以返于本體之路而進者也。按江右學派歐陽德之說，近錢德洪。而江右陳明水，立說有近龍溪者。明儒學案以地理分派，非卽學術之分也。

明儒學案浙中學案，言季彭山之學，其著述百二十卷，惜皆未見。梨洲謂其學「貴主宰而惡自然。以爲理者，陽之主宰，乾道也；氣者，陰之流行，坤道也。流行則往而不返，非有主于內，則動靜皆失其則矣……。爲龍惕一書，謂今之論心，當以龍而不以鏡。龍之爲物，以警惕而主變化者也。理自內出，鏡之照自外來，無所裁制，一歸自然。自然是主宰之無滯，曷常以此爲先哉」。此卽與龍溪之重悟得本體，而便任本體之照用者，不同其說。龍溪謂「警惕者，自然之用。戒愼恐懼，未嘗致纖毫之力；有所恐懼，便不得其正矣」。更爲水鏡喻心之說辯曰：「水鏡之喻，未爲盡非。無情之照，因物顯象，應而皆實，過而不留；自妍自醜，自去自來，水鏡無與焉。蓋自然之所爲，未嘗有欲……著虛之見，本非是學。只此著，便是欲」（龍溪語錄卷五）。此龍溪之言自然，乃純自本體起用之不滯，而自然能警惕說，故不以警惕標宗。然彭山之言，則是謂不有警惕工夫，不見本體。本體能主宰，則亦當以警惕義說之。此警惕出自內，則宜以龍喻，不以水鏡喻。此以龍喻警惕，乃出于易傳乾卦傳，以龍喻乾、及「乾乾因其時而惕」之語；固不同水鏡喻照，初出自道家也。則彭山之以乾屬理，坤屬氣，雖未必是；然其以龍喻心，以警惕言工夫本體，自是有見。此警惕者，非必俟善惡念已起，而知善知惡，更爲善去惡之事。乃可在善惡念未起之先，心之自乾乾不息中，卽有一自警自惕。此卽較錢德洪所謂在善惡念起後，用功夫者，更處于幾先之一地位；而又不同龍溪之只務回頭自悟本體之照用之無滯者。此言警惕之意，正與陽明言戒愼恐懼之意不相遠，亦上契于曾子「戰戰兢兢，如臨深淵，如履薄冰」之旨者也。按江右學派中，劉師泉之言心分寂與感，體與用，主宰與流行爲二，頗近季彭山，今不更及。

與季彭山之言警惕相類者，爲鄒東廓之言戒懼。梨洲謂陽明之學，江右最得其傳，其所指者，則在鄒東廓與羅念菴，于東廓尤稱道。蓋此戒懼乃人之道德生活中之一「意」，東廓亦有「心不離意」之言。後之王一菴、王塘南、至劉蕺山之重「意」、重愼獨，正可上溯至東廓之言戒懼之旨。此東廓之言戒懼，更明由陽明來。陽明固言良知之戒懼，與不睹不聞，皆是本體，亦皆是工夫。以不睹不聞之工夫，見得戒懼之本體，卽謂良知之本體，通體是一戒懼也。通體是戒懼，而又不睹不聞，無聲無臭，以自得自在，卽洒落自然。此陽明之所已言，爲吾人前論陽明學之所及。今東廓承之而言戒懼，故謂戒懼涵彭山言警惕，與龍溪言自然之意。東廓又謂「警惕變化，自然變化，其旨無所不同者，不警惕則不足以言自然，不自然不足以言警惕。警惕而不自然，其失也滯；自然而不警惕，其失也蕩」。此卽是通彭山龍溪之旨爲論。又謂「本體戒懼，不睹不聞，常規常矩，常虛常靈。則沖漠無朕，未應非先；萬象森然，已應非後。念慮事爲，一以貫之」。又謂「性字從心從生。這心之生理，精明眞純，是發育峻極的根本。戒愼恐懼，養此生理」。「自其精明之無障，謂之智及；自其精明之無間斷，謂之仁守」。「敬也者，良知之精明，而不雜以塵俗也。戒愼恐懼，常精常明，則出門如賓，承事如祭。一有障蔽，便與掃除，雷厲風行，復見本體」。「無往非戒懼之流行」。「從流行識得精明主宰」。（皆見明儒學案東廓學案）東廓喜用「精明」二字言良知，並謂敬卽良知之精明，其義皆甚美。亦可通程朱言主敬、與陽明言良知不言主敬之隔。實則程朱所言敬之無間斷，亦正只是心之良知之精明而已，豈果有二物哉。言精明不同言虛明。虛明中可無警惕義，精明中有精察善惡之幾之義。則此中有一善惡念之先之戒懼在，亦有自作主宰之敬在。然東廓之言，自是由流行以識主宰，卽由工夫之戒懼，以悟本體之不睹不聞、常虛常靈；則此中自以一道德生活之嚴肅義為本，而與季彭山之重警惕義，不相遠；亦最能承陽明之致良知之教，初重存天理去人欲，言戒懼之旨，見于傳習錄第一卷者；亦與孔門曾子之學最近者。後之劉蕺山亦是曾子之學。此曾子之學與其父曾晳之學正不同。其道路亦與顏子之自然心不違仁，「不善未嘗不知，知之未嘗復行」者不同；復與子貢之務在求博施于民，而能濟眾之功者，不同。大率宋明儒之重功利之學，皆是子貢之學。唯務自得者，如康節白沙，皆曾晳之學。而天資高者，如龍溪與陽明，則皆近顏子之學，亦恆有曾晳之狂。唯陽明之早年之工夫，亦當是曾子之學；而晚年之化境，則如其詩所謂「點也雖狂得我情」耳。

## 六　聶雙江羅念菴之歸寂主靜知止之學

至于江右之聶雙江與羅念菴，則亦當歸在由工夫以證本體一路。然不同于錢德洪之以知善惡為工夫，季彭山之以警惕為工夫，鄒東廓之以戒懼為工夫，以見本體之至善，或警惕戒懼中之自然與虛靈者。此聶雙江之言「歸寂以通天下之感」，其工夫，全在先掃除一般念慮。則于一切善惡念之省察，以至警惕戒懼之工夫，可暫不用；以先求自歸于一心之虛寂，以致得良知本體之充量呈現，更無蔽障。人用此工夫，則須有時全絕一切事為。聶雙江亦是于「獄中閑久靜極，忽見此心眞體，光明瑩徹，萬物皆備，乃喜曰：此未發之中也。守是不失，天下之理，皆自此出矣」。雙江之倡此歸寂之說，獨爲羅念菴所深契。而念菴亦于靜坐功夫極深。是皆見此功夫，宜在放下萬緣處成就。陽明之悟良知，乃在龍場之石棺中，亦卽在萬緣放下處。故其施教，初重教人習靜，亦與陳白沙之由「捐耳目，去習心，由靜坐久之」，然後「見此心之體，隱然有物呈露」者相同。故羅念菴稱道白沙之致虛，爲千古獨見，亦稱周濂溪之主靜。濂溪之胸懷洒落，如光風霽月，亦由其自放于山間水涯，吟風弄月而得者也。唯濂溪、白沙之天資似更高，或未嘗如聶雙江、羅念菴用功之密，亦未如雙江、念菴之以此歸寂爲聖學必由之路，而以之詔世，致引起種種爭辯之論耳。

于此雙江之言歸寂所引起之爭辯，則明儒學案嘗引雙江所自言者曰：「其一謂：道，不可須臾離也。今曰動處無功，是離之也。其一謂：道，無事于動靜也，今曰只是主靜，是二之也。其一謂：心事合一，心體事而無不立，今曰感應流行，著不得力，是脫略事爲，類于禪悟也」。然梨洲謂雙江皆一一答之。今觀雙江之困辯錄，固于此諸疑，皆一一答。蓋雙江言歸寂主靜，原是工夫上事。良知本體固卽寂卽感，卽靜卽動，未發而未嘗不發；不可頭上安頭，其體之上之後，亦更無體；亦非一不能感之寂體。此乃陽明學者之共許義，雙江亦無異辭。其所以必言歸寂，謂良知寂體，不同其當下現成之已發之用，乃自此當下現成之已發之用，不必爲良知本體之充量呈現，而恆不免于夾雜，更不必自知其夾雜說。于此卽須先將此體，推高一層，提于其已發之用之上以觀，而先肯認此未充量呈現之良知之體之存在。順此一念，便可使其良知之已發之用之流行，不免于夾雜者，得一止息之機，以還得自照見其夾雜。恆人之心，如雙江所謂「閒思雜慮，憧憧往來，以至欲則流矣，忿則奪矣，善日以泯，過日以長」，乃不必自知其有良知。世之哲學家，否認人有良知之存在者亦多矣。陽明之徒，固皆知有良知之存在，而于良知所以爲良知，仍所見不同。此即證人雖皆同有此心，而其良知之眞實呈現于其心，原有不同之程度與方面。在一般之人心，其良知之呈現皆未能充量，其呈現之程度，亦不足以自任持而自貞定。今逕只教人于「欲」「忿」「善」「過」之見處，自「懲之，窒之，遷之，改之」，則良知之知，如自上來外來。故雙江謂爲「已不免義襲于外」；而閒思雜慮之往來不息，則譬如「追風逐電，瞬息萬變，茫然無所措手」。故此時人只有自退一步，不更自恃其良知之已發之用，以自求其心之歸寂，以開良知本體之充量呈現之幾。此則疑若以動靜、寂感、體用爲二。然雙江固明言「夫無時不寂，無時不感者，心之體也。感惟其時，主之以寂，學問之功也。故謂寂感有二時者，非也。謂工夫無分于寂感，而不知歸寂，以主乎感者，又豈得爲是哉」。故又曰：「歸寂以通天下之感，致虛以立天下之有，主靜以該天下之動」，「見此心之炯然在中，寂然不動，而萬化攸基之定體，以主宰乎感應變化」，皆明說是用功之語。此工夫之意義，全在其能對治一般人心之憧憧往來之妄動，與一般人心中良知之發用，不免于夾雜，及散于事物之感應變化之標末，而自離其本寂之處。今若知其原是功夫之語，其歸寂之教，非謂良知須再歸寂。良知自寂，何寂可歸？其言亦非專主良知之寂一面。唯謂此一般人心之須以歸寂爲功，乃能充量呈現「寂而能感之良知」。則其言雖偏，而意未嘗不圓。今若不知其原是功夫之語，而責之以判寂感、動靜、體用爲二，于良知之上別求主宰，如王龍溪致知議辯，所以疑于雙江者，雙江固必不受也。今以其所言之工夫，與一般之就意念之已發，而或善或惡，更獨知其善惡，以好善惡惡，爲善去惡爲工夫者相較，則其義自是轉進一層。亦卽較只本陽明四句教之後三句用工夫者，其義更深一層，而回向在四句教之第一句之超善惡意念之心之體，以「洗心退藏爲主，虛寂未發爲要」，求以「充滿此心之虛靈本體之量」者。此工夫之所次第成就者，乃只是此心之虛靈本體之呈現，而別無其他。人固不可更問此外更有何物，亦不可更求此何物而不得，遂疑此非眞實工夫。此眞實工夫，亦本來是無事之事，其意義只在去一般人心之昏蔽。無此工夫，則其良知之發卽以昏蔽而不免于夾雜；則其虛靈本體之量，未能充滿地呈現，而于意念之善惡，亦卽不必能一一如實自知；卽知之，而力或不足貫徹其好惡之誠，以至于實爲善去惡；乃以直情逕行，爲自致其良知，而成狂肆。又人之閒思雜慮之憧憧往來者，亦恆無顯然之善惡可見。然其不能自止，以呈于前，卽見此心之不能自作主宰。則人于此欲求此心之貫徹其好惡之誠，或使于無顯然之善惡可見之思慮能自作主宰，加以止息，以見此心之炯然在中之眞體；則徒泛言一知善知惡，好善惡惡，以致良知之工夫，卽不能切中此中之病痛。人用此工夫，亦不能卽致得良知之明。以此良知之明，固原未必眞明也。故羅念菴更深契雙江之旨，而刻其書。念菴亦以主靜知止爲教，謂此學須「收斂精神，併還一處，常令凝聚……非堅心苦志，持之歲月，萬死一生，莫能企及」（念菴文集卷一與蕭雲皋）又謂「非經枯槁寂寞之後，一切退聽，天理烱然，未易及此。陽明之龍場是也。學者舍龍場之懲創，而第談晚年之熟化；譬之趨萬里者，不能蹈險出幽，而欲從容于九達之道，豈可得者」。（文集二寄謝高泉）此歸寂、主靜、知止之說，教人勿輕自恃其良知之明，以為足主宰乎善惡意念之交雜，而當更回頭自求充滿此明之量之道。其所不同于季彭山、鄒東廓之以警惕戒愼爲證本體之工夫者，則在此中之工夫，非任何之「提起之事」，而唯是歸寂以知止于一枯槁寂寞之境。依雙江念菴之意言之，則不經此境，以充滿心之虛明之量，則所謂能警惕戒愼之主宰，亦終作不得主宰也。于念菴之學，後文更有專章，詳發上所述之大旨。

如實言之，雙江、念菴之言歸寂主靜知止，自是承陽明初年教人習靜之旨，亦上承白沙、濂溪之言主靜之旨，前已言之。至其工夫之實際，恆落在靜坐，而合于程子見人靜坐而嘆其善學之旨。人在靜坐之際，自不免脫略事爲。而如雙江之在獄中，與念菴之闢洞居之事，亦非人人皆有此機緣。今謂必經此工夫方能通感，則其通感，便不免如龍溪所謂「待時」。又人習靜既久，亦正可自陷于喜靜厭動之弊。則此雙江、念菴之工夫，似不能爲人人所共用，亦不能無弊。然吾人仍可說至少對有此習靜之機緣之人言，則習靜之功，亦確可使念慮澄清，使此心之虛靈本體之量，日益充滿。此亦可合于孔子所謂「隱居以求其志」之功、荀子以虛壹而靜養心、與道佛之家以虛無空寂養心之旨。至于由此習靜之功，是否致喜靜厭動，則原無一定。而由心之本體能致得虛明，亦自然能照能應，則原不當有此病。

其有此病，乃靜而自著于靜。人固可無此著，則亦理當無此病也。于此所當知者，是此靜之功，只澄清念慮，以此去心之障蔽，其意義原爲消極的去病之方。病去藥亡，則習靜之功，隨時可已。習靜之道，亦非待于長期之靜坐。此心之一念自反而不逐物，亦卽一當下之靜功，而此靜功亦卽當下良知之表現。此功之有效無效，以當機所發意念中之障蔽淺深而定。如障蔽深重，自未必有效。然障蔽淺微，則亦可一靜卽止。此乃一力量之對比之事。此去障蔽之心力之增強充滿，則可由靜功，使一切念慮退息而致，亦可由此心之能自信而自致。此心之能自信，則依于一積極之自悟自見其心之本體，而卽以此自悟自見爲工夫。故此雙江念菴之言，亦最能針對人之思慮憧憧者之病痛。其言之鞭辟入裏，乃先儒之所未能及。此靜功既當下卽良知之表現，卽是良知本體之現成在此。然亦不可以雙江、念菴之工夫爲唯一之工夫。蓋于心或良知本體，直下自見、自悟、自信，亦是一工夫。在王門之學中，則龍溪之學，卽是此路。然在此路上用工夫者，亦有不同形態，亦不限于龍溪之一型態也。

## 七　悟本體卽工夫之良知學及王龍溪之先天正心之學

在以悟良知本體卽工夫之王門學者中，其第一型態之思想，乃以只須悟得現成良知，卽更不須有致良知，以去私欲等工夫者。此在龍溪，並不以之爲然。故前引龍溪語謂「良知當下圓成，無病不須更用消欲工夫」，下文更曰「此凌躐之論也」。主不用消欲工夫者，此即如吾人前所提及之孟我疆之說。黃五岳以情識言良知，蓋亦可不用銷欲工夫。此亦原爲人自見得悟得其有此良知時，可有之一型態之思想。蓋人有其良知之呈現時，自此良知觀良知，其中自是無一般嗜欲，而不見嗜欲。依此不見，而自謂更無嗜欲待去，則縱橫在我，而皆可自謂是一任良知。然此則爲人之自視太高。故龍溪謂之爲凌躐之論。此自視太高，則由其只于其良知之呈現中，觀良知之呈現；而不能依此良知以觀其良知之呈現處之外圍，或底層中之障蔽與嗜欲之仍在。即其良知之呈現，自限自蔽于此呈現之處，而不能更廣大呈現，以知其呈現處之外之下，障蔽嗜欲之在。此即其良知之呈現之不足。如佛學之言，人之不能明其有無明，即其明正是無明也。良知自是明。人之自悟自見而自信其有良知本體者，自是先明得有此明。然明得有此明，而自謂有明便無無明，即是見本體，而更不即此本體以爲工夫。此人之能自明其明，便自謂無無明，而不知人之無明，則正藉此而隱于其明之後，與之俱行；而人之言行遂入于狂肆，其蔽乃不可勝言。王龍溪之學，亦似有此現成良知之說，故人亦可本其說以成其狂肆。然實則龍溪言現成良知，乃悟本體，而即此本體以爲工夫；非悟本體後，更無去蔽障嗜欲之工夫者也。

此龍溪之言現成良知，非謂人更無去嗜欲蔽障之工夫，故于雙江念菴之言「世間無現成良知，非萬死工夫，斷不能生」，亦謂爲「未必非對病之藥」（語錄卷二松原晤語）。龍溪更謂世間「薰天塞地，無非欲海；學者舉心動念，無非欲根。而往往假托現成良知，騰播無動無靜之說，以成其放逸無忌憚之私。所謂行盡如馳，莫之能止。此兄（指念菴）憂世耿耿苦心，殆有甚焉。此吾輩所當時時服食者也」。則龍溪固亦深知人之嗜欲之當去、與障蔽之當開。其語錄亦時言吾人之在缺陷世界中，亦固知雙江念菴之言之旨，而亦知現成良知之說，足爲人所假借，以成其放肆。然龍溪仍言有現成良知者，則是謂「良知在人，本無汚壞，雖昏蔽之極，苟能一念自反，卽得本心。譬之日月之明，偶爲雲霧之翳，謂之晦耳。雲霧一開，明體卽見，原未嘗有所傷也。」（語錄卷六致知議辯，辯雙江之說）又答念菴書曰：「萬欲騰沸之中，只肯反諸一念良知，其眞是眞非，烱然未嘗不明。只此便是天命，不容滅息所在，便是人心之不容瞞昧所在。此是千古入賢入聖眞正路道」。故又謂念菴「必以現在良知與堯舜不同，必待功夫修整，而後可得，則未免于矯枉之過。曾謂昭昭之天與廣大之天，有差別否？」更謂「從頓入者，卽本體爲工夫，天機常運，終日兢業保任，不離性體。雖有欲念，一覺便化，不爲所累。所謂性之也。從漸入者，用功夫以復本體，終日掃蕩欲根，祛除雜念，以順天機，不使爲累。所謂反之也」。故謂「千古聖學，只從一念靈明識取。保此一念靈明，便是學；以此觸發感通，便是教；隨事不昧此一念靈明，謂之格物；不欺此一念靈明，謂之誠意；一念廓然，無一毫固必之相，謂之正心。此是簡易直截根原」。（明儒學案龍溪學案水西別言）又謂「只在一念無將迎，無住著，天機常活，便是了當千百年事業，更無剩欠」。此卽見龍溪所重者，唯是謂在嗜欲蔽障中，總有此昭昭之良知在，更不問其廣大充滿與否。人唯直下于此一念靈明，加以自見自悟，卽依本體，以用化除欲障之工夫。此工夫無盡，效驗亦無盡。故又謂：「只將一點靈明，默默參究，無晝無夜，無閒無忙，行立坐臥，不論大眾應酬，與棲心獨處，時時理會照察。念中有得有失，此一點靈明，不爲念轉。境上有逆有順，此一點靈明，不爲境奪。人情有向有背，此一點靈明，不爲情遷。此一點靈明，窮天窮地，窮四海，窮萬古，本無加損，本無得喪。是自己性命之根。盡此謂之盡性，立此謂之立命。生本無生，死本無死。生死往來，猶如晝夜。應緣而生，無生之樂；緣盡而死，無死之悲。方爲任生死、超生死、方爲不被生死魔所忙亂。生死自然，況身外種種世法好事，又烏足爲吾之加損哉。于此果得個悟入之路，此一點靈明作得主，方是歸根眞消息。這一點靈明，體雖常寂，用則隨緣。譬如太虛無相，不拒諸相。全體放得下，方全體提得起。予奪縱橫，種種無礙。才爲達才，不爲才使；識爲眞識，不爲識縛；談說理道，不滯于詮；撰述文詞，不溺于藝。向來抛在無事用中，到此種種見去，化臭腐爲神奇，皆此一點靈明，隨緣變見，而精神氣魄，自然百倍于前。一日亦可，百年亦可。獨來獨往，動與天游。所謂丹府一粒，點鐵成金。愈收斂，愈暢達；愈沈寂，愈光輝。此是吾人究竟法，到此方是大豪傑作用。方不負爲此大事因緣出世一番也」。（語錄卷四留都會紀）

此龍溪之言自見自悟其良知，初明說此只是一點靈明，在種種念之得失中，境之逆順中，情之向背中，亦卽在種種可爲之蔽障者之中。但人仍可只就此一點靈明，加以參究。此參究，卽自明于蔽障之中，以使之日充日明，而效驗至于「動與天游，點鐵成金」。于此卽不須更言歸寂主靜之工夫。故與念菴書曰：「若曰吾惟于此收歛握固，便是有樞可執，……認爲致良知之實，未免猶落內外二見。纔有執著，終成管帶。只此管帶，便是放失之因」。此良知之自見自悟，乃直接之自見自悟。由不悟至悟，不經媒介，不歷階梯，故名之爲頓。時時自見自悟，卽時時是頓。故非謂一有此頓，則學聖賢之事，一了百了。只是有此一頓，卽有此一點之靈明之自明，人卽可緣此以日充其明。故此頓，正所以成其一悟後之工夫。在此工夫中，亦自有銷化嗜欲，以開蔽障之事在。故此悟本體卽工夫，唯是「卽此本體之所以爲本體，以起工夫」。此本體之所以爲本體者，只是一先天之虛寂的靈明之心。能悟得此虛寂的靈明之心，至善而無善無惡，有而非有，而自藏密，卽無待于如聶雙江之以靜坐歸寂爲轉手工夫，以洗心退藏于密；而直下見此心體之卽顯卽密。故人之卽之，而承奉之，以起工夫，以爲誠意致知之事，亦是「顯而密」、「有而非有」；而此工夫之自然流行，亦無滯礙。由是而此心體見于知善知惡之知，則其「知」初不同于「有能所相對之識知」，而知卽無知之知，而「體寂」。此心體之見于好善惡惡之誠意，則意爲「不離心知之寂而貫于感」之「幾」。時時好善惡惡，于所惡之意念「纔動卽覺，才覺卽化」，于所好之意念，亦更不自以爲善，于善亦化而不留。則更無依識而有之善惡「意象之紛紜」，而意卽無意之意，而「應圓」。此心體之見于爲善去惡之格物，則其「所感」之物，不囿于一曲。時時爲善去惡，而惡去則無惡，爲善亦忘其善，更無眼中金屑；而物卽無物之物，而「用神」。此卽由悟先天之心體之爲虛寂的靈明，原是「有而非有」，而能感之心知；「卽致此知于其「貫寂感之意」之「所感之物」；以由「先天之心之自正而致知」，以成其「後天之誠意而格物」之工夫者也。此卽其言「先天之功，卻在後天上用」「未發之功，只在發上用」（語錄卷六致知議辯）之切義也。

此龍溪之學，其要點只在悟先天心體之爲虛寂的靈明，而原自正，以爲先天正心之學。依此悟，以致知誠意格物之事，卽其後天之誠意之學。此誠意之學，亦無異自運致此心體之虛寂，以至于其用之見于知意物者，皆無不虛寂。此工夫之「簡易省力」，在于本體能頓見頓悟，而更自信得及。故龍溪謂「致良知三字，及門者誰不聞，唯我信得及」（龍溪語錄龍溪先生傳）。只此「信得及」，卽龍溪之工夫之根本。此乃明是天資高者，由極高明以道中庸之工夫路數。然龍溪于此中之所言者，皆要在發人之哲學的觀解。人聞其言，而眞發得一觀解，亦自皆可有此自悟自信。唯此觀解之本身，卻是一先行之工夫。而人之是否有此觀解，則亦無必然。如推雙江、念菴之意以說，則正可謂人于此須先用歸寂主靜之工夫，方能使此「觀解得此心體之虛寂之事」，眞實可能。而龍溪亦可謂若不先悟心體之虛寂，則歸寂主靜之工夫，亦不能相續。吾意：善學則二言俱是，「用之則行」，皆契環中；相諍則循環無已，百千翻折，終歸戲論，不如「舍之則藏」。而人不聞龍溪之所言，無此觀解，亦不由主靜歸寂以成此觀解，亦非別無工夫。如只著實知善知惡，以爲善去惡，由先「道中庸」以上希「高明」，如錢緒山之學，亦同爲一工夫也。再此中人之發得觀解者，亦可于此所觀解者，作玄理境界玩弄，阻其卽此所悟以起工夫。此則其幾至微，人乃或道愈高而魔愈大。而龍溪之言之圓熟透闢，更多美辭，同可啟人此玩弄之幾。此卽龍溪之「教」之所以不能無弊。然此固非謂龍溪之「學」之先有此弊也。（此節宜與吾原性篇述及龍溪者參看）

## 八　王心齋之格物安身卽以安家安國安天下之學及其言學樂相生之旨

龍溪之工夫爲悟本體卽工夫之旨，其言原自明白，更無可疑。然泰州王門之學，是否亦屬龍溪一路，則是一問題。此泰州之學，始于王心齋。心齋固原有其學，故雖拜陽明爲師，亦未嘗舍其舊見。如于格物之說，終不取陽明「正念頭」之說，仍以安身爲本之義說格物是也。其格物說，後劉蕺山亟稱之。（見明儒學案泰州學案）。泰州之傳，由顏山農、何心隱、羅近溪、周海門、李卓吾等，其立身行己，講學論道之作風，亦與其餘之王門學者不同。故梨洲于泰州學派，不稱王門，以示區別。心齋爲處士，未嘗入仕，唯講學民間。故泰州門下有樵夫、陶匠。而傳習錄卷三亦記心齋首見「滿街皆是聖人」。玆按儒者固原以人皆可以爲堯舜，其學固人人可學，而學之皆可至于聖。陽明亦有「個個人心有仲尼」之語。然儒者之學，實際上仍初只及于士人。陽明之徒，亦大皆學而優則仕，仕而優則學者。唯泰州之心齋爲處士，其門下有陶匠樵夫，而泰州門下，更與九流三教之人相接，而其對社會之影響，亦最爲廣大。此乃昔所未有。然亦以此而泰州門下，不免于龍蛇混雜。承泰州之傳之學者，亦所見恆有不同。泰州之學之精神，畢竟何在，亦不易論也。

依吾之意，若與其他王門之學相較而論，當說泰州之學之精神，在直面對吾人一身之生活生命之事中講學。此非謂其他王門之學，不關生命生活之事。但在其他王門之學者，大皆先重此心之爲身與生命生活之主宰，而重在于心之意念上求警惕、戒懼、歸寂，或見良知本體，究一念靈明，以爲工夫。泰州之心齋，則直以安身標宗。安身自亦須以心安身。然言以心安身，則重在心之向在此身上事，而非重在心之向于其自己。此卽與其他直重在心上用工夫之學，有毫厘之差。心齋言「安身者，謂身也者，本也；天地萬物，末也。知身之是本，是以明明德而親民也」。故其釋格物之義曰：「格爲格式之格，卽絜矩之謂。吾身是個矩，天下國家是個方。絜矩，則知方之不正，由矩之不正也。是以只去正矩，卻不在方上求。矩正則方正矣，方正則成格矣。故曰物格。吾身對上下左右前後是物，絜矩是格也。……安身以安家，而家齊；安身以安國，而國治；安身以安天下，而天下平也」。又曰「物格知本，知至也。誠意、正心、修身，立本也。本末一貫，是治。愛人、治人，禮人也，格物也」。「危其身于天地萬物者，謂之失本；潔其身于天地萬物者，謂之遺末」。又謂「知保身者，則必愛身；能愛身則不敢不愛人，能愛人則人必愛我，則吾身保矣。故一家愛我，則吾身保；吾身保，然後能保一家。一國愛我，則吾身保；吾身保，然後能保一國。天下愛我，則吾身保；吾身保，然後能保天下。此卽明哲保身之義也。」

觀此心齋言安身保身之義，梨洲謂其開臨難苟免之隙，而其言爲安身保身而愛人，亦似不免一個人之功利主義之色彩。然心齋亦言安身保身，所以保家保國保天下，則亦不可卽謂心齋只爲自安自保其身，而言愛人也。觀心齋言之本旨，唯在重此身之爲本，以達于家國天下，而通此物之本末；遂知此身與家國天下，互爲根據以存在。乃以此由本成末，爲人之成其明德，自致其良知，以明明德于天下，使天下人皆得自致其良知之道。故此人之明明德于天下，卽人之所以自安其身，而使其心之良知得其安樂之道。人心之循此道而行，亦卽同時超于其原來之自私一身之私欲之外，以成其安樂。故心齋學樂歌曰：「人心本自樂，自將私欲縛。私欲一萌時，良知還自覺。一覺便消除，人心依舊樂。樂是樂此學，學是學此樂。不樂不是學，不學不是樂。樂便然後學，學便然後樂。樂是學，學是樂。嗚乎，天下之樂，何如此學？天下之學，何如此樂」。則此心齋之致良知之學，乃要在先知此良知本體之原以安身、而安家國天下爲樂；卽依此樂以成其學，而更學有此樂；以使學與樂，互相依據，以成其增進。由此言之，則心齋之教，卽先正面的悟此良知之本體之樂，以成其工夫之教。而與龍溪之重正面的悟良知本體之一點靈明，以成其工夫，正有相類之處者也。

玆按陽明原有「樂爲心之本體」之言，其言良知之戒愼中，亦有洒脫之義。然王門學者，則未有明倡自覺此樂在本體，而依之以起工夫，而使人自樂其工夫，亦自樂其學者。心齋則首倡此義。其所以能首倡此義，則正與其不單言心，而卽安身之事以言此心之學有關。于此人之安身之事，欲完全成就，則非家國天下全安，吾身亦終不得全安。然只須此身一息不斷，當下此身皆原有一安處在此，卽當下此身之能在于其所在是也。然人之順其心念馳思于天地萬物者，則恆忘其當下之此身，能在于其所在，卽有其安處；乃于此安處，不能自覺，則亦不見此安處，而不知于此先求自有其樂。人果能見此安處，而自有其樂，而能于一極平凡之生理生活之事中得樂，亦可見有一大工夫。此則如孔子之言「曲肱而枕之，樂在其中矣」，卽恆非人之所能有。然此亦只須人一念還觀其身之一息不斷，見其當下自有安處樂處，而要有卽有者也。人果能有此樂，則其心靈生命，當下有一立根處，當下得一身之安；則其後之齊家、治國、平天下之事，亦無不可爲矣。故心齋之子東崖更謂「鳥啼花落，山峙川流，饑食渴飲，夏葛冬裘，至道無餘蘊矣」。人孰不能張此眼，卽見鳥啼花落，山峙川流？人孰不能饑餐渴飲，而夏葛冬裘？此自然生命生活中之安樂，人誰不能由放下其對過去未來之思慮，而當下要有卽有之？然人不能自息其心念之馳思于天地萬物者，以返于此當下之此身之所在，則又恆交臂失之，而必不能有此安樂。夫以此「心」與此「身」較，心之所及者，則高矣遠矣。然心由其所及之高遠，以返諸至近之一身，則此心之所經行者，又更遠矣。然人之慕高遠者，恆昧于此理；遂以凡落在此身之自然生命生活之事，皆爲卑近，而以之爲不屑道。此卽黃梨洲敍東崖之言曰「今日纔提學字，便起幾層意思……議論講說之間，規矩戒嚴之際，工焉而心日勞，勤焉而動日拙。……心神震動，血氣靡寧。不知原無一物，原自見成。但不礙流行之體，眞樂自見」（東崖學案）。蓋眞樂，卽在此鳥啼花落、饑餐渴飲之事中也。人必于此等事中能得安樂處，爲其生命立根，然後可言安家、安國、安天下，以明明德于天下也。此則于陽明言大學問一文，歸于明明德於天下之旨，正相契合也。

由此心齋、東崖之安身之教，以實至于安家、安國、安天下之事，自亦非易事。心齋、東崖之講得此意，亦未必能實行。而欲實行之者，則爲泰州門下由徐波石，以至何心隱、顏山農之儒而俠者。至于緣此心齋之言格物、安身、安家國天下之義，更知此心之有「意」，以主乎此身之心，以向于家國天下，而由心齋之格物之學，陽明之良知之學，以首言誠意之學者，則有王一菴。若更能循此身之本、與家國天下之末之「本末一貫」之意，而于此識得仁體之貫于此本末之一「生」之中，而暢發陽明大學問一文之旨，以言大人之身之另一型態之悟本體卽工夫之學者，則羅近溪也。

## 九　羅近溪之性地爲先及大人之身之學

于羅近溪之學，吾昔年嘗就其盱壇直詮一書，述其學之大旨。今亦重載本書中，作爲一章。本章此節則先持之與他家較，提示其要點所在。按近溪嘗謂「學有以用功爲先，有以性地爲先者」。此卽龍溪所謂由工夫以復本體之漸入，及卽本體爲工夫之頓入之二途也。盱壇直詮以性地爲先者，卽當信當下之本體。近溪又曰：「以用功爲先者，意念有個存主，言動有所執持，不惟己可自考，亦且衆所共見聞。若性地爲先，則言動卽是現在，且須更加平淡；意念亦尚安閒，尤忌有所做作。豈獨人難測其淺深，卽己亦無從驗其長短」。又謂「若不認得日用皆是性，人性皆是善。蕩蕩平平，事無差別，則自己工夫，先無著落處，如何去通得人、通得物、通得家國，而成大學于天下萬世也哉。」（盱壇直詮上）此所謂性地爲先，卽從現在言動平淡、意念安閒處，下工夫，更不別求工夫效驗之謂。而此所指者，則唯是于日用常行處下工夫。故近溪嘗謂「昔賢于性體平常處，未見提掇」。（盱壇直詮卷下）龍溪亦嘗謂「良知在人，百姓之日用，同于聖人之成能」。（致知難易解）又謂「論工夫，聖人亦須困勉，方是小心緝熙；論本體，衆人亦是生知安行，方是眞機直達」。（龍溪語錄卷三水西精舍會語）然龍溪于此日用常行，提掇之語仍不多。而近溪此類提掇之語則甚多。此與心齋東崖父子之學，原重在日常生活中求安身格物之道，初正無異。然心齋言安身，初卽只以一人之身爲本；唯由其末之貫于家國天下，以言此本末之一貫之學。而近溪則依此本末一貫之學，更「聯屬家國天下以成其身」，以天地萬物爲一體。謂「身大，則通天下萬世之命脈，以爲肝腸；通天下萬世之休戚，以爲髮膚。病痛疴養，更無人我，而渾然爲一，斯之謂大人而已矣」（盱壇直詮卷上）。此大人之所以能合家國天下，以萬物萬世爲一身，爲其大學問，則由于此身之生，與其外之天下人之生、天地萬物之生，原互相感應孚通，而不可二。此卽昔賢所謂仁體之合天地萬物爲一體者也。夫然，故欲知此一人之身，則當知此生；欲知此生，則當知此仁。人之所以爲人，卽仁也。仁卽人之心之所以爲心，人之生之所以爲生也，亦人之所以有其生之自然之樂者也。故曰「赤子初生，孩而弄之，則欣笑不休。乳而育之，則歡愛無盡。蓋人之出世，本由造物之生機。故人之爲生，自有天然之樂趣。故曰仁者人也。此則明白開示學者，以心體之眞，亦引學者，以入道之要。後世不省，仁是人之胚胎，人是仁之萌蘖，生化渾融，純一無二。故只思于孔顏樂處追尋，顧都忘于自己身中，討求著落。誠知仁本不遠，方識樂不暇尋」。此卽謂生之樂本于人之生，原卽依于造物之生機，亦依于仁；然後「孩提初生，其稟受天地太和，眞機發越，固隨感皆便懽喜。若人心神開發，于本性之良，徹底透悟，則天地太和，亦卽時充滿，而眞機踴躍，視諸孩提，又萬萬矣」。（同上）此卽人之自透悟其心體性地之仁，以使其身成大人之身之事，而使「大人赤子，念念了無二體；聖心天德，生生唯是一幾」者也。此則其旨又過于心齋、東崖之言之所及者矣。

此近溪卽人之生以言心體性地之仁，以至于大人之身，自當重此心性之知能與精神等，能「復以自知」。此卽與龍溪重言良知與一念靈明，以自悟本體之旨通。然此中近溪之學、與龍溪之自悟本體之道，仍有不同。此不同，在龍溪唯就良知與一點靈明之自生生不已，以言此心之生，而重對此一點靈明自加參究；直究至知此一點靈明，涵天蓋地，而能任生死、超生死。然近溪于此靈明，則亦嘗自加參究，而誤入歧途。其明儒學案近溪傳，嘗言其苦心求道時，初嘗謂「萬起萬滅之私，亂吾久矣，今當一切決去，以全吾澄然湛然之體。」遂決志行之，閉關臨田寺，置水鏡几上，對之默坐，使心與水鏡無二」。此不能謂之非參究澄然湛然之靈明之事也。然近溪乃終以此而病心火。其後來講學時所言之光景，亦卽皆由此心之自觀其靈明而起者也。此心自觀靈明何以致光景之故，則吾已于專述近溪之學之文中詳論之。人自參究其靈明，固不必成光景，亦不必歸于病心火。龍溪之自參究其靈明，亦未嘗成光景、病心火也。然此中人之自參究其靈明，要有一成光景，病心火之可能，爲學道者之一魔障。此則近溪見得，而謂爲「鬼窟」，龍溪未必見得也。(註)至于近溪之終得去其心火之病，則由其聞顏山農之言：此心之與水鏡無二而不動，「是窒欲，非仁體也……子不觀孟子之論四端乎，知皆擴而充之。若火之始燃，泉之始達，如此體仁，何等直截。故子患當下日用而不知，勿妄疑天性生生之或息也」。近溪聞山農此語，乃如大夢初醒。後近溪講學時用以破光景之道，亦卽在教人不可「回頭想念此心中炯炯」或「前段心體」，不可「顧念此光晶晶之心，以留戀光景」。當知人之「應事接物，還是用著天然靈妙渾淪的心」，(卷上)方得入道。此卽近溪所謂「我從千辛萬苦，走遍天下，參求師友」所得之「具足現成生生不息之大家儅。」（盱壇直詮卷下）此卽見近溪之言，別于龍溪者，正在龍溪只言于此靈明上參究，而近溪則謂此靈明之心，乃渾融于吾日用生活之生生之中，唯于此見心體性

註：龍溪語錄卷四答楚侗耿子問，亦言及羅子有鬼窟之說。

地，方得免于光景心疾也。如實言之，則龍溪之單言一念靈明，寂而能感，神機妙應，當體本空，亦自是吾人之生活生命之靈明。然單說此靈明，則畢竟抽象掛空，而不能具體落實。而近溪之卽此日用常行之生活之所在，以見此「心之渾融于此身之中，而涵育于此身之外，其精瑩靈明，映照莫掩者謂之精；其妙應圓通，而變化莫測者，謂之神」。而卽此心之精神以「復其見天地之心」，則「耳目聰明，頓增顯亮；心思智慧，豁然開朗。其根器深厚、志力堅貞的漢子，際此景界，便心寒膽戰，恭敬奉持。如執玉，如捧盈，毫忽不能昧，便喚做研幾；斯須不敢瞞，便喚做愼獨；不落聲臭，不涉覩聞，淵淵浩浩，喚做極深；坦坦平平，好惡不作，喚做君子之中庸也」。此近溪之所悟于心之精神，皆在日用平常之生活與生命之中，卽更具體而落實。近溪之依此「具足現成之大家當」以講學，而舉例示人，則赤子之顧盼，童子之捧茶，以至家家戶戶賴以過日子之孝弟慈等，皆俯拾卽是。此卽近溪之講學，所以更能于言說無礙，而雷動風行于一世也。

由上所述，可知近溪之悟性地、或良知本體爲工夫，既不同心齋之悟良知之覺有樂，而未暢言此樂之依于仁者，亦不同龍溪之只在心之靈明上參究者。然其于日用常行處，當下提撕，以見「當下本體」，謂此中無往非道，並謂念菴之「不信當下本體，則無下手處」，則近龍溪。近溪亦謂當下本體，或難可盡信，有冒認本體者（盱壇直詮與甘乾齋問答）。故近溪正未嘗眞謂人之工夫，可處處當下渾淪順適，縱橫在我，更不見艱難，更不用工夫，如孟我彊之一流之論也。近溪固亦深知求道之難，其一生亦嘗親歷其難。其講學亦嘗謂是「披瀝天心，號呼世夢，或觸怒生嗔」（卷下）。蓋道固無乎不在，而卽在日用常行中。然人之自知自覺此日用常行中之道而行之，則是大豪傑之行；而人之學道之工夫，亦恆難于得力。然近溪于此，則未嘗如雙江念菴之以歸寂主靜為功，而更言：人于此難于得力處，能回頭轉念，知此求得力之一段精神，卽能有得力處。近溪語錄「人問某常欲照管持守，有時間斷如何？」近溪曰「我今勸汝，且把此等物事，放下一邊。待到五更半夜，自在醒覺時節，必須思想：我要去如何學問，如何照管持守我的學問。當此之時，輕輕快快轉過念頭，以自審問說道：學問此時雖不現前，而要求學問的心腸，則卽現前也。照管持守工夫，雖未得力，而去照管持守一段精神，卻是得力也。當此際，輕輕快快轉過念頭，以自慶喜說道：我何不把現前思想的心腸，來做個學問，把此緊切的精神，來做過工夫？則一但要時，便無不得；隨處去，更無不有。所謂身在是，學卽在是。豈止免得間斷，且綿綿密密，直到聖神地位，無難矣」。此卽謂于此中學問，覺難于得力，而自回頭轉念，看此自己之求得力的心，卽可當下得力。此則固不須于此更疑此學此道之不在；而唯當信此身在、卽學在、道在。覺不得力處，卽得力，如知有迷處，卽覺。故近溪言心嘗謂「鏡面之光明與塵垢，原是兩個，吾心之先迷後覺，卻是一個。當其覺時，卽迷心為覺；則當其迷時，亦卽覺心為迷。除覺之外，更無所謂迷；而除迷之外，亦更無所謂覺也」。此則不取禪道與龍溪之心如明鏡之喻；而近起信、華嚴、天臺之迷覺一心之旨，歸于翻迷卽覺之教。梨州明儒學案言「近溪之學，工夫難得湊泊，即以不屑湊泊爲工夫；胸次無畔岸，便以不依畔岸爲胸次。解纜放船，順風張棹」。此非任放之論。唯是謂于工夫不得力、無湊泊、無畔岸處，即解纜放船，回頭認取此一番求湊泊、求畔岸之緊切精神，而即此以爲湊泊與畔岸。而順此精神之風以張棹放船。此即近溪言「身在、學在、道在」之極旨，亦其以「性地爲先」，以悟心體爲先之工夫之極旨，而待于善學者之心知其意者也。

# 第十五章　羅念菴之主靜知止以通感之道

## 一　良知發見之攙和問題

上文于王門之學，分爲二流，以觀其異同之際，故于每家之學，不能詳及。吾昔年既有述羅近溪學之一文，所述較備，今重載爲本書之下章，于龍溪之學吾在原性篇，亦已撮其言心性之要旨。今更補述羅念菴之學，亦列爲一章，以與羅近溪爲二羅，以分別代表王門之二流之學，使吾人于此王門之學之論述，其輕重詳略之間，更不失平衡，以備好學者之觀覽焉。

吾之所以述此念菴之學者，在念菴與人論學最切。今觀其文集，大皆爲同時代友生論學之著，而無多語錄；亦未嘗如聶雙江之著困辯錄，以自爲其說下注腳。蓋念菴不同于龍溪近溪之周游講學，所留會語甚多者。其有取于聶雙江之論，乃由其于此論，實得一工夫上之受用。其夏游記、多游記等，記其與王龍溪之論學，及其聞于錢德洪、王心齋、劉師泉等所言，皆所以自備不忘。故念菴之學，乃純是一爲己之學。其言皆切道其所見而止，不同雙江之書尚欲自立其說，而安排義理，徵引文句，爲證爲靠者；亦不同于龍溪、近溪在講會之語，乃意在啟發他人，于義理言說，不免有種種姿態施設，以開張門戶者。言說有姿態施設，則說是簡易平實，而勢不能皆簡易平實；便可使人抓住凸出之話頭，更加假借運用，以至孳生流弊。故龍溪之高明之論，固可導人于虛玄；近溪之解纜放船，順風張棹之論，亦可使人更滲之以情識。是皆不能無流弊。念菴之學則專是爲己。念菴年二十五即舉狀元，而一生無大功業，亦未嘗自樹一講學之門庭，而又自足爲後世之師表。故梨洲于王門諸子，最稱東廓念菴。而後世之學近程朱者，如孫奇逢等，皆于念菴，特加推尊。今存念菴文集之書信及短篇之文，亦皆有安閒深靜氣象。王龍溪言之透闢直截，羅近溪言之善提撕指點，固皆一時無兩。然皆不如念菴語之有安閒深靜氣象者，足資玩味。此中所關涉之學問，尚非只是于義理見得明白與否之事，更是人于義理有浸潤涵泳之功後，如何表現于辭氣之事也。然今玆述念菴之學，則只抄錄其最重要之二三書，並述其與雙江、龍溪之異同關聯之際，以便人之知其爲學之道路，更得順之以會其所學者而已。

此念菴之學，自是由聶雙江之歸寂主靜之工夫而入。其所以須先有此工夫，乃在吾人之現成良知，未必能充其虛靈本體之量，而發見，乃不能免于夾雜攙和。此可先引龍溪與南中王門唐順之之一段語，以見此中之問題，乃王學之流中所共有之一問題。其記曰：

「荊川唐子開府維揚，先生會時，已有病。遇春汛日，坐治堂，命將遣師，爲防海之計。一日退食，笑謂先生曰：公看我與老師（指陽明）之學相契否？先生曰：子之力量，固自不同；若說良知，還未致得在。荊川曰：我平生佩服陽明之教，滿口所說，滿紙所寫，那些不是良知，公豈欺我耶？先生笑曰：難道不是良知；只未致得眞良知，未免攙和。荆川憤然不服曰：試舉看。先生曰：適在堂前遣將時，諸將校有所稟呈，辭意未盡，卽與攔截，發揮自己方略，令其依從。此是攙入意見，心便不虛，非眞良知也。將官將地方事體，請問某處該如何設備，某事卻如何追攝，便引證古人做過勾當，某處如此處，某事如此處；自家一點圓明，反覺凝滯。此是攙入典要，機便不神，非眞良知也。及至議論未合，定著眼睛，沈思一回，又與說起。此等處，認作沈幾研慮；不知此已攙入擬議安排，非眞良知也。有時奮掉鼓激，厲聲抗言，使若無所容，自以爲威嚴不可犯。此是攙入氣魄，非眞良知也。有時發人隱過，有時揚人隱行，有時行不測之賞，加非法之罰，自以爲得好惡之正；不知自己靈根，已爲搖動，不免有所作，非眞良知也。他如製木城、造銅面，畜獵犬，不論勢之所便，地之所宜，一一令其如法措置。此是攙入格套，非眞良知也。嘗曰，我一一經營，已得勝算，猛將如雲，不如著一病都堂在陣。此是攙入能所，非眞良知也。若是眞致良知，只宜虛心應物，使人人各得盡其情，能剛能柔，觸機而應，迎刃而解，更無些子攙入。譬如明鏡當臺，妍媸自辨，方是經綸手段。纔有些子才智伎倆，與之相形，自己光明，反爲所蔽。口中說得十分明白，紙上寫得十分詳盡，只成播弄精魂，非眞實受用也。荆川憮然曰：吾過矣。友道以直諒爲益，非虛言也」。（王龍溪語錄卷一）

王龍溪所言良知之所攙和，已非一般所謂好貨、好名、好色之人欲之類。其所謂意見、典要、擬議、安排、氣魄、有所作、格套、能所之病，其他爲王學者，亦時及之。其義亦不易說。大率此所謂意見，是只依自己主張，使人不得盡情。此卽非虛心應物，與物相湊泊爲一。此義較淺。如江右學案東廓學案記龍溪與東廓談論，謂「隱隱見得自家本體，而湊泊不得。是本體與我終爲二物。」謂此卽意見，則其義較深。龍溪之責念菴不脫落知見意見，（念菴學案）卽指此深義之意見也。典要是昔人成法，不是現在靈知。擬議安排，是不能直應直達，觸機而應，迎刃而解；乃退而擬議安排一思慮格局爲倚靠，而靈知卽限落于此格局中。氣魄是將自然生命力，提起爲助，亦不是專主靈知。有所作之賞罰，是以此賞罰表見此氣魄于外，此是剛硬不柔。格套是以己之意見，強施于物。能所是以我爲「能」，以物爲「所」，而以我之「能」，凌駕于「所對之人物」之上，不能無我，亦是不能虛心應物。此皆是良知之所攙和，而使其良知之發見，不同眞良知之能虛心應物，能剛能柔，觸機直達，無內外我物之分者。此與念菴之言「良知有規矩而無樣式，有分曉而無意見，有主宰而無執著，有變化而無遷就，有深厚而無鶻突」，（與夏太守，不見念菴集中。今據明儒學案江右學案三所引）其旨不相遠。此皆是謂良知可有其所攙和之病痛，以似是而非，而人于此當更求識眞良知之面目者也。然今當問：如何免得此良知之所攙和？龍溪之指出唐順之自謂是能致良知者，其中尙有攙和，順之固終心服。然順之不遇龍溪，如何？遇而不問，如何？問而不答，如何？順之旣知其今日有此攙和，如何來日便能無此攙和？則龍溪與順之，其一朝之會，固亦不能解決此一問題也。

如依龍溪之敎，則于此蓋當說，人仍唯有在自家一點靈明上參究。良知自有攙和，但亦有不攙和處。今卽在此不攙和處，默默自識，自加參究；恆見此靈明之寂而常感，感而常寂，有而非有，無而非無，不落能所，不在內外；則靈丹一粒，點石成金；自然氣魄漸化，意見漸消，典要漸忘，安排漸少。只須人于此「拚得性命」，此一工夫得力，則在應感之際，亦當下能致得其良知。故龍溪謂念菴曰：「若逼眞來，輪刀上陣，措手不迭，直心直意，人人皆得見之」。然在雙江、念菴之意，則以爲要去此良知之所攙和者，應先有一段歸寂主靜之工夫，方能眞致得良知。此龍溪與雙江、念菴論學之分異也。

今欲評論此二說之是非，當超出議論，落到實際去看。則此龍溪謂可當下致得，亦自是因有當下致得之上根人。然龍溪又未謂其爲上根人，故嘗謂「當下亦難識，非上根不能。吾人挨門就戶，挨來挨去，忽然得個著落，便是小歇腳」。（語錄卷四東游會語）如吾人須挨來挨去，方有小歇腳，則吾人當下亦可致不得也。旣當下致不得，人自可當下另用工夫，以去此良知之所攙和。而用歸寂主靜之工夫，以使此所攙和之物事，自然脫落去除，則正是人自然會用之工夫。龍溪亦實于直下頓悟之外，自有靜中之工夫。此則由龍溪之亦用調息工夫見之。龍溪于其舍之燬于火後，亦更用自訟其過之工夫。此調息靜坐，自訟其過之工夫，要是停息外緣，不與身外事物應感時之工夫，而亦實卽雙江念菴，所謂歸寂主靜之工夫之類也。

實則人欲去此良知之所攙和之物事，無論一般好貨好名之私，或如龍溪所謂意見氣魄之微，爲良知之病者，在實際上皆有二種工夫：一是由人之自知其病處，回頭更挨來挨去，挨到此一知病之「知」。能知病之「此知」，以病爲病，「知」自非此病，而此「知」中亦無病。知此「知」中之無病，卽所以去病而無病。此龍溪之悟本體卽工夫之教也。一是于病時休息，使病漸脫，而元氣自復，良知自見。此卽由工夫以悟本體之教也。此二工夫，原是人皆可用，亦恆是爲人自知加以選用者。亦皆人依其良知之有所發現，而後能用之者。蓋知「知病之知」中無病，固是良知發見。人能知在病中息養，乃是求康復。此求康復之念，亦當下是良知發見也。雙江、念菴言歸寂主靜，固亦由其先知其心之有病，而以病爲病；惟不由知此「知」之原來無病，以爲去病之道耳。世間固有在重病之人，忽念父母生我，原來無病，其病卽霍然而愈者。人病中，恒不見有病，而念念忘病，亦固治病之一道。而念念在病者，亦或更增其病。此龍溪之所以重正面悟得，此良知本體之恒在之教也。然人病而不知養息，而自謂無病，乃與常人同爲種種日用應酬之事，則其病又恒日增。此卽雙江念菴之所以必言歸寂主靜，以爲此息養之功也。則二說又何諍哉。

雙江念菴之說，既原可與龍溪之說無諍，則吾人可放下龍溪之說，唯就此歸寂主靜之工夫路上，去看此雙江念菴之所得何如；則吾意念菴所得，較雙江爲尤深，而其說亦更較雙江爲圓。此則由念菴雖初極契雙江之說，以寂爲大本大中，謂「非經枯槁寂寞，一切退聽，而一切炯然，未易及此」；然後來其學更進，則疑雙江「心主乎內，應其外而有外」之內外之分之說。此卽較雙江之學，更轉進一層。由此轉進，而乃與龍溪之學，雖有異，而亦自然有契合之處。此卽吾此文論念菴之學之所歸也。

## 二　主靜之功與心之虛而通之仁

對此念菴之學之造境，當觀其答蔣道林書。其言曰：「未幾入深山，靜僻絕人往來，每日塊坐一榻，更不展卷，如是者三越月，而旋以病廢。當極靜時，恍然覺吾心，中虛無物，旁通無窮。有如長空雲氣流行，無有止極；有如大海魚龍變化，無有間隔。無內外可指，無動靜可分；上下四方，往古來今，渾成一片。所謂無在而無不在，吾之一身，乃其發竅，固非形質所能限也。是故縱吾之目，而天地不滿于吾視；傾吾之耳，而天地不出于吾聽；冥吾之心，而天地不外逃吾思。古人往矣，其精神所存，卽吾之精神，未嘗往也；否則聞其行事，而能憬然憤然矣乎？四海遠矣，其疾痛相關，卽吾之疾痛，未嘗遠也；否則聞其患難，而能惻然盡然矣乎？是故感于親而爲親焉，吾無分于親也；有分于吾與親，斯不親矣。感于民而爲仁焉，吾無分于民也；有分于吾與民，斯不仁矣。感于物而爲愛焉，吾無分于物也；有分于吾與物，斯不愛矣。是乃得之于天者固然。如是而後可以配天也。故曰仁者渾然與物同體。同體也者，謂在我者，亦卽在物，合吾與物而同爲一體。則前所謂虛寂而能貫通，渾上下四方、往古來今、內外動靜而一之者也。故曰視不見，聽不聞，而體物不遺。體之不遺也者，與之爲一體故也。故曰誠者，非自成己而已也；盡己之性，則亦盡人之性，盡物之性。宇宙內事，乃己分內事。東西南北之四海，與千萬世之上下，有聖人出焉，此心同，此理同。其有不同焉者，卽非此心與此理，乃異端也。是故爲天地立心，爲生民立命，爲往聖繼絕學，爲萬世開太平，非自任也。先知覺後知，先覺覺後覺；匹夫匹婦不蒙澤，如己推而納之溝中；天下之饑溺，由己饑溺之也。孔孟之遑遑，豈孔孟之得已哉。天下有道，丘不與易。如欲平治，舍我其誰，分定故也。故曰一日克己復禮，天下歸仁焉。隱居求志，行義達道，在孔子之時，蓋已未見其人，況于學絕道喪之後哉」。

此念菴之言，乃念菴之隱居求志，于靜坐中之所證得。其言皆自道其所證得，而作如實說也。其所以必由靜坐三閱月，方證得心體中虛無物，旁通無窮，乃更見其感通之仁，無分于物我內外等，孔孟固未嘗如此說。而象山亦于見上下四方曰宇，往古來今曰宙時，便忽然悟得：我與宇宙皆在無窮中；則不能言人皆須有此靜坐工夫，乃能識此無分于物我內外之仁也。然人平日種種思慮縈擾，若全無此靜功，以至中虛無物之境，亦不能實見此心之仁之本來面目。吾不敢自昧。憶吾年十四五歲時，先父卽授我以理學宗傳一書，得見象山宇宙卽吾心之言，與念菴之此節文，卽恍然有所見。然不能謂爲實于此心之仁之面目有所見也。吾之于此心之仁之面目，自謂實有所見，亦惟賴平生有數度忽然而來之經驗。其最早之一經驗，爲吾年十七赴京求學，先父送我至船上，同宿一夜，次日于晨光曦微，離船而別。憶當船之機輪開動之時，吾忽忘吾對吾父之依依不捨之情，而頓念及，古往今來，不知有無數之父子、兄弟、夫婦，同此離別之情；而吾一人之離別之情，頓化爲惻念此古往今來之一切人之離別之情。此惻念，又頓若充塞宇宙，而無窮無盡，不能自已；若從天而降，以滋潤吾之一身。後求學南京，憶于一黃昏時望月食，俗謂此由天狗食月，故街上羣兒皆共擊鼓，聲聞四野，謂所以驅此天狗，而救此月之光明。吾忽念此羣兒之心，乃在上救此天上之月；遂若見此羣兒之心，皆一齊飛向于月，以充滿于此太虛；遂生大感動，而亦頓覺我之悲惻，彌綸于天地。此外類此之經驗，尚有數度。其來皆是依偶然之一感，而忽然心扉自開，惻怛之情之不容已者自出。當此之時，凡吾念之及于上下四方、往古來今任何人物，此情亦卽與之爲一體，而同時知其卽此心與宇宙之眞實之所在，正如念菴之所說。然吾之此諸經驗最長之時間，亦不過三小時**能純一不已；而還自斷續無常，**一如常人。孔子言**「回也，其心三月不違仁，其餘則月日至焉而已矣」**，吾則只數時至焉耳。此皆吾青年時之經驗，非由聞見而有，亦非由學問思慮而致。吾亦嘗自謂，「自從一見桃花後，直到如今更不疑」，而據此以爲吾後來之一切學問思慮之張本與照應。若非吾之幸有此張本照應，存于心底，亦不敢妄論此聖賢之學，而自謂能于其言，皆觸目而心會也。然吾三十以後，知見日多，入世日深，則此類經驗漸少，卽有之，亦時間甚短。則亦唯有自嗟嘆其「聰明不及于前時，道德日負其初心」。唯在吾年五十五喪母、及年五十九，病目在醫院時，則又有所悟。此所悟得者，是人不眞在萬緣放下，一無倚靠，此心至虛至寂之際，此心之感通之仁，終尚未全呈現其眞實面目。憶吾青年時諸經驗，皆是于晨光曦微、黃昏暮色、或夜深人靜中得之，亦卽皆由吾心適在虛明之際，而後有。唯其待緣而生，適然而來，亦適然而去耳。然眞用工夫，亦可使適然者爲常然，待緣者成不待緣。吾于是知橫渠所謂「虛者仁之原」一語，雖猶有未瑩；然虛爲仁之呈現之原，則決定無疑。人欲眞于此用工夫，則亦必以靜虛之功爲本也。至于一般學問思慮之事，則只是劃出種種規模，如開渠引水，然水原自別是一眞實之物事。若要眞開得此水源，則必由一般之學問思慮之事，百尺竿頭，更進一步，放下一切文字書卷，以至一時放下種種日用應酬，以及應世之事業，而有一段眞正歸寂主靜，隱居以求其志之功夫。吾今亦未嘗無此意也。但此個人之事，今不可說得太多。至于此隱居求志之功夫之長短，則十年可，一年亦可，一月一日可，一時亦可。如短之又短，則當下一念卽可。當下寂，更當下感。則此先歸寂主靜之一工夫，與直悟本體之工夫，亦歸一無二矣。然吾人通常皆有數十年生活之積習未化，潛伏于中，以障此心之仁，則若非上智，終不可不先以歸寂主靜之工夫爲本。否則未有不是良知天理與平生習氣，一齊用事，夾雜俱流，而不自覺者。頓悟懸絕之途，固未易承擔也。偶然之悟境，亦不能作欛柄也。故吾于宋明儒學之言，雖初最喜象山之先立其大，亦極愛龍溪之高明通透。然仍視周程之靜敬之功，雙江念菴之歸寂主靜之敎，爲入德之一門。至于一般學問思慮，則如本書之所述，仍不過開渠引水之事。此亦程朱格物窮理之功，更只爲始學之一事也。由格物窮當然之理，至于有靜敬之功，以入德，至上達天德，其途最平坦，人人可行而少弊。故吾于念菴之與蔣道林之一書，亦嘗屢引之而不厭。又未知其由吾十餘歲時，卽誦其言而積習不忘耶？或由其言之實得千古聖賢心耶？或吾之心習之有相依者耶？如心習之有相依之義，則人又焉能不先習此歸寂主靜之功；安可侈言當下之卽寂卽感，卽致得龍溪所謂眞良知，而無攙和或夾雜哉。

## 三　未發與發、寂與感之辨

此羅念菴與蔣道林之書之後文，更言「大人之學，將以別于異端，則明德親民是也。至善，言其體也。虛而能通，何善如之？知止，則自定靜安慮，復其虛而通者，何善如之？是謂能得。知止者，言其功也。格物以致知，知止矣，通天下與吾爲一物。莫非物也，而身爲本。有身，則天下國家兼之矣。莫非事也，而修身爲始，身修則齊治平兼之矣。知所先後，而後所止不疑。得其一，萬事畢，執事所謂覷破此物是也。致知者，至所知也。致知何在？在吾與天下，感動交涉，通爲一體，而無有乎間隔。則物格知至，得所止矣，知本故也。是故知所先後，眞知也。所謂識仁，所謂明善，所謂知性是也。致知而不于格物，則不足以開物成務。此聖學與二氏端緒同異，所由辨也。故格物而後知行合一，聖學之全功也。白沙所謂見得體統該括後，更有分殊處，合當理會。義理儘無窮，工夫儘無窮者，正所以格物，而不使間隔，非必覷破時，一齊便了，只須守之而已」。

此所謂知止，卽知止于此心之「虛而通」之至善，以識其心之仁。「通」卽以此身爲本，以與天下國家之物，相感動交涉，是爲格物。故此格物之義，略不同程朱言至物而窮其理之義，尤不同于陽明以正念頭之不正，爲格物之義。此乃依心之虛而通，以成此身與物之感通，爲格物。故能格物，乃工夫之效驗，而格物本身，非一獨立之工夫。此亦類聶雙江之歸寂自能通感，卽是格物，格物非一獨立工夫之說。再此中之重點，在先顯此心之虛而通之至善，以識仁，而志在開物成務，以至于物之分殊處。此卽可再包括程朱之至物而窮理之事于其中。故又非止于見得此心之虛而通以識仁而守之，卽無所事事者。蓋必更有所事事，以明德親民，方爲大人之學也。此卽與陽明言大學問之旨同，而亦與雙江之言致知則統格物之義同。然與龍溪之初亦言格物，而終謂「物生于知，吾但知知而已」（念菴贈王龍溪語，見念菴學案），則不同。龍溪之謂只須知此知，乃謂人只須立根在此良知之靈明上，物來卽應，應盡卽止，如鏡不留影。若物不來應，只此靈明空空寂寂，亦致得此良知之明。故言致知，可不須更言格物，而可只以致知標宗。念菴之言格物，則是要此知之更通往于物，而開物成務，則不能格物，卽不能致得此知。則單標致知，便是半截語。此則由知中之虛而通之仁，必有其所仁者，如親、民、物等。單言此知之靈明，則可無所明，而可仍是一明。眞言仁，固不能只是自仁，而無所仁之家國天下也。無論在一人之心念中，或于其實接人物之際，謂有仁在，而無其心念中所及之人物在，其心卽只有一知之靈明，而非必同時爲一仁心者也。龍溪之靈明之知，固自謂亦有仁在。然徒謂之爲靈明爲知，更謂之爲無善無惡，不言其虛而通，爲其至善所在，亦其仁之所在，則亦之道之相近也。未盡得其爲仁之義者也。近溪能言仁體，與念菴同。于此，則與其言二溪之道之相近，又不如言二羅之道之相近也。

至于念菴之辨心之寂感之義，則有答陳明水一書（念菴文集卷二）最詳，其言曰：

「來教云，學問大要，在自識本心，庶工夫有下落。此言誠是也。雖然，本心果易識哉？來教云，心無定體，感無停機，凡可以致思著力者，感也；而所以出思發知者，不可得而指也。謂心有感而無寂，是執事之識本心也。不肖驗之于心，則謂心有定體，寂然不動是也；感無定機，時動時靜是也。心體唯其寂也，故雖出思發知，不可以見聞指；然其凝聚純一，淵然精深者，亦惟於著己近裏者，能默識之，亦不容以言指也。是謂天下之至誠。動應，惟其有時也，故雖出思發知，莫不爲感；然其或作或息，或行或止，或語或默，或視或瞑，萬有不齊，而機難豫定，固未始有常也。是謂天下之至神。惟至誠者，乃可以語至神。此中庸通篇意也。來教云：欲于感前求寂，是謂畫蛇添足；欲于感中求寂，是謂騎驢覓驢。不肖驗之于心，又皆有可言者。自其後念之未生，而吾寂然者未始不存，謂之感前有寂可也。自其今念之已行，而吾寂然者未始不存，謂之感中有寂可也。感有時而變易，而寂然者未始變易；感者萬殊，而寂然者惟一。此中與和、情與性所由以名也。來教云：學至于研幾，神矣。易曰：幾者動之微。周子曰：動而未形，有無之間曰幾。夫既曰動，則不可以言靜。聖人知幾，故動無不善也。細觀密旨，似以幾爲心之微動。不肖驗之于心，又有大不然者。當吾心之動，機在倏忽，有與無，俱未形也。斯時也，若何致力以爲善惡之辨乎？且來教云，感無停機，是以心爲動體，不見所謂靜矣。夫感無停機，機無停運，頃刻之間，前機方微，後機將著；牽連不斷，微著相尋，不爲乍起乍滅者乎？是正所謂相左者也。竊詳周易與周子之旨，亦與來教稍異。易贊知幾其神，而以介石先之。朱子曰介如石，理素定也。是素定者，非所謂寂然者乎。……幾善惡者，言惟幾故能辨善惡。猶云非幾卽惡焉耳。必常戒懼，常能寂然，而後不逐于動。是乃所謂研幾也。今之議者咸曰：寂然矣，無爲矣，又何戒懼之有？將以工夫皆屬于動，無所謂靜者。不知無欲故靜，周子立極之功也。誠則無事，果確無難，周子思誠之功也。背非見，止非爲，爲不止者，周子立靜之功也。……惟其于不睹不聞，而戒懼焉，則是所持者，至微至隱。故凡念之動，皆能入微，而不至于有形；凡思之用，皆可通微，而不至于憧憧。如此之謂知幾，如此乃可以語神，亦謂之先幾之學。此其欛柄，端可識矣。今以戒懼疑于屬動，既失子思之本旨，又因戒懼而疑吾心無寂，則併大易、周子之旨而滅之，推原其故，大抵誤認良知爲出示矣。今爲良知之說者，曰知是知非，不可欺瞞者，良知也。常令此知烱烱不昧，便是致吾心之良知。雖然，此言似矣，而實有辨也。夫孟子所言良知，指不學不慮者當之，是知乃所以良也。知者，感也，而所以爲良者，非感也。傳習錄有曰：無善無惡者理之靜，有善有惡者氣之動。不動于氣，卽無善無惡，是謂至善。夫至善者，非良乎。此陽明公之本旨也。而今之言良知者，一切以知覺簸弄，終日精神，隨知流轉，無復有凝聚純一之時，此豈所謂不失赤子之心者乎。……洛村嘗問：獨知時有念否？公答以戒懼亦是念。戒懼之念，無時可息，自朝至暮，自少至老，更無無念之時，蓋指用工而言。亦卽所謂不失赤子之心，非浮漫流轉之謂也。今之學者，誤相援引，便指一切凡心，俱謂是念，實以遂其放縱恣肆之習。今傳習錄具在，稍加玩味，亦易辨別。」

玆按念菴答陳明水書中，明水之原意，蓋近龍溪之說。（此可更參考明儒學案中明水學案）龍溪嘗謂「良知之前，無未發者。良知卽是未發之中，若復求未發，是沈空。良知之後，無已發者。致此良知，卽是發而中節之和。若別有已發，卽所謂依識也。良知之前無性，良知之後無情。」（卷六致知議辨）又謂「未發之中，是太虛本體，隨處充滿，無有內外。發而中節處，卽是未發之中。若有在中之中，另爲本體，與已發相對，則誠二本矣。良知無分于已發未發，所謂無前後內外，而渾然一體者也。」未發已發不可二，卽寂感不二，明水所謂「若于感前求寂，便是畫蛇添足；若于感中求寂，則爲騎驢覓驢也。」此其言自有精義。蓋良知之發，不同一般意念之發，更不同喜怒哀樂之見于容色之發。此一般意念等之發，固有發與未發不發之分。然此只是心之一般意念等之遷流，非良知所在。良知者，于此意念知其善惡，而知好惡之知也。此知自在知諸遷流之意念之上層，而照見此意念，更加以主宰，是爲所謂良知之發。此良知之發，只是自循天理，自如其性，以行。故動而無動，感而恆寂，而常發亦常不發，常驚天動地，亦常寂天寞地。若在一般善惡意念不生之時，則良知自無此發，只是空空寂寂。然良知不以無意念之善惡可知而不在，亦恆自戒懼，自洒脫，而其能感能應之體之用自在；則未發不發而未嘗不發，寂而未嘗非感，靜而未嘗不動。此陽明之本旨，亦龍溪、明水之所承也。今就良知說良知，亦當如此通寂與感、發與未發、動與靜而言之者也。

然此中尚另有一種良知之發與不發之義，則爲將上述之良知之全體，對照其「所攙和夾雜之人欲、意見、氣魄等爲良知之障蔽阻塞者」，而言此整個之良知之發與未發。則此中爲障塞之意念，正發之時，良知雖在，而未必發；卽發而未必能自覺其發；卽自覺其發，亦未必能至于發之無礙，而充量地發。今卽至少可就其未充量發之時，而言此「充量之發」尚未發。此非謂在此良知之發中，或「充量的發」中，此發非同時是未發，此感非寂，其動非靜之謂；亦非謂良知非已發未發、寂感、動靜、渾然一體之謂也。則今于陽明、龍溪、明水言中此義，全部承受，仍另有一良知之發與未發之分。此則陽明、龍溪、明水，亦必不能加以否認者也。如加以否認，則人皆現成聖人，陽明、龍溪、明水，亦未嘗爲是說。唯龍溪謂此中工夫，要在識得此良知之發見之一點靈明處，而自致之，卽所以爲充其發見之量，以成其主宰意念之功耳。然若說此自識此一點靈明是工夫，則止息意念，以歸寂主靜，亦應是工夫。自識此一點靈明，如火光照耀，魍魎自消；止息意念，則如用水沖洗，淸白自見。如人作戰，可以火燒連營，亦可以水淹七軍也。以歸寂主靜工夫爲言，則必謂當此意念紛擾之際，此心之寂體自在。謂之寂體者，對此意念之紛擾而言之也。然此意念之紛擾者，自是遷流不息，然亦前滅後生。則今自其前滅而後未生之際以觀，卽透過此遷流，以歸于此寂體，而識得此寂體之道也。則此時必須如念菴所說，此後念之未生，此寂然者未始不存。其存也，在此後念之生之先。故謂感前有寂可也。當此後念已生，而爲今念，以成感之時，此今念之後，自有能知此後念之善不善之良知之寂體在。故曰「自其今念已行，寂然者未始不存」。此寂然者，乃對意念之由未發而發，所成之遷流之感，而稱之爲寂然、爲未始變易、爲惟一。至于當此良知之寂體發現，知此意念之善惡，而以好惡成其主宰之時，則又見此寂體之自能感通。其感通卽其發，而其發，乃恒自循其天理，自如其性，而未嘗不寂。此則由念菴之雖分此寂與感，以分性與情、中與和，而于言識得此「寂而素定者」後，更言「知幾」之意，可以見之。言知幾之神，卽「知此寂而素定；亦能知善惡，恒自戒愼，更能神應，以感通于家國天下之物」之「寂而感，虛而通之良知之心」之神也。于此感而寂之良知之心，念菴固亦更不于感前求寂，或感中求寂，以畫蛇添足、騎驢覓驢也。明水之以此二語責念菴，亦不知念菴者也。

由吾人上來所說，則知雙江、念菴與龍溪之言發與未發，感與寂，初乃各有其所意指之實事。大率龍溪一派人，聞雙江念菴言感外有寂，則或從其謂良知自身之感外有寂去想，或自其欲執持一靜境去想；而雙江念菴，聞龍溪言卽感卽寂，則自其以當下之良知之發現，卽全體具足，更不須用工夫去想。實則龍溪固有卽此良知發現處而有之工夫，卽許有未發見之良知；雙江念菴之歸寂主靜，所見得之寂體，亦爲一通感之寂體。于此龍溪與雙江念菴之同此寂感、發與未發之名，而其所指者之有不同，則人蓋未有能辨之者。今觀龍溪語錄中，記龍溪與聶雙江之對辯，與此陳明水與念菴之對辯，持論正各出一轍，而實皆各說各的，不相針對，而互不相妨。讀者可細按之。則龍溪明水雙江念菴之工夫之別，只是各東西行于地球一周，而仍可交會于一地之二事也。

## 四　念菴之學之三轉

此念菴之學，始于求識一般之意念之感前之寂、感中之寂，以歸至于即此虛寂而知幾之神，以成其感通，而識得之內外一體之仁，亦自有其學問之發展。念菴之夏遊記，嘗自述之曰：

「往年見談學者，皆曰知善知惡，即是良知；依此行之，即是致知。予嘗從此用力，竟無所入。久而後悔之。夫良知者，言乎不學不慮，自然之明覺，蓋即至善之謂也。吾心之善，吾知之；吾心之惡，吾知之。不可謂非知也。善惡交雜，豈有爲主于中者乎。中無所主，而謂知本常明，恐未可也。知有未明，依此行之，而謂無乖戾于既發之後，能順應于事物之來，恐未可也。故知善知惡之知，隨出隨泯，特一時之發見焉耳，一時之發見，未可盡指爲本體；則自然之明覺，固當反求其根原。蓋人生而靜，未有不善。不善，動之妄也。主靜以復之，道斯凝而不流矣。神發爲知，良知者靜而明也。妄動以雜之，幾始失而難復矣。故必有收攝保聚之功，以爲充達長養之地；而後定靜安慮，由此而出。必于家國天下感無不正，而未嘗爲物所動，乃可謂之格物。蓋處無弗當，而後知無弗明。此致知所以必在于格物，物格而後知至也。故致知者，致其靜無而動有者也。」

此上所引乃念菴之自述其爲學工夫之前一階段事也。此中謂由知善知惡用功無所入者，非謂其不用此功夫。此知善知惡，固陽明之四句教之旨，亦錢德洪、歐陽德初所言之已發工夫也。此所謂無所入者，言不能由此以有不學不慮、自然之明覺之流行，而知常明，以順應于事物之中也。今欲有此，故念菴以主靜爲收攝保養之功，以求此良知之本原之充達。此即其所以深契于雙江之歸寂主靜之教，而終于靜坐中得力之故也。

然念菴既于靜坐得力，以致其靜無而動有之「虛而通」之良知，以感通于家國天下，而其致知之事，卽在格此家國天下之物。則此中自有卽寂卽感，卽內卽外，本末一貫之一境。故進而于雙江之以寂感內外爲二之言，覺其欠渾融，並于聶雙江之言寂之「體」之語有疑。蓋言寂有體，卽不能與其感之用爲一如也。此于其與聶雙江書（文集卷二）及讀困辯錄抄序（文集卷四）中嘗言之。（文集二與聶雙江書）而于其夏遊記，更與龍溪言之曰：

「一二年來，與前又別。當時之爲收攝保聚，偏矣。蓋識吾心之本然者，猶未盡也。以爲寂在感先，感由寂發。夫謂感由寂發可也，然不免執寂爲有處。謂寂在感先可也，然不免指感爲有時。彼此既分動靜爲二，此乃二氏之所深非，以爲邊見者，我堅信而固執之，其流之弊，必至重于爲我，疏于應物。蓋久而後疑之。夫心一而已。自其不出位而言，謂之寂；位有常尊，非守內之謂也。自其常寂而通微者言之，謂之感；發微而通，非逐外之謂也。寂非守內，故未可言處，以其能感故也。絕感之寂，寂非眞寂也。感非逐外，故未可言時，以其本寂故也。離寂之感，感非正感矣。此乃同出而異名，吾心之本然也。寂者一，感者不一，是故有動有靜，有作有止。人之知動作之爲感矣，不知靜與動，止與作之異者，境也；而在吾心，未嘗隨境異也。隨境有異，是離寂之感矣。感而至于酬酢萬變，不可勝窮，而皆不外乎通微，是乃所謂幾也。故酬酢萬變，而于寂者，未嘗有礙。非不礙也，吾有所主故也。苟無所主，則亦馳逐而不返矣。聲臭俱泯，而于感者，未嘗有息。非不息也，吾無所倚故也。苟有所倚，則亦膠固而不通矣。此所謂收攝保聚之功，君子知幾之學也。學者自信于此，灼然不移，即謂之守寂可也，謂之妙感亦可也。即謂之主靜可也，謂之愼動亦可也。此豈言說之可定哉。是何也？心也者，至神者也。以無物視之，固泯然矣；以有物視之，固炯然矣。欲盡斂之，則亦塊然不知，凝然不動，無一物之可入也；欲兩用之，則亦忽然在此，倏然在彼，能兼體而不遺也。使于眞寂端倪，果能察識，隨動隨靜，無有出入；不與世界事物相對待，不倚自己知見作主宰，不著道理名目生證解，不藉言語發揮添精神，則收攝保聚之功，自有準則。明道云：識得仁體，以誠敬存之，不須防檢、窮索，必有事而勿正，心勿忘、勿助長，未嘗致纖毫之力。此其存之之道，固其準則也。」

對。念菴于其讀困辯錄抄序，亦嘗言「心無時，亦無體，執見而後有可指也」，而疑雙江之言「心主乎內而有體，以應乎外，而外爲其影」之言。此非謂于此寂感、內外、動靜之不二之義理，初不可說。此固自始卽可說。然工夫實證，又是一回事。則初雖可說，而未實證此寂感之不二、此寂之無時、無體。當此工夫未至之時，則謂「感外有寂，其發見待時」，亦是就其時之境中所見，作如實說。此中人之言說，乃隨工夫以相應而轉。如謂其說尚非，則乃由其工夫之未至。工夫未至，言說乃不至。今將此未至之言說，隸屬于其未至之工夫，則初未嘗不至。則于此但可言人之學問工夫自有發展，而人之言說與其所及之義理，亦自有發展，以相應而轉。此方眞是本「爲己之學問工夫」，而爲「爲己之言說」，以說其所見之義理者也。念菴可以當之矣。

此念菴之夏遊記，言其工夫進境，至于更無此寂感動靜內外之言，王龍溪謂其「只三轉語處，手勢太重，便覺抑揚太過，兄已見破至此，夫復何言」（見念菴學案），卽見龍溪念菴之學，至此已相契。至于龍溪之所謂三轉語，手勢太重，蓋指念菴初以知善知惡爲工夫，是一轉；主靜以見本體，是二轉；見得寂非守內，感非逐外，亦「無體無時」，是三轉。謂其手勢太重者，卽謂其說此三轉太分明。在龍溪意，蓋謂知善知惡之知，當下是卽寂卽感，是爲一念靈明；則一語可盡，不須此三轉手。然念菴乃自述其工夫歷程，及相應于其工夫，而見得之義理。其工夫有此三轉，則義理便有此三轉，言說便當有此三轉。此言說之手勢之重，則由在念菴之工夫之歷程中，原有此手勢之重者在。此乃正見念菴之能實用此工夫，以成其爲己之學，而非念菴故意要作此手勢重之一文。則龍溪于念菴，尙有不能相知者也。念菴自是由其工夫之路向，以成其學，與龍溪之自始卽在本體之一念靈明上參悟者不同。若眞相知，則龍溪亦不當以其在自己工夫路上之義理言說，評論念菴在另一工夫路上之義理言說。此亦如二人各繞地球一周，同至一地，而所作之遊記，自不同。念菴之夏遊記者，卽其爲學問工夫之遊記。今問龍溪如自爲其學問工夫之遊記，又當如何？此則甚難言。如其天泉證道記之謂在天泉問答時，卽已悟「無心之心則藏密，無意之意則意圓，無知之知則體寂，無物之物則用神」之旨，則其終身所說，皆不出于天泉所言之四句。則龍溪如對其工夫作遊記，卽如一生只遊一地，而藏修息遊于其中，而熟習其中，自然步履輕盈，亦自無此手勢之重之言說也。然欲以此定龍溪念菴之長短優劣，則非後之學者之所當輕議者也。

## 五　附論李見羅之止修之學

江右鄒東廓之門下，有李見羅者，明儒學案別爲之立止修學案，蓋因其評陽明之以知爲宗之說，而主「攝知歸止。」止者，止于至善之性，性者心知之體，亦心知之原。人必隨心知之靈明之發處，復于其原，而止于其原，方爲直達性根，「攝靈歸空，攝情歸性，但不可如此道耳」（止修學案答朱鳴洪）。是爲大學之知止知本之學，亦卽「止上求竅，本地歸宗」之學。以此止爲主意，修爲工夫，「君曰止仁，臣曰止敬，子曰止孝，父曰止慈」。此卽「地異而修同，時異而止同」，「雖日錯綜于人倫事物之交，亦日歸宿于根元命脈之處」。（止修學案知本同參）隨時地而修而止，卽格其「當機之物」。人當不與物接之時，則唯當默識此本而止之。「止得深一分，則本之見處透一分。……定則本有立而不搖，靜則本體虛而能固，安則本境融而常寂」。（大學約言）此卽大學之以定靜安爲敎也。人在此定靜安之際，乃在思慮未發之前。「未發之前，以理言之，則爲有，以象言之，則爲無。所云有者，亦于其中，而默探其理之何似耳，豈眞以象求哉。吾嘗於靜中以一眞惺惺者，而默與之會。久之，若見其中之盎然，而無所間隔者焉；若見其中之肅然，而無所偏體者焉；又若見其中之特然，而無所依隨者焉；又若見其中之瑩然，而無所遮蔽者焉。卽其盎然者，看作寬裕溫柔之氣象可乎？卽其肅然者，看作齋莊中正之氣象可乎？卽其特然者，看作發強剛毅之氣象可乎？卽其瑩然者，看作文理密察之氣象可乎？此亦心靈與性眞默會，若見其似則然耳。而豈實有氣象之可見耶？」（知本同參）此卽謂性之本體只是未發，但于此未發之氣象，亦須更知其實無氣象可見，方爲以心默識此性，而止于至善。此見羅之學，以性爲體、爲主宰，心知爲用，爲流行；其攝知歸止，以止于性之至善，故稱爲性學；亦力反龍溪之重一念靈明，而言無善無惡之論。見羅之著頗多，持論亦甚辯。其以止修標宗，以與王學之以知爲宗者相抗，並自視爲得聖學千載不傳之秘，而自信甚篤。然其學之入路，實正同聶雙江之歸寂，與羅念菴言主靜知止之旨。見羅亦固嘗稱雙江之論也。見羅之論，必嚴分性與心、體與用，亦正如念菴之謂雙江之將寂感分本末者，其言之尚未至于渾融。念菴之進于雙江，亦卽其進于見羅者也。然見羅特標性學，言性之至善之義，于龍溪之學之弊旣著之時，則亦不爲無見。爲時稍晚之東林高攀龍之言「聖人之學，性也」，劉蕺山之言「性宗」，與東林及劉蕺山言之斥無善無惡之說，皆受李見羅之影響。則其學固有其時代意義。故略及之于此。

# 第十六章　羅近溪之即生卽身言仁、成大人之身之道

## 一　導　言

羅近溪在明儒學案中，列爲泰州學派，爲王心齋之傳。心齋之學，嘗以安身爲宗，謂大學以修身爲本，修身卽安身。心齋復喜言樂。其言樂，多自生機流暢，活潑自在處言，爲近溪卽身言仁，以生生言心之說所本。近溪年稍晚於王龍溪，時有二溪之稱。龍溪以悟得本體，乃有眞工夫；近溪亦言當先悟「性地」。悟入之道，亦如龍溪之重精神併歸一路。嘗言「當向五更半夜，默默靜靜，考問自己心腸，是否眞有必爲聖人之志」（卷下三十頁）。又自言「三十年來，此道喫緊關心，夜分方得合眼，旋復惺惺，耳聽雞喔，未知何日得交枕也。……每清晝長夜，揮淚自苦」。此與龍溪之徹底掃蕩凡心習態之工夫同。而其言悟入本體之道，則重在「當下」用工夫；謂「除卻當下，便無下手處」；（卷下三十二頁）必須「自信聖人卽在自己」。眞自信得及，則工夫自不容已，亦與龍溪無異。故曰「此性惟不能知。若果知時，便骨肉皮毛，渾身透亮；河山草樹，大地回春，……安得有見不能常，

持不能久之弊」。（卷下廿六）此與龍溪言悟良知之效同。然近溪之學，在陽明學派，尙有其特殊精神。卽近溪直接標出求仁爲宗，本「仁者人也」之言，而語語不離良知爲仁體之覺悟。此乃近承心齋安身之敎，就陽明言及大學問之言，以涵程明道「學者須先識仁」之旨，而遠接孔門之意。其指點此仁體之眞實，則或在孩提赤子之心，或在百姓日用而不知之良知良能，家家戶戶同賴以過日子之孝弟慈上，或在不待思慮安排之一言一動上。簡易直截，宛若宗門手段；不離踐履，依然儒者家風。其以生生說仁，以靈明說知，固是宋明諸師一貫之敎義；然其于天道之生生，天道之仁，則恒連乾知坤能之義以言；並以人之良知良能，卽乾知坤能，而善論天心。于人道之生生，人道之仁，則本「自知之復」以言。言聖德，則暢發「無疆」、「無盡」、「無期」、「恆久」之義，由聖心通百世，而見仁者之壽。其言工夫，則破光景之妄，以言靈明之不可離仁而炯炯，並言悟得仁體，當敬畏奉持之。皆自具手眼，不落陳言。至于其尙論古人，說伏羲之畫卦，說孔孟之爲人，皆善能默契古聖之心，現身說法，言下傳神；使後之學者，如聞其聲，如見其人。所謂「微談劇論，所觸若春雷行動」（明儒學案梨洲評語），更近溪之餘事。明儒學案載近溪求道之經過，備極堅苦，令人感發。然其所選錄近溪之言，殊不足見近溪之學之全貌。今本盱壇直詮（凡下文之上下卷皆指復性書院刊本盱壇直詮）及近溪語要（金陵刻經處刊本），將近溪講學宗旨，分爲數項，一繹其義。

## 二　心知與天道

近溪之言心知也，亦言心知之空寂義，此其與龍溪同者。上已論之。唯龍溪特重此心知空寂之義，以之爲其思想之第一義。而心知之空寂，于近溪則爲第二義，唯卽生卽身言仁，乃其第一義。然近溪之以仁爲第一義，今亦可順龍溪所重之心知空寂義，以引出之，以見近溪言說之有進于龍溪者。

緣龍溪固言心知之空寂。然著空寂之相，守空寂之體，而不求顯其至仁之用者，亦爲龍溪所訶。蓋龍溪一面言良知靈明之空寂，一面亦言無中生有，寂感一幾，此幾之運，不容自已，以顯其生生不窮之用。然此無既不得不生有，此寂既不得不有感，則此生有生感之幾，不特在有無寂感之間，亦卽此無之所以爲無，此寂之所以爲寂。則何不說此無此寂，卽以生有，生感爲性？若然，則良知之靈明，非特可以空寂狀之，亦必兼以生有、生感狀之。人之靈明，凡有所感，皆有明之生、明之發。唯有明之生、明之發，乃于所感有所明，得號靈明。良知虛明而不發其明、生其明，則不足稱靈明。則說良知爲明之本，卽是生之本矣。生生而不息之謂仁，果良知之明，萬古不息，則良知之本卽仁矣。

上說良知凡有所明，必有所生。今當略說良知卽乾知之義。易傳始言乾知。易傳之言乾知，蓋初自天地萬物之交感上見。原天地不交感，則萬物不生，物與物不交感，新物不生。凡物有所生，必先有所感。凡有所感，必有所通。凡有感通，以今語言之，卽皆有作用之相投映相表現。此相投映相表現，卽相明。則天地萬物交感不已，卽見一大明之終始不息。有明卽可言有知，（如常言感覺之知，卽言物之作用表現投映于吾人之感覺），則統體以言交感之天地萬物，卽可說爲一統體之乾知所運之地矣。吾人于此，如復能更進而深體吾之良知靈明，涵蓋彌綸于自所感通之天地萬物，而未嘗忍與相離之義；則匪特人倫相與，不在良知之所感通之外，且盈天地間，鳥啼花笑，草長鶯飛，山峙川流，雲蒸霞蔚，凡吾人之聞見之知之所及，皆吾之良知之感通所及。天地萬物之交感生化之事，呈于前者無窮，吾之良知之感通，亦與之同其無窮。則天地萬物之相與感通之事，皆吾之良知之感通中之事。吾人于此，如復能不自軀殼起念，以私據此良知之流行爲我有，再由之以識我與天地萬物共同之本根，則可會良知卽乾知之義矣。而萬物之生而又生，卽有所成，故乾知卽統坤能。乾知爲良知，坤能卽良能。又萬物之生，依交感生。卽其生意，原不容間隔，周流貫徹，渾然一體。生意之周流貫徹之謂仁。則充塞天地，上下千古，唯是一統體之乾知不息之大明，終始于其間，亦卽一坤能之終始于其間，仁體之周流貫徹于其間矣。吾人循此用心，卽可略知近溪之所以以良知通乾知，而以生生之仁德爲天德之故。

既識此義，再以反觀我之生于宇宙間。則當我未生，乃由天地父母以生。天地父母之生我也，當視爲天地父母之仁我。此依近溪以說，卽乾知坤能之生我仁我。亦卽天地之生生之仁之流行于我，而若命我生。天地之生生之仁之流行于我，而命我生，故我卽以此生生之仁爲性；當我之旣成，卽將有以繼天地生生之仁，以有所生，而有所仁。天地以其生生之仁生我，而我成其爲我；則我爲天地生生之仁之流行之所終。我本此生生之仁，以有所生，有所仁，而繼天地生生之仁之流行，則我又爲天地生生之仁之流行之所始。我立，而天地之生生之仁成終而成始。自我之爲天地生生之仁流行之所終，而我受天命之性以生言，則命爲天命，性爲天性。自我之亦爲天地生生之仁之流行所成之始而言，則天命之性在我，而我所以繼天而流行者，皆莫非天命天性。我之一生，無時不生，而生不可已，卽無時非天性天命之流行，而不可已。天命天性之流行而不可已，卽天德之仁之流行之不可已。故通我此生，渾是天德之仁所貫徹充周。我生之所在，卽有所感通之事之所在。感通之事所在，卽良知靈明之所在；良知靈明之所在，卽乾知之所在。故通我此生，皆是此乾知之貫徹充周。方生方成。生之所在，卽成之所在。感之所在，卽應之所在；應之所在，卽行之所在；行之所在，卽坤能之所在。故通我此生，亦卽坤能之貫徹充周。人之有生，一切視聽言動，就其蘊而觀之，通是一乾知之良知，坤能之良能；與天地之生生之德，實渾淪而爲一也。

至于近溪之重「復其見天地之心」之義，其所據亦可略得而言。蓋天地之生生，乃由生而成，成而復生，是卽必復生而後見生生。生而不復生，則生限于其所成。生限于其所成，而不能越過其所成，則不仁。故乾知之明，必透過坤能之所成，而更有所明，更有所生，乃成其爲乾知。乾知之透過坤能所成，而更有所生，在易名爲復。必復，而後實見天地之生生之仁。由天（地）之復，以觀天之不限于所成，而欲有以透過之，超越之，而使其生，通明于其所成，以更有所生所明；乃眞見生不徒生，且有生幾；明不徒明，而有明德。有生幾乃能生生不已，有明德而明明不盡。故生生不已，亦不徒生生不已，而曰生幾之不已。故又名爲生生之幾。明明不盡，亦不徒明明不盡，而皆是明德之自明不已。由天之生幾不已以觀，則其成終卽成始，見其由生而成，由成而生，若有主宰乎其間；而統一此成與生，使前之所生與後之所生，不得相間隔而爲二者。乃卽于此生而「一」之「一」上，見天地之心之實。此「一」，卽由生幾或生生之幾而見，卽由天之復而見。故曰「復其見天地之心」。復其見天地之心者，由生幾之萌動，明德之發越，以見天地之心。言天地之心，必于此生幾明德之不已以言，亦卽離仁不可以言天地之心，言天地之心必于其仁上言也。

近溪復論人之心之見，必自人心之復上言。亦卽必自人之生幾、明德、人之仁之復上言。蓋人之有生，必求有以繼其生。人之有知，必相續而繼其知。人有生而有以繼其生，則不僅生而有所成，成而亦復有所生。此卽人之生幾之不已。人有所知，必相繼而有其所知，則不僅有知，且復有相繼之知。此卽人之明德之不容已。而唯于人生幾之不已，明德之不已，前生與後生之相貫徹無間隔，前知後知之相貫徹無間隔，而其生不二，其知不二處，乃有所謂人之心。常言人心，見于自覺。自覺者，自知其知。凡有知，卽有知之生。則自知其知，卽自生其生。自知其知者，生生不息之前知後知之貫徹無間隔而已。故離生幾明德，不可以言人之心；而離人之仁，亦不可言人之心也。人原自天之仁而生，故通天地人，唯是渾淪之一生，唯是渾淪之一仁，亦唯是渾淪之一心。人之心之知，卽天心之乾知。夫然，故人之自知其知，亦必至于自知其知爲乾知，知其心爲天心，乃爲眞正之自知，眞正之復。人誠有此自知之復，則眞見得天之生生之仁爲我有，眞知天命天性之在我，可以實通宇宙與我而爲一矣。然若不以「生生不已之幾」、「自知之復」言心，又烏能見及此？此近溪之所以重以生幾言心，以自知之復言心之故也。故曰：「善言心者，不如以生字代之。則在天之日月星辰，在地之山川民物，在吾人之視聽言動，渾然是此生生爲幾，則同然是此天心爲復。故言下著一生字，心與復卽時渾合，而天與地，我與物，亦卽時貫通聯屬，而更不容二也。（上卷六十二頁）

故又曰：「宇宙其一心矣乎。夫心，生德也，活潑靈瑩，融液孚通。天此生，地亦此生也；古此生，今亦此生也。無天地，無古今，而渾然一之者也。生之謂仁，生而一之謂心。心一，則仁一；仁一，則生無所不一也」（卷上十七頁）。唯近溪之言心，必就生幾之不已，復以自知上言心，故特重心之精神，心之神明。精者，言其知之靈昭莫掩；神者，言其能之妙應不窮。靈昭莫掩者，乾知之光輝；妙應不窮者，坤能之體物。故又曰：

「吾人此心，統天及地，貫古迄今，渾融于此身之中，而涵育于此身之外。其精瑩靈明，而映照莫掩者，謂之精；其妙應圓通，而變化莫測者，謂之神。神以達精，而身乃知覺。是知覺雖精神所

為，而實未足以盡乎精也。精以顯神，而身乃運動，是運動雖神所出，而實未足以盡乎神也」。（上卷五頁）

此精神者，卽心之所以為心。以精神言心，在宋明理學中始自楊慈湖言「心之精神是謂聖」，而近溪復暢論之。精神之運，自其才呼卽應，才應卽止言，固虛寂如空谷之傳聲。然復密密無間，瞬息不遺。故近溪言心，不專主于虛寂、空寂之義，故謂「或云天地人物，共此虛靈，至各人身中所謂心者，不過是虛靈發竅而已」，而近溪評之曰：

「如此言心，所見猶未親切。蓋心之精神是謂聖。聖者神明而不測者也。故善觀天地之所以生化人物，人物之所以通徹天地，總然是此神靈，以充周妙用，毫髮也無間，瞬息也不遺。強名之曰心，而人物、天地，渾淪一體者也。……若要語意精潔，須知精神謂聖，又須如神明不測，方是專主靈知，直達心體也。至若靈而謂之虛，不過形容其體之浩渺無垠；又靈而謂之竅者，不過形容其用之感通不窒。實在心之為心也，原天壤充塞，似虛而實則非虛；神明宥密，似竅而實則無竅」。（上卷三十六頁）

然此「心」與「復」渾融，心之神明不測，充塞天壤之義，乃就心之本體而言，卽就心之所以為心而言。此心之所以為心，必自知眞心者，乃知之，亦卽必由「復以自知」者乃知之。常人之視心，常混心知于識。宋明理學中龍溪最喜辨心識。夫識亦心之用。然心之識物也，則其用通物，而對物有所執持。此執持，卽心之用之滯于物，心之陷溺于物。此卽衆欲之所始，乃宋明理學家之所恆言。然心之用，陷溺于物欲，又實未嘗眞陷溺于物欲。一者，其陷溺于物欲也，恆不安于陷溺于物欲，而求超拔物欲之限制。二者，心之知能之用，雖陷溺于物欲；然不能通體皆陷溺于物欲。萬欲沸騰之際，其應物而感之妙用自在。其視聽言動，食息起居之良知良能，固能時時變通，時時妙運。其生一日不已，其仁則一日不亡，其心之昭明莫掩者，亦一日不已。吾人之說其有心者，亦專指此昭明莫掩者，而說其是心。則心之陷溺于物欲，如明之入地中。惟我之生，賴物以生，我物之生，原是一生。故我心之「明」不得不明物。唯「明」欲明物，「明」乃陷于物中。然陷于物中之「明」，仍是一「明」。故就心觀心，則心唯是一明。生一日不已，則明一日不已。專就明不已處觀，則物皆爲此不已之明之所貫注，爲心之所透明，卽更無暗處。則見此心之明，卽天心之陽明矣。故必以心觀心，乃知心之所以爲心，亦知心之本體之通于天。彼以心之用通于物，遂陷溺于物，乃混其所通所陷溺之物，以觀心者，則不足以語此。嗟乎，人海茫茫，學人無算，幾何其不混物以觀心也？混物以觀心者，必不自知其心之所以爲心。惟心不自知，而後混物以觀心。必以心觀心，乃自知其心之所以爲心，亦惟自知其心者，乃能愛此心，而實具有此心。以心觀心，自知其心之道，在復。故必復以自知者，乃可以言知心，愛此心而具有之。未能復以自知者，則終將混物于心以觀心，而終不知心，不免厭此心，而日以梏亡之也。悲夫。故近溪曰：

「心之在人，體與天通，而用與物雜，總是生生而不容已，混之而不可二者也。故善觀者，生不可已，心卽是天，而神靈不測，可愛莫甚焉。不善觀者，生不可二，心卽是物，而紛擾不勝，可厭莫甚焉。……然見心爲可愛者，則古今人無一二。而以心爲可厭者，古今什百千萬，而人人皆然矣。（按此卽世人所以大皆向唯物論，厭唯心論之一故。人之厭唯心者，恒以其心唯是一時感紛擾，而用與物雜之心也，此心誠當厭也。然人于此何不自反而問：厭此心者爲誰？厭此心之心，爲何心？此果可得而厭乎？人不自反，遂唯有外求諸物，而唯向物。此危微之際也。深遠哉。）……果是心涵道體，神妙之難窺；（道心惟微）……亦果是心屬人身，形跡之易滯。（人心惟危）危而易滯，所以形跡在前者，滿眼渾是物欲；微而難窺，所以神妙在中，終身更鮮端倪」。（卷上二十二頁）

然心之所以爲心，雖必待復以自知而後知；此自知,亦非另有一心以知此心。蓋所謂復以自知者，卽此滯形跡之心，一念自形跡超拔,而逆知「心之自然之外用，而有之滯于形跡之知」所本之天知而已。蓋心由自然之外用，而滯于形跡，原是由于天聰天明，不能不明通于物。卽人原來之天知，不能不順而外出。順而外出，乃滯于形跡，不免滋生物欲。故又不可不逆此自然之外用，而滯迹之勢，以復其本來。然則逆知之爲逆，乃對滯跡之勢而爲逆，非逆其聰明之用也。此所謂逆其滯迹之勢者，不外使此順而外出之天知，自跡折回而自照，不復陷溺于物欲，乃得更顯其天聰天明之大用耳。故人之逆知，雖逆乎「自然順出之天知」之「滯跡」；正所以迎迓天知之大用，而順承之。夫然，故此逆知，雖人爲，亦卽天之所爲。蓋逆知旣所以迎逆天知之大用，而順承之；是卽天知之大用，自求繼復，而方逆知。故逆知者，卽「滯于形跡之天知」，自超化此「形迹之滯之知」；亦卽是「本無形跡之滯之天知」之自顯。故順天知以外用而滯迹之知，原是天知；而逆天知之「外用而滯跡」，以自知其天知，亦祇是此天知。逆天知之滯迹，正所以迎逆天知之大用，以成其大順。天知者，人之良知也。逆以自知、知其天知者，知其有良知也。良知之謂本體，知此良知之謂工夫。良知所謂明德，知己之有良知，所謂明明德。然知其有良知，卽良知之自知，明明德卽明德之自明。故由工夫以逆復本體而順承之，卽本體之自繼自顯，以成就此工夫。天知復而明德明，天心見而神明莫測，天命之性之仁之在我者，自顯發明通，生生而不可已，而人可以成天人矣。故曰「夫子之名之以乾知大始，而獨得乎天地人所以爲心者也。……徹天徹地，貫古貫今，要皆一知以顯發而明通之者也。夫惟其顯發也，而心之外無性矣；夫惟其明通也，而心之外無命也。故曰復其見天地之心乎，又曰復以自知也。夫天地之心也，非復固莫之可見；然天地之心之見也，非復亦奚能以自知也耶。蓋純坤之下，初陽微動，是正乾之大始，而天地之眞心也；亦大始之知，而天心之神發也。唯聖人迎其幾而默識之，是能以虛靈之獨覺，妙契大始之精微，純亦不已，而命天命也；生化無方，而性天性也。終焉，神明莫測，而心固天心，人亦天人矣。」（上卷二十五頁）

「復是復個善也，其復善，又是復善之最長。（卽指元、指仁）蓋性善原屬之天，而順以出之；知善則原屬之人，而逆以反之。故孩提初生，其稟受天地太和，眞機發越，固隨感皆便歡喜。若人心神開發，于本性之良，徹底透悟，則天地太和，亦卽時充滿，而眞機踴躍，視諸孩提又萬萬矣。又以復之一卦，學者只一透悟，則自身自內及外，渾是一個聖體。卽天地冬至陽回，頑石枯枝，更無一物不是春了。」（上卷二十八頁）

「童子日用捧茶，是一個知，此則不慮而知，其知屬之于天也。覺得是知能捧茶，又是一個知，此則以慮而知，而其知屬之人也。天之知，只是順而出之，所謂順則成人成物也。人之知，卻是反而求之，所謂逆則成聖成神也。故曰以先知覺後知，以先覺覺後覺。（此孟子語，近溪借用。非必孟子本意）人能以覺悟之竅，而妙合不慮之良，使渾然爲一，而純然無間，方是睿以通微，又曰神明不測也。」（上卷四十九頁）

「因天命之生性，而率以最貴之人身；以有覺之人心，而宏夫無爲之道體。使普天普地，俱變做條條理理之世界；而不成混混沌沌之乾坤矣。」（下卷五十五頁）

此所謂「迎天機而默識之，以覺悟之竅，妙合不慮之良，以「人之覺，宏道體之無爲」，皆似以有爲之人知，與天知之無爲相對，而有二知。實則此以人知通天知，惟是人「自知其知之所本」之自知，亦惟是天知之大顯。人知顯，而使世界條理化，亦天知之自顯其條理于世界而已。故曰「謂之復者，正以其原日已是如此，而今始見得如此；使天地不在天地，而在吾心。所以又說復以自知。復以自知者，知得自家原日的心也。」（上卷三十二頁）人自家原日之心，卽天地之心也。

## 三　光景之破除

近溪所謂復以自知，不外求天知之大顯。其言由自知之工夫，逆外用而滯跡之知，以反之，乃所以大順天知之用。故逆以自知之工夫，非常言之自覺。常言之自覺，正多不外知過去滯跡之知而已。如人本記憶，知我方才所見之物如何如何，而自覺之，此卽知一滯跡之知，而非以「知」知「知」之眞自知也。以「知」知「知」之眞自知，必須更無絲毫迹滯。此中一面是以「知」知「知」，而爲反觀之知；一面則所知之知，與能知之知，相與渾融，通爲一知，乃更無迹滯。通常所謂自覺記憶，恆爲以今知覺昔知。昔知爲滯跡之知，則今知與昔知，不能相渾融。如今知爲能知，昔知爲所知，此中今知與昔知有差別相，二者互相對待，便不能通而爲一。眞正之自知，以「知」知「知」，更無迹滯，卽無今知與昔知之差別相。今知昔知，乃通明爲一當下之炯炯，渾融爲一現成之覺悟。此方爲眞正自覺自知之相。近溪以淺譬，示人以聖人之常知常覺之所本曰：「『汝此去家各遠，試自觀其門戶、人物、器用，各炯然在心否。』眾曰『炯然在心』。食上忽報有客將臨，子復偏呼在坐曰：『汝等此時皆覺得有客來否』。眾曰『皆覺得』。子曰『亦待反觀否。』眾曰『未嘗反觀，卻自覺得，』子乃回顧初問者曰；『此兩個炯然，各有不同。其不待反觀者，乃本體自生，所謂知也；其待反觀者，乃工夫所生，所謂覺也。今須以兩個合成一個，便是「先知」覺「後知」，而知乃常知；便是以「先覺」覺「後覺」，覺乃常覺矣。常知常覺，是爲聖人，而天下萬世皆在其炯然之中矣」（上卷四十九頁）。自觀其家者，今自知其昔所知之事物之自覺。聞客來卽知，則爲當下新生之知。此所謂兩個打成一個，卽眞自知其知，而成當下之炯炯，一現成之覺悟。自知其知，而成一當下之炯炯，現成之覺悟，卽爲復以自知之相。知其知爲工夫。由此工夫，方見眞正之覺悟之心，是由工夫以達本體。然此知其知之工夫，卽覺悟之心之本體之顯出，是由本體乃成就此工夫。故此工夫之後覺，乃本于本體之先覺。先覺覺後覺，相與渾融，更無滯迹之知，知體通明，而無先後今昔之差別；則其精神之運于上下千古，乃皆不離現成與當下。此之謂常知常覺，天下萬世，皆在其炯然之中。

近溪所言此炯炯之覺，上已言其由「復以自知」之工夫，卽逆其滯迹之知之工夫所生。此工夫雖是人力之自爲，亦卽是本體之自顯，天機之自動。故此所謂逆復之工夫，不可爲一往之逆復，以撓自然知體之妙用。人之視聽言動，食息起居，當物而應，才應卽止，皆是自然知體之妙用。是乃百姓日用而不知者。聖與凡之不同，唯在凡人之用知而滯迹，聖人則能逆滯迹之勢，而復其天知。此其所以超凡。然若此逆復，成一往之逆復，絕自然之感應，則以人力滯天機，撓知體之妙用。如修道者，專用停止其心，使之不動之工夫者，惟恐其明之陷于物，而不肯用其明以通物；或自惜其明，而欲積聚此明，握持此明，則爲絕自然之感通之事。此中，由自惜其明，而積聚之明，握持之明，則成爲純粹之逆明。此逆明亦是一種自明。然此自明，唯是以靈光反照靈光，于此卽構成一片光景。在此光景中，人之靈明自玩其靈明，自享用其靈明。此光景則復必須打破者。蓋此種純粹之逆明之所以可能，仍本于自然明通之用之不息。唯以自然明通之用，原是明明不息，于是當其一停其通物之事，便能以此通物之明，反緣前念之明，而倒攝住、逆握住「相繼不息而生之自然之明」；遂得以靈光反照靈光，成一片光景。然由此靈明之反緣倒攝逆握其自身，以成一片光景，而流連其中，其動機恆不免于自私。其自私所能私得者，固亦惟是人心自然之明，相續生生于我者。然以人有此自私之一念，而絕感通于物，其心恆有所忍。有所忍則滯其生機之一方面，而窒其明之生。又人之求停止其自然通物之用，常須用強制之工夫。強制之工夫，亦是一種靈明之用。此乃以一種靈明之用，遏抑另一靈明之用之工夫。遏抑既久，卽構成一種靈明之膠結與凝固。由此膠結與凝固，學道之士，卽宛若自造一靈明硬殼。此硬殼愈造成，則愈能絕其通物之用，而實則愈拙于應物，而自窒其天機之流行，靈明之生生。此膠結凝固而硬殼化之靈明，又一時不能融化，則造成一靈明中之大黑暗。生機自遏，反成死機，此之謂鬼窟。此是逆復工夫之一大歧途。 近溪本人嘗有親切之經驗，其書論光景當破之言至精，尤善言自然感應之機不可絕。故曰「人生天地間，原是一個靈氣，萬感萬應，而莫究根源；渾渾淪淪，而初無名色。只一心字，亦是強立，後人不省，緣此起個念頭，就會生做見識。（見識者，欲自握持其心之明也。）因識露個光景，便謂吾心實有（實有言固定化也）如是本體，實有如是朗然，實有如是澄湛，實有如是自在寬舒；不知此段光景，原從妄起，必隨妄滅；（妄起者，言其由自私自窒其明而生，明滯，則明亦將息，故將由妄滅。）及來應事接物，還是用天然靈妙渾淪的心。此心儘在爲他作主幹事，他卻嫌其不見光景形色，回頭只去想念前段心體，甚至欲把捉終身，以爲純一不已，望顯發靈通，以爲宇太天光，用力愈勞，而違心愈遠矣」。（上卷四十七頁）

近溪又指一人之光景而責之曰：

「當下心中炯炯，卻赤子原未帶來……蓋渾非天性，而出自人爲。今日天人之分，便是將來神鬼之關。能以天明爲明，則言動條暢，意氣舒展，不爲神明者無幾。若只沈滯胸襟，留戀光景，幽陰既久，不爲鬼者亦無幾。噫，豈知此是一念之炯炯，翻爲鬼種，其中藏乃鬼窟也耶？」（上卷四十九頁）

「此心之體，極是微妙輕清，纖塵也容不得。世人若不解事，卻使著許多粗重手脚，要去把捉搜尋。譬之一泓定水，本可鑑天徹地，纔一動手，便波起明昏。世人惟怪水難淸，不知自家亂動手足也。」（上卷四十八頁）

吾人既識得自然知體之妙用之不可撓，自然感應之不可絕，便知聖人之心，雖炯炯常覺，而實常寂常感，妙應不窮，所謂「覺之精通」，正以成其「生之順適」。所謂「顯仁于語默云爲，生化無方。藏用于溥博淵泉，時時出之。」（上卷六頁，今略變其原文）其明覺之證得也，乃是覺此渾然仁體，「頃刻便充塞天地，而貫徹古今。」（上卷十九頁）此乃是一身之中，「生生化化一段精神之倏然以自動，奮然以自興，廓然渾然與天地萬物爲一體，而莫知誰之所爲者」。其一躍而去其形骸之念，物欲之私也，蓋如「神明之自來、天機之自應。若銃砲之藥，偶觸星火，而轟然雷震乎乾坤矣。至此則七尺之軀，頃刻而同乎天地；一息之氣，倏忽而塞乎古今。」（上卷二十六頁）夫然，故近溪之言仁體之實證，特善發其「無疆」、「無盡」、「無期、恒久」之義。無疆言其外，無盡言其內，無期恒久言其壽。此可謂本於明道識仁、象山宇宙卽吾心、與慈湖己易之說。然三義並舉，則近溪之言也。

「或問君子之道費而隱。……曰費是說乾坤生化之廣大；隱是說生不徒生，而存諸中者，生生而莫量；化不徒化，而蘊諸內者，化化而無方。……費則只見其生化之無疆處，而隱則方表其不止無疆，而且無盡處。」又曰「聖人的確見得時中分明，發得時中透徹，不過只在此一箇費隱」。故曰「溥博淵泉，而時出之。溥博如天，淵泉如淵。夫時中卽是時出。時時中出，卽是浩費無疆，寶藏無盡。平鋪於日用之間，而無人無我；常在乎眉睫之下，而無古無今」。（下卷一）。

唯聖人之仁之時時中出，如溥博淵泉，故聖人之心，必通天下萬世之命脈，以爲肝腸；通天下萬世之休戚，以爲髮膚。以其心能上承百世，下通千古，故仁者乃可言壽。故近溪曰：

「聞之語曰仁者壽。夫仁，天地之生德也。天地之德生爲大，天地之生也仁爲大。是人之有生於天地也，合天地之生以爲生，而其生乃仁也；亦必合天地之仁以爲仁，而其仁乃壽也。古詩書之言壽也，必曰無疆，必曰無期。夫無期也者，所引之恆久則爾也，是仁之生生而不息焉者也。無疆也者，所被之廣大則爾也，是仁之生生而無外者也。是以大人之生，生吾之身，以及吾家，以及吾國，以及吾天下，而其生無外焉，而吾此身之生，始仁也。生玆一日，以至於百年，以至於千年，以至於萬年，而其生不息焉，而吾此日之生始仁也。如是而仁焉，而謂仁之不足爲壽也，吾弗之然也。如是而壽焉，而謂壽之不本於仁也，吾弗之然也。」（上卷六十一頁）

## 五　工夫之指點

然此聖德之汪洋，雖通於千古萬世；而作聖之良知良能，則見於赤子及百姓日用不知之視聽言動，與家家戶戶賴以過日子之孝弟慈。此卽近溪之學，所以能極高明而道中庸。蓋聖人赤子與常人之知能，其顯發於外之迹雖不同，然此知此能之蘊於中者，未嘗有異。「蓋天之春，見于花草之間；而人之性，見於視聽之際。今試抱赤子而弄之，人從左呼，目則盼左，人從右呼，目則盼右。其聽其盼，蓋無時無處而不展轉。」（下卷廿九）赤子墮地一聲啼，卽對母懷之依戀。由此依戀而化爲自然之愛親敬長。此見赤子之生與其親長之生之不可二，其不容已之仁，自然流露。凡此皆赤子之良知良能，而志道者所當深思。赤子無窮索之知，分別之識，若不識不知，其「森列目中者，一時而俱泯」。……赤子任天而動，順帝之則，其「知能之深遠者，乃隨處而畢露」。聖人逆迹滯之分別之知，以成常覺，固須泯森列者以通明。聖人之反身以備物，亦「動之以天」，其顯仁，復「時露其深隱」。于此聖心，「說他無知，卻明白曉了，而毫髮不差；說他無能，卻活潑周旋，而纖悉畢舉。說他有知，卻原非思慮，雖分曉而實沕穆；說他有能，卻原非黽勉，雖活潑而實渾淪；似有而不容有以執，似無而不可無以忘。」（上卷五十六頁）此聖心正大類於赤子。赤子化爲常人，常人成聖人。赤子唯未嘗經化爲常人一段事，故其不識不知之天知，爲先於思慮分別之人知；其任天而動之天能，爲先於依意欲而造作之人能。聖人之天知，則化滯迹之思慮分別之知，以成後於人知之天知；化不免於逐物之意欲、與造作之人能，以成後於人能之天能。「赤子之知，常渾而昧；聖人之知，常通而明。赤子之能，其深隱者，畢露而若無餘；聖人之能，時出時露，而深隱者乃不可窮」。聖人者，經常人思慮分別而化其迹滯。故其知「善照而至明，明故通。善應物而至神，神故深而不可測也」。聖人固非赤子，然常人而學爲聖人，則當先法乎赤子。赤子之心沕穆，可止常人之滯跡之思慮；赤子之心渾淪，可以止常人逐物之意欲。人而眞能悟入赤子之心，渾合於赤子之心；則可「塵念既息而神理自彰，天德出竅而造作俱廢。」（上卷五十六頁）由赤子之知能，悟入乾知坤能，斯聖心可悟，聖人可作。聖人，卽常人不肯自安於常人，而識仁體達天德之赤子也。故曰「本來赤子之心，卽是大人。聖人卽與天地合其德，日月合其明，四時合其序，鬼神合其吉凶矣」。（下卷十一頁）而近溪之贊孔子之七十而從心所欲不踰矩者，唯曰「大人赤子，念念了無二體，聖心天德，生生純是一機」。（上卷九頁）故近溪曰「道之爲道，不從天降，不從地出，切近易見，則赤子下胎之初，啞啼一聲是也。聽著此一聲啞啼，何等迫切；想著此一聲啞啼，多少意味。其時骨肉之情，依依戀戀，毫髮也似分離不開，頃刻也似安歇不過；眞是繼之者善，成之者性，而直見乎天地之心；亦眞是推之四海皆準，垂之萬世無朝夕。若舍此不去著力，理會其學，便叫做遠人以爲道」。（上卷卅一頁）又曰

「知能二字，本是易經精髓。然晦昧不顯，將千百年於玆矣。古今惟孔孟兩人，默默打過照面。如曰不慮而知，其知何等易也？然赤子孩提，孰知之哉？天則知之耳。不學而能，其能何等簡也。然赤子孩提，孰能之哉？天則能之耳。想當時，孟子只從赤子孩提此體覷破，便洪纖高下，動植飛潛，自一人以及萬人，自一物以及萬物，自一處以及萬方，自一息以及萬載，皆是一樣知能，皆是一樣不學不慮。豈不皆是一個造化知能之所神明而不測也哉。故曰盡其心者，知其性也。知其性則知天矣。今世學者，於赤子良知良能，已久廢置不講。於孟子性善一言，則咸疑貳不信，又安望其潛通默識，而上達乎乾坤之知能也哉」。（上卷五十四頁）

近溪此外復于家家戶戶賴以過日之孝弟慈三者（上卷四頁）加以提撕。其敎人又喜在日用尋常，自然而然，不待安排思慮之視聽言動上，隨機指點。蓋此能視聽言動者，卽仁之生幾爲之體也。（上卷三頁）近溪常論人之此仁體、此良知良能，於「人相對立談之身，卽在相對立談之頃，現成完備，無欠無餘」；（上卷六十五頁）告學者只須自息其滯迹之知，逐物之欲，卽可悟此「平鋪遍在，聖凡洋溢，充實宇宙」（上卷五十五頁）之知能或仁體。此皆見其書，不及一一引。故其釋仁，直引孟子仁者人也之言；言性則特引孟子「形色天性也」之言。蓋人之一身，視聽言動，渾是知能充塞，亦卽仁體充塞。故人卽是仁，形色卽天性，而聖人亦不過能眞作一個人者。（下卷五十四頁）故曰「聖人上達天德，亦可謂不外眞成就這個形色之身」。「如聖人者，於此形色，方能實踐，謂行到底裏，畢其能事。如天聰天明之盡，耳目方纔到家；動容周旋中禮，四體方纔到家。只完全一個形軀，便渾然方是個聖人；必渾然是個聖人，始可全體此個形色」。（下卷十五頁）此爲在近溪書中所常論。由此更知聖人……卽是常人之自知其良知良能，自知其心而安心者。故曰「聖人者，常人而肯安心者也；凡人者，聖人而不肯安心者也」。（下卷十二頁）

然此眞正之自知其良知良能，談何容易。上之所論，皆是在思慮上作解。眞正之自知其良知良能，必倏然見得其與赤子同體，仁體頓然呈露；「擡頭舉目，渾全只是知體著見。啟口容聲，纖悉盡是知體發揮，更無幫湊，更無假借」；（下卷廿六頁）視聽言動，皆見天則。此乃原自情志上之一大覺悟，非思慮上作解，可以了事。得此情志上之大覺悟，必須有必爲聖人之志，懇懇切切，去求有個悟處也。此非世俗不知自反之人所能也。故曰：

「……世人於此隨俗習非，往往馳求外物，以圖遂安樂。不想外求愈多，中懷愈苦。甚至老死，不能回頭。惟是善根宿植，慧目素清的人，他卻自然會尋轉路；曉夜皇皇，如饑餓想食，凍露索衣，悲悲切切；於欲轉難轉之間，或聽好人半句言語，或見古先一段訓辭；時則憬然有個悟處，方知大道只在此身，此身渾是赤子；又信赤子原解知能，知能本非慮學。至是精神自來貼體，方寸頓覺虛明。如男女構精以爲胎，果仁沾土而成種。生氣津津、靈機隱隱。云是造化，造化不以爲功；認爲人力，而人力殆難至是也」。（下卷三十頁）

而當於此仁體初悟，而復以自知之時，卽須恭敬奉持，毫忽不昧，然後于此生生之仁，乃能自信實有諸己，而後美大聖神，乃可言也。

「學易，所以求仁也，蓋非易無以見天地之仁，故曰生生之謂易；而非復何以見天地之易，故又曰復其見天地之心。夫大哉乾元，天地生生，生人生物，渾融透徹，只是一個生理。吾人此身，自幼至老，涵育其中。知見云爲，莫停一息，本與乾元合體。眾人卻日用不著不察，是之謂道不能弘人也。必待聖賢之明訓格言，呼而覺之，則耳目聰明，頓增顯亮；心思智慧，豁然開發；眞是黃中通理，而寒谷春回。此個機括，卽時塞滿世界，了結萬世。所謂天下歸仁，而爲仁由己也。其根器深厚，志力堅貞的漢子，際此景界，便心寒膽戰，恭敬奉持，如執玉，如捧盈；毫忽不能昧，便喚做研幾；斯須不敢瞞，便喚作愼獨；不落聲臭，不涉覩聞，淵淵浩浩，喚作極深；坦坦平平，好惡不作，喚作君子依乎中庸也」。（上卷廿六頁）

「問近溪先生論天命之性，見得此身，隨處皆天，豈不暢快。……曰汝旣曉得，無時無處，不是天命，則天命所在，卽生命禍福所在也；不知悚然生些戒懼，卻是侈然謂可順適，則天命一言，反作汝之狂藥也」。（上卷三十頁）近溪言悟得仁體以後，當恭敬奉持，恆存戒懼，卽明道識得此理，以誠敬存之之旨。重敬之義，宋明儒大皆有之；唯言之罕能如近溪之警策動人。知悟得仁體以後之須恭敬奉持，故仁體非可把握佔有。悟得仁體以後，不自瞞昧，乃能眞正致良知；而坦坦平平，勿忘勿助，不著矜持之意。故又曰「若性地爲先，則言動卽是現在，且須更加平淡；意念亦尙安閒，尤忌有所做作。豈獨人難測其淺深，卽己亦無從驗其長短」。（下卷二十二頁）

近溪言悟道，卽在現在日用平常之言動中，悟後之工夫，則在於此道之恭敬奉持，不自瞞昧，平淡安閒，以順此道。此則在近溪之答人問語處多可見。故曰「前此大儒先生，其論主敬工夫，極其嚴密；而性體平常處，未見提掇，學者往往至於拘迫。近時同志先達，其論良知學脈，固爲的確；而敬畏小心處，未加緊切。故學者往往無所持循」。前語乃評宋儒，後段語則評明儒。近溪之論工夫，則可謂善于自性體平常處，提掇良知良能，而又能知敬畏小心義者。此其所以別於龍溪，而在泰州學派中最爲迴出者也。

## 六　學者之志

至於論聖賢事業，近溪之迴出處，在指出聖賢事業之永不能了。蓋其仁通天下人，欲天下人盡明其明德。此事永不了，則其仁不了，其心不了。而後乃了於此不了之心。故曰：

「孔子十五而志于學，是大學也。故人之學，必聯屬家國天下，以爲一身，所謂明明德於天下也。今世上有志之士，或是功業，則功業成而心亦可了矣；或是道德，則道德成而心可了矣。惟孔子以天下人盡明其明德，方爲自己明明德。則竭盡平生心思，費盡平生精力，事畢竟是成不得。事竟不成，則心竟不了；心竟不了，則發憤忘食，亦竟至老，而發憤忘食不了也已」(上卷第十頁)。「吾輩今日之講明良知，求親親長長，而達之天下，卻因何來？正是了結孔子公案。曰若如此說，則吾輩亦未必了得。曰若我輩眞是爲著了孔子公案，則天下萬世，不愁無人爲吾輩了也。卽此可見聖人之心，只因他不自以爲了，所以畢竟可了。若彼自以爲了，則所了者，又何足以言了也」（上卷十一頁）。聖賢其心不了，其仁不了，而了於信「天下萬世之人，同有此心此仁，以了其所不能了」之當下一念，嗚呼至矣。

## 七　結論

總觀近溪之學，遠承明道，以求仁爲宗，而喜於赤子之良知良能，家家戶戶之孝弟慈，百姓日用而不知之視聽言動上，指點仁體。其重當下悟入，似象山、慈湖、龍溪。而象山、慈湖、龍溪，皆只重「心」重「知」，未眞重當機指點仁體。陽明言良知，固卽仁者之好惡；然陽明既以致良知標宗，卽不免下啟龍溪重知而忽仁之失。近溪直下以仁智合一，語意乃復歸圓足。其言人之良知良能，卽乾坤知能，本於陽明人之良知卽天地萬物之良知之義，亦頗同龍溪一念靈明從混沌裏立根基之語。皆陽明學之向上一著之推擴。旣識良知良能原是乾坤知能，乃本「復以自知」、「時時中出」之義，以言人之迎迓天機，而大順天用，則周程張朱之本天道以言人道，亦皆可以立。至於其破光景之虛幻，言靈明之不可孤守，而必歸於應物以顯仁。言仁體呈露後之恭敬戒懼之工夫，言識得仁體之不可「侈然順適」，則亦未違宋儒主敬之教。言聖心之不了，則儒者擔當世運之精神見。是皆可救治彼坐享現成良知者之弊。然近溪之言，多當機立說，又或意存鼓舞。後學之士，既無其堅苦求道之精神，又無其高明上達之智慧，徒卽此形色之視聽言動，卽仁體之彰露之論；或將一任情欲之鼓盪，而自以爲天機之不息，則末流之弊，非近溪所及料也。

近溪語要（陶望齡編）有一段可見近溪講學精神，茲附於下，以結束本文。「工夫再難湊泊，心胸茫無畔岸，若將奈何？曰：汝若果然有大襟期，有大氣力，又有大識見，就此安心樂意，而居天下之廣居，明目張膽，而行天下之達道。工夫難得湊泊，卽以不屑湊泊爲工夫；胸次茫無畔岸，便以不依畔岸爲胸次。解纜放船，順風張棹，則巨浸汪洋，縱橫任我，豈不大快。一友起問：此是致廣大否？曰致廣大而未盡精微也。問如何方是盡精微？曰精與麤對，微與顯對。今諸君胸中，著得個廣大，卽麤而不精矣；目中見有個廣大，則顯而不微矣。若至性命透徹之地，工夫純熟之時，終日終年，長是簡簡澹澹，溫溫醇醇。是則無窮無盡，而極其廣大，亦方是無方無體，而極其精微。諸人試看，某在此講學，携有何物，只此一身而已。諸人又試想，我此身所從出，豈不根著父母，連著兄弟，而帶著妻子耶。是此身纔立，而天下之道卽現。此身纔動，而天下之道卽運。豈不易簡？豈爲難知？」

「問某常欲照管持守，有時間斷如何？曰……我今勸汝，且把此等物事放下一邊，待到五更半夜，自在醒覺時節，必須思想，我要去如何學問，如何照管持守我的學問。當此之際，輕輕快快，轉過念頭，以自審問說道：學問此時，雖不現前，而要求學問的心腸，則卽現前也；照管持守工夫，雖未得力，而去照管持守一段精神，卻甚得力也。當此際，又輕輕快快轉過念頭，以自慶喜說道：我何不把現前思想的心腸，來做個學問；把此段緊切的精神，來當個工夫。則但要時，便無不得；隨處去，更無不有。所謂身在是，學卽在是；豈止免得間斷，且緜緜密密，直至神聖地位，無難矣」。

# 第十七章　王學之弊及東林學之止至善之道與其節義之教

## 一　王學之弊與李卓吾之學

晚明東林顧憲成、高攀龍之學，世皆謂其起於對陽明與王門之學而有之評論。此則源於王學之滿天下，而流弊亦隨之以起。然必溯其弊之源於陽明，固未必是；即溯其弊之源於王門諸子，亦未必是。大率天下之學術，旣成風氣，則不免于人之僞襲而無不弊，不只王學爲然。昔人言「教學者如扶醉人，扶得東來西又倒」。而興學立教，以匡扶世運，亦恆是扶得東來西又倒；故皆不能無弊；則王學自不在例外。然僞襲王門之學者，亦自有其最易導致之弊；此則如陽明之致良知之學，原重人之自反諸心，則人卽可只求自反諸心以爲學，而置天下事于不問。再如學王門江右之聶雙江、羅念菴之歸寂主靜者，更可自逸于山林枯槁；如學王門之王龍溪、羅近溪之當下見性者，亦可同乎流俗、合乎汚世，而自謂皆不離聖賢之域。然此皆不可說爲此諸人講學之本旨。僞者自僞，眞者自眞。諸人之講學，不任咎也。

然此王學之致良知之論，更有可為人所假借者，則要在此致良知之論，乃教人自見其是非，而自是是非非。于是我自己之是非，可為他人所不得而是非；而我又可自本其是非，以是非天下人；以為此皆所以自致吾良知之是。此則可形成一如佛家所謂大我慢，既拒天下人之對我之是非，而更無忌憚；又可以我之是非，是非天下人，以自居于至尊之位，即又成一大狂肆。此則其機甚微，而其害至大，為言良知之學者，最易陷入之大魔障。晚明王學之大弊，蓋由于此。

在晚明之為王學者，何人偽而不眞，何人狂肆，此自難言。學而未至于聖，皆不免于偽飾；為王學而未至于聖，皆可不免于狂肆。覺察為王學者狂肆之病者，則江右學者已及之；而覺察為王學者之偽者，則甘泉門下之唐仁卿已深言之。唐仁卿固東林顧憲成所稱為君子人者也。王門後學有李卓吾者出，才氣甚大，著述三十餘種，共數百卷，名聞于天下婦孺。卓吾以王心齋為英靈種子，以羅近溪、王龍溪為聖人，嘗輯陽明龍溪言為書抄。卓吾之學，即力攻當時講學者之多偽，如泰州之耿天臺，即卓吾攻之為偽道學者也。卓吾攻人之偽，亦所以自致其良知之是是非非之眞，以非他人之偽。卓吾稱許狂者、俠者、豪傑、英雄，尚朋友之義，平男女之等，謂「庶人之賤，亦皆明明德于天下」，又樂聞「作生意者說生意，作力田者說力田，鑿鑿有味」，亦稱人之有童心者。此皆見其人之有拔乎流俗之見，喜眞而非偽，而卓吾固眞人也。然卓吾攻偽道學，更以道學之名為惡名，謂「盜馬」勝似講「道學」，而任其是非，以是非他人。以至于歷史上之人物行事，世之所是者，卓吾恆非之；世之所非者，卓吾恆轉而是之。如其稱秦始皇、曹操、武則天、馮道之論是也。其所著之藏書、說書、焚書，皆自見其是非之不同于世之是非，與昔人之是非之論者也。然卓吾之爲是非，則不求是非之有定論，而其言甚怪。如其「藏書」之紀傳曰：「人之是非，初無定質；人之是非人也，亦無定論。無定質，則此是彼非，並育不相害。然則今日之是非，千萬世之是非，而復非卓吾之所是所非，亦可矣。……夫是非之爭，如歲時然。……昨日是而今日非矣，今日非而後日有是也」。此李卓吾自言其作書之旨也。然此天下之是非，果皆如此之無定乎？卓吾又安知其今日之是非無定之論，必爲是而非非也？然以良知之是非，只屬于個人，亦只屬于個人之當下者，則必歸于謂一切是非，皆各屬于個人之當下，而更不求天下萬世之公是公非之有定。此卽與陽明之致良知之學，乃謂良知卽天理，亦當卽天下之公是公非之有定者之所在，正相顚倒。然此卓吾之論，又正使人皆自以其當下之是非自足，而亦各自「卓」其「吾」，以肆無忌憚，而歸于狂放。故今人之反對宋明儒學者，亦樂見李卓吾之攻僞道學之論，而稱卓吾之能任一己之是非者，爲能獨立不懼。卓吾又嘗言人不當以孔子之是非爲是非。此在中國五四時代之吳虞，卽藉其言以打倒孔家店。然實則卓吾雖于天下萬世之人之是非，多顚倒之，以快其一時之論，亦猶未以孔子爲非；並嘗以二溪爲聖人，而未嘗非之；又著三教歸儒說，以言佛道之歸，並在于儒。近溪之「盱壇直詮」一書，亦稱及卓吾。卓吾之狂、固尚未如近人之宗卓吾者，徒見其有攻僞道學之論，謂人不當只以孔子之是非爲是非之言，遂用其言而卽並宋明之儒學與孔子，而皆棄之若涴也。

然卓吾之任其一時之是非之論，則早已爲明末之賢者，如鄒潁泉、顧憲成、王船山、顧亭林等所深惡而痛絕。黃梨洲明儒學案亦不爲之立學案。蓋非此諸賢只以卓吾一人之一時之是非，未必眞是眞非；而當是由此卓吾之說，導天下人于貌似獨立不懼，而實皆肆無忌憚，同歸狂放，以學聖賢爲便宜事（註）諸賢者之惡卓吾，蓋有其故矣。此卓吾之狂放，則初由其嫉僞道學而來。唯嫉僞道學，故以任己一時是非之事爲率眞，而不知此只求率眞，卽歸于狂肆。出乎僞，入乎狂；出乎狂，又入乎僞。此晚明王學之所以弊也。若狂若僞，皆可使人所謂良知之是非，更與其一時意氣之激、恩怨之情、利害之便、習氣之使、嗜欲之流，互相夾雜。依此是非而有之好惡，乃皆不得其正矣。今欲使此是非好惡得其正，其一：當依他人實有之善惡，定其人之實爲君子小人，再定吾之好惡是非。欲知人之實有之善惡之爲如何，則當眞知善惡之標準所在，與至善所在，人卽當有格物窮理，以「止至善」之學。其二：則賴于人之自求其是非好惡，先不出于一己之意氣之激、恩怨之情、利害之便等。此則必須于致良知之時，實有自誠其意之功。此卽東林之兼言格物與止至善之學，及劉蕺山之言誠意之學，所以救王學之弊之時代意義之所在也。今文則專論東林之顧憲成、高攀龍之學，所以救王學之弊者何在，並及其學在晚明儒學中之地位。

註：『明儒學案』江右學案一，鄒潁泉學案，記人問：何近從卓吾者之多也？曰：「人誰不欲爲聖賢，顧無奈聖賢礙手耳。今渠謂酒色財氣，一切不礙菩提路，有此便宜事，誰不從之」。

## 二　顧憲成之辨性無善無惡之論

循前文所論，則東林之學與蕺山之學，皆是爲救王學之弊而起。然陽明之致良知之學，致是是非非于一己，而發展爲對他人之是非，作是非，此亦必不可免，而當有之事。故東林之學，一方固求異于狂肆之徒，任其一己之是非，以是非天下萬世，而不自察其是非之是否出于正者。然亦異于陽明與其徒之言致良知，唯用以自好其善，自惡其惡，以自成其爲內聖之學者。東林之學者，乃一方用力于自修，一方亦關心世道，而欲辨世間之君子小人之善惡；更發爲是是非非之評論；乃不惜爲伸此是非之正者于天下，而不顧利害生死，更以節義自見者也。明儒學案記顧憲成于東林學會之旨曰：「先生論學，與世爲體；……至于水間林下，三三兩兩，相與講求性命，切磨德義，念頭不在世道上，即有他美，君子不齒也。故會中亦多裁量人物，訾議國政，亦冀執政者聞而藥之也」。此憲成之學，一面講求性命，切磨德義；一面分別君子小人，裁量人物，以扶持世運。此固正是孔子之兼修己與治人，而明體亦達用之學。東林之裁量人物，乃只及于當世之爲政之人物爲止。此卽不同于李卓吾之于歷史人物，皆欲對之另依一己之見，以更易其是非。東林之士，固未嘗純任一己之是非，而于一切昔賢所爲之是非，皆置諸不顧也。故憲成嘗以陽明謂「求之于心而非也，雖其言出于孔子，不敢以爲是也」

之語爲不然；謂于此當自知：「去聖人遠矣，正應沈潛玩味，虛衷以俟」，不可「自專自用，憑恃聰明」。此與李卓吾之自恃聰明，以一任一己之是非，而更無忌憚者，自是不同。故憲成更標小心之工夫以爲學。本此小心，以切磨德義，辨世之君子小人，則當于自家善惡，先辨得明白，以自爲善去惡，大可稱君子之善，譏小人之惡。固不可徑以一己對他人之是非所在，即他人之善惡所在，更不可任一己之是非，而忘天下公是公非所在之善惡也。重辨此人己之善惡，則必及于人之心性之善惡之問題。憲成于此，則堅主性善。故謂「語本體則性善二字，語工夫則小心二字」。

然其時爲陽明之學者，如周海門亦一代儒宗，則仍承龍溪言無善無惡之妙旨，以張此無善無惡之論。陽明學之言主宰流行，言體用，言本體工夫，言性命，尅就其名言以觀，固不必有價值上之善惡之意義。陽明亦自有「無善無惡心之體」之言于先，則海門之言無善無惡，亦有本于陽明者。然此無善無惡之說，至少其流弊可至于使人于一切善惡之辨，君子小人之辨，更不加意。則于人之一切行事，亦可更不加以善惡之揀別；于己則任其一己之好惡利害之情識，以與良知相混爲用。此則爲當時之湛甘泉學派中人，如唐伯元、許敬菴，承程朱學之陳清瀾、鄒東廓之再傳弟子李見羅，以及東林學派中人所共同感到，羣起而以對陽明之無善無惡言心性，加以詰難攻擊之故也。東林之顧憲成，則于此有證性篇之書，于陽明言無善無惡之語，逐條細辨，其論最詳。顧憲成更能深識此無善無惡之說之所以流行之故，乃在其既可附于君子之大道，而又可投小人之私心。其言曰：「管東溟曰：凡說之不正，而久流于世者，必其投小人之私心，而又可以附于君子之大道者也；愚竊以謂無善無惡四字當之。何者？見以爲心之本體，原是無善無惡也，合下便成一個空；見以爲無善無惡，只是心之不著于有也，究竟且成一個混。空則一切解脫，無復掛礙，高明者入而悅之。于是將有如所云，以仁義爲桎梏，以禮法爲土苴，以日用爲緣塵，以操持爲把捉，以隨事省察爲逐境，以訟悔遷改爲輪廻，以下學上達爲落階，以砥節礪行、獨立不懼爲意氣用事。混則一切含糊，圓融者便而趨之。于是故有如所云，以任情爲率性，以隨俗襲非爲中庸，以闇然媚世爲萬物一體，以枉尋直尺，爲全其身濟天下；以委曲遷就爲無可無不可，以猖狂忌憚爲不好名，以臨難苟安爲聖人無死地，以頑鈍無恥爲不動心者矣。由前之說，何善非惡？由後之說，何惡非善？是故欲就而詰之，彼所佔之地步甚高，上之可以附君子之大道；欲置而不問，彼其所握之機緘甚活，下之可以投小人之私心。卽孔孟復作，奈之何哉」。

此憲成之論，可謂最能深觀人之道德生活中之是非之顚倒相。原此陽明之無善無惡之說，初只是無善念、惡念。卽去惡而惡去，爲善而不自念其善，不著于善。此卽至善。龍溪言無善無惡，亦是此旨，唯于無善無惡，下語更重耳。此無善無惡，乃德性工夫成就後之化境，亦非不可說。陽明之敎，固原是教人好善惡惡，爲善去惡。唯惡去而不著善，而後至于忘善惡念、忘善惡名之化境。此化境，正心體之全幅呈現。故于此心體，亦可說無善無惡也。如此理解，則陽明、龍溪之言無善無惡，其義固有所特指，亦有所局限。如純自理論上辯，則覯許敬菴與周海門間之九諦九解之辯，亦可終無相勝之日。周海門亦知此無善無惡，乃在化境上說。人未至此化境之先，只當有好善惡惡、爲善去惡之事。此在海門，固亦不能否認也。然陽明之徒，謂無善無惡卽至善之語，仍有畢竟是「以善爲主」或「以無善無惡爲主」之問題。此無善無惡之化境，乃心之虛明湛寂之境。此中卽有當以善爲主，以說此境、或以此境銷融一切善，而以無善無惡爲主之問題。此在顧憲成，則謂此境只是一善，不能以之銷融一切善，則當說善爲主。此吾已述其旨于原性篇一書第十五章，今不贅。此外，又有以無善無惡設教講學，其流弊之極，可至何處之問題。憲成于此，則見及此無善無惡之說，其弊可至于空一切善，而無善非惡；混一切惡，而無惡非善。原人之可說善爲惡，以忘人之善，或說惡爲善，以自文飾其惡，以成善惡是非之顚倒，固自古有之，昔人亦多見及之。然今更濟以此無善無惡之高明渾化之論，則此一切顚倒，卽皆可托之于此高明渾化之論，以爲護符，以陰濟其欲；外附君子之林，其位甚高；而內行其小人之實，其機緘甚活。此卽成孔孟之無可奈何，而人之道德生活，卽全部虛僞化，而君子小人之辨，于此卽無可辨。今顧憲成欲于此辨之，則舍先撕破此無善無惡之高明渾化之論，亦別無其道。吾亦以爲對此無善無惡之論，至少必須限定其義之所指。無善無惡之化境，亦必須由先辨善惡、辨君子小人之別而至。亦只能謂此境爲善之一，而不能以之銷融一切善。此則所以保存此善之在先性。而凡言體用、本體工夫、性命之形上學的概念，亦皆當依此善之在先性而說。此亦卽謂：必以道德學之概念，先于一切形上學之概念而說，方更合于孔孟荀等儒者重善惡之辨、君子小人之辨之旨。晚明陽明之學之流，既趨于高明渾化，而有種種高明渾化之論；則固當再由高明而道中庸，由渾化而分辨，乃能知此辨善惡與辨君子小人之意之切。此則正有賴于東林學派與晚明之甘泉學派之人，及李見羅以至劉蕺山之辨無善無惡之論，以完成此儒學當有之一發展者也。

## 三　高攀龍自述其悟境並泛論悟境

由東林之辨此無善無惡之說，而歸于以善爲先，而堅主性善，更本此以講求性命，切磨德義；故東林之人物，自有其德行之成就，亦有其所論之義理，爲其前之明儒所未及者。此則尤以高攀龍之由陽明之致知之學，以更進至格物之學，以重接程朱之旨，而所爲之論，最具勝義。高攀龍自言其爲學之歷程，初未嘗說悟，然終至一悟境。其自言曰：

「初只將程朱所示法門參求，于凡誠敬、主靜、觀喜怒哀樂未發、默坐澄心、體認天理等，一一行之。立坐食息，念念不舍，夜不解衣，倦極而睡，睡覺復坐，于前諸法，反覆更互。心氣淸澄時，便有塞乎天地氣象，第不能常。在路二月，幸無人事，而山水淸美，主僕相依，寂寂靜靜。晚間命酒數行，停舟靑山，徘徊碧澗，時坐磐石，溪聲鳥韻，茂樹修篁，種種悅心，而心不著境。過汀州，陸行至一旅舍，舍有小樓，前對山，後臨澗。手持二程書，偶見明道先生曰：「百官萬務，兵革百萬之眾，飲水曲肱，樂在其中。萬變俱在人，其實無一事」。猛省曰：原來如此，實無一事也。一念纏綿，斬然遂絕。忽如百斤擔子，頓爾落地；又如電光一閃，透體通明；遂與大化融合無際，更無天人內外之隔。至此見六合皆心，腔子是其區宇，方寸亦是本位，神而明之，總無方所可言也。平日深鄙學者張皇說悟，此時只看作平常。自知從此方好下工夫耳。……丙午，方實信孟子性善之旨。此性無古無今，無聖無凡，天地人只是一個，唯最上根，潔身無蔽，便能信入。其次全在學力，稍隔一塵，頓遙萬里。孟子所以示瞑眩之藥也。丁未，方實信程子鳶飛魚躍，與必有事焉之旨。謂之性者，色色天然，非由人力。鳶飛魚躍，誰則使之。勿忘勿助，猶為學者戒勉。若眞機流行，瀰漫布濩，亘古亘今，間不容息；于何而忘？于何而助？所以必有事者，如植穀然，根苗花實，雖其自然變化，而栽培灌溉，全在勉強學問。苟漫說自然，都無一事，即不成變化，亦無自然矣。辛亥，乃實信大學知本之旨。壬子，方實信中庸之旨。此道絕非名言可形，程子名之曰天理，陽明名之曰良知，總不如中庸二字為盡。中者停停當當，庸者平平常常。有一毫走作，便不停當；有一毫造作，便非平常。本體如是，工夫如是。天地聖人，不能究竟，況于吾人，豈有涯際。勤物敦倫，謹言敏行，兢兢業業，斃而後已云爾。困而學之，年積月累，厥惟艱哉」。（高子遺書卷三困學記）

上文將高攀龍之自述其學問工夫之歷程全抄，意在見高攀龍之學，乃實有覺悟，其後方信大學中庸之旨，而落實在勤物敦倫，謹言敏行之平日工夫。此其所道之悟境，與羅念菴答蔣道林書所言者相似。其所謂與大化融合無際，及六合皆心，即念菴之上下四方，往古來今，渾成一片也。此皆是頓然而現之境也。大率此悟境，宋明儒多有之，唯或言或不言耳。宋儒唯明道言直下識得「渾然與物同體」之仁，象山言其忽悟吾心與宇宙 皆無窮，四海古今之聖人，心同理同，與程子之言「堯舜至今幾千年，其心至今在」，皆一悟境也。朱子則于講學論道中，不言此悟境，然由其詩，則亦見其自有悟境。明儒則白沙之言于靜中見「有物呈露，上下四方，往古來今，一齊穿紐，一齊收拾」，則明言悟境。王龍溪言「一念靈明，從混沌中立根基」，羅近溪言「此性若果能知，則骨肉皮毛，渾身透亮；河山草樹，大地回春」，與上述念庵、攀龍之所言，並是悟境。此諸悟境自可有種種不同。然其同者，則是皆無內外天人之別，亦無時間上之今古之別，與空間之上下四方之別；又皆是忽然頓現，前無來處，後亦無去處；……不因其外之物而有，亦不因之而無，無定在，而無所不在。程明道所謂：亦無因甚有，亦無因甚無，亦無有處有，亦無無處無也。今如泛說悟境無內外今古、上下四方之別等，則對西方與印度宗教之神秘主義之所見，與佛家之悟境，皆可如此說。然同有此一悟境者，其所悟亦可有不同。如只見得其心與平日所信之上帝梵天合一，即宗教中神秘主義之境。如見得其心與平日所見之一切法之性本空寂之義合一，即佛家初步悟境。于自悟此本性空寂後，更念及眾生不能悟此本性，長淪生死海，遂動悲憫心，而悟此悲憫心，則爲佛家悟境之極至。儒家于此之悟境，則可是直悟萬物皆備于我，而已與天合德，此似宗教之境；又可是頓見此心之虛靈明覺，如佛家之悟一切法，本性空寂；亦可是進而悟此心有種種不忍悲憫之情之隱現于心，卽孟子所謂惻隱之心也。

但言悲憫惻隱，皆是自心之不忍不安處說。凡于通常所謂我以外之人物，有缺憾苦難，而見其爲我之缺憾苦難；或于通常所謂我之缺憾苦難，見及其爲一切人物所可同有；而皆爲一天地間之缺憾苦難，以現于此心，而無內無外；皆頓悟此不忍悲憫之心也。然此心能于天地間之我與人物之苦難，見其無內無外，亦可于天地間之我與人物之樂，見其無內無外；則天地間之鳶飛魚躍之樂，卽我之此心之樂；我之曲肱飲水之樂，亦天地間之樂。此皆無內無外，當下充塞宇宙之樂。故雖是同此儒者之無內無外，充塞宇宙之悟境中，而人可或悲或樂，亦可哀樂相生，如環無端。依此以言哀樂之情所自生之心性，卽亦當兼具此哀樂；以至如後之劉蕺山所謂兼具喜怒哀樂，雖不感物，而恆自周流。此悟境中自有種種，今尚不能盡述。然要皆是無內外之別，而當下遍滿充塞宇宙。此非謂此時人心全無所思、無所念、無所感，而是卽思之便念之，念之卽感之，而與此心無間隔；人能不見內外，卽無內外，而全心在感，全感在心；則此外更無宇宙之人物在念，故當下遍滿、充塞宇宙。如于此時，此心更念及其他人物，亦同是才念卽感，感之而不與之相間隔，仍是全心在感，全感在心，而不見內外，而無內外。如此念念相繼，皆同此無內外，皆一一當下遍滿、充塞宇宙。然其所以充塞宇宙而無內外者，其內容亦可不同，如或以悲或以樂之別是也。然其不同，又可說實非不同，因其總是一無內外，而遍滿、充塞宇宙之流行，以過而不留，前後不礙，卽只是純一不已也。然此則唯聖人之心能如是。在吾常人之心，則或由其原具天資，而其心之一時在虛明之際，遂忽忘其平日之我，以偶然得此一境，如從天而降。此則忽然而來，忽然而去，來也無踪，去亦無迹。或由先以種種學問思辨，知此境之可有，更以習靜歸寂之工夫，以期于此境之一日之至。如念菴、攀龍之悟此境，則先皆有實工夫者也。

## 四　高攀龍對格物與敬之義之重申，朱子陽明學之會通及其以佛為陰教、儒為陽教義

然此中有一大問題，卽人之悟得此境以後又如何？人之悟得此境，並非卽能長住此境。蓋賴工夫而得者，則此工夫之效有限，其住此境之時亦有限。賴天資之明而得者，則此天資之明，恆隨人生以後之與物相接，而散沈于物，以日歸斲喪。故人卽有此悟境，亦恆不能常住。其悟境之住，必有時限，亦可一去而音沈響絕，更無消息。于是人于此欲更求工夫者，則或是回想前日悟境，或本當下一隙之明之不昧者，以爲工夫。此悟本體爲工夫之敎，如龍溪之敎是也。或則于此仍在習靜歸寂上，更下工夫。然人如于此所悟，是一心之悲惻不忍之仁者，則必更依此仁，以爲齊家治國平天下之成物之

事。此則必須以此仁心主宰于此身，而通過此身，以爲此成物之事；不能只于在其心之靜處時，自覺其心中有仁之流行而止；而亦自知其如止于此，即其心之不仁也。本此仁心以主宰此身，以爲成物之事，則世之眞儒，蓋皆必有之。即講學者之口講指劃，仍是其心主宰其身、自用其身所爲之成物之事也。此人之必用其身，乃能爲成物之事，固無可疑。然是否即依此而言：此修身之爲內外之學之本，則儒者之見，亦可大有不同。蓋亦因時節因緣，而爲說不同。如觀陽明龍溪之言，即恆只由心之主乎身，而只重言自悟其心之良知、心之靈明者也。泰州之心齋，乃重言此安身爲本。羅近溪更以如何使此身成大人之身爲言。高攀龍則自謂是于此心與大化融洽之悟之後，方悟得大學修身爲本之義。其言曰：「無身則無心意知物，無身則無學」，又曰：「無身則無心意知物，無身則無家國天下，而身其管括也。格致誠正，爲身而設；齊治平，自身而推。故八目只是一本」（遺書三「大學首章廣義」）。此即是以修身爲八目之一本也。攀龍之此一悟，亦實甚重要。大率在常人只知七尺之軀者，其爲學當先知此心爲身之本。而學者之既悟得此心者，則更當悟必有心所主宰之身，然後人乃能得以成一切家國天下之物之事。必悟及此修身爲其內外之一切學之本，然後其所悟之心，乃不致只浮游于高明之境，而墜入玄虛。則此悟修身之爲大學之八目之本，固爲攀龍之學之一進境，而亦爲陽明龍溪等只言悟此良知靈明之學者之一進境，而可矯爲王學者之所不自覺地墜入玄虛之弊者也。

攀龍既悟此大學之修身爲本之義，更言格物。格物即吾人之用此身以與物接，而見之聞之，以求知其理，及吾人當有何行以應之之理。故其學得還接于程朱重格物窮理之旨。于是攀龍之學由心悟始，原近白沙陽明之學者，乃以歸于程朱之格物窮理之論終。其言格物窮理之義，亦未嘗離此心而言。其所以不離此心而言者，則在其言物理之未知也，非直謂此物理在心外；而只是：此「物理」與「知此物理之心」，皆未現而俱寂。此卽如陽明之謂山中之花，人未見時，花與心俱寂也。俱寂者，心與物相俱而寂而隱。而當其見于心也，亦與知之之心，相俱而顯。俱隱俱顯，形影不離。非必言有心外之物也。然尅就心知之進行言，除此現有之心知所已知之物之外，自有其所未知之物。則人之心知，不能只自限于已知之物，更當知此物外之有物，以向于此物外之物。故此現有之心知，亦不能自限于其知，乃必往格物窮理而致知，方能使原與物俱寂俱隱之知，得與物俱顯也。此所顯者，固仍是一「知與物形影不離」之全體也。故曰「天下豈有心外之物哉，當其寂也，心爲在物之理，義之藏于無朕也。當其感也，心爲處物之義，理之呈于各當也。心爲在物之理，故萬象森羅，心皆與物爲體。心爲處物之義，故一靈變化，物皆與心爲用」（遺書卷三「理義說」）。此卽謂心知與物，在寂與感，皆不離也。又曰「格物者，窮理之謂也；窮理者，知本之謂也。……理者，心也；窮之者，亦心也。但未窮之心，不可爲理；未窮之理，不可爲心。此處非窮參妙悟不可。悟則物物自有天然之則。日用之間，物還其則，而我無與焉，如是而已」。（遺書卷八「答劉念臺」）此卽謂心理雖不離，然仍有當窮之心之理，待于窮，然後能于日用之間，隨處依物之理或天則而行也。若然，則言格物窮理，固可亦不悖陽明之「致一合內外之知」之義。此吾于「原性篇」已引其文而釋之，今唯更能就義理，加以申說耳。

然攀龍之以陽明學通程朱之學，尙不限于以陽明之致知之說，通程朱之格物之說；亦在攀龍之能言主敬，以通程朱言主敬之義。按象山嘗惡此持敬之言，陽明亦譏朱子之主敬。蓋皆謂此主敬之工夫，乃在容貌辭氣下工夫，或有意把持一敬之心態之工夫；此乃由人不見本心良知之體，而稱體以爲工夫之故。然若依吾前于「朱陸異同探原」一文，論朱子之言敬是心之體之義，以理解此敬；則此敬之工夫，實只是存得此心之虛靈不昧，而使之持續。此與陽明所謂存得良知之未發之中之工夫，就其實指而言，固相距不能以寸。此敬，只是此心之虛靈，不沈沒陷墜，而自向上升起。其必表現于容貌辭氣，乃所以見此心之能主宰此身。心在事實上，亦必下主宰此身，乃能和盤托出其向上升起之虛靈。唯心之能虛靈，而亦能自然主宰此身者，則可不須更多言此一敬。此陽明之旨也。然學者之心之虛靈，固未必能至于自然主宰此身之程度。則不言此敬，便可使此心自謂：對此身不須有此主宰之功；而此心之虛靈，卽轉而隨此身之接物之自然反應，以相與俱運。此身之接物之自然反應，則固多未必合理，而出于習慣情欲者。此心之虛靈，與之俱運，則此心知卽化爲情識，而仍自以爲是良知。此卽陽明之單言致良知，恆不免之流弊。故王門之學者，不重此敬者固有之，如王龍溪、錢德洪是也。然鄒東廓、羅念菴，皆重言此敬之義；羅近溪亦言于此良知之心之理，當恭敬奉持也。東林學者與劉蕺山，則皆鑑于徒言良知，有使人以情識爲良知之弊，而皆重申此敬之義，以使其心，能實主乎身者也。至攀龍之言敬，則散見其書。如其與劉念臺書謂「千古聖賢心法，只一敬字，捷徑無弊。何謂敬？……直心正念而已。直心卽正念，正念卽直心」（遺書卷八）。又其與顧涇凡論已發未發書，亦詳說此敬之貫于已發未發之動靜之旨（遺書卷八）。于伊川之以整齊嚴肅言敬、上蔡以常惺惺言敬、和靖以「其心收斂，不容一物」言敬之三說；則嘗謂「整齊嚴肅，有妙存焉，未嘗不惺惺，未嘗不收斂」（遺書卷一「語錄」），以見三說之相通。今按程朱之言工夫，不外窮理格物、與涵養主敬二端。今攀龍懲王學之不言窮理格物，不言敬，而蹈空虛，及以情識爲良知之弊；乃以窮理格物言主敬，而又先有王學中之心悟爲本；則王學與程朱之學之流，得再接通，而和會爲一矣。

上所述之顧、高之學，皆落實在做次第工夫，以歸于成己成物之實行。此實行，則以止于至善爲宗。此至善所在，卽當然之理之所在，亦性之所在。心止于至善之性之理，而身之氣隨之，卽成己成物之實行實事。攀龍以「老氏之學，氣也」，卽只養此身之氣之學；又謂「佛氏之學，心也」，卽只悟此心之學；再謂「聖人之學，性也」（遺書卷三「氣心性說」），卽心恆止于至善之性之理，以主身之氣之學也。此心之恆止于至善，亦卽在成己成物之種種實行實事中，止于至善。此種種實行實事，固爲分殊之行、分殊之事。于一一分殊之行、分殊之事，識得其至善之所在而爲之，而于其不善者則更不爲。此卽不同于佛家之應世，更不須于此分殊之事，一一辨其善與不善者。故攀龍特舉儒書二則曰：「顏淵死，門人欲厚葬之。其厚同列之意，甚美。夫子何以更深嗟重慨，曰非我也，夫二三子也。禪宗如此否？子疾病，子路使門人爲臣，其尊師之意，甚美。夫子以嚴詞切貶，曰行詐，曰欺天。禪家如此否？」此孔子之所以如此，則在其學之「所以異于釋氏，只一性字……只一理字。理者，天理也。天理者，天然自有之條理也」（遺書卷三「心性說」）。儒之重在于事之不同者，皆一一得其天然之條理，而于此理之所在，見至善之性之所在。故謂「有物必有則，則者，至善也。窮至事物之理，窮至于至善處也」。（遺書一「語錄」）。其「因物付物，處之各當，我無與焉」，「有分別性，而無分別用」（「氣心性說」）。亦卽中庸之平常之境，以「勤物敦倫，謹言敏行」也。此與佛家之只使此心「極于不可思，不可議」，「于蜎飛蠕動，無不慈愛；顧使天下善惡是非，顚倒錯亂，舉一世糜爛蠱壞而不之顧，而曰清淨無爲也」（「心氣性說」）固不同。故其與管東溟書（遺書八），更說佛之悟虛空法界之體，與重言鬼神者，爲陰敎；而以儒學之通于幽明，「可以治世」者，爲陽敎。又謂「陽敎全而陰敎半」。此陽敎之可以治世，則正在其能知有「物則」，爲理、爲性、爲至善，而知止於至善，以與惡相分別之故也。儒之爲陽敎，自與佛之陰敎異。攀龍自宗儒，故言扶陽抑陰。然天地自有陰陽，而敎亦必有儒佛。故雖扶陽抑陰，揚儒抑佛，亦不須絕佛敎之存于天地之間。此卽攀龍之辨儒佛之旨也。

## 五　節義之義與氣質之性之善，及東林節義在中國歷史上之地位

此東林顧憲成、高攀龍之以止至善之性爲宗，亦兼重格物與以敬持身，及于世間事之善惡加以辨別，而更有所爲、有所不爲之旨。有所不爲而必不爲，則必至死而不爲，此卽成人之節義。人之凡有所不爲，亦必先有一寧冒死犯難而不爲之志。有所不爲而畏死難，則其有所不爲者，遇死難而爲之，則不能眞有所不爲，非眞能止善而不爲惡，亦非眞能盡性之善、知性之善；而亦終將以性乃無善無惡，其爲與不爲，亦皆無善無惡，而臨難苟免也。反之，則如東林之以性善爲宗，以求止善，而有所必爲，有所必不爲者，則必歸于尙節義。攀龍亦固以有所必不爲，而自沉水死。東林之顧涇凡，則更以明此節義,爲講學宗旨。人或謂節義爲血氣，蓋節義須以身之氣表現之，故可謂此節義爲血氣。然涇凡則曰：「夫假節義者，乃血氣也；眞節義，卽義理也。血氣之怒不可有，義理之怒不可無。義理之節氣，不可亢之而使驕，亦不可抑之而使餒。以義理而誤認爲血氣，則浩然之氣，無事養矣。近世鄉愿道學，往往借此議論，以銷鑠吾人之眞元，而遂其同流合汚之志。其言最高，其害甚遠」（東林學案二「顧涇凡學案」）。此眞節義與假節義之分，卽以義理主血氣之勇、與任血氣之勇之分，亦卽心之

知善惡所在，而定其有所爲與有所不爲，而寧犯死難者、與只以身之血氣與世相抗以求勝者之分。後者則動物之相鬬中，亦有之者也。然此以義理而成之節義，仍須以其身體之血氣之犯死難，加以表現。吾嘗謂依義理殉死難，以成其氣節者，如以其身爲筆，以血爲墨，以書此義理于天地之間。則其人之心，固全是表現義理者，其身形氣質之在天地間者，亦全是表現義理者。則其心固以此義理爲性，其形軀氣質，亦以此義理爲性。而此義理之性，亦卽不可只說爲此心之性，而必當更說爲此身形氣質之性。人不能至于依義理以殉死難，以成其氣節之境，不能爲眞盡性之善；則未見得此義理之性卽此身形氣質之性，心之性之善卽此身形氣質之性之善者，亦不能謂爲眞見性也。故東林之士旣言氣節，言性善，而亦言此天性之卽在形色氣質中。此卽高攀龍所以言「此道旣爾充塞，形色卽天性。隨身所在，一切整齊嚴肅，許大乾坤，便樞紐在此」（遺書卷八「與子往」四）；而孫淇澳則又更力主義理之性卽氣質之所以爲氣質之性，謂性善卽言此氣質之性善之故也。

東林之學必以節義或氣節自見。此節義，氣節之名，乃取喻于竹之有節。此節乃竹榦所過不去處。人在義上有所不爲處，卽其生命于義，有所過不去處。如再過去，則與心所知之義相違，而此義之節限，卽成其心靈之節限，亦卽成其生命之節限。故曰節義，或曰氣節。人之有氣節或節義，乃依于人心之知義，而欲其生命之只成爲：與義爲一之生命；故不違義以苟生。此乃人性原所能有之自然表現，初不必待爲之教也。春秋戰國之人，已多有節義之行，固不必先嘗聞孔孟之教也。孔孟之言「無求生害仁」，言「捨生取義」，亦唯就人性原所更能有而已有之表現，而自覺地說出之，以見此人性，而更以之設教耳。然此人之死難而殉節義之事，則亦待時節因緣而有。又人之殉死難，是否自謂是殉節，則與學術有關。昔在東漢之末，以宦官外戚亂政，而有後漢書黨錮列傳中人之節義之見。然魏晉之名士之遭殺身之禍，而不自以爲殉節，則又以其學術中不重此名節之義之故。此諸名士之死，亦可謂死得不明不白也。若在宋儒，則太宗不殺士大夫，立爲禁令，故儒者亦罕以節義自見。直至宋末之文天祥，爲元人所囚，乃自謂是殉節義而死。在明代，則自太祖廢除宰相之制，後更有方孝孺之守道不阿，至十族殉難。王陽明亦嘗受廷杖貶謫，而幸免于死。而明末之殉節死難者，卽有黃道周、高攀龍、劉蕺山與其餘之東林之士，及義不與清帝共天日之士。東林之以節義講學，而更自躬行節義，則代表一明學之特殊精神。此講節義之學于先，更躬行之于後，卽以其身之行，爲其所講之學之見證，以見其所講者之不虛。東林之士之殉難也，亦必先言其所是所非，申其所謂君子小人之辨于天下，以抗死力爭其義之所在。此固大不同于魏晉名士之不明不白而死；亦不同于東漢節義之士之未必有學術，足以明是非者；復不同于文天祥、方孝孺之死于自行其所聞之道，以求無愧于心者。此乃兼有以節義，自伸其是非于天下，自見其清白，並以節義之行，爲世間立教垂範之旨。此亦與陽明之自言做得一狂者，後更不遮掩，而能任人毀譽，而不動心之事，略有不同。至于陽明之徒要做得一狂者，則或如王龍溪之本禪宗語謂「惡名埋沒一世，不得出頭，亦無分毫掛帶」（『明儒學案』江右學案三「龍溪與念菴語」）；或如何心隱、顏山農、羅近溪、李卓吾之倫之皆能我行我素，獨立不懼，不顧世俗毀譽。然其中除羅近溪外，皆未必有綱維世敎之想。然東林之人，則自始有辨君子小人之別，與世之是非，以綱維世敎之志。故其以節義自見其淸白，自伸其是非之事，亦卽同時有爲世間立敎垂範之意在也。此亦卽不甘惡名之埋沒一世，亦不甘于只做得一不顧世間毀譽之狂者也。

至于問東林之重節義，是否卽是好名？則甚難言。節義卽是名節，此自與此「名」之一名有關。謂節義是名節者，以人在世間之名之所在，卽義之所在，其心靈生命之節限所在。人之殉節，是成其義，亦卽成其名，而亦可說由于其知好其名之故。故殉節義卽殉名節，亦可言其爲好名也。然此中之好名有二義：一是由尊此世間之名位之義，而好此名；故不忍以虧義之行，而玷辱此世間共尊之名位；使人更不尊此名位，而使名敎廢。此則雖是好名，而非好一己之名，實乃出於至崇高之綱維世敎之志。則其由節義以見其身之淸白，亦是爲世間樹此淸白之典型，以長存天地。此乃必須人之浩然之氣，能塞乎天地，而後能成此名節或節義者也。然人之成其節義，以見其淸白，以伸其是非于天下者，亦可只爲成其個人之淸白之名，使其是非，不受委屈，此尙只是一般狂狷之所爲，而尙非節義之極。然卽此事，亦須人之不貪生懼死，而其心中唯重此個人之名之存于他人之心者，而後能之。故其事亦難能而可貴。至于此人之殉名節者，畢竟是爲綱維世敎，或只爲成其一己之名，則不特他人難識，卽自己亦未必能細辨。而其間亦有種種程度之差，由其一生之學力而定者。故于此節義之士，輕以好名責之，則持論過高，翻成刻薄。于東林之士之殉難，則固當如黃梨洲所謂以「冷風熱血，洗滌乾坤」稱之，方為持平之論也。

然東林之人以節義相高，專以辨君子小人之善惡，更伸是非于天下為事，亦自可有弊。此則由辨君子小人之善惡，以伸是非于天下，其用心所向乃在外，則恆不免重他人之是非，而忘自己之是非；重他人之善惡，而忘自己之善惡。然他人之是非善惡，則未易由其外表言行而知。以良知知自己之是非善惡尚易，本良知以斷他人之是非善惡則難。此則由于對他人之是非善惡，吾唯可自其外在之言行之見聞，以知之。然由對他人之外在之言行之見聞，以知其心，則待于格物窮理之功。東林之所以重此格物窮理之功，亦由其欲知他人之是非善惡，舍先有此格物窮理之功不可也。然本他人之言行，而格其物、窮其理，以知他人之是非善惡，則不能自謂必無誤。本此所知，以定他人之為君子或小人，亦不能自謂其必無誤。則人之本此不必無誤之知，而致其良知，以好君子，惡小人，進君子、退小人；雖自謂出于是是非非，好善惡惡之良知；而其事則不必皆正當而無偏差，而不免于形成對人之誣枉。此卽如東林之彈劾熊廷弼，而使之見殺之事是也。而附于東林之君子之林者，固未必皆君子也。君子與小人相雜，而其互為是是非非、好善惡惡之事，歸于互為生殺予奪，以寃寃相報，而東林之氣節，亦與明社俱亡矣。其時之劉蕺山，于東林之士，固相與為友，亦嘗向朝廷力辯東林之士原多君子者。然蕺山終謂東林之學之重對他人之善惡，為好善惡惡之評論，以進君子退小人，其學亦有弊在。

故曰：「王守仁之學也，良知也；其弊也，必爲佛老，頑鈍而無恥。憲成之學也，善善惡惡；其弊也，必爲申韓，慘刻而不情」（劉子全書卷十四「修正學以淑人心、以培國家元氣疏」）。蓋對他人之善惡，好善惡惡而無情，卽必傷于矯激與慘刻，則人亦必更以無情報，或必置之死地而後快。于是東林之是非，還爲人所是非，以至歷明亡而不能定也。蕺山又謂：言治自當以進君子、退小人爲事；然「進君子、退小人，根在吾好惡來。能惡、能好，是第一義；好人、惡人，是第二義；知進人、退人，又是第三義了」。此卽謂學之第一義，在使吾眞能好能惡。此所謂能好能惡，卽如孔子之言唯仁者能好人、能惡人。人非先盡力于求諸己之學，以使自己之好惡無不正，則不能好人惡人，以進人退人，而得其正也。于此義，東林之學者先固亦知之。如高攀龍之「好惡說」一文，亦論學者當先能好能惡（遺書卷三）。然及其流爲只對人作好惡，以伸其是非于天下、以與世爭之時，則或亦多忘其學之本之當在：此如何使自己爲能好能惡矣。劉蕺山則蓋鑑于東林之弊，而專志于講此如何使己眞能好能惡之爲己之內聖之學，而亦終能自成其節義者也。此當于下章論之。

# 第十八章　劉蕺山之誠意、靜存以立人極之道

## 一　蕺山之為己之學中之「己」之「意」、及蕺山學之方向

上章之末，吾謂劉蕺山學，乃將儒者之學，全收歸于一成己之內聖之學。故蕺山之聖學吃緊三關（遺書卷三及卷四），乃以人己關爲首。過得人己關，乃有君子求諸己之學。所謂求諸己者，乃謂一切聖學，皆是求諸己。此非不問天下事，不欲綱維世教，不欲見節義于世也；而是謂此一切之事，皆是求諸己而盡己。故蕺山之當明亡而絕食殉節也，唯自謂此乃因其君親念重，並以高攀龍之殉節時，「心如太虛，本無生死」之言，爲近禪，而不以之爲然。蓋謂心如太虛，猶是一形上學之陳述。若只因我心本無生死，謂我無死可言，則非爲盡倫而死也。蕺山之言君親念重，則是爲盡倫而死，以自成其「君親念重，而盡其有此念之己」。蕺山之言求諸己、而盡己之學，此己固是「人倫之事、天下事物攝在一己」之己。此固非一身之軀殼之己。于此一身之軀殼之己，蕺山固于其體認親切法（全書卷十學言上）中首句言「身在天地萬物之中，非有我所得而私」矣。此己者，乃下三句之「心在天地萬

物之外，非一膜所得而囿；通天地萬物爲一心，更無中外可言；體天地萬物爲一本，更無本心可覓」之心也。人必以此心爲己，然後其一切處人倫之事、對天下之事，皆在一盡己之學中。則求諸己之學以外，更無求諸人、求諸外之學。此求諸己之學，亦自非意在求見知于其外之他人，以求世譽；而其節義，亦自然全免于求名；亦不同于王學之徒，不顧惡名之埋歿一世，以與世相抗者也。節義而不免于求名，固外有他人、而內有我；不顧惡名而與世相抗，仍是其外有他人、而內有我。皆尚非能實見得「通天地萬物爲一心」之心爲一己，以爲其求諸己而盡己之學者也。

此以通天地萬物爲一心之心，爲人之眞己之所在，原是宋明儒學所大體共許之義。而言學者當求諸己，則是歷代儒學之共同傳統。蕺山卽本此傳統，明標聖學三關之首曰人己關，更言聖學之根本在愼獨。中庸之言愼獨，固卽求諸己之學。宋明儒者亦大皆言愼獨。然對如何愼獨之方，及對此獨之畢竟爲何物，則有種種異說。而蕺山于此，則直指此心之意根，爲獨之所在，亦眞己之所在。故曰「身者，天下萬物之統體，而心又其體也；意者，心之所以爲心也；知，則意之所以爲意也；物，則知之所以爲知也」。(卷十學言)「心中有意，意中有知，知中有物。物有身與家國天下，是心之無盡藏處」。(同上)「君子之學，先天下而本之國，先國而本之家與身，又自身而本之心，本之意，本之知，本之物。至此而無可推求，不可揣控，而其爲己也，隱且微矣。隱微之地，名曰獨。其爲何物乎？本無一物之中，而物物具焉。此至善之所統會也」。則蕺山之學卽求諸己，以此獨、此意爲本，而以「知此本」

爲「己」之學也。至其學之歸至于此，則由其對人心有深切之省察，次第剝蕉抽繭，以反于一至深密之地而來。蕺山嘗言求知此心之本之爲不易事曰：「方且自以爲我矣，曰吾求之身也，不知其爲軀殼矣；又自以爲我矣，曰吾求之心也，不知其爲口耳也；又自以爲我矣，曰吾求之性與命矣，不知其爲名物象數也」（遺書八向外馳求說）。「良心（卽心之本）之放也，亦旣知所以求之矣。初求之事物之交，而得營構心，其爲營構，日不知凡幾也。繼求之于應感之際，而得緣著心，其爲緣與著，日不知凡幾也。又求于念慮之際，而得起滅心；其起與滅，日不知凡幾也。又進求之靈覺之地，而得通塞心；其通與塞，日不知凡幾也。又求之虛、求之玄漠，而得欣厭心；欣與厭，又日不知凡幾也。以是五者徵心，了不可得。……」（遺書卷六證學雜解八）。又曰「甚哉，事心之難也，間嘗求之一覺之頃，而得湛然之道心焉。然未可爲據也。俄而恍惚焉，俄而紛紜焉，俄而雜糅焉；向之湛然覺者，有時而迷矣。請以覺覺之，于是有喚醒法。朱子所謂略綽提撕是也，然已不勝其勞矣」。（遺書六證學雜解十）又言心恆放而不自知曰：「或以思維放，或以卜度放，或以安排放，或以智故放，或以虛空放」（求放心說）。此蕺山所言吾人之知此己、此我之不易，其言可謂深切。玆姑不論上所引第一段文，而設定人已不以軀殼、口、耳、言性命之名物象數爲我，而已能眞知求諸心，此所得之心亦恆爲已放之心，而非道心。卽得道心，亦旋卽恍惚、紛紜，而雜糅。此皆正是對吾人自求其心之事，作如實說。此蕺山所謂營構心，卽日常作種種思維卜度，以應付外境之放心也。緣著心者，卽有一心之內外之分，主客之對，而以內緣外，以主而著于客，于客作種種安排計慮之放心也。起滅心者，心不與一境接，而依故智、故習之不忘，以成念，憧憧自往來遷流之放心也。此皆卽凡情中之心，而爲儒佛道之學者所同欲加以超化，而求對之能自作主宰者也。自作主宰者爲誰，卽能知此種種放心，而知求不自限其中之心，此卽靈覺心也。有此靈覺心，而其運無不靈之謂通。然靈者不必常靈，亦不必常通，此之謂塞。以通通塞，是爲工夫。工夫不及，則通還塞，塞則無通，而通亦不必終通。通善而塞惡。旋通旋塞，仍墮在善惡之生滅。則通塞心亦放心也。由此而人遂有更求超此通塞善惡之相對，以求之于一虛空玄漠。此卽上希一無善無惡、非通非塞之境之事。其求心，可謂能求之至高明之地矣。然欣此高明虛空，而自放于此虛空，而厭彼善惡之生滅，則此欣與厭，又成相對。有欣有厭，則心仍不得自在，而仍爲放心，亦不能爲自本自根之心也。今更求超于此欣厭心，應是一湛然之道心。然其下之五心旣在，而可更起，則道心之湛然者，亦旋恍惚紛紜而不定，而再歸善惡之雜糅。此卽事心之難也。

今按人與外境相接，皆恆有種種營構思維卜度等，以應付外境之事。人如去欣厭心，則亦不能自絕于應境之事。此在宋明儒，則依周張程朱之敎，皆謂于此，當就此境中之物，格其物而窮其理，以順理而無私。此卽所以超化一般之營構、思維、卜度之心也。順理而忘內外主客之別，卽所以超化一般于客境作安排緣著之心也。主靜主敬，使心常惺惺，虛靈、不昧，卽所以超化起滅心。象山之發明一「宇宙卽吾心」之本心，以自作主宰，陳白沙之言「才一覺，便我大而物小」，亦卽可一念而超化此三心。陽明言良知天理，則好善惡惡，雙管齊下，于此三心之起，其不善者，才動卽覺，便加超化。此皆並是實學，蕺山所不能廢者也。蕺山作宋五子聯珠，謂二程張朱並得周濂溪之統。又作聖學宗要引陳白沙詩「吾道有宗主，千秋朱紫陽」。更引陽明與陸原靜書，謂陽明以良知爲未發之中，卽濂溪主靜立極之旨。再引陽明之言「靡之未發而病根自在」之言，以謂陽明未嘗無程朱所重之涵養之功。蕺山于周、程、張、朱、白沙、陽明，亦固並加以推尊也。

今按陽明固以致未發之中之良知之學，詔天下。然人致不得良知又如何？今朝致得，明朝致不得，其通塞無常，良知本體或見或隱，又如何？則陽明門下，其重由工夫以合本體者，其極至之論，爲江右之聶雙江、羅念菴之教，謂舍歸寂至極，良知本體，終不得常明。其以悟本體卽工夫者，則極至之論在王龍溪、羅近溪。龍溪之論，是超此善惡通塞之相對，而只在一無善無惡之靈明上參究。羅近溪之論，是教人于不學不慮之赤子，與日用常行之生活中，隨處見此天德良知之流行。此諸人之學，初皆實學，亦皆各有其所救治之病痛。然二溪之學，散于天下，則又皆不能無弊。蓋龍溪之學，重超善惡之辨，近溪亦不喜言善惡之辨，故其弟子周海門，卽直言性無善無惡。此無善無惡之教之弊，東林已言之。然依蕺山之旨，以評二溪之學，則更可謂此龍溪之學，教人參究一無善無惡之靈明，卽教人欣慕一虛空玄漠之境，而使人不脫欣厭心。此亦卽致良知而「蕩之以玄虛」也。至于近溪之教人于日用常行中，隨處見天德良知，而不知人之日用常行，恒是眞妄混糅，良知與情識，夾雜俱流。則此所見之天德良知，卽成「參之以情識」之天德良知矣。總而言之，則二溪之學在蕺山觀之，皆「啟瞿曇之秘，而歸之儒，不免近禪」（劉子全書十九答王金如）近禪與否，可不論。然要可言龍溪近溪之學，原有其未足之處，而後有其流弊也。

對此二溪之學之流弊，在東林學派之救治之道，是教學者關心世道，以免落入虛空玄漠之境；格物窮理，以善爲宗，而辨君子小人，對世間更不陪奉。蕺山之進于東林者，則在確定此善在此心中之存在地位，乃在于「意」，而以此意爲心之主宰，以爲通貫此心之內外上下之定盤針。乃倡此一誠意之學，使人不只上欣一虛空玄漠之境，以厭世間；亦不于世間隨處見天德流行，而必求去其僞而存其眞。此意之當爲心之主宰所在，則又固陽明之學之所涵，而亦爲蕺山以前之若干儒者，所同多少見及者也。

## 二　王一菴、王塘南之言意與蕺山之言意

所謂此意當爲心之主宰，爲陽明之學之所涵者，卽陽明之致良知，原是一知善知惡，而好善惡惡之事，而好善惡惡卽良知之意。故陽明亦言「大學之敎，誠意而已矣」。蕺山亦嘗依此而謂陽明之學，原以誠意爲本旨。然陽明之言「有善有惡意之動」之意，則非指此好善惡惡之意。好善惡惡之

意，只能爲善，而不能爲惡；良知中之此意，亦自必爲一善而非惡；而有善有惡之意，則一般之意念。此乃不同義之二「意」。然陽明于此未析，乃更由心體之無此有善有惡之意，以言心之無善無惡。王龍溪更見此善惡相對之意之可厭，遂專欣慕此「無善惡之意之相對」之一境。此在蕺山觀之，即成陽明之學之歧出。而其原，則在陽明于此二「意」之義，原未分別；亦即見陽明于此「好善惡惡之意」，尚或認識不眞。蕺山于此，對陽明之評論固不誤。其謂陽明致良知之學，當歸在此誠意之學亦不誤。此吾已述之于原性篇，今不多贅。

所謂此意爲心之主宰，爲蕺山以前之儒者所多少見及者，即在泰州之王一菴、江右之王塘南、與明儒學案諸儒學案中之李大經，皆同有此意爲心知之主宰之論。于李大經之論，今可不述。此下只本明儒學案，略述一菴、塘南言意之旨。一菴之學承泰州心齋之傳。心齋師陽明，而終不易其格物之論，蓋自謂其格物之學，已足補陽明之致知之學之不足。一菴則繼此而謂當更有一誠意之學。是即以此誠意之學，補徒言致知格物之學之不足也。一菴言「心虛靈而善應，意有定向而中涵。心之精神，無時不動，故其生生不息，妙應無方。然必有主宰于其中，而寂然不動者。是爲意也。故意字，從心、從立，中間象太極圖中點，以主宰乎其間，不著四邊，不賴倚靠……」此意爲心之所存，而非念。誠意之學，則要在「謹念」于念之發爲善惡之先。此「非動後，察善惡也」。此即止至善于善惡之念之先之學；而視人于善惡之念之發後，更好善惡惡，以致良知，爲下一層次之學也。

至于王塘南，則更一方言當時王學之弊「以任情爲率性，以媚世爲與物同體，以破戒爲不好名，以不事檢束爲孔顏樂處，以虛見爲超悟，以無所恥爲不動心，以放其心而不求，爲未嘗致纖毫之力」。此與顧憲成，劉蕺山言王學之弊，大體相類。塘南更言「意，不可以動靜言之。動靜者，念也，非意也。意者生生之密機。有性而常生爲意，有意則漸著而爲念。未有性而不意者，性不意則爲頑空；亦未有意而不念者，意不念則爲滯機」。然又云：「性之一字，本不容言，無可致力。知覺意念，總是性之呈露，皆命也。性者先天之理，知屬發竅。知前更無未發，知後更無已發。合下一齊俱了，更無二功。故曰獨。獨者無對則一，故曰不貳。意者知之默運，非與之對立而爲二也。是故性不假修，只可云悟。命則性之呈露，不無習氣隱伏于其中，此則可修矣。修命者，盡性之功」。「心之生理，本無聲臭，而非枯槁，實爲天地萬物所從出之源，所謂性也。生理之呈露，脈脈不息，亦本無聲臭，所謂意也」。「學者終日乾乾，只是默識此心之生理而已。時時默識，內不落空，外不逐物，一了百了，無有零碎本領之分也。此理至大而至約，唯「虛而生」三字盡之。其虛也，包六合而無外，而無虛之相也。其生也，徹萬古而不息，而無生之迹。只此謂之本心，時時刻刻，還他本來，卽謂之學」。此塘南之言意，直自良知之默運言。凡有知之默運處，卽有此意。則龍溪所謂一點靈明之默運，或自加參究之中，亦卽不能無此意也。近溪之性體平常而「常」在處，與雙江、念菴之虛寂心體之恒虛寂，或恒「虛而通」之「恒」處，以及一切言心性之論，謂此心性之用之不息處，皆同必有一「意」貫乎其中，主乎其中，方成其常而不斷，恒而不息。則言心性之學，而忽此意之在，而離意或無意，以言心性之學，斷斷乎其不可。由塘南之言而明矣。

然塘南又言知覺意念，皆屬命、屬流行，而爲性之呈露。性卽理，爲先天，性不容言，只可悟。知覺則先天之子，後天之母。于知之默運處，方得言意念，則意念當在後天上言。此則將此性、知覺、意、念、作上下四層以觀，而工夫則在由知之默運之意中，悟此先天之性理。此則仍是其師劉師泉「于流行識主宰」之路數。其雖不以意爲念，又謂意必化爲念，則于意與念，亦斬截得不分明。而蕺山之言意，則又有更進乎此，亦進乎王一菴之言意者也。

大率謂此意之在一般所謂意念之先，而主于用此誠意工夫爲立本之學，一菴、塘南、與蕺山，皆同見得。一菴由此以止至善，塘南亦以無聲無臭之言，代替無善無惡之語。此皆不同于龍溪之言無善無惡，亦皆不容人之混情識于良知。故黃梨洲亦深稱道此二人之學。然又謂唯蕺山言誠意愼獨之能得其眞（蕺山學案）。此蓋由蕺山言「意」，有下貫于好善惡惡之義，有超于好善惡惡，而行于愛敬之純情之義；又除有塘南上貫于性體之無聲無臭之義，更有上貫于天之元亨利貞之運于於穆，以誠通，誠復之義。故蕺山能深知人之過惡之原始，並指陳人之改過于幾先，以立人極之道，更上接于宋明儒學中之濂溪之言立人極之旨，及程門言未發之旨；並于宋明諸子之學之言內外工夫之不免對立之論，皆以誠意之學貫而通之。此則非一菴、塘南之所能及者也。

此所謂蕺山之意，下貫于好善惡惡之義者，乃謂此一般之善惡意念，對學聖之學言，皆屬心之下層，而當加以主宰超化者。此一般之善惡意念，固連于人之行事，而外與天地萬物相接。人若不于此用功夫，而只往此意念上層去看心體性體，則立本者必將遺末，終必落入玄虛。故即此善惡念而知之，更好善惡惡、爲善去惡、充善遏惡，乃人之致良知之工夫之切至處。陽明之能成功業，東林之能見節義，皆由于此。蕺山之言意之至善，亦即初自此好善惡惡之「兩用而一幾」處看，「善必好，惡必惡」，其歸同在善；而同一之向善之幾，亦必見爲好善惡惡而正正反反之兩用。于此幾之見于兩用，貫于兩用，而于兩用之流行中，見此一幾，即見一意爲之主宰，而人于此主宰之存在，得確然無疑。蓋主宰必有所主向，亦有所宰割；善其主向，惡則其所宰割也。良知若無此好善惡惡，而徒有其知之默運，雖可由其如是相續默運，以見其自有主向，以成此默運。然若無其所去除，無其所宰割，則其爲主宰之義，仍不全明也。蕺山言意，初由此知善知惡、好善惡惡之兩用，而止一幾上言（遺書十九答葉潤山）；故謂「意蘊于心，非心之所發也；又就意中指出最初之機，僅有知好知惡之機而已，此即意之不可欺者也。故知藏于意，非意之所起也。就知中指出最切之機，則僅有體物不遺之物而已，此所謂獨也。」（卷十學言）是亦即點出：陽明致良知之學，所以必兼爲誠意之學；亦必有此誠意之學，方有致良知之學之義矣。

然徒本陽明之知善知惡，而好善惡惡，以爲致良知之工夫者，則恆以爲除在意念之發爲善惡處致良知，更無工夫。此在王門之雙江、念菴、龍溪、近溪，皆同不謂然；而陽明亦嘗及于善惡意念未起時，體認未發之中之工夫。人聞其四句教而只重下三句者，則或將終日盤桓于善惡念之戡驗，卽必至如袁了凡之爲功過格，以終日自數其功其過而後已。此卽有使人落入其一身之善惡計較之功利主義之失。吾人尤不可說吾人之意念行爲之善者，皆必由去惡而成。人固有自然表現，不待安排，而自善之意念行爲。此亦恆更足珍貴。泰州之人，更特有見于此。蕺山于此亦舉孟子之本孩童之愛親敬長，以言良知良能之說，謂此孩提之愛親敬長之中，「知在愛敬之中」，而不同于知善知惡之知，在所知之善惡之上之外者。（遺書卷八良知說）孩提之愛親敬長是良知，其愛敬相續，則亦有意之主乎其中。而其事則純善而無惡，不待于惡惡去惡而後就。則良知之表現流行，亦非必兼待于知善與知惡、好善與惡惡而後有。亦不可說知善知惡、好善惡惡，爲唯一致良知以學聖之工夫所當有，亦明矣。

然人如在無顯然之惡待去之時，人又畢竟用何工夫？于此人似可放下一切，一任自然。此則在白沙、龍溪、心齋、近溪，並有此旨。然此任自然，亦卽不另用安排思慮工夫之別名。如立意去求自然，則正爲不自然矣。故言自然，卽有不另用安排思慮工夫之義。不另用安排思慮工夫，卽以存此心體之虛靜，參究一點之靈明，悟良知之本自樂，見平常之性體爲工夫，卽無工夫之工夫也。然其弊又或落于虛玄，不能辨情識之混濫。故羅念菴、聶雙江卽以歸寂爲敎，王一菴、王塘南更以誠此意于善惡念之先爲敎。蕺山言誠意之學，則更循此義而進；乃謂在此善惡念之未發之先，亦自有一愼獨誠意之工夫，使人得不落虛玄，亦能不與情識相混濫，以免于過惡之生者。然此工夫畢竟爲如何之一工夫？則當問在善惡念未發之心，此「意」畢竟于何處見？又如何誠得此意？而此問亦非易答。而蕺山言之深旨，亦不易爲人所識矣。

## 三　心之情性與理氣

今欲知此蕺山之言之深旨，當知其言此心在善惡念未起之先，而自有喜怒哀樂之四情之自運，是爲天之元亨利貞之四氣，運于於穆，而見于人心者；及當卽此情以見性，卽此氣以見理之義。然此必須人先高看此所謂情與氣，而不先存輕此情氣之見者，乃能眞實契入此義。此蕺山之言喜怒哀樂，自非一般之表現于外之喜怒哀樂。此實是借此喜怒哀樂之名，以表此心在意念未起時之純情、或自感之周流不息。故其言此喜怒哀樂之未發，而在人心者，乃應合于仁義禮智之四德、四心、與天之四德、四時而言；故曰：「一心耳，而氣機流行之際，自其盎然而起也，謂之喜；于所性爲仁；于心爲惻隱之心；于天道，則元者，善之長也；而于時爲春。自其油然而暢也，謂之樂；于所性爲禮；于心爲辭讓之心；于天道，則亨者，嘉之會也；而于時爲夏。自其肅然而斂也，謂之怒；于所性爲義；于心爲羞惡之心；于天道則利者，義之和也；而于時爲秋。自其寂然而止也，謂之哀；于所性爲智；于心爲是非之心：于天道，則貞者，事之幹也；而于時爲冬。乃四時之氣，所以循環而不窮者，獨賴有中氣，存乎其間，而發之，謂之太和元氣，是以謂之中，謂之和，于所性爲信；于心爲眞實無妄之心；于天道爲乾元亨利貞；而于時爲四季。」（全書十一語類學言）此乃謂人之心體，非只一如鏡之平面的虛寂靈明，亦非只如季彭山之所謂龍之恆在一警惕之中。只以此心爲一虛寂靈明，卽其所謂「辨心不清，則以虛無落幻相」（全書十二語錄）也。只名之爲寂體性體，亦非對此心體之適當之描述。而當說此善惡意念未發之心，于其至寂之中，自有一純情與自感。此純情與自感，則有一自始至終，周而復始之歷程，如天之有春夏秋冬之運，而見天之元亨利貞之運者，存乎其中。此卽可以純情之由喜而怒、而哀、而樂，表之。此喜怒哀樂之相繼，卽如此一心之順次序自感。然其順次序自感，而終還其始，只是互爲隱顯，則動而無動，靜而無靜，亦無次序之可說。由此周而復始，更不偏向于此四者之一，或滯住于此四者之一，卽見此心有內在之「中」，如天樞之在天運之中，而不動。此卽主乎此心之純情自感之周而復始之運中之「意」所在也。于此若無此周而復始之自運，則無此自運之定向于中，亦卽無意之可說。然有此心之周而復始之自運如環，卽必有此環中，亦必有此意。無此環中，則環斷而不續，亦無此周而復始之自運矣。故意之爲主于中，自是不動，而恆在中。此不動，乃正于此周流之動中見，而亦未嘗不動。謂之不動者，唯是謂其不可以動言，如其周流之不可以靜言也。唯必不可視此意同于隨情緣起滅之意念。此卽其所謂「辨意不清，則以起滅爲情緣」也。（全書

十二語錄）

對此心之純情自感之周而復始之運，蕺山謂即四氣之運。于此所謂氣上言者，必須高看。此氣之義，唯可說爲此心之存在的流行，或流行的存在。此流行的存在，依喜怒哀樂以自爲春夏秋冬，而能自相感，故自有情，亦當名之曰情。常言之情，固有依感而起之義也。「心之流行的存在」之流行，其始而終、終而始，即此氣之理，亦此情之性。此理、此性非他，即此心之「始之向終，終則有始」之理、此心之由元而亨而利而貞之理，亦如四時之春去夏來秋復冬，即天之四時之理也。理非他，承先之氣以啟後之氣，即理。性非他，承此心之先之純情，以啟其後之純情，即性。所謂心者，即統此理氣性情而言之者也。然此非謂必此心之有應外物之行，或有意念之發時，方見有此性情、理氣之在。而是在此心之一無特定意念之發、至寂至虛之際，即有此性情、理氣、見于此心之純情自感之中。人能存得此心，便存得此心之內在的純情自感之周流以成和，亦存得貫于此「周流」之「中」。此「中」即「意」。而存得此內在之中和，亦即眞實化此「中」之誠意之學也。此誠意之學，亦即「化人之過惡之念之起于幾之先」，而在根本上，立「此心」之學也。此簡言之，亦即蕺山所常言之「存得一團生意不容已處」之學也。

何以依此誠意之學，即可化過惡之念之起于幾先？此當知過惡之念之起，其原始之一點，只在此心之偏向而滯住，以更不周流。此偏向，是過。一切惡之原始，只是過而不改，更自順其過、護其過、以自欺，遂至于惡積而不可掩，罪大而不可改。然自一切惡之原始處言，則初只是此心之有所偏向而滯住。故蕺山引程子之言曰：「人無所謂惡，只有過不及」，更謂「此知道之言也。」（遺書三證學雜解十六）此所謂心之偏向而滯住，則不必由接物而有，而是卽在此心至寂至虛、無所倚靠之際，動一向外或向內、向前或向後之幾，而不自知，便是此心之離其中和之本來面目，以有過之始。故蕺山有詩曰：「只圈圓相形容似，才點些兒面目肥」。又曰「從前是過去，向後是未來，逐外是人分，搜裏是鬼窟。四路把絕，就其中間不容髮處，恰是此心眞湊泊處。此處理會得分明，則大本達道，皆從此出」。（卷十學言上）」，又引王心齋語曰：「凡心有所向者，便是欲；向內向外，皆欲也」。（卷十學言上）心能不偏向，則亦自不致滯住于其所偏向。而此心卽當體獨立，自作主宰，而意無不誠。此卽蕺山之言誠意之心學之根本義也。此中見得此心體卽獨體，便是工夫。是卽所謂「惟有愼之一法，乃得他還本位，曰獨。仍不許亂動手脚一毫，所謂誠之者也」。（全書卷十二、學言下）

此蕺山之言此心之在至虛至寂之中，卽有爲「意」所貫注之一周流不息，而自中自和之性情理氣，運于於穆，而以「見得此心體之如是，而存得之」爲根本之工夫，卽蕺山所謂靜存之工夫。然人是否能見得此心體之如是，則視人對其心之體悟而定。卽已體悟得如是，人是否必如是說，亦可有時節因緣。然人之不實見其心體之如是者，亦可由推想而謂此心之本體當如是。而宋明儒學之發展至蕺山之時，則于此心體，亦固當有蕺山之說之出也。

此所謂此心體之如是，可由推想以知之，即此宋明儒學所言之心，原是負一切道德責任，而能自改其過惡，以達于至善之心。則此心之體，必至少有一能改其過惡，以實現善之一性一理。因如無此性此理，則一切改過惡以實現善之事，即無可能之根據。由此而宋明儒學初起時之周張二程、即首見得此性理之善，亦見及此性理之爲無偏向過惡，而爲「中」正不偏者。然如此人心中之善者，只是此性理，則人亦不能改過，因此改過乃心之事也。由此而朱子遂謂有在一切過惡之上一層面之虛靈明覺之心，能呈現此性理者，以爲此改過之可能的根據。象山更言一即理之本心。陽明更言一即理即心之良知。然此諸賢，皆不言此本心良知中有一「意」，或「喜怒哀樂之純情」，其中有一「氣之周流」。諸賢恆以此情此意，乃由吾人具理之本心良知接物而後有，此氣亦由此接物而後見。此一般所謂情意氣，固皆接物而有，亦由所接之物，與更緣之而成之種種意念，以規定其意義。此乃不同于此心之只爲一普遍的明覺，其理爲普遍的生之理，以遍運于一般之意念與其所接之物之中者。又一般之情意氣質，有善有惡，亦不同于此心此理之超此善惡之相對，能好善惡惡，而爲無此善惡相對之至善者。由此而具此性此理之心，在此諸賢之說中，即與其所知之一般之情意氣等，即成上下之兩層矣。

然吾人于此如理而思，則人自然會問下列之問題。即可問：如此心只是一明覺，只具性理而無意，如何能變化得一般意？又如其無情，如何能變化得一般之情？如其無氣，又如何能變化得一般之氣質？亦可問：如心有遍運之心，理有遍運之理，如何不能有一遍運之意之情之氣。意只表示一主意，一切心之活動中，豈不皆有一主意？情只是一感，一切心之活動中，更豈不皆有一心之自感？氣只是一存在的流行，或流行的存在，此心之明覺豈非一存在而能依生生之理，以自生自息，而流行者？如此心之明覺不能存在流行而爲氣，又如何能遍明遍覺：一切存在而流行之外物之氣與其身體之氣，而與之俱在俱行，而變化之？如此心之明覺中無情，如何能自感其一般之喜怒哀樂之情，即依此感而生一內在之自喜其喜之當喜，自怒其喜之不當喜，……而自好、自惡、自悔、自得，以自變化其情？如此明覺中無意，又如何能相續生此自好善惡惡之情，以成其好善惡惡之意，以自主宰變化其一般之意？則吾人于此心體，即必不能只說其有一明覺，而當說其中自有情以自感其情，自有意以主宰其意，自有氣，以與其身及外物之氣，更俱在俱行，然後能成此人之遷善改過，變化氣質之事。而此心體中之情意氣等，既由內發，而能自感其一般之情等，則其發而在，亦即不能以其未發而不在。此亦如心之明覺之由內出，以有所覺而在者，亦即不以其無所覺而不在也。此心之明覺；外無所覺，則唯是一自明自覺；則此心體中之情意，于一般之情意，無所感、無所主宰時，亦唯是一自感之純情，自意之純意，而其氣、不與其外之氣俱在俱行，即唯是自在自行，以成一純氣之自爾周流也。

由上所說，則此心體中之當有一純情、純意、純氣，可由吾人之推想以知之，亦爲宋明儒學之發展，不能不歸向，而必當有人加以指陳之義。至于實見得此心體之爲如是，則係于各人之體證。此體證之困難，在吾人之自見其心，初唯見得此一般之情意氣，而不見此純情，純意、純氣。此亦如吾人之自見其心，初唯見其心之有種種對事物之觀念知識，而不見此心之虛靈明覺，只是一純知純覺，更不見此心之虛靈明覺中，有生生之理與仁。此卽蕺山所以謂吾人之求心，初只見種種安排心、緣著心、生滅心也。人必超此三心，乃見一虛靈明覺心，更見此心之有通塞，而慕其在通塞之上層之至虛至寂心；方能更識生生之理之仁，再及于其所連之純情、純意、純氣等。此自爲大不易事。然此亦皆可由人之逐步深觀其心，而自證得。然此自證之事，亦有不同之淺深親切之程度。人于其所已自證得者亦不必一口說盡。說不說，尙有時節因緣。必歷時節因緣，而後其所說者，得次第備足。此中亦恆不免經一論辯歷程，然後人所爲之新說得共許爲能補舊說之不足者。然此則又不足證人之止于舊說者，其所體證得之物事，其中必無此新說之所說。則吾人亦不能由蕺山于此心體之所說，較昔賢所說爲備足，遂謂其所體證與昔賢之所體證者，非一共同之物事也。蓋亦時節因緣不至，故其前諸賢未說耳。

## 四　以靜存攝動察而立人極之工夫節次

此蕺山之言心體之論，以成其誠意之學，其時節因緣在王學末流言良知，上落于虛玄，下混于情識。龍溪只言良知是一空寂之靈明，則必導人落于虛玄，而上欣空寂，下厭世間。蕺山于此指出：此心體不只有一靈明，更有自作主宰之純意在、自爾周流之純情在、與一元之氣在。則此靈明之虛而自實、寂而自感，以自爲一存在的流行，或流行的存在之旨甚明。此卽可以絕前說之欣厭心。識得此心體之有自爾周流之純情、自作主宰之純意，則周流中無塞，主宰中恆有自通，而超于前說之有通亦有塞之心。原此中之虛靈明覺中之所以有塞，乃由于心之明覺之著于物，成意念而留滯于心，意念不化則成塞。故龍溪于此言無意，以去此滯塞。然依蕺山旨，意念爲心之塞，在其留滯于心，而如有餘氣動氣，以爲此當下心氣之流行所倚著，使心氣有所偏向而成過。故「念起念滅，爲厥心病」，更由「念積爲想，想結爲識（着物之識），識結爲情（逐物之情）。此狂門也」（全書卷十一學言中）則根本上所須去者，唯此意念之留滯而成之餘氣、動氣、及心對此意念之倚著而有之偏向與過。此所需之工夫，不在無意念，而在當下此心之能自周流，使對此意念，更無倚著。此亦卽化其留滯而有之餘氣動氣之工夫，蕺山所謂「化念歸心」（註）「化念還虛，化識還虛，化氣還虛，虛中受命，德合無疆」（全書十一語錄）之工夫。故又曰：「化念歸思（求不着物之思），化思歸虛，學之至也。」（卷八治念說）此卽與狂門相反之「思積爲慮，慮返爲知，知返爲性，此聖路也。」（卷十一學言中）此化念還虛，以成其心氣之周流，亦卽成其主意之常在，亦卽誠意之學。由此誠意之學，以化念歸心，心乃無倚著。蕺山言「心有倚著，因有方所，因以有去住；有去住，因以有轉換；則機械變詐，無所不至矣」。心倚著而有方所，爲前所謂緣著心；有去就，爲前所謂生滅心；轉換機械變詐，爲前所謂營構心。去此倚

著，則餘三心皆化矣。此誠意之學，只在當下用。人能不能誠意，亦由當下之心負責。若不能，其咎

註：蕺山遺書十一學言中：「心、意、知、物是一路，不知此外何以又容得念字？今心爲念，蓋心之餘氣也。餘氣也者，動氣也。動而遠乎天，故念起念滅，爲厥心病。故念有善惡，而物與之爲善惡；物本無善惡也。念有昏明，而知卽與之爲昏明；知本無昏明也。念有眞妄，而意卽與之爲眞妄；意本無眞妄也。念有起滅，而心卽與之爲起滅；心本無起滅也。故聖人化念還心。」又曰「程子云：凡言心者，指已發言，乃以念爲心也。朱子云：意者，心之所發，乃以心爲意也。又以獨知偏屬之動，是以念爲知也。陽明以格去物欲爲格物，是以念爲物也。」則昔之諸儒，皆不知念之不同于心意知物者也。

不在過去之意念。過去之意念，亦可不受當下之咎責。則不必如慈湖、龍溪之言必驅除意而無意。無意而徒止于一虛明之境，更不生意念，則正落入虛玄；乃更不識有此眞意，以爲化念歸心之工夫之所本；于此更不用工夫，則又將任此意念之留滯不化，以成其情識之無忌憚矣。此中所須之眞正工夫，唯在人能知此眞意，以化念歸心，則心氣自周流，而心之前後隱顯，自貫通而不塞，而各復歸其本位。此之謂「誠通誠復」，而亦超于一般之有通有塞之通塞心之上；而此心亦得恆存其虛靈明覺之體矣。然存得此心體，卻不只在此虛靈明覺之體之上參究，而自悟自見上用工夫，亦不須怨責意念之起，唯當本所默識靜存之眞意，以化念。此卽「心之體獨、知幾，而更不倚著于留滯之意念，而自化其依餘氣動氣所成之偏向與過」之工夫也。

按蕺山人譜續篇言證人要旨，其一曰凜閒居以體獨。此即人自悟其心體之自周流自主宰之根本工夫，即靜存之工夫之本。其二曰卜動念以知幾。此即于當前之心氣之動之依于餘氣，而有偏向以成過之幾，加以自覺自知，而銷其偏向與過，使不至成大過之動察工夫也。然此動察之工夫，即在上之靜存之工夫中。故謂「靜存之外，更無動察」。此即黃梨洲所謂蕺山之學發先儒所未發之四項中最重要之一項。此卜動念以知幾，乃在人之起念處下工夫。人在至靜之中，其起念亦有種種。蕺山嘗言學術之正與異端之辨，亦在起念。故嘗謂：「異端卽近在吾心。從人欲起念者便是凡；從生死起念，便是佛；從成毀起念，便是老；從名實起念，便是申韓；從毀譽起念，便是鄉愿；從人我起念，便是楊墨；從適莫起念，便是子莫。四下分消，粹然立中正之極，便當下是聖人體段」（遺書卷十學言上）則學術之正，亦只在動念之幾上審察也。

然此上之工夫，純爲人之內心之工夫，亦卽人在閒居靜處時之工夫。然人自有與其他人物相接之事在。人未與其他人物相接之時，人只有一純情、純氣，自爾周流，而性理與意，卽于此中見。至當其與人物相接之時，則此內在之純情之喜怒哀樂，表現于物之當喜而喜、當怒而怒等。此則如一自爾周流之心體，分別對物平伸，而次第發情以見性。故蕺山嘗謂「性情之德，有卽心而見者，有離心而見者。卽心而言，則寂然不動，感而遂通，當喜而喜，當怒而怒，哀樂亦然；由中道和，有前後際，而實非判然分爲二時。離心而言，則維天於穆，一氣流行，自喜而樂，自樂而怒，自怒而哀，自哀而復喜，有顯微際，亦非截然分爲兩在。然卽心離心，總見此心之妙，而心之與性，不可以分合言也。故寂然不動之中，四氣實相爲循環；感而遂通之際，四氣又迭以時出」（遺書卷十一語錄）則此所謂卽心而見之心，卽指于接物而與之相感通之心而言，亦卽其他文所謂「從心體看來，思慮既起，吾心獨知之時」。（卷十一學言中）「好惡從主意而決，故就心宗指點」者也（卷十二學言下）。此心感通于物，固或當喜而喜，或當怒而怒。然當喜當怒之理，卽性也。此是心之順此一一理，以成其次第之感通。故謂之卽心見性情。至于當此心不與物接，意念未發之際，此心中自有一喜怒哀樂之純情、純氣之周流，若自有次序，而實終則有始，以互爲隱顯，一時俱在。是卽他文所謂「從性體看來，感物之思慮未起」。（卷十一學言中）「喜怒從氣機而流，故就性宗指點」者也。（卷十二學言下）此所謂離心而見，或自性體看性情之德，唯是指離心之感通于物，而看內在于心之寂然不動中之性情之德，非眞不在心也。亦非以此性體與心體，爲上下層之二體。故謂「性體，卽在心體中看出也」。蕺山言「心之官則思，性之德曰誠。誠者不思而中。此心性之辨也」。則此所謂心與性之分，實唯是心之接物之思而有者，與心之無思而自然有者之分。此性正如孟子之「堯舜性之也」之性，乃指此心之無思而自有者。其所謂就性宗指點，卽宗于此性德之誠，而指點一此心不與物接，不與物感通而思慮不起之時，此心所自有之純情純氣之周流不息，而知其必有本原之出于天者，以成其不息；而見此純情純氣之理，是人之性理，亦卽天道之元亨利貞之理。故此人不與其外之物相接之時，卽人自與天之深密不已相接，而使此天之深密不已者，由隱而顯，以成此純情純氣之周流不息之時也。故此所謂即心而見之性情之德；與離心而見之性情之德，同是此心之性情之德。其一是縱看一己之對越無聲無臭之上天時，所見之德、另一則是橫看一己之對應所感通知覺之人物時，所見之德。此即蕺山之所以有「橫看成嶺側成峰」之一喻，冒于其心宗性宗之言之前也。在一己對越上天時，此心之內在之性情之德，在周流中，互爲隱顯，如一渾圓之輪。此蕺山或名之爲先天之易（遺書二讀易圖說第七章）。在此心知覺人物時，此心之性情之德，分別次第表現，如輪之軸之次第直伸，而次第見。其次第見也，乃各如一直線。是即爲後天之易。（遺書二讀易圖說第八章）唯此心內在之性情之德，只是互爲隱顯，自爾周流，而後其顯于外者，乃次第見爲一一直線之平伸，而可以時序言之。有時序者爲「後天，而奉天時」。爲此時序之所以成之內在的性情之德之自爾周流，則爲先天；爲天之時序所不能違，而根之以有者也。此後天自根于先天，表現之性情根于內在之性情，即感而遂通者依于寂然不動。此寂然不動者固原非不動。唯以其周流如輪，其中樞之「意」恆在，以主于其中。故可說之爲不動。如其眞爲不動，又何能成其次第之感而遂通之動哉。

今尅在此心之接物以感而遂通之處說，則此心自必連于此身，而亦可說此心即身之心。如其非身之心，亦不能內在于此身，以主宰此身。故蕺山之言心，其語亦似有難解者。如其謂「人心徑寸虛體耳」（遺書卷九語錄）「人心，徑寸耳，而空中四達，有太虛之象，虛生靈，靈生覺，覺有主，是曰意。此天命之體，而性、道、教所從出也。」（遺書卷十一語錄）又謂「五臟：心藏神，脾藏意，腎藏志，肝藏魂，肺藏魄；合之，皆心之神也。唯脾腎一直上中下，通心爲一體。……意者，心中之中氣；志者，心之根氣。」（遺書九商疑十則，答史子復）直是以五臟中此徑寸之心爲心，卽以佛家所謂肉團心爲心。則此肉團心中，如何有太虛之象，而通天地萬物爲一心之意志？似全不可解。然若知此人之心，必主乎其身，而其主乎此身，必內在地主之，而非只超越的主之。則此心自亦有其卽在此身內，而屬于此身之一義。說此徑寸之心之所以有太虛之象，則當自此心旣內在于此身，亦依其神之運，以超越于此身，以通達于其外說。此肉團心之有空中之虛，而此虛超乎其實，則可爲其通達于太虛之媒。就虛言而無邊界，亦無大虛小虛之別。故徑寸之虛，亦有太虛之象也。要之，謂此心在肉團心中，卽此肉團心之心，乃自此心之能內在的主此身處，亦可說、而當說之一義也。

今順此心之能內在的主于身之義說，則人之聖學工夫中，卽有如何成其內在的主于身之工夫。此在蕺山，卽于「凜閒居以愼獨，卜動念以知幾」之後，更言「謹威儀以定命」。此卽修身于其容貌辭氣之間之事。如「足容當重，手容當恭，目容當端，口容當正，聲容當靜，頭容當直，氣容當肅，立容當德，色容當莊」。此皆人之「容貌辭氣之當然之則，是卽所謂性也」。人能謹威儀以定命，使心主身之血氣，則氣血皆化爲性矣（遺書七原學中。）至于由心之主乎身，更接于其他人物，以有其情、其意、其行說，則蕺山于「謹威儀以定命」之後，更言「敦大倫以凝道」，以盡人倫中之當然之則，而見性情；又言「備百行以考旋」，以盡對一切天地萬物之當然之則，而見性情；而歸于「遷善改過以作聖」，而盡人之成聖之性，以有聖人之情。此皆儒者之通義，不一一詳釋。

此蕺山所謂凜閒居以體獨，卜動念以知幾，謹威儀以定命，敦大倫以凝道，備百行以考旋，遷善改過以作聖，卽蕺山之成學之道之自正面言之者也。然其中皆一一同時有反面之改過之功在。故人如不能凜閒居以體獨，則有其所謂微過。此卽心之一元之氣不能周流，其氣浮而不實，遂有虧欠，是爲人極圖所謂「浮氣，氣浮而生意有弗貫焉」。由一氣之浮而不實，「因有浮氣，因有浮質……因有浮性……因有浮想。爲此四浮，合成妄根」（卷十二語錄）。此「不貫」與「浮」之過至微，亦原自易改。故曰「人與非人之間，不可方物、強名之曰妄。有妄心斯有妄形，因有妄識解、妄名理、妄言說、妄事功，以造成此妄世界……妄人」。然此妄之始處，亦卽只由一「生意不貫而不實」（卷六證學雜解二）而來。「卽妄求眞，無妄非眞」(同上)。妄只原于眞之生意之不貫不實。此微過者，此心之「獨知主之」。所謂主之者，卽由心之獨知，誠知此虧欠不實，更不自欺，而自充實之，以自愼其獨也。人如不能「卜動念以知幾」，則于其心之浮氣，而有所偏向之幾，不能化其偏向，以歸于中；則心之喜怒哀樂之發，不免于過，而溢喜傷哀，是爲隱過。故曰「七情主之」。此則賴心之自化其情之偏，以復中正。人如不能「謹威儀以定命」，則有九容之顯過。如目之偷視、邪視等。故曰「九容主之」。此則賴此心之主乎身，以正其容。人如不能「敦大倫以凝道」，則有逆五倫之大過。如「非道事親，親過不諫，非道事君，長君之惡」等，故曰「五倫主之」。此則賴人之敦大倫以改之。人不能「備百行以考旋」，則有其他種種對人對天地萬物之過。此爲叢過。故曰百行主之。此則賴人之備百行以改之。人如不能「遷善改過以作聖」，則有成過。此卽由不知過、不改過，或自文其過，而使過成，此卽眾惡門。此唯由人之自知過而自訟其過，以自克其懈怠、及文過之念，以使過不得成爲「成過」。此卽克念以改過之事也。

此人譜所言之爲學之道，及其所列之種種過，初看似多拘礙。然細看得其本旨，在成就一由心而身，由內而外，由本而末之作聖之功，則知其皆實學。高明之士，若果能于其所謂凜閒居以體獨，卜動念以知幾處，用得工夫，亦非必日日以其所謂大過、叢過自檢點，然後能作聖也。

此蕺山之學，自其如何由超一般之營構心、緣著心、生滅心，識得此心體而觀，初乃緣江右之歸寂主靜之旨而進，故更盛稱周濂溪之主靜，其五子聯珠一書，乃謂宋五子周程張朱之學，皆得統于濂溪。蕺山又亟稱李延平之「觀未發氣象」之說，及陳白沙「靜中養出端倪」之說。（此可參考其全書卷八，中庸首章說，及艮止說，與卷十一語錄自濂溪有立靜之極之說一節）。自其以識得此心體，而加以靜存，卽是誠之工夫而言，則與陽明之早年之教重靜、存養未發之中之本體，及龍溪、近溪之識得本體卽工夫爲近，亦有朱子涵養本原之旨在。然此所識之心體，非只一如龍溪所謂空寂如鏡之平面之靈明，亦非只一如近溪所謂平常平淡之性體；而是一有一元之氣之理，自爾周流，自作主宰之意之誠之獨體，同時能于其動念之幾，能自加覺察，以化念歸心、化餘氣之留滯，成一元之氣者。人之靜存此體之工夫中，兼有卜動念以知幾之省察，則此體未發而未嘗不發。此即攝朱子于「涵養」外所別出之「動察」，于此靜存之中，亦攝陽明之教之二變以後，所重之良知之知善、知惡，于此心之自作主宰、自誠其意之中。此靜存者之主乎此身，以定威儀，則程朱之主敬，以整肅心身之意。至言敦大倫、備百行，以接人物，使喜怒哀樂之發而見于外者，皆合乎當然之則，使發而中節以成和，而即情見性，即氣見理，即事見道，而已發亦不離未發，此即窮理、格物、致知，而使物物得其所、得其正之學也。總此而言，即成一誠中形外，內外一貫，而內內外外，皆同時有遷善與改過之正反兩面工夫之聖學。在蕺山之教中，此心性之於穆不已者即天，而天之太極，不外于此心之性。故人成聖而能立人極，則天人之道備。故歸于著人極圖，以「無善而至善，心之體也」爲首句，以言立人極之道。此即是將濂溪所謂太極之義，皆攝于此人極之義之中。蕺山爲宋明儒學之最後之大師，而濂溪則爲宋明理學之開山祖。故吾嘗謂宋明理學以濂溪之爲太極圖說，以人之主靜立人極以合太極始，而以蕺山之人極圖說之攝太極之義于人極之義終也。上文論宋明理學之發展已畢。下一章更就其核心之心性論，作一綜述。

# 第十九章　綜述宋明理學中心性之論之發展

## 一　朱子以前之心性論至朱子心性論之發展

宋明理學始于北宋之周張二程。此四賢之爲人，雖具純儒氣象，其爲學規模，已甚弘大；其學所樹立之宗趣嚮往，亦非後賢所能踰越；然在說義理處，則大體上仍是承漢儒言天人之際之精神，而次第升進。漢儒尊天而以人奉承天命，以陰陽五行之氣，說明宇宙人生。周濂溪乃始言立人極以配太極，張橫渠始言人爲乾坤之孝子，而人道與天道，乃得並尊。濂溪之太極圖說，由無極太極，說到人極，由陰陽五行，說到仁義禮智信五性；通書由乾元之誠道，說到聖人之誠道。橫渠之正蒙，亦由天之太和之道及天地、日月、陰陽、五行，天道之神化，再說到人之大其心，以存神知化，而敦仁精義，方歸至人爲乾坤之孝子之說。此卽見二賢立言思路，猶未盡脫漢儒以人合天之敎之遺也。至明道乃直下言「只此便是天地之化」及「天人本不二，不必言合」，方能徹上徹下，「玩心神明，上下同流」；亦「無內外」，而「渾然與物同體」，以定性識仁，而自神明其德。明道言定性卽定心，天地之心無異聖人之情，故于天地之心，人之神明，心、性、情等，乃通爲一本，而後宋儒之學乃迥別于漢儒。明道所言者，皆尅就其德性所造，體證所及者，稱心而說此一天人物我、上下內外，圓融無礙之心與理一之境。後之學者，無論朱子與陸王之流，其所以皆同稱明道者，亦正由對此明道本其體證所及而言之心與理一之境，後人所嚮慕者同在此，原不容有異議也。然明道之言圓融，意多渾涵，以渾涵而亦容學者有不同之意會。此朱子之所以謂「其言太高，學者難入」也。又在明道之圓融渾涵之論中，雖已罕及于陰陽五行；然亦喜通心性與「氣」爲說，遂可使學者對其言體貼天理之旨，另作別會。至伊川，乃更別理于氣，言性卽理，更尊性理于漢儒所重之氣之上。朱子再以理主乎氣之論，以統漢儒所言陰陽五行之論。由此而後宋儒之言性理之義，乃更顯然迥出于漢儒之上矣。

至于伊川與朱子之不同，則在伊川雖別性理于氣，兼知心與理之當一，于學者之不能「會之爲一」者，更敎以居敬窮理之工夫。然于此學者之所以不能會之爲一，其故之在于氣禀物欲之蔽者，伊川雖承橫渠明道所已及者，而益言之，然尙未如朱子之更加以正視。伊川于學者之當如何先自宅其心，其工夫乃能無弊，亦有未深察處。故其答門人所問：心上之未發已發工夫，皆未能盡義而說。朱子既更正視學者之心與理之所以不一之故，在氣禀物欲之昏蔽，遂知此昏蔽之可使一般學者所用之工夫，成爲無效，而或更增益其病痛；乃由此而亦深辨此中工夫之弊之種種問題，而其言乃更鞭辟入裏，而多曲折。以朱子之辨工夫問題之曲折，視其先之濂溪言天道與聖人之誠神幾，橫渠之觀太和中之神化，以及明道之觀天地生物氣象，玩心神明，卽皆可說只是上達之言，而無下學之功。學者或將由此以止于觀玩想像一形上境界，無與于爲己自修之實學。卽濂溪之言主靜、知幾，橫渠之言變化氣質，明道之言識仁定性，伊川之言居敬窮理，亦只及于工夫之當如此，而未嘗言及其所以不當如彼，以及由工夫本身而致之病痛之問題，以求盡此中之曲折而論之也。唯朱子能求盡此中之工夫問題之曲折而論之，乃于其前之明道、伊川、龜山、上蔡、五峰、延平、並世之南軒、象山之言，凡只說境界道體，而在學者工夫上，無下手處，或說工夫而言之有弊者，乃無不致疑；更嘗反復自悔其前所言者，貽誤學者而非是。至其言工夫所歸之一是，則又大體同于伊川之居敬窮理並重之旨。窮理賴格物致知，此爲大學之始，亦學者「中間」之「大段著力」處。（語類卷十八寓錄語）其前爲小學之敬功，其後爲誠意正心之敬功。然工夫著力之多，雖在卽物窮理；而得力之要，則在卽心而存敬。而朱子于心與理，亦更能辨其義之不同，並確立心之具體用二者。心體旣涵性理，而亦原自爲一虛靈之明覺，以自超于氣稟物欲之昏蔽之上。而存敬之要，則在契此心體而存之，卽所以下拔于此昏蔽之外，並上開其性理之明德之明。此皆吾朱陸異同探原、及本書論朱陸陽明之三章所及，而視爲朱子之學之核心之所在者。玆更稍詳其言兼重心性之旨與前賢之異同如下。

以朱子之兼重心性，與周張二程相較而說，則濂溪之言，明罕及于心而多及于性，張程乃漸重心。濂溪太極圖說，由天之金木水火土之五行，方及仁義禮智信之性。則其言性，明尚近鄭康成注中庸天命之謂性「木神則仁、金神則義」之說。其意雖可別有在，其言猶是連陰陽五行之氣質以說性也。橫渠言性，乃自氣之虛而有其清通之神以感物上言。吾于原性篇嘗謂漢儒之氣，已是一存在的流行、或流行的存在。如以體用之名說之，存在其體，流行其用，則氣上已原有體用合一之旨。然漢儒以氣連于質，則此體應爲體質之體，而橫渠則由氣之流行，以見其體質之虛，而卽以虛爲氣之本；而氣卽有「清通之神，而能感物之性」。感物而「體物」，性卽有體義。然此「體物」之體，初爲一動辭，只表一「以虛爲體之氣」之用。則此性之體義，乃間接說，非直接說。此蓋由其尙未立性卽理之義，故其所謂性之爲體，尙可說爲氣之體，非必卽程子之以理爲性之理體也。至橫渠之言心，則尅就氣之虛而清通之神，與萬物相感，而有知覺處說。故心之知覺，卽「氣之表現其虛靈」，以顯其與物感通之性，于「與知覺俱起之應物之情」之事。故曰心統性情。應物而成物，以盡性成性，則德性工夫也。此橫渠之以虛靈知覺說心，與心統性情之義，後皆爲朱子所承。然朱子言心之虛靈知覺，兼爲寂然不動之體；而橫渠之言心之虛靈知覺，則當尙只是一感而遂通之用。故橫渠言心，更兼言大心之工夫。必有大心之工夫，而後心能眞合內外；未嘗言心之體本來是大，亦未言心之體無大小之可說也。至明道言聖人之心之情，「廓然而大公，物來而順應」，「此道與物無對，大固不足以言之」，伊川言「心具天德」，「通之以理，則心無限量」，乃始以德以道以理，言心之不與外物爲對，以自無限量。二程言心之義，乃咸有更進于橫渠。然二程于此心之無限量，畢竟是自體上說，或自用上說，于義亦不明。大約伊川仍只是以性理爲心之體，而以知覺感通爲心之用。此與橫渠之以大心爲工夫，而盡心之用，以廣體萬物，而顯其具「體」義之性者，其說雖不同，然皆可說是以「體義屬性，以用義屬心」，或以「性爲心之體、心爲性之用」之說。朱子之疑于胡五峰「心以用盡」之說，卽由朱子必于心之用之外，更言「心之虛靈知覺，自爲寂然不動之體，而此體，亦以其虛靈而原無限量」之故。此正當爲伊川橫渠言心之說之進一步。吾人只須自其前之言心者，未嘗明有此心體之義觀之，固無可疑也。

朱子言心之爲一虛靈明覺，乃兼有寂然不動之體，與感而遂通之用者。自心之寂然不動之體上看，心既有超拔于氣質之昏蔽之外之義，亦有超越于天地萬物之境相之上，以虛涵性理之義。故朱子詠心詩，有「此身有物宰其中，虛徹靈臺萬境融」之句。自此言心，卽更不得濫于氣。然朱子又有心爲氣之靈之說，則又似使心屬于氣。此則由朱子之言心，原由其先之說轉進而成。蓋橫渠固猶自氣之依清通之神而有之知覺上說心；明道于心與性氣，尙渾合說；伊川猶以心爲用，而心之用，固連于氣也。故朱子承此諸賢之說而更進，亦尙存此心爲氣之靈之說也。然此氣之靈之一語，可重在「氣」上，亦可重在「靈」上。重在靈上，則心卽氣之靈化，亦卽氣之超化，而心亦有超于氣之義。心之所以有超于氣之義者，固非以其是氣，而實因其具理以爲性。則吾人固可謂朱子之言，乃意在由氣之靈以上指，以及于心之具性，以見心之所以能超于氣之故；而非意在說心之不過「氣」之靈也。則朱子之言心爲氣之靈，其語雖猶存前此之說之遺，未能別心于氣，以見心之超越于氣上；而其所指向之意義，則正當在別心于氣，見心之超越于氣上也。則陸王以降、更不自氣上說心，而只以心統氣，正爲承朱子之說而更進，而明顯的完成朱子之承其前言心與氣之論而發展，所指向之意義者也。

## 二　朱陸王以後之心性之學之發展

陸王之言心之進于朱子者，既在不自氣上說心，亦在于心之體用動靜，更合一說，同時于心與理更合一說。象山于此言本心，陽明于此言良知，皆合動靜體用，亦合心與理之言也。然此陸王之論之進于朱子，乃在于朱子所謂寂然之心體上，直下言其本具此感通之用，與此心體之自身之卽理，而視此爲吾人之形而上的本心良知。此本心良知之卽理，卽體卽用，卽動卽靜，乃聖人之體證之所及，在學者則初只能由推論、分證、及自信得及之信心契入，而非學者之現在當下之境。在學者之現成當下之境上說，則心與理，有合一時，有不合一時。統而言之，則心與理畢竟有不一時，其故則在氣稟物欲之昏蔽。由此而理之超越而深隱者，固不必能皆如其理之純、如其量，以流行于學者之心；則此理雖在此心體，而心體中，有未用之理，亦有未用之心體，皆如靜而未嘗動。則朱子之言心與理、體與用、動與靜，爲二，在學者之現成當下之境上說，義自極成，不能傾動。唯自學者之所歸向處說，則此中之爲二者，要必歸于不二而合一。今問此合一之何以可能，則必歸至心體雖未用，而體上原具此用；心與理雖未合一，在體上原爲合一。此卽陸王之心理合一之本心良知之體也。然此心理合一之體之存在，在學者初只是一推論，而此推論之相對的證實，則唯在學者之自觀此心此理之俱用俱發，以見有此合一或呈現此合一之處。此所呈現之合一，固非其體上之合一之全量。故在學者分上，對此全量之合一，亦無絕對的全證，只有相對的分證。唯分證可相續不斷，則于全證之可能，亦更無可疑；而學者遂可以自信得及之信心，以補此分證之所不及；亦可本此推論與分證及信心之所及，以直下說此心體或本心良知之體上，更無所謂心理之二、體用之二；並卽依止于此，以爲究竟義也。此究竟義，自知解上言，乃所以說明學者之求合一之工夫之所以可能。學者求合一，卽見其尚未合一。此朱子之所以必說心理、體用、動靜爲非一，而爲二也。然學者求合一，必求由二而成非二，此非二之所以可能，又唯待心體上之有此心理合一，使之可能。則此心體上之心理合一義，卽所以說明「學者之所以求合一，以由二而成非二」者也。朱子之言工夫，旣歸在教學者之由二而成非二，則此心體上之心理合一之義，卽正所以完成朱子之言工夫之教者也。然此中若先無學者所見之「二」，卽無使二成不二或合一之工夫，亦無言此體上之合一之必要，此體上之合一，亦無意義。由是而學者所當信之體上之合一，卽又正建基于學者于現成當下之境上，所見之「二者之原未嘗合一」上。則此「合一」與「不合一」二義，乃屬于上下層而俱成。故性理之幽微而深隱，與當下現成之心，若不合一，而超越于其上，此學者之所必當先有以自知者也。于形上之心體，具此合一，而心理實不二，此則學者所當由推論、分證、以自信，而期于全證者也。學者未證謂證，而于此體上之合一，視爲當下現成之境，不可也。未證謂不能證，而疑此體上之未嘗有此合一，亦不可也。人果能于此前者不疑，而恒自見其過，與其心之恒不如理，乃自求靜斂其心，以存其虛靈明覺之體，以超拔于氣稟物欲之昏蔽之外，而上開性理之昭露流行之門，乃視此性理爲幽微而深隱，以超越于心之上，此朱子之敎也。人果能于此後者不疑，更自其本心良知之發用，一念如理之處，直下加以自覺，由此中之心理之合一處，以證會本心良知之體上、心體上，心與理之合一，以知此超越之理，自內在于一超越之本心，原昭明于此心之中，而「莫見乎隱，莫顯乎微」，卽以此增其自信；乃更順此發用，而使之相續不斷；浸至以此「不見不合一」，爲去除一切不合一者之工夫，此陸王之敎也。人固或恒善于自見其過，人亦或恒善能自覺其一念之如理，而于此直下有以自信，此或狷、或狂之分也。然卽一人之生，亦可一時偏在自見其過，一時偏在自覺其一念之未嘗不如理，則朱子與陸王之工夫，未嘗不可相輔爲用也。然朱子言心爲氣之靈，猶存其前諸說之遺，于心體自身與理之合一，及心體之自具其用、卽靜卽動之義，未如陸王之說到究竟。故在此一義理之言說上，必以陸王爲歸。人若全不能會得陸王之此義，則人終將全缺上所言之自信，亦不能以此自信助成其工夫。而朱子之工夫，若全無此自信以助成之，亦將有其不能就者。此則如吾于朱陸異同探原之所辨。是卽朱子之後不可無陸王，亦猶陸王之先未可無朱子，而其所言之義，固原有相輔爲用者在也。

至于陸象山與王陽明，其言心與理之義之相異處，則在象山之言心與理一，乃初就心與理之俱用俱發，而皆是之處，教人加以自覺；以使人直下緣此，以知其本心之體，乃于四端萬善之理，無不備足。此乃卽用顯體之教。然象山則罕用體用二名。如其答李伯敏言「心之體甚大」，亦未與心之用對言。唯時言及心之動靜應合一之旨。又象山亦未嘗直以虛靈明覺言心體，亦未于心之虛靈明覺上，言心之體用之不二。由此而象山之合動與靜、合心與理，以言心之旨，其可爲朱子所言虛靈明覺之心體，更進一解之處，其義亦尙未得而伸。然在陽明，則于良知之好善惡惡，是是非非之處，見卽心卽理之本心之發用；于良知之好善惡惡，而無善可好，無惡可惡，是是非非，而無是可是、無非可非處，見此本心之體之雖發用，而未嘗不虛寂，以存朱子之虛靈明覺言心之義。而其由此以言心理、體用、動靜之不二，遂可顯然爲朱子之言之進一解，其言卽爲出于朱，而自然歸于陸，以重申陸之義者。陽明之學，所以得爲朱陸之通郵，正亦在其兼有承于朱子，方有其所以進于陸者也。

至于陽明當時如羅整菴、湛甘泉之流，則皆尙多承朱子所言之義，重在別性理或天理于人當下現成之心知。陽明之徒，如聶雙江、羅念菴，言歸寂以通感，亦要在先識虛寂之心體，更依之以通感。此則未嘗不類似朱子之教人由居敬以自知其心體之貞靜，以上開性理之昭露流行之門之說。唯雙江念菴，皆先信此心之體卽心理合一之良知之體，亦原是一虛寂而具感通之用之體；而學者之由歸寂工夫之所悟者，亦歸在悟此一卽體而具用之體，此則承陽明之教而來。然其必先言歸寂之工夫，亦正由有見于吾人當下現成之心，尙未卽是良知心體之昭露，而尙非是一心理合一之心之故。此亦正同于朱子之言吾人學者之心與理之爲二，而未能合一也。至于王龍溪，則又承陽明之言良知之是是非非，而無是無非之發用處，而即此用以見良知之即感即寂、即用即體，而直契此即用即體之體。故與雙江、念菴，又有毫厘之別。然于良知心體之虛靈明覺之義，固皆善言之，喜言之。此則固皆承自陽明，亦上本于朱子，以虛靈明覺言心之旨，而咸不同于象山之初不以虛靈明覺、言本心之體者也。

陽明學派中泰州學派，始不重以虛靈明覺言心。羅近溪恒合「生」、「身」與「覺」及「仁」以言心，即此身此生之日用常行，指點此心之時出其深隱，以見體用動靜之不二。此其言乃更高明而渾融，而近乎明道。然近溪早年之求道，則正如朱子所謂求「頓悟」、「見一物事」，遂以見光景致心疾。後乃知破光景。而成學後，遂解纜放船，其教亦須以不湊泊爲湊泊之工夫。李卓吾視近溪與龍溪爲聖人，其言更無畔岸，其弊乃流于狂肆。此則頓悟懸絕之途，渾融高明之論，學者難眞實契入者，所必不能免之弊；而其幾之微，固皆早已爲朱子所見及者也。及至東林學派，乃更點出性之善，以爲主于心知之上，亦重格物，以見此理此性之善，顯然意在兼存以朱子之義，救治王學之流之弊。是亦見在學者之當下現成之境上言，于此性理對心知具幽深隱微之義，終未可全離而竟忽之也。

至于劉蕺山則于良知之心知中，指出有善善惡惡之「意根」，爲之存主，以有天情元氣之自運于於穆，此爲純意純情純氣；同時見至善之天則天理、或性體之淵然在中，以爲此心知之主宰，而亦流行于此心知。此則乃爲在本然之心體自身上，說其自具有本然之發用之言；非就一般之心之發用于一般之情意氣，逕指爲心體之所在者；復亦不同于象山以至陽明、龍溪之卽心體之發用之如理處，而加以自覺，卽以此用自證其心體之論。此實乃是由人之先靜斂其心之一般之發用，以靜存默契此心體之自身上，所本來原有，而運于於穆之發用，所成之論也。故此一之工夫，自其始于靜斂靜存處說，正亦是朱子言存養心體之旨；而其于心體上所見得之運于於穆之發用，則又正緣陽明于心體上言其自具其用之旨而進者也。

合上所論，是見陽明之後之諸儒之旨，雖共有承于陽明，然亦皆于朱子之精神，分別有所繼。此陽明之學盛，而朱子之精神之所以終不可亡者，又正以陽明之學原有承于朱子之故也。

## 三　評蕺山之心性論，總論宋明儒之心性論在儒學史中之地位

至于陽明以後之諸儒中，蕺山之言所以最爲敻絕者，則在其能于心體上見有運于於穆之意之情在。蓋循吾人上文之所論，明見宋明儒之綰合工夫論，以言心性之義理之發展，乃整個表現一由外而內、由下而上，以言形而上之心體之趨向。而蕺山之言，則最能極其致。吾人前謂濂溪、橫渠，明天道以明人道，由客觀宇宙論，言人之心性之原于天之誠道或太極，與天之神化或太和，更連客觀之陰

陽五行與氣爲言，猶是自上而下，自外而內，以及于心性之始教也。明道乃以徹上下合內外爲言，伊川更由形而下之氣，以言其形上之理，爲心之寂然不動之性體，以爲人在心情才欲上用德性工夫之本原上之根據。則此中除此性理爲心之體，乃爲形而上者之外，餘皆未可逕稱爲形而上者也。至朱子而不只言性爲心之體，更言心自以其虛靈明覺爲體。自此心體之超越于氣禀物欲之蔽之外，「虛徹靈臺萬境融」，而涵天理上說，此心體卽亦具形而上之意義。然說心爲「氣」之靈，則心與氣又猶是形而下。則朱子之心體，雖具形而上之意義，而尚未進至純形而上之地位也。象山言本心之體之大，可與天同，而心體卽顯然爲形而上。然于心之知，則尚未說之爲同于此本心也。陽明言本心卽良知，而良知卽天地萬物之靈明，亦爲形而上。然陽明言意念之意，亦言良知之具好善惡惡之情，並嘗言良知之至誠惻怛；猶未如蕺山之直就「體天地萬物爲一心」之形上心體，言其中有「至善之天理天則，淵然在中」之「本然的純意純情純氣」，自運于於穆，主宰于此心知之流行也。蓋必如蕺山之言此情意氣與天理或性理、及其所主宰之心知之流行，皆同屬于形而上之心體；乃于理可言天理，于性可言天性，而後心爲天心，知爲天知，意爲天意，情爲天情，氣爲天之元氣。人極立，而天之太極皆不出于一心而俱立。此卽蕺山之所以能爲人極圖說，以成此宋明儒學之終，以與濂溪之爲太極圖說，以成此宋明儒學之始者，遙相應合者也。自蕺山之言立，而人之形而下之心性情意上之工夫，乃無不根在形而上之心性情意之本體，而人乃可眞以存養此本體爲工夫，以貫形而上者于形而下，以完成朱子與象山陽明同有之以「存養立本」之教，此卽蕺山之言之所以最爲敻絕也。

至于吾人于此如欲于蕺山之言及情意者，更進一解，則吾人可由蕺山言心體上之意，而未言心體上之志，而意字之義雖精微，不如志字之廣大；以謂蕺山言心體之義，尙未能盡廣大。又蕺山之言心體中之情之運，恒連心體中之四氣之運以爲說。此氣雖爲內在于心體之高一層次之氣，然蕺山連之于徑寸之血肉之心之氣，或客觀宇宙論上低一層次之氣爲說。此則宜先分層次，再求貫通。再蕺山以心之四氣之運，配孟子之惻隱辭讓等四端，又以之配中庸之喜怒哀樂，與大學之好樂恐懼等，此未必合孟子大學中庸之本義，宜淩空本自意說。蕺山旣不言心體之有廣大之志，因而未能重此心志之願欲，與實現此願欲之能與才。而後此之儒者，言人心之情志才欲，而意在補宋明儒者之言之不足者，如王船山以至清之顏習齋、戴東原，則又皆初不自心體上言此等等，而不免先自低一層次之客觀宇宙論之天地之氣上言；而此諸儒言情志才欲之論，卽皆未能兼在心體上立根矣。

吾人今如順蕺山于心體上言具至善天理天則之意之情，以更極其旨而論，則心體上旣有具此至善之天理天則之情之意，亦自當同具：緣此情意而有之願欲與才能，以並爲此形上心體自身之用。而後此形上心體，乃于人之所以成其盛德大業者，在本原上，無不完全具足。于此，如言人之性理心知爲無限量，爲天理天性、天心天知；則其由情意而有之願欲才能，亦爲無限量，而爲由天情天意而有之天願、天欲、天才，天能；其所成之盛德大業，卽爲神鬼神帝，生天生地者。此方爲天人不二之形上心體之全德。唯此中之義之關聯于性理心知者，朱陸陽明已極其致，而此中能爲性理心知與願欲才能之樞紐者，則正在此心之意之情。蕺山能謂意爲心知之主，以有天情之自運于於穆，卽已畢陳此樞紐。今若不將此情定分爲四，以配四氣，則可只謂此心體有一純精神上之一本然之天情，于此情亦儘可只以一語直說之。此則可本孔子之言，說之爲一憤悱之情，或本孟子之言，說之爲惻隱之情，或依中庸之言，說之爲「肫肫其仁」之情，或如明道之說之爲一「疾痛相感之仁」之情，皆一語道盡之言。以此觀朱子之以仁爲心之德、愛之理，而不言愛之情，亦心體上所固有，亦爲心之德，卽見其立義之未至究竟。象山言「萬物森然于方寸之間，滿心而發，充塞宇宙」。「當惻隱時自惻隱，當羞惡時自羞惡」；此固明說的是惻隱與羞惡之情。然象山于此滿心而發者，下文只言「無非此理」，而不言「無非此情」，亦未能言意俱盡也。上文謂陽明之良知之知，具好善惡惡之情，陽明亦言良知之至誠惻怛。然陽明必以知之名攝情之名，亦未能眞並重此中之情，其言亦不能無憾也。是皆可說與孔孟中庸之重性情之教，尙微有間。而自學術思想史上觀其故，則初蓋由漢儒之賤情，魏晉玄學家承老莊而言忘情，佛學嘗斥情識，李翺有滅情之說，而情之名卽涵劣義；故宋儒由濂溪橫渠至伊川，乃皆位情欲于性理之下；而朱子與陸王之尊性理、尊心知，亦不能遽及于尊情，而全契孔孟之重性情之教。慧命之相續之流，其流亦是漸，固不能一蹴而幾也。

然此漢唐至宋明儒者，以及道佛二家，其必置情欲于人心之下位，亦非無故。此乃由其咸有見于此人之情欲，可爲人之罪惡之原。而孔孟中庸所言之憤悱、惻隱、肫肫之仁等，則亦原可只視之爲屬于人之心體之密藏，以爲其本然之天情，而唯偶或昭露于其與物通感之際，而稍縱卽逝者。此亦如佛家所言之同體大悲，耶穌所言上帝之愛，屬于佛心與上帝之密藏，而唯偶表現于人之愛心與悲情之中者。人欲緣此本然之天情之昭露表現者，以直接契入其泉原，而見其淵淵浩浩，固原爲可能。象山陽明蕺山之工夫路數，其指向卽在此。然人更有此居人心下位之情欲，爲之障礙，以與此所昭露表現者，夾雜共流，則人不能自保其天情如淵泉之時出。人卽唯有恃其心知之明，以見義理之所當然，辨別其情之何所是；更以義理自持，以制此居下位之情欲，爲工夫之始。又凡人之本然之天情之昭露表現，有未純一，或未如量，以昭露表現之處，亦皆只顯爲一當然當有之情。當然而未然，當有而未有，則此情，非已有或實然之情，而只爲其已有或實然之情，在理上所更當發展出者。卽只是理上之所當有當然，而只是理。則人卽能直接契入此泉原，而見此本然之天情之淵淵浩浩，而自具形上一「實然相」者；亦須同時見及此具形而上之實然相者，在其未昭露表現之處，如更自上垂下，以顯一「當然相」，而只爲理，乃更有其後之昭露表現之「實然相」也。凡當此本然之天情，未有其昭露表現之處，其對吾人之未能全仁者言，與人當下實有之情之不能一，亦如心之未如理處，心與理之未能合一也。由此言之，則朱子之謂仁只是愛之理，又正是對仁之當然相，作如實說。蓋吾人雖可謂吾人心體中，亦原有此本然之惻怛仁愛之情，充滿于此心體；然自此情之未昭露表現處說，此情便仍只是一理上之當然，而只是當愛之理也。以致無論吾人今對此心體上本然之天情，更如何說；對與此心體所具有而與此情相俱之知、意、才、能、願、欲等，更如何說；亦無論吾人對此心體之廣大、高明、神聖、莊嚴如何說；然自其未能純一而如量，以昭露表現處看，卽皆只對吾人表現為理上所當然當有，而可只說之為理。吾人今若只就此心體之廣大高明神聖莊嚴之本然，而說之為形上之實然，以成一形上學，固可開拓吾人之心靈境界，或更通之于一客觀宇宙之形上學，又可更開拓境界。此境界之體認嚮往，亦可助成人之德性工夫。然亦未嘗不可流為光景之玩弄，為工夫之礙。此其為效，對一般學者言，恒不如直體認昔賢之氣象言行者，其工夫之平實無弊。此卽朱子編近思錄、劉蕺山編人譜之旨。至學者如欲直接緣其對形上之本然者所嚮往體認者，以用工夫，則總上所論，其要義亦甚約。卽吾人于此必當知：凡在此本然者之未純一而如量的昭露表現之處，皆只顯為理上之當然當有，而吾人亦當知其只是理，為工夫之始。于此理上之當然當有者，吾人能由工夫，以使之成實然、已有，卽實見此理之卽是性。至吾人眞欲見此性理上之當然當有，則初恒待吾人之先靜斂其心，存得虛靈明覺之心體；以超越于上述之居下位之情欲，與其所接之物等之外，以下學而上達；方能廣開天門，使此性此理，更由上而下垂，以由當然而化為實然。人于此若只重在言此理之尊，與此心之靈者，卽朱子承伊川而有之教。至于由此理上之當然，卽人之心知所當實現，因而知人原有與此理不二之本心良知，為形上之本然者，卽象山陽明之教。若乎更由人之心知之實現此理，卽見人之本心良知之原有此理所貫徹之情之意，而更知此情此意，主宰流行于本心良知之體之中；而再覩孔子所謂憤悱、孟子所謂惻隱、中庸所謂肫肫之仁，同爲心體上所自具之天情；此則循蕺山之言而進，以還契于孔孟重性情之教矣。今吾人如必欲綜貫此諸言以說工夫，則「人能存其心之虛靈明覺，以自拔于昏蔽，時見得理之當然；還自契此理之卽本心良知，以惡惡而好善；而成此本然之意之情，自主宰、自流行」，卽人皆當下可用之性情上之工夫，則程朱陸王至蕺山之教，皆在其中矣。

吾言至此，所論已畢。然吾人欲對此上所述宋明諸儒所言心性之義，在整個儒學之義理世界中之地位，有一圓融之理解，更當知此上所謂宋明諸儒之言心性，還契于孔孟重性情之教云云，固非其言義理之方式全同之謂。宋明諸儒之言心性，必由外而內，由下而上，以反省及形上心體上之本然具有者，爲人之德性工夫上之當然者之所本，以再化當然者爲實然。此固不同于孔孟之性情之教，初未嘗重此形上形下與內外之分，而多只在具體當下之日用常行、禮樂政教之生活上，指點人上達之志；要在教人充實其當有之性情于內，而暢達表現之于外者也。孔子之言心之「安仁」，「從心所欲不踰矩」，孟子之言心之四端之發，如原泉混混，不舍晝夜，放乎四海，皆是直下具「卽心、卽理、卽情、卽欲」之旨；而又未嘗明有是言。故其言義理之方式，卽皆爲表現的、直接顯示的；而非如宋明儒之言之爲反省的、間接指示的。此則由孔孟之性情之教，乃一原始的開創形態之教，故其所言之正面義理，皆初不必與其所對治、而爲其反面者，相對地說；而只是直對正面之義，絕對地說。宋明儒之言心性，則是繼續漢唐之儒道佛之言人之情欲等，具種種使人下墮之機之後，而更言此心性中有能超化之，而提昇人之精神，以上達之本原在。由是而其指示此一本原之正面義理，即多是與其所對治之「反面者」，相對地說。此中于本原上之義理，固須一一確定之而無疑；而如何上契此本原而實證實行之工夫，亦須一一把穩，不爲其反面者之所搖動。則其言義理，亦宜更多辨析之功，以趣向于精微與高明，而後其言乃能挺拔而直立。然亦正以此之故，而其言初不能無偏至；其教亦與孔孟之教之涵被廣遠，而亦更切于庸常之行者不同。而凡言義理之至于精微高明之境，而不能無偏至者，則欲進一步，恒非易事。此蓋如人之行于高山峻嶺者，一步之差，即墮百仞之淵。其難于舉足，非未嘗登高者之所知。夫此心性情之爲物，固即在吾人生命之自身，而吾人未嘗與之須臾離；孔孟亦嘗以簡言說之而盡。然宋明儒者屬之于形上之本然之心體，以究其高明與精微之義，則必由周、張、程、朱、陸、王門諸子，東林儒者至蕺山諸大儒，窮老盡氣，次第困心衡慮于天與人、性與情、理與氣、心與理、已發與未發、本體與工夫、至善與無善無惡諸問題，至數百年，而後至乎其極，方還契于孔孟之性情之教者，正以在此高明精微之義理境界上求升進，有如行于高山峻嶺，而環山一周之不易也。

然此上所謂宋明儒于形上之本然之心體上，所言之高明精微之義，初不能無偏至，必步步穩進，歷數百年而至乎其極云云，亦非如黑格爾之論哲學史，而視此中之一一大儒之所言者，皆爲偏面之片斷；唯有合而觀其歷史的發展，乃見有一整全之義理，而堪爲人之德性工夫之所據之謂。若果然也，則蕺山以前之宋明儒，無一有眞正之德性工夫，亦無能見此整全之義理者。人亦將可謂凡未嘗觀此中之思想義理之發展，或于此發展認識不清者，皆不能有德性工夫。吾亦可自據前文所論，以謂昔人于此中思想義理之歷史發展，其認識尚未清，而謂不讀吾文者，不能有德性工夫也。此則必斷斷不然。今欲知其所以必不然之故，則更當知人之言說之表面的意義，其不能免于偏至者，其所指向之意義，則未嘗不可向在全。吾人欲知言之指向的意義，要在卽其言之意，以逆求其志之所往。若其志之所往同，則人于東西南北之偏位，所爲之一切偏至之言，其所共指向的意義，卽可同趣在一中心。則人聞不同之偏至之言者，皆可同趣于一整全之義理，而亦皆可有見于一整全之義理。此在一切義理之言中，其涉及于人之德性工夫者，尤然。蓋言之涉及德性工夫者，導人以如何宅心如何行爲之言也。此其意義之所存，明全在其所指向。由是而無論其言之備與不備，只須其指向者同，而人又果皆能循之以宅心、以行爲，則其所趣之境，便儘可無二無別，而無不備。如導游之書，果能導人游于一地，于此地之所說之詳略，亦可無足重輕；而人果能同至一地，其所見者，固亦可未嘗不同也。今吾人若謂人之德性工夫，要在實證實現吾人之形上心體之本然，而在此形上心體之本然中，性、理、心、知、情、意等，原皆具足；則吾人無論自伊川朱子之先見理上之當然之教入，或自陸王之發明本心致良知之教入，或自蕺山之誠意而存天情之自運之教入，于此上所謂「本然具足」者，固應終歸同見也。若其不然，則此形上心體之本然，應自先割裂支離，而亦無此「本然具足」之可說矣。是卽見吾人果能對宋明儒之綜合德性工夫，以言心性者，就其所指向的意義，而亦實循工夫而契入之，則對其高明精微之言，不無偏至，而未能全備者，亦即不當逕謂其只爲義理之全中之偏面之片斷；而當知人能眞依此偏至之言，以實循工夫而契入，亦皆同可使吾人實有見于此義理之全也。吾人亦非必須先觀其所言之思想義理之歷史之發展之全，而亦未嘗不可有其工夫之可用，以實有見于此義理之全矣。由此而吾人于此諸儒所言者，乃可更縱通今古，而橫觀其並在，如見其環山而俱立，一一皆示人以登升之路，而共趣于一境。然後知其綜合德性工夫，以言心性之義，對眞實用工夫者言，無不可相輔爲用，而亦未嘗不獨立具足；而學者之取資以自成其學，教者之取資以因材施教，乃皆可左右逢源，圓融無礙矣。

# 第二十章　王船山之天道論

## 一　前言

明儒陽明之學，至末流而弊。其弊蓋在言心性而遺經世之學。顧亭林所謂舍多學而識，以求一貫之方，置四海之困窮而不問，而終日講危微精一之學是也。求一貫之方，本是宋明理學之根本精神，亦宋明理學之所長。唯徒求一貫之方，而舍多學而識之工夫，誠難免于有體無用之譏。而所謂置四海困窮而不問，則正與宋明諸師講學之旨相悖。明末理學家如高攀龍、顧憲成、劉蕺山等，皆大義凜然，豈置四海之困窮而不問者？然末流之弊，有如亭林所言，亦不可爲諱。故明末儒者，無不重經世致用之學。如梨洲、亭林、船山則其選也。其中亭林之用心，全在治道。其以「博學于文，行己有恥」之義教人，可謂能矯當世之弊。其人格之堅卓，可以立儒者之矩範。然其在哲學思想本身，殊無創發。梨洲之思想，大體承蕺山之緒，其言治道，亦多精闢之見。惟船山竄身猺洞，發憤著書，其哲學思想最爲夐絕。船山本其哲學思想之根本觀念，以論經世之學，承宋明儒重內聖之學之精神，而及于外王，以通性與天道與治化之方而一之者，惟船山可當之耳。

船山之哲學，重矯王學之弊，故于陽明攻擊最烈。于程、朱、康節，皆有所彈正，而獨有契于橫渠。其著作卷帙浩繁，又多是注疏體裁，思想精義，隨文散見，其文之才氣盛大，恆曼衍其辭，汗漫廣說，頗難歸約。同類之語，重複疊見各書，尤難選擇何者最宜作為代表，加以引用。吾雖嘗全讀其書二度，亦不敢言于其書之要領，皆得之無遺。大約其書，以周易內外傳、讀四書大全說、詩廣傳、尚書引義、思問錄、正蒙注、讀通鑑論、宋論為最重要者。以其哲學思想而論，取客觀現實的宇宙論之進路，初非心性論之進路，故特取橫渠之言氣，而去橫渠太虛之義。彼以氣為實，頗似漢儒。然船山言氣復重理，其理仍為氣之主，則近于宋儒，而異于漢儒。惟其所謂理雖為氣之主，謂離氣無理，謂理為氣之理，則同于明儒。明儒言氣，或溯之于未始有物之先之元氣，如王廷相；船山則即器似言氣，從不溯氣于未始有物之先，則大異于明儒。又其言氣，不言一氣之化，而言二氣之化；二氣之德為乾坤，故其講易，主乾坤並建，謂太極即陰陽二氣之化之渾合。此又異于先儒二氣原于一氣之說。其論性則謂天以氣授理于人，以為人之性；人能受理而性獨善。故船山之言性，特重人物之性之差別，而嚴辨人禽之異。其言性具于心，而心非即性；性無不善，而心有不善之幾，即不善之源，致情有不善者。故船山不任心而尊性，亦不寵情以配性，而主以性治情。情之不善，不原于氣質，而原于氣質與物相感應之際。故氣質善而不可說惡，即氣之性善而不可說惡。由此而本氣以確立性善義。乃不復如宋儒之多歸惡之原于氣。在脩養之工夫上，乃可立貞正之養氣踐形之功。養氣而浩然無敵，乃可克復險阻，成貞正之事業，以人事繼天功。故船山之根本思想，即在由性即氣之性，而暢發性善氣亦善之義。惡不在氣而在情，善不在心而在性。故卽情不足以知性，任心不足以見性，舍氣實足以孤性。卽情知性，卽心見性，則明儒卽心之知覺運動、視聽言動、喜樂哀怒以言性之說。舍氣言性，則程朱以理言性，氣爲理蔽之說。卽情言性，其病只在重氣機之鼓盪，而不知氣之凝結而蘊于內者，或不免以人欲爲天理。舍氣而但以理言性，則不免以觀理爲重，而輕養氣，或流于山林枯槁。而此二者在船山意，則皆爲宋明儒思想之鄰于佛者；必剔而去之，乃可以嚴儒佛之壁壘。由此以論中國之歷史文化，則尤能見其精彩，非昔之宋明儒者所及。關于船山之哲學思想之宗旨大體如是。吾對其學與其先宋明儒之學之得失之評論，已略見原性篇。今文唯對其學，作一客觀的疏釋。其中亦頗有異于當世之論船山思想者，讀者幸留意焉。玆分天道論、天道性命關係論、人性論、人道論、人文化成論，以述船山學。本章先述天道論。

## 二 道卽器之道義

船山之言道，不取朱子嚴分形上形下，嚴分體用之說。朱子以形而上者卽理，理之義則或同于道。形下爲氣。理爲體，而理之顯于氣，爲用。船山則統形上形下，而以氣化爲形上、爲體，卽形器明道，卽事見理，卽用見體。此頗類似陽明。然陽明之卽用見體，體惟是良知天理。卽事見理，事惟是致此良知天理。陽明以人道攝天道，無獨立之天道論。而船山之言卽器明道，卽事見理，卽用見體，則不僅據以明人道，同時據以明天道，而有獨立之天道論。其卽形器以明道之言，頗爲今世所習知。如周易外傳卷五繫辭上傳十二章注曰：

「形而上者，非無形之謂。既有形矣，有形而後有形而上。無形之上，亘古今，通萬變，窮天窮地，窮人窮物，皆所未有者也。故曰唯聖人然後可以踐形。踐其下，非踐其上也……器而後有形，形而後有上。無形無下，人所言也，無形無上，顯而易見之理。……君子之道，盡夫器而已矣。」讀四書大全說卷二第二十二頁中庸第十一章注曰：

「形而上者，隱也；形而下者，顯也。纔說形而上，早已有一形字爲可按之跡，可指求之主名。就這上面窮將去，雖深求而亦無不可。惟一概抹丟下者（這）形，籠統向那沒邊際處去搜索，如釋氏之七處徵心，全不依物理推測將去方是索隱。」

又周易內傳卷五形上者謂之道之傳，最爲重要。其言曰：

「形之所可用，以效其當然之能者，如車之所以可載、器之所以可盛，乃至父子之孝慈、君臣之有忠禮，皆隱于形之中而不顯。二者則所謂當然之道也，形而上者也。形而下者，卽形之已成乎物，而可見可循者也。」

「形而上之道隱矣，乃必有其形，而後前乎所以成之者之良能著，後乎所以用之者之功效定。故謂之形而上者，而不離乎形。道與器不相離。」

由上可知船山之言道，乃卽形器以明道，以形器之概念爲首出，而以道爲形器之道。由船山以形器之概念爲首出，便可知其思想，乃先肯定現實一切存在之眞實性，先肯定個體事物之眞實性。必肯定個體事物之眞實性，然後其「前乎所以成之者之良能」乃著，「後乎所以用之者之功效」乃定。然個體事物所以成之良能本身，所以用之功效本身，則非形，而爲形而上。事物所以成之良能，可原爲其他形器之良能。然其他形器是有形，而其能成此物之能，則無形。事物所以用之功效，可見于後之其他形器，而此功效之本身，則無形。事物不成或無用，則事物不得稱爲事物，故無形之上亦無形，無器之上亦無器。通事物所以成之「能」，所以用之「功效」，以觀形器，則形器亦卽在形而上中，而不可二。每一形器皆承前之其他事物「良能」以成其自身；而呈其「功效」于後之其他事物，更別有所成。如以形器爲事物之體，良能功效爲其用，則每一形器，皆承前之事物之體之用，以成其爲體，而自用其體，以爲其後事物之體。故任何形器之體，皆爲用之所凝成，而復化其體，以呈用于他者。夫然，故形器之體之所以爲體，卽依其承用與呈用以得名。形器雖有形，通形體之中者，惟是一用之流行。推擴此義，以觀宇宙之形形器器之全體，卽惟是一大用之流行。此用之流行，在一歷程中、一路道中。故吾人當由肯定任一個體事物之爲眞實，轉而肯定此用之流行中所顯示之一道之爲眞實，是卽下文所謂「此以形而發生乎用之利，可卽器以遇道者也」。卽形器而遇道、見道，故可言道卽在形器中，無形器無道。然形器皆在此用之流行中，而用之流行中必有道，故無道亦無器。器若不眞實，道不得眞實；然道不眞實，器亦不得眞實。道與器，本無先後可言。惟器之眞實，爲吾人日常生活中所先肯定，由肯定器之眞實，乃知道之眞實，故曰器中之道。實則道與器，乃一物二面而已。故船山在思問錄中曰：「統此一物，形而上則謂之道，形而下則謂之器。」此所謂道，即船山之天道論中爲萬物所共由之道也。

## 三　道即器之道，器即氣自用其體之所成義

上繹船山所謂之道，即器之道之義，乃本于先肯定器之眞實，乃能肯定道之眞實。原器之所以爲眞實，照程朱之義，其根據在理之顯于氣。理爲眞實，故理顯于氣所成之器，亦爲眞實之器。由理之相續顯于氣，即有理之用之流行。理之用之流行即道。依程朱說，理不顯仍是理，理顯于氣乃成器；則尅就器之成而言，其關鍵在氣而不在理。然程朱仍就理之眞實，以說氣之眞實者，則本于理先氣後之義。此乃初自道德心靈中所見之當然之理，先于實然之氣而說，此吾人前所論。然船山于此義，蓋無所會，而惟就一形器之物之能呈用，以生其他形器之物，見其具陽生之氣。而其他形器之物，則承其用而自成，于此見一陰成之氣。遂謂任一形器之物，皆依此天地間之陰陽之二氣，爲其成形器之物

之根據，以此謂氣之眞實，爲器之所以爲眞實之根據。依船山說，器固有理，器之如何如何自呈其用，以生他器，與器之如何如何承他之用，以自成其爲器，卽器之理。此器之理，亦卽陰陽之氣之理。唯器眞實，而其理爲眞實。故由理爲器之理，道爲器之道，卽可轉爲理爲氣之理，而道亦爲氣之道之說。總而言之，卽理惟自其爲器或氣之理，而有眞實義。程朱以理之眞實，說氣與器之眞實。船山則由器之眞實，至氣之眞實，以說其理之眞實。朱子言及理之顯于氣而成器。此理之顯于氣以成器，必先有動之理，而後有陽之氣；必先有靜之理，而後有陰之氣。陽動而氣生，陰靜而氣成。相續依動之理，以有陽之氣；相續依靜之理，以有陰之氣；乃由一形器之成，更成他形器。由動靜之理，相續顯現于氣，而有天地間之形形相繼，器器迭成，而其道乃名天地之道。此天地之道，卽表現于天之形形相繼，器器迭成之化育流行中。依船山說，則一切有形器之物，無不承他物之用，而更自用其體以生他物，而存于此一用之流行中。亦卽皆依陰陽二氣，以成其爲形器之物。由此而可更說天地間惟有此陰陽二氣之自順其動靜之理，而自靜自動，以有此天地間形形相繼，器器迭成。則通此宇宙，只此由二氣自順其動靜之理，而有之化育流行。萬形萬器，卽在此二氣之化育流行中，成成化化。故惟此陰陽二氣，與萬形萬器爲體。萬形萬器，皆可說爲此二氣之所凝，而萬形萬器，卽更可說爲此二氣之自用其體所成者。此二氣之動靜之理，自在二氣之中，張子正蒙注卷一「若謂虛能生氣」下注曰：

「動靜者，卽此陰陽之動靜。動則陰變于陽，靜則陽凝于陰……非動而後有陽，靜而後有陰。」此言動靜屬于陰陽，非朱子所謂動靜之理，先于陰陽之氣之說矣。讀四書大全說卷二第六頁曰：

「天以陰陽五行化生萬物。以者，用也，卽用此陰陽五行之體也。……天運而不息，只是此體，只是此用……有形未有形，有象未有象，統謂之天，則健順無體，而非無體，五行有形，而不窮于形也。只此求解人不易。」

（太平洋書局本）

此言陰陽二氣自用其體，以成物也。又讀四書大全說卷第二頁曰：

「當其有體，用已現；及其用之，無非體，蓋用者用其體，而卽以此體爲用也。」

又讀四書大全說卷三第八頁論中庸一部書大綱一節曰：

「言體者，亦用之體也……大率聖賢言天，必不捨用，與後儒所謂太虛者不同。若未有用之體，則不可言誠者天之道矣。舍此化育流行之外，別問窅窅空空之太虛，雖未嘗有妄，而亦無所謂誠。……道者，天之大用所流行，其必由之路也」

此泛論無離用之體。二氣之體必自用，斯有化育流行之道也。又周易外傳乾卦首曰：「道體乎物之中，以生天下之用者也。」此言氣之道，體物不遺也。

## 四　道之調劑乎陰陽義

船山雖以道爲氣之道，然道與氣之名義固各別。氣自用其體以成器，而其自用其體之方式或道路，卽道也。氣之自用其體，卽實有之萬形萬器之所以成，而道亦卽爲萬形萬器所同表現遵循之實理。故船山釋道爲萬物所眾著而共由者。萬物之所眾著而共由者，卽陽以生之，陰以成之之理。而此理卽二氣之所以自用其體之方式也。陽之生爲象，（象者，有徵象而未成形，卽物之始生也。）陰之成爲形。由生而成，成而後生；由象而形，由形而象。此生成之更迭，形象之出入，見陰陽之不竭于用，見二氣之自用其體，若有恆常之方式，以主持調劑之者，是卽道也。故周易外傳卷五繫辭上傳第五章注曰：

「道者，物之所眾著而共由者也。物之所著，惟其有可見之實也；物之所由，惟其有可循之恆也。既盈兩間，而無不可見，盈兩間，而無不可循。故盈兩間，皆道也。可見者，其象也；可循者，其形也。出乎象，入乎形；出乎形，入乎象。兩間皆形象，兩間皆陰陽也。兩間皆陰陽，兩間皆道。……易固有一陰一陽之謂道，一之一之云者，蓋言夫主持而分劑之也。」

道惟是指主持調劑乎陰陽者，卽陰陽之相繼續或相轉易之方式。相繼則陽繼陽、陰繼陰，相轉易，則陰轉爲陽、或陽轉爲陰。此道此方式，唯于陰陽二氣之用之流行中見之，而不在其上其外者。周易外傳卷二大有傳有言曰「故善言道者，由用以得體；不善言道者，妄立一體，而消用以從之」。故道非在陰陽之氣之用之上之外，而在陰陽之氣之用之中。道爲一，陰陽爲二。然道之一，唯是由陰陽之二，自相繼、相轉易而見。故周易外傳卷五繫辭上傳第二章曰：「陰陽與道爲體，道建陰陽以居。」

## 五　太　極

由陰陽之有道以主持之，調劑之，使陰陽相繼相轉易，則見陰陽二氣之無間，而相渾合。即此陰陽二氣之渾合，言其實涵二氣之合，則謂之太極。故周易內傳卷五繫辭上傳第九章易有太極注曰：

「太極者，極其大而無尙之辭。極，至也。語道至此而盡也。其實陰陽之渾合者而已，而不可名之爲陰陽。但贊其極至而無以加，曰太極。太極者，無有不極也，無有一極也。唯無有一極，而無所不極」。又周易內傳繫辭上論一陰一陽之謂道曰：

「陰陽者，太極所有之實也……合之，則爲太極；分之，則謂之陰陽。不可強同，不相悖害，謂之太和。皆言乎陰陽靜存之體，而動發亦不失也。」

太極含陰陽之氣，即復含陰陽之理。純陽之理爲乾，純陰之理爲坤。故船山又謂「太極者乾坤之合撰」。陰陽轉易之理爲道。故船山于正蒙注又謂「道者，天地人物之道，理卽所謂太極也。合而如實言之，則太極爲理氣之全。」故其于思問錄外篇曰：「太極雖靈，而理氣充凝。」

太極爲理氣所充凝，然就太極以言陰陽二氣，乃渾合而無間之氣。就二氣之渾合無間言，無二氣之分別，亦無陰陽之理之分別。陰陽之理之分別，惟可在陰陽二氣之化上安立。故太極不可如朱子所謂「只是個理字。」理之名不孤立，道之名亦不孤立。故上說太極爲理氣所充凝，太極爲道者，乃推理道之本于太極言之耳。故讀四書大全說卷十第三十三頁曰：

「太極最初只是一〇，渾淪齊一，固不得名之爲理。殆其繼之者善，爲二儀，爲四象，爲八卦，同異彰而條理現，而後理之名以起焉。氣之化而人生焉，人生而性成焉。由氣化而後理之實著，道之名因以立。是理唯可以言性，而不可加諸天也，審矣。就氣化之流行于天壤，各有其當然者曰道。」然此陰陽二氣渾淪齊一之太極，並非在天地之先，存在于宇宙初開闢之時，萬物由之以次第化生，如漢儒與邵康節之說；而是卽在當前之現實宇宙中者。船山極反對先有一渾淪之太極，分爲乾坤，化爲天地萬物之說。故在周易外傳卷五繫辭上傳第一章又疑康節之說曰：

「抑邵子之圖易，謂自伏羲來者，亦有異焉。太極立而漸變，因漸變爲乾坤，則疑夫乾坤之先，有太極矣。如實言之，太極者乾坤之合撰。健則極健，順則極順，無不極而無專極者也。無極，則太極未有位矣。未有位，則孰者爲乾坤所資以生者乎」。周易外傳卷五第九章更曰「太極之在兩間，無初無終，而不可間也；無彼無此，而不可破也；自大至細，而象皆其象；自一至萬，而數皆其數。故空不流而實不窒，靈不私而頑不遺，亦靜不先而動不後矣。……要此太極，混淪皆備，不可析也，不可聚也。以成天之聚，不可析也；以入天下之析，不可聚也。

太極非在乾坤天地萬物之先，故道亦不在乾坤天地萬物之先。周易外傳卷一乾卦傳反對道生天地之說曰：

「道者天地精粹之用，與天地並行，而未有先後者也。使先天地而生，則有有道而無天地之日矣。彼何寓哉？而誰得字之曰道？……若夫混成之天，見其合，而不知其合之妙也……太極動而生陽，靜而生陰，……一動一靜，各有其紀，于是者乃謂之道。今夫水穀之化爲清濁之氣，以育榮衞，其化也合同，其分也纖細，不然則病。道有留滯于陰陽未判之先而混成者，則道病矣。而惡乎其生天生地也？夫道之生天地也者，卽天地之體道者是已。故天體道以爲行，則健而乾；地體道以爲勢，則順而坤。無有先之者矣。體道之全，而行與勢，各有其德，無始混而後分矣。語其分，則有太極而必有動靜之殊矣；語其合，則形器之餘，終無有偏焉者，而亦可謂之混成矣。夫老氏則惡足以語此哉」。

船山論道生天地，唯是指天地之體道者而言。天地之體道而變化，乃是合同而化，化而復分，分而復合者。此之謂合行于分。合行于分，乃船山精義之一。合行于分，合以「成天下之聚」，分以「入天下之析」。至合至分。至合而不可析，至分而不可聚。分合相生，斯爲大合。故混成未判于陰陽之先而存之道，乃不行于分之合，爲道之留滯。而一動一靜之各有其紀，旋分旋合，陰陽二氣之所凝之形器，無所偏焉者，卽道之混成義之所寄，不可求之于天地之先也。（周易外傳卷五，論合行于分之義最明。）

太極或道，不在乾坤天地萬物之先，卽在體道或太極，而合同而化之天地萬物之中。簡言之，是乃謂太極或道卽在氣化之流行中。惟太極或道，卽在氣化之流行中，然後可言氣化之流行，皆原是太極之昭布。故周易外傳卷五第十一章易有太極注曰：

「是故性情，相需者也；始終，相成者也；體用，相函者也。性以發情，情以充性。始以肇終，終以集始。體以致用，用以備體。陽動而喜，陰動而怒，故曰性以發情；喜以獎善，怒以止惡，故曰情以充性。三時有待，春開必先，故曰始以肇終；四序所登，春功乃備，故曰終以集始。無車何乘，無器何貯，故曰體以致用；不貯非器，不乘非車，故曰用以備體。六者異撰而同有，同有而無不至，無不至則太極矣。……故曰易有太極，不謂太極有易也。唯易有太極，故太極有易。所自生者，肇生；所已生者，成所生。無子之叟，不名爲父也。

此言太極卽見于性情、終始、體用之相需、相成、相函之中，卽所以明太極之必呈其用于氣化流行之易之中。且必太極之呈其用于氣化流行之用中，乃見氣化流行之用，原自太極之體。故太極之體之爲天地萬物所自生之名所以立，非以其先天地萬物之名而立，正以其後天地萬物之生而立。猶父之名所以立，後于其子之生。叟未生子不名父。故曰「惟易有太極，故太極有易也。」

## 六　乾坤並建

惟船山以太極為乾坤之合撰，陰陽之渾合，太極不先于乾坤陰陽，必有乾坤陰陽之合同而化，乃見易之有太極。故船山主乾坤並建，不取漢人乾元、坤元只是一乾元之說，亦不取宋儒一氣流行成二氣之說。而主乾坤陰陽，自始即相待而有。故周易內傳卷一乾卦傳謂：「周易並建乾坤為太始，以陰陽至足者，統六十二卦之變通。古今之遙，兩間之大，一物之體性，一事之功能，無有有陰而無陽，有陽而無陰；無有有地而無天，有天而無地。」又正蒙注卷七太易篇「陰陽剛柔仁義之本宜」句注曰：「周易並建乾坤于首，無有先後，天地一成之象也。無有有地而無天，有天而無地之時。則無有有乾而無坤、有坤而無乾之道。無有陰無陽、有陽無陰之氣，無有剛無柔、有柔無剛之質，故無有仁無義有義無仁之性。」

乾坤並建而後有易有太極，故乾坤稱為易之蘊。物有表裏，表者其情，裏者其性。性顯于情之謂著。天著其乾以行地，而交坤；地著其坤以承天，而交乾。由天地之互著，乾坤之必交，即知天地皆各蘊乾坤合撰之太極。而太極亦若分二，為天地各各之所具有。萬物萬有之由動而靜，即著其乾以交坤；其由靜而動，即著其坤以交乾。故任何器物皆有此乾坤合撰之太極，以為其蘊。惟然，乃有所謂天地萬物之變易。而器物之靜者，乃不能自守其靜，而滯其形，必「調之以流動」。其流動又不能無所歸以收攝，必「充之而凝實」。故器皆自化而不死，復不滯其形而恆虛。凡此皆乾坤合撰之太極之道，爲之主持分劑，以成此一動一靜之大易。故由器之虛，卽以見道之實，而乾坤與易，相爲保合。所以言乾坤與易，相爲保合者，因由乾坤之道而後有易，有易而後見乾坤之道之眞實，爲器物之蘊也。此義周易外傳卷五繫辭上傳十二章注言之最精。

「夫縕者，其所著也……有其表者，有其裏者，有其著者。著者之于表裏，使其二而可以一用，非既已二而三之也。盈天地之間，何非著者之充哉。天位乎上，地位乎下，上下之際，密邇而無毫髮之間，則又惡所容其著者，而又非也？天下濟而行，地上承而合。下行之極于重淵，而天恆入以施；上合之極于層霄，而地恆蒸以應。此必有情焉，而必有性焉，必有以輔形、有以充神焉。故乾曰時乘六龍以御天。乾者所以御天而不濟也。坤曰牝馬地類，行地無疆。坤者所以行地而上承也。盈天地之間，皆器矣。器有其表者，有其裏者，成表裏之各用，以合用而底于成，則天德之乾、地德之坤，非其縕焉者乎？是故調之而流動，則不滯，充之而凝實，則不餒，而後器不死而道不虛生。器不死，則凡器皆虛也；道不虛生，則凡道皆實也。豈得有堅郛峙之，以使中屢空耶？豈得有龐雜窒之，而表裏不親耶？故合二以一者，既分一爲二之所固有矣。是故乾坤與易，相爲保合。」

## 七　現實宇宙之動而無息、真實不虛與變不失常義

惟以天地萬物皆以乾坤爲其蘊而成易，易不息而乾坤不裂，故整個宇宙爲眞正之動而無息者，可名之爲一絕對之流行，一絕對之動。而相對之動靜，則涵于此絕對之動中，以成就此絕對之動者。絕對之動者，一動一靜、一闔一闢之更迭而無窮之一動也。故思問錄內篇曰：

「太極動而生陽，動之動也；靜而生陰，動之靜也。廢然無動無靜，陰陽惡從生哉。一動一靜，闔闢之謂也。由闔而闢，由闢而闔，皆動也。廢然之靜，則是息矣。至誠無息，況天地乎。維天之命，於穆不已，何靜之有。」詩廣傳卷一鄭風傳曰：

「與其專言靜也，無寧言動。動靜無端者也，故專言靜，未有能靜者也。性之體靜而效動。苟不足以效動，則靜無性矣。旣無性，又奚所靜耶？性效于情，情效于才，皆效以動也。……故天下之不能動者，未有能靜者也。」又周易外傳卷六頁十二曰：

「天下日動，而君子日生，天下日生，而君子日動。動者，道之樞、德之牖也……故曰天地之大德曰生，離乎死之不動之謂也。」

凡此重動之言，實具動靜相涵之義。惟動靜相涵，而動乃不息。動靜相涵者，闔以處靜，而受陽

藏動；闢以施動，而盪陰啟靜。故周易內傳卷五「闔戶之謂坤」傳曰：

「陰受陽施，斂以爲實，闔之象也；陽行乎陰，盪陰而啟之，闢之象也。……已闔而靜，方闢則動；闢之也動，旣闢而靜。靜以成體，動以發用。」

又正蒙大易篇闔戶句注卷七曰：

「陰之爻偶，闢象也，而言闔戶者，坤之德，順以受陽之施，闔而約之，處靜以藏動也。陽之爻奇，闔象也。而言闢戶者，乾之德健而發，施于陰者無所吝，而動則無不達也。」又同章形開句注「靜以居動，則動者不離乎靜；動以動其靜，則靜者亦動而靈。此一闔一闢之所以爲道也。」

以動靜闔闢相涵之故，動而靜，靜復動，闢而闔，闔復闢。故物之日生而日成，旋往旋來，如川流之不息；動靜闔闢往來，相反而相成。故周易外傳卷七說卦傳曰：

「著其往，則人見其往，莫知其歸矣；飾其歸，則人見其歸，莫知其往矣。故川流之速，其逝可見，其返而生者，不可見也。百昌之榮，其盛者可知，其所從消者，不可知也。離然耳目之限，如幽明之隔，豈足以知大化之神乎。大化之神，不疾而速，不行而至者也。故曰闢戶之謂乾，闔戶之謂坤。一闔一闢之謂變，往來不窮之謂通。闔有闢，闢有闔，故往不窮來，來不窮往。往不窮來，往乃不窮，川流之所以可屢遷而不停也。來不窮往，來乃不窮，百昌之所以可日榮而不匱也。故闔闢者，疑相敵也；往來者，疑相反也。然而以闔故闢，無闔則何闢？以闢故闔，無闢則何闔？則謂闔闢以異情而相敵，往來以異勢而相反，其不足以與大化之神久矣……方言乾而卽言坤，鈞之所運、軸之所轉，疾以相報，合以相成。一氣之往來，成乎二卦，而剛柔之用全。」

正蒙太和篇注又說陰陽之相反相成之義曰：

「以氣化言之，陰陽各成其象，則相爲對。剛柔、寒溫、生殺，必相反而相爲仇。乃其究也，互以相成，無終相敵之理，而解散，仍返于太虛……相反相仇則惡，和而解則愛。「陰陽異用，惡不容已。陰得陽，陽得陰，乃遂其化，愛不容已。太虛一實之氣所必有之幾也。」

一動一靜，一闔一闢，一往一來，大化之流行，統爲一絕對之動。故宇宙無眞正之虛，而宇宙爲絕對之眞實無妄。此絕對之動中所涵之動靜、闔闢往來固相反，然實相反而相成，分而復合。自其分而觀之，則其靜而闔，卽往而由實返虛，而疑宇宙有眞正之一太虛，有所謂空無。然觀靜者之必動，闔者之必闢，往而由實返虛，必繼以來者之由虛入實；則宇宙實無所謂虛，虛皆氣之所充凝，無所謂空無，而惟是一流行之生，一永恒之有。所謂虛者惟是往，往不可見，故疑若無；而往者必來，則無無矣。故曰「人所見爲太虛者，氣也，非虛也。虛涵氣，氣充虛，無有所謂無者。」（正蒙卷一太和篇注）周易外傳卷二无妄卦傳曰：

「夫可依者，有也；至常者，生也。皆無妄而不可謂之妄也。……陽奠陰位，一陽內動，情不容客，機不容止，破塊啟蒙，燦然皆有。靜者治地，動者起功。治地者有而富有，起功者有而日新。殊形殊質，利用安身，其不得以有爲不可依者，亦明矣。」周易外傳卷二大有卦傳。「天下之用，皆其有者也。吾從其用，而知其體之有，豈待疑哉。用有以爲功效，體有以爲性情，體用胥有，而相需以實，故盈天下而皆持循之道」。

又正蒙注卷一太和篇「方其形也」注曰：

「天下惡有所謂無者哉，于物或未有，于事非無；于事或未有，于理非無。尋求而不得，怠惰而不求，則曰無而已矣。甚矣言無之陋也。」

宋明儒皆言虛，卽横渠亦謂由太虛有天之名。而船山于横渠所謂太虛曰「虛者，太虛之量；實者，氣之充周也」（正蒙卷一太和篇「此虛實」下注）。船山謂虛者，乃虛于此則實于彼；實于此則虛于彼。動若實而靜若虛。然靜者靜其動，而啟動，虛者虛其實，而啟實。合動靜而觀之，靜皆所以成動。合虛實而觀之，虛皆所以成實。玆案；船山循客觀宇宙論之思想方向而進，故自始卽置定一實在動用中之形形器器之相繼迭成，于其中見陰陽氣理之流行之道，而于此陰陽氣理在此流行中之相保合爲一全體處，言太極之眞實。故虛皆所以成實，靜皆所以啟動，以成此大化流行之實。此皆其循客觀宇宙論之思想方向而進，所必至之論。若言其終未免有偏向，則當溯其原于其觀客觀宇宙之思想方向。人之思想方向，若自始先向在主體心靈，則于此靜虛之義，又自別有見處，可中和船山之偏向，此則非今之所能及。

船山觀客觀宇宙，動則實，靜則虛，聚則實，散則虛。聚者謂之明，散者入于幽。然散者散所聚，聚復聚所散。幽者幽其明，明復明所幽。客觀宇宙以有動有實而爲宇宙，亦以有聚有明而爲宇宙。故于其散、其虛，不可作入虛無想，而惟可作形之化爲氣想。氣也者，可散、可幽、可靜而虛，又不失其能聚、能明、能動而實者也。虛實、動靜、聚散、幽明，皆相待而不二，故二而一，其一卽在其二其兩中見者也。故正蒙太和章「兩體者」注曰：

虛必成實，實中有虛，一也。而來則實于此，虛于彼；往則虛于此，實于彼；其體分矣。止而行之，動動也；行而止之，靜亦動也；一也。而動有動之用，靜有靜之質，其體分矣。聚者聚所散，散者散所聚，一也。而聚則顯，散則微，其體分矣。……使無一虛一實、一動一靜、一聚一散、一清一濁……則可疑太虛之本無有，而何者爲一？惟兩端迭用，遂成對立之象。于是可知所動、所靜、所聚、所散，爲虛、爲實，爲清、爲濁，皆取給于太和絪縕之實體。一之體立，故兩之用行。」又曰：「兩體各立，則溯其所從來，太和之有一實，顯矣；非有一，則無兩也。」又思問錄內篇曰：

「兩端者，虛實也，動靜也，聚散也，清濁也，其究一也。實不窒虛，知虛之皆實。靜者靜動，非不動也。聚于此者散于彼，散于此者聚于彼；濁入清而體清，清入濁而妙濁，而後知其一也。非合兩而以一爲之紐也。」又正蒙注卷七「大易不言有无」注曰：

「明有所以爲明，幽有所以爲幽。其在幽者，耳目見聞之力窮，而非理氣之本無也。……故乾非無陰，陰處于幽也；坤非無陽，陽處于幽也。……幽以爲蘊，明以爲表也，故曰易有太極。乾坤合于太和，而富有日新之無所缺也。若周子之言無極者，言道無適主，化無定則，不可名之爲極，而實有太極。亦以明夫無所謂無，而人見爲無者，皆有也。屈伸者，非理氣之生滅也。自明而之幽者爲屈，自幽而之明者爲伸。運于兩間者，恒伸；而成乎形色者，有屈。彼以無名天地之始，滅盡爲眞空之藏，猶瞽者不見有物，而遂謂之無物，其愚不可瘳已。」

宇宙無眞正之太虛、無空無，故言往來、屈伸、聚散、幽明，而不言生滅。又正蒙卷一太和篇「以言乎失道則均焉」注曰：

「曰往來、曰屈伸、曰聚散、曰幽明，而不曰生滅。生滅者，釋氏之陋說也。儻如散盡無餘之說，則此太極渾淪之內，何處爲其翕受消歸之府乎。又云：造化日新而不用其故，則此太虛之內，亦何從得此無盡之儲，以終古趨于滅而不匱耶。」

此言前半，乃謂當前客觀宇宙，明明是有，如有可入無，則必有翕受消歸此有之處。此言有者不可入無，以無不能謂有也。後半言當前之宇宙，明明日新而不斷。若言有自無來，無中焉得此無盡之有，雖經過去無盡之時間之乍有還無以滅之，仍日新而不斷耶。此言無不能生此無盡之有，有不可入無。無不能生無盡之有，則但有形化爲氣，散而入幽。則無純粹之太虛，亦無絕對空無之義，明矣。散可復聚，幽者可明，而二氣之化育流行不息，動靜、往來、屈伸不窮之義見矣。宇宙眞實無妄之義立矣。

二氣流行不息，動靜往來屈伸不窮，故天地有其至變，亦有其至常。變者，或動或靜、或往或來或屈或伸，相反而相雜。常者，動靜、往來、屈伸之相反、相雜而交成。前者道之變，後者道之常。變不失常。周易外傳卷七第雜卦傳論此最精，其一段曰：

「純者相峙，雜者相遷，聽道之運行不滯者，以各極其致，而不憂其終相背，而不相通。是以君子樂觀其反也。雜統于純，而純非專一也。積雜共處而不憂，如水穀燥潤之交養其生，生固純矣。變不失常，而常非和會也。隨變屢遷而合德，如溫暑涼寒之交成乎歲，歲有常矣。雜因純起，卽雜以成純；變合常全，奉常以處變。則相反固會其通，無不可見之天心，無不可合之道符也。」又思問錄外篇曰：

「張子曰：日月之形，萬古不變。形者，言其規模儀象也，非謂質也。質日代而形如一，無恒器而有恒道也。江河之水，古猶今也，而非今水之卽古水。鐙燭之光，昨猶今也，而非昨火之卽今火。如必用其故物，而後之恒，則當其變，而必昧其初矣，惡足以語日新之化哉。」四書訓義卷十三第十五頁亦曰：

「天地以道而流行，川其一也。道有居靜而不遷者，貞萬古而恒奠其所有；有居動而不滯者，無瞬息之暫有所停。于其靜也，可以知道之富有，有之而無可以推移也。于其動者，可以知道之曰新，有之而無可終恃也……道有其不逝，故貞志以自立，經萬變而不遷其素。道有其必逝，故成能不可恃，無中止之可安。誠使知晝夜不舍者，皆逝也，則又何晝夜之可舍矣。」

此言卽道之至變而日新，至常而恒貞者，卽寓乎其中。而其本仍在兩與一相成之義。兩者所以明變，變立而一亦見。一兩相成，而常變相成之義立矣。

## 八　乾坤之易簡義

知動靜往來屈伸之不窮，則知乾坤之至健而至順義。至健至順，則無險阻之不可克。陽動而陰靜，靜以屈其動，則似陰于乾成險。然乾至健，靜復動，屈復伸，而險非險。陰靜而陽動，動以伸其靜，使不能安于靜，則似乾于陰成阻。然動復靜，伸復屈，而阻非阻。由此而乾坤之行，乃歷險阻而易簡。依乾坤之至健至順，以通于天下無窮無盡之理，使之相續具體實現于氣化流行，以成天下之物之無窮無盡，則見乾坤之盛德。在人間而言，通理謂之知，行理而具體實現理以成物，謂之能。乾至健而通天下之理，則爲大知；坤至順以成天下之物，則爲大能。天之生物，卽天之氣之先通于物之理。通理卽知理。理無窮而知無窮，卽見其知之至健。地之成物，卽地之氣之後載此物之理，于其物之成。其載理以成物，卽見其能。載理之能無窮，卽見其至順。于乾坤知能易簡之義，船山論之極精。

乃古人所未有。今引其周易外傳卷五繫辭上傳第一章注之言，一加疏釋。

「知者，天事也；能者，地事也；知能者，人事也。今夫天，知之所自開，而天不可以知名也。今夫地，能之所已著，而不見其所以能也。清虛者無思，一大者無慮，自有其理，非知他者也，而惡得以知名之？塊然者，已實而不可變，委然者，已靜而不可興。出于地者，功歸于天，無從見其能爲也。雖然，此則天成乎天，地成乎地。人既離之，以有其生，而成乎人，則不相爲用矣。此之謂不易也。乃天則有其德，地則有其業，是之謂乾坤。知能者，乾坤之所效也。夫知之所廢者多矣，而莫大乎其忘之。忘之者，中有間也。萬變之理，相類(相)續而後成乎其章。于其始，統其終；于其終，如有始，非天下之至健者，其孰能彌亘以通理而不忘？故以知。知者，惟其健。健者，知之實也。能之所窮，不窮于其不專，而莫窮乎窒中而執一。執一而窒其中，一事之變而不能成，而奚況其賾？至善之極，隨事隨物，而分其用，虛其中，析其理，理之所至，而咸至之。非天下之至順者，其孰能亹亹之施，而不執乎一？故以能。能者，唯其順。順者，能之實也。……無思不慮，而思慮之所自徹；塊然委然，而不逆，以資物之生；則不可以知名，而固爲知；不見其能，而能著矣。……夫彌亘初終，而持之一貫，亦至難矣；虛中忘我，以隨順乎萬變，勉其所至，而行乎無疆，亦至繁矣。則奚以言乎易簡也，曰惟其純也……乾者，純乎奇矣；坤者，純乎偶也。當其爲乾，信之篤而用之恒，不驚萬物之變，而隨之以生誠，則歷乎至難，而居天下之至易。當其爲坤，已不居功而物自著其則，受物之取，而咸仍其故，則歷乎至繁，而行天下之至簡；夫知，用奇也，則難而易；用偶也，則易而難。能、用偶也，則繁而簡；用奇也，則簡而繁。然而天下之辨此者，鮮矣。知者，未嘗忘也，甫其有知，卽思能之，起而有作，而知固未全也。因事變而隨之以遷，幸有功焉，則將據其能以爲知，而知遂爽其始。故知至健者也，而成乎弱。弱而不能勝天下，則難矣。能固未欲執一也，方務能之，而恃所能以爲知，成乎意見，以武斷乎天下，乃其能亦已僅矣……人受天地之中以生，而不能分秩乎乾坤，則知能固以相淆，健順固以相困矣。……然而惟能以健歸知，以順歸能，知不雜能、能不雜知者，爲善用其心之機，善用其性之力，以全體而摩盪之，乃能成乎德業，而得天下之理。」

此段首言自天地之既成者言，不見其天之知與地之能。然自天地之德業之乾坤言，則可言有知能。乾坤所以可以知能言者，以常言知，卽「通于理」之謂。乾至健，通萬變之理，以生萬物，故曰以知。又常言能，卽能顯理、行理、實現理之謂。坤至順，順于理之所至以成物，故曰以能。是雖不可以人之知能名，仍是知能也。人之知，恒有所知，有所不知，而難知其所不知。人之能，恒有所能，有所不能，而難能所不能。此天與人知能之異，其故不可不察也。原人之所以有知有不知，而難于知所不知者，其故在人之方有一知，而卽思有能之起（爲今所謂立卽求實用），幸有功卽據其能以爲知；以此所能，自限其知；則難開拓其知，以知所不知矣。是見人之難于知所不知，以全其知，由其「知」爲「能」所淆。淆于能而知難，則乾之純知無難矣。人之所以有能有不能，而難能其所不能者，則以其方有一能，卽以知自恃其能，成意見，以此意見之知，自限其能，則難開拓其能。是人之難于能所不能，以全其能，卽由其「能」爲「知」所淆。淆于知而能難，則坤之純能無難矣。人以知能相淆，而知能皆難。人能使其知能不相淆，不據能以爲知，則通理無礙，而不覺知難；不恃所能以爲知，則順成萬物，而不覺能難。此卽至健之乾知，皆純知，至順之坤能，皆純能。故唯是易知簡能，而無難知難能，亦無不知不能之故也。

# 第二十一章　王船山之性命天道關係論

## 一　性命之意義

船山之言性命與天道之名義，于讀四書大全說卷十、第四十八頁，有簡明之言。其言曰：「天之所用爲化者，氣也；其化成乎道者，理也。天以其理授氣于人，謂之命；人以其氣受理于天，謂之性。」又四書訓義卷三十八第二十頁曰：「自天之與人者言之，則曰命；自人之受于天者言之，則曰性。命者命之爲性；性者，以所命爲性，本一致之詞也。」

以天之所命于人者爲性，本宋明儒家共許之義。然船山之言天也，卽以氣言。由氣之化育流行卽見氣之道。理者所以達氣，卽道之分理。如陽氣之健卽所以達陽氣者，而爲陽氣之理；陰氣之順，卽所以達陰氣者，而爲陰氣之理。必有二氣之理，以達二氣，而有氣化之道。理可直在氣上言，而道則在氣之化上言。氣有理而合氣成化，故理爲化成乎道者。人身之生也，乃分于宇宙之氣，以成其質，而所分之氣中卽具理。故其所受命于宇宙者，爲宇宙之氣之理，而非宇宙之道。而人之所以分于宇宙之氣，以自成其氣質者，則固由于宇宙之氣之化。故有天道，而後人乃分宇宙之氣，以受理于天。有天道而後有命、有性。人受理，而智能知此理，力能行此理，以啟宇宙之化，則爲人道。

天道之氣化，不僅化成人，亦化成物。人物皆天道之化之所凝成者。天之化成人也，于人有所命，以成人性。故人道，即人之分于天道以成性，更知性，盡性而有者。天之化成物也，于物亦有所命，而後有物性。人物之受命以成性也同，而其所受之命、所成之性，不必同。故道大、命大、而人之性則專于人。人之性善，而物之性不必善。此乃船山言天道、人道、人性、物性之辨之細密處，學者所宜知也。故上文所引四書訓義卷三十八，二十頁又繼之言曰：

「天之爲命也廣大。于人命之，于物亦兼命之。萬物之生，無以異于人之生，天之所以並育而不害，乃天之仁也。人之爲性也精微。惟人有性，惟人異于物之性。函性于心，乃以異于物之心，人之所以爲萬物之靈，人之道也。故君子于此專言性，而廣言命焉。」又四書訓義卷二第二頁曰：「道（人道）何所自出乎？皆出于人之性也。性何所自受乎？則受之于天也。天以其一眞無妄之理，爲陰陽、爲五行、而化生萬物者，曰天道。陰陽五行之氣，化生萬物，其秀而最靈者，爲人。形既成，而理固在其中。于是有其耳目，則有其聰明，有其心思，則有其睿智。智足以知此理、力足以行此理，曰人道。是人道者，即天分其一眞實無妄之天道，以授人，而成乎所生之性者也。天命之謂性也。

船山之言人性，乃取客觀宇宙論之進路，與周濂溪張橫渠略同，而大異于象山陽明之直接就本心與良知、以自見其性之進路。亦異于程朱之兼取心性論與宇宙論之進路者。船山之人性論之內容，大異于程朱者，要在其重別人性于物性，而嚴人禽之辨。程朱之以理言天，以善言理，謂理本身卽善，天道卽理顯于氣之歷程，故天道本身卽涵善，而萬物皆本天化以生，而賦得此理；故萬物之性，實無不善，而不善惟在其氣質之昏蔽。船山以氣言天，理屬于氣，徒言氣言理尚不足以言善；必乃由天之氣化流行之依道依理，而有所生有所成，而所成者，復足以繼天道，乃有所謂善。天授此理于人物，而人物更受此理以成人物之性，卽是天道之繼。此繼卽是善。故善在天與人物授受之際、天命流行于人物以成人物之性之際。性成而善凝于人之性，乃可謂人性爲善、人之理爲善。故于天道本身，不可言善，只可言爲善之所從出；而言人之性善者，乃推本于此人性之所以成而言。尅實言之，卽徒言天之理、天之道，不得言善，徒言人物有理爲性，亦不得言善。惟天授其理以成人之性之「授」上，乃有天之善。人之受天之理，復受天之授，而受得此善，于是此「受」本身，亦爲善。此之謂善凝于性。由此乃可說人之性、人之理爲善。若夫人外之萬物，則雖本天道之善以生，而賦得理以爲性，然天道之善，不凝于其性，則不得言其性善矣。欲詳此義，須明道、善、性三者之關係。

## 二　天道與善與性之關係

天道與善與性之關係，乃船山思想中最特出之一義。其所謂道大而善小，善大而性（人性）小，以尊道、尊善、尊性，皆獨具機杼，而解人不易。今擬詳加疏解，以見其深意所存。今先引其周易內外傳繫辭上傳第五章注「繼之者，善也；成之者，性也，」之語，再會通其旨以釋之。其內傳曰「道統天地人物，善、性，則專就人而言也。一陰一陽之謂道，天地之自爲體，人與萬物之所受命，莫不然也。……合一陰一陽之美，以首出萬物而靈焉者，人也。繼者，天人接續之際，命之流行于人者也。其合也有倫，其分也有理……在陽而爲象爲氣者，足以通天下之志而無不知；在陰而爲形爲精者，足以成天下之務而無不能。斯其純善而無惡者。孟子曰無有不善，就其繼者而言也。成之謂形，已成而凝于其中也。此則有生以後，終始相依，極至于聖，而非外益，下至于梏亡之後，猶有存焉者也。于是人各有性，而一陰一陽之道，妙合而凝焉。然則性也命也，皆通極于道爲一之、一之、之神所漸化，而顯仁藏用者。道大而性小，性小而載道之大，以無遺。道隱而性彰，性彰而所以能然者終隱。道外無性，而性乃道之所函，是一陰一陽之妙，以次而漸凝于人，而成乎人之性，則全易之理，不離乎性中。」其外傳更申言曰：「人物有性，天地非有性。陰陽之相繼也善，其未相繼也不可謂之善，故成之而後性存焉，繼之而後善著焉。言道者統而同之，不以其序。故知道者鮮矣。性存而後仁義禮智之實章焉，以仁義禮智而言天，不可也。成乎其爲體，斯成乎其爲靈。靈具有體之中，而體皆含靈。若夫天則未有體矣。相繼者善，善而後習知其善。以善而言道，不可也。道之用，不僭不吝，以不偏而相調。故其用之所生，無僭無吝，以無偏而調之，有適然之妙。妙相衍而不窮，相安而各得，于事善也，于物善也。若夫天道，則多少陰陽，無所不可矣。故成之者，人也；繼之者，天人之際也。天則道而已矣。道大而善小，善大而性小。道生善，善生性。道無時不有，無動無靜之不然，無可無否之不任受。善則天人相續之際，有其時矣。善具其體而非能用之，（指人之庸愚）抑具其用而無與爲體。（指禽獸萬物）。萬彙各有其善，不相爲知，而亦不相爲一。性則斂乎一物之中，有其量矣。有其時，非浩然無極之時；有其量，非融然流動之量。故曰道大而善小，善大而性小也。小者專而致精，大者博而不親。然則以善說道，以性說善，恢恢乎其欲大之，而不知未得其精也。恢恢乎大之，則曰人之性猶牛之性，牛之性猶犬之性，亦可矣。當其繼善之時，有相猶者也；而不可概之已成乎人之性也。則曰天地與我同生，萬物與我共命，亦可矣。當其爲道之時同也，共也；而不可概之相繼以相授而善者也。惟其有道，是以繼之而得善焉。道者，善之所從出也。惟其有善，是以成之爲性焉。善者，性之所資也。方其爲善，而後道有善矣；方其爲性，而善凝于性矣。故孟子之言性善，推本而言其所資也。猶子孫因祖父而得姓，則可以姓繫之。而善不于性而始有，猶子之不可但以姓稱，而必繫之以名也。然則先言性而繫之以善，則性有善而疑不僅有善，不如先言善而紀之以性，則善爲性，而信善外之無性也。觀于繫傳而天人之次序乃審矣。甚哉，繼之爲功于天人乎，天以此顯其成能，人以此紹其生理者也。性則因乎成矣，成則因乎繼矣。不成未有性，不繼不能成。天人相紹之際，存乎天者莫妙于繼。然則人以達天之幾，存乎人者，亦孰有要於繼乎。夫繁然有生，粹然而生，人秩焉、紀焉、精焉、至焉、而成乎人之性，惟其繼而已矣。道之不息於既生之後，生之不絕于大道之中，綿密相因，始終相洽，節宣相允，無他，如其繼而已矣。以陽繼陽而剛不餒，以陰繼陰而柔不孤，以陽繼陰而柔不靡，以陰繼陽而剛不暴。滋之無窮之謂恒，充之不歉之謂誠，持之不忘之謂信，敦之不薄之謂仁，承之不昧之謂明。凡此者。所以善也。則君子之所以爲功于性者，亦此而已矣。繼之則善矣，不繼則不善矣。天無所不繼，故善不窮；人有所不繼，則惡興焉。………天命之性有終始，而自繼以善，無絕續也：知其性者，知善；知其繼者，知天；斯古人之微言，有待于善學者歟。故專言性，則三品性惡之說興；泝言善，則天人合一之理得；概言道，則無善無惡無性之妄又熺矣。大者，其道乎；妙者，其善乎；善者，其繼乎；壹者，其性乎；性者，其成乎。性可存也，存可守也，善可用也，繼可學也，道可合而不可據也。至于繼，則作聖之功，蔑以加矣。」

此段文中船山論道、善、性三者之別最暢。道大善小、善大性小。以道爲大，卽所以尊道。然善凝于人性，唯人性能載道之大以無遺，又所以尊人性。故言：小者專而致精，大者博而不親。而道之不息，人之能紹其生理，以盡其性，全在其能繼天之善，則所以尊善，而明天人合一之義。道大可合而不可據，所以尊天也；性專而人所獨有，故不可不存守，以自別于禽獸，所以尊人也。尊天者，尊道不息于既生之後；尊人者，尊人能存守此性；而其生不絕于大道之中；合之，即尊天之善之繼于人也。

船山之所以說道大者，自道之名之所指者之外延而言。而所謂性專者，則自性之名之內涵而言。言道大者，本于凡有氣化，無不循道。氣循道而化，則成器、成物、成人，而有所成。有成，則有繼而有善。然尅就道而言，則但爲氣之所必循、所當循。當必循者，非即已循，則氣雖有必當如何如何化之道，而可尚未有如何如何之化。故但言道，不必含繼之義與善之義。善之名，惟可用之于氣化之相繼，則其義狹，而道之義廣也。故言天道之善者，不可直指天道以言善。惟就氣化之相繼成器、成物、成人等，見天道之不已上，乃可言善。故所謂天道之善者，乃透過天所成之物而取得，亦對所成之物而稱善。若舍其所成之物，則善之名不立。善之名，惟由氣化之成物而立。氣化之成物，有其序，恒化彼以成此。此成而有對此之善。而道則統同之名，其本身不涵序義，則無善之可言矣。然氣有其道，而不得不化。氣不得不化，物不得不相繼以成。凡有一成，即有一善。物相繼以成，則善不窮。故道本身不可說善，而有道則有氣之流行，有氣之流行，則有物成而有善。道爲善之條件，而無不善之天道。氣化有道，固必當有物成而必有善。然必成當成之物，可尚未成，必有當有之善，可尚未有；即必繼當繼，而尚未繼，便仍是道大而善小。至于所成之物，雖皆由有所繼而成，本善而生。

然既成以後，不必能自繼其生，自成其生，而亦卽不能繼天之道，而有不善。或則只繼其生，自成其生，而爲他生之窒碍，阻害他生之自成其生，又有不善。禽獸之行，大率如此。而人非聖賢，亦難免于是。然依人之有此繼其生之道，以衡人物，則人物固不當有如此之不善，便仍是道大而善小也。

然此中有一大疑，卽船山既主天道之無不善，何以人物有不善？人物固天生，則由人物之有不善，豈不足證天道之有不善？然依船山義，則在人物上可說之不善，決定不可歸罪于天道。天之道本身不涵善義。然天道爲天有其善之根據，天道畢竟無不善。在人物上可說之不善，推本之于天，則畢竟不可說。其言實大有精義。蓋芸芸萬類，溯其所自生，皆繼天而生。常言爲繼他物生，如人繼父母與一切養人之物而生。推廣言之，任一物之生，皆可說以整個宇宙之萬物，爲其直接或間接、消極或積極之因緣，則任一物，皆繼整個宇宙而生，卽繼天生也。物皆繼天生，卽物皆天之自繼其化育之事而生。天之自繼其化育之事爲善。因此化育之事，對其所化育之人物爲善也。故人物之生，皆原于善。船山所謂本天之仁而生者是也。故天之生物，其生無過。匪特無過，而凡所有生之處，皆善所流行之處。所謂不善，乃在人物既生以後。人物既生以後，或者凝其所自生之善，以成其性，或者不能凝其所自生之善以成性。前者爲人，後者爲禽獸。或者存其善性，盡其善性，而以人道繼天道，以仁存心，以善養人而自養；或者不存其善性，不盡其善性。前者爲聖賢，後者爲小人、爲庸愚。凡此不善之所由成，皆在人物成性之後之不能繼天。　惟尅就人物成性以後，不繼于其所本于天之善者上說，乃可立不善之名。固不能將此不善，推本于天之生人生物也。生人生物，是天一面事；人物之繼不繼天，是人物一面事。人物固天之所生，然其不善，則不能在其爲天之所生上說。因專就生而言，生非不善而是善。物之自阻害其生、或他物之生，乃不能自繼其生、兼繼他物之生，固是不善。然單就一物之生而觀之，則皆本善而生，無一生爲不善也。其不善者，惟在其不能大繼其所以生。于是今日之生，爲後日之生之礙，此生爲彼生之礙。由此生與生之相礙，而有人物之不善。然此生與生之相礙，乃一個一個之人物，各分天之氣以生，而各有其性以後事。物生由于天之仁，而或不能凝天之仁以爲性，或不能盡其性，乃不善所自生。是不善唯原自人物已生而成性後，其不能繼天上。不可因人物之生本于天，而謂其不能繼天，亦本于天，而歸其不善于天。蓋人之不繼天，非天原有此不繼，而人得之以成人之不繼、人之不善也。人物有所謂不繼，而天實無所謂不繼。人物之生固相礙而有不善。然天下之化育之事中，善之流行，則無時不繼。天本其善以生物，物成而不能凝天之善以成性，不礙天自繼其善之流行于其他物之日生而日成者。　人之不能盡性以繼善，不礙天之繼其善之流行于他人之性之日生而日成者。故就一時之人物或個體之人物以觀，雖或不能繼天之善，而有不繼不善之事，然天之氣化，與時偕行，負故物以趨新，常化常生，則無時不繼，無時非至善之流行。故人物有不繼不善，而不可說此不繼不善，爲天所原有，而人物得之，以成人物之不繼不善也。此不繼不善，惟所以指個體事物之限制，有消極義無積極義，固不能說天有此不繼不善，而人得之，以成人物之不繼不善也。天果有一不繼不善，則此不繼不善爲天之道，此道以「不繼」爲其性質，人物亦惡能「繼」而得之哉。

至于自天之分其氣以成人物之後，以觀人物之相與，不能免于相阻害，固可將不善之**源**，推本于物性之不善，人性之未盡，再推于氣之不當如何如何分別變化凝合，成如何如何之人物，以使其有不善之性情，表現于人物相與之際。然人物相與而相阻害，惟是人物交感之際之一種橫的關係。分別以觀一一人物之生，而縱溯其本于氣化，仍初無此種關係。此種關係乃人物既生以後乃有，而非人物之所自生時卽有者。至于將人物之如何如何相阻害，推本于人物各別之心身氣質之構造，以說明人物之所以有相阻害之性情固可。然氣質之構造如何如何，乃氣質各部之相互關係所成，分別比觀氣質各部之所以生，而推本之于氣化，仍無此種關係。故就人物之由天之氣化以生言，就人物之氣質之各部之由氣化以生言，皆惟是本于善之流行。不善之**源**，惟可歸之于氣之如何如何變合，所造成之人物之氣質之各部之如何如何互相關係，及人物交感之間之阻害關係上。對此不善之關係之造成，固可推本于氣之變合之不當，而以此不當爲不善之**源**。然仍不能說氣之去變去合，爲不善。蓋其去變去合，乃氣化之本。去變者陽之動，去合者陰之靜。陰陽之氣爲二氣，而陽生陰成，正是善之流行，烏有不善？故所謂氣或二氣之變合爲不當者，惟是由其去變去合所成之事物中，有此不善之關係，復推本于此變合，遂安立此不當之名。此不當，船山名之爲二氣變合之差誤。（參考下章第一節所引）此不當、差誤，卽不善之源。然此不當差誤之名之所以立，乃純就二氣之能造成人物中之關係而立。舍事物之關係，而專就事物之本氣化流行而生言，則無此所謂不當差誤，亦無不善之源，存于此氣化之流行之自身。蓋氣化之流行之有不當或差誤，乃就氣化之流行之未能合理言。然不當之名，對當而立；差誤之名，對正而立；不合理之名，對合理而立。說其如此如此之變合爲不當差誤，而不合理，卽預設其如彼如彼之變合爲合理。知有不當而差誤者，卽知有正當者，知有不合理者，卽知有合理者。「如此如此」之爲不合理，正由「不如此如此、而如彼如彼」之爲合理，而反照出的。故謂氣之如此如此變合爲不當、不合理，乃正以氣之自有其當變而當合之理，爲其自身所具；氣自有變爲合理之理也。故船山又曰：「陰陽顯（表現）是理，變合卻亦是理……。有變合則有善，善者卽理。有變合則有不善，不善者謂之非理。謂之非理者，亦是理上反照出的，則亦何莫非理哉。」

在陽明之言事物之當然之理，自心言，不自物與氣言。船山則以當然之理爲物所自具、氣之所自具。蓋我心謂事物當如何如何、氣當如何如何，乃直指事物、直指氣，而言其當如何如何。故當然之理，卽爲事物之所具、氣之所具。故指氣之如是如是之變合爲不合理，卽同時指出其如彼如彼之變合爲其當合之理。氣之有不合理，正根據吾人之承認氣有其當合之理，乃反照出其不合理。故氣不合理，只是氣之未順其當合之理。氣未順其本有之當合之理而有不善，氣順其本有之當合之理，則善矣。氣未順其本有而當合之理而不善，其根據正在氣可更順其理而變合、而善。氣可更順其理而變合、而善，則不得以氣之本身爲不善。氣之可更順其理而變合、而善，卽革不善而繼之以善。氣順理而變合，革不善而繼之以善，其道無他，卽不如此如此變合，而反之，以成如彼如彼之變合耳。由如此如此，至反乎如此如此之如彼如彼，只是正反二面之更迭，一陰一陽之更迭。正以反爲其蘊，如此如此，卽以反乎如此如此者爲其蘊。如此如此者之由陽而陰、由顯而隱，卽反乎如此如此者之由陰而陽，由隱而顯。正反陰陽之更迭，卽道之流行。故氣之順理而變合，卽道之順理而流行。由道之順理流行，乃繼以善，故當道之未順理而流行，不可謂已有善。然當氣之未順理而變合，而氣已有其理；故當道未順理而流行，卽已有順理之道。人固可說，雖有順理之道，而未順，固仍未有善；然人亦可說，雖未有善，而順理之道，亦未始不存。故曰「善必待繼、待時而後有，而道則無時不有，無動無靜之不然，無可否之不任受。」善必表現于「道之順理流行，反偏者使之不偏，而調之，以有適然之妙于物，使氣之變合之關係之不當者，歸于當，物之相阻害之關係，自爾轉移，爲並育並存之關係」。夫物之相害之關係，固無不可轉移，而亦無時不在轉移中。物與物間並育並存之關係，亦無時不可有。凡一切物之相阻害之關係，一加轉移而反之，卽皆成並育並存之關係。此善之所以不息于宇宙間也。若謂物之相阻害之關係，爲物與物間恆有永有之關係，則萬物早已滅絕淨盡。抑且根本無任何之物之能存在——以任何物皆有其所包含之各部之物，並育並存于其中也。惟現見之物與物間，終不免有阻害關係之存在者，則以其轉移也有其時。當其未轉移之時，則其關係爲不當而未善、不善。

然即在此未轉移之時，其轉之之道，未始不在，氣化亦終能順道以流行。此船山之所以說道大而善小也。

關于船山之言對人物爲不善者，非必對天之氣化爲不善，及人物之不合理而不善，皆有合理而善者，爲之反照，故不合理者，皆可轉移而合理。茲可更以讀四書大全說卷七第十一頁之言證之。

「質受生于氣，而氣以理生質。惟一任夫氣之自化，質之自成者以觀之，則得理與失理，亦因乎時數之偶然，而善不善者以別。若推其胥爲太極之所生，以效用于兩間，則就氣言之，其得理者理也，其失理者，亦何莫非理也。就質言之，其得正者，正也，其不正者，亦何莫非正也。氣之失理，非理之失也，失亦於其理之中。已剛而亦乾之健，已柔而亦坤之順，已淸而象亦成，已濁而形亦成。（上言天之生人物，自人物觀之爲失理，而天之陰陽之去生去成，皆本于健順之理看，則無所謂失理，故天無所謂不善。）……質之不正，非犬羊草木之不正也，亦大正之中，偏于此而全于彼，長于此而短于彼，乃有其全與長之可因，而其偏與短者之未嘗不可擴。是故好色好貨之不害天道，而欲立、欲達之以立人、達人也。（此言人之質之「偏」而有所「短」，皆具有由轉移而「全」而「長」之理。即言雖未有善，而有爲善之道也。）」

至于船山之所以說善大而性小者，則其根據在物之性之不善，人之或不能盡其性。所謂物之性不善者，以物皆自役于形骸，而其所發之活動，恆相阻害，故其性非善。然物之性雖不善，而物之所以生，無不本于天之仁，無不本于氣化之善。其性之不善，惟由其不能凝此天之仁，凝此氣化之善，以爲其性。此前所已論。夫然，故物之生，但爲天之仁、天之氣化之善所流通。物之所以生，皆用此天之善，以成其生。其不能凝此天之善以爲性，此卽物之自限，而其性之不善以成。然物不凝天之善，天之善自流通過去，而繼其善，于生物之子孫及他物。天之善自周流于衆物，不以物之自限而限其善，是善大也。若夫性則物生而後有，物生而不凝其生所本之善，則成物性之不善。人生而凝善，則成人性之善。人物各有其性，互不相知，是性之各繫屬于個體。人生而能凝天之善、天之仁于其體，以爲其性，故能贊化育，自生而復生他，繼天道而立人道。然天之善旣凝于人以成人之性，復流通于物，以生物；而其凝于人，亦復不特凝于一人，實遍凝于古往今來之人。故物之只用善，而不凝善，固小于天之善，而一人之性，雖能凝善，亦小于天之善。此其所以言善大而性小也。

所謂人性之凝天之善，卽凝天之氣化之善也。天之氣化之善，見于其時去生，而時去成。此去生去成者，爲天之氣。如何生，如何成，爲氣之理。由生而成，由成而生，生生相續之謂道。氣之去生去成，無不有其所順之理，故此去生去成之氣，無不善。此氣所生所成之物，可有相阻害之關係，而可有不善之生。就氣之所生所成者之有不善，固可推本于氣之變合之有不合理者。然此不合理者，上言由理之反照而見，故此不合理，不外氣未盡順其理，將由氣盡順其理，而革易者。氣誠盡順理，而革其暫有之不合理，則氣化之流行中，無任何不善之留滯，而善得常繼。革暫有之不合理，在矯氣之偏，而調其陰陽，轉易如此如此不合理之變合，爲反乎如此如此之如彼如彼之變合。此卽所謂「調陰陽而盡順理也」。能盡順理，則陰陽二氣迭用而常和，善乃相繼而不相害矣。此卽天道之不息于旣生之後，生之所以不絕于大道之中，而宇宙所以生生相續，善善相繼之故也。人旣凝天之善，凝天地之和順之氣，而具此和順之理，以爲其性，故能迭用陰陽之氣，而常和順，使不和順之氣，歸于和順；而「以陰繼陽而剛不暴」，或「以陽繼陰而柔不靡」，或「以陽繼陽而剛不餒」，或「以陰繼陰而柔不孤」。此皆所以歸于陰陽之和順，使善相繼而不相害。由此而成已成物，參贊化育，以人合天，盡性至命，而立人道。則天道固大，人道亦大。此船山之所以一方說道大性小，而一方又說「大者博而不親，小者專而致精」，而以知性知繼爲教之要也。此卽船山之所以尊人之性也。

船山旣尊天之道，天之善，復尊人之性，則天道與人性不可分離而說。蓋天之道大乃博而不親。離性言道，則博大無歸。道無乎不在，人物同本此道之流行以生，所謂「天地與我同根，萬物與我共命」是也。人物旣同本此道以生，而道無乎不在。天之繼其善于生人物，天道固在；天之未繼其善于生某人物，天道亦在。人能凝天之善以繼天，天道固在；物不能凝天之善而繼其善，天道亦在。故徒言天道，則性無善無惡之說、與無性之說生。而離天之道、天之善，以言性，則不知人原是凝天之善以爲性，其性乃至善而無惡者。若不能知此，則性有惡、性三品之說生。故必通天道人性而合之，由天之能繼其善以生人生物，乃知天之善；由人之能凝天之善以成性，而能以人道繼天，乃知人性之善。故合天道人性而後知善。言善則天道人性皆不能外，而天人合一之理得。故船山曰：「泝言善，而天人合一之理得」，「由善以合天人」，此卽船山所以尊善也。

# 第二十二章　王船山之人性論

## 一　性善氣善義、性日降命日生義、性相近義

沿船山論人性天道之關係之說，而船山主人性善其氣亦善之說。蓋船山旣言天以其理授氣于人爲命，人以其氣受理于天爲性，性爲理，理爲氣之理，而人之氣原于天之分其和順之氣以生。人分有此氣，乃有此理；故人受于天之理爲善，而所受于天之氣者亦善。理不先而氣不後，則性善而氣亦善。故讀四書大全說卷十第一頁曰：「理卽是氣之理，氣當得如此，便是理。理不先而氣不後，理善則氣無不善。氣之不善，理之未盡也。人之性只是理之善，是以氣之善；天地之道唯其氣之善，是以理之善。易有太極，是生兩儀。兩儀，氣也。唯其善，是以可儀也。所以乾之六陽，坤之六陰，皆備元亨利貞之四德。和氣爲元，通氣爲亨，化氣爲利，成氣爲貞。在天之氣無不善。天以二氣成五行，人以二殊成五性。溫氣爲仁，肅氣爲義，昌氣爲禮，晶氣爲智，人之氣亦無不善。理只是象二氣之妙，氣方是二儀之實。健者，氣之健也；順者，氣之順也。天人之蘊，一氣而已。從乎氣之善，而謂之理，

氣外更無虛託孤立之理也。乃既以氣而有所生，而專氣不能致其用，必因于陰之變、陽之合矣。有變、有合，而不能皆善。其善者人也，其不善者犬牛也。……天行不容已，而不能有擇必善，而無禽獸之與草木。然非陰陽之過，而變合之差。是在天之氣，其本無不善明矣。」（參考天道與善與性之關係一節所釋）

船山既言性善、氣善、性不離氣，故又有「命日降，性日生」之論，而反對人之性只受于人之初生之際之說。蓋天以其氣授理于人爲命，人以其氣受理于天爲性。人之性不離其所受于天之氣，而天之氣化流行，無時或息。人之氣質，固無時不與其所接之天地萬物相感應，而在此感應關係中，即有人之自動自發之自化自新。此自化自新之不容已，即性之自日生而相續，亦即人之無時不受天之氣所降之命，以成其性。故命日降，而性亦日生也。船山于尙書引義卷三太甲二曰：「性者，生理也，日生而日成者也。則夫天命者，豈但初生之頃命之哉……天之生物，其化不息。初生之頃，非無所命也。無所命，則仁義禮智無其根。幼而少，少而壯，壯而老，亦非無所命也。不更有所命，則年逝而性亦日忘也。……故天日命于人，而人日受命于天，故曰性者生也，日生而日成之也。」又思問錄內篇曰：「命日降，性日生，性者生之理，未死以前，皆生也，皆降命、受命之日也。成性存存，相仍不舍。故曰維天之命，於穆不已。命不已，性不息矣。謂生初僅有者，方術家所謂胎元也。性者，生理也，日生而日成也。」又讀四書大全說卷五第八頁曰：

「聖人說命，皆就在天之氣化無心而及物者言之。天無一日而息其命，人無一日而不承命于天。故曰凝命曰受命。若在有生之初，亦知識未開，人事未起，誰爲凝之？而又何大德之必受命哉。……天命無心而不息，豈知此爲人生之初，而盡施以一生之具；此爲人生之後，遂已其事而聽之乎。又豈初生之頃，有可迓命之資，而有生之後，一同于死，而不能受耶。」惟命日降、性日生，故習之不善，不足以阻善之來復，而盡性非復初，自亦不須如禪宗之思父母未生前面目。故尙書引義卷三太甲二曰：

「天用其化以與人，則固謂之命矣。已生以後，人既有權矣，能自取而自用也。自取自用，則因乎習之所貫，爲其情之所歆，于是而純疵莫擇矣。乃其所取與所用者，非他取別用，而于二殊五實之外，亦無所取用，一稟受于天地之施生，則又可不謂之命哉。天命之謂性。……惟命之不窮也而靡常，性屢移而異；惟其理之本正也，而無固有之疵，故善來復而無難。未成可成，已成可革，性也。豈一受成形，不受損益也哉。……天日臨之，天日命之，人日受之。命之自天，受之爲性，終身之永，終食之頃，何非受命之時？皆命也，則皆性也。……苟明乎此，則父母未生以前，今日是也；太極未分以前，目前是也。……」又讀四書大全說卷十第十四頁更本孟子之夜氣平旦之氣之說，以言命日受、性日生之說，其意尤切。今略。

船山言性，又特發揮孔子之性相近義。船山言性不離乎氣，人同受氣于天，亦同凝天之善，以成性。其受命于天以成性，雖同此善，然以在其初生，與生後所受之氣異，受氣所成之形質有異，則性亦不能全同。故船山只言性相近。程朱以人同此義理之性，人性之偏，原于氣質之蔽，故異者乃氣質之性。此乃船山所不取。船山既謂氣性不離，性善而氣亦善，故于人性之偏，不以其原于氣，而謂其原于質，而質之偏，其本身亦非不善。蓋質之偏剛、偏柔，亦由氣化之所成，而可由氣之順性之日生者，日以成善習，而改易其偏者。故氣質之性，非可言不善也。故讀四書大全卷七第十頁至十一頁曰：「性之本一，而究以成乎相近，而不盡一者，大端在質而不在氣。蓋質，一成者也；氣，日生者也。……夫氣之在天，或有失其和者，當人之始生而與爲建立。（言所以有質者，亦氣爲之。）于是因氣之失，（猶所謂陰陽變合之差也）以成質之不正。……人之清濁剛柔不一者，其過專在質，而于是使愚明柔強者，其功專在氣。質一成者也，故過不復爲功。氣日生者也，則不爲質分過，而能爲功于質。……氣日生，故性亦日生。性本氣之理，卽存乎氣，故言性必言氣，而始得其所藏。乃氣可與質爲功。……乃所以養其氣，而使爲功者，何恃乎？此人之能也，則習是也。是故氣隨習易，而習且與性成也。……質者，性之府也；性者，氣之紀也。氣者，質之充，而習之所能御者也。然則氣效于習，以生化乎質，而與性爲體。故可言氣質中之性；而非本然之性以外，別有氣質之性也。質以紀氣，而與氣爲體；質受生于氣，而氣以理生質。……孟子言性，近于命矣。性之善者，命之善也。命無不善也。命善故性善。則因命之善，以言性之善，可也。若夫性則隨質以分凝矣，一本萬殊，而萬殊不可復歸于一。易曰繼之者善也，言命也。命者，天人之相繼者也。成之者，性也，言質也。既成乎質，而性斯凝也。質中之命謂之性，亦不容以言命者言性也。故惟性相近也之言，爲大公至正也。」

## 二　受命在人

船山言，人生後所受于天之命，更有以天之予奪言命，以申昔賢之受命在人之義。原船山言人之受命于天，乃分于天之氣，以成其爲人，而有其性。人之氣雖原于天，然旣成爲人，卽所分之氣在人，而不在天。故船山于周易外傳卷二臨卦曰：「生于人爲息，于天爲消」。人旣受命于天而成人，則氣之屬于人，爲人所以有者，不復屬于天。若非天所日降之命于人，有所予奪之處，不得將人本于所已有者，而發出之一切行爲責任，皆歸于天。蓋人旣分于天以生，而成其爲人，人成以後所發之一切行爲，便直接以人爲所自發之主體。故若非天有予奪，不能言其行爲，乃天之所命，而功罪皆不可歸于天。天于人生以後，有所奪、有所予，則命固在天，而受命在人。則知無命可怨，而不怨天。知予奪在天，無命可恃，則致力唯在我。知受命在人，則順命未必善，逆命未必惡。能受命以正，則天之順逆之命，于我無不正。只就天之命本身言，則無所謂不正。茲再分別言之于下。所謂人生以後，必天有予奪，乃可言命者，讀四書大全說卷十第三十四頁有曰：

「謂之曰命，則須有予奪。若無所予，而亦未嘗奪，則不得曰命。言吉言福，必天有所予也。故富貴，命也，貧賤，非命也。由富貴而貧賤，命也；未嘗富貴而貧賤，非命也。死，命也；不死，非命也。……孟子之言命，原爲有所得失而言，而不就此固然未死之生言也，……俗諺云，一飲一啄，莫非前定，舉凡瑣屑固然之事，而皆言命。……且以未死之生，未富貴之貧賤，統付之命，則必盡廢人爲，而以人之可致者爲莫之致，不亦舛乎。故士之貧賤，天無所奪。人之不死，國之不亡，天無所予。乃人當致力之地，而不可以歸于天。」

此即言無所予奪，則無所謂命，故生而貧賤，無命可怨；人之不死，國之不亡，無命可恃。天無予奪，則無所命。故天無予奪之處，皆人所當致力之地。若不知此，一切委之命，則命名不立，而人爲盡廢矣。故讀四書大全說卷九第三十頁曰：「故以天之有所予奪者，謂之命；故生不可謂之命；而死，則謂之命……不得不可謂之命，而得，謂之命。若概乎予不予，奪不奪，而皆曰命，則命直虛設之辭，而天無主宰矣。君子之素位而行，若概乎生與死、得與不得，皆曰有命，則一切委之大造之悠悠，而無行法尊生之道矣。」

所謂能受命以正，則天之順逆之命于我無不正者，則可以堯舜之子不肖言之。堯舜之子不肖，此命自對堯舜而言爲逆爲不正。然堯舜因此乃不傳子而傳賢，而傳賢之制遂得立，則堯舜之受命爲正，而此天之不正者亦非不正矣。故讀四書大全說卷九二十八頁曰：「堯舜之子不肖，自是不正。故朱子說本是個不好底意思，被轉得好了。……命之正不正，只可于受命者身上說，不可以之言天，天直是無正不正也。故乾之四德說到貞處，卻云各正性命，亦就人物言正。天地不與聖人同憂，本體上只有元亨，到見功于人物上，方有利不利、貞不貞。利貞于彼者，或不利貞于此。天下無必然之利，一定之貞也。」

玆按王船山先生，遭亡國之痛，舉義兵敗，淸廷下令薙髮，不從者死。船山乃轉徙苗猺山洞，備歷艱苦。天于船山，其命可謂逆而不利不貞矣。然船山乃以破紙帳簿著書，以開六經生面；字裏行間，精光永在。此亦正是船山之善受命，而使逆命皆正而利貞之例也。知命之正不正在人之受命，卽知天命無不正，無非理。讀四書大全說卷十第三十五頁曰：

「德命，固理也，而非氣外之理也。福命，固或不中乎理也，而于人見非理者，初無妨于天之理。則倘至之吉凶，又豈終舍乎理，而天地之間，有此非理之氣乎哉。除是當世一大關係，如孔子之不得位，方可疑氣之不順，而命之非理。然一治一亂，其爲上天消息盈虛之道，則不可以夫人之情識論之。若其不然，則死巖牆之下，非正命矣。乃巖牆之足以壓人致死者，又豈非理之必然者哉。朱子云，在天言之，皆是正命。言正則無非理矣。……君子順受其正，亦但據理，終不據氣。……張子云：富貴福澤，將厚吾之生；貧賤憂戚，庸玉汝于成。到此乃看得天人合轍，理氣同體，渾大精深處。故孔孟道終不行，而上天作師之命，自以順受。夷齊餓，比干剖，乃以得其所求。貧賤患難，不以其道得者，又何莫不有其理也，人不察耳。人只將富貴福澤，看作受用事，故以聖賢不備福爲疑，遂謂一出于氣而非理。此只是人欲之私，測度天理之廣大。中庸四素位，只作一例看，君子統以居易之心當之，則氣之爲悴爲屯，其理卽在貧賤患難之中也。」此原文義自明，不更作釋。

## 三　心與性與理

船山之言心，取橫渠心統性情之說，以氣載天理，而爲心；氣所具理，爲性；氣具理而知之，爲思；顯此理于外，爲情；思此理，行此理，以顯此理之能，爲才。于此理具之，而能思之、顯之、行之者、亦卽所謂載理之心也。張子正蒙注卷三誠明篇「心能盡性」注曰：「天理之自然……爲太和之氣，所體物而不遺者曰性。凝之于人，而涵于形中，因形發用，以啟知能者爲心。性者天道，心者人道。……弘道者，資心以效其能也。」四書訓義八曰：「萬物有固然之用，萬事有當然之則，所謂理也。乃此理也，唯人之所可必知、所可必行，非人之所不能知、所不能行，而別有理也。具于此理之中，（當作具此理于中）而知之不昧，行之不疑者，卽所謂心也。以心循理，而天地民物固然之用，當然之則，各得焉，則謂之道……故理者人心之實，而心者，卽天理之所發、而所存者也」。讀四書大全說卷八第二十九頁曰：「性自是心之主，心但爲情之主，心不能主性也。……此于性之發見，乘情而出者，言心，則謂性在心，而性爲體，心爲用也。」

謂理之具于心，爲心所知所行，而呈其用于心；故心之如何如何知行，皆必循理，皆所以著理。故曰性爲體，心爲用也。

體用不可二，故心性不可二，然性爲理，心爲氣之載理，二名之義終不同。不可言心卽性，亦不可如陽明之言心卽理，心外無理，理外無心。蓋人生而以氣受理于天，人受有此理，而能知之、行之、以載之，乃有所謂心。人之生，依于天之化生之理，卽人之有心，依于天之化生之理，由天之化生以生心。天有生心之理，而無此心。自人之生以後言，人有心而受天之理以爲其性，卽心具有此理。心之理乃在心。自心之生言，天有此生心之理，而無此心，非卽心卽理也。當心已生、心能具理，此具于心之理固屬于人，卽非復是屬于天之生心之理。然此屬于人之心之理，固可不顯于心；心固可不存理，而有未合理之心，亦非卽心卽理也。讀四書大全說卷第十第三十一頁曰：

「原心之所自生，……實則在天之氣化，自然必有之幾，則但爲天之神明以成其變化之妙，斯亦可云化理而已矣。若其在人，則非人之道也。人之道，所謂誠之者是也，仁義禮智（性），人得以爲功焉者也。故人之有心，天事也。天之俾人以性，人事也。以本言之，則天以化生，而理以生心；以末言之，則人以承天，而心以具理。理以生心，故不可謂卽心卽理，諉人而獨任之天。心以具理，尤不可謂卽心而卽理。心苟非理，理亡而心尚寄于耳目口體之官，以幸免于死也。如其云心一理矣，則是心外無理，而理外無心矣。以云心外無理，猶之可也。然固與釋氏唯心之說同矣。父慈子孝，理也，假令有人焉，而未嘗有子，則雖無以梏亡其慈之理，而慈之理終不生于心，其可據此心之未嘗有慈，而遂謂天下無慈理乎。夫謂未嘗有子，而慈之理固存于性則得矣。如其言未嘗有子而慈之理具有于心，則豈可哉。故唯釋氏之認理皆幻，而後可以其認心爲空者，言心外無理也。若其云理外無心，則舜之言道心惟微，人心惟危，人心者其能一于理哉。隨所知覺、隨所思慮、而莫非理，將不肖者之放僻邪侈，與乎異端之詖陷離窮者，而莫非理乎。孟子曰：盡其心者，知其性也，正以言心之不易盡，由有非理以干之，而舍其所當效之能，以逐于妄；則以明乎心之未即理，而奉性以治心，心乃可盡其才以養性。棄性而任心，則愈求盡之，而愈將放蕩無涯，以失其當盡之職矣。伊川重言盡心而輕言知性，則其說有如此。張子曰：合性與知覺，有心之名。性者道心也；（當言奉性之心爲道心）知覺者，人心也。（當言可不奉性之心爲人心）人心道心，合而爲心，其不得謂之心一理也，又審矣。告子唯認定心上做，故終不知性。孟子唯知性，以責心之求，故反身而誠，以充實光輝而爲大人。釋氏言三界唯心，則以無爲性；聖賢既以有爲性，則惟性爲天命之理，而心僅爲大體，以司其用。伊川于此纖介之疑未析，故或許告子生之謂性之說爲無過。然則欲知心性天德之實者，舍橫渠其誰與歸。」

由人之心之能與理一與性一，亦可不一，而船山亦言心有人心道心之分。以人之心可奉理奉性以生情，而顯仁義禮智之性于其喜怒哀樂，以使心與性一、與理一，是爲道心。人之心亦可只是感物而動以有其喜怒哀樂，是爲人心。此中，「惟性生情，情以顯性，故人心原以資道心之用，道心之中有人心，非人心之中有道心也。則喜怒哀樂固人心，而其未發者，則雖有四情之根，而實爲道心也」。（讀四書大全說卷二第十三頁）此卽道心爲主之情形。然人之情，亦可「隨物意移，或過或不及，而不能如其量」。則此心卽有不與理、與性合一、而不奉理奉性，以盡心之情形。然如此之心，亦是心。此卽不爲道心所用之人心。人心有爲道心所用、或不爲其所用之二可能，故人心可善、可不善。然此人心之不善之原，則不可推原于天之生人有不合理者在。因天之生人、生人此心，乃本于天之陰陽五行之流行變化之「化理」，非無其理也。天之生人、生此心既有此理。人生而有心以後，亦具此理以爲性。然人之奉性盡心與否，則人之繼天之事，非天自身之事。人可奉性或不奉，盡心或不盡，則有道心之善與人心之可不善者之分。此天之生人、生心本于善，而所生之心，依其盡不盡，而有善不善之分，亦猶天之生物之本于善，而所生之物有能凝善之人物、與不能凝善之禽獸之物之分也。于天之事可說者，不能于人物皆可說。于天之生心之理可說之善，亦不能于人之心而皆可說。天之生心之理呈于人，以成人性，故于人性可說之善，亦不能于心皆可說也。人物之性之有善有不善，不足據以疑天之生人生物之善；故由心之有道心之善、與人心可不善之異，亦不足據以疑天之生心之理之善，與性之善也。道心能奉性，此心之生于人，乃循理而生。其所循之理卽天之所以生之理。則謂道心之善，所以繼天，而本于天可也。人心可不奉性，此心之生于人，乃由其不循理。其不循理，卽不奉性、不繼天，而有不善。其不善由于不繼天，則其不善，非有所本于天。道心有本，而人心之不善者無本。故人心不循理而不善，無所根據于天。亦正以其無所根據于天，乃成其爲不善之人心也。故自天而言，只此一心，謂其只生此人心亦可。然自天而言，其生人心，固循理以生，其生固本于天之善以生。船山詩（和一峯「虛中是神主」詩）之所以言「人心天之仁」也。然天生人之心，人有心，而不循天理以繼天之善，繼天之仁，則人心之在人者有不善，而唯繼天之善、天之仁之道心爲善。此船山之言「道心人之仁」也。故自天而言，可謂只生此之一人心；自人而言，則有道心人心之分。其分，乃人心生以後之「循理」與「可不循理」、「繼」與「可不繼」天之善之別。此乃只可在人分上說，只可在心之盡與不盡性、奉與不奉性上說者。猶人物之性之有善有不善之差別，只可自人物之凝不凝天之善以成性說也。凝天之善以成性爲人性，不凝則爲人外之物之性。凝善以成人性，奉性窮理，則爲道心，以見人之所以爲人之性。不奉性窮理，則爲人心之不善者。物不凝善以成性，不害其爲天所生之物；心不奉性，亦不害其爲心。人不能凝善以成性，則人性同于物性；心不能奉性成道心，則人心同于物心。物性物心，無仁義禮智，而有知覺運動之性、知覺運動之心，則人無道心，仍可有知覺運動之心。此船山之所以說心梏亡其性，仍寄于耳目口鼻之知覺運動也。心徒寄于耳目口鼻，唯以知覺運動爲事，則可順情之不善而有不善。此心之所以不能用其官以思，而奉性窮理，則有不善之惡幾也。故讀四書大全說卷十第三十一頁曰：

「心統性而性未舍心，胡爲乎其有惡之幾也？蓋心之官爲思，而其變動之幾，則以爲耳目口體任知覺之用。故心守其本位以盡其官，則唯以其思，與性相應。若以其思爲耳目口體，任知覺之用爲務，則自曠其位，而逐物以著其能，于是而惡以起矣。蓋惟無情無覺者，則效于不窮而不以爲勞，性是也。心既靈明而有情覺矣，畏難幸易之情生矣。獨任則難，而倚物則易。耳目之官挾其不思，亦得自然逸獲之靈；心因樂往而與爲功，以速獲當前捷取之效，而不獨任其求則得、舍則失之勞，是以往與之逐，比匪傷而不恤也。迨其相暱深，而相卽之機熟，權已失，而受制之勢成；則心愈舍其可求可得者，以應乎彼。是故心之含性也，非不善也，其官非不可以獨有所得而必待乎小體之相成也；乃不以之思，而以之視聽，舍己之田以芸人之田，而己之田其蕪矣……故欲盡心者，無能審其定職以致功。是故奉性以著其當盡之職，則非思不與性相應；窮理以復性于所知，則非思而不與理相應。然後心之才一盡于思，而心之思自足以盡無窮之理。」

## 四　情、才、欲

心一方具性而統性，一方顯性統情。性爲心之理，感于物而應之，則心之理顯而有情。情有喜樂哀怒之異，喜樂哀怒由于感于物而發。而其所以不能不發之當然之理，或當然之則，卽性也。故四書訓義卷三第三十五十三頁有曰：「人生而有性，感而在，不感而亦在者也。其感于物，而同異得失之不齊，心爲之動，而喜樂哀怒爲之幾，通焉則謂之情。情之所嚮，因而爲之，而耳目心思效其能，以成乎事者，謂之才……才之本體爲性之所顯，以效成能于性中之經緯。」又四書訓義卷二第四頁曰：「性當既有情時，則性獨著其當然之則。性當既有情之後，則性又因情以顯其自然之能。」故讀四書大全說卷十第九頁謂：「性自行于情之中，而非性之生情。」又論物有不齊，則與性之所具當然之則或合或不合，或違或順。合而同，不合而異；違而有失，順而有得；同而喜，異而怒；得而樂，失而哀。是喜怒哀樂之情所以生，本于性，而喜怒哀樂之發，卽所以顯性。性唯是當然之則，而情則本當然之則爲標準，以衡所感之物與之合或不合、違或順，而表示之態度，以顯此當然之則于外；同時于此態度之表示中，見人應物之自然之能力、人之氣質之顯性之能力。尅就此能力而言謂之才，而才所以顯性，故才爲氣之才。由情才顯性，而見氣之載理。氣之載理爲心，理爲性，故情才皆原于性、皆統于心，皆出于氣也。故正蒙注卷三「人之剛柔」句下注曰：「命于天之謂性，成于人之謂才，靜而無爲之謂性，動而有爲之謂才」。此言性與才之爲一貫也。又周易外傳卷四未濟卦傳曰：「情以御才，才以給情。情才同原于性，性原于道。道者，一而已矣。一者保合和同，而秩然相節者也。始于道，成于性，動于情，變于才。才以就功，功以致效，功效散于多而協于一，則又終合于道。」又讀四書大全說卷十第九頁曰：「才之可盡者，盡之于性也。能盡其才者，情之正也；不能盡其才者，受命于情而之于蕩也。惟情可以盡才，故耳之所聽，目之所視，口之所言，體之所動，情苟正而皆可使復于禮。亦惟情能屈其才，而不使盡。則耳目之官，本無不聰不明、耽淫聲、嗜美色之咎；而情移于彼，則才舍其所應效，而奔命焉。蓋惻隱羞惡恭敬是非之心，其體微而力亦微。故必乘于喜怒哀樂，以導其所發，然後能鼓舞其才，以成大用。喜怒哀樂之情，雖無自質，而其幾甚速亦甚盛，故非性授以節，則才本形而下之器，蠢不敵靈，靜不勝動，且聽命于情，以爲作爲輟，爲攻爲取，而大爽乎受形于性之良能」。

此言性情才之關係，「才以給情」者，有才而後能顯性于情。「情以御才」者，情正乃可盡才，情不正則可屈才，而性或盡或不盡也。言性不可忽此情，曰情以御才。才本當顯性，才本當盡性，然必以情御之，而後能盡才以盡性也。才顯性而有功于性，動而有爲，故曰「才以就功」。動而有爲，卽效成乎事，故曰功以致效也。

船山以才能顯性，其能卽氣之能，故以昔賢所謂氣質之性爲才而非性。張子正蒙注卷三曰：「昏明、強柔、敏鈍、靜躁，因氣之剛柔緩急而分。于是而智愚賢不肖，若有性成。故荀悅、韓愈有三品之說，其實才也，非性也。……程子天命之性，與氣質之性爲二。其所謂氣質之性，才也，非性也。張子以耳目口體之必資物而安者，爲氣質之性，合于孟子。……而別剛柔緩急之殊質者爲才，性之爲性，乃獨立而不爲人所亂。」由性而有情，情感物，而有喜怒哀樂，更欲去其所怒所哀，而致其所喜所樂，而有欲。欲者情之所生。情由感物而動。情生欲。欲不遂，則不能自已。卽其動不待心之要使之動而自動不已也。故曰：情生于性，情生而性藏；欲生于情，欲生而情藏。故詩廣傳卷一邶風傳曰：「詩達情，非達欲。心之所期者，爲志。……發乎其不能已者，情也；動焉而不自待者，欲也。」又曰：「情受于性，情其藏也。乃迨其爲情，而情亦自爲藏矣。藏者必性生情，而乃生欲。故情上受性，下授欲。受有所依，授有所放，上下背行，而各親其生，東西流之勢也。」

## 五　才情欲本身之非不善

心有道心人心之分，而人心有不善。人心之不善，乃由正表現于心所統之情未能顯性、才之未能盡性，以使欲皆合理。然情之不能顯性，才之不能盡性，以使人之欲皆合理，而有人心之不善，非性之過，乃心不奉性之過。心之不奉性，非人有此心之過，乃人有此心，而不盡其心之過。不盡其心，卽未有顯性之才。未有顯性之才，人心之不善者以生。是不善之源，唯在顯性之才之未有矣。顯性之才未有，則才名不能顯性之才或不善之才。然才之所以爲不能顯性之才，唯由于顯性之才之未有。顯性之才雖未有，然非不可有。心知理而行之，則性顯而有顯性之才矣。心固可知理而行之，則可有顯性之才。故所謂不能顯性之才，乃唯就性之未顯，尅指其未顯，而其言未能，即謂之不能。然吾人實不可由其今之未能，以謂其眞不能。其今之未能，固不礙其以後之能。則今之未能，非眞不能。今之無顯性之才，非眞無顯性之才，人有不善之才，非眞有不善之才。則于今之才之不善，才之不能顯性，當說由未盡其才而未顯其才之量。才有未顯則不善，顯則善，則才之本身無不善。才有不顯而有不善，即無本身爲不善之才矣。由才而有情有欲。才本身無不善，則情欲本身亦無不善矣。于此情才本身，讀四書大全說卷十第三十二頁曰：「知吾心之才，本吾性之所生，以應吾之用。……孟子曰：盡其才曰盡其心，是以知天下之能爲不善者，唯其不能爲善而然。而非果有不善之才，爲心之所有。」此即言實無不善之才也。

才之不善，旣惟由于不盡其才，則才本身無不善。才有不盡而有不善，故依才而有之情，可以爲不善。有可以爲不善之情，即有人心。然情之可以爲不善，唯由于才之不盡。才不盡而可盡，故情可以爲不善，亦可以爲善。可以爲不善，可以爲善，即非必爲不善。故亦不可言情本身之不善，而只可言有不善之情。然不善之情不礙情之可以爲善，亦如情之有能顯性而爲善，亦不礙情可以爲不善。夫然，故唯于性上可言有善而無不善；而于情則其本身，雖可言無不善，不可言有善。情之不可言有善者，情之善，其根據在才之盡，性之顯，其善皆性之所有，情可以才之未盡不顯性，而可不善也。然情可不善，而亦非必不善。欲由情生，欲亦可不善、可善，而非必不善。欲仁欲義之欲固是善，即飲食男女名利之欲，亦非必不善也。故讀四書大全說又曰：

「夫天下之善，因于所繼者勿論矣。其不善者，則飲食男女爲之端，名利以爲之緣。非獨人之有之，氣機之吐茹匹合，萬物之同異攻取，皆是也。名虛而陽，利寔而陰；飲資陽，食資陰；男體陽，女體陰。無利不養，無名不教，無飲食不生，無男女不化。若此者豈有不善者乎。才成之摶聚之無心，故融結偶偏而器駁（自質言）；時行之推移之無憂，故衰旺偶爭而度舛（自才言）。乃其承一善以爲寔，中未亡而復不遠」。此言飲食、男女、名利、可生不善，皆非必不善也。故四書訓義卷三第十三頁曰：「君子亦有此人所共有之欲。唯有欲乃能知人之欲、遂人之欲。王者之道，固以清心寡欲爲要，而非恬淡無欲，與萬物相忘，遂足以推恩四海也。盖人之與萬物相通者，心也。而君子之心，非小人所能有；小人之心，抑君子所不可無。小人之心而君子所不可無者，情也……食色而已。君子而無此情，則何以知小人之有此情也……是以我之有道，而不能無情也；知人非有道，而必不可以更遠其情也。」讀四書大全說卷六第二十七頁曰：「行天理于人欲之內，而欲皆從理，而仁德歸焉。」「天理充周，原不與人欲爲對壘。理至處，則欲無非理；欲盡處，理尙不得流行。如鑿池而無水，其不足以畜魚，與無池同。」君子不能無欲，以欲非不善也。君子有欲，乃能知人之有欲，而求遂人之欲，則所以行當然之理于人欲，而仁德歸。則有欲正所以行仁，而使仁之善成爲可能者也。若非此欲，則無遂人之欲之仁；而欲雖盡去，亦不得爲善也。

人之欲，生自天，天之生人而有欲，卽有其所以有欲之理。故聖人所以爲聖人，唯在盡理而推其欲以遂人之欲。遂人之欲，卽聖人之自盡其理，所以合天之生人使有欲之理也。又讀四書大全說卷四第三十頁曰：「聖人有欲，其欲卽天之理。天無欲，其理卽人之欲。學者有理、有欲。理盡則合人之欲，欲推則合天之理。于是可見人欲之各得，卽天理之大同；天理之大同，無人欲之或異。」故欲在船山，亦非不善。天生人而有欲，欲暢遂其生。飲食男女之欲，皆所以暢遂其生。故天之生人而使人有欲之理，卽天之生人生物之理，乃天之善之流行。天所以使人有欲之理，善也。聖人之所以推其欲，以遂人之欲，卽所以盡其所受于天之此理，以寔現此理，而盡天之理，亦善也。聖人之所以自節其欲，而推其欲，乃所以自盡其理而爲善。自盡其理之事，卽在遂人之欲上。知人之有欲，則由其自己之有欲；而其有欲之根據，則在天之理之善上。故理欲似相反而寔相成。故自天而觀，人之所以有欲之根據爲善，人之有欲，卽不得爲不善。自人而觀，則有欲而能推欲而盡理。盡理以得善，則欲固可合理而顯性、而爲善，則欲之本身無所謂不善。然欲亦可不合理、不顯性而不善，故亦不可謂欲上卽有善也。

## 六　人有不善之原

上言人之有人心之不善，由于才之有不盡、情之不顯性、欲之不合理。然才非不可盡，才盡則善，顯性則善，欲固可合理而善。今問才何以有不盡，情何以不顯性，欲何以不合理，而有不善乎？原此不善之所自生，在昔賢或歸之于人之氣稟之偏，或歸之于人欲之私，或歸之于所遇之外物，如聲色貨利之環境、或困窮厄抑之環境。然船山則以氣稟非不善，人欲亦不必私，所遇之外物本身，亦不必致人于不善。乃溯此不善之生于氣稟與外物相感應之際，而後有不盡之才、不善之情與不當理之欲。此乃船山之特見。讀四書大全說卷八第三十六頁曰：

「天唯其大，是以一陰一陽皆道，而無不善；氣稟唯小，是以有偏。天之命人，與形俱始。人之有氣稟，則是將此氣稟凝著者（這）性在內。……氣稟雖有偏，而要非不善……小者非不可使大也。……故孟子將此形形色色，都恁看得玲瓏在凡不善者，皆非固不善也。其爲不善者，則只是物交相引、不相値、不審于出耳。惟然，故好勇、好貨、好色，即是天德王道之見端；而惻隱、羞惡、辭讓、是非，苟其但緣物動，而不緣性動，則亦成其不善也……。蓋從性動，則爲仁義禮智之見端；但緣物動，則惻隱羞惡辭讓是非，且但成乎喜怒哀樂；于是而不中節也，亦不保矣。……自形而上以徹乎形而下，莫非性也，莫非命也，則亦莫非天也。但以其天者著之，則無不善；以物之交者，與發其動，則不善也。故物之不能蔽、不能引，則氣稟雖偏，偏亦何莫非正哉。或全而該，或偏而至。該者善之廣大，至者善之精微。廣大之可以盡于精微，與精微之可以致夫廣大，則何殊耶。雖極世之指以爲惡者（如好貨好色），發之正則無不善，發之不正則無有善。發之正者，果發其所存也，性之情也；發之不正，則非有存而發也，物之觸也。自內生者善。內生者，天也，天在己者也，君子所性也。自外生者不善。外生者，物來取而我不知也，天所無也，非己之所欲所爲也。故好貨好色，不足以爲不善，貨色進前，目淫不審而欲獵之，斯不善也。物搖氣，而氣乃搖志，則氣不守中，而志不持氣。此非氣之過也。氣亦善也。其所以善者，氣亦天也。……人之無感而思不善者，亦必非其所未習者也。（原註：如從未食河豘人，終不思食河豘。）而習者亦以外物爲習也。習于外而生于中，故曰習與性成。此後天之性，所以有不善。故言氣稟，不如言後天之得也。」

上來言人之不善，不可歸于氣稟、亦不可歸之于緣性而自生自動之欲情，如好勇好貨好色之類。而唯可歸之于緣物來觸、來取、而搖氣搖志之動，與由此而成之習。此卽爲不善之情欲所自生也。然船山于此並非言物之本身可產生此不善，以物來觸、來取、而志氣不搖動，則何不善之習之有？故不善之源，不在內之氣稟與情欲本身，亦不在外物本身；唯在外物與氣稟與情欲互相感應一往一來之際，所構成之關係之不當之中。故船山于前一段文後復繼之曰：「後天之性，亦何得有不善？習與性成之謂也。先天之性，天成之；後天之性，習成之也，乃習之所以能成乎不善者，物也。夫物亦何嘗不善之有哉。（如人不淫，美色不能令之淫）取物而後受其蔽，此程子所以歸咎于氣稟也。雖然，氣稟亦何不善之有哉。然而不善之所從來，必有所自起，則在氣稟與物相授受之交也。氣稟能往，往非不善也；物能來，來非不善也。而一往一來之間，有其地焉。化之相與往來者，不能恒當其時與地，于是有不當之物。物不當而往來者發不及收，則不善生矣。……乘乎不得已之動，而所值之位不能合符而相與于正，于是來者成蔽，往者成逆，而不善之習成矣。業已成乎習，則薰染以成固有，莫之感而私意私欲且發矣。夫陰陽之位有定，變合之幾無定，豈非天哉。唯其天，而猝不與人之當位者相值，是以得位而中乎道者鮮。故聖人之乘天行地者，知所取舍，以應乎位，其功大焉。先天之動，亦有得位，有不得位者，化之無心而莫齊也。然得位，則秀以靈，而爲人矣；不得位，則禽獸草木，有性無性之類蕃矣。既爲人焉，固無不得位而善者也。後天之動，有得位，有不得位，亦化之無心而莫齊也。得位則物不害習，而習不害性。不得位則物以移習于惡，而習以成性于不善矣。此非吾形吾色之咎也，亦非物形物色之咎也。咎在吾之形色與物之形色往來相遇之幾也。天地無不善之物，而物有不善之幾。（原注：非相值之位，則不善）。物亦非必有不善之幾，吾之動幾，有不善于物之幾。吾之動幾，亦非有不善于物之幾。物之來幾，與吾之往幾，位不相應以其正，而不善之幾以成。故唯聖人爲能知幾，知幾則審位，審位則內有以盡吾形吾色之才，而外有以正物形物色之命。因天地自然之化，無不可以得吾心順受之正。如是而後知天命之性無不善，吾形色之性無不善，即吾取夫物，而相習以成後天之性者，亦無不善矣。故性善也。嗚呼微矣。」

吾心之動幾與物之動幾相合而生者，情也。故讀四書大全卷十第九頁曰：「物之可欲者，亦天地之產也。不責之當人，而咎之天地，是舍盜罪，而以罪主人之多藏也……然則才不任罪，性尤不任罪，物欲亦不任罪，其能使爲不善者，罪不在情，而何在哉？」蓋「吾心之動幾與物相取，物欲之足相引者，與吾之動交，而情以生。然則情者，不純在外，不純在內。或來或往，一來一往，吾之動幾與天地之動幾，相合而成者也。」

船山言不善之**源**，由物之來幾與吾之往幾不相應以正，而有不善，即謂：吾所遇之物來，吾不能不感，感非其時，則感有不當，情有不善。物來，乃吾所處之地位在此，而物亦來此，以使吾與之相接。然此非吾所能主宰，故曰天也。物來而吾不能不感，亦天也。然吾本非欲感物，而不能不感，則此感非自發。自發者，皆順性而動，不能有不善。非自發者，我本非欲感某物，或本覺此時不當感某物，而正另感一當感之物；乃于此地偏偏遇某物，而不能不感某物，則對此物之感非所當有，而爲逆，且足以窒其原來當有之感。遇物而不能不感，其感雖不當，然感時不必知其不當，而恒在感後乃知其不當。感之往者已發不及收，則更情留而成習，此則不善之情習所由成。此物之來、我感之往者不當，非其時而有，即物與我之位，爲不當位。此不當位而生之此感，唯由吾之氣稟之往幾、與物之來幾相交合而成。故分別就氣稟與物以觀，皆無此不當位之一感。唯是物之來幾與氣稟之往幾遇合之一產物。其致有不善之情習，亦如天之以陰陽化生萬物，變合有不當，而有不善之物性。然陰陽之變合可生出不善之物性，無礙于天道之善，即陰陽之無不善。物與吾氣稟間之往來，即人與物間陰陽之變合。物與氣稟之往來，生出此不善之情習，仍無礙于人性之善、才之善、心之能奉性盡才。則當說人之氣禀、與所遇之物，初無不善。故人但能知物之來幾與吾之往幾爲如何、而當如何應之，則物來雖非其時，而吾心能盡才知性，以使所以感之者無不合于當然之則，卽使所生之感，皆爲其時所當有，而皆爲當位之感；則情皆爲正情，而習皆爲善習。此則知性知理，而知幾審位之功之在乎人者。若乎心以不自知其性而不知理之故，則唯在心之不能思。思卽心之才。心之不思，卽心之不盡才，以知性知理。心何以不盡才，以知性知理？則無理可說。蓋正以心之無理之顯，而後名之爲不知性、不知理也。若欲說心何以不知性不知理，則亦只此無理而已。然心可不盡才，而未嘗無才；心可不思以知性知理，而心固能思而知性知理。由此而亦能知幾審位而感得其正當。誠盡才而知幾審位，感皆正當，則使我與物皆各正性命。我與物之形色依舊，而不善已亡，則吾與物之形色本身，亦皆非不善，明矣。

人有性、有心、有情、有才、有欲。通性情才欲以觀，皆無不善。分別觀情才欲，亦本無不善。然才不盡則情不正，情不正則情爲不善。情之爲善與否，在心之能否奉性以治之。心奉性以治情，卽盡才之謂。心奉性，爲道心，而善；心不奉性，爲人心之有不善者。故情才欲本身，雖無不善而不可賤；然情不可寵，才不可獎，欲不可縱，而唯心爲當盡，性爲當尊。情才欲，皆人與禽獸之所同；而性爲人之所獨。盡心尊性而人禽之辨乃嚴。故船山言天道，大同于橫渠，而言人道，則大同于程朱。心不自盡以知性，而心可有非理之心。必盡心知性，心乃合于理。此則有異于陽明之徒言心卽理而求諸當下一念靈明之說。此乃由陽明與其徒所謂心，乃專指良知之靈明，卽專指人本有之道心；卽不同于船山所謂心，乃包括道心與人心而言者。船山盡心而不任心。其說更當于其人道論中論之。

# 第二十三章　王船山之人道論

## 一　人道之尊

船山之言心性情才，雖皆本于其天道論。然人既分于天之氣化，凝其善以成人，則人自為人；屬于人物者，不盡屬于天。故讀四書大全說卷八十九曰「只有人物底去處，則天及之化，已屬于人物，便不盡由天地。」人物之中，瓦石無生，而草木有生。草木無情無知，而禽獸有情有知。禽獸不能凝善以為性，而人獨能凝善以為性。故人物之中，人性獨尊，而異于物性。人性善而有人道。人道者，人之所獨有，以繼天道者也。孟子言人之異于禽獸者幾希。然船山釋此幾希之異曰：「不但在于心。」人心之性，必徹于形；人道之用，必見乎器。自性而形，自道而器，極乎廣大，盡乎精微，件件有幾希之異。」故幾希非少義。「幾希嚴詞，亦大詞。」夫然，故人有此異于禽獸之幾希，便「須隨處立個界限」，「壁立萬仞」。此人所以必須憂勤惕厲，以自盡其心、而存性、正情以繼善，不可「迷其所同，而失其所異。」（讀四書大全說卷九二十一至二十三頁）尤不可謂天之生人生物，使人物同有知覺、同有此情，人與物，同本于天之仁而生，遂自視其情皆善，以自同于物也。故讀四書大全說卷十第十二頁曰：

「天地直是廣大，險不害易，阻不害簡。則二五變合爲人，喫緊有功在此。故曰天地不與聖人同憂。慕天地之大，而以變合之無害也。視情皆善，則人極不立矣。天地之化同萬物以情者，仁也。異人之性與才于物者，天地之義也，天地以義異人，而人恃天地之仁以同于物。則高語知化，而實自陷于禽獸。此異端之病根，以滅性隳命，而有餘惡也。」

又俟解曰：

「二氣五行，摶合靈妙，使我爲人而異于彼。抑不絕吾有生之情，而或同于彼。乃迷其所同，而失其所以異；負天地之至仁，以自負其生。此君子之所以憂勤惕厲，而不容已也。明倫察物，居仁由義，四者禽獸不得與。壁立萬仞，只爭一線，可弗懼哉。」

人與禽獸之異，根本固在性之善。然性徹于形，通于情欲。人能存其性，則人之同于禽獸之情欲，亦似同而界限迥立，仍是壁立萬仞。故讀四書大全說卷九第二十二頁曰：

「若論異，則甘食悅色處，亦全不同。若論其異僅幾希，則仁義之異，亦復無幾。虎狼之父子似仁，蜂蟻之君臣亦近義也。隨處須立個界限，壁立萬仞，方是君子存之。若庶民，便愛親敬君，也只似虎狼蜂蟻，來趁一點靈光做去也。苟知其所以異，則甘食悅色之中，井井分別處，卽至仁大義之所在。不可概謂甘食悅色，便與禽獸同也。聖賢喫緊在美中求惡，惡中求美，人欲中擇天理，天理中辨人欲。細細密密，絲分縷悉，與禽獸立個徹始終、盡內外底界址。」

人能辨其與禽獸幾希之異，而依一徹始徹終，盡內外底界址，兢兢業業以盡心存性，而立人道；則匪特不負天之生我，而完成人之所以爲人；且上繼天道，而輔天道之所不足。蓋人固由天生。然人已生，則人自成爲人。性固原天命，然盡心以存性之功，則不屬于天。人生以後，天固無時不命于人物（參考前命日降義），氣化不齊，降者不均，在天皆無不正。然「人既得此無不正而不均者，旣以自成其體，不復聽予奪于天矣。則雖天之氣化不齊，人所遇者不能必承其正且均者于天，而業已自成其體，于己取之而足。若更以天之氣化爲有權，而已聽焉，乃天自行其正命，而非以命我，則天雖正，于己不必正，天雖均，于己不必均。我不能自著其功，則固仍其不正不均，斯亦成自暴自棄而已矣。」（讀四書大全說卷十四八頁）人生以後，不可以天治人，而惟可以人承天。人之承天，除天命我以仁義禮智之性，可自取而足者外；「天未嘗寥廓安排，寘一成之形于前，可弗心以酌之，而但循其軌跡。人生以後，人唯可各以其心而凝天。」必思以顯性，求其心之所安，而後理得。則人生以後，人之所以承天而凝理者，必見于人之自著其功之事上。所謂「事所不至，心不生焉；心所不至，理不凝焉；理所不凝，天不于此顯其節文也。」（續左氏春秋傳博議上第一頁）理唯是所謂當然之則，天命以爲性，固不容人之造作。然人不求其心之所安，則不能顯性得理而凝理。得之凝之在人，而後天命之理以顯。得之凝之顯之之工夫，全賴心之酌，卽思是也。思全是人道上事。人道盡而天理乃顯。此人之所以補天道之不足，人之顯理以合天道之大。理顯于人，則天道賴人道以繼，卽賴人道以成。知性知天，而知天之生人生物，無非善之流行。然天化之無心而不齊，則固有陰陽變合之差而不當者，致生物之性，不能皆善。物之相與，恆不免相殘，而害其所以生，違乎天之仁。人性雖善，而以所遇之物非其時，不當其位，而我之氣稟與物往來之交，流乎情，交乎才者，亦有不善。人所遇之物，當其時位與否，亦天化之無心而不齊。凡此等等，雖皆不足據以疑天之生人生物，其本爲善之流行；然本善以生人生物，而有所成之物之性之不善。人性善而情才有不善，則不能不謂天化之有不當其理處。天之化固有其理，天之道固無時而不存，道固無不善。然當天之化之未當其理，道之未流行，則尚有未顯之善，所謂道大而善小也。天之化有未當其理之處，而致其所生之物之性有不善，與人之情才中之有不善，則天雖善于其生人物之「本」，而不能善于人物既生以後之「末」，使所生之物之性、人之情才，皆無不善。此卽天之能善人物之始，而不能善人物之終。人則能凝天之善以爲性，盡心存性，而明倫察物，居仁由義，以裁成天地。居仁而親親，仁民以愛物，由義而使我與物皆得其所，盡才而使才無不善，存性而情皆所以達性。由是以贊天地之化育，而自善其情才；則皆人自盡其心之思功，循理而立人道，所以輔天道之所不足，而善萬物之終者。惟性原于天命，理本爲天理，心由天生；天不繼其善于物性，而繼其善于人性，人乃有善性之可存，得盡其心以立人道。是則人道之所以能輔天道，仍本諸天道之大。而天之生人，使之可立人道以自輔，亦卽所以完成其天道。故船山曰「聖人賴天地以大，天地賴聖人以貞。」聖人者，人之能存性盡心，以立人道者也。天道無心無憂，而聖人則有憂。聖人充其不安于不善之心量，則天地間有一不善之存，聖人皆不能無憂。其憂乃所以去不善而一于善，充其必去不善以一于善之心量，則無任何一不善不可終歸于善，而終定于善。此之謂天地賴聖人以貞。聖人有心有憂，天地無心無憂。無心無憂，故善始不求善終；有心有憂，則不能安于不善，而必求止于至善。天道能善萬物之始，而不能善其終；人道善萬物之終，卽以成天道之善始。然天能生人，所生之人能成聖，則所謂天之不能善其終，亦未嘗不能善其終。知此乃眞能不惑乎天道之善。人能成聖，聖能合天，則見人之善天之終，卽所以成其始，而善其始。知此乃眞能不惑乎人道之善。天道大而人道尊。人道之尊，在于能尊天道；則人道尊，而天道亦尊。天道之大，大在于能生人以成聖，則天道大而人道亦大。此船山言天人合一所隱涵之旨，其重人道卽重天道。此與老釋之人同天之說，義理分齊，必須細辨。今再引船山之言以證上之所述。周易內傳卷五十五頁曰：

「未繼以前爲天道，既成以後爲人道。天道無擇而人道有辨。聖人盡人道，而不如異端之妄同于天。」

詩廣傳卷四大雅曰：

「大哉人道乎，作對于天而有功矣。夫莫大匪天，而奚以然耶。人者，兩間之精氣也。取精于天，翕陰陽而發其冏明。故天廣大而人精微，天神化而人之識專壹。天不與聖人同憂，而人得以其憂相天之不及。故曰：誠之者，人之道也。天授精于人，而亦唯人之自至矣。……知人之道，則可與立命，立命則得天而作配。」

讀四書大全說卷十第五十一頁釋孟子所謂「堯舜性之也」論天生聖必待修之說曰：

「君子之聖學，其不舍修爲者，一而已矣。天道自天也，人道自人也。人有其道，聖者盡之，則踐形盡性，而至于命也。聖賢之教，下以別人于物，上不欲人之躐等于天。天則自然矣，物則自然矣。蜂蟻之義，相鼠之禮，不假修爲矣，任天故也。過持自然之說，欲以合天，恐名天而實物也。危矣哉。」

周易外傳卷五第七章曰：

「天地無心而成化，故其于陰陽也，泰然盡用之而無所擇。晶耀者極崇，而不憂其浮也；凝結者極卑，而不憂其滯也。聖人裁成天地，而相其化，則必有所擇矣。故其于天地也，稱其量以取其精，況以降之陰陽乎。聖人賴天地以大，天地賴聖人以貞。擇而肖之，合之而無間，聖人所以貞天地也。是故于天得德，于地得業。……聖人有門以上，而遵道于天；有門以下，而徙義于地。……人存而天地存，性存而位存。」

又尚書引義卷三說命中曰：

「嘗觀之天矣，生生者，資始之至仁大義也。然物受命以生，而或害其生，天無所憂也。故曰天地不與聖人同憂。聖人則不能與天同其無憂矣。聖人之所憂，……有家而不欲家之毀，有國而不欲國之亡，有天下而不欲天下之失黎民，有黎民而恐或亂之，于其子孫，而恐莫保之之情也。情之貞也，聖人豈有異于人哉。」

續春秋左氏傳博義卷下二十三頁曰：

「天與之目力，必竭之而後明焉；天與之耳力，必竭之而後聰焉；天與之心思，必竭之而後睿焉；天與之正氣，必竭之而後強以貞焉。可竭者，天也；竭之者，人也。人有可竭之成能，故天之所死，猶將生之；天之所愚，猶將哲之；天之所無，猶將有之；天之所亂，猶將治之。裁之于天下，正之于己，雖亂而不與俱流。立之于己，施之于天下，則凶人戢其暴，詐人斂其姦，頑人貶其愚，卽欲亂天下，而天下猶不亂也。功被于天下，而陰施其裁成之德于匪人，則權之可乘，勢之可爲，雖竄之、流之，不避怨也。若其權不自我，勢不可回；身不可辱，生可捐；國可亡，而志不可奪。」

讀四書大全說卷八第十九頁曰：

「所謂天地之間者，只是有人物的去處。上而碧落，下而黃泉，原不在君子分內。……天地之化相入，而其際至密無分段，那得有閒空處來？只是有人物底去處，則天地之化，已屬于人物，便不盡由天地，故曰間。所謂塞乎天地之間也。只是盡天下之人，盡天下之物，盡天下之事，要擔當便與擔當，要宰制便與宰制；險者使之易，阻者使之簡，無有畏難而葸怯者。……天地之間，皆理之所至也；理之所至，此氣無不可至。言乎其體，而無理不可勝者；言乎其用，而無事不可任矣。」

以上既論船山重立人道之意。至于如何立人道，下當分別自船山之修爲論與人文化成論以述之，本文將暫止于以其修爲論，言其立人道之義。

## 二　思　誠

船山之修爲論，即如何作聖賢之論。船山于此，乃本于橫渠所謂「性與天道合一存乎誠」之義，與心之用在思之義，而以中庸思誠，易之存誠爲教。讀四書大全說卷九第七頁曰：

「盡天地，只是個誠，盡聖賢學問，只是思誠。」天地只是誠，而天無心以立教。唯聖人知其性之本于天之誠，而知性在乎思誠。故以誠立教也。

天地只是誠者，言天之道唯是一眞無妄，無往不實。天地萬物，皆此一眞無妄之所充周。唯有天道之一眞無妄，而後生人生物，而後人有其性。故天道之善于人物，人性之能凝天道之善，皆本于誠。故讀四書大全說卷十第一頁曰：「惟其誠，是以善。誠于天，是善于人。」故人之凝天道之善以爲性，而性善，卽有此天道之誠。有此誠者，人之善也。故又曰：「惟其善，斯以有其誠。天善之，故人能誠之。所有者，誠也；有所有者，善也。」天道由誠以善于人物，而有其誠；人則由凝天之此善，以爲性，而有善性，而能誠。能誠而誠之，乃眞有此誠；顯性之善，而眞有此善。故人不可不存其誠，發其誠，著其誠，以眞有此誠；而立一眞無妄之人道，斯可以繼天道矣。故四書訓義卷三第三十二頁曰：

「夫誠所以充乎萬理，周乎萬事，通乎萬物者，何也？……夫人之有道，因其有性，則道在性之中；人之有性，因乎天之有命，則性又在天之內。人受此理謂之天，固有其道矣。誠者，天之道也。二氣之運行，健誠乎健，順誠乎順；五行之變化，生誠乎生，成誠乎成。終古而如一，誠而以爲日新也；萬有而不窮，誠而以爲富有也。惟天以誠爲道，故人得實有其道之體。乃誠爲天之道，則道之用非天之所爲功，而存乎人。于是有誠之者焉。有是心，以載是德，故誠可存也；有是才以備斯道，故誠可發也。誠之未著于未有是理之中，而森然有理之可恃；誠之或虧于未盡善之中，而確然有善之不易；則命之所凝也，性之所函也，以起人生之大用，而爲事理之所依也。」

又四書訓義卷四第二十七頁曰：

「自天有命，則知誠以爲命矣；命以爲性，則性皆其誠矣；率性爲道，則道本于誠矣。中爲大本，誠之體也；和爲達道，誠之用也。費者皆其誠，非增益于一眞之外也；隱者唯其誠，非托于虛無之表也。誠者天之道，而知仁勇之眞體斯在；誠之者人之道，而智仁勇之大用以起。」

又四書訓義卷三十一第二十四頁曰：

「天人同于一原，而物我合于一心者，其惟誠乎。實有是物，則實有處是物之事；實有此事，則實有成此事之理；實有此理，則實有明此理、行此理之心。知有所不至，則不誠；行有所不盡，則不誠；以私意參之，但致其偏，而失其全，則不誠；以私欲間之，雖得其迹，而非眞，則不誠。凡此皆棄其性之所固有，人乃背天，而亦無以感通于物矣。……君子之全學，歸于一誠之克盡；而天下之心理，皆于一誠而各得。」

又讀四書大全說卷九第十七頁曰：

「若反身而誠，則通動靜，合外內之全德也。靜而戒懼于不睹不聞，使此理森森然在吾心者，誠也；動而愼于隱微，使此理隨發處，一直充滿，無欠缺于意之初終者，誠也。外而以好、以惡、以言、以行，乃至加于家國天下，使此理洋溢周徧，無不足於身者，誠也，」

天道之所以爲一眞無妄而實者，以其日生日成也。物固有往有來。其往也，由實而入虛，則疑若不實；然往而復來，則由虛而又實。一往一來，而後見天道。則實而復實，卽天之所以日新而富有。太虛皆爲一實，而天道爲誠矣。舍道以觀物，則物來而復往，疑若物本非眞實，而其性爲空，其本爲虛，此卽佛老之看法。然以船山之道觀物，則道爲眞實、爲誠；而物無不眞實，無不誠。天道固大往大來，則窮天地，亘萬古，皆是一誠之所充周。物之生也，非才生卽滅：乃皆爲一生生之歷程。在此生生之歷程中，隨時變化。其質其氣之具于一物之中者，亦自有小往小來；則天地固爲一誠之所充周；一物之生生之歷程，亦皆一誠之所充周；而同此一誠也。人物生自天，故充周于物之誠，皆天道之誠也。然天道之流行，本其誠以生物、命物，以其誠充周于物，而物不能凝天命以爲性，以其性載道，則亦不能載誠以爲德。唯人乃能凝天命以爲性，以性載道，實有此道之體，而後「性皆其誠」，乃可率性而存其誠，發其誠，本道之體，以起道之用，致中和，徹費隱，而成己以成物。此則人之思誠之功，以立人道，而合天道者也。

人之思誠以誠之功之全，在乎心。心之官則思。思誠者，心之事也。故讀四書大全說卷三第二十頁曰：「道者率乎性，誠者誠乎心。仁義禮智，性也；有定體而莫之流行者也。誠，心也；無定體而行其性者也。」又讀四書大全說卷三，二十九頁曰：「以知仁勇爲性之德，所以修率性之道，而以爲教之本；以誠爲心之德，則所以盡天命之性第而以爲道之依。」原人心所以能思誠者，蓋心感物則將有應物之事；有應物之事，則有當如何應物之理，如仁義禮智之理是也。此理具于心，爲心之性。理雖未顯，然理自森然而可恃，而仁義禮智之善，確然不可易者，于是乎在。故人但能竭其思之功，則知至此理，而行事皆善。吾人能使吾人之知，于理無所不至，吾人之行事，于善無所不盡，以應物；此相續無間之知理、行善之功中，無妄之雜，不參以私意私欲，則通此知行皆實，而皆爲一誠所充周，而心與理皆得。此卽思誠之人道所以合天人、物我者也。

人之思誠之功夫，旣在竭心之思功，以知理行理而盡善。故船山之言心上之工夫，不如陽明之主卽心卽理，卽心觀理。亦不似朱子之言卽物窮理。卽心觀理，則未必能分別無理之心與有理之心；卽物窮理，則或濫物理于人心之理。船山乃主竭此心之思功，以知此人心之理，而行此理。斯乃所以立人道之正。

心竭其思功，卽可以知人心之理者，以心能辨是非，知合理與不合理之別也。心之能知不合理之非，乃以理爲根據；亦唯以有理爲根據，乃能知不合理之非。故人雖有不合理之心，然不合理之心之所以有，正由有性之理爲根據，而反照出的。故人但能竭其思功，則由心之不合理之所在，卽可以再反照出理之所在。能知此理之所在，使知無不至，卽可以行之，而行無不盡。亦卽可以存誠而發誠。船山重理似程朱，而其由思以顯人心之理，兼于非理中反照出理，實大同于陽明由良知之是是非非，以見良知之至善。唯陽明有卽本體卽工夫之論，而在船山則理爲所知，心爲能知；顯理之工夫在竭心之思，竭思以識理，乃心之工夫，非理能自顯。此則非陽明卽心卽理、卽本體卽工夫之論矣。讀四書大全說引沈氏之說曰：

「天理動靜之機，……靜則有是而無非，……動則是非現。則動機之幾，卽是非之鑑也。惟其有是無非，故非者可現。若原有非，則是非無所折衷矣。非不對是，非者非是也。如人本無病，故知其或病或愈。若人本當有病，則云疾時，亦其恆矣，不名爲病矣。」

然徒知理之是非，不足以盡善，必行而後盡善。陽明言卽知卽行，知行合一。船山則雖承認知中有行，行中有知，(讀四書大全說卷一傳第六章)然復言知行可得而分功。知行有先後之序，而先後更互相成。知爲知，行爲能；知屬乾，而能屬坤；行可統知，而知不可統行。故曰：

「凡知者或未能行，而行者則無不知。知有不統行，而行必統知也。致知而不行，則知者非眞知，力行而後知之眞也。」（四書訓義十三）

「行焉可以得知之效，而知焉未可得行之效。」（尙書引義卷三說命）則行重于知。此船山之所以矯陽明後學偏言知、以知攝行之弊也。

人能知理而行之，使知無不至，行無不盡，則思誠而誠之功盡，而人道之善立。天之生人而使有心思，由誠而明也；人之承天而竭其心思，以知理而行之，則由明而誠。由明而誠，存人之誠，卽存天之誠，而天人合一。至誠而如天之謂聖。聖同天，而明皆由誠發，則又如天之自誠而明矣。人能如天之自誠而明，則其知不待致，行不待力，而卽知卽行。此則自修養之果上說，船山又同于陽明矣。故讀四書大全說卷四第八頁曰：

「乃聖人旣立之後，其知也，非待于致也；豁然貫通之餘，全體明而大用行也；其行也，非待于力也；其所立者，條理不爽，而循由之，則因乎事物之至也。故旣立之後，誠則明矣。明誠合一，則知焉者卽行，行焉者咸知矣。豈可以並進言哉。」

聖人由明而誠，以合天而成聖，成聖則由誠而明。由誠而明，明及于天下，明中卽有此誠；而將教天下之由明而誠，化天下之人，使成賢成聖。故聖人之由明而誠，率性以成己之事。聖人之由誠而明，則修道以成物之教也。

讀四書大全說卷三第十四頁曰：

「天不容已于誠，而無心于明。誠者，天之道也；明者，人之天也（由明至誠）。聖人有功于明，（自誠而明，其明皆誠也。）而不能必天下之誠。明者，聖人立教之本也；誠者，教中所有之德也。（聖人之教中，卽有此誠之德；而教人明，亦不外明此誠之德也。）賢人志于誠，而豫其事于明。則不明乎善，不誠乎身。學問思辨（明之事），所以因聖而爲功者也。此在天在人，聖修教，賢由教之差等，固然有其別。而在天爲誠者，在人則必有其明。明授于性，而非性之有誠而無明（心能思，則有明矣）。故聖人有其誠，而必有明。聖之所以盡性而合天者，固其自然之發見。聖之所明者，賢者得之而可以誠。明開于聖教，而非教之但可以明而無當于誠。故賢人明聖人之所明，而亦誠聖人之所誠。……故曰不明乎善，不誠乎身。明雖在天所未有，而聖必有，（原

注：自明誠，明字屬聖人說。）在賢必用。（明則誠矣，明字屬賢人說。）中庸所以要功于誠，而必以明爲之階牖也。」

讀四書大全說卷三第十三頁曰：

「聖人之德，自誠而明；而所以爾者，天命之性，自誠明也。賢人之學，自明而誠；而其能然者，惟聖人之教，自明誠也。」

## 三　四德與三德

修養之工夫在思誠。思誠者致其知，盡其行，使知行爲眞實無妄之知行；由人之明誠，以合天道之誠也。此以人之明誠之工夫爲善也。然明誠之工夫，所以被視爲善者，以明之所明，誠之所誠者爲善也，非能明能誠之作用本身之爲善也。然則善者何？善必有所善而善。天道之善，在其生人生物而善于物、善于人，此卽氣之元亨利貞之善。天之所誠，卽誠此元亨利貞之善也。人道之善，則在于凝天之元亨利貞之善，以成人性中之仁義禮智之善。故人道之善不在天，亦不在人，而在天人之際。故

續春秋左氏傳博義卷下第十一頁曰：

「一陰一陽之謂道，道不可以善名也。成之者性也，善不可以性域也。善者，天人之際者也。故

曰繼之者善也。善有體、有用焉。繼之者善，體營而用生也；成之者性，用凝而成體也。善之體有四，仁義禮智也，繼天之元亨利貞，而以開人之用者也。善之用有三，曰智仁勇，變合乎四德之幾，而以生人之動者也。」

船山以四德配于元亨利貞，爲人之四種善，與朱子同。然朱子于人道言誠，亦列之爲善之一目，與船山異。而船山之以智仁勇爲善之用，則昔賢所未有。蓋其所謂智仁勇，乃指中庸之三達德，與四德中之仁義禮智相對。達德者，由內達外之德，正是善之用也。中庸言，好學近乎智，力行近乎仁，知恥近乎勇。好學力行知恥，皆自心之活動言，皆心之用。故船山卽以此三達德爲善之用。並曰用智不如用好學，用仁不如用力行，用勇不如用知恥。能用好學，則能達于智，而用智；能用力行，則能達于仁，而用仁；能用知恥，則能達于勇，而用勇。蓋好學乃知之始，智乃知之明；力行乃仁之始，仁乃行之純；知恥乃恥其不知不行。勇之始，由恥不知不行始，而至于無不知、無不行，卽勇之極。智配知，而仁配行。故船山取中庸「好學近乎智，力行近乎仁」而釋之曰：「以陰陽之分言之，仁者行之純，陰之順也；智者知之明，陽之健也。以陰陽之合言之，則仁者陰陽靜存之幾，智者陰陽動發之幾。」此善之用之仁智之體，卽四德中之仁智之用，所以顯四德中之仁智者也。而四德中之義，則成于三德中之智，而禮成于三德中之仁。蓋三德之智，爲知之明，明則能辨義；仁爲行之純，行純則能循禮；至于勇者則所以兼成義禮。勇始于知恥，知恥始于對不義無禮而恥焉，而終于對不仁不智而恥焉。恥不義無禮，則能寧死不棄義，造次不違禮，此卽勇之所以兼成義禮也。故續春秋左氏傳博義卷上曰：

「義成乎智，禮成乎仁，學者之所知也。當死而無棄義，造次而無忘禮，勇之兼成乎義禮者，固賓賓然夷猶委順，以修儒度者之所不知也。」

三德之中，知恥尚勇之重要，爲船山所特發揮。蓋知恥而恥不義無禮、恥不仁不智。恥不義無禮、恥不仁不智，而恥知之不明、行之不力。知行者，所以知善而行善，而勇則由恥不善、恥不知善或恥不行善始。徒善不足以成善，必去不善、不「不善」，而後成善。徒知行不足以盡知行，必不「不知不行」，而後可以盡知行。能知恥而勇，則能不「不善」，不「不知不行」，而能成其不「不善」，而有不與「不善」相對之絕對善；其知斯無不明，行乃無不盡，而後可以言盡「誠之」之道也。此船山論學之重在勇，而論勇之所以重先知恥之義也。故讀四書大全說卷三第三頁曰：

「顯然天理之實，有此仁義禮，而爲人所自立之道。……是皆固然之道，而非若智仁（原註：與前一仁字不同）勇，人得受于有生之後，乘乎志氣，（原注：仁依志，勇依氣，知兼依志氣。）以爲德于人，而人用之以行道者比矣。……仁也，義也，禮也，此立人之道，人之所當修者。……仁也、知也、勇也，此成乎人之道，而人得斯道以爲德者。……道者，天與人所同也。天所與立，而人必由之者也。德者，己所有也；天授之人，而人用以行也。……故達德，亦人道也。以德行道，而所以行之者，必一焉。……故此一章，惟誠爲樞紐。」

## 四　持志與正心誠意

明善，始乎好學；成善，始乎力行；求無不善，始乎知恥。思誠誠之以無妄之工夫，始于好學力行知恥，而終則歸于知仁勇，以盡仁義禮智之道。始必終于終，終則始于始。始而即定向于成終之心，則所謂志于道之志也；而志所帥者，氣也。讀四書大全卷八第二十頁曰：「志于道而以道正其志，則志有所持也。蓋志，初終一揆者也，處乎靜以待物。道有一成之則，而統乎大，故志可與相守。」可知船山意乃謂心定向于道而有志。心之官則思，而志即規定心之思，使常定向乎道者。故志非特一時之有定向之思。一時之有定向之思，旋生而旋逝。而志之爲規定心思，使有定向者，則不僅規定當下一時之心思，且規定今後之心思。故船山言志，不如一般之以心有所之、心之有所向而動，言之；而以志爲心所常存，而主乎視聽言動者。故曰「是心雖統性，而其自爲體也，則性之所生，與百官百骸並生，而爲之君主；常在人胸臆之間，而有爲者，則據之以爲志。……志則有所感而發，其志固在；無感而不發，其志未嘗不在；而隱然有一欲爲、可爲之體，于不覩不聞之中。……心者身所主。主乎視聽言動者，惟志而已矣。」此船山以志爲心之所存而能主者之言。志既爲心所存而能主者，則志爲內在，且能主宰、規定今後之心思，使定向于道者。故依船山之言，心之有所向而動，只是一時之意，而非能爲心之存主之志也。

船山唯以規定主宰心思以定向乎道，乃爲志。言定向乎道而後有志，卽必有所向之道在前，而後有志。則徒保其心之虛靈，以致良知爲事者，自船山觀之，皆未能識志。朱子以理爲心所實現。所欲實現之理在前，而心向之，似可言有志。故朱子以立趨向爲志。然徒有一理爲心思之所向，尚不能必其能主宰規定以後之心思。故朱子之言志爲立心之趨向，仍不免寬泛。原船山之所以能言志爲心之所存，而常爲主宰，以規定今後之心思者，嘗試測之，其關鍵蓋在于其能發揮「知耻近乎勇」之義。蓋徒有理爲心之所向，可使當下之知行一于理，尚不能必今後之知行，亦一于理。然人能知耻，而耻不知不行以近乎勇，則此知耻之念，卽爲一超化此不知不行之念者。超化此不知不行之念，卽足以引生求知求行之次念。故耻不知不行之念，雖在當下，而其效則見于相續之一念，而足以規定今後之念，使亦一于理者。此卽今後之心思，可爲我當下之心思規定主宰定向之故。由是而志雖由當下之心思所立，而其效可見于今後之心思方向之規定主宰矣。

船山言心重志，故言工夫，特重持志。志爲心思之定向乎道，使吾人之知行得成始成終者。持志卽志之自己肯定，使心思常定向乎道，使知無不至，行無不盡，更由好學，力行，知耻，而有知仁勇，以思誠而誠之，以合乎天道之誠者。此船山之言正心誠意之實功，又恆扣緊持志之義爲言也。

原大學正心誠意之問題，爲宋明理學家言修養問題聚訟之一焦點。朱子集註，以知爲善去惡，而實用其力，爲誠意。則誠意本于其所謂致知、或卽物窮理。其大學集註言正心，則以「察欲動情勝之失其正者，而敬以直之」之語爲工夫。朱子以格物致知爲知之事，誠意正心爲行之事，而分知行爲二。陽明則以致良知便是誠意，意誠則心正。故致良知之工夫，卽誠意正心之工夫。王門之王龍溪，重正心，而心卽至虛至靜之靈明。劉蕺山特標出誠意，而以爲心之所存，謂誠意所以致良知。其誠意愼獨之功，卽以靜存此意爲主。而船山于知行之問題，則旣承認知行先後之序。又復言知中有行，行中有知。故于大學中格物致知誠意正心之序，雖承認之，而不如朱子之嚴格。唯船山以行統知，而知不統行，故重誠意正心，而不似朱子之重致知格物窮理，亦不似陽明之重良知。其重誠意，固近蕺山。然彼又不以意爲心之所存，仍取意爲心之所發之說，以與爲心之所存主之志相對。其所謂志，爲內在而恆存者，頗同于蕺山之「意」。然蕺山之意，爲先天之意、含本體意義之意。而船山之志，則又爲後天之工夫所立所持。而後天工夫之能立此志、持此志，則本于人之有先天本體上之性，以顯爲心所知之理。心向此理，而必求知之至、行之盡，則志立。志立而可持，持之則志常存矣。人常能持志，則其以後之知行，一循于理，無非理以干之，則心正矣。故船山以持志爲正心之工夫。至其言誠意工夫，則所以對心所發之意之不善者，使之一于善。誠意工夫之本于致知格物者，在誠意必先感物，而知應物之當然之理。由知當然之理，則可本之以衡意之善否。船山所謂將「所知之理，遇著意發時，撞將去，敎他吃個滿懷。」（讀四書大全卷一第九頁）以理衡意，使意皆合乎理，而無不善，則意誠。

意誠而無不善，則心正矣。由此而可釋大學由致知以誠意正心之序。然意之能誠，固本于性之善，心有性而有此善，故有實存其善，去其不善之意。然欲使所存之意皆善，且有力以去不善之意，則在吾人之能持其志。故誠意又可言本于正心。誠意與正心之不同，在正心唯是持其善志，而誠意則是本其所存者之善，以實其所發之意，使之無不善。正心與誠意，以工夫言，二者固交相爲用，而互爲根據。持其志則其樞紐，而貫乎正心誠意者也。故船山于讀四書大全說卷一第十二頁釋大學誠意毋自欺之自字曰：

「所謂自者，心也。欲修其身者所正之心也。蓋心之正者，志之持也。是以知其恆存乎中，善而非惡也。心之所存，善而非惡；意之已動，或有惡焉，以凌奪其素正之心，則自欺矣（意欺心）。唯誠其意者，充此心之善，以灌注乎所動之意而皆實，則吾所存之心，周流滿愜，而無有餒也。」

又本卷十四頁引程子「未到不動處，須是執持其志。不動者，心正也；執持其志者，正其心也。」而加以解釋。其中極反對使心湛然虛明，心如太虛爲正心之說，故謂「志正爲心正。志之所向一于理，則樂多良友，未得其人，而展轉願見；憂宗國之淪亡，覆敗無形，而耿耿不寐；亦何妨于正哉。」則湛然虛明之心，非心正之心明矣。又此卷第十五頁曰：

「今有物于此，其位有定向，其體可執持，或置之不正，而後從而正之。若窅窅空空之太虛，手挪不動，氣吹不移，則從何而施其正？且東西南北，無非太虛之位，又何所正邪？……以此言正心，則天地懸隔。……故程子直以孟子之持志而不動心爲正心，顯其實功，用昭千古不傳之絕學，其功偉矣。……正其心於仁義，而持之恆在，豈但如一鏡之明哉。」第十六頁曰：

「大學工夫次第，固云欲正其心者先誠其意。然煞認此作先後，則又不得。……心之與意，動之與靜，相爲體用，無分于主輔。……欲正其心者，必誠其意。而心苟不正，則其害亦必達于意，而無所施其誠。」

此卽船山之正心誠意，互爲根據之說。正心卽存養，卽靜中之工夫；誠意卽省察，卽動中之工夫。（讀四書大全說卷三，三十四）正心誠意，互爲基礎，卽存養省察，互爲基礎。禮記章句卷三十一第七頁：「惟存養而後可以省察，惟致中而後可以致和。用者，用其體也。惟省察而後存養不失，惟致和而後中無不致。體者，用之體也。」然自另一面言之，依船山說，存養當先于省察。故曰「正心爲主，而誠意爲正心加愼之事。則必欲正其心，而後以誠意爲務。若心之未正，更不足與言誠意。此存養之功，所以居省察之先。大學所謂毋自欺者，必有不可欺之心。此云毋惡于志，必有其惡疚之志。故正心次修身，而誠意之學爲正心者設。」（同上）

然船山下文，又言能誠意能正心省察，而後所存養乃純一。此仍所以發揮二者之互爲基礎之意。唯于學者言，則必「存養以先立其本，而省察因之以受。」故大學欲正其心者，先必誠其意。而欲正其心之心，乃持志之心也。故在其釋孟子養氣之章，則全以持志、正心爲本。而通觀船山之學，亦無往不見其特重持志正心之義也。

## 五　養　氣

由船山之重持志，故復重養氣。蓋心與氣不相離，理與氣不相離。心之能知理行理，原本于氣。無氣則不能知理，而循理以行。故氣不可不養。養氣，斯更能知理行理，而更能持其志矣。故船山之發揮孟子所謂養氣之義，皆將養氣與持志並言，而不外由持志以言養氣。蓋能持志卽能養氣也。

孟子以養氣之道在集義，而配義與道。道者當然之理，義者知此當然之理而爲之，卽知理而行之，以合當然之理也。故養氣必先「志于道」。道正其志，志有所持，而後能集義知理而行之也。原集義知理而行之之功，所以能養氣者，亦正根據于理不離氣。蓋理不離氣，則氣自循理而動。理顯于心，而氣亦生于心，而養得此氣。能集義，則本于持志之功。故持志與養氣，實互爲根據。能持志而後能常集義，能常集義而氣得以養。氣得養，而更能知理行理而集義，以持其志。所謂「作吾氣以爲一，而無畏沮，則愈作而愈見其可成，愈守而愈見其不易。因以警動其志，而使之益決。」(四書訓義卷二十七)所謂「志專，于有所爲而壹，由此生必爲之氣也。」故船山于讀四書大全卷八第十二頁曰：「義惟在吾心之內，氣亦在吾心之內。故義與氣，互相爲配。氣配義，義卽生氣」。又十七頁曰：「吾心之虛靈不昧，以有所發，而善于所往者，志也。固性之所自含也。乃吾身之流動充滿，以應物而貞勝者，氣也。

亦何莫非天地之正氣，而爲吾性之變焉合焉者乎？性善則不昧而宰事者善矣。其流動充滿，以與物相接者，亦何不善也？虛靈之宰，具夫眾理；而理者，原以理夫我者也。（理治乎氣，爲氣之條理）。則理以治氣，而固託乎氣，以有其理。是故舍氣以言理，而不得理，則君子之有志，固以取向于理。而志之所往，欲成其始終條理之大用，則舍氣言志，志亦無所得而無所成矣。……氣從義生，而與義爲流行。」

船山之言持志集義，乃所以節情，使情皆合理而足以顯性，而言養氣則所以輔性。故曰「不賤氣以孤性，而使性托于虛；不寵情以配性，而使性失其節」（讀四書大全說卷十第十頁）惟持志與養氣之互爲基礎，故存聖人之志，直養其氣而無害，則成至大至剛之浩然之氣。蓋知天下有此理，則吾有知此理之氣；順知之之氣，則有行之之氣。故凡天下之理，吾之氣，皆足以舉之。能集義者，則有配義與道之浩然之氣。有浩然之氣，而氣無餒。氣無餒，乃能成其志；由成己之道德，顯爲成物之事功；足以治萬有而無歉，貞生死而不驚。然後可以言合內外之至誠無息之道也。故四書訓義卷二十七第十九頁又曰：

「天下之理，至不一矣。其力不大，何以舉之？乃盡古今來所有之道德事功，皆氣舉之也。天下有此理，則吾有此氣。吾此氣足以及之，天下乃有此理。而其大也，孰得而限之？天下之變，至難測矣。其情不剛，何以禦之？乃古今來所莫必之險阻憂危，皆氣禦之也。天下之有變，自人生所必不可無。唯吾之有氣，所以伸于天下，而因成乎變。而其剛也，孰能撓之？唯其未能養也，則事之理至吾前，而吾無以勝之，而不知吾氣之可以治萬有而無歉。一物之變，投于吾前，吾無以處之，而不知吾氣之可貞生死而不驚。于是而蘮然退縮于一身，而天地之間，覺其寥廓之莫窮也。若因其固有，而不以委曲之情亂之，直也、無害也；則凡天地之間，天地之有變遷，天地所生民物有憂患，此浩然之氣，經之、緯之、鎭靜以守之、旋轉以治之，無不可治也，無不可使有得理之常也，塞之矣。蓋于此而其盛大流行之本體畢見，而惟吾心之用矣。」

船山言養氣唯在集義，不在靜坐，存夜氣。亦不在調伏其氣。養氣必期于配義與道，使之盛大流行，而至大至剛。故只有以集義長養之功夫，而無所謂存夜氣、馴伏調御之功夫。讀四書大全說卷十頁十三曰：「其以存此心，帥其氣以清明者，卽此應事接物，窮理致知，孜孜不倦之際，無往不受天之命，以體健順之理。若逮其夜，則猶爲息機。氣象不及夫晝也多矣。昊天曰明，及爾出王；昊天曰旦，及爾游衍。出王游衍之際，氣無不充，性無不生，命無不受，無不明焉，無不旦焉，而豈待日入景晦，目閉其明，耳塞其聰，氣返于幽，神返于漠之候哉。夜氣者，氣之無力者也」。又讀四書大全說卷八第二十二頁曰：

「說必有事勿忘處易，說勿正勿助長處，不知養浩然之氣當如何用功，則入鬼窠臼去。黃四如說如鍊丹有文武火，惟慢火常在爐中，可使二三十年伏火，眞鬼語也。孟子說養氣，元不曾說調息遣魔，又不曾說降伏者（這）氣，教他純純善善，不與人爭閙露圭角；乃以當大任，而無恐懼者，其功只在集義。集義之事，亹亹日新，見善如不及，見不善如探湯，何怕猛火熾然？塞乎天地，須窮時索與他窮，須困時索與他困。乃至須死時亦索與他死。方得培壅此羞惡之心，與氣配，而成其浩然。此火之有武而無文者也。行一不義，殺一不辜，而得天下不爲；非其義也，非其道也，則一介不取，一介不與。恰緊通梢，簞食壺羹，與萬鍾之粟，無不從羞惡之心上打過。乃以長養此氣，而成其浩然，則又火之有武而無文者也。……氣之至大至剛者，人所共有而與性俱生者也。……而所守之義……義力未厚，氣焰徒浮；……抑或見義思爲，而無久大之志，立一近小之規，以爲吾之所能乎義如此。……夫欲去二者之病，則亦唯一倍精嚴，規恢廣大，于其羞惡之本心，擴而充之，如火始燃，愈昌愈熾，更無回互，更無貶損；方得無任不勝，無難可畏，而以成其氣之盛大流行之用。若畏火之太猛，從而緩之，又從而伏之，一日暴而十日寒，亦終身于首鼠之域而已矣。斯唯異端之欲抑其氣爲嬰兒者則然。……聖賢之學，無論經大經、立大本，雲行雨施，直內方外者，壁立萬仞；即其祈天永命，以保其生者，亦所其無逸，而憂勤惕厲，以絕伐性戕生之害，又奚火之必伏，而文武兼用者乎。」

## 六　忠　恕

上所述，皆內心之修養工夫，至于尅就應事接物時之修養工夫上言，則船山特善發忠恕之義。其讀四書大全說卷四第二十八頁稱朱子所謂「盡己之謂忠，推己及人之謂恕。忠為體，恕為用」之說曰：

「忠亦在應事接物上見。無所應接之時，不特忠之用不著，忠之體亦隱。然則言忠是禮，恕是用，初不可截然分作兩段，以居于己者為體，被于物者為用矣。盡與推，都是由己及物之事。……故知合盡己言之，則所謂己者，性也，理也。合推己言之，則所謂己者，情也，欲也。……未至聖人之域，則不能從心所欲，而皆天理。于是乎絜之于理而性盡焉，抑將絜之于情而欲推焉。兩者交勘，得其合一，而推無所滯者，亦盡無所歉，斯以行乎萬事萬物，而無不可貫也。若聖人，則欲卽理也，情一性也。所以不須求之忠，而又求之恕，以于分而得其合。但所自盡其己，而在己之情，天下之欲，無不通志而成務……。不須復如大賢以降，其所盡之己，須壁立一面，撇開人欲，以為天理；于其所推，則以欲觀欲，而後志可通矣。纔盡夫己，恕道亦存。……所以于聖人物我咸宜處，單說是忠不得，而必曰誠，曰仁，曰盡性。誠者，誠于理，亦誠于欲也。」（下段言聖人不可以忠恕言，然復謂于聖人亦可見忠恕。）

此乃言忠為盡己之道，以盡其性、盡其理，由理盡以合人之欲，使己之欲當于理者。恕則為推己之道，以推其情、推其欲，使欲推而合天之理，理行于人之欲者。由忠，而性行于情；由恕，而理行于欲。忠盡己，性行于情以成務；恕推己，而理行于欲以通志。交勘合一，而成己成物之道具。至于聖人，則心之理，心之欲，物之理，物之欲，皆合一，而忠恕亦一貫矣。故四書訓義卷八第十四頁曰：

天下無心外之理，而特夫人有理外之心。以心循理，心盡、而理亦盡（忠）；以理御心，理可推而心必推（恕）。……夫吾之一心，貞事之理者在也，合萬物之欲者在也。貞萬物之理，則理盡，而萬物之欲自得（忠）；合萬物之欲，則所欲者公，而萬事之理自正。」

## 七　論無欲、主靜、身物、功利、富貴

船山之言持志養氣、忠恕之道，皆積極之修養工夫。持志養氣，必極于氣之盛大流行，至大至剛；而行忠恕之道，以一理欲。故船山不以虛靈明覺為教，不以主靜為教，亦不以無情無欲為教。蓋情雖可為不善，然無情亦不能顯性。故讀四書大全說曰：「不善雖情之罪，而為善非情不為功。蓋道心惟微，須藉此流行充暢也。……但將可以為善，獎之；而不須以可為不善，責之。……」功罪一歸之情，則見性後亦須在情上用功。而人能持志養氣，自能克不當于理之欲。若徒事于克情欲，則情欲淨盡，而理未必流行，性未必顯。而已無情欲，亦不能體人之情欲，自盡其忠，通物以恕，以自盡其性，而行其理。過事懲窒，適足以摧其正情，絕其正感也。故周易外傳損卦曰：

「君子之用損也，用之于懲忿，而忿非暴發，不可得而懲也；用之于窒欲，欲非己濫，不可得而

窒也。」

且自船山觀之，凡所謂縱欲，其病皆在馳而不返。馳而不返者，縱于此而遏于彼；則縱之病，正原于遏。遏而後有縱，則不善之原在遏，而不在縱。誠能無往而不縱，使人我之情欲，皆充暢以至其極，則情欲皆合乎理，無不善之可言矣。故詩廣傳卷四大雅曰：

「不肖者之縱其血氣以用物，非能縱也；遏之而已矣。縱其目于一色，而天下之羣色隱，況其未有色者乎？縱其耳于一聲，而天下之羣聲閟，況其未有聲者乎？縱其心于一求，而天下之羣求塞，況其不可以求者乎？……故天下莫大于人之躬，任大而不惴，舉小而不遺，前知而不疑，疾合于天而不慚，無遏之者，無不達矣。……一朝之忿，一意之往，馳而不返，莫知其鄉，皆唯其遏之也。」

船山不以無情欲爲教，亦不以主靜爲教。故反對：「喜怒哀樂之未發之中爲寂體，爲不偏不倚于喜怒哀樂之境界」之說。船山謂中庸所謂中，乃在中之義，非不偏不倚于喜怒哀樂之謂中。此乃指喜怒哀樂未發之心中，有爲善之性，全具于中、有必喜必怒必哀必樂之當然之理，全具于中，而謂之爲中。故讀四書大全說卷二第一頁曰：「天下之理，統于一中。合仁義禮智，而一中也；析仁義禮智，而一中也。……皆指在中之性體。」又卷二十二頁曰：「善者，中之實體；性者，未發之藏也」船山以中爲指在中之善性，乃本于延平，而頗同于朱子。然朱子以由性體之發爲時中之中，只是用。船山則以此時中之中，非但爲用，而體卽在此用中。又船山釋延平所謂觀喜怒哀樂未發氣象之言，則以爲「此乃專心致志，以求吾性之善，其專靜有如此；非以危坐終日，一念不起，爲可以存吾中也。蓋云未發者，喜怒哀樂之未及乎發，而有言行聲容可徵耳。且方其爲喜，則爲怒哀樂之未發；方其怒或哀或樂，則爲喜之未發。然則至動之際，固饒有靜存者焉。……在中則謂之善，見于外則謂之節。」（讀四書大全卷二第十二頁）故由船山之說，則喜怒哀樂未發時之工夫，非一念不發之主靜工夫；而是「專心致志，以存此在中之吾性之善，于言行聲容之可徵」者，則無必靜之候明矣。船山釋靜存之義，乃言在中者之靜存于中，而非存之之心之靜。則船山不以主靜爲教，可知矣。故讀四書大全說卷七第八頁曰：

「君子終日，于此九者，賅動靜，統存發，而更不得有無事之時矣。知此，則南軒所云『養之于未發之前者』，亦屬支離。唯喜怒哀樂，爲有未發；視聽色貌，無未發也。蓋視聽色貌者，卽體之用；喜怒哀樂者，離體之用。離體之用者，體生用生，則有生有不生；而其生也，因乎物感；故有發、有未發。卽體之用者，卽以體爲用，不因物感而生，不待發而亦無未發矣。……故此云思明、思聰、思溫、思恭者，兼乎動靜……就本文中，原有未發存養之功，何更頭上安頭，而別求未發哉。」

由船山重養氣，而身體由氣成，故不輕視此身。心誠能持志，則耳目五官之小體，皆心之神明所寄。故船山反對孤持一心而賤身之說。故尚書引義卷六畢命：

「一人之身，居要者，心也。而心之神明，散寄于五臟，待感于感官。……一臟失理，而心之靈已損矣；……一官失用，而心之靈已廢矣。其能孤扼一心，以絀羣明，而可效其靈乎。」

船山不賤身而亦不賤物。尙書引義卷一堯典曰：「物之不可絕也，以己有物；物之不容絕也，以物有己。己有物而絕物，則內戕于己；物有己而絕己，則外賊乎物。物我交受其戕賊，而害乃極于天下。況夫欲絕物者，固不能充其絕也。一眠一動，而皆與物俱；一動一言，而必依物起。」……「風霆雨露，亦物也；地之山陵原隰，亦物也；……物之風潛動植，亦物也；民之厚生利用，亦物也；則其爲得失善惡，皆物也。凡民之父子兄弟，亦物也；往聖之嘉言懿行，亦物也；則其仁義禮樂，皆物也。……而又可屏絕，而一無所容乎。……心無非物也，物無非心也，……備萬物于一己而已矣。」

又宋明理學家末流，多喜山林而惡朝市，貴德而賤才，重道義而諱言功利，或至鄙視富貴。船山皆不謂然。船山以行道而有得于心爲德，道無所不在，則德無所不凝。凝于才而才善，凝于功利而功利善，凝于富貴而富貴亦善。故無可賤之才，無功利可諱，而富貴亦非不可欲也。

船山貴才之論，嘗謂有德者必盡才乃有德，德優才必優。此乃原于船山貴理亦貴氣之說。才出于氣，貴氣則貴才。有德則才自不揜德，而無才反見德之不優。此卽反對陽明以金之純，喻聖人之德，而以金之重量喻聖人之才，將才德二者作分別說之論也。故讀四書大全說卷五第三十頁曰：

「德到優時，橫天際地，左宜右有，更何短（指短于才）之有哉。……優者，綽有餘裕之謂。短于才，正是德之不優處。誠優于德矣，則凡爲道義之所出，事理之待治，何一不有自然之條理。德者得其理，才者善其用。……必理之得，而後用以善；亦必善之用，而後理無不得也。故短于才者，不可謂無德，而德要不優。」

有才則能有功。故有大才大功者，雖未必合于道而有德，然有大道大德而無才，不能有功，必其道有不全。故讀四書大全說卷六第三十頁曰：「德爲體，功爲用。無無用之體，亦無無體之用。德者得于心者。得于心者有本，則其舉天下也無不任。」又讀四書大全說卷八曰：「道之大者，功必至；而道之未全者，功不能大。道之大者，功必至，不必爲赫赫之功。時不遇，則聖人道雖大，而無赫赫之功。」謂時不遇，而其功不顯；非無功，而不能有功之謂也。

船山言立功業則不諱言利。利當其則，只是義，何利之可諱？故尙書引義曰：「食色者，禮之所麗也；利者，民之所依也。辨之于毫釐，而便其則者，德之凝也，治之實也。」

欲立功業而使利當其則，則君子當居尊位，而貴且富，有財以利民。故船山贊「聖人之大寶曰位，崇高莫大于富貴」之言，而以論語「富與貴人之所欲」，證富貴之未嘗不可欲。聖人而欲富貴，正所以行仁義。並就孟子之不直反對齊宣王之大欲，以言欲王天下之非不當。

由上所論，故知由船山思想觀之，天下實無不善之物。貧賤死亡，常人所謂不善，君子固皆不以動其心。當貧賤則貧賤，當死則死，受之以正，皆所以盡道。此固儒者相傳共許之義。而不違道以取富貴、不徇功利而悖道義、不以才揜德、不以小體役大體、不違理以徇欲、不任氣而失理、「要以天性充形色，必不可于形色求作用。」(讀四書大全說卷十第四十四頁) 亦自昔儒者之橥範，船山亦未嘗違。然自昔儒者爲矯世俗之溺于富貴，馳于功利，貴才賤德，徇耳目之欲，而蹈于非理；乃不免于賤氣而理孤，窒欲而失人情，輕身而忘其聰明之用，有德不能用其德；或諱言功利，自潔其身，以居位理財爲恥，不能經國濟民；竟至鄙倪富貴，而遁跡山林；遂至以富貴者皆無德，而論世也苛。此則船山之言，可以矯之。然凡船山此諸義，自爾平常。蓋自昔儒者之所偏，原所以矯世俗。茫茫宇宙，貴氣者多，貴理者少；貴才者多，尙德者少；縱欲者多，寡欲者少；而溺于功利富貴者，比比皆是。則志義高以驕富貴，道義重以輕王公，終堪嘉尙。且自昔儒者，在理論上亦從無以遁跡山林，爲絕對之是，而以經國濟民爲非者。匪特宋儒不如是，明儒亦未始如是。宋儒固尊理，而亦未嘗賤依理而生之氣，尊德而亦未嘗賤有德者之才。其尊心性，言無欲，此所謂欲，皆指不當理之欲而言。宋儒未嘗以身爲罪惡之淵藪。則謂船山此類之言，足以全反自昔儒者之說者，妄也。唯畸重畸輕，微有不同。船山以理氣皆尊，德才並重，心身俱貴，理欲同行之言，特適于說明功業之不可廢，居位理財、經國濟民之重要，則固船山學說之一特色，而不可不一論者也。

## 八　至　善

上言船山之重持志養氣之積極修養工夫，而不重消極之致心之虛靈、主靜、無欲之修養工夫。在船山所謂積極之修養工夫中，無可賤之物，物爲德之所凝，即無物不善。物有不善，在德之未凝于其中。未凝而可凝，則無不善之物。人只當盡此心全體大用，以增益其德，使物皆爲德所凝。故自船山論之，一切罪惡，皆原于物有所不足與缺乏，而非原于有所多餘。縱欲逐物者之惡，亦非其欲有多餘，而正以其有所不足，不能如仁者之大欲，以兼備萬物也。由船山言之，一切惡，皆只是不善。不善只是未有善；未有善，只是于善虧欠。即由此虧欠處，立不善之名。而所謂至善者無他，充滿其善之量，使無虧欠，而皆實而已。充滿其善之量，是謂極于善，極于善乃至善。世間無過于善之不善，而惟有不及于善之不善。故船山于周易外傳卷五第三頁曰：「天下无有餘也，不足而已矣；无過也，不及而已矣。撰之全，斯體之純；體之純，斯用之可雜。」又釋中庸過不及之說曰：「過皆是不及。過于此之所以能過于此，正以其不及于彼耳。無不及，則無所謂過矣。」其于中庸二字，船山亦以極之意釋之。蓋中原是在中之善（見前），故船山謂；「中者，恰恰好好當于理(讀四書大全說卷七），極于理而無欠缺。」庸者，中之用；理如何，便如何行也。故中庸亦即極于善、而無欠缺之名。無欠缺則無所不足，無所不足則無過。常所謂過者，皆不足之別名。因不足于此，乃過于彼耳。船山並引論語過猶不及之言爲證。(讀四書大全說卷七第六頁。）夫然，故中行乃進取而極至之別名，而狂狷則只是有不及。故船山又以至善中庸爲皇極。皇極者，人道之至善之極，所以合天之太極者也。天之皇極，在無有一極，無所不極。而人之皇極，則在其善無不極，而後無有一極。無有一極，則無偏至，而爲中庸矣。故讀四書大全說卷十二釋至善曰：「止于至善。……必到至善地位，方是歸宿。旣到至善地位，不可退轉也。……此中原無大過，只有不及。……旣云至善，則終無有過之者也。……格物致知，正心誠意，以明明德，安得有所過？補傳云，卽凡天下之物，莫不因其已知之理，而益窮之，以求至其極。何等繁重？誠意傳云，如惡惡臭，如好好色，何等峻切？而有能過是以爲功者乎。新民者，以孝弟慈濟家，而成教于國，須令國人，而皆喻從。又如仁人之于妨賢病國之人，乃至迸諸四夷，不與同中國。舉賢惟恐不先，退不善惟恐不遠；則亦鰓鰓然，惟不及之爲憂。安得遽防太過，而早覓休止乎。……奈何訓止爲歇，而棄至善之至，于不聞邪。」四書訓義卷十五第十一頁：

「道無可過也，不及而已矣。以體天德，則極于至密；以達王道，則極于至備。……使道而可過，則是道外有可爲可至之理，而道不至也。……學者無一私之不去，無一理之不存，以盡民物之性，以贊天地之化。乾乾夕惕，自強不息，乃以止于至善，而反身之誠，萬物皆備，……其能過此乎。」

讀四書大全說卷十第三十八頁又曰：

「所謂萬物皆備者，……唯君子知性以盡性……而唯我能備物。……亦自其相接之不可預擬者大言之，而實非盡物之詞也。物爲君子之所當知者，而後知之必明。待君子之所處者，而後處之必當。……吾所必知而必處，若其性而達其情，則所接之物無不備矣。無人欲以爲之閡，有天理以爲之則，則險可易而阻可簡，易簡而天下之理得矣。」

船山言萬物皆備，以我備物，于其相接者，以天理通之，其義至精。讀四書大全說卷十第三十七頁又辨萬物皆備之歧說曰：

「如異端之天地與我同生，萬物與我共命。狗子有佛性，一物之中有萬物之理，一一飛潛動植之理，皆在于我，而爲我所當備也。若然，則犬中豈無有堯舜之理？若皆備，則人不成人矣。」

又讀四書大全說卷六第二四頁曰：

「中行者，進取而極至之，有所不爲，而可以有爲耳。如此看來，狂狷只是不及，何所以得過？聖道爲皇極，爲至善，爲巍巍而則天，何從得過？纔妄想過之，便是異端。……釋老之教，也只是不及，而不能過。儘他嗒然若喪，栩然逍遙，面壁九年，無心可安，都是向懶處躲閃，丟下一大段，不去料理。……狂狷做得恰好，恰好于天地至誠之道，一實不歉，便是中行。此一中字，如俗言中用之中。道當如是行，便極力與他如是行，斯曰中行。下學而上達而以合天德也。狂者虧欠著下學，狷者虧欠著上達。乃虧欠下學者，其上達必有所蹔；虧欠上達者，其下學亦儘粗疏。故曰狂狷皆不及，而無所過也。…要以中爲極，至參天地化育，而無有可過。不欲使人謂道有止境，而偷安于苟得之域。雖與先儒小異，弗恤也。」

船山言道不可過、道無止境，故聖人之所以爲聖人，唯在其以無止息之至誠無息，盡無止境之道。此聖人之善之所以不已。而所謂止于至善，卽止于此善之不已。止于善之不已，則凡有未善，皆繼之以善。以善繼未善，則極于善，而無不善。 斯卽止于至善、皇極矣。凡覺有未善，卽有虧欠；去所虧欠，卽無虧欠。此卽聖人之所以能止于至善，無有不善，充滿善量，而無不實者。豈必盡佔有天下之善，而後可乎？天地之道，恆久不已，天生人生物之誠不息，聖人之裁成萬物之誠，亦不可息。天下之善豈能佔盡，以充滿善量？唯充其所未充，滿其所未滿，善其所未善，卽所以充滿善之量。善不可窮也，無可息也，知其不可窮、無可息，而不息，息于不息，而善可言窮，善可言止矣。此卽船山止于至善之微意也。故讀四書大全說卷五第二十三頁曰：

「天無究竟地位，今日之化，無缺無滯者，爲已得；明日之化，方來未兆者，爲未得。觀天之必有未得，則聖人之必有未得，不足爲疑矣。」

## 九　賢聖之不朽義

船山哲學中之宇宙觀，以宇宙爲一誠，本來一眞無妄，無始而無終。如周易外傳四、未濟頁：天地之終，不可得而測也。以理求之，天地始者，今日也；天地終者，今日也。其始也，人不見其始；其終也，人不見其終。其不見也，遂以謂邃古之前，有一物初生之始；將來之日，有萬物皆盡之終，亦愚矣哉。」其論人生之道，則主由思誠，而至于一眞無妄，不息不已于善。宇宙至誠不息，聖人亦至誠無息。宇宙之氣化流行，不窮于其生物生人之盛德；聖人之贊天地之化育，亦不窮于其裁成萬物之盛德。故宇宙無所謂空虛寂滅之境，而聖人亦無空虛寂滅之一境，以爲息肩之棲托矣（讀四書大全說卷六第八頁）。由是而船山大反佛老，尤反對佛氏才生卽滅之論。彼意謂，依佛氏才生卽滅之論，則才生已死。而船山則以爲于物言，惟死時爲死，未死皆生。蓋當其未死，雖其形氣時時皆在化往之中，然有往必有來。往而有來，則往但爲終而非滅，而來則爲始。往來終始，無間相續，則但可言刻刻有所終，刻刻有所始，而不可言刹那刹那生滅。蓋在其一生，刻刻有終，刻刻有始，卽一生中皆生生相續，唯不生時，方爲死耳。故讀四書大全說卷六第二頁曰：

「今且可說死只是一死，而必不可云生只是一次生。……以理言之，天下止有生，而無所謂死，到不生處，便喚作死耳。死者生之終，此一句自說得不易。如云生者死之始，則無是理矣。……未死以前，統謂之生，刻刻皆生氣，刻刻皆生理。……既生以後，刻刻有所成，則刻刻有所終。刻刻有所生于未有，則刻刻有所始。故曰曾子易簀，亦始也，而非終也。」

至于眞當一物之死，依船山意亦非終而無始。物死則化，而爲氣以生他物，則又終則有始，而生生相續。故船山有死爲生之大造，及「有往來屈伸，而無死生」之說。周易外傳第卷二无妄卦傳曰：「既散滅矣，衰滅之窮，予而不茹，則推故而別致其新也。由致新而言之，則死亦生之大造矣。」

又外傳六章曰：

「有往來而無死生。往者屈也，來者伸也；則有屈伸而無增減。屈者固有其屈以求伸，豈消滅而必無之謂哉。」

故由船山之說，氣化流行無止息之時，則虛無寂滅之觀念，于宇宙之任何時皆安頓不上。蓋才安頓上，而繼起之化育流行，又將此觀念，加以否定矣。此則船山大體承宋明儒者而來之說。唯以前程朱一派，以宇宙之化育流行之不息，依于理之生生不息。而陽明一派則以宇宙之化育流行之不息，依于良知或心爲天地萬物之靈明，而此靈明爲生生不息。而船山則就此天地萬物所由形成之氣，本身之生生不息，以言宇宙之化育流行之不息。故程朱言人物之不朽，自理上言，而陽明龍溪則自心上言，而船山則自氣上言。蓋自氣化之流行以觀，萬物皆依氣化而往來。但觀其化往，則見物之眾形，皆不能自保，而不能不返于一。佛家順萬物化往之勢，而問萬法歸一，一歸何處，或據此言虛無寂滅之境界，爲萬物之究竟依止。而船山則本于「萬物之往也，由于其先曾來，有來乃得往」；遂謂往者當再來。萬物化往，而返于一氣；一氣亦當再化生萬物。故周易外傳卷六繫辭下傳第五章頁曰：「異端之言，萬法歸一，一歸何處？信乎萬法之歸一，則一之所歸，舍萬法，其奚適哉？」故萬物有化往，而氣不窮于來，旋化旋生，此宇宙之所以日新而富有。佛家言輪廻，亦往來之義。然在佛家，往者爲此人，來者復爲此人。所謂個體流轉之說是也。然在船山則觀大化之流行，見物之個體性，惟依其形質而建立。所謂惟有質有形者，可因其區域，畫以界限，使彼此亘古而不相雜。而物之化往，正就其形質之個體性之化除言。則當其化往，「氣歸天而形合土，誰與判然使一人之識，亘古而爲一人？一物一命，誰與判然亘古爲一物？」「氣升如炊溼，一山之雲，不必還雨一山；形降如炭塵，一薪之糞，不必還滋一木。」則「堯之既崩，不必再生爲堯；桀之既亡，不必再生爲桀」（同上）故大化有往來，而個體無輪廻。然個體雖無輪廻，而個體之氣不喪失。人之身體，固由氣之所凝，人之精神，亦屬于氣。人之理想爲氣之理，理想中之價値，爲仁義禮智之善。此人之精神內容，所謂性是也。人之精神能力，所以顯仁義禮智者，爲氣之才。才能顯理而見爲情，統性情才者曰心。氣不化而入無，則人之精神內容與精神能力，亦不化而入無；而賢聖雖歿，其精神亦常往來于宇宙間。賢聖養其淸明之氣，以顯仁義，則賢聖雖逝，而此顯仁義之淸明之氣，自往來于宇宙間，而延于後起之人，爲後起之人之淸明之氣，而賢聖之德亦卽長存天地。故船山曰：

「善惡之積，亦有往來。……聖人……所以必盡性而利天下之生。……自我盡之。生而存者，德存于我，自我盡之。化而往者，德歸于天地，而淸者旣于我而擴充，則有所裨益，而無所吝留。他日之生，他人之生，或聚或散，（言諸聖賢之氣，聚于一人，或一聖賢之氣，散于衆人也。）常以扶清而抑濁，則公諸來世與羣生，聖人因以贊天地之德；不曰死此而生彼，春播而秋穫，銖銖期報于往來之間也。(言不求個體之輪廻也)。……則聖人與天地之相斟酌，深矣。且今日之來，聖人之所珍也；他日之往，聖人之所愼也。因其來而善其往，安其往所以善其來。物之來與己之來，則何擇焉。是則屈于此而伸于彼，屈于一人而伸于萬世；長延清紀，以利用無窮，此尺蠖之屈而龍蛇之伸，其機大矣。故生踐形色，而歿存政敎；則德徧民物，而道崇天地。豈舍身以他求入神之效也乎。惟然，故不區畫于必來，而待效于報身也；抑不愁苦于旣往，而苟遯于一還不來也。……若夫迷于往來之恆理，惑于幢幢，而固守己私，以覬他生之善，謂死此生彼之不昧者，始未嘗不勸進于无惡；而怙私崇利，離乎光大，以卽卑暗，導天下以迷，而不難叛其君親。」（上所引皆見周易外傳卷六第五章）

船山莊子解達生篇注曰：「天地清醇之氣，由我而摶合；迨其散而成始也，清醇妙合于虛，而上以益三光之明，下以滋百昌之榮，流風盪于兩間。生理集善，氣以復合；形體雖移，清醇不改；必且爲吉祥之所翕聚，而大益于天下之生。則其以贊天地之化，而垂萬古……，益莫大焉」。則更用此義以釋莊子矣。

船山之論聖賢精神之不朽，而不求個體靈魂之長存，乃根據于聖賢之本無私吝之心，則其清明之氣，不得不公諸來世與羣生，于物之來與己之來，更無所擇。而佛家之言輪廻果報，謂死此卽生彼，初雖所以勸善懲惡，然終不免本于人之固守其個體之私心。故謂輪廻之說，足以怙私崇利。人既各成一永存之個體，各自獨立不相依，則何妨叛其君親。此即船山破輪廻，而只言氣化往來不窮之說之微意。然即此氣化之往來之不窮，聖賢已可延清紀于無窮。「生踐形色，而沒存政教；德徧民物，而道崇天地」，無斷滅之可憂，無寂滅之可懼。惟然，而聖人之至誠無息之道，乃萬古長存，而貞天地。船山之言人道之贊天，斯其至矣。

# 第二十四章　王船山之人文化成論（上）

## 一　船山學之重氣、朱子學之重理及陽明學之重心

船山之學，得力于引申橫渠之思想，以論天人性命，而其歸宗則在存中華民族之歷史文化之統緒。故其于臨歿前自銘其墓曰：「抱劉越石之孤忠，而命無從致；希張橫渠之正學，而力不能企。幸全歸于玆邱，固銜恤以永世。」其一生之志行可傷。發憤著書四十年，皆有所不得已。故于中國之學術文化各方面，經史子集四部之典籍，皆有所論述。而尤邃力于六經之訓釋。此于其自顏其堂之聯語「六經責我開生面，七尺從天乞活埋」之句可以見之。其所著書，據其子薑齋公行述所言：「于四書、易詩春秋各有稗疏，悉考訂草木魚蟲，山川器服，以及制度同異，字句參差，爲前賢所疏略者。蓋府君自少喜從人問問四方事。至于江山險要，士馬食貨，典制沿革，皆極意研究。讀史讀注疏，于書志年表考校同異，人之所忽，必詳慎搜閱之，更以聞見證之。以是參驗古今，共成若干卷。至于敷宣精義，羽翼微言。四書則有讀大全說，詳解授義。周易則有內傳、外傳、大象解，詩則有廣傳，尙書則有

引義，春秋則有世論家說，左傳則有續博議，禮記更爲章句。……末年作讀通鑑論三十巷，宋論十五卷。以明上下古今興亡得失之故，制作輕重之原。……又以文章之變化，莫妙于南華；詞賦之原流，莫高于屈宋；……因俱爲之注，名曰莊子注，楚辭通釋。又謂張子之學，切實高明。正蒙一書，人莫能讀；因詳釋其義，與思問錄內外篇互相發明。……其他則淮南子有旁注，呂覽有釋，劉復愚詩有評，李杜詩有評，近思錄有釋。」然其子所述尙未能盡。此外今船山遺書刻本中尙有搔首問，噩夢、黃書、俟解、說文廣義、相宗絡索、古詩評選、唐詩評選、明詩評選，與專論詩之夕堂永日緒論，自作之詩、詞、曲、鼓詞、雜劇等若干卷。而佚者尙不在其列。吾人但就其所著書之體類以觀，卽知其精神所涵潤者，實在中國歷史文化之全體。秦漢而還，朱子以外，更無第二人足以相擬。象山陽明良知之教，高明則高明矣。然徒以六經注我，而不知我注六經，終不能致廣大。六經注我，反一切事理于一心，東西南北之聖，同此一心，似亦極廣大矣。然此心果前無古人，後無來者，悠悠天地，終成孤露。唯復知我注六經，乃上有所承，下有所開，旁皇周浹于古人之言之教，守先以待後，精神斯充實而彌綸于歷史文化之長流。此乃朱子船山精神之所以爲大也。然朱子之學，以理爲本。循理而進，論性與天道，與道德上之當然者，固可曲盡其致。然論文化歷史，則徒循理之概念，便仍嫌不足。自中國之儒學之義言之，西方之宇宙論，人生道德論，文化論三者，原是一貫。中庸開始之三句，天命之謂性一句所攝，爲宇宙論，率性之謂道一句所攝，爲人生道德論，修道之謂教，教化所行，相續無間，卽亦攝文化與歷史也。中庸以三句明其一貫，而後儒之論文化與歷史者，亦多以道德上所立之當然之理爲權衡。而文化與歷史之論，皆道德論中之道德原理之運用。唯道德論與文化歷史論之一貫，是一事，而道德與文化歷史之名之涵義固不同。徒直接以道德上之原理，應用于文化與歷史，對于文化與歷史之意義與價值，將不能有充分之了解。朱子尚不免于此有憾。蓋道德與文化歷史涵義之不同有四：一、道德可尅就個人之知道而行之有得于心上說。故道德不必有客觀社會之表現。誠然，有德者之德，誠于中必可形于外，而見爲事業，以易俗移風。然誠于中，未及形于外，遯世不見知，仍無害于其有德。故言道德不必包含其道德之表現于客觀社會。而言文化歷史，則必尅就個人之精神，個人之行事之化成乎天下後世以爲言。亦卽尅就表現于客觀社會，能影響客觀社會、與人類歷史行爲方式以爲言。二、因道德之義可尅就個人之知道而行之有得于心上說，不必有客觀社會之表現，故在一種之道德生活中，可以不肯定離我心而實存在之形色世界，以至可不肯定一離我心而實存在之他人。吾人縱假定宇宙間只有我一人，而我一人有所知之道，如節物欲等，我能行之，我仍有道德。又假定我在夢中，我能對我夢中所見之人，表現仁義禮智之德，我仍可說我作夢之心，爲一種有道德之心。道德可唯在對吾如何應吾所感者之心理動機上表現。故吾所感者之是否來自一客觀之形色世界、或離我心而實在之他人，並非一切道德生活成立必須條件所在。然言文化歷史，則必須特重視一意義之客觀之形色世界與他人之實存在之肯定。蓋文化歷史之成，賴吾人之精神吾人之行事之表現，而化成乎天下後世。而吾人之精神行事之表現，必以形色世界中之物爲媒介。語言文字聲音顏色，皆形色世界中之物也。而吾人且首先須肯定吾人所留下之形色媒介之客觀存在，可由我而傳遞于他人，及此他人之客觀存在，而後吾人可肯定文化歷史之客觀存在，而後吾人可有眞具文化意義歷史意義，對客觀之文化歷史負責之另一種道德活動。三、文化中有藝術、有文學、有宗教、有政治經濟。吾人可言：廣義之道德意識，亦包含對此各種文化意識之肯定。廣義之道德精神中，包涵此種文化之精神之肯定。然單純之道德意識中，亦可排斥此各種文化意識之肯定。蓋在單純之道德意識，乃是一知道而行之、使有得于心之意識。其知道至行道，通體是自覺的，卽自覺的自己實踐：自己所命令于自己之意識。而宗教、藝術、政治、經濟之文化活動，則不必通體是自覺的，可爲超自覺的、或半自覺的。在道德活動中，原可不肯定一客觀之形色世界，則可不求欣賞萬萬千千之形色，並表現自己才情于形色之媒介，而忽略藝術文學之生活。又在一單純的道德意識中，可不肯定我以外之宇宙超越于我之宇宙，卽可一無對之之虔敬，而無須有宗教意識。亦可以不肯定或不重視外于我之他人之實際存在，而忽略人與人羣居和協之政治道理之講求，與如何維持我與他人之形色之生命之存在之經濟道理之講求。此亦爲道德觀念與文化觀念不同之一端。四、因道德可只在心理動機上表現，故評論一事之道德價值，可只就作此事者之心理動機之邪正善惡上評論。然一事之結果與影響，在天下後世，其結果與影響之價值，乃一社會價值、文化價值、歷史價值，此與道德價值不必同。相對而言，則道德價值爲主觀，而後者爲客觀。道德價值爲絕對，但知爲此事者所處之情境與應之之心，卽可決定；而後者爲相對，須通觀所關連之其他社會中人物之如何，其前其後歷史事變之如何，乃能決定。由此四者，而論歷史文化與論道德之觀點，卽不必全然一致。故朱子之言理，陽明之言心，于論道德爲足者，于論文化歷史，則皆未必足。有此心以知此理，而行之，使有得于心，則成聖成賢之道備，故曰已足。而所謂于論歷史文化未必足者，則以在朱子陽明所言之理與心，皆無外之理、無外之心。無外之心、無外之理，皆求之于己而無歉。所謂一人之理，卽天地萬物之理，我之良知卽天地萬物之良知是也。朱子之理雖表現于萬物，與古往今來之一切人；然月映萬川，每川皆得月之全，自理上說，天下人物皆得之不爲多，一人得之亦不爲少。陽明之言良知，乃是一絕對無畛域之靈明。于此靈明，不可言量上之差別；則一人之良知，卽是天地萬物萬人之良知。朱子陽明在心上理上說，卽一卽多，義可極成，吾無間然。然只一往順心之理上說：一人之理，一人之心，卽天地萬物萬人之理之心，而直順此心理無外之論，則其論歷史文化，將不免以歷史文化所表現之理，只爲吾心之理之例證。然一言例證，則可爲非必需考究者。蓋吾心旣能知此理之爲眞，則無此例證，或且于日常生活中求例證，亦未嘗不能知，則無特重歷史文化之考究之理由。此卽陸王之所以不註六經。而朱子之註六經，以承古先聖哲之道統自任，固表現其心量之宏；然單自其哲學之只重明理上說，朱子並非必需如此也。彼等之言格物致知，不外顯吾所本有之天理與本心。自理與心上說，天地不大于吾之此心此理；乾坤萬古基，卽在吾之此心此理，則崇敬宇宙之宗教意識，亦不必有。朱子言滿山青紅碧綠，無非是太極；陽明一派言鳥啼花笑，山峙川流，皆吾心之變化。此亦含文學藝術上之欣賞態度。然朱子陽明，念念在成德，重理重心不重氣，不重才情，則不重文學藝術上之表現。禮爲心踐此理于形色，禮爲行道有得于心，復見于氣者。有德固必見于氣而形于禮，故朱子陽明亦言禮。然氣之觀念在朱王之哲學中份量輕，則禮之份量亦輕。故王學之流竟忽略禮法矣。雖天下大亂，時運否極，而爲理學心學者之末流，遁跡山林，但念此理之潔淨空濶，（朱子語）此心之萬古不滅，（陽明語）亦可流連光景，聊以自娛，則可忽略社會之政治經濟。而但以道德理性論歷史，則朱子只能作通鑑綱目以寓褒貶，而不能就史事之結果，以論其對歷史文化之全體之價值。而此理此心，人皆有之，華夏之民有之，夷狄亦可有之。于華夷之辨，徒據此義未必能嚴。宋明儒者之辨華夷，乃多好在文化上辨，而不易引出在民族上之辨華夷之論。此吾之所以說只言理與心之于論歷史文化爲未足也。

王船山則不然。王船山之學之言理言心，固多不及朱子陽明之精微。盖猶外觀之功多，而內觀之功少。然船山之所進，則在其于言心與理外，復重言氣。朱子陽明豈不亦言氣？然其所重終在彼而不在此。而船山則眞知氣之重者也。此氣，吾嘗以流行的存在，存在的流行釋之。非只物質生命之氣是氣，精神上之氣亦是氣。唯精神之氣能兼運用物質與生命之氣，故言氣必以精神上之氣爲主，如孟子之浩然之氣是也。船山言心理與生命物質之氣，而復重此精神上之氣，卽船山之善論文化歷史之關鍵也。蓋一重氣則吾人于歷史文化固亦可視爲吾心之理之例證；所謂「古人之嘉言懿行，皆示我以此心之軌則；天下之庶物人倫，皆顯我以此心之條理」（四書訓義卷三十五三十頁）是也。然亦可不只視爲吾心之理之例證，而視之爲客觀存在，超乎吾人、包乎吾人之實事，當恭敬以承之，悉心殫志以考究之者矣。一重氣而崇敬宇宙之宗教意識，在船山哲學中有安立處矣。一重氣而禮之分量重，船山獨善言禮儀威儀矣。一重氣而表現于情之詩樂，在文化中之地位爲船山所確定，而知程子爲文害道之說，不免于隘矣。一重氣而政治經濟之重要性益顯矣。一重氣而論歷史不止于褒貶，而可論一事之社會價值、文化價值、歷史價值、及世運之升降，而有眞正之歷史哲學矣。一重氣而吾國之歷史文化，吾民族創之，則吾民族當自保其民族、復自保其歷史文化，二義不可分。華夏夷狄之心同理同，而歷史文化不同，則民族之氣不必同，其辨遂不可不有矣。凡此諸義，試分論之如下。

## 二　歷史文化意識

曷言乎一重氣，則于歷史文化能悉心殫志以考究之，恭敬以承之也？蓋宋明以來所謂氣者，皆說明宇宙人生之存在的流行之特殊化之原則，而與理之爲說明宇宙人生普遍性之原則相對者也。芸芸人物，佈列時空，縱其理全同，而此物非彼物，今人非舊人者，以氣不同，而實現理者之不同也。故曰氣爲萬物之特殊化原則。吾人之身心之成，有其理，亦有其氣。自理而言、自心之本體而言，人我不異者，自氣而言，則朱子陽明，皆不能謂其無異。朱子陽明重在言其理之一、其心之理同；使人知此心此理之無外而合物我。故于每一個體人物之氣之異，不重視之。然吾人但一重視此「氣」或各個體人物之氣之異，則知吾之心雖爲無外之心，吾心之理雖爲無外之理，而吾之氣不能備六合之氣而具之，吾之氣終爲有外之氣，吾個體之心身，終爲有外之心身。吾個體心身之外，有萬物焉，有他人焉，有父母祖先、古先聖賢焉，此不得而誣者也。吾自知吾心身之有外，吾旣知此外，此外固亦可言不外于吾之知。此所證者，仍唯是吾之心之無外，非吾之心身之氣之無外也。吾知成吾心身之氣必有其外，有萬物之氣，在我之外，有他人之氣，在我之外，有父母祖先聖賢之氣，在我之外，則我不得恃其心之大而無限，恃此心之具萬理，而忘其氣之有限，而「宇宙在乎手，萬化在乎心」之念暫息，而自知其個體心身之氣，乃包裹于前乎我、後乎我之千萬人與萬物之氣之中，而胎息焉，滋生焉，呼吸焉，此即個人精神涵育于社會客觀精神中之說也，亦即客觀之歷史文化涵育吾個人之道德努力之說也。然斯義也，高明者恆昧焉。蓋世俗之人牢執己私，皆是自氣上劃分人我或物我，故哲人一見及心同理同，則不免忽視此常人之見。然極高明而道中庸，仍當重回到此常人之見，重肯定人與我之個體之氣之不同，且于其中見宇宙中人物之氣之包裹吾之氣而後可。蓋亦唯經此肯定，知我之外有包裹我之宇宙中之人物、與歷史文化，復恭敬以承之，悉心殫志以考究之，如船山所謂「有卽事以窮理，無立理以限事，所惡乎異端者，非惡其無能爲理也，冏然僅有得于理，因立之以概天下也。」（續春秋左氏傳博義卷下第四頁）而後我之心量日宏，我之氣得眞渾合于天地古今之氣，使我之爲我之此特殊個體之精神，與天地古今中其他特殊個體之精神，融凝爲一，使我之精神眞成絕對不自限之精神；然後我此心此理之爲一普遍者，乃眞貫入一切特殊之個體，成眞正具體之普遍者也。斯義也，陽明朱子之哲學中，實尚未能具有之，而船山則深知之。此卽船山之以爲六經開生面，爲一責任，而窮老盡氣，猶發憤著書，坐見宗社之亡，心有餘痛之故也。

## 三　宗教意識

曷言乎船山之言氣可以安立宗教意識也。世之論者，皆謂中國儒家非宗教。儒家固非西方式宗教，然非無宗教意識。大約先秦儒家之宗教意識較濃，孔孟于天與祖先、有德有功之古人，皆極致其宗教性之誠敬。此實非漢唐宋明之儒者可及。尤以宋明之儒者受佛學之影響，而復倡言性卽理、心卽理。一切求諸己而已足之教既立之後，天人不二，天不大而人不小；乃或只敬此心此理而敬天敬祖敬有德有功之人之宗教性的崇敬，轉趨淡薄。然在船山哲學中，則不僅敬心敬理，而特重敬天，並屢斥人妄同於天者爲僭天。其說乃原於張子。張子西銘以天地乾坤爲父母，欲人之移孝父母之精神以孝天地，乃論人可上合乎天，而不言同天。其「吾玆藐焉」之言，實表示一對天地之虔敬。橫渠與船山此種對天地之虔敬，正爲一種宗教意識，而爲彼等之重氣之哲學必然結果。蓋重氣則無論吾人之心之理，如何涵蓋天地萬物之理，而以吾人之氣與天地萬物之氣相較，吾終不能無藐然之感。夫所謂宗教意識者，其原始之一點，實卽人在廣宇悠宙之大力前之一自覺藐然之感。由此自己藐然之感，可轉爲自卑自罪之情；而吾人於此宇宙之大力，復可視之爲有人格之神或一宇宙之大精神大生命。由是而有各種之祈求皈依之宗教情緒，或相信此宗教對象之全知全能，能實現吾人之一切所自認爲正當實現者。凡此等等，吾人固不能謂船山思想中有之。然船山之所謂天地，並非只是氣，尤非一今所謂一塊然之物質。天地之被稱爲萬物父母，乃以其含藏一切其所生萬物與人類之性之全、氣之全，具一切人物之物質性生命性精神性、善性於其中，而爲其衷者。故船山于尚書引義卷三第三湯誥引義曰，「且夫天有其衷。今夫天：氣也，而寒暑貞焉，昭明發焉，而運行建焉，而七政紀焉，而動植生焉，而仁義禮智，不知所自來而生乎人之心，顯乎天下之物則焉。斯固有入乎氣之中，而爲氣之衷者，附氣以行而與之親，襲氣于外而鼓之榮，居氣之中而奠之實者矣。」故船山之言敬天地，卽爲敬一吾人身心生命精神與一切善之本原，而船山復主張天地不與聖人同憂，天地乃亘萬古而長存者。故通萬古以觀天地，則一切當然之理，天地無不能顯之、無不能實現之。故乾之知爲無不知，坤之能爲無不能。（參考上文王船山之天道論中之乾坤易簡義一節。）則其天地之義與宗教家生萬物而至善之上帝之義，亦不相遠。而其甚重視郊祀之禮，亦卽涵攝西方宗教中祀上帝之精神。所不同者，一在西方之宗教恆要人敬上帝過於敬父母，愛上帝過於愛父母，船山則常以乾坤稱父母，以父母乾坤對言。人固須敬天地爲一切人物之父母，然人尤須敬父母以爲吾自身之天地。而其敬天地之精神，恆須由敬父母之精神以透入之。故謂：「形色卽天性，天性眞而形色亦不妄；父母卽乾坤，乾坤大而父母亦不小」。（讀四書大全說卷八，四十四頁）又西方之宗教由自己藐然之感，卽轉爲對上帝之自卑、自罪、祈求、皈依、求與之親之情。而船山則一方面知以氣而言，吾個人固「藐然中處」於天地，吾當敬天祀天；同時須知以此心此理、視天地之乾坤健順之理，全在吾之中。則天地固大而吾亦不小。而我能盡此心以踐此理、以裁成萬物、輔相天地，則大者大而小者亦大。人初之自感其藐然者，皆所以則天之巍巍。敬天而祀天，正所以得承天之道、尊人之道。聖人承天之道而又不與天同者，則天地通古今、無不知不能，而聖人則有憂。聖人不能與天同其無憂。「聖人之所憂……有家而不欲其家之毁，有國而不欲其國之亡，有天下而不欲天下之失黎民，有黎民而恐或亂之，有子孫，而恐莫保之之情也。情之貞也，聖人豈有以異乎人哉。然而聖人之所憂者，仁不足以懷天下也，義不足以綏天下也。慮所以失之，求所以保之。」（尙書引義卷三說命）是則船山之宗教意識再超升而與道德意識合一之結果，以不失其儒家精神之本色者也。

船山之論人之祀天中應有之宗教意識，莫善於周易外傳卷五繫辭傳第八章。其言曰「大過之初，陰（喻人）小處下，履乎无位，其所承者，大之積剛（喻天）而過者也。以初視大，亢乎其相距也；

以大觀初，眇乎其尤微矣。以其眇者視其亢者，人之于天，量之不相及也。陽雖亢而終以初爲棟，陰雖眇而終成巽以入。人之事天，理之可相及者也。……故聖人之事天也，不欲其離之，弗與相及，則取諸理也；不欲其合之，驟與相及，則取諸量也。薦之爲明德，制之爲郊禋，不欲其簡，以親大始也；不欲其黷，以嚴一本也，則取諸愼也。……天尊而人事事之，以登人而不離于天。……天邇而神事事之，以遠天而不褻於人。不敢褻者量，不忍離者理。通理以敦始，故方澤不敢亢于圜丘；稱理以一本，故上帝不可齊于宗廟。……夫人之生也，莫不資始於天。逮其方生而予以生，有恩勤之者，而生氣固焉；（父母）有君主之者，而生理甯焉。（君師）則各有所本，而不敢忘其所遞及，而驟親於天。然而有昧始者忘天，則亦有二本者主天矣。忘天者禽，主天者狄。（忘天者）知有親而不知天。（主天者）知有天而不恤其親。……君子之異於禽獸也。故曰乾稱父坤稱母。……近世洋夷利瑪竇之稱天主，敢於褻鬼神倍親而不恤也。……嗚呼郊祀之典禮至矣。……合之以理，差之以量。……德業以爲地，不敢亢人以混於杳冥；知禮以爲茅，不敢絕天以安於卑陋。故曰惟仁人爲能饗帝。」

此段言祀天之義，卽人與天可以理通，而當差之以量。卽自氣而言，人小而天大。自理而言，人又具天之理。故人當事天祀天，而又不可驟親於天，混於杳冥，如耶教之所爲。天爲人與萬物之共本，人各有祖先父母師，又各有所本，故人不能忘其祖先父母君師而直接與天親。然人亦不可忘天之量之大於人，而忘人與萬物之所共本之天。則人之宗教性之祭祀，亦當兼有天地、親、君師之祭。

此其所以異乎西方之耶教之只知事天；又異乎以天即此心此理之說，忘天之量大於人者也。天之量之大于人者，自氣而言也。謂人之各有其本，而人不能驟親於天地者，亦自氣而言也。至於船山之言人之踐天所賦與之理而可德侔天地，與西方宗教家之長以有罪之身，匍匐於天帝之前者，其精神之不同，則隨處可證。

又船山之重祭祀之宗教意識，與其以人之氣之死而不亡，尚有密切之關係。依宇宙之氣日生而無往來之說，人死氣散，則祭鬼神但爲盡吾人之心。是無鬼而學祭禮之儒也。朱子亦不免無鬼而言祭之論。無鬼而言祭，則其誠必不及有鬼而祭者。依船山說，則人死唯是氣之離形而暫往，而往者仍在兩間。則鬼神之事，非虛而爲實。故人之祭祀，皆可實與鬼神相感格，而祭祀之誠，斯可極其至矣。故船山論人死神在之理，並以神氣之在爲祭祀之理由曰，「自人之生而人道立，則以人道治天道，而異於草木之無知，禽獸之無恒，而與天通理。故惟人能自立命。（尙書引義四十五頁充氣而生神者，性之所由定也）。而神之存精氣者，獨立於天地之間，而與天通理。是故萬物之死，氣上升，精下降，折絕而失其合體，而不能自成，以有所歸。惟人之死，則魂升魄降，而神未頓失其故……形氣雖亡而神有所歸，則可以孝子慈孫誠敬惻怛之心，合漠而致之。是以尊祖祀先之禮行焉。」（禮記章句二十三卷第三頁）又曰「人之歿也，形歸於土，氣散於空，而神志之迫於漠者，寓於兩間之氣，以不喪其理。故從其情志專壹者，而以情志通之，則理同而類應。蓋孝子慈孫，本自祖考而來，則感召以其所本，合之氣而自通，此皆理氣之固然。非若異端之所謂觀者，以妄想強合非類，而謂一切唯心之徒，以惑世誣民也。」（禮記章句二十四第二頁）至於對船山哲學言，唯肯定一客觀實有之天地鬼神之氣，方可言祭祀之宗教之意識者，則可以船山之斥佛教爲月教以證之。其斥佛教爲月教者，以其但知三界唯心，萬法唯識，唯一己心識中所反映之世界爲眞實，卽如月之只反映日光。此卽可歸于：「楞然自大，以爲父母不足以子我，天地不足以仁我，我之有生，無始以來，已有之矣……是海漚起滅之說」（尚書引義卷四秦誓上）此卽謂佛教不知心識外之實有天地，父母爲我之生之本，則不能有對之之敬誠也。其斥佛教爲月教之言，其書多有之。如周易外傳卷七說卦傳第八頁嘗曰：「乃若天地之最無功於萬物者，莫若月焉。……資日而自掩其魄，類無本者；疾行交午以爭道於陽，類不正者。特以炫潔涵空，微茫晃鑠，足以駘宕人之柔情，而容與適一覽之歡，見爲可樂。故釋氏樂得而似之，非色非空，無能無所，僅有此空明夢幻之光影，則以爲大自在，則以爲無住之住，以天下爲游戲之資，而納羣有於生化兩无之際。非游惰忘歸之夜，人亦誰與奉月以爲性教之藏也哉。故其徒之覆舟打地，燒菴斬貓，皆月教也。」其以佛爲月教、卽以儒爲日教，其言是否，或未可知。然要可作深長思也。

## 四　禮　詩　樂

曷言乎一重氣而船山哲學中禮之份量重也？上述之祭祀，亦在禮中。今當泛論禮，皆爲人德行之表現于形色；則不重形色之氣，禮之份量自不得而重。此由古代儒者之重禮者，皆重氣，可以證之矣。船山所宗之橫渠者，宋代儒者中重禮者，亦重氣者也。漢儒較宋儒尤重禮者，而漢儒卽重氣者也。荀子在先秦重禮者也，亦重氣者也。謂禮爲理，謂禮爲恭敬之心，辭讓之心是也。然不足盡社會文化意義之禮儀、威儀也。恭敬之心，辭讓之心，人皆有之，人亦皆可同有之。然不形于禮儀、威儀之貌，則不足以共喻。禮儀威儀之理，人皆有之，人皆知之，然不見于具禮儀威儀之實事，則不足以化民成俗。不足共喻，不能化民成俗，則終只爲主觀精神，而不能成客觀之共同之精神之表現，而非社會文化。而自社會文化意義上所言之禮者，唯禮儀威儀之見于形色者而已。由是言之，則不特重形色之氣，不能特重禮明矣。而人不于形色之氣上，觀恭敬之心，辭讓之心，禮之理，如何一一表現于禮儀三百、威儀三千之詳，不可謂善言禮，亦明矣。船山則正能處處扣緊氣之表現，以言禮意者也。故謂禮不只在外，亦不只在內，不只在心，亦不只在身在物；不只在心性，亦不只在形色；不只在我，亦不只在人；而在內外之合，己與物之相得，天性之見于形色之身，顯爲天下人所共見之際。如是而禮之爲客觀精神之表現于文化之意，乃無遺漏也。今試舉其尙書引義卷六顧命之言以證：

「威儀者，禮之昭也。其發見也，于五官四支，其握持也惟心，其相爲用也，則色聲味之品節也。色聲味相授，以求稱吾情者，文質也。視聽食相受，而得當于物者，威儀也。文質者，著見之迹，而定威儀之則。威儀者，心身之所察，而以適文質之中。文質在物，而威儀在己。己與物相得而禮成焉。成之者己也。故曰克己復禮爲仁。……己有禮，故可求而復。非吾之但有甘食悅色之情也。天下皆禮之所顯，而求之者由己。非食必使我甘，色必使我悅也。亂者自亂，亂之者自亂之，而色聲味何與焉。……色聲味自成其天產地產，而以爲德于人者也。己有其良貴，而天下非其可賤；己有其至善，而天下非其皆惡。于己求之，于天下得之，色聲味，皆亹亹之用也。求己以己，故授物有權；求天下以己，則受物有主。授受之際，而威儀生焉，治亂分焉。故曰威儀所以定命。命定而性見其功，性見其功而物皆載德。優優大哉，威儀三千，一色聲味之效其質，以成我之文者也。至道以有所麗而凝矣。是故麗于色而目之威儀著焉，麗于聲而耳之威儀著焉，麗于味而口之威儀著焉。威儀有則，惟物之則；威儀有章，唯物之章。則應乎性之則，章成乎道之章。入五色而用其明，入五聲而用其聰，入五味而觀其所養；乃可以周旋進退，與萬物交，而盡性，以立人道之常。色聲味之授我也，以道；吾之受之也，以性。吾授色聲味也，以性；色聲味之受我也，各以其道。樂用其萬殊，相親于一本，昭然天理之不昧，又何咎焉？……若其爲五色、五聲、五味之固然者，天下誠然而有之、吾心誠然而喩之；天下誠然而授之，吾心誠然而受之；吾心誠然而授之，吾身誠然而受之。禮所生焉，仁所顯焉。……君子之求諸己也，求諸心也。求諸心者，以其心求其威儀，威儀皆足以見心矣。君子之自求于威儀、求諸色聲味也……，審知其品節而愼用之，則色聲味皆威儀之章矣。

中庸曰，禮儀三百，威儀三千，船山四書義訓註曰：禮儀經禮，威儀曲禮。禮儀必見于威儀，威儀卽禮儀也。中國古所謂禮者，其義至廣。然言禮儀威儀，則尅就吾人之行爲方式，見于有形色之身與物之交者而言，卽吾心之道德理性，主宰此身、與物之客觀表現而言。而船山此段之言，以威儀表現于「己之授物有權、而受物有主」之授受之際。以「威儀定而性見其功，而物皆載德，色、聲、味皆效其質，以使我之至道，有所麗而凝。色聲味之授我以道，吾之受之也以性；吾授色聲味以性，色聲味之受我也，各以其道」。「威儀皆所以見心」，「色聲味皆威儀之章」，卽吾之道德理性主宰乎身與物之形色，而得其客觀表現之謂也。然此客觀表現之所以可能者，以吾心之性與外之物之形色之氣，一眞無妄，而皆誠之故也。故曰天下誠然而有之（形色之物），吾心誠然而受之（性）；吾心誠然而授之（性），天下誠然而受之（形色之物）」，則肯定身與物之形色之氣之眞實，爲船山善言禮之根據亦明矣。

曷言乎船山之重氣而表現才情之詩樂，在文化中之地位確定也。蓋詩之意義與韻律，與樂之節奏，固皆表現吾心之理。然徒有理在心而欲顯之，不足以成詩而成樂。于此，須顯理、兼達情方有詩樂。蓋情原于心有所期，有所志、而又與具象會。心之有所期、有所志，原于性，而性卽心之理，故詩樂兼達情與顯理。然此非詩樂之成，卽自覺以顯理爲目的之謂。詩樂初惟自覺在達情、自覺在借形色之具象之境，以表現內在之情志。能將情志表現于形色，使之相融而不二者，才也。才情運而詩樂成。詩樂成，而性或心之理，乃自然顯于形色。然此理之顯于形色，乃才情先動之結果。而形色固氣，才情亦皆由氣生。則言詩言樂，自始須扣住氣，而始能言，明矣。

詩廣傳卷二十五頁曰：

「有識之心，而推諸務焉，有不謀之物，而生其心者焉。知斯二者，可與言情矣。天地之際，新故之迹，榮樂之觀，流止之幾，欣厭之色，形于吾身之外者，化也；生于吾身以內者，心也。相值而相取，幾與爲通，而勃然與矣」。

此言情之原于形色，與「心之所謀推諸務之志」之相接觸也。

至于謂詩言志、詩達情，船山之言隨處有之，玆不具引。然船山之言詩，尚不僅以言志達情爲說也。情而求達，必有餘情。不有餘情，何求達情。故船山貴餘情。餘情者，感于物而動，物去而吾之充沛之氣有餘，仍有所繫，而有之情之自動自發，不可自已者也。故餘情不生自外境，而生自內心。唯心不粘滯于所事，乃有餘情。謂餘情爲陷溺于事物之情者，妄也。人之有餘情，正人之所以異于禽獸者也。而達情之詩之所以可貴，亦正在其能表現人之所以異于禽獸者之餘情也。故以心之應物，當如太虛，過而不留，情隨物動，物去則止，或以餘情爲非道者，皆船山之所斥。而陽明之徒，但以虛靈說心，與程朱之以理制情，惟恐情之有餘者，尚不是說明達情之詩之價值所在，亦明矣。

詩廣傳卷一召南傳曰：

「既莫之見矣，既莫之聞矣；餘于見，肅肅者，猶在也；餘于聞，惻惻者，猶在也。是則人之有功于天，不待天而動者也。前之必豫，後之必留，以心繫道，而不宅虛，以俟天之動。故曰誠之者，人之道也。若夫天之聰明，動之于介然，前際不期，後際不繫，俄傾用之，而亦足以給。斯蜂螘之義，雞雛之仁焉耳，非人之所以爲道也。人禽之別也幾希，此而已矣。或曰聖人心如太虛，還心于太虛，而志氣不爲功，俟感通而聊與之應，非異端之聖人，孰能如此哉。異端之聖，禽之聖者也。」

此言心之志氣繫道，乃有餘情也。詩廣傳周南傳曰：

「道生于餘心，心生于餘力，力生于餘情。故于道求有餘，不如其有餘情也。古之知道者，涵天下而餘于己，乃以樂天下，而不匱于道。奚事一束其心力，畫于所事之中，敝敝以昕朝夕哉。畫焉則無餘情矣。無餘者，惉滯之情也。……天下未有不安而能行者也。安于所事之中，則餘于所事之外，餘于所事之外，則益安于所事之中。見其有餘，知其能安……故詩者所以盪滌惉滯，而安天下于有餘者也。」

船山言詩能達情，復言詩之大用。使人與人情相感通而仁，使情達而順，並貫通形上形下，皆詩之大用也。玆以其言分別證之如下：

詩廣傳卷一第一頁：

「詩達情，達人之情，必先自達其情，與之爲相知，而無別情之可疑。自達其情，……有餘不自匿而已矣。故易曰觀其所感，而天地萬物之情可見矣。見情者，無匿情也。釋氏窒情而天下賊恩，狺狺以果報怖天下。天下怖而不知善之樂，徒賊也，奚救乎。」

此言使人與人之情相感而通而仁，爲詩達情之一大用也。船山貴達情之詩，然詩之達情，非徒爲情之達也。達情而後情乃不鬱結旁流而歸于順。斯又詩之達情之一大用也。

詩廣傳卷一首節曰：

「是故文者白也。聖人以之自白，而白天下也。匿天下之情，則將勸天下以匿情矣。……悠哉悠哉，輾轉反側，不匿其哀也；琴瑟友之，鐘鼓樂之，不匿其樂也。非其情之不止而文之不函也。匿其哀，哀隱而結；匿其樂，樂幽而耽。耽樂結哀，勢不能久，而必于旁流。旁流之哀，懰慄憯澹，以終乎怨。怨之不恤，以旁流于樂。……愁苦者，傷之謂也；淫者，傷之報也。……性無不通，情無不順，文無不章。白情以其文，而質之鬼神，告之賓客，詔之鄉人，無吝無慚，而節文固已具矣。故關雎者王化之基……」

此言達情正所以免情之旁流，而即所以順情也。然詩之大用，尚不止于由達情而順情，使人與人之情相感通；尤在其能貫通形上形下，以通神與人。此則船山所謂詩爲幽明之際之義也。詩何以爲幽明之際？詩必有文字聲音。文字聲音，現實形色世界之物也。然讀詩必一方超此文字聲音，以心通其義或以心直覺意象。意象中已有情景交融、情之表現于形色之具象。此所謂內在之表現、理想境之表現。今更將此意象表現于感官所及之文字聲音之形色，又有一情景之交融。然意象既表現于形色，則人又可于情景雙忘。由意象與形色雙忘，而詩之境乃即實即虛，即虛即實，形下即形上，形上即形下之境也。形下則通于人，形上則可通乎鬼神。此祭祀之不能無詩樂也。故詩廣傳卷五第三頁曰：

「禮莫大于天，天莫親于祭。祭莫效于樂，樂莫著乎詩。詩以興樂，樂以徹幽。詩者，幽明之際者也。視而不可見之色，聽而不可聞之聲，搏而不可得之象。霏微蜿蜒，漠而靈，虛而實，天之命也，人之神也。命以心通，神以心棲。詩者，象其心者也。……遺不可見之色，如絺繡焉；播不可聞之聲，如鐘鼓焉；執不可執之象，如瓚斝焉。……故曰而後可以祀上帝也。嗚呼能知幽明之際，大樂盈而詩教顯者鮮矣。況其能效者乎。效之于幽明之際，入幽而不慚，出明而不叛。幽其明，而明不倚器；明其幽，而幽不棲鬼。此詩與樂之無盡藏也。其孰能知之。」

明不倚器，即形下而形上；幽不棲鬼，即形上而形下。幽明之際者，形上形下之一貫也。

至于船山之言樂，亦同多以達情爲言。然詩用文字。文字有意義，而樂則但有聲音之抑揚而無意義。文字有指，必超文字乃得其所指；則詩之感人，尤不如樂之直接。樂純以聲音。聲之先于語言，如容之先于行事。聲音之特定化，以有所表、有所指，乃成語言。容止之特定化，以有所爲，有所用，而成行事。故語言行事，皆依意識而屬于人爲。而音容之直接感人，則雖純資具象，屬氣上事，乃超意識，而純爲天合，而超意識之相感；乃有心而忘心，有理而忘理。忘心忘理，而乃通于鬼神，使人由形下而接觸形上。「立于禮」者之必歸之「成于樂」之義，于焉以立。船山詩廣傳卷五第十四頁傳商頌之言，誠敻乎其不可及矣。其言曰：

「樂者，神之所依，人之所成。何以明其然也。交于天地之間者，事而已矣；動乎天地之間者，言而已矣。事者，容之所出也；言者，音之所成也。未有其事，先有其容；容有不必爲事，而事無非容之出也。未之能言，先有其音；音有不必爲言，而言無非音之成也。……卉木相靡以有容，相切以有音，況鳥獸乎？虫之蝡有度，鷇之鳴有音，況人乎？是以知：言事，人也；音容，天也，不可以事別，不可以言紀。繁有其音容，而言與事不能相逮，則天下之至廣至大者矣。動而應其心，喜怒作止之幾形矣。發而因其天，鬱暢舒徐之節見矣。而抑不域之以方所，斯則天下之至淸至明者矣。乘乎氣而不逐萬物之變，生乎自然，而不襲古今擬議之名，則天下之至親至密者矣。盡乎一身官竅之用，而未加乎天下，則天下之至簡至易者矣。該乎萬事，事不足以傳其神；通乎羣言，言不足以追其響；則天下之至靈至神者矣。故音容者，人物之元也，鬼神之紹也。幽而合于鬼神，明而感于性情，莫此爲合也。今夫言，胡與粵有不知者矣，音則無不知也。今夫事，聖之與愚有不信者矣，容則無不信也。故道盡于有言德不充，功盡于有事道不備。充而備之，至于無言之音，無事之容，而德乃大成。故曰成于樂。變動于未言之先，平其喜怒；調和于無事之始，治其威儀。音順而言順；言順者，音順之餘緒也。容成而事成；事成者，容成之功效也。乃以感天下于政令之所不及，故曰移風易俗莫善于樂。今夫鬼神，事之所不可接，言之所不可酬，髣髴之遇，遇之以容；希微之通，通之以音。霏微蜿蜒，嗟吁唱歎，而與神通理。故曰殷薦之上帝，以配祖考。大哉聖人之道，治之于視聽之中，而得之于形聲之外，以此而已矣」。

船山此段發明音容之大用，重在明樂，亦兼明先儒言禮之本之所以重在容。此容非有意而爲之容。有意而爲之容，皆事也。常言道德生活，唯在如何行爲。依理以行爲，皆域于行事以爲言。而先儒言禮，則歸極于容之盛。此西哲言道德者，所罕能知之者也。容之盛者，德充于外，而睟于面，盎于背；氣一循理，而忘理忘心。此全氣皆心，全氣皆理之境界也。有理爲心所知而行之，人事也。忘理忘心，而全氣皆理，全氣皆心，人事而上達天德也。此禮之極，卽樂也。樂者抑揚節奏，皆成文章，全氣皆理也；聲入心通，全氣皆心也。全氣皆理，全氣皆心，而音容有度，斯達天德之超意識境界。乃可以徹乎幽明而通鬼神。船山言禮樂之極者，治之于視聽之中，而得之于形聲之外。卽上文于形下見形上之謂也。然不自音容能使吾人超乎言事之措思，又安能知之。詩、禮、樂三者，相異而相通。禮以顯理于行，詩樂皆以達情。惟詩言志以達情而有文字。志依心之理而立，文字有意義。樂則純以聲音達情和志，聲入心通，而可不用文字。禮則以身體行爲踐理。此三者之異也。然詩有文字，而有音律，則通乎樂。樂有容則通乎禮。禮必有主宰此身物之志，則通乎詩。禮見于身體容儀，樂形于聲音，皆精神之直接表現于可見可聞之形色世界。而詩之文字亦多爲指形色具象之文字。然讀詩須心知其義，乃有形色具象之見于心。則詩之表現情于形色，兼間接表現。禮必先知理，以理自制，乃成規矩。而樂則天機流露，自然成韻。禮猶經意識之努力，而知樂則可純爲超意識之神契。故興于詩而志定，猶未達乎行爲之直接表現于形色也。立于禮而行成，猶未必達乎不勉而中，不思而得也。禮至于不勉而中，不思而得，以成盛德之容，斯乃上達天德，終始條理，金聲玉振，即成于樂也。金聲玉振，即樂德之所以能通于鬼神，昭于天地也。興于詩者，性見于情志，以導人之形色之氣；立于禮者，形色之氣之顯理，而以性治情。成于樂者，即情即性、即理即氣，全氣皆理，全理皆氣，理氣如如，而若不見理之境。前文所謂有理而忘理，有心而忘心之謂。若非船山之重氣，烏能于此詩禮樂之義，皆一一發其致哉。

# 第二十五章　王船山之人文化成論（下）

## 五　政治

曷言乎船山一重氣，而政治經濟之重要性益顯也。蓋政治經濟必以立功爲的者也。謂立功之本在立德，爲政之本在修德是也。然修德而不期功，終不足以言爲政。言不成功則成仁是也，然爲政而只欲成仁，不以成功爲念不可也。政治上之成功，則使國家天下之人與事，皆得其治。經濟上之成功，則社會人民皆裕其生。凡此等等，皆須以肯定人之與我各爲特殊獨立之個體之觀念爲首出，亦卽以肯定人與人之氣異之觀念爲首出。唯知人之氣之各異，知其各爲一特殊之個體，而一一與以在社會上之特殊分位上之安頓，且皆得特殊之裕生之道；斯爲政治經濟之要道。而吾之可言有萬物一體之仁心，表現于政治經濟之活動者，亦唯在有此順特殊者而加以特殊安頓之事，而吾之情于一一特殊者，皆能一一貫注而已。舍順特殊者而特殊地加以安頓之事，吾之仁心，亦不得表現于政治經濟之活動。則言政治經濟之活動之目的，必以特殊個體之觀念爲首出，以氣之觀念爲首出，明矣。至于政治經濟之制度，皆不外所以調理諸特殊個體之關係。此制度固皆依理而建立，具客觀的普遍性。然立制度所以為天下之一一之民。制度重在行，已成制度之因時之不同，而違于民志，卽勢不能行，必漸失其所以為普遍之制度，而不能不變。行制度者，氣也，使制度不能行，而失其所以為制度，亦氣也。則言政治之目的，與政治之制度，皆必須以氣之觀念為首出。此與言道德之以理之觀念為首出，固不同。而凡言政治，當先理而後氣云者，唯是謂政治當依于道德原則耳。尅就政治而言政治，則政治活動之開始，便是求政治觀念之在客觀社會上之實現，則氣之觀念，烏能不為首出？此卽宋明以來之儒者，凡特重視政治之思想家，無不重氣之故，而船山亦猶是也。

然船山之言政治之終不似宋明清以來，重氣、重功利之思想家者，則在船山于政治之本在道德與文化，更能念念不忘。而政治之目的，在使社會上之一一人民各得其安頓，而非為君主之一人，船山之認識亦獨淸也。

關于船山論政治之本在道德文化，其言政之不同于一般功利主義者，由其讀通鑑論卷二之斥「衣食足而後禮樂興」為邪說，最可證之。

「魯兩生責叔孫通，與禮樂于死者未葬，傷者未起之時，非也。將以為休息生養，而後興禮樂焉，則抑管子衣食足，而後禮樂之邪說也。子曰，自古皆有死，民無信不立。信者，禮之幹也；禮者，信之資也。有一日之生，立一日之國，唯此大禮之序，大樂之和，不容息而已。死者何以必葬，傷者何以必恤，此敬愛之心不容昧焉耳。敬焉而序有必順，愛焉而和有必浹；動之于無形聲之微，而發起其莊肅樂易之情；則民知非苟于得生者之可以生，苟于得利者之可以利。相恤相親，不相背棄，而後生養以遂。故晏子曰，惟禮可以已亂。然則立國之始，所以順民氣而勸之休養者，非禮樂何以哉。譬之樹然，生養休息者，枝葉之榮也；有序有和者，根本之潤也。今使種樹者曰，待枝葉之榮，而後培其本根，豈有能榮枝葉之一日哉。」

船山此言，卽非一般功利主義者所能發。而或竟以船山儕于功利主義者，何哉？

至船山之言政治之目的，在爲人民本身，而非爲君主，則由船山之讀通鑑論諸書，處處反對：申韓之道之殘民、及黃老之用術以治，使人君得無爲淸靜之福，可證之。船山之言政也，處處言君主不當以黃老申韓之術求自逸，而當處處以人民爲貴。其所以貴民，乃爲民而貴民。其所以能爲民而貴民者，固由其深知君雖尊而君爲人之一，爲一特殊之個體，與一切人民各各爲一特殊之個體，皆同禀仁義禮智之性，同可以爲堯舜，而人格之價值，原自平等；亦同屬于一宇宙，爲一天地所覆載，而天之意志，固不只表現于君之個人之意志，而表現于全體人民之意志也。故君欲盡其所以爲君，而以治民爲任，唯有依聖人之道，本天理以體全民之意志爲意志，而無一民之志之可忽。然船山之重民，又非今之民主政治，以多數之表決定是非，定政治上之措施之說。此則今世論船山重民之意者之所忽。如實言之，船山所謂人君當本天理以體全體人民之意志，乃謂人君當以人民之全體之眞意志爲意志。眞意志者，順乎人民之天性，合乎當然之則者也。夫然，故一時之一夫倡而萬夫和，之意見情欲，非必卽人民之眞意志所在，亦非在上者之所必順。而察何者之爲順乎天性、合乎當然之則之人民之眞意志，則當以天理衡之，而不能只由博諮于眾，觀人民一時之風氣之所趨，以得之。由是而船山之尊重民之意志，卽不同于今之民主政治之多數表決，一往順民意之論。乃重在敎居上位者，以天理與民之意志交勘，而盡察民志之委曲，確定民志之邪正，而伸其志之正者。此卽船山所謂「觀天于民視聽，觀民視聽于天」之展轉互繹之說，而不只伸民權，乃仍歸于賢哲之政治之論。此乃秉綜天人理氣而言，其義精矣。今試以尚書引義四卷泰誓中之言以證之：

「尊無所尙，道弗能踰，人不得違者，惟天而已。曰天視自我民視，天聽自我民聽。舉天而屬之民，其重民也至矣。雖然，言民而繫之天，其用民也尤愼矣。善讀書者，循其言展轉反側以繹之，道乃盡；古人之辭，乃以無疵。……可推廣而言之曰：天視聽自民視聽，以極乎道之所察；固可推本而言之曰，民視聽自天視聽，以定乎理之所存。……由乎人之不知重民者，則卽民以見天；而莫畏匪民矣。由乎人之不能審民者，則援天以觀民；而民之情僞，不可不深知而愼用之矣。蓋天顯于民，民必依天以立命，合天人于一理。天者，理而已矣。有目而能視，有耳而能聽，孰使之能然，天之理也。有視聽而有聰明，有聰明而有好惡，有好惡而有德怨，情所必逮，事所必興矣，莫不有理存焉。故民之德怨，理所宜察也，謹好惡、亶聰明者，所必察也。舍民而言天，于是苟合于符瑞圖讖以僥幸，假于時日卜筮以誣民；于是而抑有傲以從康者，矯之曰天命不足畏也。兩者爭辯，要以拂民之情。乃舍天而言民。于是而有築室之道謀，于是有違道之干譽；于是而抑有偏聽以釀亂者，矯之曰，人言不足恤也。兩者爭辯，而要以逆天之則。夫重民以天，而昭其視聽，爲天之所察，曰匹夫匹婦之德怨，天之賞罰也，俾爲人上者知所畏也。(上言當由民之意志以知天意，此下言當以天理衡民之意志。)……若夫用民而必愼之者何也？……禹曰無稽言勿聽，民之視聽，非能有所稽者也。盤庚之誥曰，而胥動以浮，言民之視聽而浮游不已者也。……且夫，視而能見，聽而能聞，非人之能有之也，天也。天有顯道，顯之于聲色而視聽麗焉。天有神化，神以爲化，人秉爲靈，而聰明啟焉。然而天之道廣矣，天之神，萬化無私矣。……民特其秀者，而固與爲緣矣。聖人體其化裁，成其聲色，以盡民之性；君子凝其神，審其聲色，以立民之則。(此言唯君子聖人乃知天之道、天之理)而萬有不齊之民，未得與焉。于是不度之聲，不正之色，物變雜生，以搖動其耳目，而移其初秉之靈。于是眈眈之視，憒憒之聽，物氣之薰蒸，漸漬其耳目，而遺忘其固有之精，則雖民也，而化于物矣。夫物之視聽，亦未嘗非天之察也，而固非民之天也。非民之天，則視眩而聽熒，曹好而黨惡，忘大德、思小怨，一夫唱之，萬人和之，不崇朝而喧闐流汚，溢于四海，旦喜夕怒，莫能詰其所終。若此者非奉天以觀民，孰與定其權衡，而可惟流風之披靡，以詭隨哉。故天視聽自民視聽，而不可忽也；民視聽抑必自天視聽，而不可不愼也。今夫天，徹乎古今而一也。其運也密，……其化也漸……穆然以感……(言天道有常)，然則審民之視聽，以貞己之從違者，亦準諸此而已矣。一旦之嚮背，鶩之如不及，已而釋然其鮮味矣。一方之風尙，趨之如恐後，徙其地，漠然其已忘矣。一事之愉快，傳之而爭相歆羨，旋受其害，而固不暇謀矣。教之衰，風之替，民之視聽如此者，甚夥也。……民權畸重，則民志不寧。其流旣決，挽之者勞，而交受其傷，將焉及哉。民獻有十夫，而視無不明矣，聽無不聰矣。以民迓天，而以天鑒民。理之所審，情之所協，聰明以亶，好惡以貞，德怨以定，賞罰以裁。民無不宜，天無不憲；則推之天下，推之萬世而無敝。故曰天視聽自民視聽，民視聽自天視聽，展轉繹之，而後辭以達，理以盡也。」

此外船山言爲政當重行、不重多議論、言爲政重得人，而政治上之人物，不僅應優于德，亦應優于才、且使特殊之才有特殊之用、（如宋論卷四卽評及韓范二公之未善用其才之長，而不免用其短）。不僅應知理之當然，亦應知時勢之實然等，皆其哲學之必然結論。船山于各政制，如封建、郡縣、考試、選舉、學校、兵制、井田・食貨之制，亦所論甚多，（如噩夢于選舉、兵制、官制、官職、刑罰、財政、農田、水利，卽有系統之論。）而精義絡繹，此應專論船山之政治哲學者，詳之，今所不及。

## 六　歷史之評論

曷言乎一重氣，而船山有眞正之評論歷史之歷史哲學也。歷史者，實事也。歷史之實事者，一一之理之次第實現于氣之所成也。一一之理之實現于氣，其次第不亂，而成序。序成而先者不能在後，後者不能在先，而每一史事，遂皆爲獨一無二，一現而永不再現；則每一史事之結果與價値，與他事之結果及價値，不可相混。每一史事，在全部史事之序中，居一特殊之地位，而有其所承以生之特殊史事，有其繼以成之特殊之史事。其所以如是承，卽如是生，如是繼，卽如是成；復皆有一一之特殊之理。則欲觀理之曲成乎事，事之無不具理，理與事之一一對應，而不相冒，船山所謂凡事皆有理，事異而理異，舍觀歷史，無由得之矣。吾人論事物之理，必極于論歷史之理，亦可知矣。然吾人之論歷史，非先知有如何如何之理，卽知有如何如何之史事；乃先知有史事，方進而究其有如何如何之理。事已成，而其理吾人容有未知。則在歷史學及歷史哲學中，事必爲首出之概念，而「氣」必爲首出之概念明矣。此卽重氣之哲學之恒趨向于重視歷史之故也。

凡物皆有歷史，而一人之自然生活，亦有歷史。然常言之歷史，皆言文化之歷史。蓋文化之歷史與現實之文化關係獨密也。何以言之？原文化之所以成，皆原于個人精神之表現于客觀社會，而社會中之他人受其表現之影響，而蔚成風尙，或受其影響；而復矯偏補正，而另有所表現，另有所影響，以成風尙。個人精神之表現之相影響，成風尙，而有共同之精神表現，爲人所共喩，斯卽所謂客觀之精神表現。而凡文化，皆客觀精神之表現也。由個人之精神之表現，而形成客觀精神之表現之文化，有各個人之精神內容，各逐漸趨于普遍化之歷程焉。必吾人個人之精神之內容，由吾之表現而爲一一之人了解而承受，亦一一表現此同一之精神內容，而後文化成。此歷程，卽歷史。是文化經歷史而成也。然文化之所以經歷史而成者，以吾人之求表現吾人之精神內容，而望其普遍化也，以吾人能了解承受他人之精神內容之表現，而與之俱化也。吾之所以求吾之精神內容之普遍化，吾之所以願了解承受他人之精神之表現者，以吾旣有超現實之個體自我之精神與社會意識，而欲吾之此精神內容，由表現而使他人得繼有之，則吾亦卽復願了解承受他人之精神內容之表現，以繼有之也。則此社會意識，卽一形成文化之客觀意識或客觀精神也。唯人人皆有此形成文化之精神意識，願上承他人之精神之表現，下開他人之同一之精神之表現，而後文化乃一依歷史而成。則唯有社會意識、形成文化之客觀精神之人類，方念念不能忘歷史也。由此而過去之同類個體之活動之影響于方來者，乃以人類爲獨著。此卽言人類歷史必言文化之故。不屬于文化範圍之歷史，不僅非文化之歷史，亦非具充量之歷史意義之歷史也。具有充量之歷史意義之歷史，唯文化之歷史。蓋唯人之形成文化之精神意識，社會意識，乃在開始點卽自覺的以形成歷史爲目的也。上承千古，下開百代，從事文化者之志，必極于此。此形成文化之意識之極致，卽歷史意識之極致。禽獸能有之乎？無文化意識之個人之苟生苟存之生活中，能有之乎？

上說歷史與文化之關連，卽是說由人一方願承受他人之精神表現，一方欲其自己之精神之表現，爲人所承受，使人我之精神內容，互相普遍化，而成文化。故歷史中，有人物焉，（人物包含個人、社團、民族）有人物之互求其精神內容之普遍化，而相感應以成之文化焉、有人物之相互關係，所成之史事焉、有一史事所以成之時勢、一史事對以後之影響焉。故評論歷史，即或爲評論歷史上之人物應事之方，利或不利于一事之成，而有之此歷史上之利害得失之評論、或爲評論人物應事之方，合不合道德，而有之歷史上人物是非之評論、或爲觀一史事所由成之時勢與影響，而有之對一事之是否合理，與對歷史文化之價值之評論、或爲觀各種文化如學術、宗教、禮樂、政治、經濟之制度，在歷史上之盛衰顯晦，及其盛衰顯晦，對當時人羣與人類歷史文化生活之全，爲得爲失，于是有世運升降之評論。至于論一史事與創造支持此歷史文化之統緒之人羣民族之關係，則有歷史事件與民族種族之存亡絕續關係之評論。凡此等等歷史之評論，皆吾人承認歷史之所以爲歷史，承認歷史構成之成份中，有文化，有史事，有人物，而吾人又有反省歷史批評歷史之能力，卽必有者也。然除史家外，中國宋明以來之儒者之評論歷史，或偏重歷史上人物如何應付當時之環境，道德上之是非之批評，如朱子通鑑綱目。或偏重人之應事之道之利害得失之批評，如呂東萊蘇氏父子之論史。司馬氏之資治通鑑，則初意在由史事以敎人君，知是者之爲利，而非者之爲害，以寓道德教訓，亦兼示人以應付事變之方者也。凡此等等，皆或未能重視一史事所由成之時勢，對整個歷史文化上之影響與價值，或未能眞由歷史以觀文化之流擅；或未能以文化爲歷史之本，以覘世運之升降；或未能以一歷史之事變，與支持此歷史文化之民族之存亡絕續之關係，爲主題，而論其得失利害于萬世。而船山之論史，則除亦本道德上之原理，以評論各時代人物之言外行，尤長于論一事所由成之時勢中之理，一事之影響之出乎發起此事之人之意志外，之有價值而合理之結果、（船山所謂「天因化推移斟酌，曲成以制命。」（宋論卷一第一頁）是也）及各時代世運之升降，人民生計之裕絀、禮樂之興衰、政制之得失、刑律之變遷、學術之隆汚、風俗之良窳、教化之興替。船山讀通鑑論後序所謂「君道在焉，國是在焉，民情在焉，邊防在焉，臣誼在焉，臣節在焉，士之行己以無辱者在焉，學之守正而不陂者在焉」之言是也。而其論史，不樂道古，以爲過情之譽，如宋以來之儒者；亦不執古，以爲後世之衡。如宋論卷十四頁之斥建一先王之號，而脅持天下之口。謂「治世當則天之時，因物之變……堯舜周孔之教，初無一成之律則，使人揭之以號于天下……至于命，而後與時偕行之化，不以一曲而蔽道之大全。」（宋論卷六第九頁）並頗論後世文化之進于前代，以觀世運。（如讀通鑑論卷二十二，十六頁，四部備要本。）而于歷史中中國民族與夷狄之關係，更隨處加意。此卽船山之能眞知歷史之所以爲歷史，故得而如其涵義之全，以論之也。而船山之所以獨能如是者，正由其于文化之爲客觀之精神之表現，其與道德之不同，認識淸也；于我之個人外，有千千萬萬之古往今來之個人，合爲大社會大民族之義，認識淸也。亦由其知我之所以爲我，雖具天地萬物之理，此心可涵蓋古今六合，而我之所以爲我之氣，乃被包括于大社會、大民族、與天地之氣運之中，不能妄同之也。能知此「不能妄同」，則我唯有承此大氣之運，而深察此氣運之興衰，見于歷史之中者，求復興起衰，以開來世。此之謂擔負歷史文化之重任。橫渠所謂爲往聖繼絕學，爲萬世開太平者，此也。

關于船山之善論歷史，由其能重氣，重觀一史事之特殊性，而于一一之事見一一之理；可由船山之論歷史，重論一史事之時勢，對時勢之觀念，特加注重，以證之。勢者，理之當然，而不得不然者，將見于氣，而爲成事之因者也。故船山于尚書引義曰，勢者，事之所因；事者，勢之所就。又曰「……勢既然而不得不然，則卽此爲理矣。……氣之成乎治之理爲有道，成乎亂之理者爲無道。均成乎理，卽均成勢矣。……勢因理成，不但因氣」。（讀四書大全說九卷第四頁孟子天下有道，小德役大德，小賢役大賢註）故船山之論史重勢，主由勢以觀理，卽重由氣與理俱運處，以觀理也。至于時者，氣顯一一之理，而成一一之事之形式也。時者，一一之事所居，任一事之所以異其他事，而成一特殊之事者也。重一史事之所在之時，亦卽重觀一事之異于他事之特殊性。重觀時以觀史事、卽重觀一史事在歷史中之特殊性之謂也。故船山之重觀一史事之時勢，卽原于船山之重氣。船山重觀一史事之時勢，亦必重觀史事之特殊之理，而必求于一一史事，各得其一一之特殊之理，而重觀「時異而勢異，勢異而理亦易。」（宋論末語）由是而其善論史也，不亦宜哉。船山之重觀時勢之意，讀通鑑論後序之言尤言之最暢。其言曰：

「以古之制，治古之天下，而未可概之今日者，君子不以立事；以今之宜，治今之天下，而非可必之後日者，君子不以垂法。……夏書之有禹貢，實也，而繫之以禹；則夏后一代之法，固不行之于商周。周書之有周官，實也，而繫之以周；則成周一代之規，初不上因于商夏。……戰國者，古今一大變革之會也。……三王之遺澤，存十一于千百，而可以稍蘇，則抑不能預謀漢唐以後之天下。勢異局遷，而通變以使民不倦者，奚若。……編中所論，推本得失之原，勉自竭以求合于聖治之本。而就事論法，因其時而酌其宜，卽一代而各有弛張，均一事而互有伸詘；寧為無定之言，不敢執一以賊道。」

上謂船山之論歷史，不只重人之動機善惡之評論，而重論一史事所由成之時勢之不得不然，以見理之不得不然、亦重論一事影響之社會價值，文化歷史價值，見事之結果之或有超乎人之動機之所料，而合乎天下之公理者。此由其讀通鑑論第一篇論秦廢封建之動機與結果，卽可證之。

「郡縣之制垂二千年，而弗能改矣，合古今上下而安之，勢之所趨，豈非理而能然哉。……分之為郡，分之為縣，俾才可長民者，皆居民上，以盡其才，而治民之紀，亦何為而非天下之公乎。……郡縣者，非天子之利也，國祚所以不長也。而為天下計利害，不如封建之滋也多矣。嗚呼，秦以私天下之心，而罷侯置守，而天假其私，以行其大公。存乎神者之不測，有如是夫。」

論歷史上之事之所以有，與此事之歷史價值，必須由整個歷史，以觀其時勢之不得不有此事，與對整個歷史之價值。故卷三論漢武帝之闢遐荒之地曰：

「遐荒之地，有可收爲冠帶之倫，則以廣天地之德，而立人極也。……雖然，此天也，非人之所可強也。天欲開之，聖人成之。聖人不作，則假手于時君及智力之士，以啟其漸。以一時之利害言之，則病天下；通古今而計之，則利大而聖道以宏。天者，合往古來今，而成純者也。……君臣父子之倫，詩書禮樂之化，聖人豈不欲普天率土，而沐浴之乎。時之未至，不能先焉。迨其氣之已動，則以不令之君臣，役難堪之百姓，而卽其失也以爲得，卽其罪也以爲功，誠有不可測者矣。」武帝之役民拓邊，自其個人主觀之動機言，船山謂不過爲善馬遠求耳，好大喜功耳。然此主觀動機，與拓邊之功之所以成，乃二而非一；與此事之價值，亦二而非一。拓邊之功之所以成，時勢中，有可以廣天地而立人極之時勢也。而此事之價值在千萬世，亦非漢武帝之所知。此又見論一事歷史價值，不同論作此事之動機之道德價值也。故船山讀通鑑後序，自言其論歷史之法，固亦重「心」；然其重心，乃重在以此心，知一時之情勢，審一事之成敗之結果，以求時措之宜。固非只重在人之一動機純正或否之心而已。其言曰：

「覽往代之治而快然，覽往代之亂而愀然。知其有以致治而治，則稱說其美；知其有以召亂而亂，則詬厲其惡。言已終，卷已掩，好惡之情已竭，頹然若忘，臨事而仍用其故心。……夫治之所資，法之所著也；善于彼，未必善于此也。君以柔嘉爲則，而漢元帝失制以釀亂；臣以戇直爲忠，而劉棲楚碎首以藏姦。攘夷復中原，大義也，而梁武以敗；含怒殺將帥，危道也，而周主以興。無不可爲治之資者，無不可爲亂之媒。然則治之所資者，一心而已矣。（此心乃能知時勢審事之成敗之結果，而求時措之宜之心也。）以心馭政，則凡政皆可以宜民，莫匪治之資；而善取資者，變通以成乎可久。設身于古之時勢，爲己之所躬逢；研慮于古之謀爲，爲己之所身任。取古人宗社之安危，代爲之憂患；而己之去危以卽安者在矣；取古昔之民情之利病，代爲之斟酌，而今之興利以除害者在矣。得可資，失亦可資；同可資，異亦可資也。故治之所資，唯在一心，而史特其鑑也。……故論鑑者，于其得也，……必思易其迹，而何以亦得；其失也，必思就其偏，而何以救失。乃可爲治之資。」

關于船山論歷史之重文化，重觀文化之流嬗、世運之升降，重觀史事與民族歷史文化存亡絕續之關係，除見于讀通鑑論、宋論者外，如黃書離合篇就中國之地理、以論五千年歷史中之治亂離合，思問錄最後段之論歷代南北文運之衰旺，皆可留意。

## 七　保民族以保文化之義

畧言乎一重氣，則保衞民族之義，與保歷史文化之義，不可分也。夫言民族有文化者，言其人之精神內容之表現，嘗依歷史而漸普遍化，而有各共同之精神之表現之謂也。一民族之諸個體人，固各有其身。其身之時異、所異，固各為一特殊之個體也。然有共同之精神內容，則人與我之各種特殊之精神活動，交于一共同之文化與精神內容，而又互知此文化、此精神內容，對方亦有之；則各個人之特殊精神，相涵攝而凝一。此卽文化之共同，所以為功于民族中諸個人之集合，而成一整體之民族者也。夫然，故舍歷史文化之共同之意識，而言民族中諸個人之相集合，則將只有利害之相需，所處之時空之密邇而已。利害相需而結合，則不相需而離。因無文化之共同以維繫之，使其人民之精神相涵攝而凝一之故也。循斯以談，則一民族之文化愈高者，歷史愈長遠者，其民族之集合，亦宜愈凝固。而一民族之喪失其文化、忘其歷史，將不免于瓦解。此卽儒者歷代相傳之保文化以保衞民族之義也。

欲保民族須保文化固矣。然欲保文化，是否必須保衞民族？則理有兩端。蓋人之欲使其精神內容之普遍化于他人，初非限于我之同族之人。人之欲此精神內容之普遍化，推類至盡，必及于一切人而後可。任何人任何民族之能有此精神內容，吾皆欲之，不必擇也。則當吾之民族不足承受此文化，而其他民族能承受之，當我之民族為其他民族所滅亡，而承受我之文化，則亦將無大異于我之民族之承受此文化。此卽成離民族之保存，而言文化之保存之說也。中國過去每當夷狄亂中國之際，皆有此類之說，而此說依上文所論，亦有其眞理在也。然船山不取此說。其所以不取此說者，正以此說之純自精神內容得其普遍化上言，亦卽純自文化所以形成之理，得某種普遍繼續表現上言；而未能扣緊吾人云形成如此之文化之氣，扣緊吾人能有如此之精神內容，支持此文化內容之精神活動而言也。若于此扣緊，則保文化必當同時保民族之義明。唯保文化，復保民族爲正義，不得保民族，而只保文化，乃不得已之第二義也。

何言乎扣緊此「形成如此文化之氣」，扣緊「有此精神內容支持此文化內容之精神活動」，則須兼保民族也？蓋吾人于此一扣緊，則吾人保文化承受文化而傳播之，卽非只單純之一使此文化內容之理普遍化于他人之一事，而同時是對「遺我以如是文化之特殊之聖哲祖先之精神」，負責之一事。古人往矣，而其精神未嘗往也。誦其書，讀其書，知其人，則千載之遙，一念通之，而對之負責之念油然生矣。吾之民族之聖哲祖先之遺此文化也，乃遺之于其子孫。則吾爲其子孫，亦當繼之，而更遺于吾之子孫。若夫人之愛其子孫，愛其族類，固可說爲生物之本能。然求文化教澤之繼繼繩繩，不絕于子孫、于其族類，則非特生物本能也。仁義之施，先及其近，自然之道也。人之慕父母，固亦或爲生物本能，然孝父母而欲承其志，承其所受之文化教澤，而上通祖先聖哲之心，亦非特生物本能也。吾身能繼父母祖先之生命，而吾之精神不能繼其精神，則自罪自責之情，所由奮起也。繼之于一己，當先立志于繼祖先聖哲之精神，則此一己之全軀之意輕，固矣。然欲繼之于後世，則族類子孫之生命之不存，文化教澤又何有？由是而言，則保文化卽當保民族之義彰，保民族卽所以保文化之理顯。吾保衞此民族，此民族固或將忘其若祖若宗之文化。人若如此措念，則人又將以爲不如敷化異邦，或任此民族之淪于異族矣。然志士仁人之眞欲保文化保民族，決不允此先疑此來者之念之滲入。同此民族，祖先能者，吾當能之，亦能之。吾當能者，亦能者，後世子孫，復當能之，亦能之。誠深信其當能者之必成實能，有理之必可有氣，則罪責來者之念絕。吾之保民族以保文化之事，只當自行乎其不容已，且亦將信中國民族不亡，文教終能光大，而來者之必勝于今也。此蓋卽船山之所以兼言保歷史文化與保衞民族之義之故也。船山言保民族之言甚多，其辨有文化之華夏，與無文化之夷狄之別之言亦甚多。船山最痛心于宋明之亡，其所著之黃書之全書，皆論華夏求不亂于夷狄之立國建制之道。此書後序，客謂船山之此書，重「功力以爲固，法禁以爲措」，以保華夏。船山以懲于宋之亡于異族，原于不分兵民，北方無藩輔，故主保華夏，當「分兵民而專其制，列藩輔而制其用」。（黃書宰制五頁。）而宋之不列藩輔，亡于異族，則原于君主之私天下，專制而多猜忌，而忽夷夏之防。專制始于秦，由秦開之，而宋成之。唯「秦私天下而力克舉，宋私天下，而力自詘，致亡于夷狄」。故船山斥秦爲孤秦，宋爲陋宋。其責孤秦陋宋，卽著眼純在民族與文化之存亡，而不在朝代之更迭之故也。今試引黃書、中讀通鑑論宋論言宋之亡三段之言，以證其重民族大義，夷夏之辨，與保衞民族以保文化之意。

黃書原極後序曰：「人不能自畛以絕物，則天維裂矣；華夏不能自畛以絕夷，則地維裂矣……」又曰：「民之初生，自紀其羣，遠其害沴。……故仁以自愛其類，義以自制其倫。強幹自輔，所以凝黃中之絪縕也。今族類不能自固，而何仁義之云云也哉」。尚書引義五、周官立政曰：「仁以厚其類，則不私其權；義以正其紀，則不妄于授。保中夏于綱紀之中，交相勉以護人禽之別」。

讀通鑑論卷十四之言曰：

「天下之大防二，中國、夷狄也，君子、小人也，非本末有別，而先王強爲之防也。夷狄之與華夏，所生異地，其地異，其氣異矣。氣異而習異，習異而所知所行，蔑不異焉。乃于其中，亦自有貴賤焉。特地界分，天氣殊，而不可亂，亂則人極毀。華夏之生民，亦受其吞噬而憔悴。防之于早，所以定人極，而保人之生，因乎天也。……小人之亂君子，無殊於夷狄之亂華夏。……商賈者，于小人之類爲巧。…乃其氣恆與夷狄而相取，其質恆于夷狄而相得，故夷狄興而商賈貴。……夷狄資商賈而利，商賈恃夷狄而驕，而人道幾于永滅。」

船山之言夷狄華夏之當辨，及夷狄與商賈相因之義，今日讀之，猶足資啟發也。

至宋論之末段，則論中國歷代之患，皆在北方。故主匿武北方，中夏文化乃得其保。而宋以重文，自太祖趙普起，卽猜防武人之割據（卷一十五頁），故未能于邊塞置武臣爲之守，以致于亡。船山此段之文，爲其論史之最後一段，言簡意深，亦可具見其重保文化之深意。故節錄之于下：

「漢唐之亡，皆自亡也。宋亡則舉黃帝、堯、舜以來，道法相傳之天下而亡之也。（自亡者一家一姓之亡，唯如宋之亡，自亡而亡中國之文化，斯可傷痛也。）…古之言治者曰，覿文匿武，匿云者，非其銷之之謂也。藏之也固，用之也密，不待覿而自成其用之謂也。（此下卽言當匿武，以防北方邊塞之患，以保歷史文化。）……其外（指北方）之逐水草、工騎射、好戰樂殺、以睥睨中土者，地猶是地，人猶是族，自古迄今，豈有異哉。三代之治，千有餘歲，天子不以爲憂。其制之之道，無所考矣。自春秋以及戰國，中國自相爭戰；而燕趙獨以二國之力，控制北陲。秦人外應關東，而以餘力，獨捍西圉。……及秦滅燕代，併六合，率天下之力以防胡，而匈奴始大。漢竭力以禦之，而終莫之能抑。至于靈獻之世，……曹操起而撫之，鮮卑匈奴皆內徙焉。蜀吳不相聞也。晉兼三國而五胡競起。垂及于唐，突厥、奚、契丹，相仍內擾。及安史之亂，河北叛臣，各據數州之士，以抗天子；而薊雲之烽燧，不聞者百年。由此言之，合天下以求競而不競；控數州以匿武，而競莫加焉。則中國所以衞此覿文之區者，大略可知矣。……天子有道，守在四夷。言四裔之邊臣，各自守而不待天子之守之也。牽帥海內，以守非所自守之地，則漫不關情而自怠。奔走遠人，以戰非所習戰之方，則其力先竭而必頹。然而庸主具臣之謀，固必出于此者；事已迫則不容不疲中國以爭，難未形，則惟恐將帥之倚兵而侵上也。嗚呼，宋之所以裂天維，傾地紀，亂人羣，貽無窮之禍者，此而已矣。……孰令宋之失道，若斯之愚邪。天地之氣，五百餘年而必復。周亡而天下一，宋興而割據絕，後有起者，鑒于斯以立國，（言補宋之失道，匿武邊塞，以防北方之夷，而保衞民族也）庶有待乎？平其情，公其志，立其義；以奠其維；斯則繼軒轅大禹，而允爲天地之肖子也夫。」

船山之言中國之患自來在北方，即今讀之，尤茲啟發也。

## 八　後論

西洋哲學之主要概念有三，曰理性，曰意識，曰存在。存在有物質與生命之自然存在，有精神之存在。中國哲學之主要概念亦有三，曰理，曰心，曰氣。氣正兼攝自然之物質、生命、與人之精神之存在者也。心之知之所對者理，心之所託者氣。自發之知，恆以理爲的。反求之知，則更知知所依之心。知心者，心之自覺自悟。更行其所知，斯爲精神之氣。精神之氣之所觸與所欲運者，物質與生命之自然之氣也。故昭人與世界之律則，必尊吾理性；啟人生之覺悟，必喚醒吾心；而欲人文之化成乎天下，必資乎作氣。理之所尚，心之所往；心之所覺，氣之所作。三者固不可分。然理必昭于心之前，氣必繼于此心之後，則人固皆可反省而知之者也。夫然，故哲學必先論宇宙人性之理，而繼以求人生之覺悟，而終于論人文之化成。一人之哲學活動之歷程如是，而哲學史各時代之各大哲之哲學之發展相仍之迹，亦大體如是。以希臘哲學而言，則宇宙論時期之哲學，皆重顯宇宙之條理。蘇氏論善之所以重善之定義，亦重明理也。柏拉圖則言理而歸本于心矣。亞氏則重理之實現而重存在，重文化而論詩、論政矣。以近代西洋哲學言之，大陸哲學初期之理性主義，笛卡爾較重理，來布尼茲更重心。英之經驗主義者，洛克之以物之本體爲不可知，巴克來休謨之唯心論，亦皆更重主觀之心也。康德、菲希特、黑格耳承理性主義之潮流，以心統理，更言客觀之心，客觀之理。由康氏至黑氏，則康氏猶偏重于尊理性，菲希特則偏于言超越意識之心，黑格耳則特重理性之經意識而表現爲客觀精神與歷史文化矣。而以中國哲學言之，則先秦儒者，孔子立人道之綱紀，言仁言孝言禮，皆言理之當如是。孟子則善言心性矣。荀子則重以心化性，而知道行道，而成禮樂刑政之文化矣。漢儒之重文化而重氣，亦荀學之精神之流也。魏晉隋唐之佛學中，僧肇道生獨重言妙理。至于吉藏、智顗、玄奘、法藏、惠能，皆重心者也。律宗之重戒律持身、密宗之卽身成佛，與淨土宗重佛土之實在性，則重現實原則，重存在，而重氣者也。而以宋明理學之發展言之，則宋學之成于朱子，重張儒學之軌範，主以理爲生氣，重理者也。陽明良知之敎，重心者也。王學皆不喜理氣爲二之說，故于氣之重要性，亦不忽略，蓋心固通理而亦通氣者也。然在心上言氣，恒只是實現理，以成一人之德之氣，未必卽充內形外，曲成人文之氣也。宋明哲學中言功利者之一派，如永康永嘉之流，知重氣矣，然不重性與天道，言而無本；知法度食貨之爲治平之要，尙未必知禮樂之義之精微；卽未必識歷史文化之全體大用。宋明哲學上之旁流也。惟船山生于宋明理學極盛之時期之後，承數百年理學中之問題，入乎其中，出乎其外，于橫渠之重氣，獨有會于心。知實現此理此心于行事，以成人文之大盛者，必重此浩然之氣之塞乎兩間，而兩間之氣，亦卽皆所以實現此理者。則人道固貴，而天地亦尊；德義固貴，功利亦尊；心性固貴，才情亦尊。由是而宗教、禮、樂、政治、經濟之人文化成之歷史，並爲其所重。而人類之文化歷史者，亦卽此心此理之實現，而昭著于天地之間，而天地之氣之自示其天地之理、天地之心者也。故船山之能通過理與心以言氣，卽船山之所以眞能重氣，而能善引中發揮氣之觀念之各方面涵義，以說明歷史文化之形成者也。船山同時之黃梨洲，亦能言心言理且重氣，而善論歷史文化。顧亭林則言經史之學，以論歷史文化之學。蓋皆與船山同表現一時代之哲學精神。然梨洲于宋學之功不深，亭林則多言明儒之病。二人皆門生故舊滿天下，不免以交游之多，洩漏精神。唯船山則知明學之弊，亦能知宋學之長，獨窮老荒山，磅礴之思，一一見諸文字，而精光畢露，爲結束宋明之學之大哲，與黑格耳之綜合西方近代理性主義經驗主義之流相類。西方哲學自黑格耳之後，順黑格耳重現實原則而下之流，變爲馬克思之重生存、重物質。黃王以後之顏李戴之倫，亦重功利實用，重人欲之得遂。黑氏以後，西方學人乃喜言文化史哲學史。顧黃王以後，清儒皆重讀古人書、求古人之師說，考證遺編，皆此一流相接。然捨禮樂文化歷史而言生存，言物質，言功利實用，皆不免依人之生物本能說話。但知物質之爲存在，及人欲之爲氣，器物之爲氣，而不知精神之爲存在而亦爲氣，則其存在與氣之義，局狹而猥瑣。而西方學人之言文化史哲學史，自黑氏以後者，皆一事于客觀之鑽研。清儒之考證之學，亦不關自己心身家國事。以此觀黑氏與船山之言氣言存在，必重精神之存在，文化之存在，言歷史能扣緊民族精神之發展而言，以昭蘇國魂爲己任，則黑氏船山，夐乎尚已。而今之國人，承清儒重功利考證之學風，吸西方唯物思想之流，乃欲以船山儕于顏戴，下比于西方唯物論者，此則凌辱先哲，昧于哲學潮流之進退者也。雖然，言哲學之必極于言存在言氣者，勢也。勢不免不如是，理亦不免如是也。而言存在與氣，則易與人之生物本能所肯定之存在與氣之觀念相濫，亦勢之所難免，理之所難免也。如求免于濫，仍不如重言心與理，斯軌則可尋，而清明在躬；依生物本能之濫，無自而入焉。此又言哲學者之不能不重理、重心者也。然處今之世，逆流上溯，在西方欲救黑氏以下以唯物思想以言歷史文化者，蓋當由黑氏而上溯。而在中國則欲救清儒之失，不以考證遺編，苟裕民生爲已足，而欲建立國家民族文化之全體大用，則舍船山之精神，其誰與歸。

# 第二十六章　事勢之理在中國思想中之地位及三百年來之中國哲學中「道」之流行（上）

## 一　天理、性理、義理、與事功事勢之理及物理

吾論中國哲學中之道之流行，止于王船山。然船山至今已三百年，則人或有此道之流行，至船山而斷之印象。然此非吾意。吾此書之論，詳于宋明以前，而略于其後，乃意在矯當今論者，詳于此三百年之學之偏，以求學術思想之能多返本，而更大開新，乃不得不然。吾固謂中國哲學中之道之流行，綿延不斷，而慧命相續。然此三百年中之中國哲學之道之流行，何所進于宋明儒學中之道之流行，則甚難言，亦非我所能盡論。茲唯就我所見大方向略述，以袪讀吾書者或不免之印象。

此三百年之中國哲學思想，整個言之，自遠不如前此者之開人神智，而恒使人有平庸之感。然吾亦不能謂此三百年人皆如睡如夢，不學無術。大率此三百年之學，乃在求補宋明儒學之偏向。如以一語，言此偏向，則在宋明儒之偏詳于天理、性理、義理之當然之理，以成其盡人性成人格之內聖之

學；而忽于事理、勢理、物理，以成「人文化成于天下」之外王之事功之學。王船山之學，原較能兼重此二面，惜未能傳世。至此外學者，則又多偏向于明事理、勢理、物理，以成外王之事功之學，而略于宋明儒所詳之天理、性理、義理與內聖之學。此則三百年之學之求補偏，而入于另一偏，仍未得合于內聖外王之學之全也。然吾人依此對全之嚮往，以觀其偏，而納此三百年學術于宋明儒學，自周濂溪以降本太極而立人極、皇極之思想大流以觀，則亦仍當謂其有意無意向在此一全，並見中國哲學慧命未嘗不流行于其中也。

此上所言只是一總括之略述。若稍詳述，則三百年之學者之求補宋明儒學之偏，至如顏習齋、李塨、戴東原之反對宋明儒學，及後此之經學家之重漢唐之學，更及于先秦諸子之學，與今之重西方之學，其學風亦逐漸次第形成。蓋在明末清初，程朱陸王之學之流，固未嘗斷。黃梨州疑二溪等所傳之陽明之學，而倡史學、論政道，亦仍尊陽明。顧亭林斥王學，仍尊朱子。王船山斥王學，而返于張橫渠。是皆于宋明儒之學，各有其所宗也。自梨州、亭林、船山以降之學者，其疑宋明儒之學，足以修己立德，不足以治人成事功者，其源亦甚遠。如王陽明之弟子黃綰，湛甘泉之弟子唐仁卿，卽嘗謂言良知心性之學者，不能達用，而其人亦未必爲君子。由此上溯，則南宋之永康永嘉之學，卽不以朱子所定顏、曾、思、孟之內聖之學之道統爲然。並以朱子之只言三代聖王之政，而全斥漢唐之事功爲非是，遂重經世致用之學。再上溯至北宋，則宋元學案後所附述王荊公之新學，正爲重事功者。其所附述之蘇氏學，則爲重事勢之理者。再由此上溯至漢唐之儒者，如賈誼、董仲舒、王通、及韓愈，亦皆志在以其學爲當世之用者。由此更直溯至先秦儒者，則孔子嘗大稱管仲之事功。孔子弟子，今本論語謂有四科之分。其中除德行科之顏淵、與其後之曾子之外，亦有言語、政事、文學之科。其中文學之科之子游子夏之學，能言禮樂而傳經，爲漢人經學之傳之所自出。言語科之子貢，則能貨殖交際，而恆以博施濟眾爲念。孔子家語謂孔子嘗言，自吾門有賜，而門人日親。史記仲尼弟子列傳謂子貢一出，而存魯、亂齊、破吳、強晉，而霸越。此固未必得其實，然子貢固有事功之才者也。而孔子之再傳弟子，如吳起、段干木，荀子之弟子李斯、韓非，固急于用世，而失儒學之傳。然亦由孔門之學，原有重其學爲當世之用而來者也。至于由孔子之學，更上溯至中國之學術文化之本源，則所謂二帝三王之業，明皆在平水土、建邦國、樹禮樂、成風敎之種種事功。故葉適之以皇極之三德、八政、九疇，爲中國原始之道統所在；顏習齋之以周禮之格六德、六行、六藝之三物，言格物之本義，亦不能謂其全無當于中國學術文化之原始也。則三百年來之學者，疑于宋明儒之詳于天理、性理、義理，而忽事理、勢理、物理，重內聖之學，而忽事功之學，其源亦甚遠；而可直溯至其對孔門之學，與中國學術文化之本源之契會，而亦初未嘗離此本源中之道者也。

然謂此三百年之學者，疑于宋明儒之忽事功之學，亦未離于此本源中之道是一事，至其所疑是否皆當，又是一事。吾人固可謂中國學術文化之本源中之道，初只表現于平水土、建邦國、樹禮樂、成風敎之立皇極、格三物之事。然此道之流行，則固不止于此，亦不當止于此。孔子之言仁道、顏曾思孟之言內聖之學，以及于性與天道，正是爲此立皇極、格三物之事，奠立內聖之根據，爲其事功之可能的基礎。無此根據與基礎，則事功亦終不能長保。此則由漢唐之國力之盛，而終致衰亡，足以證之。由此而有宋明儒之起，以更發明此顏曾思孟之內聖之學、性與天道之義爲己任，其志固正在建天下長治久安之基，立千年之人極也。如爲後之宋明儒學之宗師之周濂溪，同時以「學顏子之所學」，與「志伊尹之所志」並言，固不可謂其輕事功也。至葉適所重之皇極，則在宋蓋始于邵康節之皇極經世之書。以生活形態而論，邵康節乃最無經世之業，而一生若無所事事者。然其書，仍名曰皇極經世，則正見宋明儒者，雖極無所事事，亦不忘經世也。至于此外之張橫渠，則原有志于兵，其正蒙亦兼言治道。其理窟一書，更專論治道。橫渠亦兼以爲往聖繼絕學、爲萬世開太平自任。藍田呂氏，亦措橫渠之學于治鄉里之事。橫渠又特以關心當世之事稱程明道。伊川朱子之一生，自是講學之功多，然亦有其治事之績。陸象山兄弟能治其宗族，以爲世範。王陽明能治兵平亂。皆非不能治事者也。唯王學之徒，如王龍溪一生，幾唯以講學爲事；羅近溪爲宰令，人或議其脫略事爲；李卓吾乃以著書放言高論爲事，而開晚明「無事袖手談心性」之風。王學乃爲亭林船山所深惡痛絕。然謂宋明儒者由周張至程朱陸王言心性之學，全不志在事功，不能治事，有內聖之學，全無外王之學，則非也。

然由船山、亭林以降之三百年之學，疑宋明儒之學之有所偏向者，又仍可更有說。此卽宋明儒者雖亦志在事功，並能治事，然未必于其所講之學中，言事功與治事之道；而後之學者，亦不重其事功與治事之道。如以王陽明而論，固能治事。然其傳習錄所記之言，則只及致良知之學，無一語及于如何立事功與治事之道。今存王陽明全集，除傳習錄三卷及若干論學之書信及文外，大部爲與其所治之事有關之文。然試問于此諸文，今治王學者，有幾人加以注意？吾亦于此不加以注意之一人也。蓋皆意謂陽明學之精華，不在此也。今吾人之論張程朱陸之學，亦同不重關于其如何應世治事之文也。此固由凡此有關諸賢應世治事之文，時易境遷，則後人更無興趣。然亦由吾人之意謂：論此諸賢之學，不須更言其如何治事之道，此治事之道，原非其講學之精華所在也。由宋明儒者所講之學之精華，不在治事之道，而後人或謂能知天理、性理、義理，以正心誠意，致得良知，則自能治事立功，更不須別論事勢事功之理，及與事相關之物理。此則成一學術之偏向。此中之事勢事功之理與物理，是否不當別有種種學術，以分別知之，亦原是一哲學思想中當有之問題。宋明儒者之于此所論，亦正有未盡處。此卽三百年來之疑及宋明儒學非儒學之全，或非儒學之眞，其自覺或不自覺之根本理由所在也。

此三百年來學者之疑宋明儒學非儒學之全、或非儒學之眞，其所自覺、或不自覺之根本理由，上謂在其疑宋明儒學未將事勢、事功之理、物理，納之于學術之中。此則初不始于船山、亭林以降之學者，而實始于宋之言事勢、事功之理之學者。如北宋之王安石、蘇氏父子，及永康、永嘉之諸儒。

此中之根本問題，則在事勢事功之理以及物理等，是否有獨立之于宋明儒者所重言之天理、義理、性理以外的意義。如其無獨立的意義，則人能知天理義理性理，以有其正心誠意致其良知之學，便能成得事功。則事功之學不須另講，而人之學問亦未爲不足。然如其有獨立的意義，則人徒講此正心誠意致得良知之學，卽未必能致得事功，而事功之學，便必須成一相對獨立之學，而後更可合此正心誠意致良知之學，以爲儒學之全。然吾人固有理由以謂此事勢事功之理、以及物理等，對宋明儒者所重言之天理、義理、性理，有一相對獨立之意義。由北宋之王安石、蘇氏父子至南宋之永康永嘉之學，以及明末之船山、亭林、梨洲，淸代之顏習齋、戴東原等，則正皆有見于此事勢、事功之理與物理等，有此相對之獨立意義，而知于宋明儒所尙之學外，當另有一學術思想之方向，以補其所不足者也。唯其矯偏或又過正，而或不免倂宋明儒者之長，而並棄之耳。

## 二　中國學術中重事勢之思想之傳與北宋學者之言事勢之理

此重事勢之理與物理之中國學術思想之傳，原在昔之道家、墨家、縱橫家、法家、陰陽家之流。儒家之孔子于人所遭遇之事物，其勢有必至、理有固然者，固知之，而統之于命之一概念之下。故學者所當爲者，乃是于命之所在，見義之所存，以行其義；而畏天命、知命、俟命。孟子雖言「雖有智慧，不如乘勢，雖有鎡基，不如待時」，亦是乘勢待時，以行其義所當然，以盡性而立命。先重在明義理之所當然，既行義亦知命，固儒家之傳統也。然在墨子，則重行義而非命，以改造時勢自任，而墨家之流至于墨辯，亦能明物理。至于道家之安命任命，則由知事物之理，積而成勢者，有其自然、必然之運，不必皆合于義理之當然，亦不可挽而不可變，故或返而求自潔其身，自求其眞，以寄情游心于高遠。在道家之流中，如田駢、愼到、彭蒙之倫，皆欲因勢順應以爲功；而老子之言政，重無爲以成其無不爲，亦因任人心民情之勢，以爲帝王之道。縱橫家與法家之流，則皆善窺人情之好惡利害之機勢，與今昔時勢之異，以求自用于世，以成其個人之富貴或功業，而更可全不顧其是否合乎義理之當然者也。然儒家之孟子，則視其時之公孫衍、張儀之縱橫之流，不問義與不義，而徒以迎合時君世主之心，以趨時附勢者，爲妾婦之道。荀子于士之只知勢利之所在者，視爲小人或俗儒之以其學求衣食者。後儒于法家之李斯、韓非，則責其刻薄寡恩，不合爲政之公義。然此儒者所責之人，亦皆是于人情之好惡利害之機勢之所必至，而理有所固然者，審之甚熟，然後能成其富貴功名于當世。以此類之人，觀儒者之必「進以禮、退以義」，不枉尺而直尋、不違道以阿世，則皆迂儒不知時變，亦不知事勢之理者也。此儒者之守道抱義者，恆困于時勢；而因時乘勢，以成其富貴功名之業者，其行又恆違于道義，則爲漢世史家之司馬遷之所嘆。伯夷叔齊之餓死，仲尼之菜色于陳蔡，其不同于騶衍、張儀、蘇秦之得意于當時，卽守道抱義者與因時乘勢者之別也。故史記于仲尼之學，能傳于後世，只列之世家，而不以之與因時勢取天下之帝王同列。漢世儒者，乃謂孔子之道雖不行當世，而能爲漢世制法，欲通其經、致其用于當世。董仲舒則有因漢之革秦，更一新世運之想，而說漢武帝以變法改制之道，得少試儒學于興學立教之事。漢儒之言通經致用者尙多，亦未嘗不對政治時風，有若干之影響。然自漢歷唐之君主，能本儒學之傳，以正心誠意，行義達道于天下者，則未有聞。蓋皆私有天下于一姓，以求保其帝王之業者耳。爲儒業者，自傳經博古；主時政者，自因勢行權。二者不能相互爲用。玄學之徒，則淸談妙理，以自逸于一室之內。佛家之徒，則視爲此五濁惡世之所必然，而觀一切法之畢竟空，以求出三界。此皆同不能立皇極人極于當世。此卽朱子所謂漢唐之世之人，望道未見，仍是牽補過日也。

宋歷五代之亂，而有儒學之復興，舍佛老之空虛，斥申韓之刻薄，亦不屑爲曲學以阿世取容，是爲宋世儒學共同之方向。此非漢唐傳經之儒之所及。自宋初之三先生之講學，歐陽修爲五代史，斥馮道之鄉愿之行。范文正之爲秀才時，卽以天下爲己任。而繼起之宋代儒者，大皆能有爲有守。而所謂爲宋明之理學之儒者，則更求探義理之源，于性與天道之精微，以成其內聖之學；更志在由明明德于天下，以開萬世太平，立千年人極之業。然此義理性理與天理，與事功事勢之理、物理，當分別各有其學以通之，則此理學家之儒者，未必皆能灼見其故。于是爲宋明理學之學者，與世之重事勢之理與物理之學者，仍相對峙而不能相下。爲理學者斥言事勢之理與物理之學者爲功利之學、逐物之學，而重此事勢之理與物理之學者，則疑理學家之學爲持論太高，空虛無用，雖斥佛老，終不免鄰于佛老。今分而觀之，則吾書既已述宋明理學家之學，亦當于宋明至清之能言事功事勢物理之學者之所見，足補理學家之流之所見者，畢竟在何處，亦略加以說明。

在中國學術中，重事功事勢之理，以及成此事勢之人情物理者，乃屬史學之流。宋學之初，有經史之學。歐陽修、司馬光皆以史學名世；而王安石及蘇氏，則初出歐陽修之門。此事勢之理，乃「事事之相續，以由微而著，輾轉增上，以成一勢，以至積重難返，而不極不止」之理。此在個人主觀者，爲一人之情感習慣之勢。此可由個人之正心誠意之內聖之學以化之。其在客觀社會與天下者，則爲一代之人心之好惡利害之情之所趨向，更互相習染，積爲風尙，形爲種種政治社會經濟禮俗之制度習慣，而見于歷史世運時勢之中，亦爲個人之命運所在者。此則非個人或少數人之正心誠意之功，所能加以轉移。若望敎澤流行，至于董仲舒所謂「人人有士君子之行」，皆能正心誠意，以存治去亂，則河清難俟，亦只爲人在內心中所存之一至高之理想。當宋世之外脅于邊疆之患，內苦于民窮財盡之時，人亦不能不求直下有一事功之學，以建制立法，轉移世運。此卽王安石之學之所以亟亟于欲致君堯舜上，以立新政、倡新學也。歷史由世運之積勢而成，宜須以雷厲風行之勢以轉之。故王安石亦不免奮之以意氣，以求其新政之推行。此則意在造新勢以易舊勢，其志固伊尹之志；而不同于昔縱橫法家之徒，及曲學阿世，以儒爲名而實鄉愿者，只欲因利乘便，順勢、因勢，以成其個人之富貴功名之業者也。安石之欲以新政變舊俗，其事亦有難于昔之如管仲之治齊，因齊地之俗之所利便，以成其功者。安石自是一政治上之理想主義，而又亟欲加以實現于當世，以求造時勢而救天下者。此固非漢之傳經之儒所能及，而遙契于孔孟之欲及身而平治天下之精神者也。

然安石之學，知以新政變舊俗、造新勢之必要，而又爲當時之其他並世而生之賢智之士，如司馬光、蘇洵、蘇軾，以及爲理學之二程之所反對。此諸人之所以反對安石之政，其理由蓋各不同。大約司馬光亦治史，而趨于保守。此蓋由其治史而有見于勢之成者不可驟變之故。此勢之不能驟變，亦是勢之理。蘇氏父子之學，則善以人情觀史勢。故蘇洵謂安石之爲人，不近人情，其雷厲風行，亦不近人情，而終不能有其成功。蘇氏之學，固亦宗儒。然觀蘇洵之爲史論，善以人情之好惡利害之機勢，揣測古人之情境，而居千載之後，代爲劃策，其文亦不脫策士氣。然善觀此機勢，亦是有所見于事勢之所自始之理。此蘇洵之學，乃兼出于縱橫家與道家。至于蘇軾尤聰明蓋世，亦能爲史論，而縱橫家之色彩稍輕，道家之色彩爲重。其意蓋謂天下之治平，要在使天下無事，而王荊公之多事，則不如少事。如蘇軾任俠論，嘗謂天下之亂，由爲天民之秀傑之智、勇、辯、力之士，不得其養，遂爲造亂之人。今能使此智、勇、辯、力之少數人士，皆得其養，則天下自治。此乃老子之「爲難于易」，以求事少而功多之旨。此亦由其有所見于「易足治難，少足致多」之事勢之理。又如蘇軾大臣論，論君子與小人爭而求勝之之道，不在君子之嫉惡如仇，而在知「小人爲君子所疾惡，則其謀不得不深，其交不得不合；交合而謀深，則其致毒也，忿戾而不可解」。故君子之智者，所以待小人之道，在「內以自固其君子之交，而厚集其勢；外以陽浮，而不逆小人之意，以待其間。寬之使不吾疾，狃之使不吾慮；啖之以利，以昏其智；順適其意，以殺其怒」。蓋「小人急之則合，寬之則散，是從古以然也。見利不能不爭，見患不能不避，無信不能不相詐，無禮不能不相瀆。是故其交易間，其黨易破也」。此謂小人「急之則合，寬之則散」，故君子與小人爭，當「寬之使不吾疾」，卽深知小人之情與其聚散之勢，言君子之當以道家之寬，以勝小人之道也。大率蘇軾之論事勢之理，皆類此。其欲求事少而功多，乃近道家。故其言治，亦不以王安石作鉅大改革爲然。然其重「勢之行」，則與安石無異也。

至于二程之不契于安石者，則又不同。蓋二程初非反對政治上之改革。其不契于安石者，則初在安石之意氣太盛，固執己見。故明道嘗謂安石當平氣，以聽其言。此則意謂安石之內心之涵養不足，無內聖之學，故終必由拗執以僨事。二程之不契于安石，則要在本其義理之學爲標準，以爲評論。此又大殊于司馬光、蘇氏，各本其對事勢之見之不同，而與安石成政敵者也。

北宋王安石之新政既敗，而朝廷之積弱之勢已成。金人乃揮兵南下，而運移于南宋。對此安石之新政之所以敗，史家議論不一。或謂其新政原不足以成改革之業，其新學亦多荒唐；或謂其新政初未嘗不是，唯用人不得其當，行其政者多爲小人；或謂若當世之賢者，皆共助成其新政，則亦將不終致敗壞。然此皆同本勢理爲議論。謂之原不足成改革之業者，固是謂其實不應合于時勢；謂其政是而行之非其人，不得當世之賢者之助成之力而事敗，亦皆自勢之必至爲論者也。安石固欲以新政造時勢，然造時勢之事，亦或不合于時勢，或壞于小人之勢，或扼于君子之勢，皆勢也。事以勢成，亦以勢敗，則勢又何常之有？然勢固成敗之關鍵所在也。

## 三　永嘉永康之學與事勢事功之理

南宋爲理學之儒者，如朱子陸象山等皆上承周程之學。象山固稱安石，朱子亦以新政之敗，非安石一人之咎。象山爲學，自謂在人情、物理、事勢上用功。朱子論史，亦深觀事勢之所以成之故。然象山之教人，要以發明本心卽理之義爲主，朱子亦教人先讀經後讀史，于義理本原，先見得明，而以格物窮理誠意正心之內聖之學爲本。朱陸皆同以天下大勢，係于人心之所向，人心果皆向在義理而得正，則興學與教，固足以興政，而義理亦足以造勢也。然南宋之永康、永嘉之人，仍以承周程之傳之朱陸之學爲未足，則又不同北宋之王安石之提出一套新政、與司馬光之保守、蘇氏之學求事少而功多者。此永康永嘉之學，據宋元學案皆遙承宋初三先生之傳，亦有淵源于二程之學者。此諸人皆念在家國，其立身行己與論學，于儒者之重仁義之教，亦初未有違。唯意謂欲立事功、移國運、變時勢，除程朱所倡之心性義理之學外，當另有一經國濟民之事功之學而已。

此永嘉之學，始于薛季宣，更有葉適與陳傅良。永康之學者，則有陳同甫。此永康、永嘉之學皆重古今之事勢。如葉適水心集法度總論，謂古今之法度皆所以維持天下之勢。其上西府書，謂「古之所謂英雄豪傑，必能見天下之勢。故能因人之未定，以收其權；因天下之不足，以成其功。」讀三國志謂「天下之治亂有候而盛衰有機」，故有治勢三篇之著。此重觀事勢，原與朱子之友呂祖謙爲近。然永嘉永康之人，則更重其學之爲當今之用，則不同于呂祖謙之承中原文獻之傳，以論述舊史爲事者。此中之葉適、陳亮，對程朱皆具敬意。時林栗劾朱子之講學，而葉適爲疏，力爲朱子所講之學辯。陳亮亦謂本朝伊洛諸公，辨析天理人欲，而王覇義利之說，于是大明。又謂「研窮于義理之精微，辨析古今之同異，原心于秒忽，較理于方寸，以積累爲工，以涵養爲正，睟面盎背，則亮于諸儒，誠有愧焉」。此即自謂于此心此理之學，自愧其不及程朱諸儒也。是見永嘉永康之徒，皆對程朱之理學，原具敬意。其對程朱之學，所視爲不足者，則別有在也。

此葉適之不足于宋明程朱之理學之傳之意，見于其習學記言之書，及其他之文者，蓋由朱子中庸之序言「道統之傳，由堯舜禹之以人心惟危，道心惟微之心法相傳，至孔子而有顏曾思孟之傳」爲道統所存而引起。在葉適之意，孔門之學，不當限于「重吾日三省吾身」，作內心之自修之曾子一脈。此外之子貢之重博施濟衆等，亦同爲孔子之學。孔子之學亦不限于大學中庸與孟子之學。堯舜禹相傳之道，其表現于治曆、明時、平水土、建制設官、利用厚生之實事者，爲洪範之所謂皇極之義所總括。孔子之一貫之道，亦不當限于曾子所言之以忠恕存心。今程朱只重在心性之學之精微，乃意在明儒家亦自有足與佛老之論相抗者。而不知其講學偏在內心，遂不將事功之學，放在學術之內，其學卽勢有同于佛老之重內遺外，明體而不能達于用者。故葉適之論儒學，必講官制、財賦、兵法……之種種經國濟民之學。此與由今存朱子語類之書，觀朱子之講學之言，十之七八皆只及四書與宋五子之理學之傳者，固顯有不同。今觀葉適之論，亦非無其所見。蓋孔子之學原重及身行道，而有達用于當今之一面。故顏淵雖學在「不遷怒、不貳過」，亦嘗問爲邦。于仲弓，則孔子謂其可使南面，而顏淵仲弓，則皆在孔門之德行科者也。陸象山亦嘗謂自顏子歿而孔子之事業無傳，亦深嘆之也。至於四科中之言語、政事之科，更皆明重在當今之用。由孔子稱管仲之功，則子貢之求博施濟眾，亦自爲承孔子之學者。唯子貢之學之內心之功，不及顏曾仲弓耳。此則吾于論孔子之學時已及之。則孔子之一貫之道，雖可始于曾子所謂以忠恕存心，固不當止于此。而堯舜禹之道，亦不能以人心道心之四句之言盡之。蓋自歷史而觀，中國文化之初成，固原在治曆、明時、平水土、建制設官之利用厚生之事，對內心之反省之學，乃爲後出。尙書開始之人心道心四句，亦出僞古文尙書，堯舜禹亦原未嘗以此心法相傳也。今葉適之言二帝三王之道，表現于立皇極，亦更合于歷史之眞。此亦本書之導言所論及者也。

此中葉適之論之缺點，乃在其不知由二帝三王之只有立皇極之道，至孔子言仁，而以忠恕存心等，正爲此皇極之道之進一步之發展。則顏曾思孟當爲孔子之正脈所存，而子貢、子游、子夏，則不足以當之。故葉適以其言補朱子之道統之論之所不足則可；欲以其言廢朱子之論，而唯言皇極，更不言此顏曾思孟之心性之學，欲以其皇極之道統，廢宋之程朱諸儒言心性之學，上承太極立人極之論，則不可。皇極之一極，固不足盡濂溪至朱子之太極、人極之二極也。然今觀葉適習學記言之文，則不免此偏差。唯由其爲林栗之劾朱子之講學之事辯一文觀之，則又見葉適亦未嘗以朱子所講之學爲非是。蓋亦唯意朱子之道統限在顏曾思孟之心性之學，亦忽二帝三王之立皇極之經國濟民之學，故特標此皇極之義，並言孔子之一貫，不必限于以忠恕存心之曾子之學，以補朱子論學之所不足耳。此則又未爲非是也。

至于陳亮與朱子之辯漢唐之政，則由不滿于朱子言漢唐之政，純爲牽補過日之論。陳亮謂不當以漢唐之千餘年中，人「有眼皆盲」，漢唐之政能立功，而德亦當見于功。故不可于漢唐之政功，只存卑視之心。今欲建功立業，亦當有正心誠意以外，如「堂堂之陣、正正之旗」，以鼓舞羣倫之學。陳亮謂在漢唐千餘年中，非有眼皆盲，及其許漢唐之功，亦原非不可說。漢唐之功之成，自有其所以成功之理。則今欲建功立業，即不取漢唐之帝王之心，亦當取其所以能成功之理。以王道之仁義存心，而以覇道之功業爲用，亦正所以成其時之復興之業，以北定中原者。此陳亮之旨，皆不可非。吾原道篇一書專論義理，亦同不謂漢唐之世有眼皆盲，而嘗論漢世儒者，亦能建立種種順天應時之道等；又嘗論魏晉之世，人能明玄理，成文學藝術之道；隋唐之爲佛者，亦能立佛道。此亦卽謂道無不流行之時，人之慧眼無盡盲之日，盲于此則不盲于彼；故亦不以漢唐只爲道喪之日。吾之所言與陳亮之所言者雖不同，然其不以漢唐之千餘年間，有眼皆盲則一也。

觀宋代理學家之起，周張二程初自謂乃承洙泗之絕學，故必跨越漢唐，以提高眼孔。此在宋學之初起之時則可。朱子推尊周程之學，而謂其學邁越漢唐亦可。然後人繼之而雷同附和，謂道之晦盲否塞，至千餘年，此千餘年人有眼皆盲；則無異謂此道全無力以自見，千餘年之人心，皆無其智慧之表現。此則不能深信道之有力，亦對千餘年之人心，鄙夷過甚。持論過高，卽成刻薄。乃使古今歷史中間隔斷，古今人之慧命，不見其承先啓後以流行。凡論史之道，于密接之前代，雖可評其所不足，以便開新；然亦當惡而知其美，就前代之事之足爲當世之法者，肯定其價值，以爲開今日之新之所據。則陳亮之不同于宋代理學家之只高言二帝三王之政，而不輕視此漢唐之功業，其持論，固更爲弘通。後之王船山論史，亦同不于此漢唐之政，一概加以鄙夷，亦正承此義而說。吾人固不可如後之王懋竑之朱子年譜等之說，于凡與朱子辯者，皆一一斥之爲異學，而謂此永康陳亮、與永嘉葉適之所論，皆一無是處也。

## 四　陽明之學與東林及劉蕺山之學之限制

明代之王陽明之學言致良知，原重致當下之是是非非之良知于事事物物。故不重法古，而重知今日之此時此地之事物，以致其良知。人能知此事物，則賴知識。陽明雖不重以有此知識為教，然陽明自有此知識，方能成就事業。而聞其致良知之教者，如先有對事物之知識，更致良知，以知行合一，亦必能成就事業。陽明學派中之泰州學派之人，多身處民間，又重格身、家、社會之物。如何心隱、顏山農之徒，皆行帶游俠，欲卽其宗族朋友之交，以成社會之事業，亦以此而見惡于當國之人。然學者若徒講此致良知與知行合一之義，卻又可使人只騰為口說，更知而不行。蓋人在其講此知行合一之義時，固可生一大幻覺，而意此知與行，並在所講所知之中，而皆已當下具足，卽可更只講說而不行也。此卽成清談良知之學之王學末流之弊。又此致良知之學，在陽明，乃重在致良知之是是非非，于吾人之內心之意念之善惡之事。然其中自亦包括致此良知之是是非非，于他人之言行之善惡之事，以評論古今人物。故當此良知之學，既為天下人所客觀的講述時，則人必重此對古今人物之評論，並互是非其所評論。此則如李卓吾之以其是非，更是非天下人與昔人之是非，而著書不已也。然此人之以其一人之是非，是非天下人之是非，更為後之聞其言者之所是非，則使良知之是非之事，全客觀化，而外在化，而成為無定之是非。此卽徒使人厭棄此所謂本良知而為之是非之論。此乃吾前文之所論及。吾前文已謂東林之學者懲王學之弊，而重先止善，然後為是非，並重格物以求其應物之是非之得當。此固意在矯此王學之弊。然此善未易明，而人之格物之功，亦容有未至。則亟于本所知之他人之言行之善惡，以爲是非者，仍可傷于矯激，而不得是非之正。于是當時人之是非，遂轉而還議及東林；而東林所爲之是非，亦不能定天下之是非。至劉蕺山之言聖學，遂反而唯重自修作聖之功，更以東林之重對他人之善惡之是非，將入于申韓之刻薄，而不謂然。此固足以矯東林之弊矣。然蕺山之學唯重在自修作聖之功，其人譜之歸于「敦大倫以凝道，備百行以考旋」者，仍屬個人修身之事。蕺山本其作聖之學，而從容殉難，固能成己。然于天下國族之興亡之勢，仍無能爲力。此又見事勢之自有所必至，自有其理所固然，非蕺山之爲義理、天理，性理之學所能挽者也。

此世間之事勢有其所必至，非人力所能挽，卽人之命運之所存。儒者于此卽命見義，以行義，而自盡性以立命，外此無所能爲。然任何人于事勢之所必至者，亦同不能挽，而外此亦同不能更有所爲。儒者于此，能卽命見義，乃至殉道而死，以盡性立命，至少可貞人道于永恆。則于儒者之對天下事勢，不能更有所爲者，亦可不加以苛責。唯以講學而言，則人之平日所講之學，是否其中亦包括求端正天下之事勢之學，則與學術之偏全有關。如嘗講求此端正天下之事勢之學，則雖至事勢不可挽回之際，只有行義而殉道而死；人亦可對其平日所講之學，無愧于心。東林之賢者與劉蕺山之平日，固亦嘗講求挽回事勢之學，則其殉道而死，固可無愧于心也。然後之學者于東林與劉蕺山，唯重言其所以成其行義殉道之事之自修作聖之學，而不兼先別求一端正天下之事勢之學于平日，並知此學亦有相對之獨立之意義，則其學術之方向，仍有所偏，而其爲學之志，亦初不能無愧歉于心矣。

# 第二十七章　事勢之理在中國思想中之地位及三百年來中國哲學中之道之流行（下）

## 五　明末之經史經濟等實學中之哲學涵義

由上文所述以觀，明末之黃梨洲、王船山、顧亭林，于理學之外，更倡經史之學、經濟之學，及顧亭林、王船山之非斥王學之論，卽可說由于一對前此之學術之大反省而致。蓋當天下事勢已成，而不可挽，固更無人可奈之何。然正學術之方向，于勢未成之先，則人力所能爲。依亭林、船山之意，以觀陽明之只言致良知，則自始偏在內而遺外。陽明雖自能立功，而不將此事功之學，列于其所講之學之內，仍是學術有偏。陽明固亦言致良知乃合內外之事，卽攝格物之義。後王門之泰州、東林與蕺山，更明重格物，以補單言良知之偏。則在原則上，于陽明與王學之流，亦不可以重內遺外責之。然此中之學術之事，尚非只是一原則性的說「合內外」、或兼說「致知與格物」者所可了。言格物必須格種種之物，並致其種種之知，以實成對種種人情、種種物理、種種事勢之客觀知識，然後能因人情物理事勢，以成功業，而端正天下事勢之變化之方向。此固非只說一原則性的「合內外」，或「致知格物」所能了。只有此原則性之說，仍只是一好聽的話頭，空虛之道理，而不同于依具體之人情、物理事勢，而論之經史、經濟、及其他格物致知之實學者也。

此所謂經史、經濟、及其他之格物致知之實學，可依其特性分爲類，而類下更有種別，以下底具體之事物者。故其學問進行之方向，則與由下而上，以約歸于一統體性之天理、性理或義理者，自是不同。今可說此種種之實學，亦卽今所謂史學、文學、社會或自然之科學，而超出吾人所謂哲學之外者。然言此實學之重要性與價值，與上所謂此實學之某種，乃依某一學術思想方向而成，當如何培養形成此一種學術思想，則此亦屬哲學之內之一統體的說話。然此統體的說話，則與以天理、性理、義理，而作之統體的說話者，又不同，而其爲哲學的說話亦不同者也。

如以史學而論，其所研治者，乃古今之事勢之變。此一一古今之事勢固史學所考察之內。然謂史學之思想方向，在于事勢之理，則此一言屬于哲學。此中之事勢之理，亦表一哲學的概念。畢竟事勢之理，是否與性理、天理、義理，有相對獨立之意義，其爲理之意義如何等，卽一哲學問題。凡在理學以外之學，由北宋之王安石、蘇氏，至南宋之永康、永嘉，以至顧黃王及淸之顏元、李塨、戴東原等，則同以一切客觀之事勢，以及一切客觀之物，皆可謂有一獨立于當然之義理、內心之性理、或形上之天理外之一獨立意義者。而此亦卽諸人之哲學所同也。

依上所述，以觀顧、黃、王及清代之不屬宋明理學之流之思想家之哲學，則見此諸人對客觀之事勢之理與物理，亦各有其所特重之義，有可加以分別略加指出者。

一、如以王船山而論，則吾人前論王船山之學，已述其重「卽器言道，卽勢之所往見理」之趨向，故言「有卽事以窮理，毋立理以限事」（語見續春秋左氏傳博議下）。此要皆自客觀事勢、器物之理而言。船山亦以此而最善論種種人文之理，歷史之變，並言因世事之勢，以轉勢，建立安固天下之形勢之道，後之學者莫能及。如前文論船山學所已詳述。故今不再贅。

二、如以黃梨洲而論，則梨洲爲明儒學案之學術史，重各家學術之特性，而不如孫奇逢、周海門之爲理學宗傳、聖學宗傳之書，意在歸宗于一同者。此卽客觀的學術史之態度。後萬氏兄弟之修明史，亦謂依梨洲之史法。由此而開清代之史學之風。明史重列傳、重人物。此與船山論史，重歷史之事變之勢者，略不同。船山論安固天下之道，重邊塞之防，而主匿武于四方。梨州論政，則重內政之制度，謂三代有法，後世無法，言君德，重相權，謂明政之敗，自高皇帝廢宰相制度始。其明夷待訪錄一書，所言之政治制度，世之學者類能道之。然吾尤特重其言：仿周之鄉校，以學校爲議政之所之說。此乃意在使學者本學術之議論，影響及于現實政治；亦使本學術之議論，限在學校，而不致成處士橫議，如王學末流之任情爲是非；又使議論時政之事，在學校之制度之內，而得其保障，不致如東林之士之議論朝政者之慘遭殺戮。此梨洲之學校，正無異兼爲近代西方之議院，爲民主政治之基石。故其涵義最爲廣遠。故今特標而出之。其餘，亦不贅述。

三、至于顧亭林之日知錄、天下郡國利病書等，則皆唯就史事、地理、民物爲述。不同船山、梨洲之各有一套對史理政理之議論。此卽意在博學于文，藏說理于述事。觀亭林所述之事，則知其乃意謂天下安固之道，在地方鄉里之自治，在善良風俗之形成。故其述歷史之變，亦重在觀風俗隆窳之變遷。本此以言春秋及戰國之禮教之盛衰，及東漢之風俗之美，而敗壞于曹魏等。故潘耒爲日知錄序，既言其書「于凡經義、史學、官方、吏治、財賦、典禮、輿地、藝文之屬，一一疏通其源流」，更特言其「歎禮教之衰遲，傷風俗之頹敗；則古稱先，規切時弊，尤爲深切著明」。亭林之天下郡國利病書，述各地之山川民風物產，則開後之人文地理之學。其旨則亦在謂天下之安固之道，在因地之宜，以興利除弊，而不在只求集事權于朝廷與一君，以成其寓封建于郡縣之政，其旨皆極宏遠。

四、明末清初之儒者，除顧黃王以外，如關中之李二曲、河北之孫夏峯，在當時與黃梨洲，並稱三大儒（據全祖望李中孚窆石文）。二曲、夏峯、與南方陸桴亭、張楊園講宋明理學，皆重反身之受用。二曲四書反身錄尤語語切己。桴亭思辯錄，更多及治道。楊園有補農書之著。皆不同王學末流之清談良知、空爲議論者。除顧黃王之重史理、政理、地理之外，則博物之學，亦興于此時。耶穌教士傳西方之天文、曆法、物理之學于中國，亦正與中國學術思想之流，由反虛入實，由重客觀之史理、政理、地理，至重種種萬物之理，加以分別研治之趨向，互相湊泊。如楊升菴等之爲博物之學，尚多只出于求博聞廣記之意。宋應星之天工開物，則科學技術之專著。至方以智之以研幾、質測言物理，則構想與觀察實驗之法並重，而無異西方之物理科學之論矣。對此晚明之物理之學，乃專家之學，今不擬多及。

五、明末清初之流行於社會民間之思想，尚有一種爲昔所未有。此雖不關于專門高深之學術，然以其深入民間，亦不可不一提。此亦足見明末清初之思想，重客觀之事勢之理之趨向者。此即由袁了凡之功過格，至清初周安士全書所代表之善書思想。明末清初流行之此類善書，據一日本學者之研究，不下數十種。此諸善書，乃將一切道德教訓格言化，以便人之客觀的把握，有類呂坤之呻吟語，洪自誠之菜根譚。然由袁了凡至周安士之思想，要在就人之日常行爲，以規定其善惡功過，進而言因果報應，以勉人爲善去惡，積功悔過。此善書中之因果報應思想，固本于佛家，亦與詩書之「作善降之百祥，作不善降之百殃」，及漢代之天人感應之義相合，而爲後之道教徒用以勸世者。故此善書之思想于儒道佛，乃不名一家，亦無甚深微妙之論，又可說之爲人之道德觀念，與功利觀念之結合之產物，而不合于儒者以道德爲義所當爲，不應計及功利之傳統精神者。故爲一般學者所不屑道。然劉蕺山則嘗特提及袁了凡。其爲人譜，乃意在以之代了凡之功過格。而周安士之書，其影響尤大。其所重之太上感應篇，爲三百年來中國民間最普遍流行之一書。或考其發行之數量，過于其時新舊約書之在西方。此由袁了凡至周安士之言善惡功過，皆有因果報應，正是視宋明儒所謂性理、天理、義理之當然者，與人之行其所當然之事，皆一一有實然之因果報應，而同于事勢之理、物理之有其因果之必然。故此一流之思想，亦同可說爲明末清初重客觀實在之事理物理之產物也。（此一流思想與明至清，重淨土之佛學潮流相連。淨土乃客觀實在之佛土。帶業往生，更仗佛力轉業，亦因勢理爲功也。）

六、由明末至清之思想方向，轉向于客觀之事勢物理，而人除其當前所接之客觀事物可直接經驗之外，一切歷史之事物與他人所經驗之事物，無不憑其記載于文字，表現于文物器物者，以爲吾人所知。卽此吾人之當前所經驗之事物，亦須用歷史所留之文字加以陳述。吾人對所經驗之事物，有所反應，而更製造之器物，亦無非一種文物。由此而人之思想轉向于重客觀之事勢物理者，必然同時轉向于重此人類歷史社會所遺留之文字器物。由此而必重研究此文字之形音義之訓詁音聲之學，對文字集成之書籍之校勘、版本、輯佚、註疏之學，歷史文物之能長久保存者之金石之學。此卽尤爲清代之學者之功力之所注，成績之所在。此諸學則可稱爲重客觀文字文物之理之學。而與上述之史理、政理、地理、自然物之理，及人事之因果報應之理，相對相關，而亦可說爲另一種客觀之事物之理，而其原，則亦只在人心之思想方向之向在此客觀事物之理而已。

## 六　清初程朱陸王之學

對此上所說之研治史理、政理、地理、因果報應之理、與文字文物之理之種種學，皆屬專門之學。非吾今之所能論，亦不屬于哲學。然吾今之總論其依人心之向在客觀之事物之理之思想方向，而次第成此種種專門之學，則爲一綜合性之哲學的陳述。明清以後之學者，依于此思想方向，而決定之對整個學術教育文化之態度，對人生之態度，對宇宙人生之理之看法，以及其如何處其所在之時代，對其時代依某種態度作回應，則皆屬于其哲學。則此明末清初以來之學者，亦多自有其哲學思想，而可分爲不同之流別與型態以論之。而此論亦爲論哲學思想之哲學也。

由上述之觀點，以說此明末清初以來之哲學思想，除上已及者之外；則緣明末諸學者之懲王學之空虛狂放之弊，東林學派與劉蕺山，已重程朱言格物與主敬之義，以補單標致良知一名號之不足。李見羅則出于王學之門而攻王學。陳清瀾則承羅整菴之困知記，作學蔀通辨，兼攻陽明之學，與其鄰里之陳白沙之學，謂其皆出陸學，而直攻陸學。上文提及之張楊園，初學于劉蕺山，後專信程朱之學，而踐履篤實；亦復深斥陽明之學，並以其同門之黃梨洲之學爲不然。上文亦提及之陸桴亭與陸隴其，稱江南二陸，亦皆宗程朱。隴其爲名吏，排詆王學尤烈。此學術風勢之所趨，與朝廷之崇尚程朱之學，互相結納。而張烈、孫承澤、李光地，並爲顯宦而排王宗朱。此朝廷之提倡程朱之學，蓋亦由程朱之學使人狷介自守，以規矩自持，不易犯上作亂；不似陸王之學教人自信本心，非禮法名教所能羈勒。此孫承澤、張烈、李光地之人品，皆有可議。孫承澤既降李闖再降清，而力攻陽明朱子晚年定論之著，實不知其于程朱之理學，果何所得。清初爲程朱之學者，唯呂留良能本程朱守道之精神，不甘華夏之淪于夷狄，而著書言民族之義，其學傳于其弟子曾靜。清帝雍正乃以帝王之威勢，作大義覺迷錄，以折服曾靜，更鞭呂留良之屍。此雍正所著之大義覺迷錄，所據者全是聖經賢傳、程朱義理，而所以行之者，則爲一帝王之威勢。以勢行理，何理不摧？以勢用理，何勢不行？勢卽是理，何理可講？故清初程朱之學，依勢而行，亦依勢而失其生氣。唯至清中葉以後，太平天國之亂起，羅澤南、曾國藩講程朱之學，更本其守道之精神，爲守中華文敎之統，而治兵平亂，乃重見程朱之學之光彩，亦見程朱之學，能有用于事功之成。然此非謂曾羅等于程朱之義，另大有所發明之謂。曾羅之事功，亦兼由其他方面之達用之學以助成之，亦不可全歸功于程朱之學也。

至于清初之爲陸王之學者，則初有毛奇齡之崇尚王陽明之古本大學，以攻朱子。毛多聞博洽，而好名好勝，行不足稱。後有李穆堂言陸王之學，作陸子學譜，以辨義利，爲陸子之學之宗旨所在，而不侈談心性。此正在使陸學就實，以用于行踐。穆堂剛介不阿，批君逆鱗，而困阨以死。其學亦及身而止。在清中葉之後，有彭尺木、羅臺山、汪大紳能言陸王之學，又皆兼信佛學。其中之汪大紳之二錄、三錄，評論昔賢之學，多有所見。然亦未嘗開學術風氣。後此之清代學者，則齒及陸王之學亦寡矣。

## 七　清學與宋明之學

此三百年之學術思想，除承程朱陸王之宋明學之流者外，卽爲反此宋明理學之流之學術思想，而人恆名之爲漢學或清學者。此一反宋明之理學之流之學術思想，畢竟其原如何，則學者多有爭論。如清江藩之漢學師承記，則謂其原在閻若璩、胡朏明與惠氏祖孫之考據之學，繼之乃有戴東原之反理學之論，卽是一說。然章實齋，則由戴東原上溯此重考據、重博識之傳，謂正出于朱子之學之流。戴東原初受學于江永。江永固爲近思錄注，而兼爲朱學者也。然近人則以戴東原，自是亦講一套義理。其義理之學，應原自其前之義理之學，故胡適之戴東原哲學一書，謂戴氏之論，出于其前之顏習齋、李剛主，謂清之反宋之理學之思想，由顏李而開云云。錢賓四先生近三百年學術史，則謂于顏李之學最心契者，爲王崑繩，而崑繩則爲陸王之學。陸王之學歸于卽知卽行，亦正可開顏李之重實行之學。錢書又謂在顏李之反理學之論之先，劉蕺山之門人陳乾初，已疑宋明儒共尊之大學，其時之潘用微著求仁錄，已謂「朱子道，陸子禪，皆非儒學之正宗」。合此二說，與章實齋之說，則清學之傳，正當溯原朱陸與劉蕺山之學。惠氏之學，則嘗自謂「六經尊孔孟，百行法程朱」，是漢學初亦不反宋之理學也。然若純從此師友淵原、個人宗尚之言，而說學術思想之原流，或忽此中之種種思想方向之轉移，與義理觀念之創新，而所成學術型態之不同。今欲自思想方向、義理觀念、學術型態而論，此清學之本質，自大別于宋之理學，然此不礙其歷史淵原出于宋學，如黃河河套向北而流，仍原出于其初之向東而流也。

此清代之學者之思想方向之轉移，可先由其疑宋明儒學之鄰于佛老而見。此儒者之互以「鄰于佛老」相攻，固亦其原甚遠。如朱子屢疑陸象山爲禪、而象山與朱子、辯太極圖說，又以朱子之于太極外言無極爲禪、葉適並以周程之學之偏重心性爲近佛老、劉蕺山以二溪(王龍溪羅近溪)皆「啟瞿曇之秘，而歸之儒」是也。然唯至清儒，乃以此程朱陸王之理學之傳，皆是佛老。此則除潘用微于清初已有「朱子道、陸子禪」之論外，費密弘道書，亦以宋學同佛老，而非眞儒。後此之顏李與戴東原，皆同沿此論，以評宋明儒之學。儒者之互以「鄰于佛老」相攻，初最無意思。若道之所存，理之所在，雖佛老何害？若凡言稍玄遠或涉及心性者，便爲佛老，豈必言皆老嫗能解，只及事物，全不及心性者，方爲儒學？凡爲此反宋學之論者，其言又豈皆老嫗能解？又豈皆能全不涉及心性？然吾人今可于此諸儒者之一切相攻之言，置諸不理，而可轉而觀其所以相攻之故。此蓋唯在其並世而生，思想各有所向，遂「不見」他人之思想之所向。然吾人居于後世，則可唯觀其思想之所向，亦更不見其有此「不見」。則吾人更可于不同之思想之所向，皆無不見；而于此清學之反宋之理學之論，亦不見其爲「反」，而唯視之吾人今之觀其思想之所向在何處之所資。則吾人于其思想之所向，在一眞實之義理者，亦可更表而出之。並對其言之價值加以肯定，以證吾所謂中國之學術思想之慧命之流，未嘗斷絕之說。吾今卽本此以約此清代之學者之反宋之理學者，其思想之所向之眞實義理，爲宋明之理學者所未詳及者，略述之于下節。

## 八　清學之方向及其七型

此清代學者之思想方向，自其別于宋明理學家之向上向內而言，可說其爲向外向下。然此非劣義之向外向下，此乃優義之向外向下。此向外向下之優劣二義之分，如逐物爲劣義之向外；則成物爲優義之向外。順私欲爲劣義爲向下，則由上達而反于下學，由極高明而道中庸，不只求上達，以自成聖成賢，而下同于民之情，以遂人之欲者，爲優義之向外向下。整個觀之，則清代學者之思想方向，其趣于一優義之向外向下者，略共有七型態之殊。

一、此中之第一型態，爲近人梁任公三百年學術史所嘗推尊之費密弘道書、唐甄潛書所代表。其中之費密嘗問學于孫夏峯，交于李恕谷，唐甄嘗與王崑繩、魏冰叔爲友。觀費唐二人所特重之問題，卽儒者之道如何得弘于民間之問題。而唐甄則儒而兼治生業。故更特感于「學與農工商之生業，如何能實相輔爲用，以合爲一人之整個之生活」之問題。此問題，乃依于一眞實義理之眞問題，亦非宋明儒者所全未感受。如元之許衡，已謂儒者當以治生爲本。陸象山、王陽明皆有四民異業而同道之論。王門之泰州之學，皆與其日常生活相結合，如前所已述及。然實際上，則昔之講儒學者，雖初亦來自民間，然由科舉考試入于仕途，則其在社會之地位，恆上不在天，下不在田，而或爲官、或成游蕩之知識分子，或造亂之人。此卽使中國之知識分子，恆不能再轉而與民間之爲農工商之生業者，再相結合，以由上而下，以成就此四民之業之相互通流。在此點上看，西方之近代化社會，明更有此四民之業之通流，以使知識分子之知識道德，表現于農工商之業之成就。費密、唐甄之書，于三百年前提出此問題，卽其識見之不可及者也。

二、其第二型態，卽爲世所共知之顏習齋李剛主所代表之型態。此顏李之學，如只自其言理不離氣，性皆氣質之性，氣質之性亦非卽不善之原等而說，則宋明儒者中論此者甚多。近則王廷相、楊晉菴、孫淇澳、王船山、劉蕺山、黃梨洲，皆同此論。顏李于此所論，無多特殊，而精詳不及前人。今欲說顏李學之特色，當說在其言格三物之六德、六行、六藝。但此中之六德、六行，乃宋明儒者所共重。唯重對「禮樂射御書數」之六藝之實行，乃顏李之學之眞特色所在。顏習齋嘗謂「請畫二堂：一堂坐孔子：七十子侍，或習禮，或鼓琴瑟，或羽籥舞文，或問仁孝，或商兵農政事。……一堂坐程子，垂目坐如泥塑，如游、楊、朱、陸者侍，或反觀靜坐，或執書伊吾，或對談靜敬。此二堂同否？」（顏氏學記卷三）此習齋所言之二堂不同，固是顯然。吾人前述程子之學，亦引及程子嘗言昔人有禮樂以養心，今則唯賴義理自持，故以主敬爲功夫之本。則程子亦未嘗不于此致憾。然程子畢竟未如顏習齋之以復與此六藝之學爲己任。蓋其意謂必義理先立，然後能與六藝。然由宋明諸儒之講說義理，則義理固已極精微高明，而無不立矣。再進此一步，固當如顏習齋之重此六藝之實行，而以程子之只主敬讀書，以窮理之功夫，爲未合孔子堂上之風，而加以評論也。

由顏習齋之重禮樂射御書數之實行，而此實行，必待于用此身體，以養成種種之實習。故習齋重身，亦重習，並重身所習之物。此在宋明儒學，則在泰州王門、東林學派，皆重身與物。故言安身、修身爲本，亦重言格物。然未嘗明以身習六藝之物爲格物。于習之一觀念，則宋明儒者多以習氣之名，指生活習慣之不善者，又多以善習只所以見性，而善習之內容，亦不出乎性之所涵。此義固未爲不是。仁義之行之習，固只所以使仁義之性充量表現也。然人之成其禮、樂、射、御、書數等人文活動之習慣，則別是一種習。此非習氣之習。此習亦非只所以表現先天之德性。此乃所以養成此禮樂射御書數之人文活動之習慣，以實有此人文之化成于天下之事之物。此諸人文活動，亦非賴後天之習慣不得成。若無此後天之習慣，則人雖仍可說在德性無虧、人格無虧，然其人文之事業，則可有虧欠。其德性人格卽只存諸內，而未能表現于客觀外在之人文事業之中，亦卽其德性人格，仍未得大成也。習齋之重此習，並自名其齋爲習齋，以見此人文之六藝之學，不可不尙此習，緣此而重此習所連身與物。此固亦向在一眞實之義理之思想，然凡此習齋所見者，船山多已先言，而弘濶精深，大過之。惜習齋未能讀船山書耳。

三、此第三型態，爲戴東原所代表之說。此卽反對宋明儒之以理，爲「得于天而具于心，以天理與人欲相對」，而主「理在于物，而知于心」，以「理爲情欲之不爽失」，「自然而合必然之則」，以「同民之情，遂民之欲」爲理之說。此戴氏之反對「得于天而具于心」之性理與天理，初無是處。讀前文者自知之。如汎言「同民之情，遂民之欲」爲理，情欲之不爽失，而合「則」者爲理，則宋明儒者皆可如此說。然情欲之自然者，有不合「則」、不合「理」者，便仍有當然之理，與實然之情欲之相對。宋明儒之于此言當存理去欲，又何得爲非？戴氏名當然者爲必然。此乃「必當」之必，非事實上之「必」，卽不能廢此當然之理也。至于謂理有在物，當格之窮之而後知之于心，則程朱早有是說。唯更進而言求知此物理，卽所以顯性理天理耳。故戴氏此類之論，進于宋儒者甚少，更不免于理之所見有偏。此吾于此原論第一篇原理已評之。戴氏之謂理在物，並求理之字原，于物上之文理條理，藉「心之察之幾微，區以別之，然後見」者，則意在將此心知之活動，導向于外，以細察客觀物理；更不由心之自具其性理天理，以專務自尊其心而自大。則亦可謂有一直往向于客觀之科學精神，復可去人之「以主觀之意見爲天理，而更持此天理，由上而下以責人，致以理殺人」之禍。儒者之言義理，原重以之自責，以成賢成聖，而非重在責人。然人能以理自責，亦自可以理責人，而對天下人之事，爲是是非非之論。此亦初未嘗非合理。然人自責難而責人易。則專尚理而重是非，亦恆導向于多責人。此則王學之末流，如李卓吾與東林學派人，卽已有偏向在對人爲是非毀譽，以至流于苛刻。故劉蕺山謂東林之弊可流爲申韓。此依理爲是非，在孟子乃屬于四端之末之是非之心，其本乃在前三端之惻隱、羞惡、辭讓之心。今以末爲本，則與孔孟之旨先惻隱辭讓，其羞惡皆先羞惡其己之所爲之旨，亦有所不合。清帝崇尚理學，至于雍正，而集政教大權于一身，更依理以與禪宗之弘忍、及儒者呂留良之弟子曾靜辯；而于弘忍則絕其法嗣；于曾靜，則使之叩首認罪，更戮留良屍。由康熙以至雍正之興天下之文字獄，正東原所謂以理殺人也。東原言「死于法，猶有憐之者；死于理，其誰憐之」。近人章太炎檢論釋戴一文，謂其正暗指清帝興文字獄之事，蓋得其實。此清帝之據權位，而用理判罪；與昔儒之唯據理以抗勢者，正相顚倒，亦昔所未有。東原見此以理殺人之事，本此以謂爲政當先同民之欲，遂民之情，將理置于第二義，更謂人當先求客觀之理，勿輕言理在吾心，致以吾一人之意見爲理，以違之者爲大罪，而有以理殺人之禍，則皆不爲無見。然宋明儒之言理，原重在內用以自修，外用以折一時之權勢。雍正居位勢而以理殺人，此乃于理顚倒妄用，不可以此併理學而俱斥之。東原乃自負過甚，以爲其書傳，而朱子不得食兩廡牲牢（章實齋文史通義記東原口語）是又不知天地之大者矣。

四、其第四型態，爲承戴東原之疏證孟子，由訓詁以言義理，更謂義理卽在古人所傳之經傳文字之訓詁之中，則義理不特不在天，不在心，以至亦不在客觀之社會，自然之事物中，而唯存于此客觀存在之書卷文字訓詁之中，以唯治之者方爲實學。此卽如阮元之爲經籍纂詁，集秦漢傳記之詁訓于一書，而錢大昕序其書，遂明言「訓詁明而後義理明」。阮元爲性命古訓，亦卽本詩書中于性命二字之訓詁，以言性命之理，唯當于此詁訓中求之。焦循之學，不以一般之摭拾、據守、校讎、叢綴之學爲然，而務通核（雕菰樓集辨學）。其所謂通核，亦初不出于本訓詁以求通核。其爲論語通釋，于孔子之仁、一貫、忠恕等名，皆求通貫全書，爲之訓釋。其作易通釋，則于易中之性命天道之名，亦通貫全書爲之訓釋。由其詁訓之功，而對儒家之義理，亦有所發明。如其以通情言仁，亦足補宋儒專依性理言仁之偏是也。阮元之爲性命古訓，與經籍纂詁，亦于古訓之明，未嘗無功。唯若以此而謂義理唯在漢以前人之書籍文字之訓詁之中，後此之書籍文字，更無新訓詁，無新義理，而除在書籍文字訓詁所說之義理之外，更無「尚不爲文字所陳述之人心與天地萬物之義理」，則萬不可說。今若只標「訓詁明而後義理明」，而不知必須人先于義理，亦有所明，乃能明訓詁，由此而排斥宋儒義理之學，亦無知而妄作。唯其言之意，若只在敎人讀書，勿望文生義，以一字之今義爲古義，當求如實知古人文字所表之意義，以知古人之心思，而即以擴大我人之心思，則其旨亦不可謂非。然若如此，則仍是爲明古人心思中之義理，以使我之心思，多具義理，而後爲此文字訓詁之業。此文字訓詁之業，仍只爲學之手段，而非目的也。此目的，固仍在文字訓詁之外；而此手段，則只作一時之用也。觀清世之爲經傳訓詁之業者，再轉爲王念孫、王引之之說文、爾雅之小學。至清之末，章太炎承此流之學，更由佛學，而知一切名言皆假法。章氏乃自言其學，乃「以分析名相始，以排遣名相終」。章氏之學，于排遣名相之學，達何境地，非今所論。然其能本佛學，以知名言爲假法，則固超過于昔之爲此文字訓詁之學者，視天地間之義理，皆限在此文字訓詁之中者矣。

五、其第五型態，爲與戴東原等乾嘉諸老同時，而名不聞于當世之章實齋所代表之型態。章實齋之學，要在史學，其史學于史法外，兼言史意、及作史之才學識、與史德。其辨學術源流，及其言六經皆史，六經皆先王之政典，史學亦應重當今之政典、各地方之方志。此皆爲今人所稱述。然章實齋爲文史通義，內篇首爲原道。其以事理之勢之不得不然者觀道，固宜于論史。其言「三人居室而道形」，則代表其對道之根本觀念。如依宋明儒言道，則外而天地萬物中，自有道之形；而言內心之修養之道，則一人獨處，亦有愼獨之道之形；至言倫理之道，二人相偶，卽有道之形。今言「三人居室而道形」，乃以三人爲衆，三人卽合成客觀存在之羣體之故。此實齋所謂道，卽專指人之羣居之道而言。羣居而有政，則羣居之道，以政道爲要。實齋正本此而由六經之初掌于王官，謂其皆先王之政典，亦卽史官之所執掌，故言六經皆史。其文史通義、校讎通義，論中國學術原流，亦卽本劉班之說，而謂中國學術之原于九流六藝，卽原于王官。又謂古之學者之言，亦皆爲「不離事而言理」之公言。其重各世代之政典、以言時風，重各地方之方志，以觀士風，皆意謂唯由此可以見人之羣居之道與政道。然此限道于人之羣居之道與政道，于道所見者實甚狹。由謂六經皆爲政典，爲王官所掌，更言九流出于六藝，亦出于王官，尙非探本溯原之論。此六藝九流之學術，初自出于人文學術思想之演進之自然，而後乃有政府王官之掌其典籍。非先有此王官之執掌，乃有此六藝九流之人文學術思想也。六藝九流之學，固可用之助成政事，班固更顯有此見，如前所述；然其初非爲成政事而有。如詩以道志，禮以導行，樂以道和，自初是養人之性情。人在獨居之時，亦自知誦詩爲樂。二人相與卽有禮。豈必三人羣居乃有詩禮樂？亦非有政事，而後有種種人文學術思想也。政事亦人文社會中一端之事耳。卽在中國古代，亦必政事與其他之人文學術思想，互相影響，然後有六藝之文，九流之學。不可以六經唯是先王政典，九流只出于王官所掌之六藝也。由實齋以六經爲政典，乃更謂唯周公之德位兼備，以政攝教者，爲先聖，孔子之承周公以設教于後世，只可稱先師。此則不知聖初是成德之名。聖爲百世之師，卽稱師。孔子未得位以政攝教，何傷于其爲聖？今必謂周公以政攝教，乃稱爲聖，卽無異尙政而輕教、尙位而賤德。此則生心害事，其言之流弊，可及于今日之禍者。又其論史能知時風土風之要，而志在修史，固高于只以考史爲史學者萬萬。然實齋論史，而不見其重特立獨行、出乎其類、拔乎其萃之歷史人物或偉大人格。此則不如馬遷之書，能及此者。凡此等等，皆由實齋所謂道之觀念限之。實齋不知天地萬物有道，一人亦有道，二人亦有道，只以三人爲衆，有羣居之政道爲道，固非知道之大全者也。然實齋之重人之羣居之政道，則自表示其重客觀存在之羣體，而本之以觀學術文化之全體之思想態度；此態度，則足以成其言學術源流、言時風土風之史學。則其所得，又足償其所失者也。

六、其第六型態爲清嘉道以後之今文經學家之所代表。此清代之今文經學，乃沿清初學者重注疏之學先上溯至東漢之馬鄭、賈服之學，再上溯至西漢之今文學家之學而致。莊存與、劉逢祿、宋翔鳳之治今文經學，亦初只意在以西漢經師之意說經。然今文經學之傳，至龔定菴、魏源，則由說經而重說世事之變，而連于史。故自珍古史鈎沈論，亦有九流六藝皆出于史之論，頗同章實齋之說。然龔魏論史，而更評論及于當今之政，則與章實齋之只意在成其史學，而未嘗評及時政者不同。此龔魏之評及時政，其言不能無忌諱。大約龔之文自謂在觀世運之幾，故名其書為壬癸之際胎觀，乙丙之際箸議等；于世運之幾上，見淸之由治世而成衰世，更寄其深慨與遙情。龔自珍爲蒙古志，有西域置行省議，魏源亦注目于中國之邊疆，更爲海國圖誌，以觀中國在世界之處境與形勢。此二人之論世變，皆于幾先著眼，而不勝其憤與憂（魏源海國圖誌敍語）。此卽不同于昔之爲奏議者，多就當今之事而言；昔之論史者，多是于事後評論，以資來日之鑑戒。此龔魏之論，則無異開今所謂時評政論之風，而與前此之爲公羊學者，尙止于經生之業者，大有不同。由龔魏之承此公羊學，以論時政，再進一步之發展，則爲康有爲之本公羊之學，以言變法改制。而康之率弟子爲公車上書，以求變法改制，亦與昔儒之欲變法改制者，由董仲舒至王安石，皆由自己一人，說服君王一人，而致者，大不同其道。此卽欲藉一集體之知識分子之力，以變當今之政。此卽開後此之知識分子互相結合，以作社會政治文化運動之先聲。至于康有爲之思想，則由其大同書以觀之，初蓋純爲一慕在未來之政治思想，而以小康之政，爲其過渡。此卽兼與西方之社會進化之思想相結合。康之受廖平之影響，而作孔子改制考，新學僞經考諸書，則初承淸代之考證學之風，而歸于謂孔子與先秦諸子之言古代歷史政制者，皆是托古改制，又謂爲古文學之劉歆，則是造僞經，以助王莽簒漢者。循康氏之說，則古文之經，固非信史；孔子之作六經，亦是托古改制，而非信史。則六經無一爲信史，皆孔子、劉歆之各應其政治上之需要而作。此則與章實齋、龔自珍之六經皆史之說，正相對反。然由龔之公羊學至康之公羊學，固一流相接。于是此清之公羊家之學，遂無異以尊經爲史始，而以化經爲僞史終。此亦清之公羊學之始終自相違，而亦至詭異之事也。由康氏之說，孔子與諸子皆僞造史事，以應其政治上改制之需，則人爲當前政治上之改制之需要，即可無妨淆亂一切事實之眞相，以達其現實政治上之目標之需要。而康氏之經學之著，亦大可是爲其政治上之求變法改制之需要，而托于古之孔子者矣。誠如其說，六經皆孔子之託古，則其經學之著，亦可被人視爲託孔子，則皆可疑而不可信。是不待民國以後之疑經廢經之論，而康氏已自開此疑經廢經之幾于先矣。

七、至于清末之爲古文經學者，則可稱爲第七型態。此中如孫詒讓爲周禮政要，亦欲用之于爲政。章太炎又駁劉逢祿春秋左氏傳之著，而以古文之左氏傳爲信史，以劉歆與孔子，並爲信而好古之史家。太炎于晚清，言義理以老莊、佛學、魏晉之名理爲宗；並以孔子之功唯在佈文籍于民間，以平階級。以太炎與有爲較，有爲推尊孔子至于六經皆其改制之著，而孔子之大，遂空前，而前無所承。太炎以佈文藉言孔子之功，並本佛學以衡後世之儒學，至以易庸爲外道，以宋儒爲鄉愿。而自謂其所見，「秦漢以來，未嘗睹是也」；則孔子之學遂絕後，而後無能繼。此卽亦正開薄孔非孔之幾，而非太炎始料所及者也。然太炎治史而本明亡之痛史，與孫中山先生共倡言革命，旣復漢民族之讎。而五族共和之民國肇造，二千年之君主之制廢。此由清代之思想方向，向外之現實政治看，更轉而向下求社會民間之力量而成之革命，乃昔所未有，則正爲此三百年向外向下之思想方向所獲致之一大成果也。

然此清末之古今文之經學家之思想，又兼與佛老之道合流。如兪樾嘗注金剛經、章太炎雖倡革命，以復漢民族之讎，又依老莊佛學，以言政治之極，當歸于無國家、無世界、無衆生。康有爲之大同書，亦言大同世之極，人人皆以學仙學佛爲事。康氏弟子譚嗣同，則混融儒佛道之教與西方宗教之論、物理學之以太觀念，作仁學一書。廖平之經學四變至六變，亦言孔子之天學，以通莊列仙佛之道。此學者信佛之風，近始于龔定菴、魏默深之論時政，而歸于信佛學，以爲安身立命之地。此佛學之出世之教、與清末之變法改制，及革命之思想相結合，亦一奇怪之結合，爲昔所未有。然人能信佛學，則可更不畏一生之死。不畏死則能殺身成仁，舍生取義。譚嗣同之能從容就戮，與民國前革命志士之前仆後繼，是儒者之成仁取義之精神之表現，亦未嘗無佛家之看破生死之思想觀念，爲其依據也。然此儒佛之學之爲用，僅在爲達一時之現實政治之目標，而成仁取義處表現，亦卽只爲儒佛之道之一向下、向外之運用所成之表現，固不足爲儒佛之學之本質所在。然中國近世學術思想中，自有此晚清之儒佛之學之合流之一段，然後更有學者之由佛再歸于儒。今由章太炎之崇佛抑孔，至歐陽竟無先生之孔佛並稱、再至梁漱溟、熊十力二先生由佛入儒；亦可見中國固有思想之慧命之流之相續不斷者也。

至于此由清末至今六十年來，中國思想之慧命之流行，其與現實政治社會之急劇變化，及西方思想之流入中國者，互相錯雜，則非今所能及論。然吾于他書，于此已多有概括之評論。因此數十年之時代，爲吾生命所在之時代。故吾之評論，亦不能不連于吾之生命之所嚮往而說，亦皆可只稱爲吾一人之主觀之感應。今書不擬再加重複。然一言以蔽之，則吾固不謂此數十年中中國思想之慧命更不流行，亦不以此數十年中之中國人，有眼皆盲。唯此數十年來中國人之學術思想方向，仍大體是順清學之所趣，循向外向下之方向而行，乃或唯見客觀外在之文物與文字，而不知文化與人物，或只唯重現實之社會政治之問題；乃皆不能如宋明儒之思想方向之向內、向上而用。及今而學弊大著，已至日暮途窮之境。然物極而必反，則今後之中國學術思想之方向，還當更學宋明儒之向上、向內，而上以通于天之所以爲天之天理天道；以成其高明；而內求立本于人之所以爲人之性理，以有其敦厚；然後其學之見于其教其政之事，而依理造勢，以立人道者，得充實而有光輝；以更得重光周秦漢唐之國力、與人文之盛，于未來之中國。此亦理有固然，勢有必至，而當有之反本更開新之思想之流，自不必全同于昔者。觀此中國數十年來之賢智之士，困心衡慮，于其所遇之社會政治文化學術之新問題，及出入于西方思想之迷宮，自求覺悟之途，而有之思想，固自有種種曲折，亦不必皆讓古人，而自有其進于古人者。今能以「不薄今人愛古人」之道觀之，則更可見中國思想之慧命之流，自上古以至于今日，由今日以至來世，其道皆承先以成其富有，啟後以成其日新，而於穆不已，亦必將永不已。人若眞識得此一句，則吾今之書之不得不已于此，亦未嘗已也。壬子除夕。唐君毅于南海香州。

# 原道篇及原教篇後序

吾原道篇原教篇二書既畢，自顧除于清至今之思想中之道，未能詳論，于其前思想中之道，亦不能盡及之外，所述者已不少。更加導論篇原性篇所述，此卽使人既覺此中國思想之道之流行不已，其內容之豐富，亦覺此內容之複雜。凡複雜者，皆足爲吾人心之純一之礙；若不得見純一不已之道，使吾人生命不能成純一不已之生命。列子楊朱篇曰：「大道以多歧亡羊，學者以多方喪身」。凡複雜者，皆如陸象山所謂艱難自己，亦艱難他人。此卽與易傳所謂「易簡而天下之理得」禮記所謂「通于一而萬事畢」之義，皆不免相違。然此易簡與純一，又當由何而求之？世果有此易簡與純一之道可得乎？若其不可得，則吾心之純一，又安能與此道之多方多歧之複雜，共處同居，而得其簡易也？

對此上之問題，似不易答。因此宇宙人生之事物，原是複雜艱難；對之之思想，亦不能不有種種之複雜艱難。然于複雜艱難中，自亦有種種至簡易純一之所以處之之道。然吾對此種種簡易純一之處之之道，則不擬多說，以更化之爲複雜艱難。實則其義已皆在此書中。今只略標此諸道如下，以俟讀者之直下悟會之于一念。

一、世間事物與思想義理，皆原複雜；然就複雜中之一一而觀，各歸其類，各還其一，各如其一，卽自歸簡易。喻如主人宴客，羣賢畢至，少長咸集；而主人一一使之就座，則主人無事。其旨在荀子及名墨諸家之正名辨類，郭象之言獨化，極于佛家法相宗之言諸法眞如、與萬法一如。

二、世間事物與思想義理，皆原複雜；然人自撤回其心，以自處于淸虛之地，則複雜皆歸簡易。喻如城市自爾喧闐，然人閉門獨處，或出此城市至高山之上，望茫茫太虛；則天地自閒。其旨在老子之致虛守靜，莊子之逍遙，與王弼之體無，仙家之游于太淸，佛家般若宗之觀一切法畢竟空相。

三、世間事物與思想義理，皆原複雜，然皆依次序而呈現，亦卽皆在歷史中。今將此所呈現之一切，皆推之于昔，而作已往之歷史觀；則瞬息成千古，當下空無所有。喻如滄海變桑田，更無一滴水。其旨在佛家之一切法無常，道家之時無止，亦在儒者之修史，而使一切事物入于史文之中，而掩卷闃然。

四、世間之萬物與思想義理，皆原複雜；然皆可開未來世之新之用。未來尚未來，則當下亦空無所有；未來者必來、則當下充實，而當下亦自有一生未來之氣機。喻如「東風無一事，裝出萬重花」。其旨在陰陽之元氣消息，儒者之化一切過往之事物，以爲開新迎來之用，而元氣淋漓。

五、世間萬物與思想義理，皆原複雜；然皆呈現于心之神明，此神明出于天之神明。卽此神明以觀神明，則無複雜。喻如一本千花，一源萬脈，而源中無此萬千。其旨在道家之言神明之始降，佛家之言般若慧心之無知，易傳之言神妙萬物，大明終始，而直契此神明之心性之純一。

六、世間萬物與思想義理，皆原複雜，然其呈現而為我所感，亦為我當下所遇之命者，則皆自有其限極。今應之以當如何知如何行之道，以止于至善，自盡其性，了我分內事；此外更無所增，亦無所得。是為以「應」應「感」，而感應俱寂，卽歸簡易。喻如洪鐘之聲、驚天動地，而原自無聲，歸于無聲，則寂天寞地。其旨在佛家之一切功德智慧畢竟不可得，亦在儒者之盡性立命，成己成物，而只有純一之至誠而無聲無臭。

此六道者：一是觀物還其物，而無心。二是觀心還其心，而無物。三與四是觀心物之前後終始，而無心無物。五是體心之本原，以主攝客，而全用在體，全物在心。六是以此主應客，而全體在用，而全心在物。今于此六者，任取其一，皆可使一切複雜者，歸于簡易純一。若欲兼此六者，則須此一心之自轉運于主客之內外、前後、上下之間，而互為隱顯，自相屈伸，依一樞極，以自周流而無窮。則六者雖相異相反，而不相為礙；以合內外，徹上下，成終始，而未嘗不一。是猶莊子之「六通四闢，其運無乎不在」之「道樞」之為「一」。喻如七色之輪，自然轉運，而成一純一不已之光環。通乎此光環之純一不已，而萬事畢。是誠至易至簡，而天下之理得矣。孔子曰：「吾道，一以貫之」又曰「君子多乎哉，不多也。」孟子曰：「博學而詳說之，將以反說約也」，天下之道，豈有外于此孔孟之諸言之旨者哉。癸丑三月君毅誌。

# 索　引

## 索引說明

一、索引區分為二部分：㈠人名索引，㈡內容索引。

二、內容索引以名詞概念為單位，同一名詞下無特別說明者，僅標明其頁數；有特別說明者，該名詞概念用〜符號代替。

三、索引以筆劃多少為序。

四、索引中所標示的頁數，即本書每頁兩旁的頁數。

五、本索引編製人周延娟。

# (一) 人名索引

## 三 劃

子貢：六八三。

## 四 劃

孔子：七〇七；～之言行與哲學 二二九，二六一，二九七，三二二—三，三三六—七，三七六，三八六，四〇一，四〇二，四三七，四四一，四四八，四六一，六六七，六七二，六七三，六七五，六七六—七，六八二—三；～家門 六七二。
毛奇齡：六九五。
王心齋：～安身之教 三八四—七，三八八，四一八；～樂學相生之教 三八五—七，四一八。
王安石：～之性論 二一—二，二四—五；～之史學及其與理學之爭 六七八—八一。
王船山：～之哲學義理方向 五一五—七，五三三，六二八—三一，六九〇；～之言氣 五一六—七，五三四，五四一—二，五四三，五四七，五五〇—五，五五七，五五九—六〇，五六一，五六三，五六五，六〇三，六一一，六一九—二二，六二八—三一，六三二，六三四，六三五—六，六四五，六四六，六四七—八，六五三，六五七，六六一，六六二，六六七—八，六七〇，六七一，六八八，六九〇；～論即形器以明道 五一七—二〇，五二三；～之即用見體論 五一七—八，五二二；～之言太極 五二四—八，五二九

；〜之言道　五二三—四，五二六—八，五二九，五四一—五○，五五二，五五四—五；〜論乾坤並建
五二八—九；〜論虛實不二　五三二—七；〜論宇宙爲一絕對之流行　五二七，五三○—七，五四三，六
一七—二二，六二八；〜論乾坤知能簡易　五三七—四○，六三二；〜論天道爲善之所從出　五四一，五
四二—三，五四五，五四七；〜論道大善小，善大性小　五四四—八，五五三—五，五五六；〜之命日降
、性日昇論　五五八—六一；〜論氣質之性非不善　五六○；〜論命　五六一—四；〜論性爲體，心爲用
五六四—六；〜辨人心與道心　五六六—八；〜論才情性之關係　五六九—七三；〜人心之不善原於
不盡心　五六七—九，五七二；〜論才情欲本身非不善　五七二—五；〜論不善生於氣稟與外物相感應
之際　五七六—八○；〜論立人道　五八一—九；〜論聖人　五七五，五八六，五八七，六一七，六二○
—一；〜論思誠爲學聖之道　五八八—九五，六一八；〜論持志　五九八—九，六○三，六○八，六一四
；〜論正心誠意　六○○—二；〜論養氣　六○三—六，六○八，六一四；〜論忠恕　六○七—八；〜關
無欲主靜論　六○八—一○；〜之身心並重、德才俱貴論　六一○—三；〜之至善論　六一四—七；〜由
氣之觀點論聖賢之德長存天地　六一七—二二；〜闢輪廻說　六二一—二；〜之學與朱熹、王陽明之學之
比較　五八○，五九二—三，五九六，五九九，六一九，六二四，六二七—三一，六四○，六六七；〜哲
學中的宗教意識及其與基督教哲學之不同　六三二—三，六三四—五；〜之斥佛教　六三六；〜重氣之哲
學亦必重禮詩樂　六三七，六三九—四○，六四五—六；〜之言禮　六三七—九，六四五；〜論詩可達情
六四○—三，六四五；〜謂詩爲幽明之際　六四二—三；〜之樂以達情論　六四三—六；〜之學所宗於
張橫渠處　五一六，五三三，五四三，五六四，五六六，五八八，六二三，六三一—二，六三七，六六七
；〜之政治觀以氣爲首出　六四七—八；〜言政治觀與功利主義之不同　六四九—五二；〜以氣爲首出之
歷史哲學　六五三，六五六—六○，六六七—八，六九○；〜言保民族以保文化之義　六六○—五。
王陽明：　〜所言學無門戶之見　二一○—二；〜之學說與朱熹、陸九淵學說之異同　二○六—一四，二一五—
二四，二三五，二四○，二四七，二四九，二八九，二九二，二九四，二九五，二九六，三○○，三○一
—一二，三一四，三一六—二二，三二四，三二五，三二七，三三○—三，三三四，三三五—六，三四三

一五〇，三五六；～之學爲朱陸之通郵　二〇六—七，二一四，二九一，二九六，三〇〇，三四三，三四九；～之心卽理說與西方哲學中之唯心論之不同　二一五—六，二一八；～與陸九淵之心卽理說　二一五—二四，二三八，二四〇，二七四，三二四—五，三二六—八，三三〇，三三一，三三四，三四二；～與陸九淵之心卽理說中「理」之涵義　二二二—四；～所言心同理同之義　二二六，二三五，六九九；～所言聖賢之知能　二三〇—一；～論學聖之道在格物致知　二三一—二，二四九；～所謂致良知之教爲一明白簡易之教　二三二—四，二三八，三六二；～論讀書之道　二三七—四〇；～之學所具的現代意義　二八三—六；～之學中關於物的觀念　三〇〇—二；～言格物致知　二三一，二三三，二九三，三〇一，三〇三—五，三五六；～論良知不滯於見聞亦不離於見聞　二八一—二；～之言良知至善而知理　三〇五，三〇七；～之言良知爲天理之昭明靈覺　三一二，三一八，三二四—五，三二六—八，三三〇，三三一，三三三，三三四，三六一；～論良知必呈顯爲是是非非而亦無是可是、無非可非　三一二—四，三一七，三二〇—一，三二四—五，三三四；～致良知之教　二三九，二四〇，二八一—二，二九三，二九四，二九五，三〇五—六，三〇七—八，三〇九，三一八，三一九，三二六，三三五，三四〇，三四一—三，三四四，三五四—五，三五九，三六〇，三六五—六，四七二，四七三，六八六，六八八—九；～言發明本心　二三二—四，二三八—四〇；～之知行合一論　二八九，二九二—三，二九七，三〇四—八，三三五—六，五九三；～、朱熹、陸九淵之學說與先秦儒學　二九七—九；～之良知無畛域論　六二七—八；～所言良知之創發性　三三六—七；～論良知表現之機唯在現在　三三九—四〇；～論致良知功夫之效驗　三四二—三；～所言戒愼恐懼之涵義及其功夫　三〇九—一二，三一四，三一六—八，三四四，三七一，三八五；～辨儒佛　三三〇—二；～學派之流弊　二八八，四四四—七，五一五，六九〇；～之學之限制　六八五—九〇；～學說與王船山學說之比較　六二四，六二七—三一；～之事功　六七三，六七四。

王塘南：　四七四；～言意　四七五—六。

王　弼：　～之天道論　五三。

王龍溪：　三六九，三七〇，三八五，三九四—五，四〇五，四〇八，四〇九，四一四，四一五，四一八，四二五，四四二，四四四，四五四，四五六，四五九；～論良知　三六二－三，三六六；～論心體之無善無惡　三八三－五，四〇五，四五〇，四七二，四七四，四七五，四七六，四八五，五〇四；～之先天正心之學　三七七－八三，三八九，三九〇，三九九，四一八，四二〇，六〇〇；～論良知之所摻和　三九五－八；～與羅念菴之學之異同　四一四－五。

方以智：　六九二。

## 五　劃

司馬光：　一四，一五，一六，一七；～之性論　二六－七，二八，二九，六七二，六七三；～之言虛為萬物之祖　二七－八。

司馬遷：　六七六，七三〇。

## 六　劃

朱　熹：　二四，三五一，四五八，四五九，五九六，五九九，六一九，六七一，六七三，六七七，六八一，六八二－三，六八四，六九七；～之學說與陸九淵學說之異同　二〇四－七，二一一－五，二四四，二五四，二五六，二五七－九，二六二，二六四－六，二七四，二八五－九，三一〇－一，三二三－四，三三四，五〇二，六九四；～之心與理為二之論　二〇四－五，二五八，二六九，二七四，二九四－五，三〇二，三〇八－九，三一二，三二〇，三二三－四，三二八－九，三四五，三五五，四九六，四九七，四九九－五〇五，五〇六，五一〇，五一二，五二五；～論心為一虛靈之明覺　一八九，二〇一，二〇二，二〇三，二〇四，二〇五，二五六，三二三－四，三二八－九；～論學無門戶之見　二〇七－九；～言格物致知　二五八，二六一，二六七－七四，二七七－八〇，二八二－三，二八六，二八八，二八九，二九三，二九四，三〇一，三〇二，三〇三，三〇九，三一〇，三一六，三四四，三四五；～論讀書之道在博學多知能　二二五〇－二，二八二；～論讀書格物之目的　二六〇－六，二六七，二六八－九，二七一，二七七－九，二八二—三，三三四—五；～論聖賢當無所不知無所不能　二五九—六〇，二六七，二七九—八〇，二八二；～論讀書即做事　二六五—六，二八九，三三五；～論格物窮理爲一求諸外明諸內之事　二六八—七〇，二七一—四，二七五—八，二八六，三〇三；～論格物窮理之定限　二七九—八一，二八二—三；～之學開後世經史考證學之端　二六三，二八三—四；～學說與陸王學說之異同及其會通　二〇六—一五，二三五，二五八，二五九，二六〇，二六五—六，二七四，二七五，二七六，二七七，二七八—九，二八〇，二八一—三，二八三—五，三三四，三三五—七，三四三—五〇；～之學所具的現代意義　二八三—六；～言主敬誠意的功夫　二八六—七，二八八—九，三〇四，三〇五，三〇六—七，三〇九，三一〇，三一六，三二〇，三二一，三四六，四五九；～論主敬以存養此心之虛靈明覺　二八六—七，三一六；～所言戒愼恐懼之涵義及其功夫　三一四—七，三一九—二〇；～所言正心之功夫　三〇六—七；～、陸九淵之闢佛　三三〇—一；～之理先氣後論　一七五，一八七，三五五，五二〇，五二一；～評陸象山不讀書窮理，其學似禪學　二五九—六〇，三三四；～評陸象山之學重上達不重下學似禪學　二五〇—二；～評陸象山簡易之教似禪學　二五三；～評陸象山之敬重自悟似禪學　二五三—四；～評陸象山發明本心之教爲禪學　二五四—六；～之天道論　五二一；～之學與王船山之學之比較　四二四，四二七—三一。

仲　弓：　六八三。

江　藩：　六九六。

## 七　劃

告　子：　五六六。

李二曲：　六九一。

李見羅：　～之止修之學　四一五—七。

李卓吾：　三五二，五〇四，六七三，六八六；～之是非論　四四五—七，七〇一。

李　剛：　六九九—七〇〇。

李　斯：　六七八。
李穆堂：　六九五。
呂留良：　六九五，七〇二。
呂祖謙：　六八二。
呂涇野：　三五一；～論王陽明之學　三五四—五。
阮　元：　七〇二—三。
宋應星：　六九二。
汪大紳：　六九五。

## 八　劃

周安士：　六九二—三。
周濂溪：　一七二，三二三，三七三，四七二，四九四，四九五，四九七，五〇五—六，五四三，六七三；～所言乾元太極之性相　五三—八；～之天道論　五二，五三，五四—八，六七—七一；～之言生　五三—四；～之言誠　四三—五，五五—八，五九，六〇，六三，六五—七，六八—七一；～論人性之善惡　五七—八，六五，六六；～論希聖之道　五九—六七，六九，七〇—一；～言聖人　五九—六二，六五，六六，六八，六九—七〇，三二三；～所言神之涵義　六〇，六五，六六，六七—七一；～之立人極以言太極之道　四七—五四；～之學與二程子之學之比較　七九，一二一—七，一六六，一八七，一八九。
孟　子：　一六，一六五，二一八，二一九，二二二，二二三，二四一—二，二六二，二九三，二九六，二九七—九，三二二，三五八，四〇七，四三七，四三八，四五三，四七八，五二一，五六六，五八一，六〇三，六二八，六六七，六七三，六七五—八，七〇〇—一。
范仲淹：　一五，六七七。
邵康節：　一八，五二五，六七三；～言術數　二九，三六；～之易學及其中之基本概念　二八—九，三一—七；～之易學的歷史地位　二九—三〇；～之心學　四三—五，三二三；～論體與用　三七；～之觀物論三七—四一，四四，四六；～論神　四一—三；～之論太極與神的關係及其與周濂溪、張橫渠之不同　四三；～論聖人之心　三八，三九，四〇；～論道　四二；～論太極　四二—三；～論人禽之別　三八；論誠及其與周濂溪、張橫渠、程明道之不同　四三—四，四四—五；～哲學中的先天之學與後天之學　三六—七，四四；～之學在儒學中的地位　四七—八〇。
季彭山：～論由警剔工夫以見本體　二六九—七〇，三七二，四八〇。

## 九　劃

荀　子：三七六，六三七，六六七，六七六。
胡五峯：二二，二〇三。
胡　適：六九六。

## 十　劃

唐仁卿：四四五。
唐　甄：六九八—九。
孫明復：一六。
孫夏峯：六九一。
孫詒讓：七〇七。
高攀龍：四四六，四六三，四六七；～之言悟境　四五二—六；～論修身爲一切學問之本　四五六—七；～之言格物致知　四五七—九；～之言敬　四五九—六〇；～辨儒佛之旨　四六〇—一。
班　固：七二九。
徐　積：一六。

袁了凡：　六九二。

## 十一劃

康有爲：　七〇六—七，七〇八。
張揚園：　六九一，六九四。
張橫渠：　四九五，四九六—七，五〇五—六，五一六，五三三，五四三，五六四，五六六，五八八，六二三，六三一，六六七，六七三；～之學的義理脈胳　七二—八〇，一二七—八；～所言天之涵義及其性相　九六—九，一〇〇—二；～之天道論　七三—四，七七，七九，八一，八二，八八—九一，九三—一〇三，一四〇；～之言氣　七七，八九—九二，九三—五，九九，一〇七，一〇九，一一〇，一一三—五，一三〇，四九八；～之言神與神化　七三，七四，七九，八〇，九一，九四，九五，一〇二—六，一〇七，一一二，一二八，一三〇，一三九；～論天人之道　七四，七六，八〇，八一，八四，八六，八八，一〇四，一〇七，一〇八，一一二—三，一一六，一二六—七，一二八；～所言德性之知　七四，八一，八三—四，八七，九一，一〇七，一三〇；～所言見聞之知　七四，八一，八三，八四，八七，八八，九一，一〇三，一〇七，一一五，一一八，一三三；～言盡性之功夫　一〇八，一〇九，一一二，一一六—八，一二七；～之言性　七七，八七，九一，九四—五，一〇七—一八，四九八—九；～之宇宙論與唯物論之比較　八一，八九，九〇，九一—二；～之言誠明　七四—五，七九，一〇七—八，一一七，一二五；～言聖人　七三，七四，九八，九九，一〇三，一〇八，一三五；～言幽明　九七—九；～之因果觀　一〇〇；～言知幾　一〇五—六；～言仁義　一〇四—五，一〇七，一〇八，一一七，四〇三；～言理　一一七，一五六；～言天命　一一四，一一六—八，一三六；～論心之由來　八五—六，八七，九五，一二九—三一；～論定性　一三二—三，一三五；～論仁及其與程明道論仁之異同　一二二—三，一二六，一二八—九，一三一—七，二〇二。
張　儀：　六七六。

陳白沙：　三七三，四七一，四七二；～的哲學宗旨　三五六—八。
陳明水：　四〇八。
陳清瀾：　二四九，二五六。
陳　亮：　六八二，六八四—五。
陸桴亭：　六九一，六九四。
陸象山：　三四七，三四八，四〇一，四〇三，四三四，四四二，四五四，四五九，四七一，四九七，五四三，六七三，六八一，六九七；～之學與朱熹之學之異同　二〇四—七，二一一—五，二四四，二五四，二五六，二五七—八，二六二，二六四—六，二七四，二八五—九，三一〇—一，三二三—四，三三四，五〇二，六九四；～之學與王陽明、朱熹之學之異同　二〇六—一四，二一五—二四，二三五，二四〇，二四九，二五七，二八九，二九二，二九四，二九五，二九六，三〇〇，三〇一—二，三一四，三一六—二二，三二四，三二五，三二七，三三〇—三，三三四，三三五—六，三四三—五〇，三五六；～之心卽理說　二〇四，二〇五，二〇六，二一五—二四，二二二，二三九，二四三，二四五，二四八，二五六，二八六，二八七，二九四—五，三〇九—一一，三二三—四，三二七，三四四，五〇〇—二，五〇三，五〇六，五〇八，五一〇；～所言發明本心的功夫　二三二—四，二三八，二四〇—五，二四七，二四八，二八一，二八七，二八八，二八九，二九四，三四四，三四五，四七一；～言心之障蔽　二四一—二，二四三，二四四，二四六；～論學無門戶之見　二〇八—一〇；～所言心同理同之義　二二四—七，二三三，二四三，二五三，六九八；～所言聖賢之知能　二二七—三〇，二八一—二；～之尊德性說　二二九，二八九；～論讀書之道　二三五—七，二四九，三三四；～論義利之辨　二四七—九；～之學所具的現代意義　二八三—六；～之洗心論　二一八；～之講明之學　二九三—四；～之學被誤爲禪學之緣由　二四九—五六；～論道之大而無外　二四四—五；～論以自疑的功夫去心之障蔽　二四六—七，二五一，二五三，二五四，二八七，二八八，三一二。
陸隴其：　六九四。

章太炎：七〇三－四，七〇七，七〇八。
章實齋：六九六；～論史　七〇四－五，七〇六；～論道　七〇四，七〇五。
梁漱溟：七〇八。
葉　適：六七三，六八二，六八五，六九七；～論堯舜禹之道　六八二－四。
許　衡：六九八。

## 十二劃

曾　子：二二五，二九七，三七二。
曾　靜：六九五，七〇二。
湛甘泉：三五二，三五六，五〇三；～之隨機體認天理之教　三五八－六一；～之學與王學之異同　三六九－七〇；～論王學　三六〇－二。
楊　雄：二，一四，一六。
楊慈湖：一八九，三三四。
焦　循：七〇三。
黃梨洲：八，三三三，三五一，三五二，三五六，三五七，三五八，三九二－三，三九五，四六六，四七六，四八八，五一五，六六八，六七一，六八八；～論政　六九〇－一。
黃道周：一七。
程伊川：四九六，四九七，五〇六，五一〇，五六六，六七三，六八〇，六九九，七二八；契入～之學之道　一二二－六；～論張橫渠之學　一二三－六，一二七；～、程明道之學與張橫渠、周濂溪之學之比較　一二一－二，一二六，一二八－九，一三一，一三七，一三九，一四〇，一四一，一四三－五，一四七，一六三，一七二，一七四，一七六，一八九，二〇二；～之言仁　一六四，一六五，一六六，一六八，一七二，一七三，一八一，一八四，一八五－六，一八七；～辨性情卽其仁是性愛是情論　一六六，一六七，一六八—七四，一七五—六，一七八—八〇，一八一—二，一八四，一八五，一八七；～論情氣依性理而生　一七六—八四；～之理氣爲二論　一六六，一六七，一六八—七一，一七五—六，一七九—八〇，一八二，一八三—四，一八六—八，一八九—九〇，一九四，一九九，四九六，五二〇—一；～之學與程明道之學異同　一六〇，一六二—七，一六八，一八五，一八七，一九三，一九四，一九九—二〇〇；～言心之兩面　一六六—七，一七四，一八〇—二；～言心爲生道　一六六—七，一七〇，一八〇；～言心一六八，一六九，一七〇，一八三—四；～之性卽理論　一六六，一六八—七〇，一七四—八二，一八五，一八八，三三三；～之性理爲道德生活可能之根據說　一七四—六，一七七—八二，一八三—五，一八八，一八九；～之道心卽天理說　一八五；～所言敬之涵義及主敬閑邪之功夫　一六五，一九一—四，一九五，六九九；～之主敬功夫與程明道之主敬功夫之比較　一九四—五；～論格物窮理以致知　一六五，一九一，一九四—九，二〇〇；～言集義之功　一九一，一九五，一九六，一九九；～之學中關於心之未發已發之問題　二〇〇—三。

程明道：　四三四，四四二，四五四，四五八，四五九，四八二，四九五，四九六，四九七，四九九，五〇六，六八〇，六九九，七三七—八；～論張橫渠之學　一二三—六，一二七；～、程伊川之學與張橫渠、周濂溪之學之比較　一二一—二，一二六，一二八—九，一三一—八，一三九，一四〇，一四一，一四三—五，一四七，一六三，一七二，一七四，一七六，一八九，二〇二；～論張橫渠之定性問題及其解決之道一三三—六，一六一；～與張橫渠關於仁之概念之比較　一三九—四二；～論內外兩忘之功夫　一三三—七，一四〇，一四九，一五一，一六一；～所論仁之要義及識仁之功夫　一三七—四二，一四五，一四六，一四七，一四九；～論誠　一四一—二，一四四，一四五，一四七；～論天人不二　一四四，一四七，一五一，一五二；～之敬以直內、義以方外之敎　一四五，一四七，一四八，一四九，一五〇，一五一，一六五，一八九—九〇，六九九；～言忠恕　一四七，一五〇，一五一；～言忠恕　一四七，一五〇，一五一；～所言天理之義　一五二，一五五—六一；～所言「中」之涵義　一五三—五，一九三；～之性命論　一五〇，一五二，一五四，一五五，一五六—六一，一六三—四；～之學與程伊川之學之異同　一六

○，一六二—七，一六八，一八五，一八七，一九三，一九四，一八九—九○。
董仲舒：　六七七，六七八。

## 十三劃

楊升菴：　六九一—二。
鄒東郭：　～言戒懼　三七○—二。
費　密：　六九七，六九八—九。

## 十四劃

管　仲：　六八三。
廖　平：　七○六，七○八。

## 十五劃

劉　歆：七○七。
劉蕺山：　三五二，四四七，四五五，四五九—六○，四六六—七，六八七，六九七；～所言盡己之求　四六八—七○；～論王龍溪、羅近溪之學之弊　四七二—三；～言意　一五，三七一，四七六—七，四八三，四八四，四九○，四九一，五○四，五○六，五○七，五一一；～以意爲心之主宰　四六九—七○，四七三，四七七，四八二，四八五，四八六；～論種種放心　四七○—一，四八五，四八六—七；～論良知　四七七—八；～之誠意之學　四七三，四七六，四七八，四八一—二，四八七，六○○；～言喜怒哀樂　四七九—八○，四八四，四八八；～言靜存之功夫　四八二，四八八—九四；～言心　四八八，四九○—二，五○五；～言心與性的關係　四八九；～言獨與愼獨的功夫　四六九，四七五，四八二，四八七—八，四八九，四九一—二。

劉　勰：　七三五—六。
潘用徵：　六九七。

## 十六劃

歐陽竟無：　七〇八。
歐陽修：　一五，一六，一七，一八，一九—二〇，六七七，六七八；～之性論　二〇—一；～之良知無善無惡論　三六八—九。
錢大昕：　七〇二。
錢緒山：　八。
錢德洪：　三六三，三六四，三六五，三六八，四五九。
錢　穆：　六九六。

## 十七劃

熊十力：　七〇八。
戴東原：　五〇七，六七五，六九六，六九七；～釋理　七〇一—二。

## 十八劃

顏　回：　二二五，二五二，二九七—八，三七二，四六一，六七二，六七三，六八三。
顏習齋：　五〇七，六七五，六九九—七〇〇。
魏伯陽：　二九。
魏　源：　七〇六。
韓　非：　六七六。

韓　愈：一四，一六。
聶雙江：八，三九四，三九五，四一二，四四四，四七二，五〇三；～言主靜歸寂的功夫 三七二—七，一，三八二，三九八，三九九。

## 十九劃

羅念菴：二六八，四四四，四五四，四五九，四七二，五〇三；～論主靜知止 三七五—七，三八二，三九〇—一，四〇四—五，四一二—五；～論爲學之態度 三九四—五；～論良知之寂感 四〇六—一〇，四一二—四；～與王龍溪之學之異同 四一四—五。
羅近溪：五，八，三九四，三九五，四四四，四五四，四五七，四五九，四六五，六七三；～性地爲先之教 三八七—九三，四一八，四四〇；～論生生之謂仁 四二〇—四，四三四—五，四三八，四三九，四四二，五〇四；～論復的涵義及逆復的功夫 四二二—四，四二八—三二；～之心知論 四二〇—三三，四三五—四二，四七二—三；～論良知卽乾知 四二〇—一，四二四，四二六，四二八，四四二；～論聖人之知能 四三五—七，四四一；～言心 四二四—七，四三二，四三五；～與王龍溪學說之異同 三八九—九一。
羅整菴：二五六，三五一；～論王學 二四九，三五三，三五五—六，三六七。
蘇　洵：～之史論 六七九。
蘇　軾：一四，一六，一八，一九，二〇；～之性論 二三—四，二五；～之史論 六七九；～論君子與小人爭而求勝之道 六七九—八〇。
譚嗣同：七〇八。

## 二十劃

騶　衍：六七六。

## 二十一劃

顧亭林：　八，一四，三五二，四四七，五〇五，六六八，六七一，六八八；～論政　六九一。
顧涇凡：　四六二。
顧憲成：　三五二，四四四，四四七，四六七；～辨是非之態度與李卓吾之不同　四四八｜九；～闢心體無善無惡論　四四九｜五一。

## 二十三劃

龔自珍：　七〇六。

# (二) 內容索引

## 二劃

人心：～與道心 四七〇，四七一，五六六—八，五八〇。
人欲：一一，一五六；～之所以生 八三；去～ 二四一，二四四—五，三〇六；去～以明天理 二八〇—一。
人性論：二一，二二，二四，二六，一〇八—一六，一一八，一五二，一五五，一六五，二九四—五，五四二—三，五四八。
人道：五四二；～之尊 五八一—三，五八五；～與天道 五八五，五九〇；立～以繼天道 五八三—八。
人極：五九，四九五；立～ 四七六，四九四，五〇六。
人禽之別：三八，五四三，五四七，五四八，五八〇，五八一—二，六四〇。

## 三劃

才：～本身非不善 五七三—八〇；～與性、情的關係 一六五，五七〇—二；～與欲的關係 五七二；～與德的關係 六一一—二。

## 四劃

中：　二〇〇—一，二四六，三二六，四八〇，四八一，四八三；～之涵義　一五三—五，一九三，六〇九—一〇；～行　六一四，六一六；～庸　六一四。
五行：　五二，五五，五六，五七，六一，六八，六九，四九五。
仁：　一〇四—五，一〇六，一〇七，一〇八，一四五，一四六，一四七，一六四，一六八，一八一，一八四，一九五—六，三八九，四〇三，四〇五，四五六—七，五〇九；識～之功夫　一〇六，一四一，一四五—六，一四九，一八七，四〇五；～與心的關係　一七三，四二三—四；～之涵義　一三七—四一，一六五—六；生生之謂～　四一九，四二〇—四，四三四—五，四三八，四三九，四四二，五〇四；～是性愛是情之論　一六六，一六七，一六八—七四，一七五—六，一七八—八〇，一八一—二，一八四，一八五，一八七。
內外兩忘：　一三五—七，一四〇，一四九，一五一。
內聖之學：　四六七，四六八，六七〇，六七一，六七三。
公羊學派：　七〇六，七〇七。
六藝：　六九九—七〇〇，七〇四。
天：　一五三—四，一八〇；～卽氣　九九；～爲萬物化生之原　一〇一；～爲淸通之神　九六，一〇〇—三，～爲照鑑之明　九六—七，一〇〇—三；～之幽明　九七—九。
天人之道：　七四，七六，八〇，八一，八四，八六，八八，一〇四，一〇七，一〇八，一一六，一一二—三，一二六—七，一二八，一二九，一三二，一四七，一五六，一六六—七，四九四。
天人不二：　一四四，一四七，一五一，一五二，一六六—七，四九五，五〇七—八。
天人合一：　七〇，七四，八六，一〇八，一一二—三，一二八—九，四九五，五四七，五五六，五八五，五九三。
天知：　～與心知　四二七，四二九，四三〇；～之滯於形跡　四二七—八，四三一。
天命：　七七，一一四，一一六，一一七，一三三，一三六，一五六；～之謂性　二三—四，七七，一四八，一五六，五四二。
天理：　一一七，一三三，一四九，一七〇，一七四—五，一八〇—一，一八五，二一九，二二三，二三〇，二三一，二五九；～之各種涵義及其在中國思想史中之發展　一五五—六一；～與人欲之辨　一五六，一六〇，二九四—五，三〇六，五七五；～爲通天下之志而悅諸心者　一五六，一六一；善惡皆～　一五七—九；道心卽～說　一八五；～卽良知　三二四—七。
天道：　～卽天理　一五七；～與心知　四二〇；～與人道　五四一—二，五五五，五八五—八，五九〇；～爲善之所從出　五四一，五四二—三，五四五，五四七；～大善小，善大性小　五四四—八，五五三—四，五五六；～眞實無妄　五九〇—一；～爲誠　五九〇，五九一。
天道論：　四七，四八，四九，五〇，五二—八，六八，七三—四，七七，七九，八一，八二，八八—九一，九三—一〇三，一四〇，五一五—四〇，五六一。
太和：　四八，五三，七三，九五，九八；～爲萬物之本原　四八，四九。
太虛：　八四，九二　，一一三，一三〇—一，四六八，四九一，五三二，五三五；～卽氣　七二，九一，九九。
太極：　三二，四二，四三，四八，五四，五九，五一六，五三九；～爲性之本原　二一，二二；～與神的關係四三；～爲萬物之本原　四八，四九，五六，六九；立人極以合～　四七；～之性相　五四；～卽理五四，五二五；陰陽二氣之渾合卽～　五二四—七；～在氣化流行之中　五二七—八。
心：　四六，八一，八三，八四，八五，九四，一〇四，一三二，一五三—四，一六四，一六八，一八四，二〇〇—三，二〇四，二六八，四五六—九，四六九—七一，四八三，五六九，六五九，六六六—九；～之所由來　八五—六，八七，九五，一二九—三一；～與性與理的關係　四二，一一二，一六四，一六六，一六九，二〇一，二〇四—六，二一五—二四，二三二，二三九，二四八，二六九—七七，二八六，二九四—五，三〇二，三〇八—一二，三二二，三二三—四，三二八—九，三五五—六，三五八—九，四七五—六，四八九，五〇五—一四，五一六—七，五四二—三，五六四—八一；～與良知　二三九，二四〇，三

○五，三○七，三二四，三四四，三六五，三六六；～同理同　二二六，二三三，二四三，二五三；此～卽天　一二九，一四一，一四八，一五七，一六○，一六三，一八二，四二七；盡～　八六，八七，一○六，一三三，五八七，五八○；～體之善惡　三六三—五，三八三—六，四○五，四五○，四七二，四七四，四七五，四七六，四八四，五○四；～之寂感　四○六—一○，四一二—四，四二○；天地之～　四二二—三；～與身的關係　四五七，四六三，四六九—七一，四九○—一，四九二，六一○—一；～之陷溺於物欲　四二五—七；～之障蔽　二四一—二，二四三，二四四—五；～爲生道　一六六—七，一七○，一八○；～統性情　一六七，四八一，四八九，四九八，五六四，五六九；～爲一虛靈之明覺　一八九，二○一，二○二，二○三，二○四—五，二五六，二七○，二七四，二八六—七，三一六，三二三—四，三二五—七，三二八—九，三八一，四八五，四八六，四九七，四九八，四九九，五○二，五○四，五○六，五八○；～之理之無窮盡　二二二—四。

心知：　一三○—一，一三六，二一七，四二○，四二三，四二五，四三五—四二，四七二—三；～卽乾知　四二四；～與天道　四二七，四二九，四三○，四三一。

## 五　劃

本心：　一八九，二○二，二○六，二二二，二三二，二三九，二四八；發明～的功夫　二三二，二三三，二三四，二三九—四七，二五四，二八一，二八七。

本體論：　五五—八，六九。

正心：　三○六—七。

生生：　～不息　五六，五七，一五七，一七一；～卽是善　五七—八；～之謂仁　四一九，四二○—四，四三四—五，四三八，四三九，四四二，五○四。

主靜：　四九四；～知止　三七五—七，三八二，三九八—四○一，四○四—五，四一二—五；歸寂～　三七二—七，三八一，三八二，三九八—九，四○九—一○。

外王之學： 六七一。

## 六劃

先天之學： 三六—七。
先秦儒學： 二九七—九，三三二，三七二，六三一。
合內外： 八四，一三〇，一三一，一三三，一三五—六，一六〇，一六六，一九七，一九八，一九九，二七一。
因果論： 四九，五〇，五二，五三，一〇〇，一七六。
宇宙論： 五二—三，六八，二〇三，二〇五，六一七—八，六二四—五；客觀～ 五三〇，五三一，五三三—七。
有： 五一，五三，五三二—三。
江右學派： 三五一，四四五。
至善： 四五〇；～之良知 三六一，三六九，四〇五，四一一；止於～ 四四七，四六〇，六一四—七。
永康之學： 六七一，六八一—五。
永嘉之學： 六七一，六八一—五。

## 七劃

宋代理學： 三五一，六七〇—一，六七三，六七四—五，六九七，七〇一—二，七〇三，七〇九；～之與起六，一三，一六，一七，四七—八，七三七；～之傳承與脈絡 六—九，一五，一六，六六七，六八五；～之淵源 一四；～諸家對經傳所持之態度 一六—九；～的義理方向 六七七—八；～中關於心性論的發展 一五，一六，六三一；～中心性論的發展及其與孔孟之性情之教的比較 五〇五—一四，六三一；～中之悟境 四五二—六。

希聖之道：　五九－六〇，六二，六三，一四七，二六三，二八二，三七三，四四一；～在於誠　五九－六〇，六三－五，六七，六九，一四七；～在知幾　六二；～在內外兩忘　一三六；～在忠恕　一四七；～在不以不知爲知、不以不能爲能　二二七－三〇；～在格物致知　二三一－四，二七七－八〇；～在發明本心（致良知）　二三三－四，二三八－九，二四一，三六〇；～在效法赤子之心　四三五－七；～在愼獨　四六九。

戒愼恐懼：　三〇九－一二，三一四－七，三一九－二〇，三四四，三七〇－二，三八五。

良知：　二一〇，二一一，二一三，二一四，二一六，二一八，二二〇，三五五，四六六，四七七－八；～良能　一一二，一一五，一三八，三五四，四三八，四四二，四七八；～之各種涵義　三六二－三；～卽天理之昭明靈覺　三一二，三一八，三二四－八，三三〇，三三一，三三三，三三四；～可是非非，亦可無是可是、無非可非　三一二－四，三一〇－一，三一七，三二四－五，三三四；～之創發性　三三六－八；～之表現之機唯在現在　三三九－四〇；～爲一虛寂之靈明　三七七－八二，三八九－九一，四一四，四二一，四八一－七，四九七；～無善無惡論　三六〇－一，三六三－五，三六八－九，四〇五，四四九－五一，四七四；知善知惡卽～　三〇五，四〇八，四一一－二，四七三，四七七；～至善論　三六一，三六九，四〇五，四一一；～之寂感　四〇六－一〇，四一二－四，四二〇；～之障蔽　三六六，三九五－八，四〇九；～卽乾知　四二〇－一，四二四，四二六，四二八，四四二；～至善而知理　三〇五，三〇七；～與心　二三九，二四〇，三〇五，三〇七，三二四，三四四，三六五，三六六；～通體是理（～卽天理）　三二四－七；～無畛域　六二七；～不滯於見聞亦不離於見聞　二八一－二；致～二一〇，二一八，二三二，二三三，二三九，二四〇，二八一－二，二九三，二九四，二九五，三〇四－八，三〇九，三一七－九，三二六，三三五－六，三四〇，三四一－三，三四四，三五四－五，三五九，三六〇，三六五－六，三六八，三八二，三八五，三九一，三九八，四〇七，四二八，四四〇，四四五，四四六，四四七，四七二，四七三，四七四，六七四，六八六。

泛神論：　七三，一〇二。

形而上： 五一七，五二八。
形而下： 五一七，五二八。
即用見體： 五一七—八，五二二，五二四。

## 八劃

事勢之理： ～與性理義理 六七〇—一，六七二，六七四，六七五；～之涵義 六七八；～在中國文化史中之傳承 六七五—七；～與宋代理學 六七七—八一；～與永嘉永康之學 六八一—五；～與明代理學 六八六—七；～爲明末淸初思想之趨向 六八八—九三，六九四，六九五，七〇四。
命： 四〇，四一，九一，一五〇，一五二，一五四，一五七，一九四，四七五，五六一，五六二，五六三；知～ 七五；盡性窮理以至～ 一一八，一三三。
佛學： 七二，七七，八二，八四，一二二，一二五，一二六，一九七，二〇九，二二一，二四九，二九五，三二〇，三三〇，三三一，三七六，四四五，四六〇，四六一，五〇八—九，五六六，六一八，六一九，六二一，六三六，六七七，六九七，七〇三，七〇七，七〇八，七三一，七三二—三；～之因果觀 五〇，五二，一七六；～之現觀 五一一；～之無明論 三七八；～之輪廻觀 六二〇，六二一—二；～中之悟境 四五四—五。
宗教意識： 六三一。
性： 四一，四二，四六，六〇，七五，七七，九一，九四—五，一三四，一五〇，一五四，一五九，四六〇，四七五，五八二，五八三；～本源於太極 二一一；～本源於天 二二，二二三；～不可以名言之 二二三，二二四；天命謂之～ 二三—四，七七，一四八，一五六，五四二；～善論 二一，三八八，四一五—七，四四九，四六二，四六三，五〇四，五一六—七，五四二，五四三—五六，五五七—八，五六七；～惡論 二〇，二二一，二二二；善惡皆～論 一五二，一五五，一五八—九；～無善無惡論 五五五；～超善惡論 二一一—二，二二四，二二五，四七二；盡～ 一〇八，一〇九，一一二，一一六—八，一二七；盡心即盡～

八七；盡～窮理　一〇八，一〇九，一一四，一一八，一二三；～與命　一〇八，一〇九，一一三，一五〇，一五二，一五四，一五五，一五六—六一，一六三—四，一六九，一九四，五四一—六一；～與氣的關係　一一三—五，一一六，一五二，一六六，一六七，五五九—六〇；定～　一三二—三，一三五，一六一；～與才的關係　一六五，五七〇—二；～與情　一六六，一六七，一六八—八二，一八四，一八五，一八七，四七九—八五，四八六，四八九—九二，五〇八—一〇，五一六—七；～情才論　五七〇—八〇；～卽理　一六六，一六八—七〇，一七四—八二，一八五，一九一，二一九；心之本體卽～　三二七；～情與理氣　一七六—八四，四七九，四八一，四八三—五，四八六，五三九—四〇，五九一，五九二；～爲體心爲用　五六四；道大善小，善大～小　五四四—八，五五三—四，五五六；～理爲道德可能之根據　一七四—六，一七七—八二，一八三—五，一〇八，一〇九。

性地：　三八七—九，三九一—三。

放心：　四七〇—一，四八五，四八六—七；求～　二二一。

明代理學：　一四一，六七〇—一，六八六—七，六八八—九，六九〇—三，六九七，七〇一，七〇九；～之特殊精神　四六四—五一五；自～之爭辯中見其無諍法　三五三—四。

易：　四一，四八，一四八，一五九，五二八—九；生生之謂～　一五〇，一五一，一五二，一五九；先天之～　四九〇；後天之～　四九〇。

東林學派：　三五二，四四八—九，四五二，四七三，五〇四，六八六—七，六九〇，七〇一；～中尚節義之精神及其流弊　四六二—七。

法家：　六七六。

知行合一：　二八九，二九二—三，二九七，三〇四—八，三三五—六，五九三，六八六。

忠恕：　一四七，一五〇，一五一；由～以契天道　一四七，一四八，一四九。

欣厭心：　四七〇，四七一。

## 九劃


後天之學： 三六—七。
悟境： 四五二—四。
持志： 五九八—九，六〇三。
神： 四一—三，五九，六〇，六一，六五，六七，七二，七四，八七，九五，一〇三，一〇四，一三〇，一五一，四二四—五；～爲用 六六，一四八；～之涵義 六六，六七—七一；～偏於時運中 六八—九；～與誠的關係 六六，六八—七一；～爲仁之本原 一〇六，一三九。
神化： 七九，八〇，九一，一〇四—六，一〇七，一一二，一二八，一三〇，一三九。
洗心論： 二一八。


## 十劃


原教： 三—五。
哲學： 即哲學史以論～之義 九。
唐代儒學： 一四，二二二，三二二，六六七。
時運： 三五—六，六八。
格物： ～致知 二三一，二三三，二七七，二七九—八〇，二八二，二九三，三〇一，三〇三—五，三五六，四五七—九，六八八—九；～窮理 一三六，一九一，一九四—九，二六一，二六七—七四，三四〇—一，四六六，四七一，四七四。
氣： 五四，五六，七七，七九，九五，九九，一〇七，一〇九，一一〇，一一三—五，一三〇，一三三，一六〇，一六六，一八九，四六〇，四七九，四八一，四八三—五，四八六，五〇六，五〇七，五一六—七，五二三，五三三，五二四，五四一—三，五四七，五六一，五六三，五七〇，五七六，五八三，六〇三，六二八，六三二，六三四，六三五—六，六三七，六四六，六四七，六四八，六五三，六五七，六六一，六六六—九；虛～爲萬物之祖　二五—七；～之凝聚成就天地萬物　八九—九二，九四；～充塞于天地之間　九一；～爲一存在之流行　八九—九一，九三，四八一，四八四，五二七，五三〇—七，五四三，六一七—二二，六二八；～之昏明清濁　一一〇，一一五，一六五，一八三；～之相感通卽仁　一三九—四〇；～與心、理的關係　二〇五—六，四七九，四八一，四八三—六，四八八—九四，五五一，五五四，六〇三，六六六—九；～與性的關係　一一三—五，一一六，一五二，一六六，一六七，五五九—六〇；～爲萬物之特殊化原則　六二九—三一；養～　五一六，五一七，六〇三—六，六〇八，六一四；～稟五七六—八〇。

氣質之性　六五，一一〇，一一五，一一八，四六三，五六〇。

泰州學派：　六八六，六九八；～之精神及其與王學之不同　三八三—四。

浙中學派：　三八一。

起滅心：　四七〇，四七一，四八六。

通塞心　四七〇，四七一。

般若宗：　～的因果觀　五〇

## 十一劃

乾元：　四八，五四；～爲萬物之本原　四八，四九，五六，六九；～卽一眞實之有　五三；～之性相　五四；～爲誠之原　五五；～爲至善　五七—八。

乾知：　四二〇—一，四二四，四二七—三〇，四四二。

乾坤：　五三一，五三二，五三七—四〇，五五七；～並建　五二八—九。

唯心論：　二一六，二一八，四二七。

唯物論：　三九，七三，八九，九一，九二，四二七；自然主義之～　八一，九〇。

唯識宗： 四九；～之因果觀 四九，五〇。
情： 一七六－八四，四七九，四八一，四八三－五，四八六，四八九－九〇，四九一，四九二，五六九－七二，六三九－四六；～本身非不善 五七三－八〇；性與～ 一六六，一六七，一六八－八二，一八四，一八五，一八七，四七九－八五，四八六，四八九－九二，五〇八－一〇，五一六－七。
清代哲學： ～之原 六九六－七；～學者評宋明儒學爲佛老 六九七－八；～之思想方向 六九八，七〇八，七〇九；～之類型 六九八，六九九，七〇〇，七〇二，七〇四，七〇五，七〇七。
欲： 五六九－七二；～本身非不善 五七三－八〇。
現觀： 五一。
理： 四一，五四，五六，七四，一一七，一三六，一五六，一六六，一九四，二〇八－一〇，二一七，二五九，二六一，二六八，二八一，三一〇，三一二，三二六－七，三五七，四六一，四六二－三，四七九，四八一，四八三－五，四八九，四九四，五四一，六二九－三〇，六四六，六四七，六五三，六五七，六六一，六六六－九；性命之～ 七四；～之義涵 二二二－四；～氣爲二論 一六〇，一六六，一六七，一六八－七一，一七五－六，一六九－七〇，一八二，一八三－四，一八六－八，一八九－九〇，一九四，二〇〇，三五五，四九六，五二〇－一；～先氣後論 一七五，三五五，五二〇，五二一；～與氣的關係 五五一－五，五五七－八，六一三；～不離氣 五一六，六〇三；以～殺人 七〇一－二；～爲萬物之普遍性原則而氣爲萬物特殊化原則 六二九－三一；～與心、性的關係 四二，一一二，一六四，一六六，一六九，二〇一，二〇四－六，二一五－二四，二三三，二三九，二四八，二六九－七七，二八六，二九四－五，三〇二，三〇八－一二，三三二，三三三－四，三三八－九，三五五－六，三五八－九，四七五－六，四八九，五〇五－一四，五一六－七，五四二－三，五六四－八一。虛懸超越之性與普遍客觀之天 一八四－五。
陰陽： 四二，四八，五五，五六，五七，六一，六七，六八，六九，七七，九四，九五，一〇〇，一二八，一四八，五二〇，五二一－二，五二三－四，五二六，五二八，五三七，五四四，五四六，五五〇，五五二，五五五，五五八；～合一　九九；～之相反相成　五三〇－二。
動靜：四三，四八，五五，五七，六〇，六一，六五，六六，六八－九，七一，九四，一〇五，一三三，二〇五，二〇六，二八九，三七三，四〇七，四一三，五二一－二，五二八－九，五三〇－六，五三七；～合一　一〇五，一〇七。

## 十二劃

善：五七，五八，六〇，三六三－五，五四三，五四四－五，五四八，五五七－八；～出於天與人物授受之際　五四二，五四三，五四七；道大～小，～大性小　五四四－八，五五三－四，五五六；至～　五一四－七，五四九；陰陽相繼即是～　五四四，五四五，五四六，五四七，五五〇，五五二，五五五。
幾：六〇，六一，六六，一〇六，三八一，四〇七，四七七；知～　六一，六二，六五，七〇，一〇五，四一〇，四八八，四九二；～之涵義　六五，一〇五。
復：四二二－四，四二八－三〇。
習：七〇〇。
惡：五九，六五，一〇六，三六三－五，三六六，五四六，六一四；根本～　五九；～源於人有形限　五八，六四，六六；～起於人心之偏　一五五，四八一－二；～起於人不能繼天之善　五四八－五〇，五六七－八；～生於人無顯性之才　五七二－三；～生於氣稟與外物相感應之際　五七六－八〇；～原於不盡心　五六七－九，五七二。
無：五三，一九〇，三三三，五三一－三，五三五。
無內外：四五五－六。
無欲：六三，六六－七，六九。
無明：二七，六四。
絕對之流行：五三〇－七。

菩提： 六四。
通塞心： 四七〇，四七一。
華嚴宗： 四九，一四四；～的因果觀 四九，五〇，五一。
虛： 七三，七九，三二四，三二五，三三一，三三三，四〇三，五三二—三；～爲萬物之祖 二五；～爲宇宙之本體 七三；～爲氣之本 七七，四九八；～卽實 八九；～爲仁之原 四〇二—三。
超神論： 七三，一〇二。
集義： 一九一，一九五，一九六，一九九，六〇三。

## 十三劃

意： 一五，一九九，三七〇—一，四七三—四，四八三，四八四，四九〇，四九一，五〇四，五〇六，五〇七，五一一，六〇〇；～爲心之主宰 四六九—七〇，四七三—七，四八二，四八五，四八六。
敬： 一四二，一四五，一四七—五一，一九一—六，三五九，三七一，四四〇，四九七；～以直內，義以方外 一四五，一四七，一四八，一四九，一五〇，一五一，一六五，一九三，一九四，一九五，一九九，二〇〇；主～閑邪 一六五，一九一—五，六九九；主～的功夫 二八六—七，二八八—九，三〇九，三一〇，三一六，三二〇，三二一，三四五，四五九—六〇，四九四，六九九。
義： 一〇四—五，一〇七，一〇八，一四七，一四九，一五〇，一五一，一五六，一九四，二〇〇，四六三。
義理： 七〇二，七〇三；～唯在文學訓詁中 七〇二—六。
義理之性： 四六三。
義理之學：七〇三。
聖人： 三八，三九，四〇，五九，六〇，六九，七四，九八，九九，一〇三，一〇八，一三四，一三五，一三七，一四一，一四六，一四七，一五二，一六四，一八七，一九四，二〇九，二一一，二二七，二三三，二六四，三三三，三八八，四一八，四三一，四三八，四九四，五七六，五八五，五九四，六三三，七〇五；～之心　三八，三九，一五八，一六四，二〇三，二五九，三三六，四三四，四四一，四九八；～之誠　五九－六〇；～卽仁之至　一二八；～之心同理同　二二四－七，二三三，二四三，二五三，六九八；～之知能　二二七－三二，二五九－六〇，二六七，二六九－七〇，二八一－二；～之心卽赤子之心　四三六－九；～之不朽　六一七－二二；～之欲同天之理　五七五。

誠：　四三，四四，四五，四八，六五，六八，六五，一〇八，一二六，一四一－二，一四四，一四五，一四七，一九一，一九二，四八九，六一七；～卽是性　四四；～卽是太極　四四，五九；～爲萬物之本原　四八，四九，六九；～之涵義　五六，六六，六八；～卽是道　五六；～是至善　五七－八　；希聖之道在～　六三－五，六七；～與神的關係　六六，六八－七一；思～　五八八－九五。

誠明：　七四－五，七九，一〇七－八，一一七，一二五，一五〇，二四四。

誠意：　三〇四，三〇五，三〇六，三〇七，三七九，三八二，四四七，四七三，四七四，四七六，四七八，四八一－二，四八七，六〇〇；～正心　三四四，三六〇，三六六，五八八－九二。

道：　三六，四〇，四一，四二，四五，四六，五六，六七，六八，八二，一四八，一六四，一七一，二四四，二四五，三七三，五二六－八，五三九，五四一－五〇，五五二，五五四－五，七〇四；～與太極的關係　四二；～爲身心之主宰　八六；～卽是性　八七，一五七；卽形器以明～　五一七－二〇，五二三；～調劑乎陰陽　五二三－四，五二九；～在氣化流行之中　五二四，五二五－八，五五二；～大善小，善大性小　五四四－八，五五三－四，五五六；～與氣的關係　五四一，五四三，五四七，五五二，五五四。

道德：　～生活可能之根據　一八八－九〇；～之涵義及其與文化歷史之涵義之不同　六二四－七。

道家：　七七，三三一，三七六，六七六，六七九。

道敎：　七三三－四。

道問學：　二〇四。

頓悟：　三八一－二，三八八，四四二，五〇四。

節義（氣節）：　～之涵義　四六二；～與血氣之勇　四六二－三；東林之學尚～　四六三－五，四六六－七；

～與名節　四六五｜六。

## 十四劃

漢代儒學：　一六，二〇，五四，一二六，二二二，三三二，四九五，六六七，六七七。
聞見之知：　七四，八一，八三，八四，八七，八八，九一，一〇三，一〇七，一一五，一一八，二七八，二七九，二八一，二八二。

## 十五劃

墨家：　六七六。
德性：　尊～　二〇四，二二九。
德性之知：　七四，八一，八三，八四，九一，一〇七，一三〇；合內外之～　八三，八四，一三〇；由～以知命　八四，八七，九一。
數：　三六；～與術的關係　二九，三六。

## 十六劃

儒家：　六七六。
歷史文化意識：　六二九｜三一。
獨：　四六九，四七六，四八二，四八七｜八，四八九；愼～　四六九，四七九，四八二，四九一｜二，七〇四。
靜存：　四八二，四八八｜九四，六〇九｜一〇。
緣著心：　四七〇｜一，四八六。

## 十七劃

營構心：　四七〇—一，四八六。
禪宗：　二九五，三五六；象山之學與～　二四九—五六，三四八，三五六。
縱橫家：　六七六。

## 二十二劃

體用：　五七，七九，一六〇，一六六，一九〇，二〇六，三一二，五三三，五六五，六〇九—一〇；～不二　三七，七〇，一七九。

## 二十三劃

襲義：　二二〇，二二一。

國家圖書館出版品預行編目資料

**中國哲學原論・原教篇**：宋明儒學思想之發展

唐君毅著. – 全集校訂版. – 臺北市：臺灣學生，
1990 [民 79]
面；公分--（唐君毅全集；卷十七）
含索引

ISBN 957-15-0022-4 (平裝)

1. 哲學 – 中國　I. 唐君毅著

120/8346 78

唐君毅全集卷十七
中國哲學原論（原教篇）

著作者：唐君毅
出版者：臺灣學生書局有限公司
發行人：盧保宏
發行所：臺灣學生書局有限公司
臺北市和平東路一段一九八號
郵政劃撥戶：〇〇〇二四六六八號
電話：（〇二）二三六三四一五六
傳真：（〇二）二三六三六三三四
E-mail: student.book@msa.hinet.net
http://www.studentbooks.com.tw

本書局登記證字號：行政院新聞局局版北市業字第玖捌壹號

印刷所：長欣彩色印刷公司
中和市永和路三六三巷四二號
電話：二二二六八八五三

定價：平裝新臺幣五四〇元

西元一九九〇年九月全集校訂版
西元二〇〇四年十月全集校訂版二刷



ISBN 957-15-0022-4 (平裝)